上海

2012 JINGAN ALMANAC

静安年鉴

总第十五卷

主　编　　唐长国

副主编　　叶供发　　顾瑞钧

上海市静安区年鉴编纂委员会 编

学林出版社

图书在版编目(CIP)数据

静安年鉴. 2012/上海市静安区年鉴编纂委员会编.
—上海:学林出版社,2012.9
ISBN 978-7-5486-0416-7

Ⅰ.①静… Ⅱ.①上… Ⅲ.①静安区—2012—年鉴
Ⅳ.①Z525.13

中国版本图书馆 CIP 数据核字(2012)第 220104 号

静安年鉴(2012)

作　　者—— 上海市静安区年鉴编纂委员会
责任编辑—— 王后法
封面设计—— 王　茵

出　　版—— 上海世纪出版股份有限公司
学林出版社(上海市钦州南路 81 号 3 楼)
电话:64515005　传真:64515005
发　　行—— 上海世纪出版股份有限公司发行中心
(上海福建中路 193 号　www.ewen.cc)
印　　刷—— 上海江杨印刷厂
开　　本—— 890×1240　1/16
印　　张—— 21
字　　数—— 85 万
版　　次—— 2012 年 9 月第 1 版
2012 年 9 月第 1 次印刷
书　　号—— ISBN 978-7-5486-0416-7/Z·27
定　　价—— 200.00 元

上海市静安区年鉴编纂委员会

主　　任　周　平

副 主 任　韩　强　夏以群

委　　员　（按姓氏笔画排列）

王　成　王　敏　叶供发　刘　毅

汤　岚　任网银　李　寅　李　震

李晨昊　杨志健　张建平　张海根

陈宇卿　林　捷　季　军　姜冬冬

骆敏华　袁宏燕　徐雪林　唐长国

诸　旖　董　珞　董海明

《静安年鉴》编辑部

主　　审　韩　强

副 主 审　夏以群　张海根

主　　编　唐长国

副 主 编　叶供发　顾瑞钧

编　　辑　陈彩琴　王国滨　林肇松　黄瑞于

林德珍　俞奇伟　许以群　林保强

商金娣　周补铭　陆美文　郑　蓓

审　　稿

审稿单位　上海市地方志办公室

开放促发展

法治筑和谐

中共静安区委书记 龚德庆

2012.8.31

序

《静安年鉴（2012）》付梓出版之际，送我审查并作序。

英国诗人雪莱有一名言：“历史，是刻在时间记忆上的一首回旋诗。”而《年鉴》恰似以年份为记忆单元的历史诗文中的一个自然段落，能否读出其中“回旋”之真义，则需要仔细品味这70万字的资料文献。“述往事，知来者”。认真总结过去成功之经验，吸取失败之教训，以奋发有为的精神状态去创造更加美好的未来。

《静安年鉴（2012）》客观翔实地记述了2011年静安在经济、政治、文化、社会建设等各方面取得的成绩，见证了全区上下按照“高起点、开放型、国际化”发展思路，建设国际静安，构建和谐家园，努力开创现代化国际城区新局面的奋斗历程，必将对静安未来发展提供重要的借鉴和启示作用。

《静安年鉴（2012）》是静安区编辑出版的第十五卷综合性年鉴。希望《静安年鉴》与时俱进，常编常新，不断提高资料性，增强可读性，让《静安年鉴》发挥更大的“存史、资政、教化”作用。

静安区人民政府区长：周平

2012年9月16日

2007—2011年
静安主要数据

一、2011年区域面积人口

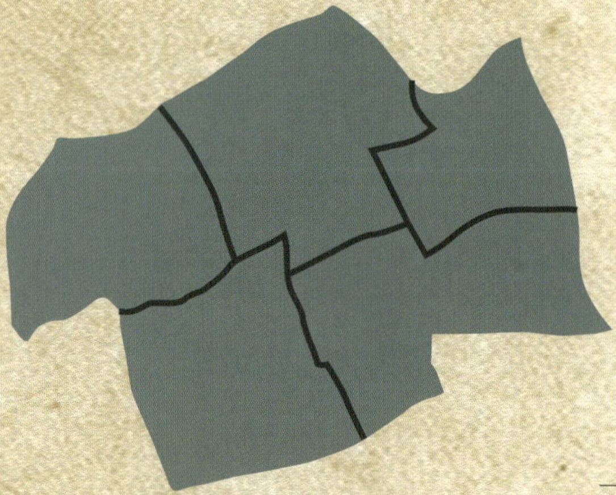

- 面积：7.62平方公里
- 户籍：102529户
- 户籍总人口：302269人
- 人口密度：每平方公里39668人
- 百岁老人：135人

二、税收总收入（万元）

三、区级财政收入（万元）

四、2011年五大产业税收（万元）及比重(%)

- 商贸流通业　720584（33.13%）
- 专业服务业428190（19.69%）
- 房地产业 294165（13.52%）
- 金融业　284230（13.07%）
- 文化创意服务业 266171　（12.24%）

五、税收过亿元的楼宇数量（幢）

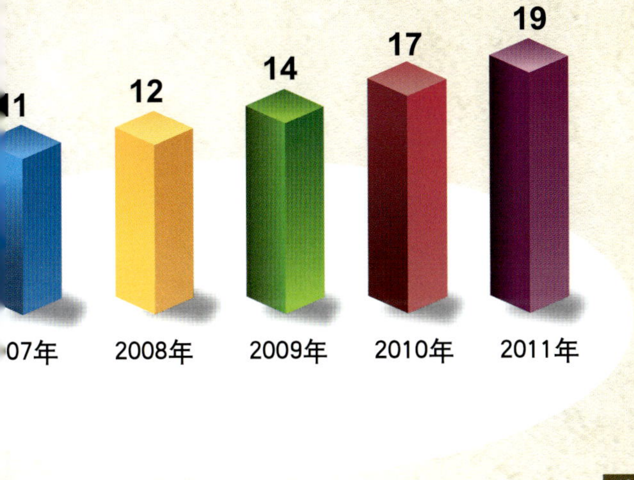

六、社会消费品零售总额（万元）

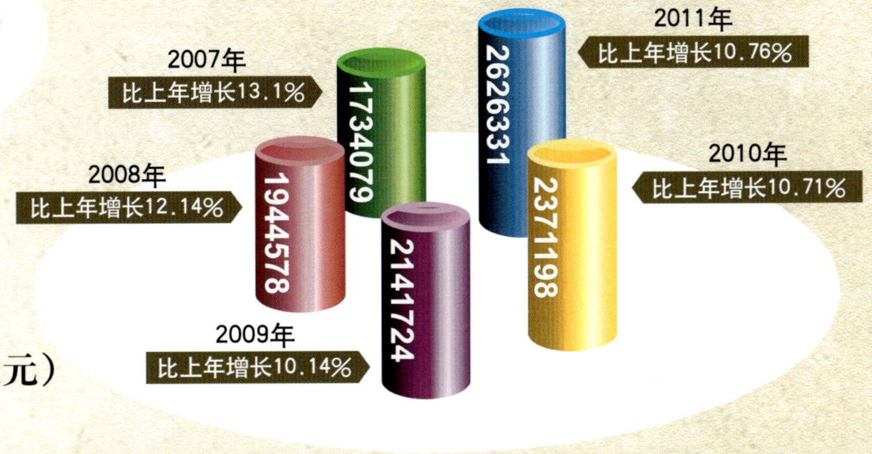

七、外商直接投资资金到位额（万美元）

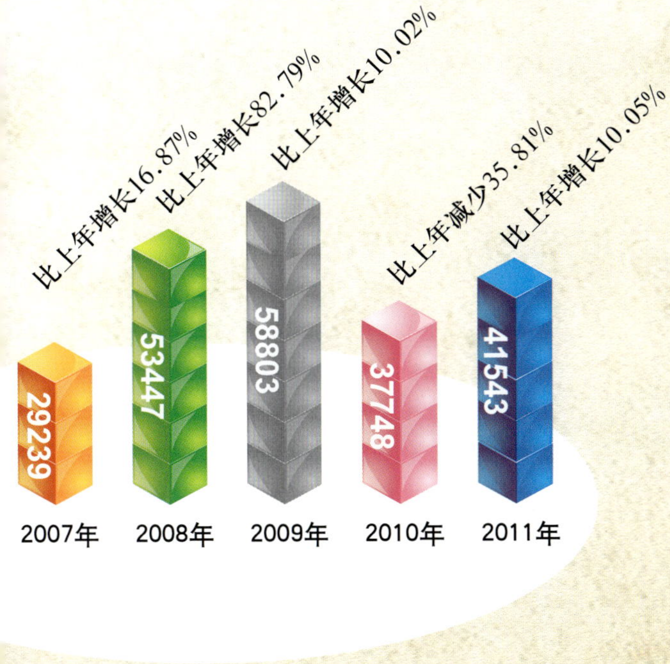

八、注册企业总户数及注册资金

2007年

注册企业8824户；注册资金509.43亿元

2008年

注册企业15800户；注册资金505.90亿元

2009年

注册企业15616户；注册资金507.15亿元

2010年

注册企业12414户；注册资金656.51亿元

2011年

注册企业12614户；注册资金741.83亿元

10 月 21 日，区四套班子领导察看区选民公示榜，并了解自己所属的选民小组 （《静安时报》 供稿）

12 月 29 日，第九届中共静安区委常委班子与老同志见面会暨情况通报会在区老干部活动中心举行 （区老干部局 供稿）

9 月 27 日，2011 年福布斯 · 静安南京路论坛在“800 秀”创意产业园区举办　　（区商务委　供稿）

9 月 27 日，国际创意产业界著名专家、英国经济学家约翰 · 霍金斯 (John Howkins) 在 2011 年福布斯 · 静安南京路论坛上作题为“设计与时尚的未来”的演讲
（区商务委　供稿）

4 月 20 日，国务院特殊津贴专家颁证仪式在明天广场举行

（区工商联　供稿）

12 月 28 日，上海瑞力新兴产业平行基金成功募集庆典仪式在华尔道夫酒店举行。市委常委、副市长屠光绍（左五）出席。

（区金投办　供稿）

11 月 9 日，上海静安甬商汇小额贷款股份有限公司开业庆典在延安饭店举行　（区金投办　供稿）

6月20日，静安区庆祝中国共产党成立90周年文艺演出在区青少年活动中心剧场举行

（《静安时报》 供稿）

10月11日，区第一批经济适用住房摇号排序现场会在云峰剧场举行

（《静安时报》 供稿）

4月26日，上海众恒科技研发大楼奠基仪式在国家863软件专业孵化器（上海）基地（闵行区浦江镇）举行

（区工商联 供稿）

7 月 23 日，中共中央早期在沪革命遗址纪念标志揭幕仪式在静安雕塑公园举行　（区委党史研究室　供稿）

10 月 13 日，静安区党员服务中心揭牌

（区委组织部　供稿）

10 月 13 日，静安区社会建设工作领导小组成员单位培训班结业典礼暨上海市委党校城市社会研究所静安城区社会研究室及干部教育培训基地揭牌仪式在区委党校举行

（区委党校　供稿）

11 月 3 日，静安区商务系统“六比”劳动竞赛暨职能技能展示活动在上海旅游培训中心举办
（区商务委　供稿）

9 月 28 日，新版《个人所得税法》宣讲座谈会在“800 秀”创意产业园区会议中心举行
（税务静安分局　供稿）

6 月 2–6 日，“老字号 · 新活力”九百集团自主品牌展销会在静安寺步行街举行
（九百集团　供稿）

5 月 11 日，静安区调整完善国资国企管理体制工作交接会在静工集团 3 楼会议室召开

（区国资委　供稿）

9 月 11 日，2011 静安国际购物嘉年华暨静安金秋都市游活动在吴江路休闲街开幕

（区旅游局　供稿）

10 月 25 日，荷兰食品推广日活动在吴江路休闲街举办　（区外事办　供稿）

6月11日，“薪火相传、技艺延承”——逸夫职校学生拜师学艺活动正式启动。图为逸夫职校学生向鸿翔大师的拜师仪式

（开开集团　供稿）

11月26日，中进汽贸上海进口汽车贸易有限公司参展2011上海国际汽车改装博览会

（九百集团　供稿）

11月，静安区龙凤旗袍在法国卢浮宫展示

（开开集团　供稿）

7月27日，静安区卫生监督所检测水质，保障上海世游赛

（区卫生局　供稿）

6月27日，静安区环境监测站工作人员在监测汽车尾气

（区环保局　供稿）

3月17日，静安区质量技术监督局联合市纤维检验所开展服装生产企业执法检查

（区质量技监局　供稿）

6月1日，毛泽东的孙子毛新宇（左五）携夫人（左三）到茂名路毛泽东旧居参观

（区文化局　供稿）

6月29日，静安区民间工艺协会在江宁路社区党员服务中心举办“民间奇葩绽异彩”民间工艺精品展示活动　（《静安时报》　供稿）

11月13日，“辛亥革命前后期的蔡元培”图片展览在蔡元培故居前举行，纪念辛亥革命100周年

（区文化局　供稿）

7 月 17 日，以区域科技创新发展为主题的院士座谈会在区政府会议中心举行

（区科委　供稿）

4 月 8 日，“慈善进楼宇”公益项目启动仪式在南京西路社区（街道）张园举行

（区慈善基金会　供稿）

11 月 24 日，首届全国部分省市艺术特色中学校长论坛在复旦大学上海视觉艺术学院附属中学举行

（《静安时报》　供稿）

4 月 20 日，上海·静安现代戏剧谷 2011 壹戏剧大赏在“800 秀”创意产业园区举行　（《静安时报》 供稿）

社区戏剧《风波》在 2011 壹戏剧大赏中获最佳剧目奖

（《静安时报》 供稿）

8 月 15 日，台湾知名歌手、作家、主持人及演员伊能静到静安区阳光家园与残疾人交流

（《静安时报》 供稿）

5月4日，静安区残联在三义坊居民区安置便携式轮椅升降机（又称爬楼机），方便老人上下楼

（《静安时报》 供稿）

8月21日，首届“丛学娣杯”篮球友谊赛在静安城市雕塑公园篮球场举行

（《静安时报》 供稿）

9月29日，由市计生协、南京西路社区计生协联合举办的独生子女空巢家庭重阳联谊会在张园大客堂举行

（区计生委 供稿）

4 月 8 日，石门二路街道双语调解志愿者工作室成立仪式在国际丽都小区活动室举行

（石门二路街道　供稿）

7 月 28 日，评估员在静安寺社区（街道）老年人日间服务中心检查评估　（区民政局　供稿）

9 月 26 日，南京西路社区（街道）金婚感恩庆典在福民会馆举行　（《静安时报》　供稿）

三阳盛

立 丰

西区老大房

新长发

雷允上

龙凤

鸿翔

亨生

大美华

正章

（《静安时报》、开开集团　供稿）

南京西路人行护栏花架

民立中学屋顶绿化

南京西路沿线透墙绿化

常德路沿街花街

延安高架路沿线房屋窗台绿化

华山路花街

（《静安时报》、区绿化市容局　供稿）

静安区行政

(2011

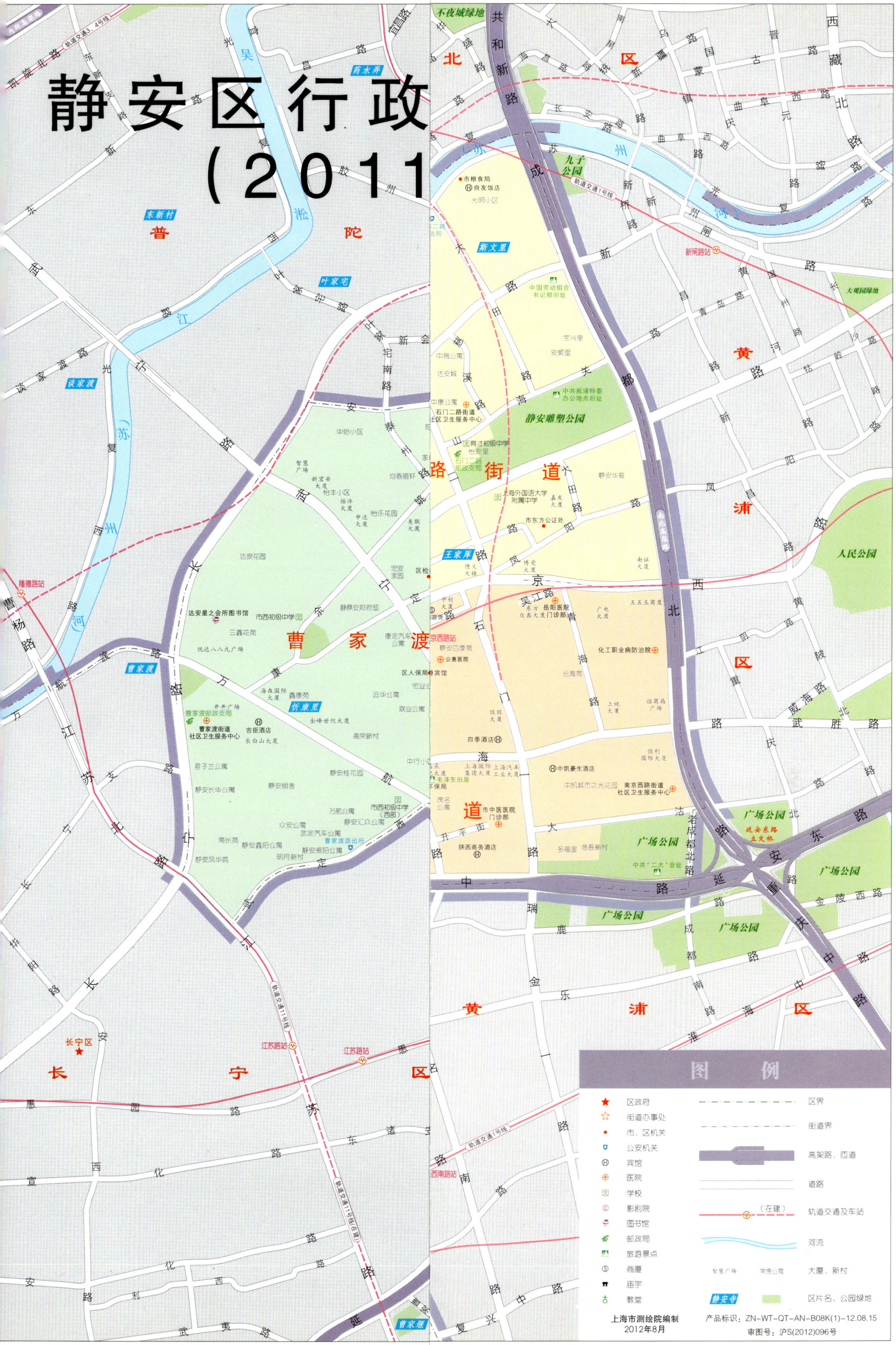

普
陀
东新村
叶家宅
药水弄
谈家渡
曹家渡
忻康里
王家库
斯文里
北
区
黄
浦
区
静安雕塑公园
人民公园
九子公园
广场公园
大观园绿地
不夜城绿地
路
街
道
曹
家
渡
长
宁
区
长宁区
江苏路站
隆德路站
新闸路站
曹家渡街道社区卫生服务中心
石门二路街道社区卫生服务中心
南京西路街道社区卫生服务中心
市西初级中学
上海外国语大学附属中学
育才初级中学
岳阳医院
市中医医院门诊部
化工职业病防治院
中共淞浦特委办公地点旧址
中国劳动组合书记部旧址
达安星之会所图书馆
四季酒店
中凯豪生酒店
陕西商务酒店
吉臣酒店
良友饭店
市粮食局
市东方公证处
静安寺
图例
区政府
街道办事处
市、区机关
公安机关
宾馆
医院
学校
影剧院
图书馆
邮政局
旅游景点
商厦
庙宇
教堂
区界
街道界
高架路、匝道
道路
轨道交通及车站
（在建）
河流
大厦、新村
区片名、公园绿地
上海市测绘院编制
2012年8月
产品标识：ZN-WT-QT-AN-B08K(1)-12.08.15
审图号：沪S(2012)096号

编辑说明

一、《静安年鉴》是由静安区人民政府主办、上海市静安区年鉴编纂委员会主持编纂、《静安年鉴》编辑部编辑的地方综合年鉴。《静安年鉴（2012）》是全面、系统记录2011年度静安区自然、政治、经济、文化、社会等领域信息的资料性工具书。

二、《静安年鉴》以马列主义、毛泽东思想、邓小平理论和“三个代表”重要思想为指导，深入贯彻落实科学发展观，翔实记载静安物质文明、政治文明、精神文明、社会文明、生态文明建设中的大事、要事、新事、特事，为静安区社会主义现代化建设服务。

三、《静安年鉴》创刊于1999年。本年鉴为第十五卷，记事时间从2011年1月1日至2011年12月31日。部分事件记述有前溯或后延。年鉴采用条目体，分类编辑，分栏目、分目、条目3级结构层次，根据内容关联程度，各栏目设置“综述”或“概况”。条目是信息资料的主要载体。全书共列32个栏目，169个分目，1154个条目，26个参见条目，76张表格。条目标题以【　】内文字内容表示。

四、《静安年鉴（2012）》的框架设计突出时代特征、年度特点和静安特色。特设《静安区加强社会组织建设的调研报告》和《加强“白领驿家”建设的调研报告》。

五、《静安年鉴（2012）》先进人物、先进集体选收2011年度市级以上的先进人物和先进集体。

六、本年鉴的内容，由有关单位提供资料或直接撰稿，经各单位和各级领导审阅后定稿。统计资料栏目内容由区统计局提供，正文中数据由各部门提供，由于部门间统计口径不尽一致，个别数据可能存在差异。

《静安年鉴》编辑部地址：上海市江宁路575号2楼。邮政编码：200041。电话和传真：021-62871621。2006年后出版的《静安年鉴》已在上海市静安区门户网站上公布，网址：www.jingan.gov.cn。

《静安年鉴》编辑部

2012年9月

目 录

六、民主党派·人民团体

七、金融业·专业服务业

八、商业商务

九、房地产开发与管理

十、宾馆业·会展业·旅游业

十一、集团公司·有限责任公司

十二、私营经济

十三、综合经济管理与监督

十四、城区建设与管理

十五、环境保护

十六、交通·邮电·公用事业

十七、科学技术·信息化

十八、教　育

十九、文　化

二十、卫　生

二十一、体　育

二十二、民　政

二十三、社会生活

二十四、社区(街道)

二十五、人物·先进集体

二十六、统计资料

索　引

宣传彩页

特 载

建设国际静安 构建和谐家园 努力开创现代化国际城区新局面

——2011年12月20日在中国共产党上海市静安区第九次代表大会上的报告

中共静安区委书记 龚德庆

同志们：

现在，我代表中共上海市静安区第八届委员会向大会作报告。

中国共产党上海市静安区第九次代表大会，是静安改革发展进入关键时期召开的一次重要会议。这次大会的主要任务是，高举中国特色社会主义伟大旗帜，以邓小平理论和"三个代表"重要思想为指导，深入贯彻落实科学发展观，紧紧围绕上海发展大局，全面落实市委、市政府战略部署，以开放的胸怀、创新的意识，建设国际静安，构建和谐家园，全面推进区域经济、政治、文化、社会和党的建设，在上海的中心区域，树立起一个开放和谐、繁荣繁华的现代化国际城区新形象，为上海建设社会主义现代化国际大都市作出应有的贡献。这是市委、市政府的殷切希望，是静安干部群众的共同追求，也是本次大会的庄严使命。

一、过去五年工作回顾

过去的五年，是静安发展进程中极不平凡的五年。面对复杂的国内外环境，在市委的坚强领导下，区委团结带领全区干部群众，解放思想、奋发进取，扎实推进现代化国际城区建设，取得了来之不易的成绩。

（一）党的领导不断加强，核心作用充分体现。按照民主集中制的要求，探索创新地方党委领导体制和工作机制，区委总揽全局、协调各方的能力不断增强。加强制度建设，区委全委会、区委常委会工作规则不断规范，"三重一大"决策制度不断完善。通过加强对区人大、区政府、区政协党组的领导，保证了人大及其常委会依法行使各项职权，政府职能加快转变、行政能力不断增强，政协政治协商、民主监督、参政议政的职能得到积极发挥，工青妇等人民团体、民主党派和工商联在推进中心工作中的作用进一步体现。大力开展"共同行动"区域化党建主题实践活动，以街道党组织为核心、居民区党组织为基础、驻区单位党组织和社区全体党员共同参与基层党建的格局更加完善，单位党建、区域党建、行业党建互联、互补、互动的工作体系基本建立，基层党组织的战斗堡垒作用、党员的先锋模范作用进一步发挥。

（二）发展规划日趋完善，发展目标深入人心。紧扣市委、市政府对中心城区的发展定位，以改革创新的精神和求真务实的态度，提出了"建设现代化国际城区"的奋斗目标，把静安发展推向新的高度。按照"创新驱动、转型发展"的要求，围绕上海建设"四个中心"的大局，深入开展"国际静安大讨论"等活动，发展思路由"外向型"向"开放型"深化，城区规划从"一轴两翼、南留北改"优化为"一街五区、南改北建"，"建设国际静安、构建和谐家园"的发展目标得到广泛认同。以此为引领，推动制定了国际静安指标体系，科学编制了区"十二五"发展规划，确立了建设"国际商务港、平安城区、和谐城区、文化城区、文明城区"等阶段性发展目标，现代化国际城区的内涵不断丰富，新一轮的区域发展定位更加清晰、方向更加明确。

（三）产业结构不断优化，区域经济健康增长。坚持以经济建设为中心，沉着应对国际金融危机带来的不利影响，大力推进国际商务港建设。聚焦静安南京路的功能提升和形态开发，着力提升产业集聚度和能级，商业商务综合配套环境更加完善，国际知名企业地区总部和高端品牌进一步集聚，以商贸流通业、专业服务业、金融服务业、文化创意产业和房地产业为重点的现代服务业持续发展，开放型经济发展格局基本形成。国资国企改革取得新进展，区属国有企业在促进区域发展中的作用得到进一步发挥。预计2011年，我区税收总收入和区级财政收入分别可达到218亿元左右和75亿元左右，两项指标在全市中心城区的排名都名列第三位。其中，楼宇经济保持中心城区领先地位，全区“亿元楼”数量达到19幢；涉外企业上缴税收总量超过130亿元，位列中心城区第一；现代服务业税收占总税收比重达到95%以上。经过五年的努力，全区税收总收入和区级财政收入实现翻番，区域经济呈现出有质量、有效益、可持续的健康增长态势。

（四）城市建设扎实推进，形象品质同步提升。坚持形态与功能并举、服务发展与改善民生同步，城市建设在攻坚克难、化解矛盾中有序推进。越洋广场、会德丰广场、嘉里二期、大中里等一批对区域发展有长远影响的重点项目、重点楼宇，相继开建或投入使用，全区商业商务楼宇面积总量达到410万平方米。吴江路等6条专业街建设初见成效，商业商务功能进一步提升。城区基础设施建设扎实推进，万航渡路和常德路拓宽、静安寺交通枢纽、静安雕塑公园一期等工程如期完工。坚持整街坊改造和零星拔点相结合，稳妥推进旧区改造。五年来，拆除旧里地块30幅、面积18万平方米，为1.1万户居民改善了居住条件。积极落实保障性住房政策，大力推进老式居民小区综合整治，居民居住环境得到明显提升。

（五）发展成果惠泽民生，社会事业协调推进。聚焦青少年、老年人、白领等重点群体的民生需求，不断加大公共财政投入，以改善民生为重点的社会建设取得新成效。大力推进教育均衡优质发展，精品教育再上新台阶，终身教育体系更加完善，形成了一批富有特色、影响力强的静安教育品牌。探索社会化养老模式，精心打造“乐龄家园”等服务载体，不断满足老年人就餐、就医、文化生活等需求。创设“白领驿家”等平台，推动白领工作、学习、生活环境持续改善。每年超额完成促进就业各项指标，劳动保障政策落实到位，区域劳动关系保持和谐有序。发挥科创资金效能，积极做好节能减排、环境保护、信息化建设等工作。社区商业紧贴民生需求，“田头到餐桌”的对接供应模式取得成效。公共文化活动和全民健身运动蓬勃开展，形成现代戏剧谷、楼宇体育等一批特色品牌。整合优质资源，积极打造区域医疗联合体，公共卫生服务水平不断提升，人均期望寿命等居民健康主要指标达到发达国家平均水平。区第二轮修志工作进展顺利。帮困、助残等工作步入全国先进行列。高度重视社会组织发展，创新了“1+5+X”的枢纽型管理模式，大力支持社会性、专业性、公益性社会组织健康成长，涌现了一批具有社会影响力的领军人物。充分发挥街道服务民生的基础性作用，建立街道财力保障机制，相继建成社区事务受理服务、卫生服务、文化活动、生活服务、综治工作和党员服务等“六个中心”。

（六）创新城区管理模式，成功创建文明城区。坚持把迎奥运、争创全国文明城区、迎接和服务世博等工作，作为推进现代化国际城区建设的抓手。我们统筹全区各方资源，广泛动员群众参与，一点一滴积累，一步一个台阶，各项工作得到扎实推进。针对城区管理的实际情况，坚持创新体制机制，提升工作水平。从理顺条块关系入手，按照“归口管理、明晰职责，扁平运作、高效行政”原则，创新城区管理扁平化模式，街道管理机制进一步优化，行政执法联动效能初步显现，城区管理效率和水平不断提高。“网格化发现、扁平化处置、信息化监管”的市容环境管理机制基本形成，“六乱”等城区管理顽症得到有效治理。经过全区上下的共同努力，2009年静安获得“全国文明城区”称号。以巩固创建成果为契机，紧扣“城市，让生活更美好；静安，为世博添光彩”的主题，聚焦推进发展、改善民生中的重点项目，深入做好迎世博600天行动和服务世博工作，在全市八次世博百日文明指数测评中，获得六次第一。

（七）平安建设有序推进，社会保持和谐稳定。不断强化“发展是第一要务、稳定是第一责任”意识，认真执行“一岗双责”，全力维护区域稳定。落实信访工作机制，一批历史遗留矛盾得到妥善处置，信访工作考核多次获得全市第一。坚持“打防结合、预防为主，专群结合、依靠群众”原则，完善社会治安防控体系，健全社会预警和应急联动机制，依法打击犯罪活动，刑案发案绝对数和发案率持续保持中心城区最低。推进减少和预防犯罪工作体系建设，人民调解和社会化帮教工作成效明显，街道综治工作中心建设走在全市前列。居委会建设不断加强，居民区基层民主自治模式更加健全。食品安全监管和整治力度不断加大，建筑市场和安全生产领域专项整治工作有序推进。社会管理创新综合试点工作科学规划、稳步实施。坚持党管武装原则，人民武装和国防动员工作取得新成效。

（八）队伍建设不断加强，综合素质得到提高。开展深入学习实践科学发展观活动、创先争优活动，党员干部理想信念教育不断深化，服务群众、推动发展的意识和能力得到提升。加大干部外向型培训力度，学习借鉴发达国家和地区的先进理念，干部国际化视野得到进一步拓展。深化干部人事制度改革，干部考核的科学性、评价的准确性、使用的合理性、选拔任用的公开性进一步增强，一批优秀的中青年干部走上领导岗位，干部队伍结构得到进一步优化。深入开展“讲党性、重品行、作表率”教育，党风廉政建设责任制进一步落实，群众满意度明显提升。积极发展党内民主，探索完善党代会代表任期制，建立健全区委委员联系党代会代表、代表联系党员、党员联系群众的工作机制，密切联系群众的作风得到进一步发扬。

各位代表、同志们，过去的五年，是充满发展机遇的五年，也是经受严峻考验的五年。回顾五年工作历程，主要有以下一些体会。

一是，必须坚持加强和改进党的领导。办好静安的事情，关键在党。五年来，我们围绕“把好方向、管好干部、抓好合力、搞好监督”的职责定位，不断健全“一个核心、三个党组、六个大口”的领导体制，不断完善总揽全局、协调各方的工作机制，不断规范“集体领导、民主集中、个别酝酿、会议决定”的工作制度，针对区域发展中全局性、战略性、前瞻性的重大问题，总揽而不包揽，协调而不替代，督办而不代办，形成了区四套班子团结一心、步调一致推进现代化国际城区建设的领导格局，开创了全区上下聚精会神搞建设、一心一意谋发展的新局面。实践证明，只有牢牢坚持党的领导不动摇，我们的事业才能不断取得更大发展。

二是，必须坚持立足大局谋划发展。一个城区的发展，只有从时代和大局的坐标上去思考，才能准确把握科学发展的路径。在过去五年谋划静安发展过程中，我们努力在世界格局中、中国变化中、上海需要中，寻找最佳的立足点和着力点。在确定发展方略上，我们充分研究了静安的历史、发展的现状，对标世界级城市标志性城区水平，提出了建设现代化国际城区的战略目标，为静安发展拓展了更大空间。在发展区域经济方面，我们深入分析国内外经济发展趋势、兄弟区同构化竞争激烈等情况，坚持“错位发展、以高取胜”，确保了楼宇经济的领先优势。在推进社会建设方面，我们认真领会中央和市委要求，分析全国发展形势，加强系统理论研究，大胆探索创新，各项工作取得宝贵经验。实践证明，只有站在全市、全国乃至国际发展的大局下，来审视静安发展，我们才能不断突破自身局限、引领未来发展。

三是，必须坚持发展成果由人民群众共享。民为邦本，本固邦宁。发展的根本目的，就是不断改善民生，增进人民福祉。五年来，我们在经济发展的基础上，围绕人民群众最关心、最直接、最现实的利益问题，紧密结合区域人口结构特点，在推进助老服务、发展社会事业、提高居住品质、优化商务环境等方面，不断加大公共财政投入，完成了一大批实事项目，人民群众的生活品质不断提高，满意度不断增强。实践证明，只要我们坚持发展为了人民、发展依靠人民、发展成果由人民共享，诚心诚意听民意，实实在在惠民生，就一定能够凝聚民心、汇聚民智，实现共建共享。

四是，必须坚持用开放的思路推进发展。静安的活力源于开放，静安的优势形成于开放，静安的发展有赖于开放。正是因为开放，一幢幢高品质的税收“亿元楼”拔地而起，进入上海的世界一线时尚品牌90%落地静安，梅、泰、恒“金三角”和静安寺地区“金五星”成为时尚高地的标志；正是因为开放，一个个高能级的企业总部纷至沓来，静安涉外企业上缴税收的总量位列中心城区首位，以楼宇经济为特色的现代服务业形成了先发优势；也正是因为开放，丰富了静安中西合璧、古今交融的文化底蕴，形成了各方宾朋近悦远来的繁华局面。历史和现实反复证明，静安坚持走以开放促发展的道路，不仅有深厚的历史积淀，更有很大的拓展空间。

五是，必须坚持高标准推进各项工作。静安区域面积小，无法拼规模、比体量。只有把握工作标准的制高点，才能赢得发展的主动权。五年来，我们坚持把学习国际标准与具体工作有机结合起来，提出了“高水平定位、高起点规划、高标准执行、高效率推进、高质量完成”的总体要求，有力地推动了各行各业工作作风的转变，增强了各级干部按照高标准、严要求推进工作的自觉意识，经济繁荣、环境优美、服务高效、文明有礼的城区形象得以初步形成，为成功创建全国文明城区、服务世博盛会奠定了扎实基础。实践证明，只有坚持志存高远，精益求精，追求卓越，静安才能以一流的综合优势，有效把握各种发展机遇。

各位代表、同志们，回顾过去的五年，探索充满艰辛，成绩来之不易。我们之所以能在复杂环境中取得成绩，归功于党中央重大战略思想的正确指引，归功于市委、市政府的坚强领导，归功于全区党员干部群众同心同德、艰苦奋斗，归功于静安历届区委和老领导、老同志奠定的坚实基础。同时，也离不开全市各部门和兄弟区县的鼎力相助，离不开社会各界的大力支持。在此，我谨代表中共静安区第八届委员会，向全区广大党员、干部和人民群众，向各民主党派、工商联、无党派人士，向为静安改革发展稳定作出贡献的离退休老同志们，向所有关心支持静安发展的社会各界人士和海内外朋友们，致以崇高的敬意和衷心的感谢！

在回顾过去、肯定成绩的同时，我们也要清醒地看到，区域经济社会发展中存在一些瓶颈和难题，主要表现在：如何使静安经济在较高增长基数上再发展，任务十分艰巨；如何创新公共服务体系，满足民生需求，从“保基本”向“均衡化”发展，任务还很繁重；如何在利益多元、矛盾复杂的背景下，引导人们形成正确的价值观，我们任重而道远。

特别是“11·15”特大火灾事故，造成58人遇难、71人受伤，给人民群众的生命财产造成严重伤害，给上海的发展带来重大负面影响，我们深感痛心。火灾事故的发生，暴露出我们在党要管党、从严治党以及依法行政、按章办事、监督管理等方面存在的严重不足，反映了一些干部法治意识不强、依法办事能力不够、制度执行不严等问题。对于这些问题，必须加大整改力度，努力加以解决。

五年的奋斗，五年的探索，给我们留下了宝贵的经验，也留下了深刻的教训。五年丰富而艰苦的实践，得出的重要启示是：必须坚定不移地扩大开放，必须矢志不渝地依法治区。

坚持扩大开放，是建设国际静安的不竭动力。静安区域面积小、回旋余地不大，这是我们当前无法回避的制约因素。在世情、国情和上海市情发生深刻变化的今天，静安要从面积小区走向发展强区，需要我们站在更高的起点上，不被传统束缚，不受地域局限，用更加开阔的视野、更加包容的心态，整合好区属、区域资源，调动好体制内、体制外力量，利用好国内、国际两个市场，不求所有、但求所用，内外联动、互利共赢，推动静安从经济建设领域的开放，走向社会建设、文化建设等多层次、全方位、宽领域的开放发展之路。

坚持依法治区，是构建和谐家园的坚固基石。惨痛的教训不应该轻易忘记，血的代价让我们时刻警醒：严格依法行政、切实按章办事，是我们须臾不能忘记的重大守则。在当前市场经济深入发展、利益复杂多元、社会矛盾凸现、管理难度加大的形势下，全区各级党政组织，特别是各级领导干部，要切实增强法制观念，不断提高依法办事能力，更加注重依法执政、民主决策，更加注重依法行政、增强公信，更加注重司法公开、公正司法，更加注重民主监督、依法管理，切实增强广大市民的法律意识、责任意识。我们要牢牢铭记，越是工作重要，越是事情紧急，越是矛盾复杂，越是要依法合规、按章办事，坚持用法治的思维、科学的方法克服前进中的困难，努力为构建和谐家园提供坚强的法治保障。

各位代表、同志们，开放发展之路崎岖漫长，依法治区之路任重道远。我们深信，有中央和市委的坚强领导，有多年来改革发展的坚实基础，有全区人民的共同努力，建设现代化国际城区的道路会越走越宽广，静安的明天一定会更加美好！

二、今后五年的目标和任务

今后五年，将是静安扎实推进现代化国际城区建设的重要时期。当前，经济全球化深入发展，我国国际地位不断上升，为开放型的静安发展带来新机遇；上海坚持创新驱动、转型发展，加快推进“四个率先”，加快建设“四个中心”，为高起点发展的静安拓展了新空间。当下的静安，要坚定不移地走科学发展之路，更加注重增强发展动力，更加注重优化发展途径，更加注重提高发展质量，更加注重丰富发展内涵。在促进区域经济健康增长的同时，更加注重基层民主建设，更加注重文化建设，更加注重社会建设，在建设现代化国际城区的进程中，努力实现经济社会协调发展。

根据市委、市政府对中心城区的发展要求，综合考虑静安的发展环境、阶段特征和基础条件，今后五年发展的指导思想是：高举中国特色社会主义伟大旗帜，以邓小平理论和“三个代表”重要思想为指导，深入贯彻落实科学发展观，积极适应国内外形势新变化，紧紧围绕上海加快推进“四个率先”、加快建设“四个中心”和社会主义现代化国际大都市大局，牢牢把握“开放促发展、法治筑和谐”的主基调，按照“高起点、开放型、国际化”发展思路，建设国际静安，构建和谐家园，努力开创现代化国际城区新局面。

今后五年发展的奋斗目标是：坚持“发展为先、平安为重、民生为本、文化为魂、创新为要”的原则，加快推进国际商务港、平安城区、和谐城区、文化城区和文明城区建设。建立与国内外市场相衔接的开放型经济发展模式，现代服务业集聚度和能级进一步提升，区级财政收入年均增长8%左右。社会管理创新不断加强，城区管理体系更加健全，公共服务体系日臻完善，人民群众多样化的物质文化需求得到不断满足，幸福感进一步提高。城区文明程度持续提升，环境品质不断优化，依法治区全面推进，市民的社会责任意识和法制观念不断增强，区域化党建格局更加健全，干部队伍综合素质进一步提升。

今后五年的主要任务是：

（一）扩大开放，提升能级，全力推进国际商务港建设。保持区域经济可持续发展，是建设现代化国际城区的第一要务。要准确把握时代脉搏，敏锐判断国内外发展形势，自觉站在全局的高度，始终紧紧扭住“建设国际商务港”这一核心任务不动摇，坚持“错位发展、以高取胜”，以开放促发展、促改革、促创新，着力提升发展能级，不断拓展区域经济新的发展空间。

坚持规划先行先导。区“十二五”规划是全区广大党员干部和人民群众智慧的结晶，是指导静安今后一段时间经济社会发展的纲领性文件。要牢固树立规划先行先导理念，依托各类载体广泛宣传、深入学习规划纲要，使之真正成为全区干部群众共同的行动指南。要聚焦重点领域，充实完善现代化国际城区指标体系，深化细化专项规划，把“十二五”规划确定的目标任务，转化为推进发展的实际行动。按照“工作项目化、项目责任化”要求，明确阶段性重点工作，加大监督考核力度，确保规划目标扎实推进、有效实施。认真处理好土地利用规划、空间布局规划和经济社会发展规划三者间关系，加强统筹协调，调整完善发展规划，努力促进城区品质全面提升。

加快城区功能开发。深入推进城区功能和形态开发，事关发展大局，事关城区形象，事关民生改善。要进一步落实“一街五区、南改北建”城区总体规划，落实重大项目协调推进机制，加快嘉里二期、大中里综合开发等重点项目建设，力争新增商业商务楼宇面积100万平方米。深化静安南京路现代服务业集聚区功能布局和产业规划，不断巩固梅、泰、恒地区品牌地位，持续提升静安寺地区“金五星”商圈品牌形象，加快推进石门路地区开发建设，促进区域功能整体提升。按照各具特色、功能互补、错位发展、衔接呼应的要求，加快静安南京路周边街区功能置换和产业升级，深入推进陕西北路中华老字号一条街、吴江路休闲街等专业街建设，继续推动线型商业街向块状商务商业圈发展。稳步推进滨河现代服务业集聚区、昌平路创意产业集聚带和曹家渡休闲商务生活区建设，着力打造新亮点。进一步加强南部区域老建筑保留保护，加快历史风貌区功能开发。

提升经济发展能级。静安只有在服务上海、服务大局中，不断开拓创新，才能找到推动区域经济发展的持续动力。要紧紧围绕上海建设“四个中心”这个大局，前瞻思考，主动对接，不断优化服务经济产业结构，实现区域经济又好又快发展。要依托高品质的商业商务楼宇载体，坚持招大引强，进一步集聚符合城区发展定位、处于行业领先水平、具有辐射带动作用的高能级企业。要扩大发展商贸流通业，加大高端品牌引进力度，创新电子商务贸易模式。加快发展专业服务业，加速形成成熟的专业服务市场。立足区域特点，着力推动金融机构集聚，形成金融服务业多样化发展格局。抓住文化产业创新改革的历史机遇，推动文化创意产业跨越式发展。协调发展房地产业，积极推进商务楼宇二次开发。要坚持“市场、国有、区属”定位，深化国资国企改革，落实现代企业制度，完善国企法人治理结构，推进国资国企资源整合和优化配置，建立健全管人、管事、管资产相结合的一体化国有资产监管体制，不断提升国资国企对区域经济社会发展的贡献度。

打造良好发展环境。环境也是生产力，良好的发展环境是促进经济发展的有力保障。要以“智慧商务、智慧政务、智慧社务”为主题，大力推进智慧城区建设，努力创造高效、便捷的综合服务环境。加大公共财政资金的投入力度，推进城市光网、无线城市等信息基础设施建设，为商业商务发展提供信息化支撑。加强对现有信息资源和信息系统的整合，建设统一、规范的政务资源中心和集成、高效的公共管理应用平台，不断提升行政服务水平和行政效能。着眼于公众关注度高、生活关联度大的民生领域，积极推广智能技术在城市安全、民生保障、城区管理等方面的运用，努力为静安市民创造和谐、宜居的工作生活环境。

完善楼宇联盟运作机制，加强政府与区域企业间的交流沟通，增强企业间的联系合作，为提升静安楼宇经济品质增添活力。积极营造有利于中小企业发展的政策环境和发展空间，充分发挥非公有制经济在增强城区活力、推动产业转型、促进就业等方面的重要作用。

（二）以人为本，创新管理，发动各方共建和谐家园。构建和谐家园，是建设现代化国际城区的根本目的。要在保持经济又好又快发展的同时，更加注重以改善民生为重点的社会建设，努力构建全体静安人“共有、共商、共治、共享”的和谐家园，形成静安和谐人人有责、和谐静安人人共享的生动局面。

促进公共服务均衡优质。进一步优化基础教育，深入推进学习型城区建设，推动市民教育多元化发展，努力打造素质教育最佳实践区。大力推进健康城区建设，深化医药卫生体制改革，不断完善公共卫生体系。因地制宜规划布局文化体育设施，积极拓展新载体，广泛开展全民健身活动。按照“尽力而为、量力而行”的原则，平稳推进旧区改造。完善符合区情实际的住房保障供应和管理体系，不断提高旧住宅小区物业管理一体化水平，多渠道改善居民居住条件。实施积极的就业政策，发挥创业带动就业的倍增效应，全力做好青年和困难群体就业援助工作。适应老龄化进程需求，健全以居家养老为基础、社区服务为依托、机构养老为补充的养老助老模式。建成区老年健康中心和老干部活动中心。关注白领群体需求，探索建立社区食堂，推广楼宇服务站模式，做强、做优“白领驿家”品牌。深化残疾人综合服务，改善残疾人生活质量。建立健全政府政策性救助与综合帮扶、慈善帮困相结合的社会救助帮困工作机制。

大力推进社会管理创新。安定有序的社会环境，是人民群众幸福生活的基本前提和重要保证。立足于预防和应对影响群众安危的公共安全事件，健全“党委领导、政府主管、部门协同、分级负责”的管理体系，深入开展宣传教育，提高市民安全意识和自救能力，切实落实企业主体责任，强化行政和行业监管职能，严格标准、严格管理、严格执法、严格问责，全力消除各类隐患，努力确保城区运行安全和生产安全。按照“多方协作、源头治理、依法管理、综合施策”的要求，加强街道综治工作中心等基层平台建设，寓管理于服务，以服务促管理，积极探索创新区域化社会管理模式。坚持“减少存量、控制增量、防止变量”的原则，健全基层矛盾纠纷排查预警机制，优化初信初访处置机制和突发事件应急处置机制，依法推进信访终结制度落实，完善“六位一体”社区大调解工作格局，加大各类矛盾化解，确保城区安全稳定有序。加强国防动员，提升国防后备队伍建设质量。

整洁优美、精致典雅的城区环境，是展示静安良好形象的一张亮丽名片。不断健全快速反应、便捷操作、高效运行的城区管理扁平化模式，严格规范行政执法行为，进一步优化执法流程，健全执法联动机制，形成条条之间、条块之间分工明确、责任到位、高效协同的工作格局。着眼于城区功能的提升，不断改善区域交通运行状况，加强对城区管理顽症的综合整治，确保城区环境常态优良。

强化街道公共服务能力。按照“归口管理、明晰职责，扁平运作、高效行政”原则，坚定不移地推进城区管理体制机制调整优化。围绕街道“组织公共服务、实施综合管理、监督专业管理、协调社区资源、指导自治组织、维护社会稳定”职能定位，在既有工作成效的基础上，以改革创新的精神，进一步理顺和巩固条块协作机制，完善街道部室组织架构、职责定位、运作机制和工作流程，切实把街道的各种资源和力量，更加有效地聚焦到改善民生、促进和谐的工作上来。要提升社区服务业发展内涵，大力推进“便捷生活服务圈”建设，逐步形成网点布局合理、功能配套较全、群众受益较广的社区商业体系。以开展和谐社区建设示范区、示范街道和示范居委会创建活动为抓手，着力完善“六个中心”运行机制，提高标准化程度，拓展服务功能，不断创新联系群众、服务群众的载体和方式，全力打造管理有序、服务完善、民主自治、文明祥和的和谐社区。

完善基层民主自治模式。基层民主是人民当家作主最有效、最广泛的途径。坚持扩大基层民主，健全党组织领导下的基层群众自治制度，畅通民意表达渠道，有效维护群众合法权益。加强居民区建设，进一步理顺各类组织的相互关系，努力构建以居民区党组织为核心、居委会为主体、楼组为基础、其他各种力量为支撑的居民区工作体系。推进居委会换届直选工作，开展居委会民主自治家园建设，落实居务公开，健全居民区重大事项听证制度，建立居民区对政府工作绩效评议制度，切实提高居民群众对社区管理和公共服务的知晓率、参与率和满意率。加强居委会干部、社区工作者队伍建设，健全完善培训考核、薪酬保障等制度，保持队伍的稳定性，提高工作能力和水平。深化政务公开和厂务公开，完善与群众利益密切相关事项的公示、听证、评议等制度，激发群众参与民主管理的积极性。

扩大社会协同参与范围。坚持党建引领，充分发挥工青妇等人民团体和各类社会组织的作用，统筹各类资源，凝聚各种力量，共同参与和谐家园建设。深入开展社区共建共治活动，创新居民区共商议事平台，完善协调利益、反映诉求、化解矛盾的共治机制。发挥街道统筹作用和驻区单位资源优势，帮助居民群众解决急、难、愁问题。加大社会组织的培育力度，不断完善枢纽型社会组织管理模式，加快推进社会组织领军人物和骨干队伍建设。健全政府购买公共服务机制，加快区社会组织服务中心建设，通过更为开放的平台，吸引和培育一批以服务民生、维护稳定为重点的社会组织参与公共服务和社会管理。

（三）把握方向，注重内涵，大力推动城区文化繁荣发展。纵观历史的发展长河，文化始终是一种特殊的力量，在潜移默化、润物无声中，激励人民前进，引领社会进步。静安丰富的人文资源，是提升区域综合竞争力的宝贵财富。要紧紧抓住中央提出建设社会主义文化强国、上海建设文化大都市的机遇，从静安文化底蕴深厚、个性特色鲜明的基础出发，完善和落实文化建设规划，设立静安文化发展资金，大力推动文化发展和繁荣，努力打造具有静安特色的文化城区。

牢牢把握静安发展的价值取向。崇高的理想信念，是凝聚人心、催人奋进的强大精神动力。要坚持把社会主义核心价值体系建设，有机融入到现代化国际城区建设的全过程。大力弘扬以爱国主义为核心的民族精神和以改革创新为核心的时代精神，牢固树立社会主义共同理想，不断增强社会主义意识形态的吸引力和凝聚力，为静安新一轮发展奠定坚实的思想基础。要以“海纳百川、追求卓越、开明睿智、大气谦和”的上海城市精神为引领，积极倡导、大力培育静安人“友善、包容、诚信、守法”的价值取向，激励全区人民充满自信、团结奋斗，共塑静安现代化国际城区良好形象。

完善公共文化服务。坚持以人为本、面向群众，最大限度地满足人民群众多层次、多样化的精神文化需求，是推进文化建设的根本目的。要按照公益性、基本性、均等性、便利性的要求，建立健全稳定的投入机制，进一步优化公共文化服务体系，努力打造“十分钟公共文化圈”。完善区域公共文化设施网络，加快推进区图书馆、数字档案馆建设。加强公共文化产品供给，努力培育、推广喜闻乐见的优秀文化产品。结合不同群体文化需求，贴近生活，创新载体，积极推进社区、楼宇、企业等健康有益的群众文化建设，让人们在丰富多彩的文化活动中升华思想品德、提升综合素质、享受美好生活。

打造城区文化品牌。充分把握静安历史文化底蕴深厚、现代时尚元素汇聚、国际文化交流频繁的特点，按照“科学保护、整体规划、有序开发、合理利用”原则，围绕“名人、名居、名节、名剧”等重点，进一步挖掘、整合人文资源，着力打造具有实践特色、民族特色、时代特色的城区文化品牌。坚持商、旅、文相结合，加大政府投入，完善市场运作，深化现代戏剧谷建设，着力开发以中共二大会址纪念馆为代表的“红色记忆”旅游线路，构造以名人名居为主题的“城市文化印记”，积极推动各项时尚活动的举办，逐步形成具有静安特色的文化名片。依托静安南京路高端品牌集聚的优势，积极开展国际商业街区主题活动，充分展现各类国际品牌的文化内涵。

大力培育文化产业。以文化体制改革为契机，加快形成促进城区文化产业发展的配套政策措施，培育创造有利于文化产业发展的良好服务环境和社会氛围。发挥公共财政对文化产业发展的引导作用，积极培育传媒广告、高端时尚品牌研发设计和展示、戏剧娱乐等具有静安特点的文化创意产业。完善专业化平台建设，依法鼓励多种所有制资本进入文化产业领域，促进文化产业与金融资本有效对接。要创新文化人才工作机制，通过购买服务、组建文化大师工作室等形式，面向海内外大力吸引高层次文化人才，使静安成为各类文化人才创业的热土。

推进文明城区创建。坚定不移地把创建全国文明城区作为一项惠民利民、重塑形象的系统工程，予以扎实推进。积极搭建政府推动、社会参与的互动平台，不断拓展具有静安特色的创建载体，着力提升城区文明水平。大力推进社会公德、职业道德、家庭美德、个人品德等公共道德建设，坚持用社会主义荣辱观引领社会风尚，使“友善、包容、诚信、守法”成为市民的自觉追求，努力形成健康文明的生活方式。结合学习型城区建设，大力开展法制教育和诚信教育，引导市民群众自觉学法、知法、守法、用法，依法有序表达自身利益诉求。

（四）党要管党，从严治党，全面加强和改进党的建设。站在新的起点，面向未来发展，把全区各方力量凝聚起来，关键在于坚持、加强和改善党的领导，以党的建设新成效保证各项工作的贯彻落实。

进一步完善党的领导方式。要坚持按照总揽全局、协调各方的原则，加强区委对区域发展重大问题、重要方面的领导和统筹，把好方向、带好队伍、抓好合力、搞好监督。进一步加强区委对区人大、区政府、区政协的政治、思想和组织领导，通过加强制度建设、推荐重要干部等方式，充分发挥各级党组织和党员领导干部作用，保证党的路线方针政策和区委决策部署的贯彻落实。支持区人大及其常委会依法履行职责，更好地发挥区政协建言献策、服务大局的作用，支持工青妇等人民团体及各类群团组织依法开展工作，支持民主党派、工商联更好履行参政议政、民主监督职能。认真做好民族、宗教、对台和侨务工作。加强党对人民武装的领导。

牢固树立依法执政理念。要不断增强党员干部特别是领导干部的法制观念，本着对党的事业和人民高度负责的态度，带头维护宪法和法律的权威，在推进各项工作中牢固树立依法合规、按章办事的意识。牢牢坚持“有法可依、有法必依、执法必严、违法必究”，支持权力机关、行政机关、司法机关独立负责、协调一致地在法治轨道上开展工作，不断推动依法治区迈上新台阶。

深入开展创先争优活动。开展创先争优活动，是党的建设一项重要的经常性工作，对于保持党同人民群众血肉联系，具有十分重要的意义。要进一步以"推动科学发展、促进社会和谐、服务人民群众"为主题，切实增强服务意识、拓宽服务渠道，充分调动不同单位、不同行业、不同领域的党组织、各类成员，服务基层、服务群众、服务社会，争科学发展之先，创社会和谐之优，深入推进创先争优活动，不断提高人民群众的满意度，努力使基层党组织真正成为推动发展、服务群众、凝聚人心、促进和谐的坚强堡垒。

有序推动党内民主建设。党内民主是党的生命。要认真贯彻民主集中制，进一步加强制度建设，科学划分常委会、全委会、党代表大会决策范围，认真落实常委会向全委会负责、全委会向党代表大会负责，定期报告、通报工作并接受监督的机制。完善党代会代表任期制，保障和推动代表充分履职履责。完善区委决策规则和程序，推进重大决策前听取人大意见、与政协协商、组织专家论证和群众参与等制度落实，推动实现决策科学化、民主化、法制化。健全各级党组织"三重一大"决策制度，明确事项范围，加强监督检查。尊重党员主体地位，全面推进基层党组织领导班子公推直选，积极稳妥推进基层党组织党务公开，落实党员知情权、参与权、监督权，以党内民主带动人民民主。

切实做好新时期群众工作。我们把群众当亲人，群众才会把我们当亲人；我们把群众放在心上，群众才会把我们放在心上。要加强以密切联系群众为重点的作风建设，强化宗旨意识教育，引导全体党员干部牢固树立群众观点，自觉贯彻群众路线。要积极探索开展群众工作的有效途径，健全联系和服务群众制度，深入基层，问政于民、问需于民、问计于民，怀着感情、带着责任，多为群众做好事、办实事，时刻保持同人民群众的血肉联系。充分发挥党代会代表、人大代表、政协委员和群团组织作用，及时了解、反映群众呼声。健全党委主导的维护群众权益机制，及时处理和解决与群众切身利益相关的突出问题，坚决纠正侵害群众利益的不正之风，有效维护人民群众的合法权益。

努力打造高素质人才队伍。人才聚，事业兴。我们只有加快形成聚才、引才、用才的良好环境和政策优势，才能在激烈的竞争中抢占先机、赢得主动。要紧紧围绕区域发展定位，聚焦"一港四区"建设的主战场、主阵地，认真分析静安所需人才的结构、素质和数量，打破部门、所有制、地域、身份等方面的壁垒，解放思想、锐意创新，不求所属、但求所用，促进各类人才在区属和区域、体制内和体制外、区内和区外之间的自由流动、合理配置，努力形成求贤若渴、群贤毕至的良好氛围和生动局面。

着力打造高素质的干部队伍，是各项工作取得新成效的重要保证。紧紧抓住班子建设重点，认真落实新一轮干部教育培训工作规划，切实提高干部队伍的政治素质、理论素养、法制意识，不断增强推动科学发展、促进社会和谐的能力。坚持"德才兼备、以德为先"用人标准，从履行岗位职责、完成急难险重任务、关键时刻表现、对待个人名利等方面，不断健全考察干部"德"的评价办法，真正把那些政治坚定、有真才实学、实绩突出、群众公认的优秀干部选拔上来，形成以德为先、科学发展、群众公认、重视基层的导向。探索干部工作制度改革，积极推行干部竞争性选拔，促进竞争上岗和公开选拔任用常态化、规范化，提高选人用人公信度。在合理使用各年龄段干部的同时，要重视年轻干部培养使用，鼓励他们在基层一线岗位锤炼品质、增长才干。坚持严格要求和关心爱护相结合，不断健全党政领导干部综合考核评价体系，严格执行干部选拔任用等监督制度，加强对权力运行的制约和监督。进一步做好老干部工作，发挥好老同志作用。

不断加强基层党组织建设。党的基层组织是党全部工作和战斗力的基础。必须坚持活跃基层、夯实基础，进一步优化组织设置和工作机制，以组织生活的有效性提升基层党组织的吸引力和凝聚力。加强学习型党组织建设，不断增强党员的开放意识和法制观念。完善大口、部门党组织设置，落实党建工作责任制，健全党建经费保障和增长机制，发挥好各级基层党组织在同级组织中的政治领导核心作用。切实加强基层党务工作者队伍建设，选优配强党支部书记，深化推进专职党群工作者队伍职业化建设。以"共同行动"区域化党建主题实践活动为载体，整合多方资源，调动各方力量，共同服务社会，共同推动发展，共同创先争优。完善党员服务中心功能，健全党内激励、关怀、帮扶机制。

深入推进反腐倡廉建设。党风廉政建设和反腐败斗争，事关党和人民事业的成败。要深刻认识反腐败斗争长期性、复杂性、艰巨性，坚持"标本兼治、综合治理、惩防并举、注重预防"基本方针，严格执行党风廉政建设责任制，扎实推进惩治和预防腐败体系建设，积极营造用心谋事、干净办事的良好氛围。坚持在治本上下功夫，引导广大党员干部特别是领导干部讲党性、重品行、作表率，秉公用权、廉洁从政，永葆共产党人政治本色。依法开展行政监察，健全权力运行和监督机制，加强对"三重一大"决策制度执行情况监督，完善巡察制度，重视发挥外部监督作用，构建全方位、多层次监督体系。完善领导干部问责制，加大对乱作为、不作为等行为问责力度。坚决查处违纪违法案件，严肃查办滥用职权、贪污贿赂、失职渎职案件，严肃查办严重侵害群众利益案件、群体性事件和重大责任事故背后的腐败案件。认真抓好纪检监察干部队伍建设，积极开展专项治理，深入推进政风行风建设。坚持创新工作机制，完善以制度加科技为特征的岗位风险防范管理工作，切实提高反腐倡廉建设科学化水平。

各位代表、同志们，建设国际静安、构建和谐家园，是时代赋予我们的光荣使命，是人民对我们的殷切期盼。回首过去，全区人民和我们一起，砥砺同心，经风历雨，取得了来之不易的成绩；面向未来，我们一定能够续写更加绚丽的篇章。让我们紧密团结在以胡锦涛同志为总书记的党中央周围，在市委的坚强领导下，紧扣上海大局、勇立时代潮头，继往开来、团结奋进，为开创静安现代化国际城区新局面而努力奋斗！

政府工作报告

——2012年1月5日在静安区第十五届人民代表大会第一次会议上

静安区人民政府代理区长　周　平

各位代表：

现在，我代表静安区人民政府，向大会作政府工作报告，请予审议，并请各位政协委员和其他列席人员提出意见。

一、过去五年工作的回顾

过去的五年是静安发展进程中影响深远、极不平凡的五年。全区人民在市委、市政府和区委的坚强领导下，以邓小平理论和"三个代表"重要思想为指导，深入贯彻落实科学发展观，按照"高起点、开放型、国际化"的发展思路，坚持双高战略，打造国际静安，努力克服发展中遇到的各种困难，振奋精神，真抓实干，全面完成"十一五"规划的各项目标任务，顺利实现"十二五"良好开局，取得了现代化国际城区建设的新成果。

（一）区域经济实现平稳较快发展，城区综合实力显著增强

五年来，我们紧扣上海"四个中心"建设大局，积极应对国际金融危机冲击和自身发展转型带来的挑战，大力推动经济发展方式转变，努力促进发展速度与质量、效益相统一，综合实力迈上一个新台阶。2011年税收总收入达到217.5亿元，比2006年增长160.9%，年均增长21.1%；区社会消费品零售总额263亿元，比2006年增长71.5%，年均增长11.4%；区级财政收入达到74.8亿元，比2006年增长116.1%，年均增长16.7%。区级财政收入在中心城区中的排名由2006年的第五位上升至第三位。

重点产业加快发展，区域经济结构更趋优化。紧紧围绕国际商务港建设，坚持通过产业结构优化升级促进发展，以现代服务业为主体的产业体系日趋成熟，现代服务业税收占税收总收入的比重达到95%以上。以品牌调整和功能优化为着力点，静安南京路沿线集聚了进入上海的90%以上的国际顶级和一线品牌，商贸流通业保持良好发展势头。主动对接上海国际金融中心建设，加强政策配套服务，成功引进光大证券、摩根大通等金融业著名企业，我区成为上海市首批实施外资PE试点的区域之一。积极推进管理咨询、会计审计等行业集聚发展，专业服务业的领先优势进一步巩固。文化创意产业快速发展，现代戏剧谷影响力进一步扩大，2010年现代戏剧谷入选上海市首批文化产业园区；市、区共建静安时尚创意产业示范区工作全面启动，先后建成一批有代表性的创意园区。

楼宇经济特色凸显，城区开放水平持续提高。以高品质商务楼宇为载体，坚持招大引强，聚焦发展总部经济，开放型、国际化经济特征更加明显。加大招商安商稳商服务力度，五年累计引进企业2511户，新增注册资本311.6亿元，新增地方税收10.7亿元。加大国际高端品牌和总部型企业的引进力度，路威酩轩、古驰、历峰三大集团的众多高端品牌相继落户，成功引进加铝、白事投资等一批世界500强企业的地区总部或投资性公司，累计达到21家。五年来，外商直接投资资金到位额达到22.1亿美元，海关出口额达到45.1亿美元。2011年实现涉外税收131.2亿元，位居中心城区第一。楼宇经济贡献度不断提升，2011年税收过亿的楼宇达到19幢，"月亿楼"达到4幢。与纽约第五大道、法国香榭丽舍大街结为友好街区，静安南京路国际商街的品牌效应持续提升。

国资国企改革稳步实施，国资监管体系不断健全。制定实施进一步深化国资国企改革发展的指导意见，明确"市场、国有、区属"的定位，加大国资运营监管力度，区属国有企业在区域经济社会发展中的作用不断加强。调整完善国资国企管理体制，先后完成区商务系统、建设系统区属企业归口管理，实施相关企业之间的资产整合和优化重组，企业发展主业逐步明晰，国企资产结构和国资战略布局不断优化。成立区董监事管理中心，促进国企董监事逐步提高履职水平。认真推行国有资产经营预算制度，完善国有资本收益收缴制度，促进国有资产有效积累、保值增值。按照"强激励、硬约束"的要求，建立了分类考核制度，引导企业更好地履行经济责任和社会责任。

软环境建设扎实推进，发展竞争力明显提升。按照国际静安发展战略，制定实施《国际静安指标体系》，丰富和完善区域发展目标。以构建产业、专业和社会"三个服务体系"为重点，大力推动政务资源整合、公共服务配套和商务环境建设。制定实施《静安区深化完善产业发展政策若干意见》等相关政策，扶持企业力度进一步加大。搭建楼宇服务联盟平台，打造白领午餐、白领学堂、"白领驿家"等品牌项目，服务企业、服务白领的水平和能级不断提高。连续五届成功举办福布斯·静安南京路论坛、国际购物嘉年华、静安金秋都市游等系列活动，推动了商旅文联动。加快吴江路等6条专业街建设，促进了静安南京路的功能延伸。落实质量兴区三年行动计划，加大食品药品等重点领域监管力度，持续查处售假侵权和无证无照经营行为，区域诚信环境和市场秩序得到有效维护。

圆满完成“十一五”期间的节能减排目标任务，2011 年第三季度末区万元增加值能耗下降至 0.161 吨标准煤，连续五年保持全市最低。

（二）社会建设力度持续加大，人民群众生活水平稳步提高

五年来，我们紧扣人民群众最关心、最直接、最现实的利益问题，坚持以人为本、共建共享，不断加大民生保障工作力度，努力推动社会与经济协调发展，切实让居民群众得到更多实惠。

促进就业工作深化推进。把促进就业作为改善民生的首要任务，以扶持青年创业、加强职业技能培训、帮助重点人群实现就业为重点，制定实施稳定和扩大就业的政策措施，五年累计新增就业岗位 148069 个，登记失业人数控制在市政府下达的指标内。建立健全“培训 + 见习 + 就业”三位一体的促进青年就业工作机制，开通“青年创业绿色通道”，累计成功扶持创业 2034 人。完善就业援助机制，推进充分就业社区建设，零就业家庭保持“动态为零”。组建区企业联合会，健全劳动关系三方协商机制。成立区劳动人事争议仲裁院，劳动人事争议处理专业化、法制化水平得到提升。

居民居住条件明显改善。坚持“拆、改、留、建、管”并举，针对不同房屋建筑类型，多渠道推进改造和整治工作。健全工作机制，合理安排动拆迁进度，五年拆除旧里房屋面积 18 万平方米，1.1 万户居民的住房条件得到改善。完成胶州路 175 弄等 6 幅零星地块动迁改造。完成 54 个旧式里弄住宅小区 175 万平方米房屋与环境综合整治。实现 345 万平方米旧住宅小区物业一体化管理全覆盖，惠及居民 7 万户。廉租住房受益面进一步扩大，五年累计落实配租 2184 户。三林基地 8 幢经济适用房结构封顶，申请供应工作有序展开。成立公共租赁住房管理运营机构，万航渡路 767 弄 56 号、105 地块公租房建设项目开工建设。

民生各项工作顺利开展。完善政府救助、综合帮扶、慈善帮困相结合的社会救助体系，推进“支出型贫困”家庭综合帮扶研究和试点工作，社会救助“一口上下”运作机制进一步健全。五年来，累计实施社会救助帮困 86.68 万人次，救助金额 2.95 亿元。深入推进为老服务规范化发展，构建了居家养老管理服务三级网络和区社会化管理服务平台，“乐龄家园”被评为市民政系统十佳服务品牌，累计提供社区居家养老服务共 37.53 万人次。启动市区合作现代民政示范项目实践区建设。加大助残工作力度，残疾人社区保障和服务体系日趋完善，重点公共场所无障碍设施设置率达 92% 以上。区残疾人综合服务中心被国务院残工委授予“残疾人之家”荣誉称号。以便民利民为目标的“菜篮子”工程建设稳步推进，有效保障了重点主副食品市场供应、质量安全和价格的基本稳定。

城区平安建设有序实施。圆满完成北京奥运会等重大活动和重要节点的安全保卫和社会面防控工作。以完善“平安联创、问题联治、治安联防、矛盾联调、人员联管”工作机制为重点，构建了社区治安综合治理工作中心等基层三级综治维稳网络，落实社会治安综合治理各项措施，刑事案件立案数保持全市最低区县之一。深化“六位一体”社区大调解格局，落实重大事项社会稳定风险评估机制，探索基层信访代理工作机制和信访终结制度，推进重信重访专项治理和信访积案化解工作，顺利完成“森安苑”等历史遗留矛盾化解任务。按照实有人口、实有房屋全覆盖、动态化、信息化管理的要求，实有人口综合服务和管理工作扎实推进。健全应急管理体系，完成应急管理信息平台（一期）建设，城区应急联动处置水平进一步提高。

（三）各项社会事业均衡发展，基本公共服务水平逐步提高

五年来，我们立足于满足不同人群的不同需求，创新工作方法和举措，更加注重基础性和功能性社会事业全面协调发展，努力提升公共服务的水平和质量。区财政对社会事业的投入从 2006 年的 8.7 亿元增加到 2011 年的 20.7 亿元，累计投入达 89.5 亿元。

科技创新环境不断优化。以打造科技创新最佳实践区为目标，制定实施《静安区增强科技创新能力行动纲要（2006—2010）》及《静安区智慧城区建设规划》，城区创新活力进一步增强。五年来，科技支出占区级财政支出的比例从 2006 年的 1.7% 增长到 2011 年的 4.1%，累计落实科技创新资金 11.85 亿元。五年累计共完成 56 家高新技术企业的申报、认定和发证工作，培育市级“科技小巨人”企业项目 17 个、区级“科技小巨人”企业项目 33 个，获得国家、市、区立项的各类科技创新项目 178 个。深入实施《全民科学素质行动纲要》，科普工作的影响力、覆盖面持续扩大。先后荣获“全国科技进步考核先进区（县）”“全国科普示范城区”荣誉称号。

教卫文体事业全面进步。深化教育教学改革，基础教育保持优质均衡发展。实施“名师、名校、名校长、名学科”工程，教育人才队伍建设进一步加强。完善终身教育体系，学习型城区建设深入开展。新建民立中学及静安实验小学、区图书馆改扩建工程完工并投入使用，中小学校舍安全和市西中学改扩建工程稳步推进。加强历史文化资源的保护、开发和利用，完成“城市文化印记”工程。公共卫生体系建设第二轮三年行动计划全面完成，居民平均期望寿命达 83.93 岁，主要健康指标位居全市前列。以华山医院为依托、区中心医院为平台、社区卫生服务中心为基础的区域医疗联合体建设有序推进。区中心医院盈邦大楼改建及曹家渡社区卫生服务中心、区精神卫生中心迁建工程完成并投入使用。大力推进全民健身，建成蝴蝶湾休闲广场篮球运动场等一批健身场地，完成区第二少体校建设、静安体育中心维修改造工程。圆满完成 2007 上海世界特奥会各项工作任务。五年来，我区先后被评为“全国社区教育示范区”“全国中医药特色社区卫生服务示范区”“国家慢性非传染性疾病综合防控示范区”“全国文物工作先进区”“全国体育竞赛最佳赛区”。2007 年通过世界卫生组织“国际安全社区”认证。

和谐社区建设持续深化。大力探索社会管理创新，

率先实施社区（街道）财力保障体制，按照“归口管理、明晰职责、扁平运作、高效行政”原则，推进社区（街道）管理机制调整优化工作。大力推进社区公共服务设施规划建设和资源共享，各街道社区事务受理服务中心、社区卫生服务中心、社区文化活动中心建成达标；率先建成社区生活服务中心和社区治安综合治理工作中心；五年累计投入2.9亿元完成66个居民区配套设施建设，社区公共服务体系更趋完善。圆满完成第九次居委会换届选举，发挥居委会的主体作用，基层民主自治得到加强。扎实开展“和谐社区建设示范单位”创建活动，成功创建1个全国和谐社区建设示范街道、2个全国和谐社区建设示范居委会。成立区社工协会及街道社工事务管理服务中心，加强社区工作者队伍建设，社工服务社区的作用得到有效发挥。

其他各项事业协调发展。根据全市统一部署，全力做好西藏、新疆等对口支援工作，积极投入汶川大地震抗震救灾和对口支援都江堰市石羊镇恢复重建，援建工作受到当地政府和群众的好评。深入开展国防动员、双拥共建和国防教育，先后获得全国双拥模范城两连冠和“南京军区国防动员先进单位”称号。顺利完成中共二大会址纪念馆修缮扩建工程和数字档案馆（一期）建设。第二轮《静安区志（1993—2010）》编纂工作扎实推进。加强人口计生工作，“孕前检测”服务深入推进，荣获“中国人口早期教育暨独生子女培养示范区”称号。2009年我区被授予“全国民族团结进步模范集体”称号。妇女儿童、宗教、台湾事务、侨务等工作取得新进展。

（四）城市建设和管理持续加强，区域功能和形象明显提升

五年来，我们全力落实“一街五区、南改北建”的城区总体规划，加快城市建设步伐，加强城区综合管理，区域整体形象和综合服务功能全面提升，2009年成功创建为全国文明城区。

城区管理水平不断提高，市容环境面貌持续改善。按照“网格化发现、扁平化处置、信息化监管”的目标要求，探索城区管理扁平化运作模式，城区综合管理水平逐步提高，市民满意度测评连续七次获全市第一。以创建全国文明城区为契机，加强市容整治和环境建设，城区形象明显提升。全面完成静安寺地区综合改造，及延安高架路、静安南京路等景观综合整治和沿街外立面整治。坚持“小、高、巧”特色绿化发展之路，五年累计新建各类绿化21.1万平方米，绿化覆盖率达到20.6%，连续四年获得市“白玉兰杯”区际绿化竞赛中心城区组第一名。成功举办2010世博静安国际雕塑展。五个街道全部建成市容环境达标示范街道。城区管理科技化水平稳步提高，完成49座倒粪站生化处理改造，园林废弃物循环利用等一批科技项目效益凸显。环境保护力度不断加大，全面完成第三轮、第四轮环保三年行动计划。

迎博办博工作扎实开展，城区文明程度全面提升。围绕全市大局，坚持把服务世博与发展静安紧密结合，较好地完成服务世博的各项工作任务。以“精彩世博、文明先行、静安有礼”系列活动为抓手，以环境文明、秩序文明、服务文明建设为重点，积极开展服务世博“三五”集中行动和世博志愿服务活动。把世博接待作为扩大交流合作的重要平台，完成148批次、3097人次的内宾接待和53批次、1586人次的外宾接待任务。把服务世博盛会与调整优化产业结构、努力满足市民文化需求有机结合，开展形式多样的主题活动，商旅文联动效应进一步凸显。在迎博办博历次文明指数测评中，我区获得六次第一、一次第二的优异成绩。

重大项目建设加快推进，载体空间进一步拓展。坚持规划先行，深化完善静安南京西路地区发展规划，稳步开展滨河现代服务业集聚区和曹家渡商业商务副中心城市设计和规划研究。加快推进重大项目建设，国际商务港载体初具规模，商业商务楼宇总量达到410万平方米。恒隆二期、宏安瑞士大酒店、越洋广场、东海广场、会德丰广场、一七八八国际大厦等项目相继建成投入使用，华敏帝豪大厦、协和二期即将竣工，嘉里二期实现结构封顶，大中里、世纪盛荟广场相继开工。

基础设施建设力度加大，城区综合服务功能增强。立足增强城区承载能力和运行效率，枢纽型、功能性、网络化基础设施建设加快推进。轨道交通7号线静安寺站和昌平路站建成运营，12号、13号线站点开工建设，14号线站点前期工作有序开展。静安寺交通枢纽、50万伏静安世博变电站、静安雕塑公园相继建成并投入使用。加快市政道路、排水系统管网改造和防汛设施建设，圆满完成万航渡路、常德路拓宽工程；完成延安路、武宁南路等架空线入地工程及35万平方米道路综合整治；完成苏州河防汛墙三期建设、南苏州路等路段积水点改造及万航泵站排水系统管网改造，新昌平泵站投入试运行。加强地下空间综合管理，五年累计完成5.3万平方米公用民防工程整治，新建民防工程10.1万平方米。

（五）政府自身建设稳步推进，政务服务环境得到优化

五年来，我们坚持以转变政府职能为核心，切实加强政府自身建设，努力在优化服务、提升效能上取得突破，服务政府、责任政府、法治政府和廉洁政府建设扎实推进。

依法行政工作稳步开展。以规范行政行为、提高行政透明度为着力点，完善政府工作规则和规范。修订并重新发布《上海市静安区重大行政决策听证程序暂行办法》，健全对重大决策的决策听证、跟踪反馈和责任追究。全面完成行政事业性收费项目清理工作。扎实开展行政规范性文件清理工作，五年累计废止、宣布失效9件规范性文件。加大对重点领域、重点部门、重点资金、重点项目的审计监督力度，推进审计结果公开，接受社会监督。深入推进政府信息公开，24个政府部门预算向社会公开，本区新发布的规范性文件全部实现网上全文公布，五年累计主动公开政府信息7438条，行政透明度进一步提高。五年来，共办理区人大代表议案1件、书面意见379件、政协提案1136件，全部按时办复。

政府职能转变扎实推进。平稳实施新一轮政府机构改革,政府组成部门由29个调整为25个,工作职责进一步理顺。着力优化财政支出结构,民生支出占区级财政支出的比重从2006年的48.8%提高到2011年的63.2%。取消和调整行政审批事项22项,行政审批事项精简到391项。按照"前台一口受理、内部协同办理、全程跟踪监管"的目标模式,成立区企业服务中心,率先在全市推出"一口式"的企业服务模式,服务企业的能级和水平不断提高。探索社会组织"1+5+X"枢纽型管理模式,完善政府购买公共服务的工作机制,大力培育发展公益性、服务类、专业化社会组织,社会组织参与行业管理、社区建设和公共事务的能力和水平稳步提升。

公务员队伍建设得到加强。结合区情实际,制定并实施公务员队伍建设和人才工作三年行动计划,公务员队伍的综合素质和工作能力进一步提升。深入实施人才储备计划,拓展人才多渠道培养途径,五年累计引进73名硕士以上学历的毕业生进入储备人才库。制订和实施行政效能监察、投诉处理、评估考核等办法,切实推进政府工作责任制的落实。深入开展政风行风评议等活动,政风行风建设得到加强。结合开展工程建设领域突出问题专项治理等"4+3"专项治理工作,推进勤政廉政,努力从源头上防治腐败。

(六)深刻反思火灾事故教训,扎实推进建筑市场整顿

2010年11月15日,我区发生了特别重大火灾事故,造成58人遇难、71人受伤,给人民群众的生命财产造成了巨大损失。事故深刻反映出我们在从严治政、廉洁从政、监督管理方面存在的严重不足,反映出干部队伍法制意识不强,依法办事水平不高,制度执行不严等问题。事故发生后,按照市委、市政府的总体要求,在区委的统一领导下,我们把火灾事故善后处置工作作为头等大事,举全区之力,协调各方资源,平稳有序推进善后处置各项工作。

立足深刻吸取火灾事故教训,我们认真反思工作中存在的深层次问题,从安全生产检查、建筑市场整顿、财政性资金使用等多个方面强化整改提高,以实际行动回应人民群众的期盼。全面开展安全生产大检查、大整顿,对重点建设工程和重大安全隐患加强监管和限期整改,严肃查处了滥用职权、玩忽职守等违法违纪案件。修订实施《静安区安全生产委员会工作制度》,实行安全生产"一票否决"制。深入开展建筑市场专项整治,制定实施《贯彻落实〈关于进一步规范本市建筑市场加强建设工程质量安全管理的若干意见〉的实施办法》和14项监管细则,努力营造统一开放、公平竞争的建筑市场环境。完成区建设系统国资国企管理职能划转、归口管理,推动政企分开、管办分离。进一步规范财政性资金的使用,对科技创新、节能减排等专项资金制订专门的管理办法;对政府投资项目等六项工作进行系统梳理,为落实依法行政提供依据。

过去的五年,我们取得了国际静安建设的新成果,静安经济社会发展迈上了一个新的台阶,成绩来之不易,值得我们倍加珍惜;我们也经历了不能忘却的伤痛,教训极其深刻,需要我们深刻反思。回顾五年的历程,我们从中得到以下五个方面的启示:

第一,必须要围绕中心、服务大局,坚持国际静安错位发展。五年来,我们立足上海建设社会主义现代化国际大都市发展大局,按照国际静安发展战略,紧紧围绕建设国际商务港,坚持错位发展,楼宇经济和高端商业商务的优势地位得到强化,地域小区逐步成长为功能强区。梅泰恒"金三角"地位更加稳固、静安寺"金五星"初步成型,"一街五区、南改北建"城区规划不断完善并全面实施,发展亮点不断出现。实践证明,推动静安在更高起点上向前发展,将先发优势转化、固化为长期优势,就必须始终围绕中心、服务大局,坚持错位竞争、以高取胜的发展策略,以高标准的工作实现区域竞争力的整体提升。

第二,必须要深化改革、扩大开放,坚持理念创新机制优化。五年来,我们深化改革、创新驱动,全力推动发展方式转变。我们充分利用"两个市场""两种资源"大力发展开放型经济,加快国资国企改革发展,探索以现代戏剧谷为平台的文化创意产业发展新路径,加大资源整合力度,发展的活力和后劲得到增强。积极探索政府行政服务、市容环境、社区管理等领域的改革创新和机制优化,推动开放转型由经济发展向更多领域延伸,实现了核心竞争力的整体提升。实践证明,要实现国际静安建设的宏伟目标,就必须不断更新发展理念,以改革促创新,以开放促发展。

第三,必须要以人为本、执政为民,坚持共建共享惠泽民生。五年来,我们的工作之所以能够顺利开展,赢得群众拥护和支持,关键在于我们不断强化群众观念,让群众切实享受到发展带来的实惠。为适应社会多元化、需求多样化的新形势,我们倾全区之力,办成了一批群众看得见、摸得着的民心工程,使居住、生活、工作在静安的各类人群共享发展成果。始终坚持群众工作路线,整合资源共建共享,促进社会和谐。实践证明,政府工作必须做到工作内容与居民群众需求相贴近,工作理念与社会发展变化相适应,才能实现发展力量聚合,为发展奠定坚实的群众基础。

第四,必须要奋发有为、团结协作,坚持追求卓越敢为人先。五年来,我们始终坚持"不做一般化、做就不一般"的工作理念,按照"高水平定位、高起点规划、高标准执行、高效率推进、高质量完成"的要求,打造了一支素质高、风气正、敢打硬仗、能打胜仗的干部队伍。在推动城区发展中,广大干部精益求精、追求卓越,用精细化、集约化的管理和服务取得了城区文明水平的新提升。实践证明,只有坚持追求卓越精益求精,始终保持恪尽职守、团结协作、奋发有为的精神状态,充分发挥广大干部的积极性、主动性和创造性,才能不断推动国际静安建设取得新进展。

第五,必须要依法行政、规范高效,坚持职能转变优化服务。五年来,我们以推动政府职能转变为核心,着力

提高行政服务效能，通过整合社会各方资源，打造了“白领驿家”等多个服务企业、服务白领的品牌项目，以高效服务变商务成本“高地”为服务质量“高地”。但是，“11·15”特大火灾事故的发生，深刻反映出我们在从严治政、廉洁从政等方面还存在许多不足。事故警示我们，只有全面推行依法行政、高效行政、廉洁从政，不断提高服务效能和水平，才能保证人民赋予的权力始终用来为人民谋利益。

以上这些启示的核心就是要深化两个坚定不移：坚定不移地深入扩大开放，坚定不移地推进依法治区。扩大开放就是不被传统束缚，不受地域制约，用更加开放的心态、开放的视野、开放的思路，整合好区域内外两种资源，利用好国内国际两个市场，形成静安多层次、全方位、宽领域的开放格局；依法治区就是面对复杂多变的经济社会发展形势，深刻吸取火灾事故教训，切实增强依法治区理念，切实强化民主科学决策，切实规范政府行政行为，切实提升依法行政水平。

各位代表！过去五年，静安经济和社会发展取得了显著的成绩。这归功于市委、市政府和区委的坚强领导，归功于全区党员干部群众同心同德、艰苦奋斗，归功于静安历届区委、区政府和老领导、老同志奠定的坚实基础，归功于区人大、区政协和社会各界的监督和支持，凝结着全区人民的辛勤劳动和聪明才智。在此，我谨代表静安区人民政府，向为静安建设和发展做出无私奉献的静安人民，向给予政府工作大力支持的人大代表、政协委员，各民主党派、各人民团体、工商联和社会各界人士，向市各有关部门、驻区部队和落户静安的国内外企业，向所有关心、支持、帮助和参与静安发展的同志们、朋友们，表示崇高的敬意和衷心的感谢！

我们清醒地认识到，在新一轮的发展中，静安还面临不少困难和挑战：一是面临着区位优势弱化和资源空间约束双重挑战，区际竞争日趋激烈，加快发展方式转变、巩固先发优势的难度越来越大；二是在社会转型过程中，新情况新问题不断出现，加强和创新社会管理的能力有待增强；三是人民群众对改善民生、共建共享有了越来越多的新期盼，有限的公共资源如何更好地服务民生，需要不断探索创新；四是保障城市运行安全的压力更为突出，公共安全体系建设还存在一些不足和薄弱环节；五是政府行政管理水平同区域经济社会的发展要求还存在一定差距，在全面落实依法行政的基础上，进一步改进工作作风、提高行政执行力、提升服务效能，还需付出更大的努力。对这些问题，我们必须高度重视。在今后工作中，必须采取切实有效措施，认真加以解决。

二、今后五年的指导思想和目标任务

围绕市委、市政府要求和区委提出的目标任务，今后五年区政府工作的指导思想是：高举中国特色社会主义伟大旗帜，以邓小平理论和“三个代表”重要思想为指导，深入贯彻落实科学发展观，紧紧围绕上海加快推进“四个率先”、加快建设“四个中心”和社会主义现代化国际大都市大局，牢牢把握“开放促发展、法治筑和谐”主基调，按照“高起点、开放型、国际化”发展思路，建设国际静安，构建和谐家园，全面推进“一港四区”建设，努力开创现代化国际城区新局面。

今后五年区域经济和社会发展的主要目标和任务是：

——经济实力进一步增强。坚持发展为先，按照建设国际商务港的目标要求，确保区域经济继续保持良好发展势头，现代服务业集聚度和能级显著提高，现代服务业创造的税收占全区税收总收入的比重保持在95%以上，经济基础更加稳固，区域竞争力进一步增强。大力推动发展方式转变，积极推进优势产业加快集聚、形成关联、协同发展，经济发展的内生动力持续增强。不断扩大对内对外开放，加快构建与上海“四个中心”功能相适应、以服务经济为主导的现代服务业产业体系，开放型经济发展水平显著提高。区级财政收入年均增长8%左右。

——城区功能进一步优化。坚持平安为重，按照建设平安城区的目标要求，全面加强城市建设和管理，全力维护城区运行安全和生产安全，城区综合服务功能和水平不断提升。深化落实“一街五区、南改北建”的城区总体规划，合理规划商业、商务、文化、居住等设施的配比关系，建成一批功能性、基础性项目，新增商业商务楼宇面积100万平方米。坚持“拆、改、留、建、管”并举，突出南部地区和北部地区协同互动发展。加强环境建设和保护，不断改善市民生活环境质量，实现环境效益、经济效益和社会效益协调发展。大力推进智慧城区建设，数字化、网络化、智能化水平处于中心城区领先地位。

——文化软实力进一步提升。坚持文化为魂，牢固树立文化立区理念，以营造浓厚文化氛围、提升城区文化软实力为目标，以建设公共文化服务体系、历史文化保护体系、文化产业培育体系为主要任务，着力打造海纳百川、经典时尚的文化城区。深入挖掘城区文化底蕴，传承历史文脉，积极推动商业商务与城区文化融合互动，始终保持区域发展的生机和活力。按照全国文明城区的标准和要求，建立全方位、多层次、立体化的共建格局，着力提升静安物质文明、政治文明、精神文明和生态文明的整体建设水平。

——人民生活进一步改善。坚持民生为本，按照构建和谐城区的目标要求，不断满足日益增长的民生需求，不断增强静安发展的全面性、协调性和可持续性。加强以改善民生为重点的社会建设，积极落实各项民生保障措施，逐步健全保基本、全覆盖、可持续的社会保障体系，新增保障性住房受益家庭3000户，让发展成果更多惠及广大人民群众。积极发展各项社会事业，居民主要健康指标达到全市先进水平，力争五年累计新增就业岗位10万个。深入开展社区（街道）管理机制调整优化，和谐社区建设取得新成效，居民群众幸福感进一步提升。妥善处理社会矛盾，切实维护群众合法权益，人民群众对社会治安的满意率和公众安全感高于全市平均水平，人际关系更加和谐。

——政务服务进一步完善。坚持创新为要，聚焦重点领域更新发展观念、加大改革力度，在更好地履行经济调节、市场监管职能的同时，进一步强化社会管理和公共服务职能，逐步形成惠及全区人民的公共服务体系。深化推进依法治区工作，加强民主法制建设，使静安成为上海中心城区法治化程度最高的城区之一。进一步扩大政务公开和信息公开，持续提高行政透明度。深化干部人事制度改革，加强公务员队伍建设，建立科学的考核评价体系，形成有利于科学发展的用人导向。严格依法履行各项行政职能，规范行政行为，提高行政执行力和政府公信力。逐步加大社会管理、公共服务投入占财政总支出的比重。积极整合区域资源，探索创新服务模式，持续提升服务企业、服务市民群众的能级和水平，不断改善城区发展软环境。

各位代表！新一届政府肩负着全面完成静安"十二五"发展规划、扎实推进现代化国际城区建设的历史重任。面对新起点上的新目标、新任务，新一届政府要在历届政府卓有成效工作的基础上，进一步增强创新意识、发展意识和责任意识，以更加开放的思维谋划发展，以更加坚定的信念促进发展，以更加务实的作风推动发展，着力解决发展中一些深层次的矛盾和问题，努力推动现代化国际城区建设不断取得新成绩、再创新辉煌。

三、全力以赴做好2012年工作，为静安今后五年发展开好局、起好步

2012年是新一届政府的开局之年。做好今年的工作，对全面完成今后五年的目标任务具有十分重要的意义。我们要全面贯彻落实党的十七大、十七届六中全会、中央经济工作会议、九届市委十七次全会和区第九次党代会精神，紧紧围绕区委关于2012年工作的指导思想，按照"高起点、开放型、国际化"发展思路，建设国际静安、构建和谐家园，一手抓开放发展，一手抓依法治区，以深化开放引领转型发展，以共建共享促进民生改善，以管理创新保障平安稳定，以管建并举提升功能形象，以文化繁荣彰显城区魅力，努力推动区域经济社会持续健康发展。

2012年区域经济社会发展的主要预期目标：税收总收入实现237.1亿元，比上年增长9%；区级财政收入实现81.5亿元，比上年增长9%；社会消费品零售总额完成286.7亿元，比上年增长9%；全社会固定资产投资达到55亿元；万元增加值能耗下降3.2%；新增就业岗位2万个，登记失业人数控制在7330人以内。

为实现上述目标，要重点做好以下五个方面的工作：

（一）持续提升区域开放水平，努力保持经济平稳健康发展

我们要按照创新驱动、转型发展的要求，积极推动发展方式转变，进一步加快对内对外开放、推动产业结构优化升级，不断提升区域经济发展的质量和效益。

全力提升产业发展能级。围绕国际商务港建设，紧紧抓住营业税改征增值税的契机，着力优化现代服务业产业体系，不断增强服务业的能级。聚焦高端商业集聚，持续推进静安南京路品牌调整及功能提升，着力吸引高端品牌入驻；鼓励企业积极开展电子商务，支持商业模式创新，实现商贸流通业稳定增长。聚焦股权投资等新兴金融业态和非银行金融机构引进，加强与市发展金融产业的政策衔接，实现金融服务业快速发展。聚焦增强产业辐射力，着力完善法律服务、会计审计等重点行业的高端服务功能，实现专业服务业能级提升。聚焦文化传媒、戏剧娱乐等领域，深化现代戏剧谷建设，充分利用现有的文化资源与产业优势，重点引进新媒体和创意类企业，推进各类文化创意园区建设，实现文化创意产业重点突破。

着力推动楼宇经济繁荣发展。促进更大范围、更深层次的开放，继续保持楼宇经济发展特色和领先优势。坚持招大引强，大力引进以结算中心、营销中心为重点的跨国公司地区总部和国内大型企业总部，以及各类国际机构、组织。坚持招才引智，积极创新人才培养、引进和使用机制，鼓励吸引各类人才汇聚静安，努力形成以项目引人才、以人才兴产业、以产业促发展的良好局面。聚焦高端品牌、知名企业，拓展招商工作手段，健全招商网络，不断提升利用外资的质量和水平。深化完善招商、留商、安商、稳商工作机制，密切关注企业需求，提高公共服务水平，努力帮助企业协调解决发展中的突出问题。继续做好华敏帝豪大厦、嘉里二期等新建楼宇的跟踪服务工作，加强楼宇入驻企业的属地化服务和管理，稳步提升楼宇产出效益。

深化推进国资国企改革发展。围绕"市场、国有、区属"定位，深化区属国有企业改革，完善"管人、管事、管资产"管理模式，稳步提升国资国企对区域经济社会发展的贡献度。加快实施资产整合和优化重组，努力解决国企同构化、同质化的问题。开展区国有资本经营预算试编工作，引导企业加强成本控制、规范内部管理。深化区管企业领导人员分类考核和薪酬管理工作。完善企业法人治理结构，深入推行企业外部董事、监事制度的落实。进一步发挥融资载体和投资主体的功能，增强企业内生发展动力和市场竞争力。

积极优化开放型经济发展软环境。聚焦服务高效、公平诚信，着力营造良好的软环境。落实服务企业的各项政策措施，探索完善"白领驿家"等公共服务平台，努力提升服务白领群体的能力和水平，为企业发展营造更加优良的政务服务环境。加强中小企业服务中心建设，着力营造民营经济发展的良好氛围。加强商旅文资源整合，办好2012静安国际购物嘉年华、静安金秋都市游、福布斯·静安南京路论坛等品牌活动，深化推进静安南京路国际商街对内对外交流、交往，稳步提升国际城区的知名度、影响力和辐射力。扎实推进专业街建设，着力增强配套服务功能。加大知识产权保护力度，深入开展"质量兴区"工作，加强市场监管，打击制售假冒伪劣商品等违法行为，营造公平诚信的市场秩序。以优化产业结构、实施节能重点工程、加强节能管理为重点，全面推进节能减

排工作。

（二）不断强化保障和改善民生，持续提升公共服务水平

我们要紧紧围绕构建和谐家园的目标，坚持需求导向、聚焦项目支撑、创新服务机制，以落实政府实事项目为抓手，着力加强以改善民生为重点的社会建设，努力让群众得到更多实惠。

扎实推进就业保障工作。把增加就业作为区域经济社会发展的重要目标，继续实施积极的就业政策，多渠道稳定和扩大就业，确保实现新增就业岗位2万个，城镇登记失业控制在7330人以内。鼓励创业带动就业，聚焦小型微型企业和创业群体，完善扶持创业机制，成功扶持创业300人。强化职业培训基础能力建设，提高公共就业服务效能。深化推进充分就业社区建设，挖掘社区服务岗位，努力保持零就业家庭“动态为零”。强化劳动保障监察，完善劳动关系三方协调机制，完成工资集体协商覆盖5.2万人，劳动人事争议调解率达到70%，促进劳动关系和谐稳定。稳妥推进原参加综合保险的外来从业人员向参加本市城镇职工基本社会保险逐步过渡。

积极做好民生保障工作。全面落实各项民生保障政策，持续提升区域重点人群的服务保障能力。构建社区综合帮扶大平台，实现政府救助、综合帮扶和慈善帮困有效衔接，形成对老、残、困、特四类对象全覆盖。加大养老机构建设力度，加强政策扶持，提升养老机构服务水平。深化居家养老服务内涵，打造“生活照料、医疗康复、文化娱乐、安全保障、精神慰藉、法律援助”六位一体的“乐龄生活圈”，为1万名老年人提供居家养老服务，为在本区内养老机构养老或社区卫生服务中心住院的60岁以上老年人免费接种肺炎疫苗。以健全“支出型贫困”的评估和帮扶模式为抓手，加大扶贫工作力度，对“支出型贫困”家庭实施帮扶补贴，切实缓解“支出型贫困”群体的基本生活困难。扎实做好“送康复服务上门”，深入开展残疾人就业援助，为全区500名残疾人提供辅助器具个性化适配服务，提高残疾人生活质量和水平。因地制宜完善社区商业设施，持续推进标准化菜场、社区食堂、社区商业中心建设，努力保障居民群众日常生活需求。加大主副食品供应保障力度，加强以蔬菜为重点的商品价格监测，完善社会救助和保障标准与物价上涨挂钩联动机制，落实低收入群体临时价格补助政策。着眼于改善群众的居住条件，积极推进住房保障工作。继续扩大廉租住房、经济适用住房受益面，平稳有序开展申请供应工作。探索公共租赁住房运营管理模式，新筹措公共租赁住房120套。强化物业服务监管，加强“四保两管”工作，努力实现旧住宅小区物业一体化常态长效管理，不断提高居民满意度。

加快推进智慧城区建设。以城市管理和公共服务信息化为应用方向，大力推进智慧商务、智慧政务、智慧社务建设，不断提升城区的智能化水平。加大科创资金对智慧城区建设的支持保障力度，加快推进城市光网、无线城市、“三网融合”等重大信息基础设施建设，创新运营管理模式，提升网络信息服务水平和功能平台服务能力。年内力争实现光纤网络居民区覆盖率达到90%，公共场所无线局域网热点覆盖率达到90%。深化居民电子健康档案等数字惠民工作，推广智能技术在城市安全、政府服务、社会管理等领域的运用，不断提升信息化应用水平。

协调发展各项社会事业。以确保公益、促进均衡、激发活力为原则，推动各项社会事业实现新的发展，不断满足群众多元化需求。深入推进教育改革创新，加大静安教育内涵建设力度，聚焦课程与教学改革，完善静安精品教育体系，实现更高水平的优质均衡。完成市西中学改扩建工程。以提高公共卫生服务能力和医疗服务水平为重点，深入推进健康城区建设。深化区域医疗联合体体制机制改革，加强公共卫生体系建设，加快发展社区卫生服务，提高卫生服务整体效能。为独生子女的退休父母患重大疾病住院提供住院护工费补贴。积极推进卫生信息化建设和江宁社区卫生服务中心新建选址工作，优化各社区卫生服务中心布局与功能。加快静安老年健康中心项目建设，力争年内开工。完善体育公共服务体系建设，推动全民健身，组队参加第一届上海市民运动会。继续办好世界杯男女花剑赛、“东丽杯”国际马拉松健身跑等赛事活动。加快推进《静安区志（1993—2010）》编撰工作。加强国防动员，深化双拥共建，巩固军民、军政团结。完成区数字档案馆（二期）建设，做好人口计生、妇女儿童、对口支援、民族、宗教、侨务、台湾事务等工作。

（三）着力强化基层基础建设，不断提高社会管理能力和水平

我们要牢固树立以人为本、服务为先的理念，积极研究和把握新形势下社会管理的新特点新要求，广泛动员和组织群众依法参与社会管理，着力完善社会管理工作格局，确保全区社会和谐稳定。

依法有序推进“11·15”特大火灾善后处置工作。要把善后工作作为政府工作的重要内容，把群众路线贯穿善后工作的始终，坚持依法合规、公平公正的工作原则，将心比心、换位思考的工作理念，以及加强沟通、增进互信的工作方法，协调做好善后处置各项工作。要进一步加强与受灾居民的联系沟通，做好受灾居民的生活关心和服务工作，帮助受灾居民解决实际生活困难。要统筹协调各方资源，积极发动各方力量，认真研究和妥善处理善后工作中出现的新情况、新问题，确保善后处置工作依法有序推进。

着力强化城区公共安全。坚持安全第一、预防为主、综合治理，深入推进平安城区建设，加强对公共安全各领域的执法和监管，有效预防影响居民群众生命财产安全的公共安全事件的发生。宣传贯彻《上海市安全生产条例》（修订），深入开展企业安全生产标准化建设，全面落实主体责任制。深入实行重大安全隐患挂牌督办制度，切实做到重点领域、重大隐患监管全覆盖。完善区、街道、居民区三级消防联动机制，努力提升全区消防工作社会化水平。开展5000户旧住宅公共部位乱拉电线专项整理整治。加快推进恒丰消防站项目建设，深入开展“清剿火患”战役。加强食品生产、流通和餐饮服务环节的监督

检查和专项整治，全区食品抽检合格率高于全市平均水平。组织开展8000名外来务工人员、2000名特种设备作业人员和管理人员安全生产知识培训。以实施新一轮平安建设实事项目为抓手，深化“平安单位”“平安小区”等系列创建活动，着力解决突出治安问题、化解社会矛盾，不断增强公众安全感。加强对突发公共安全事件的预防预警和应急指挥，提升应急处置能力。

加大社会管理创新力度。围绕构建和谐家园的总体目标，探索建立静安社会建设指标体系。深入推进社区（街道）管理机制调整优化，完善社区（街道）职能部门协同参与、各部室联动等工作机制，努力构建“执法管理条管块督、公共服务块办条助”的工作格局。扎实推进社会管理创新综合试点工作，加强基层社会公共安全管理，完成区综治信息管理中心建设并投入运行，逐步实现社区公共安全管理的网格化和精细化。完善社会治安防控体系，建立健全基层四级综治维稳网络规范化建设，提高对违法犯罪活动的打击、防范、控制能力。积极创新行政执法方式，推进执法的机制措施共创、资源信息共享、线索事项互联、过程结果互通，努力提升行政执法工作的效率和水平。建立健全实有人口动态管理服务体系，加强对特殊人群和外来人员的服务管理，创造条件帮助来沪务工人员更好地融入城区发展，增强区域认同感。充分发挥社会组织在安置帮教、化解矛盾等方面的积极作用，实现人民调解、行政调解和司法调解的紧密衔接，不断完善静安大调解工作模式。

积极推进和谐社区建设。以做好第十次居委会换届选举为重点，进一步强化居委会组织建设、队伍建设和制度建设，加强新一届居委会干部工作培训，切实提高基层民主自治能力。加大对社区建设和管理的财政资金支持和政策扶持力度，加强区域内各类服务资源的有效整合，提升社区层面公共服务能级，为社区居民提供更多更好的公共产品。深化社区事务受理服务中心、文化活动中心、卫生服务中心、生活服务中心和治安综合治理工作中心等平台建设，拓展服务内涵、提升服务效能，扩大服务项目的普惠度和辐射面。建立社会工作实习、实训、实验“三实”基地，培养专业化、职业化的社工人才队伍，深化社区服务、社会组织、社会工作“三社”联动模式，不断提升社区服务整体效能。

（四）扎实推进城市建设和管理，稳步提升城区综合服务功能

我们要始终坚持“以人为本、管建并举、管理为重、安全为先”的城市建设和管理方针，平稳推进国际商务港载体建设，着力优化城区综合环境，不断提升城区功能和形象。

切实加强城区市容环境管理。以巩固和放大世博期间整洁有序、安全高效的城市管理经验为核心，立足城区常态长效管理，完善和创新城市管理的体制机制，不断提升城区综合管理水平。按照网格化发现、扁平化处置、信息化监管的要求，建立区市政市容管理指挥平台，着力形成统一指挥管理、综合协调运作、联动巡视督查、权威考核评价的市容环境管理运作体系。深入开展“两昌地区”（昌化路、昌平路）市容专项整治，巩固、深化静安寺街道、南京西路街道“市容综合管理示范街道”创建成果，做好景观灯光、广告、店招店牌管理，全面提升整体环境水平。在全区范围内积极推广垃圾减量化分类收集，提高分类收集实效，切实降低人均生活垃圾处置量。加强环境监测监察，有效控制环境污染，全面启动第五轮环保三年行动计划。加强绿化建设和管理，建成绿地2.4万平方米，举办静安雕塑公园国际雕塑“双年展”。把地下空间安全使用管理纳入区市政市容管理指挥平台，加强统一管理、统一检查。

坚持不懈推进旧区改造。坚持尽力而为、量力而行，扎实推进旧区改造，为更多居民群众改善居住条件，为可持续发展提供载体支撑。落实《上海市国有土地上房屋征收与补偿实施细则》，积极探索符合静安区情的旧区改造推进体制和房屋征收管理机制。基本完成118－3、95－C、54－A、86号、78号（一期）、胶州路838号等结转地块的收尾工作。分片启动67号街坊成片旧改地块房屋征收与补偿的征询工作。全年完成旧区改造户数2300户。

全面加强区域建筑市场管理。以进一步规范区域建筑市场为目标，依法加强行业监管和高效服务，努力提升建设工程安全质量水平。组织专题培训和检查，推动行政管理部门和建设参与方贯彻执行建设工程监理管理办法、监理报告制度、建设工程检测管理办法等规章制度。根据依规运营、公平公正的原则，加大建筑工程招投标监管力度，努力形成服务参建各方和规范市场行为的长效机制。按照市政府《关于进一步加强和完善本市建设工程监管的指导意见》及相关规定，制定和完善监管办法，形成建设工程分级分类管理体制，进一步调整充实建设工程质量安全监管机构和监管力量，加快建设有形建筑市场，提高监管标准化、规范化、信息化水平，推动建筑市场整治工作常态长效管理。以建设工程设计文件并联审批和建设工程竣工验收并联服务为重点，深化落实建设工程行政审批制度改革，提高审批效率和监管水平。

加快推进重大项目建设。积极落实“一街五区、南改北建”区域发展规划，按节点推进重大项目建设，为商业商务发展拓展空间。着眼于增强楼宇经济持续发展的后劲和优势，完成嘉里二期、静安寺交通枢纽综合开发项目建设，平稳推进大中里等项目建设，力争完成60号地块出让。强化枢纽型、功能性、网络化基础设施建设，推进石门一路、二路道路拓宽工程，实施胶州路（武定路—安远路）、西康路（北京西路—南京西路）道路大修，完成西康路、武定路等道路重点养护工程。完成区水利普查和蝴蝶湾绿地康定东泵站30米防汛墙二级挡墙建设。

（五）积极推动区域文化繁荣发展，着力增强区域创造活力

我们要紧紧抓住深化文化体制改革、推动社会主义文化大发展大繁荣的历史机遇，以社会主义核心价值体系为引领，积极倡导、大力培育“友善、包容、诚信、守法”

的价值取向，不断完善公共文化服务，打造城区特色文化品牌，推动文化产业发展，增强城区发展软实力。

完善文化运行体制机制。着力构建充满活力、富有效率、更加开放、有利于文化发展的体制机制，加快形成与人民群众日益增长的文化需求相适应的公共文化服务体系运行模式。建立投资发展平台，设立静安文化发展资金，保障静安市民的文化基本需求，激发文化创新活力。完善专业化服务平台，引导社会资本进入文化产业领域，促进文化产业与金融资本的有效对接。完成经营性文化事业单位转企改制工作，推动改制单位走向市场。积极打造人才服务平台，创新文化人才工作机制，深入挖掘、梳理和整合文化名人资源，大力吸引高层次文化人才，继续引进文化名人工作室，充分发挥文化名人对区域文化发展的聚合推进作用。加强文化类社会组织建设，引导文化社团、文化民非企业等社会组织参与公共文化活动，形成推进文化发展的整体合力。建设对外交流交往平台，举办丰富多彩的群众文化国际交流活动，不断提升静安城区文化的影响力。

着力提升公共文化服务水平。按照公益性、基本性、均等性、便利性的要求，建立健全稳定的投入机制，以满足居民群众多层次、多样化的文化需求为目标，进一步优化公共文化服务体系，提高公共文化产品的供给和服务能力。推进区少儿图书馆建设和区文化馆改建，加快数字图书馆建设，增强服务的开放性以及图书资源的利用率。加强社区文化活动培训辅导工作，继续推进“十分钟公共文化圈”建设。按需为社区文化活动中心提供优秀师资、文化服务和文化产品，确保公共文化场地和基本公共文化服务项目免费向公众提供。深入开展“静安市民文化艺术节”、社区文化巡演等活动，进一步丰富群众的精神文化生活。

全力打造静安特色文化品牌。着力打造体现静安文化底蕴、展现传统文化风采的历史文化品牌。以深度挖掘陕西北路名人名居、映像张园等资源为重点，加快推进优秀历史建筑保护、开发和利用，进一步彰显静安特色的历史文化风貌。完成中共“淞浦特委”旧址陈列馆保护性修缮工作，启动刘长胜故居修缮工程。探索推动百乐门振兴计划。推进非物质文化遗产的挖掘和保护工作。着力打造体现国际文化潮流发展、展现静安时尚魅力的现代文化品牌。深入推进现代戏剧谷建设，整合创作资源和剧场资源，着力提升现代戏剧谷的文化影响力和社会参与度。以举办“浓情静安 · 爵士上海”音乐节等活动为抓手，积极推动现代文化与商业商务的互动融合发展，不断提升静安发展的文化吸引力。

大力培育文化产业发展。以文化体制改革为契机，加快形成促进城区文化产业发展的配套政策措施，培育创造有利于文化产业发展的服务环境和社会氛围。完善文化产业空间布局，加强商旅文联动，积极培育具有静安特点、与商业商务衔接互动的文化产业。通过贷款贴息、项目资助、奖励补贴等方式，对传媒广告、时尚设计、戏剧娱乐等相关领域加大政策扶持力度，发挥重点项目对产业的导向作用。依托威海路文化传媒街，推进数字媒体等新型传媒企业集聚。以加快静安时尚创意产业示范区建设为抓手，依托“800 秀”等创意园区载体资源，吸引国内外创意企业和创意人才集聚，推动高端时尚品牌研发、设计和展示，着力打造时尚创意产业链，努力实现时尚创意业内涵式、集群化发展。

四、全面加强政府自身建设

要实现现代化国际城区的奋斗目标，加强政府自身建设至关重要。我们要围绕建设服务政府、责任政府、法治政府、廉洁政府的目标，按照依法治区的要求，全面落实依法行政，切实加强行政执行力，不断提升政府的行政效能和服务水平，努力建成全市法治意识最强、行政效能最高、服务环境最好的城区之一。

切实树立依法治区理念，营造良好的法治环境。健全领导干部学法制度，不断增强公务员依法行政、规范行政、高效履职、廉洁从政的意识，提高运用法律手段管理经济、社会和文化事务，依法妥善处理各种社会矛盾的能力。深入开展“六五”法制宣传教育，充分利用区域法律资源，弘扬法治精神，提高公民法律意识，全面提高城区法治化程度和水平。健全市场监管体制，营造公平竞争的氛围，实现对国有、外资、私营、民企等不同市场主体的平等保护，促进各类企业依法经营。自觉接受区人大的法律监督、工作监督和区政协的民主监督。

切实加强法治政府建设，严格规范政府行为。积极贯彻实施市与区依法行政“十二五”规划，严格依照法定权限和程序行使权力、履行职责。深入推进政府信息公开，有序推进审计结果公开、行政处罚类信息公开和工程建设领域项目信息公开。积极探索运用政府微博等新媒体，及时准确发布政府信息。加强对政府实事项目、财政专项资金和财政预算执行情况的审计工作，促进财政资金使用效率提升。以贯彻《行政强制法》为契机，全面落实行政执法责任制，加强行政执法队伍建设，规范执法行为，强化执法监督，进一步增强行政执法公信力。完善重大事项决策的专家论证、公众参与、风险评估、合法性审查和集体讨论决定等程序，促进政府决策科学化、民主化、法治化。严格执行规范性文件制定程序，提高规范性文件的质量，为依法行政提供制度保障。

切实增强服务意识，全面提高政府行政效能。积极探索创新政府服务模式，拓宽政府服务领域，不断提升政府服务的能级和水平。以纳入全国电子政务平台建设试点为抓手，利用信息化手段，推进政务公开和政务服务建设。继续健全公共财政体系，加大对公共安全、社会管理和公共服务等领域的财政投入力度。紧扣“两高一少”目标，进一步清理和调整行政审批事项，创新企业服务中心运营管理机制，完善行政审批标准化管理，健全网上审批平台和电子监察系统功能，不断缩短审批时限，提高服务企业的效能。健全社会组织枢纽式管理模式，加强区社会组织服务中心建设，探索对社区公益性社会组织登记的政策支持,促进社会组织有效承接政府职能转移。

切实加强队伍建设,不断强化行政执行力。按照依法行政、高效行政、廉洁从政的要求,强化公务员队伍制度、作风和能力建设,切实增强行政执行力。加强公务员的职位考核、教育培训和实践锻炼,将绩效评估与行政效能监察相结合,强化行政责任追究。以岗位风险防范管理为抓手,扎实推进惩治和预防腐败体系建设,严肃查处违规违纪违法行为,努力从源头上防治腐败。深入开展政风行风建设,坚决纠正损害群众利益的不正之风。各级干部和全体公务员要始终保持奋发向上、团结协作的精神状态,在困难面前,敢攻坚、敢克难;在矛盾和问题面前,不推诿、不退缩,形成团结协作、创先争优的工作局面。要强化执行力建设,把更多的精力用在抓落实、抓发展和为基层、为群众服务上,做到见事早、行动快、措施实,确保中央、全市及本区重大决策部署得到迅速贯彻落实。

各位代表,开放发展之路崎岖漫长,依法治区之路任重道远。站在新起点,实现新发展,是时代赋予我们的光荣使命和神圣职责。让我们更加紧密地团结在以胡锦涛同志为总书记的党中央周围,高举中国特色社会主义伟大旗帜,以邓小平理论和"三个代表"重要思想为指导,全面贯彻落实科学发展观,在市委、市政府和区委的坚强领导下,紧紧依靠全区人民,锐意进取,奋发有为,按照"高起点、开放型、国际化"发展思路,建设国际静安,构建和谐家园,为把静安建设成为现代化国际城区而努力奋斗!

《政府工作报告》附件一:

名词解释

1. **PE:**即私募股权投资。

2. **月亿楼:**月均税收超过亿元的商业商务楼宇。

3. **动态为零:**经认定的零就业家庭,在1个月内实现家庭成员至少1人就业,实现零就业家庭"动态为零"。

4. **支出型贫困:**指因大病、重病、子女就学以及突发性事件等原因造成家庭刚性支出过大,超出家庭收入承受能力,实际生活水平处于贫困状态的困难家庭。

5. **一口上下:**即所有的救助项目通过街道"一个口子"向上申请;所有的救助款物通过街道"一个口子"向下发放;所有的救助信息通过街道"一个口子"实现汇总,保证救助全覆盖、不遗漏。

6. **乐龄家园:**指以政府主导、社会参与、市场运作为理念,通过整合各方资源,搭建为老年人提供咨询和项目化服务的居家养老平台。

7. **"六位一体"社区大调解格局:**指一个平台(司法所)、三种调解(人民调解、行政调解、司法调解)、六位一体(民警、法官、检察官、律师、人民调解员、司法助理员)的社区大调解模式。

8. **1+5+X:**是指静安区社会组织枢纽型管理模式,其中,"1"是指区社会组织联合会,"5"是5个社区(街道)联合会,"X"是指已建立的文化、劳动、教育社会组织联合会及继续将要发展的各系统联合会。

9. **"4+3"专项治理:**"4"是指中央明确提出的继续深化工程建设领域突出问题专项治理,深化"小金库"专项治理,开展庆典、研讨会、论坛过多过滥和公务用车问题专项治理;"3"是指结合上海实际,同时抓好土地规划管理专项治理、乡镇财政性资金管理专项治理和收受礼金礼券购物卡问题专项治理。

10. **金三角:**指梅龙镇广场、中信泰富广场、恒隆广场3幢高端商业商务楼宇。

11. **金五星:**指越洋广场、嘉里中心、会德丰广场、久光百货、一七八八国际大厦5幢高端商业商务楼宇。

12. **一港四区:**一港指国际商务港,四区指平安城区、和谐城区、文化城区、文明城区。

13. **四保两管:**四保指旧小区物业一体化管理中的保安、保洁、保绿、保修服务,两管指停车管理、禁止违章搭建管理。

14. **十分钟公共文化圈:**以区文化馆、图书馆、文史馆为龙头,以5个社区文化活动中心为主体,以居委会活动室为基础,以静安寺广场等为载体,整合联动名人名居和文化名街等文化资源,形成"一个主轴、五个分支,覆盖全区"的公共文化服务网群,漫步静安只须10分钟就能享受到公共文化服务。

15. **两高一少:**即行政透明度最高、行政效率最高,行政收费最少。

《政府工作报告》附件二：

2012年度区政府计划实施的实事项目

一、加强居民小区消防安全建设和管理。为本区房龄在20年以上的高层住宅公共部位设置警报装置和消防警示标识；成立社区消防、安全社工队伍；各街道配置相应数量的流动消防宣传车；对区内1000名居民小区保安进行消防知识培训；推进恒丰路消防站建设。

二、深入实施积极的就业政策，多渠道扩大和促进就业，实现新增就业岗位2万个，控制登记失业人数在7330人以内，帮助扶持成功创业300人。

三、推进"智慧城区"信息基础设施建设。推进光纤网络进居民区，力争覆盖居民区达到90%；推进公共服务场所无线局域网(WLAN)热点建设，力争覆盖率达到90%。

四、加强生产流通环节食品安全监管。开展食品生产企业监督检查和专项整治，落实企业主体责任，每月巡查率达到100%，全年产品抽检率全覆盖；对重点食品销售单位食品安全抽样检验和快速检测2000件(组)以上；逐步规范餐厨垃圾、废油脂的收运工作，免费上门收集餐厨垃圾或废油脂600家，规范大型餐饮单位食用油的进货、使用和回收管理。

五、开展5000户旧住宅公共部位乱拉电线专项整理整治。

六、对本区"支出型"贫困家庭实施帮扶补贴。

七、为全区500名残疾人提供辅助器具个性化适配服务。

八、为在本区内养老机构养老或社区卫生服务中心住院的60岁以上老年人免费接种肺炎疫苗；优化社区卫生服务中心布局与功能。

九、为独生子女的退休父母患重大疾病住院提供住院护工费补贴。

十、组织开展8000名外来务工人员、2000名特种设备作业人员和管理人员安全生产知识培训。

十一、构建"十分钟公共文化圈"，实施"设立5个社区影视厅、派送1000人次社区文艺指导员、组织50场文艺名家进社区公益演出、提供5000张演出市场优惠票、组织静安市民艺术季文艺活动、设立街道文化小广场"6项文化惠民工程。

十二、完成静安区数字档案馆(二期)建设，做好民生档案便民查档服务进社区工作。

概　　貌

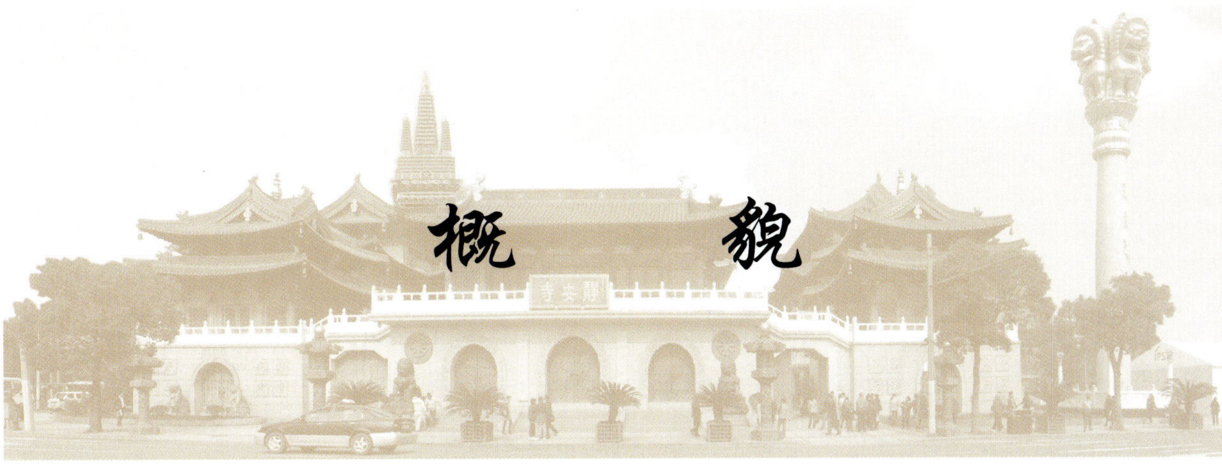

(一)地理位置

静安区地处上海市中心，位于上海城市发展东西主轴线（浦东机场—陆家嘴—外滩—南京路—虹桥开发区—虹桥机场）上，是上海最繁华的商业、商务区之一。周围与6个区相邻。东临成都北路，与黄浦区（2011年6月，黄浦区、卢湾区建制撤销，设立新的黄浦区）为邻；西以镇宁路、万航渡路、武定西路、江苏路、长宁路，与长宁区交界；南沿延安中路、陕西南路、长乐路，与卢湾区（2011年6月，黄浦区、卢湾区建制撤销，设立新的黄浦区）和徐汇区衔接；北至安远路、长寿路，与普陀区毗连，隔苏州河与闸北区相望。道路设施完善、交通便利。南北高架路、延安高架路2条高架道路穿越静安区，轨道交通2号线、7号线在静安寺地区交汇，12、13号线在建。全区总面积7.62平方公里，其中土地面积7.57平方公里，河道面积0.05平方公里。（顾瑞钧）

(二)行政区划

静安区因境内古刹静安寺而得名。境域在唐、宋两代，隶属华亭县高昌乡。元、明、清三代隶属上海县高昌乡。1899年，境域大部划入公共租界西区。1914年境域南部1/10土地划入法租界。其余地域均属上海县法华乡（区）。1937年，侵华日军占领境内华界，境内租界部分为特别区。1943年，汪伪政府“收回”租界，境域分隶第一区（原公共租界部分）、第八区（原法租界部分）和沪西区（原华界部分）。1945年抗日战争胜利后，上海市按原警区划分为32个行政区，境内分属第十区（静安区）、第十一区（新成区）、第十二区（江宁区）。1949年5月30日，市军管会接管静安区，一度将区名改为静安寺区，1950年6月28日复改称静安区。新中国成立初期，境域分属静安、新成、江宁区。1956年2月，上海市区划调整，静安区建制撤销，以富民路、常德路为界，东境划归新成区，西境并入长宁区。1960年1月，区划再次调整，撤销新成、江宁区，将新成区成都北路以西部分、江宁区全部、长宁区镇宁路以东部分合并重建静安区。1994年10月，境内街道办事处建制调整，华山路与愚园路、万航渡路与余姚路、康定路与江宁路、武定路与张家宅、威海路与延安中路街道办事处分别合并为静安寺、曹家渡、江宁路、石门二路、南京西路街道办事处。2011年末辖5个街道，置73个居民委员会。区人民政府驻常德路370号。（顾瑞钧）

(三)人　口

2011年，全区户籍总户数102529户，户籍总人口302269人。其中男性146257人，占48.4%；女性156012人，占51.6%；与上年相比，户数减少747户，人口数减少2791人。

全年户籍人口中，出生人口1962人，出生率6.46‰；平均每天出生5.4人，与上年相比增长-0.14‰；死亡人口2726人，死亡率8.98‰；平均每天死亡7.5人，与上年相比增长0.22‰。自然增长人数减少764人，增长率-2.52‰。

全年户籍人口中，年初人数305060人，迁（移）入人数1395人，迁（移）出人数392人，年末人数302269人，与上年相比减少2791人。

全年户籍人口中，静安寺街道户数13812户、人口40379人，分别占全区总数的13.5%和13.4%；曹家渡街道户数24272户、人口66942人，分别占全区总数的23.7%和22.1%；江宁路街道户数27608户、人口83813人，分别占全区总数的26.9%和27.7%；石门二路街道户数18092户、人口56641人，分别占全区总数的17.6%和18.7%；南京西路街道户数18745户、人口54494人，分别占全区总数的18.3%和18.0%。（顾瑞钧）

(四)经济和社会发展

2011年，静安区全年实现国内生产总值582.34亿元，按可比价格计算，比上年增长了5.2%。其中，第二产业增加值18.34亿元，比上年下降15.9%，第三产业增加值564.0亿元，比上年增长6.0%。第三产业增加值占国内生产总值的比重96.9%，比上年提升0.6个百分点。第三产业对区域经济的贡献进一步提高。2011年末，工商注册登记的企业总数为12614户，比上年末净增了200户。

其中:法人企业9042户。工商登记的企业中,国有、集体企业708户,占5.61%;私营企业7280户,占57.71%;外资企业2532户,占20.07%。全年完成全社会固定资产投资43.11亿元,比上年下降49.30%。其中:城市基础设施和技术改造投资2.12亿元,比上年下降88.75%;商品房投资40.98亿元,比上年下降38.05%。商品房中,住宅投资7.87亿元,下降56.10%,商业办公用房投资33.11亿元,下降31.34%。从投资主体看,国有经济投资5.42亿元,比上年下降80.45%,占全社会固定资产投资总额的比重为12.56%;私营经济投资8.52亿元,比上年下降26.59%,占全社会固定资产投资总额的比重为19.77%;外商及港澳台投资29.17亿元,比上年下降21.63%,占全社会固定资产投资总额的比重为67.67%。2011年,全区共实现税收总收入219.14亿元,比上年增长11.95%。其中:第二产业税收6.69亿元,比上年下降15.77%;第三产业税收212.45亿元,比上年增长13.12%。2011年,全年区级财政收入74.77亿元,比上年增长13.68%。其中:增值税5.78亿元,增长19.48%;营业税26.81亿元,增长5.17%;个人所得税9.94亿元,增长15.47%;企业所得税13.87亿元,增长6.39%。2011年,全年区级财政支出80.60亿元,比上年增长12.85%。其中:一般公共服务支出5.45亿元,增长44.05%;公共安全支出5.14亿元,增长27.63%;教育支出13.81亿元,增长22.72%;科学技术支出3.27亿元,增长12.56%;社会保障和就业支出4.71亿元,下降2.06%;医疗卫生支出2.85亿元,增长17.27%;环境保护支出0.46亿元,增长46.24%;城乡社区事务支出9.78亿元,下降37.19%;住房保障支出3.46亿元,增长74.72%。

(顾瑞钧)

(本栏目编辑 顾瑞钧)

·资 料·

上海市实施《地方志工作条例》办法

第一条 (目的和依据)

为了实施《地方志工作条例》,结合本市实际情况,制定本办法。

第二条 (适用范围)

本市行政区域内地方志的组织编纂、管理、开发利用工作,适用本办法。

本办法所称地方志,包括市和区县编纂的地方志书和地方综合年鉴。

第三条 (领导和保障)

市和区县人民政府应当加强对本行政区域地方志工作的领导,将地方志工作纳入国民经济和社会发展规划,所需经费列入本级财政预算。

第四条 (管理机构)

市人民政府负责地方志工作的机构(以下简称市地方志工作机构)主管本市地方志工作;区县地方志工作机构主管本辖区内的地方志工作。

发展改革、财政、保密、档案、新闻出版等相关部门根据各自职责,协同实施本办法。

第五条 (制度建设)

市和区县地方志工作机构应当建立和完善地方志工作制度和业务规范,加强对编纂人员的培训,确保地方志的编纂质量。

第六条 (规划和方案)

市和区县地方志工作机构拟定本级地方志工作规划,报本级人民政府批准;市和区县地方志工作机构应当根据批准后的地方志工作规划,编制地方志编纂方案并组织实施。

区县地方志工作机构应当将批准后的地方志工作规划报市地方志工作机构备案。

(下转第27页)

大 事 记

1月

4日　区政协在区政协3楼会议室召开“十二五”规划专题议政会，区政协主席刘晓明出席，区委副书记郑健麟参加，并与委员协商座谈。

5日　在2011年上海市体育工作会议上，区体育局被授予“2010年上海市竞技体育后备人才输送奖”“上海市‘一区一品’赛事优秀组织单位”荣誉称号、“2010中国上海国际大众体育节优秀组织奖”“上海市广州亚运会贡献奖”和“上海市2010年度非奥运项目贡献奖”。

8日　“羽动静安、喜迎新春”2011年静安区“德佑杯”首届白领羽毛球公开赛在静安体育馆举办。

13日　区十四届人大常委会第三十二次会议召开，批准区政府调整2010年财政支出预算，决定于2月22—24日召开区十四届人大七次会议，审议通过其他有关事项。

14日　中国侨联副主席、市政协副主席、致公党市委主委、市侨联主席吴幼英出席静安区侨界2011年迎春团拜会。

25日　区委八届十三次全会在上海展览中心友谊会堂举行。全会由区委常委会主持。区委书记龚德庆作区委常委会工作报告，区委副书记、区长张仁良作关于“十二五”规划的说明，区委副书记郑健麟作关于干部选拔任用工作情况的报告。全会审议并通过关于“十二五”规划的建议。全会回顾2010年工作，部署2011年工作，并对“11·15”特别重大火灾事故进行反思。

26日　市四套班子领导俞正声、韩正、刘云耕、冯国勤、殷一璀等在区四套班子领导龚德庆、张仁良、姜耀中、刘晓明、郑健麟等的陪同下，分五路走访慰问“11·15”特大火灾遇难者家属和住院伤员，了解受灾居民生活和工作情况，听取居民对灾后处置工作的意见和建议，并向受灾居民送上新春问候。

同日　市委副书记殷一璀、市人大常委会副主任郑惠强、副市长赵雯、市委副秘书长姚海同在区委副书记郑健麟陪同下，察看曹家渡社区（街道）社会救助站并慰问困难家庭。

是月　《静安历史文化图录》出版。该书收集各方面史料照片700余张，展现百年静安的社会变迁史。

是月　区103街坊动迁工作启动。

同月　在以“和谐世博行”为主题的2010年上海市“樱花杯”学生美术书法作品大赛中，区90幅作品获奖，一等奖16个、二等奖20个、三等奖30个、樱花奖24个，区青少年活动中心的赵珊珊等4位老师获优秀指导教师奖。

2月

9日　区领导龚德庆、张仁良、郑健麟、李关德、朱成钢等会见静安寺方丈慧明法师、圆明讲堂住持照诚法师。

13日　近400名市、区党代会代表、人大代表深入全区68个居委会及部分商务楼宇联系点，接待近800名社区党员群众，听取意见和建议。

17日　区纪委八届七次全会在上海展览中心友谊会堂召开。区委常委、纪委书记韩强总结2010年党风廉政建设和反腐倡廉主要工作情况并部署2011年主要工作任务。区委书记龚德庆就推进反腐倡廉提出要求。

同日　市检察院党组书记、检察长陈旭，党组成员、政治部主任周越强等领导到区检察院江宁路街道社区检察室视察调研工作。

21—24日　区政协十二届五次会议召开。区政协主席刘晓明作工作报告，区政协副主席罗荣华作提案工作情况报告。区委书记龚德庆在闭幕式上讲话。

22—24日　区十四届人大七次会议召开。区长张仁良作《政府工作报告》，区人大常委会主任姜耀中作《静安区人民代表大会常务委员会工作报告》，区法院院长江一敏、检察院检察长罗昌平分别作工作报告，区财政局代表区政府作预算报告。区委书记龚德庆在大会闭幕式上讲话。会议审查和批准《静安区国民经济和社会发展第十二个五年规划纲要》,审议并通过各项决议。

是月 静安体育中心经过改建后,获美国绿色建筑委员会颁发的绿色建筑证书和铭牌。

是月 上海市方达律师事务所和国浩律师集团(上海)事务所被市商务委认定为市首批专业服务贸易重点单位。

是月 时尚品牌NOVO在区设立商贸公司。NOVO隶属香港陶比(Toppy)集团,这是该集团在国内的首家商贸公司,注册资金300万港币。

同月 欧洲知名汽车制造业集团斯诺浦(SNOP)到区投资设立公司——斯诺浦管理咨询(上海)有限公司。

3月

1日 红宝石、上雷、达安、大白兔、三阳盛、SMG、新中及图、雅仕维、上玩、春竹、萌芽、都市、中华企业等13件商标被认定为第十五批上海市著名商标。至此,区共拥有上海市著名商标38件。

同日 2011年领导干部社会建设专题培训班在市政协俱乐部举行。

2日 宁夏回族自治州银川市政府代表团到区参观考察。

同日 《静安区志(1993—2010)》编纂委员会第三次全体会议在延安饭店召开。会议总结资料收集工作,部署初稿撰写工作。区委副书记郑健麟、市方志办主任刘建讲话。

5日 "城市安全连万家,志愿服务社区行"活动在静安公园门前广场举行。

15日 深入开展创先争优活动暨"共同行动"区域化党建主题实践活动推进大会在上海展览中心友谊会堂举行。

21日 "汉字美"孔子学院书法作品展在区文化馆举行,展出来自10个国家的孔子学院外籍师生72幅书法作品。

24日 最高检察院专职检委会委员童建明在市检察院党组书记、检察长陈旭等陪同下,到区检察院调研案件管理工作。

30日 区教育系统安全责任书签约暨消防"防火墙"工程推进会在静安小学举行。

31日 静安区科学技术协会第七次代表大会在市政协礼堂召开。中国工程院院士、复旦大学附属华山医院手外科主任顾玉东再次当选为静安区科学技术协会主席。

是月 市绿化市容局委托第三方机构对全市各区(县)2010年下半年度市容环境卫生状况开展的社会公众满意度测评结果显示,区连续第六次获得全市第一。

是月 美博通通信技术(上海)有限公司、科乐美软件(上海)有限公司及艾意凯咨询(上海)有限公司等3家外商投资企业获得市"技术先进型服务企业"称号。

同月 钻石业巨头戴比尔斯(De Beers)集团到区设立珠宝商贸公司——戴比尔斯珠宝商贸(上海)有限公司。

4月

8日 石门二路社区(街道)成立双语调解志愿者工作室,包括6名外籍人士在内的首批15名志愿者获颁聘书和志愿者证。

同日 2011上海时装周在"800秀"创意产业园区揭幕。

9日 全国人大常委会副委员长桑国卫率全国人大常委会食品安全法执法检查组到区视察相关工作。

20日 上海·静安现代戏剧谷2011壹戏剧大赏在"800秀"创意产业园区举行。活动当晚揭晓"年度大戏""年度最佳导演"等11项大奖,田沁鑫的《四世同堂》和《宝岛一村》导演赖声川分获"年度大戏"奖与"年度最佳导演"奖。

23日 静安区商业联合会(梅泰恒商圈)和上海城市超市、上海东华钻石饰品有限公司、红宝石食品有限公司、上海雷允上西区有限公司、上海九和堂国药有限公司、上海曹家渡家具商城有限公司、上海鹭鹭餐饮管理有限公司、上海王家沙餐饮服务有限公司、上海圆苑餐饮管理有限公司获2010年度"上海市名牌"称号。

28日 区党政负责干部会议在公安静安分局8楼会场举行。区委书记龚德庆在会上对当前区域经济发展情况、"11·15"特别重大火灾事故善后处置、国资国企改革、消防和安全生产等九方面工作进行全面分析和部署。

29日 全国人大常委、复旦大学上海视觉艺术学院荣誉院长龚学平一行到复旦大学上海视觉艺术学院和静安区教育局合作办学的复旦大学上海视觉艺术学院附属高级中学调研。

30日 "十分钟公共文化圈"建设启动仪式在静安寺广场举行。

是月 在第二十六届英特尔上海市青少年科技创新大赛中,区代表队共取得21个一等奖、39个二等奖、70个三等奖,静安区青少年活动中心获优秀组织奖。

是月 中共二大会址纪念馆列入全国红色旅游经典景区第二批名录。

同月 雷允上药业、第一西比利亚皮货、龙凤中式服装、新大美华鞋业和鸿翔制衣等品牌入选上海市"第二批保护与促进的中华老字号"名单。

5月

4日　石门二路社区团工委获“全国五四红旗团委”称号。

6日　2011梅龙镇广场国际剑联男女花剑世界杯赛在静安体育馆、梅龙镇广场中厅举行。

9日　湖北省宜昌市夷陵区社会工作人才专题培训班开班仪式在区委党校举行。

12日　市委常委、宣传部部长杨振武到区调研“联系信访人”工作。

17日　举办《中国共产党历史》第二卷(1949—1978)专题辅导报告会,中央党史研究室原副主任石仲泉应邀作辅导报告。全区各级干部400余人参加报告会。

6月23日,“光辉的旗帜”庆祝中国共产党成立90周年暨静安国资艺术团首场演出在艺海剧院举行　(区国资委　供稿)

23日　区党政负责干部会议在公安静安分局8楼会场举行。区委书记龚德庆在会上通报“11·15”特别重大火灾事故善后处置工作的基本情况,分析当前面临的形势,并对下一步工作作出部署。

27日　“上海静安”门户网站外文版获评第五届中国政府网站国际化“领先奖”。该网站在全国各直辖市所属的90个区县政府网站综合测评中位列第二。

是月　区公布第六次全国人口普查主要数据。以2010年11月1日零时为标准时点,区常住人口246788人,其中男性118816人,女性127972人,总人口性别比92.85:100。外省市来沪常住人口57245人,占总人口的23.2%。常住人口中共有家庭户91227户,家庭户人口225497人,平均每户人口2.47人。

是月　江宁路社区(街道)成立物业党建联建业委会指导工作室。

同月　区选送的学生美术作品在全国美术课堂作业评比中,6件获得全国小学组一等奖,1件获得全国初中组一等奖。

6月

8日　区党政负责干部(扩大)会议在上海展览中心友谊会堂举行。区委副书记郑健麟主持会议并传达市党政负责干部会议精神。区委常委、纪委书记韩强通报国务院调查组关于对上海市静安区胶州路公寓大楼“11·15”特别重大火灾事故调查处理意见的有关内容。区委书记龚德庆提出工作要求。

17日　中共“二大”与党的创建研讨会暨“日出东方——中国共产党创建史”展览揭幕仪式在延安饭店举行。

20日　“党在我心中”庆祝中国共产党成立90周年文艺演出在区青少年活动中心举行。

22日　纪念中国共产党成立90周年离休干部纪念章颁发仪式在区老干部活动中心举行。

23日　“光辉的旗帜”庆祝中国共产党成立90周年暨静安国资艺术团首场演出在艺海剧院举行。

27日　新疆喀什地区巴楚县党政干部培训班在区委党校开班。

28日　区第十一届运动会开幕式在静安体育馆举行。

30日　《中国共产党上海市静安区组织史资料》(第三卷)出版发行。

同日　静安区干部教育培训网开通。

是月　区选送的“智能温度传感标签”“提高准分子激光技术质量的若干关键技术”“‘两新’组织综合管理信息系统”“四缸同步升降平台”“园林废弃物循环利用”等项目分获第三届市职工优秀技术创新成果、第二十三届市优秀发明选拔赛优秀发明奖、第四届市职工科技节职工科技创新成果参展项目等各类奖项。

同月　龙凤旗袍手工制作技艺和亨生奉帮裁缝技艺入选第三批国家级非物质文化遗产名录。

7月

4日　“民间奇葩绽异彩”展示活动开幕式暨《静安艺苑》精品画册首发仪式在福民会馆举行。

5日　香港太古地产有限公司向静安区图书馆赠送英文原版和港版图书近900册。

13 日　区委八届十四次全会在上海展览中心友谊会堂召开。全会由区委常委会主持。区委书记龚德庆代表区委常委会作工作报告和总结讲话。区委常委、副区长方世忠作上半年静安区经济社会发展情况和下半年经济社会发展工作安排的报告。全会确认免去高伟忠区委候补委员职务。

14 日　全市首家"爱心妈咪小屋""楼宇女职工周末学校"落户揭牌仪式在凯迪克大厦举行。

同日　南京军区副政委徐德学在上海警备区副政委张继平，区委、区政府有关领导陪同下，视察曹家渡社区生活服务中心。

20 日　召开区严肃换届纪律集体谈心暨提高选人用人公信度工作会议。

23 日　在静安雕塑公园原中共中央组织部遗址处举行中共中央早期在沪革命遗址纪念标志揭幕仪式。市委常委、市委秘书长丁薛祥出席仪式。

25 日　市委考察组第二组驻区对区领导班子进行换届考察。

同日　区领导干部大会在上海展览中心友谊会堂召开。市委考察组第二组成员、区四套班子领导及各部门、单位党政主要负责同志参加大会。大会由区委书记龚德庆主持。

26 日　市委副书记殷一璀，市委常委、宣传部部长杨振武，副市长沈晓明到静安公园慰问市民巡访团成员和"柏万青老娘舅"工作室志愿者。

同日　市委常委、市纪委书记董君舒，市委常委、组织部部长李希到静安环境建设有限公司下属金缔保洁服务有限公司江宁路街道清道班，慰问奋战在高温下的环卫工人。

是月　曹家渡爱华敬老院和金康敬老院通过达标验收。至此，区有 4 家达标养老机构。

是月　世界顶尖私募股权投资公司三艾(3i)集团落户静安，并成为首批上海外商投资股权投资试点企业之一。

同月　区代表团一行赴新疆喀什地区巴楚县考察对口援疆工作，并代表区委、区政府向巴楚县捐赠 200 万元援助资金。

8 月

1 日　致公党静安区第四次党员大会在市旅游培训中心 2 楼会场举行。大会审议并通过致公党静安区第三届委员会工作报告和大会决议，选举产生致公党静安区第四届委员会，董敏华当选为主任委员。

2 日　区人大常委会第三十七次(扩大)会议在上海展览中心举行。区领导姜耀中、刘晓明、郑健麟等出席会议。区委常委、副区长方世忠在会上作区政府关于上半年工作情况和下半年工作安排的报告。

2—3 日　区十四届人大常委会第三十七次(扩大)会议召开，听取和评议区政府 2011 年上半年工作情况和下半年工作安排报告，听取和审议区政府关于整顿和规范建筑市场的情况报告，批准区 2010 年财政预算，决定设立静安区选举委员会，审议通过其他有关事项。

3 日　"800 秀"创意产业园区联合党支部、工会、团支部成立，园区"白领驿家"服务站设立。

4 日　中共中央政治局委员、市委书记俞正声视察昌平路泵站防汛防台工作。

同日　民盟静安区第十一次代表大会在上海市旅游培训中心 2 楼会场举行。大会通过决议和民盟静安区第十届委员会工作报告，选举产生民盟静安区第十一届委员会，汪皓俊当选为主任委员。

5 日　民进静安区第十一次代表大会在上海市旅游培训中心 2 楼会场举行。大会通过决议和民进静安区第十届委员会工作报告，选举产生民进静安区第十一届委员会，洪璐当选为主任委员。

8 日　农工党静安区第十二次代表大会在上海市旅游培训中心 2 楼会场举行。大会通过决议和农工党静安区第十一届委员会工作报告，选举产生农工党静安区第十二届委员会，曾晓颖当选为主任委员。

9 日　民建静安区第八次代表大会在上海市旅游培训中心 2 楼会场举行。大会通过决议和民建静安区第七届委员会工作报告，选举产生民建静安区第八届委员会，张辉当选为主任委员。

10 日　九三学社静安区第七次代表大会在市旅游培训中心 2 楼会场举行。大会通过决议和九三学社静安区第六届委员会工作报告，选举产生九三学社静安区第七届委员会，严俊瑛当选为主任委员。

11 日　民革静安区第十一次代表大会在市旅游培训中心 2 楼会场举行。大会通过决议和民革静安区第十一届委员会工作报告，选举产生民革静安区第十二届委员会，蔡峥当选为主任委员。

11 日　区选举委员会第一次会议举行。会议审议各项议程，通过关于区第十五届人民代表大会代表选举日的决定和关于设立各社区(街道)选举工作组的决定。

12 日　作为市首座楼宇室外运动场的凯迪克大厦室外运动场启用。

18 日　市武警总队政委胡汉武到区调研。

21 日　石门二路社区(街道)在静安雕塑公园举行首届"丛学娣杯"篮球友谊赛暨石门二路社区篮球嘉年华活动。共有 258 名社区运动爱好者参加。

24 日　静安区人民政府与金石投资有限公司举行股权投资业务战略合作签约仪式。

29 日　2011"浓情静安 · 爵士上海"音乐节新闻发布会举行，副区长朱成钢等领导出席发布会并致辞。

同月　区第七次蝉联上海市市容环境社会公众满意

度评价第一。同时，在街道（镇）市容环境社会公众满意度评价中，区5个街道均位列全市前列，其中静安寺街道连续第六次名列全市首位，南京西路街道名列第三。

是月　静安雕塑公园系列作品获得“2010年度全国优秀城市雕塑建设项目”年度大奖。园内作品《慈航》和《巨型风向车》获得上海市公共艺术品第一、二名。

是月　完成静安区第一批经适房申请人收入核对工作。

是月　法国知名女鞋品牌克里斯提·鲁布托（Christian Louboutin）在区投资开设国内首家专营店。

同月　常德路拓宽二期工程（昌平路—安远路）竣工。该段道路全长450米。

9月

1日　市委常委、统战部部长杨晓渡，副部长丁志坚率市委统战部课题组到区调研枢纽型社会组织统战工作开展情况。

2日　区委八届十五次全会在区机关会议中心召开。区委书记龚德庆主持会议。区委常委、组织部部长戴玲珍作《关于召开中国共产党上海市静安区第九次代表大会的决议（草案）的说明》。全会通过中国共产党上海市静安区第九次代表大会的主要议程，代表名额、分配原则及产生办法。

7日　召开区人大换届选举工作动员大会。

9日　在第九届中国商业街行业年会暨全国商业街经营管理模式经验交流会上，吴江路休闲街获全国商业街先进集体称号。

11日　2011静安国际购物嘉年华暨静安金秋都市游开幕式在吴江路休闲街举行。

14日　召开区党政负责干部会议。市委组织部副部长王瑜到区宣布干部任命。市委决定，周平任中共静安区委委员、常委、副书记。

同日　市人大常委会副主任钟燕群率队到区视察菜市场食品溯源体系建设情况。

16日　市委常委、宣传部部长杨振武到区调研推进信访突出矛盾化解工作。

24—25日　2011年上海市青少年十项系列赛游泳总决赛在静安体育中心游泳馆举行。

27日　区工商业联合会（商会）第十三次会员代表大会在吉臣酒店召开。全国工商联副主席、市政协副主席、市工商联主席王新奎出席。沃伟东当选为区工商联主席（兼商会会长）。

同日　由市商务委、区政府和《福布斯》中文版联合举办的“2011福布斯·静安南京路论坛”在“800秀”创意产业园区举行。

28日　区十四届人大常委会第三十八次会议召开，任命周平为代理区长，审议通过其他有关事项。

是月　成立区医患纠纷人民调解委员会，保障患方的合法权利，维护医院正常医疗环境和医生的正当权益。

是月　在新中国成立60周年“新中国城市雕塑建设成就奖”、近年“全国优秀城市雕塑建设项目”以及上海优秀城市雕塑评选等系列评选活动中，静安区城市雕塑作品获得国家级大奖优秀奖3项，市级大奖优秀奖11项。

是月　全球第二大采矿业集团——力拓集团旗下力拓贸易（上海）有限公司正式入驻会德丰广场；日立化成集团投资3000万美元在区设立地区总部——日立化成（中国）投资有限公司；瑞士罗技集团下属罗技（香港）有限公司投资1950万美元在区设立罗技（中国）科技有限公司。

是月　静安区柏万青老娘舅工作室的柏万青、静安区帮教志愿者协会会长康志坚获2011“感动上海年度十大人物”称号。

是月　由区体育局、区政府民族宗教事务办公室组织的毽球队代表上海市参加在贵阳举行的全国第七届少数民族传统体育运动会毽球项目，并获三等奖。

同月　在台北举行的第十六届亚洲女排锦标赛上，由区培养输送的运动员张磊随中国队获冠军。

10月

9日　举行民国文人胡朴安旧居铭牌揭幕仪式。

11日　上海市友好城市——瑞士巴塞尔州政府代表团访问静安区。

12日　国家工商行政管理总局副局长甘霖一行到区视察亚细亚公司武定菜市场。

13日　静安区党员服务中心新址落成典礼在陕西北路1038号举行。党员服务中心的特色项目——“心灵导航心理咨询服务中心”揭牌。

同日　上海市委党校城市社会研究所静安城区社会研究室成立。

15日　“大山杯”中国上海静安国际空手道冠军交流赛在静安体育馆举行。

19日　西藏萨迦县党政管理干部培训班在区委党校正式开班，四川省都江堰市石羊镇的10名党政干部也一同参加该期培训班。

20日　市人大常委会副主任、市总工会主席钟燕群到区调研工会工作。

同日　“浓情静安”2011上海爵士音乐节庆典活动在上海商城剧院举行。

21日　区选举委员会在全区367个张榜点张贴选民榜，公布选民名单。当日区登记的选民217115人。

24日　创建静安寺文化旅游规范景区启动仪式在宏安瑞士大酒店举行。

25 日　在江苏句容举行的 2011 年第四十六届全国象棋个人锦标赛上，由区培养的孙勇征获得全国象棋冠军，并同时由国家大师晋升为特级大师。

28 日　静安区中小学生心理健康教育发展中心暨区未成年人心理健康指导中心在余姚路 139 号上海市第一中学校内成立。

29 日　曹家渡地区 9000 余家燃气用户完成人工煤气到天然气的转换。这是静安区第一批完成天然气转换的用户。

31 日　上海警备区政治部演出队“军徽映夕阳”慰问演出在艺海剧院举行，江宁路社区（街道）的社区重点优抚对象代表及社区老人等近千名观众观看演出。

是月　在市第十三届读书节闭幕式暨上海工会“职工书屋”建设表彰大会上，石门二路社区（街道）“新上海人之家”职工书屋获得“全国工会优秀职工书屋示范点达标单位”和“全国优秀职工书屋示范点”称号。

是月　在德黑兰举行的第十六届亚洲男排锦标赛上，由区培养输送的运动员沈琼作为国家队队长带领全队获得亚军。

是月　2011 静安国际购物嘉年华系列活动获“银联杯”2011 上海购物节营销大赛最佳创意奖。

同月　日本富士纺集团旗下第一内衣品牌 B. V. D. 入驻久光百货。

11 月

2 日　在市第二十一批跨国公司地区总部颁证仪式上，长濑企业管理（上海）有限公司等 20 家企业获此称号。该公司为区第十四家跨国公司地区总部企业。

同日　“学习让人生更精彩”名家名作诵读会暨 2011 年静安学习节开幕。

9 日　2011 年静安区城市公共安全专项活动暨“119 消防宣传周”活动启动仪式在会德丰国际广场举行。

同日　副市长沈晓明带领市食安办、市经信委、市商务委、市食药监局等一行到大沽菜市场，调研食品安全追溯体系使用情况。

9—11 日　区第一批经适房选房现场会在云峰剧院举行。3 天内，共有 541 户家庭到场选定心仪房源，其中选择一居室 159 户、二居室 312 户、三居室 70 户。

10 日　举行区人大代表换届投票选举。全区 5 个街道共划分为 85 个选区，组织 89 场选举大会，设立 271 个投票站。通过差额选举方式，共产生 194 名静安区第十五届人大代表。

同日　人民网上海频道开设“社会管理创新 · 静安实践”专题网页，介绍静安区在社会管理创新上的探索、实践、成果及其社会影响。

同日　在武汉举行的第二届全国智力运动会围棋快棋赛女子决赛中，代表上海出战的静安区围棋运动员唐奕战胜对手，获得金牌。

13 日　区首个少数民族联合会石门二路社区分会成立。

16 日　区党政负责干部会议在市政协礼堂举行。会议通报市委有关干部任免决定，介绍新到静安工作的领导干部情况，并民主推荐中共静安区第九届委员会委员、候补委员和纪律检查委员会委员候选人初步人选。

21 日　区十四届人大常委会第三十九次会议召开，批准区政府调整 2011 年财政支出预算，作出关于进一步加强法制宣传教育的决议，决定于 2012 年 1 月 5—9 日召开区十五届人大一次会议，审议通过其他有关事项。

24 日　静安区 2011 年度上海城市文明指数测评迎检推进会在区机关大楼 10 楼会场召开。

是月　毕马威企业咨询（中国）有限公司、艾意凯咨询（上海）有限公司及毕马威华振会计师事务所上海分所 3 家商务流程外包外资企业获得第三批“上海市服务外包重点企业”称号。区有 10 家信息技术外包企业和商务流程外包企业获得该称号。

是月　静安区逸夫职校被评为中国珠算心算协会全国首批世界非物质文化遗产实践基地之一。

同月　世界机器人奥林匹克赛（WRO）总决赛在阿联酋阿布扎比举行，共有 36 个国家的 750 多支队伍参赛。市西中学参赛队以中国赛区直选赛双冠身份代表中国参加比赛，并最终获创意组冠军。这是中国代表队第一次在该比赛中获冠军。

12 月

2 日　由区委书记孙继伟，区委副书记、区长过剑飞率领的徐汇区党政代表团一行到区开展交流考察。

6 日　市人大常委会主任刘云耕、副主任王培生等市人大常委会领导，率领部分市人大代表，实地视察调研安置帮教和社区矫正工作。

同日　静安区石门二路青年创业实训基地揭牌仪式暨静安区青年“创业新苗”选拔赛，在上海市创业者公共创业实训基地举行。

9 日　区委八届十六次全会在上海展览中心友谊会堂举行。全会由区委常委会主持。区委书记龚德庆讲话。区委副书记郑健麟作《关于〈中共上海市静安区第八届委员会报告（讨论稿）〉的说明》。区委常委、组织部部长庞峻作《关于中共上海市静安区第九届委员会委员、候补委员和区纪律检查委员会委员候选人预备人选名单的情况说明》。确定中共上海市静安区第九次代表大会于 2011 年 12 月 20—22 日在上海展览中心召开。

同日　“圆梦行动 · 成就梦想”静安区促进青年就业成果展示表彰会在区人保局举行。

20日　中国共产党上海市静安区第九次代表大会在上海展览中心友谊会堂开幕，320名代表参加大会。市委常委、副市长屠光绍，市纪委副书记温新华，市委组织部副部长冯小敏出席开幕式。区委书记龚德庆代表中共静安区第八届委员会作题为《建设国际静安，构建和谐家园，努力开创现代化国际城区新局面》的报告。

22日　区委九届一次全会在上海展览中心友谊会堂举行。全会由总召集人龚德庆主持。全会选举产生新一届区委领导机构，龚德庆、周平、韩强、赵永峰、左燕、杭春芳、陆晓栋、邓小冬、孔六梅、庞峻、凌惠康为区委常委；龚德庆为区委书记，周平、韩强为区委副书记。全会批准由区纪律检查委员会第一次全体会议选举产生的区纪委领导机构。

25日　区委九届二次全会在上海展览中心友谊会堂举行。全会由区委常委会主持。区委书记龚德庆讲话。区委副书记韩强作《关于〈中共静安区委常委会2012年工作要点（讨论稿）〉和〈中共静安区委全委会工作规则（讨论稿）〉的说明》。全会审议并通过《中共静安区委常委会2012年工作要点》。

是月　全球著名奢侈品集团巴黎春天（PPR）旗下两大品牌，在区投资设立贸易公司。STELLA MCCARTNEY LTD投资220万欧元成立斯特拉麦卡特尼（上海）贸易有限公司；AUTUMNPAPER LTD投资200万英镑成立亚历山大麦昆（上海）贸易有限公司。

是月　曹家渡社区（街道）推进91个小区生活垃圾分类减量化工作，共改造垃圾箱房94处，设置小区厨余桶约1400只，向居民发放家庭厨余桶约2.9万个只、垃圾袋300余万个。

是月　悦达889广场获国际购物中心协会（ICSC）购物中心大奖（亚太）设计银奖。

是月　上海国旅国际、上中旅国际、强生国际、中假日4家旅行社获市首批旅行社等级评定认证。

是月　波特曼丽嘉酒店总经理韦博获2011年度上海市质量金奖（个人）荣誉称号。

同月　上海中凯豪生酒店、上海家合酒店2家单位被评定为上海市旅馆优质服务达标单位。上海扬庭酒店管理有限公司（汉庭南京西路店）、上海在家酒店管理有限公司（格林豪泰石门二路店）、上海金泰鼎酒店管理有限公司（美京大酒店）3家单位被评定为上海市旅馆规范服务达标单位。

（本栏目编辑　陈彩琴）

·资　料·

（上接第20页）

上海市实施《地方志工作条例》办法

第七条　（承编单位）

根据地方志工作规划和编纂方案承担编纂任务的单位（以下简称承编单位），应当明确承担编纂工作的机构和人员，保障编纂条件，按时保质完成编纂任务。

市和区县地方志工作机构应当对承编单位的编纂工作进行指导、督促和检查。

第八条　（编纂要求）

地方志内容应当全面、客观，符合法律法规规章的规定。

地方志编纂人员应当客观公正、尊重史实，掌握地方志编纂的基本知识和基本方法，具备相应的文字能力。

第九条　（资料征集）

市和区县地方志工作机构可以向机关、社会团体、企业事业单位、其他组织以及个人征集有关地方志资料，有关单位和个人应当提供支持。市和区县地方志工作机构可以对有关资料进行查阅、摘抄、复制，但涉及国家秘密、商业秘密和个人隐私以及不符合档案开放条件的除外。

地方志资料所有人或者持有人提供有关资料，可以获得适当报酬。地方志资料所有人或者持有人不得故意提供虚假资料。

承编单位应当将地方志编纂过程中形成的电子文档资料复制给市地方志工作机构。

（下转第87页）

静安区加强社会组织建设的调研报告

中共静安区委办公室　中共静安区委政策研究室课题组

一、静安区加强社会组织建设的基本做法和初步成效

区委、区政府认真贯彻培育发展和监督管理并举的方针，先后两次召开全区性的工作会议，成立社会组织工作领导小组和办公室，制订下发《中共静安区委、静安区人民政府关于进一步加强社会组织工作的若干意见》《关于促进社会组织参与社会建设管理的实施意见》（试行）、《区委组织部关于进一步加强我区社会组织党的建设工作的实施意见》《关于进一步加快社会组织建设与发展的工作意见》《静安区社会组织党建工作三年行动计划（2009—2011）》《静安区政府购买社会化服务办法》（试行）、《静安区社会组织孵化基地管理办法》等一系列规范性文件，组织动员全区统一思想，凝聚合力，共同推进社会组织建设，形成静安区的社会组织蓬勃发展的良好趋势。

截至2011年1月，全区注册登记的社会组织共有392家（全市9953家），其中社会团体134家，民办非企业单位258家。从分布来看，主要分布在教育（116家）、劳动（43家）、民政（35家）、文化（12家）、体育（19家）等社会领域。从类型来看，大致分为经济类（15家）、科学研究类（28家）、社会事业类（191家）、慈善类（119家）、综合类（39家）。每万人拥有社会组织量13个，位列全市首位。全区有3家公益类专业性民办非企业单位被评为5A级单位，占全市的15%；9家公益类专业性社会组织被评为4A级单位，占全市的30%；13家公益类专业性社会组织被评为3A级单位，占全市的36%；获A级单位的数量在全市名列前茅。2010年区社会组织联合会获得民政部颁发的“全国先进社会组织”荣誉称号。

（一）坚持创新，开创社会组织枢纽型管理新局面

静安区以原有工作成效为基础，坚持“观念创新、制度创新、方法创新”的要求，创造性建立“1+5+X”社会组织枢纽型管理模式。这个枢纽型管理模式以社会组织联合会（以下简称“社联会”）为组织载体，在各级党组织和行政部门的有力支持和指导下，在以下四个方面发挥积极作用：

1. 在上级党委的领导和指导下，认真做好党建引领指方向的工作。

——发挥政治引领作用。

——建章立制规范工作。

——突出重点加强建设。

2. 在区委区政府和相关职能部门的领导和指导下，着力做好承接项目，惠泽民生的工作。

——有效整合资源，积极承接政府管理服务职能。

——聚焦民生领域，开发惠及群众的创新服务项目。

——协助制订规范，完善政府购买服务程序。

3. 充分发挥各个枢纽型社会组织的职能作用，着力做好搭建平台，加强沟通的工作。

——搭建社会组织相互交流的平台。

——搭建社会组织反映诉求的平台。

——搭建政府与社会组织沟通协作的平台。

4. 着眼于依章行事，强化自我管理，着力做好内强素质的工作。

——加大公益类社会组织引进培育的力度。

——加强对社会组织的专业培训。

——推动市级公益类民生项目的招投标工作。

（二）社会协同，开创社会组织积极参与社会建设的新局面

1. 区商联会在推动区域经济发展方面，充分发挥社会协同不可替代的重要作用。

——围绕重点，配合实施相关实事项目。

——紧贴企业需求，持续提升服务会员单位的能力。

——紧扣诚信主题，不断规范行业自律管理。

——深入调研，为静安商业经济发展出谋献策。

——加强协会组织建设。

区商联会连续14年被评为上海市商业服务协会的先进集体。

2. 区促进会在健全基层群众自治机制，组织推动业委会自觉接受党的领导，依法有序开展自治方面，充分发挥社会协同不可替代的重要作用。

——分层分类指导，强化培训工作。

——修改完善章程，加强党的领导。

——开展评优活动，树立工作标杆。

——参与政府实事，有序开展自治。

3. 区科协在推进科技兴区方面，组织推动各科技类社会组织，充分发挥社会协同不可替代的重要作用。

——围绕科技兴区当好参谋助手。

——努力做好提升全民科学素养的工作。

——切实当好科技工作者的服务员。

4. 区教社联和区学习联在建设学习型城区方面，组织推动各教育类社会组织，充分发挥社会协同不可替代的重要作用。

(1)区教社联工作的成效凸显。

——加强枢纽建设，搭建好三大服务平台。

——承接政府项目，实现党建社建一体化。

——活动生动多样，竭诚服务会员单位。

(2)区学习联工作扎实推进。

——做深做实学习资源联盟。

——做大做精“白领学堂”。

——深入开展学习型城区建设研究。区学习型小区创建参与率达100%，达标率80%，有28.6%的小区进入区级先进小区的行列。

5. 区文化社联会在繁荣基层群众文化方面，组织推动各文化类社会组织，充分发挥社会协同不可替代的重要作用。

——加强资源整合，实现共建共享。

——凝聚团队会员，加强队伍建设。

——强化自身建设，提高运作能力。

6. 区卫协在加强社会医疗机构管理，规范执业行为，提高服务质量方面，充分发挥社会协同不可替代的重要作用。

——创新加强社会医疗机构管理的工作机制。

——深入小区、家庭，搭建为民服务平台。

——促进沟通交流，搭建各种互动平台。

——开展区卫协和社会医疗机构文明创建活动。

7. 区帮教协会和区个体协会等社会组织，在维护稳定促进和谐方面，充分发挥社会协同不可替代的重要作用。

(1)提前介入，全程服务，推动安置帮教工作成为全市的一面旗帜。

——抓好源头治理，在帮教对象即将回归社会之时，提前介入。

——坚持两个结合，协助建立区级公益劳动基地开展帮教活动。

——整合各方资源，争取社会支持，合力做好安置帮教工作。区帮教协会获得“市先进民间组织”称号，洪智中心被上海市社团管理局授予“4A级规范化社会组织”。

(2)化解历史遗留矛盾，维护社会稳定和谐，社会组织充分发挥社会协同不可替代的重要作用。

——成功化解“银丰诈骗案”引发的矛盾。

——成功化解“动漫城”因招商引资引发的矛盾。

——成功化解无证拉面店严重扰民引发的矛盾。

8. 洪智中心围绕上海建设社会主义现代化国际大都市对中心城区的要求，在加强城市小区管理方面，充分发挥社会协同不可替代的重要作用。

——创设洪智中心，加强队伍建设，社会组织参与城市管理创出品牌。

——主动把道路管理的工作与政府部门开展的专项整治对接，形成长效机制。

——主动把小区弄堂的管理与为民服务结合起来，惠及民生。

9. 区劳动社联会、区劳动协会在促进社区就业、化解就业纠纷方面，推动各劳动类社会组织，充分发挥社会协同不可替代的重要作用。

——区劳动社联会发挥功能作用推进就业培训工作。

——区劳动协会有力有效有序推进劳动争议调解工作不断取得新进展。

10. 公益类专业性的社会组织，在围绕服务重点人群方面，充分发挥社会协同不可替代的重要作用。

(1)为老服务，各街道社会组织各显其能

——静安寺街道公益类专业性社会组织开展为老服务成效明显。

——曹家渡街道老年协会常青藤俱乐部成为老人最开心的家园。。

——江宁路街道颐美敬老院以一流的为老服务取得社会各界的好评。

——石门二路街道居家养老服务中心实施老人关爱工程。

——南京西路社区金钥匙服务业发展中心以5A级社会组织的高品质为老人提供一流服务。

(2)为白领服务，“白领驿家”彰显活力

此外，上海市静安区关爱女童工作协会、静安寺街道阳光助残社工事务所、上海乐创益公平贸易发展中心、上海静安区青年预防艾滋病服务中心、上海市静安区癌症康复俱乐部、江宁社区慈善爱心园、静安寺街道残疾人服务社、曹家渡街道残疾人服务社、江宁路街道残疾人服务社、石门二路街道残疾人服务社、南京西路街道残疾人服务社、残疾人康复服务指导中心、上海聚善助残公益发展中心等一大批公益类专业性的社会组织，为残疾人及其他困难群体长期坚持、一以贯之地提供一流的服务，作出无私的奉献。

11. 在应对公共危机方面，区域各社会组织形成合力,充分发挥社会协同不可替代的重要作用。

——第一时间,社会组织志愿者赶到现场参与救援。

——党建引领,社会组织枢纽型管理作用有效发挥。

——广泛动员,社会组织纷纷争献爱心。

(三)加强监管,政府职能部门依法行政,认真履职,为静安的各类社会组织健康有序地发展,提供有力的行政支撑

——认真开展规范化建设评估工作。全区共有25家社会组织获得3A以上的评估等级,总数名列全市各区县第二。

——认真督办企业协会政社分开工作。

——认真开展社会团体"小金库"治理工作。

——深入开展文明社会组织创建和团队备案工作。

——大力开展公益项目招投标及公益创投标工作。

——加大培育发展工作的力度。

——积极推进信息化管理创新模式。

二、静安区加强社会组织建设的几点体会

(一)必须始终坚持党的领导。

(二)必须始终坚持依法行政与民生需求的有机统一。

(三)必须始终坚持以创新为动力。

(四)必须始终坚持内强素质提高能力。

(五)必须始终坚持政府让渡空间。

(六)必须始终坚持突出重点。

三、外省市、兄弟区和静安区有关部门(街道)加强社会组织建设的做法借鉴

(一)外省市加强社会建设的做法借鉴

1. 北京市社会组织管理体制改革实行的是整体性突破。主要具有两大特点:首先,取消行政主管部门的业务管理,使得传统的双重管理体制具备单重管理体制的雏形。通过职能转交,枢纽型社会组织完成业务主管职权的归拢,既有利于实现政社分开和社会组织的民间化发展,又形成枢纽型社会组织负责培育和管理社会组织的新格局,放大社会组织合法性的制度空间。其次,以枢纽型社会组织管理、服务社会组织的体制,既增强人民团体等传统准政府社会组织的社会公益性特征,有利于社会组织的整体统和,又使这些组织真正回归政府与社会的桥梁与纽带地位,明确未来的改革方向。

2. 深圳分步实施开启政府与社会组织合作的新模式。2008年4月,深圳市被民政部确立为社会组织"改革创新综合观察点"。深圳市的改革具有的主要特点是,把社会组织登记管理体制改革作为综合配套改革的有机组成部分,与行政管理体制和事业单位改革共同推进,其改革经验体现四个创新:一是登记管理体制的创新,二是"政社关系"的创新,三是服务方式的创新,四是监管模式的创新。

(二)兄弟区加强社会建设的做法借鉴

1. 浦东新区的特点在于:凭借处在改革开放前沿阵地的先发优势,实行全方位的推进。经过近几年的努力,逐步形成社会组织主体性明确、政府主导推动有力、政府购买服务的政策落实和运作机制有效、监督管理的模式日益形成的生动局面,成为全市推动这项工作领头羊。

2. 杨浦区的特点在于:立足区情实际,从构建现代大民政出发,整合利用区域高等校园集中等优质资源,推动政社合作,聚焦公益,加大力度,在具体实践中,加快构建社会组织在社会建设中参与社会协同和推进公众参与的体制机制,提高社会组织的能力。

3. 普陀区的特点在于:加强社会组织建设,发挥社会组织在社会建设中社会协同不可替代重要作用的实践探索启步早,成效比较明显,特别是长寿路街道创建的社区民间组织服务中心,得到党委、政府和专家学者的充分肯定。

4. 闵行区的特点在于:推进社会组织建设坚决有力,从降低门槛、经费补贴、税收减免三个关键环节下手,为大力培育发展社会组织松梆。同时,不失时机地在政府购买服务这个重点环节上下功夫,使推进社会组织培育发展和转变政府职能、加强监管等工作,处在互惠互动、良性循环之中。

(三)静安区单位(街道)加强社会建设的做法借鉴

1. 区教育系统的特点在于:一是党政领导高度重视,立足区域,胸怀大局,起点较高。二是工作贯彻有力,给予两个联合会在人财物、工作、思想等全方位的有力支撑。三是加强社联会建设方面,充分体现"党委领导、政府负责(主导)"的作用。四是转变政府职能方面,加大政府购买服务力度,积极主动,有序推进。

2. 江宁路街道的特点在于:一是党政领导高度重视,把加强社联会建设、发挥各类社会组织作用,摆上重要议事日程。二是为社联会开展工作给予必要的人财物支撑,对社联会的日常工作给予关注,及时帮助解决实际困难。三是支持社联会参与政府购买服务的全过程,较好地发挥社联会的作用。四是坚持党建带社建,把各类社会组织的党建工作摆上重要位置,并以开展创先争优为抓手,以开展公益活动为内容,成效相对较好。

3. 区劳动社联会承接政府委托的"政府补贴培训督导评估项目"工作的特点在于:一是面对这一新的工作,以饱满的工作热情着眼于机制创新、着力于工作推进,表现良好的精神状态。二是在工作推进的过程中,把加强自身建设,提高公信力聚焦在"廉洁督导"这一关键环节上,是很有见地的做法。三是通过"三个主动",把开展督导、提高业务水平和加强与政府职能部门的联系沟通结合起来,与加强对疑难矛盾和问题的解决结合起来。四是自我加压,自觉地把自身的工作放置于被督导的广大社会培训机构的监督之下,并主动落实相关整改措施,提高自身的公信度。

四、静安区进一步加强社会组织建设面临的问题及对策思考

(一)进一步认识加强社会组织建设在思想观念和实务方面存在的问题及提出的意见建议

一是要进一步"放心",从思想认识上高度重视、信任、接受社会组织。

二是要进一步“放手”，为社会组织参与社会管理和服务让渡空间。

三是要进一步“放宽”，为社会组织参与社会管理和服务创造良好的体制机制环境。

（二）进一步深刻认识“1+5+X”社会组织枢纽型管理模式方面存在的问题及提出的意见建议

一是要提高对一般意义上枢纽型社会组织的理性认识。

二是要提高对政府主导型枢纽组织的理性认识。

三是要提高对静安区探索创设的“1+5+X”社会组织枢纽型管理模式体制机制优势的理性认识。

四是要提高对“1+5+X”社联会体系成员之间相互关系的理性认识。

（三）“1+5+X”社联会枢纽型组织体系中各成员单位一般意义上功能定位方面存在的问题及提出的意见建议

建议确定五个方面为各社联会普遍应该具备的功能定位。一是调查研究的功能。二是指导咨询的功能。三是交流合作的功能。四是反映诉求的功能。五是管理协调的功能。

（四）“1+5+X”社联会枢纽型组织体系中成员单位工作人员待遇等方面存在问题及提出的意见建议

一是进一步规范各社联会负责人薪酬。

二是进一步规范各社联会的激励机制。

（五）进一步认识加强社会组织建设在体制机制方面存在的问题及提出的意见建议

（六）建议区社联会的业务挂靠单位，由区民政局（区社团局）调整为区社建办

（七）社会组织加强能力建设方面存在的问题及提出的意见建议

一是建议政府职能部门要进一步寓服务于管理之中，推动社会组织自身建设上新台阶。

二是建议各类社会组织要立足当前、着眼长久，强化自我管理、自我服务、自我教育、自我监督，切实加强自身建设。

（八）关于静安区社会组织服务中心的功能定位及初步思考

关于静安区社会组织服务中心的具体功能定位。(1)展示窗口。(2)业务窗口。(3)交流平台。(4)信息化平台。(5)研发平台。(6)培育平台。

关于静安区社会组织服务中心运作的可行性思考。建议成立静安区社会组织服务中心协调小组，由区委、区政府分管领导牵头，区社建办、区民政局（社团局）、区社联会负责人为成员合力推进工作；由区委、区政府相关职能部门以购买服务的方式，与枢纽型社会组织形成合作共赢的伙伴关系，发挥各自优势，共同实施运作（涉及的区委、区政府相关职能部门是指区社建办和区民政局/社团局，涉及的枢纽型社会组织是指区社联会）。

（九）社会组织党建方面存在的问题及提出的意见建议

一是针对在组织架构上，尚未形成符合社会组织特点、切实有效的党建工作体系问题提出的意见建议：探索归口管理、扁平运作、三级联动的党建工作模式。根据有利于开展党的工作、有利于党组织作用发挥的原则，在“1+5+X”枢纽型社会组织联合会中建立党建工作部，具体负责各社联会成员单位的党建工作，每个党建工作部配备1名专职党务工作人员，具体负责推进各成员单位的党建工作。

二是针对在工作载体上，党建工作与业务工作有时出现“两张皮”问题提出的意见建议：进一步发挥“1+5+X”枢纽社联会党组织的党建枢纽作用。“1+5+X”社联会党组织要准确把握功能定位，围绕社会建设的中心任务，探索社会组织发展的规律，积极开展社会组织党建工作。

三是针对在组织覆盖上，党组织的组建和党员教育管理还存在空白点的问题提出的意见建议：探索建立社会组织党建管理新体制。要进一步研究和创新在新形势下加强党领导社会组织建设的管理体制、党组织的设置形式、党组织负责人的选拔培养方式、发展党员的模式、党员教育管理的方法、党组织活动的内容和载体。

四是针对在运行机制上，社会组织区域化大党建格局尚未形成问题提出的意见建议：努力构建社会组织单位党建、社区党建和行业党建互联互补互动的工作格局。

五是针对在人才队伍上，社会组织领军人物青黄不接的问题提出意见建议：一是抓源头，加大社会组织青年领军人才和骨干力量的培养力度；二是重培育，把工作重点聚焦在领军人物培育政策的落实上，加大扶持力度；三是建机制，启动“三带”工程，即社会组织领军人物结对带教领军人物后备队，领军人物后备队结对带教业务骨干，业务骨干结对带教社会组织后备人才，进一步加快推进社会组织人才培育步伐。

加强“白领驿家”建设的调研报告

中共静安区委政策研究室

2009 年 12 月，静安区在原有楼宇党建工作取得阶段性成效的基础上，创设“白领驿家”实践载体。调研显示，“白领驿家”经过一年半的实践探索，把“服务”和“凝聚”有机结合起来，创立服务品牌，进一步优化静安区打造国际商务港的软环境，增强政治引领的凝聚力，产生一定的社会影响力。

一、正确认识“白领驿家”实践载体的地位

（一）“白领驿家”是打造静安区商业商务软环境的有效实践载体。

2005 年市委、市政府制定下发的《上海加速发展现代服务业实施纲要》指出，要依托南京西路地区的高级商务楼宇建设，大力引进国内外著名企业和品牌，努力把南京西路建设成为上海标志性的国际商务办公区域。静安南京路占整条南京西路面积的 90% 以上，《纲要》对南京西路的产业功能定位，实际上就是对静安区产业功能的定位。对此，区一级层面党委系统的各级组织和政府系统的各职能部门的一项重要任务，就是要着眼上海发展大局，立足区位优势，把握历史底蕴，着力打造上海标志性国际商务办公区域一流的软环境。

楼宇经济是静安区域经济的主要形态和支撑。区楼宇经济的税收贡献率占全区税收贡献率总量的 75% 左右，静安区第三产业的从业人员（“白领”）约有 20 余万。这 20 余万的“白领”，虽然不居住在静安区，但他们工作、学习在静安区，是发展楼宇经济、建设上海标志性国际商务办公区域和打造静安国际商务港的主体力量。为他们提供服务，创设的“白领驿家”，就是一个有效的实践载体。

（二）“白领驿家”是区域化党建共同行动主题实践活动的有效实践载体。

2010 年 10 月，静安区的基层党建工作以区域化党建“共同行动”主题实践活动为抓手，进入一个新的发展阶段。新经济组织党建占有体制外基层党建的半壁江山。“白领驿家”则是推进这“半壁江山”党建工作的有效实践载体。近 10 年，静安区的楼宇党建与楼宇经济的发展相辅相成、互相促进，处在全市领跑的地位。从 2002 年胡锦涛总书记在反映静安区楼宇党建工作的新华社内参《支部建在楼上，党建落到实处》一文上作出重要批示后，共经历 3 个发展阶段。

一是 2002 年至 2006 年期间，静安区楼宇党建走上“万事开头难”的探索之路。经过艰苦努力，以“走进三扇门”（商务楼宇之门、企业之门和员工的心灵之门）为发展理念，在活动方式上创造商务楼宇党建工作法，实现体育、卫生、文化、教育、科普、法律、维权等服务项目进楼宇，基本实现工作覆盖。在组织设置上把商务楼宇作为“立体社区”，努力创造条件，通过建立党总支、党支部、联合党支部，临时党支部、党小组、党建联络员制度等，初步实现组织覆盖。在队伍建设上，在全市首创商务楼宇党群工作者。

二是 2007 年至 2009 年期间，伴随着区域新经济组织的蓬勃发展，开始进入把新经济组织党建工作向新产生的领域拓展的又一个新的发展阶段，把楼宇党建的触角向工业园区、菜市场等领域延伸。在活动方式上创新“双培工程”（在党员中培养骨干、在骨干中培养党员），开展“我是党员，向我看齐”“一个党员一面旗”“星级商务楼宇评比”等竞赛活动，实现党建新领域的工作覆盖。在组织设置上创新机关党组织与新经济组织党组织“结对共建”的运作机制、相约四季俱乐部、青年联合会“梅泰恒”分会等，进一步巩固组织覆盖的成效。在队伍建设上，实现党务工作者职业化管理。

三是 2010 年后，继续与时俱进，在区一级层面创设“白领驿家”总部，负责统筹全区工作。同时，选择条件相对较优的商务楼宇为试点，在楼宇内建立服务“白领”的阵地（站点），一个适应新情况新形势需要开展新经济组织党建工作的实践载体——“白领驿家”由此而生。“白领驿家”聚焦“活动载体”“服务内容”“资源保障”“党建覆盖”4 个领域推进工作，深受“白领”的欢迎，充分体现静安区新经济组织党建工作正在向一个新的阶段发展。

二、“白领驿家”实践载体的创新意义

（一）“白领驿家”是开展新时期新社会阶层群众工作的新实践新探索。

“白领驿家”按照“关注需求→完善服务→组织凝聚→政治引航”的工作思路，始终紧扣 20 万“白领”需求。围绕“白领”的“吃、喝、玩、乐、衣、住、行、健”等方面需求，积极整合各类资源，设计“心灵驿站”“白领学堂”“白领公益”“白领文化”“白领医家”“运动休闲”“生活时尚”“玩转地球”等 8 个活动板块。整合健身、购物、娱乐等各类商户 500 多家，每 2 个月推出 1 期“白领驿家护照活动”，为“白领驿家”会员提供“优惠折扣”“绿色通道”等专享待遇。探索推广楼宇（园区）立体公共服务平台，成立凯迪克大厦和“800 秀”创意产业园区“白领驿家服务站”，引进快递、银行、健康站、办公用品配送、“白领”早餐等各类服务项目，零距离满足“白领”和楼宇的实际需求，形成商务楼宇资源共享服务机制，进一步优化商业商务软环境。“白领驿家”资源保障不断增强，会员累计 3.4 万余人，为 15 余万人次的“白领”提供各类服务。

（二）“白领驿家”是开展新时期新社会阶层区域化党建创新活动方式的新实践新探索。

“白领驿家”克服传统基层党建方式方法，紧扣“白领”提出的“需求、爱好、趣缘”这个三位一体的核心，以服务品牌集聚人气，以公益品牌动员人力，构建由“生活、活动、公益”等内容组成的服务系列。在实践中打造“白领交友”“白领缓压”“白领公益”3个品牌,引导“白领”群体追求健康向上的生活方式。在2009年云南省遭受旱灾之际,发起“24小时义演捐水捐款行动”,募集社会资金40多万元,并派出10名“白领”代表将募集钱物送达云南灾区。2010年后,针对国内自然灾害频发的情况,将“引领时尚公益活动”列为重点推进的工作项目之一,逐步形成“爱心接力”“爱心捐款”“爱心书屋”等公益项目。“11·15”特大火灾事故发生后,开展“大火无情,静安有爱”募捐活动,组织全区“白领”捐款50余万元。通过制订实施“会员卡公益积分”等激励办法,于2011年底公开评选“年度时尚义工”,对公益积分高的会员给予免费体检等奖励,进一步鼓励会员积极参加公益活动。“白领驿家”举办各类活动200多次,在实践探索开展新时期新社会阶层区域化党建创新活动方式,进一步深化工作覆盖方面取得新成效。

(三)“白领驿家”是开展新时期新社会阶层区域化党建创新组织设置的新实践新探索。

一是构建桥梁纽带,实现“以民管民”。通过法定程序,以社会组织的形式依法成立“白领驿家”总部,牵头抓总,协调推进面上工作。建立各类“白领活动社团”14个,人数近2000人,提高“白领”参与自治、共治的积极性和活力。二是建立沟通机制,打造骨干团队。从各板块会员中遴选出活动板块及其下设社团的负责人,开展日常联络、协调事务;开通专设网站、BBS论坛、客服电话、手机短信平台、QQ群、微博和《白领驿家季刊》,用于信息发布和交流互动。三是建立培育机制,形成社团网络。坚持党建带社建,切实加强“草根型”社会组织建设。在选人上,注重社团负责人物色,确保对“白领活动社团”正确的政治引领。在活动上,体现“白领”群体时尚元素;在机制上,建立“白领活动社团”负责人沟通交流机制,为培育“青年领袖”形成良好的工作制度。四是积极创新社会领域党建组织设置。围绕在14个“白领活动社团”中建立活动型党支部,在8个工作板块上建立党总支,在“白领驿家”总部建立党委的工作目标,最终形成金字塔式的党建工作组织新架构。这个金字塔式的党建工作组织新架构,至2011年建立1个党总支,7个党支部,共有党员70余人,入党积极分子20余人。

三、继续深化“白领驿家”实践载体的意见建议

“白领驿家”实践载体作为静安区开展楼宇党建和新时期群众工作长达10年的成果,有两方面的启示:一是“白领驿家”实践载体作为一个新生事物,是伴随着静安区楼宇经济的可持续发展而产生和不断深化的,是服务“白领”群体、开展基层党建的有效载体,具有旺盛的生命力和广阔的前景,需要继续坚持和不断完善;二是“白领驿家”实践载体的建设还只是试点阶段的规模和数量,与静安区楼宇经济发展的规模和数量相比,存在着一定差距,与“白领”群体日益增长的需求也存在着差距,有待大力拓展推广。

一是思想领先,强化理念。要强化“关注需求、完善服务,组织凝聚、政治引领”的理念。要在关注需求和完善服务的过程中,更加注重“白领驿家”的组织凝聚和政治引领的作用。

二是政治引领,旨在固基。(1)要把社会主义核心价值观主旋律的工作渗透到“白领驿家”的服务工作中去,研究“白领”的思想动态、价值取向、实际需求,为推进社会管理创新打牢群众基础。(2)要尽快在“白领驿家”总部建立党委、在8个活动板块建立党总支,在各个“白领活动社团”建立临时党支部。(3)要培育社团的领军人物,通过抓骨干来扎实有序地推进“白领驿家”的各项工作,引领激发“白领”自觉参与的积极性。(4)活动型临时党组织要把优秀员工纳入发展视野,在条件成熟后推荐给功能型实体党组织,纳入入党积极分子队伍,为加强发展党员的工作积极创造条件。

三是整合资源,凝聚合力。(1)“白领驿家”总部要进一步明确自身定位,花费更多的精力整合各方资源,通过制订工作计划和明确项目任务来协调各方。(2)要改进工作方式方法。公益性的活动,可以交给相关的社会组织举办,并应以免费为主。社会化的活动,应立足8个活动板块、14个“白领活动社团”,发动体制内的力量联合社会各方合力参与。(3)要突出重点。“白领驿家”的工作重点要聚焦在“白领”的“三最”需求上,如就餐、交友和缓压等方面。

四是楼宇社会,相互促进。正确处理服务“白领”与服务社会的关系。要形成有效的运作机制,使之进一步融入区域化大党建之中,不断开创静安区基层党建“共同行动”的新局面。

五是深入调研,形成规划。(1)区相关职能部门要组成课题组,对分布在静安区域内的百幢重点商务楼宇开展深入调研,正确掌握“白领”的所需所求以及设置“白领驿家”站、点的必要性和可行性。(2)以建设区域性的“白领驿家”站、点网络工程为目标,制定3年行动规划和年度工作计划,为规范有序地推进这项工作做出制度性安排。

六是硬件建设,纳入实事。(1)所谓硬件建设,主要是指设置“白领驿家”站、点的场地及必备的设施。要把硬件设施的建设纳入政府打造服务软环境的重要工作内容,以政府主导型、扶持型的方式方法开展工作。(2)应将该项工作纳入政府每年的民生实事工程,进入区委书记专题会议事日程和区政府常务会议、区委常委会的决策程序,并在人财物等方面予以有力支撑。

七是提供服务,市场运作。从不同商务楼宇的具体情况和“白领”员工的实际需求出发,有重点、有特色、有个性地确定服务的具体项目。服务项目的引进,应以市场化的方式运作,对于那些市场紧缺、入驻价格较高而“白领”迫切需要的服务项目,政府应作适当补贴。

八是质量第一,稳步推进。加强“白领驿家”的网络工程建设,要坚持2条原则:第一是“先易后难”的原则,在及时总结经验的基础上稳步推进。第二是“时间服从质量”的原则,从现在起用3至5年的时间,把静安区“白领驿家”的站、点网络工程建设好、使用好、管理好、发展好。

(本栏目编辑 陈彩琴)

领导视察与调研

【吴幼英出席区侨界迎春团拜会】 1月14日，中国侨联副主席、市政协副主席、致公党市委主委、市侨联主席吴幼英出席由致公党区委、区侨联、区侨办在梅园邨酒家联合举办的静安区侨界2011年迎春团拜会，听取致公党区委负责人、区侨联负责人介绍2010年联手开展工作情况，希望致公党、侨联、侨办携手并肩，同心同德，共谋静安未来发展。区委常委、区政协副主席、统战部部长李关德，市、区老领导及市、区有关部门负责人、220名区侨界人士参加团拜会。 （徐丹丹）

【殷一璀一行走访慰问困难群体】 1月26日，市委副书记殷一璀、市人大常委会副主任郑惠强、副市长赵雯、市委副秘书长姚海同在区委副书记郑健麟，区民政局、曹家渡社区（街道）党工委、街道办事处等部门负责人陪同下，察看曹家渡社区（街道）社会救助所，并慰问困难家庭。在中行小区居民谷萍娟家中，殷一璀询问她的家庭近况，指出要进一步加强帮扶力度，为困难群体送去党和政府的温暖和关怀，增强他们生活的希望与勇气。在玉兰小区烈属郑启如老人家，殷一璀听说老人享受养老护理补贴及家政护理服务时，表示近年来退休职工养老待遇不断提高，晚年生活有了改善，希望街道和居委会进一步加强针对性帮扶，通过细致照顾与周到服务，让老人们安享晚年。 （钱　超）

【陈旭视察社区检察室】 2月17日，市检察院党组书记、检察长陈旭，党组成员、政治部主任周越强等领导赴区检察院江宁路街道社区检察室视察调研工作。区检察院党组书记、检察长罗昌平，党组成员、副检察长梁凤娣陪同视察并汇报社区检察室基本情况和工作特色。陈旭对区检察院将社区检察室设置在街道综治中心的做法予以肯定，向检察室干警致以问候，并对推进社区检察工作提出要求：(1)做好整体部署和规划。(2)确定标准，形成规模。(3)注重工作实效。 （时　婕）

【童建明调研指导案件管理工作】 3月24日，最高检察院专职检委会委员童建明在市检察院党组书记、检察长陈旭等陪同下到区检察院调研案件管理工作。童建明听取市检察院、区检察院探索案件管理机制工作汇报，并参观案件管理科工作场地和操作流程，对市、区检察院的做法表示肯定，并提出3点要求：(1)进一步实践探索，把案件管理工作引向深入。(2)加强研究，在实战中界定职能、明确任务、处理好与现有机构的关系，探索检察管理新模式。(3)总结规律，使案件管理工作做到动态监督和静态监督相结合、集中管理和分散管理相结合、公正和效率相结合，为全国检察机关提供经验和参考。 （时　婕）

【桑国卫率检查组到武定菜市场执法检查】 4月9日，全国人大常委会副委员长桑国卫率全国人大常委会食品安全执法检查组到亚细亚公司下属武定菜市场开展执法检查。区委副书记、区长张仁良，区人大常委会主任姜耀中以及区相关部门负责人陪同检查。检查组一行观看由武定菜市场自主研发的信息化管理平台演示，检查场内副食品、熟食品制品、蔬菜等，查看、询问相关商品进货渠道和进货单，向经营者了解相关情况，对检查结果表示满意。 （张怡慧）

【龚学平赴复旦大学上海视觉艺术学院附属高级中学调研】 4月29日，适值复旦大学上海视觉艺术学院附属高级中学正式挂牌1周年，全国人大常委、复旦大学上海视觉艺术学院荣誉院长龚学平率视觉艺术学院各级领导一行9人赴复旦大学上海视觉艺术学院和静安区教育局合作办学的复旦大学上海视觉艺术学院附属高级中学进行调研。龚学平一行首先参观陈列在学校大厅中的学生作品，随后举行专题调研会。通过讨论，双方承诺将进一步加强合作，实现两校教育承上启下衔接，并在实训平台拓展、学生课程体验、教师交流、培养目标、教学内容等方面加强交流。 （沈　俭）

【杨振武调研信访工作】 5月12日，市委常委、宣传部部长杨振武在市信访办副主任朱甫娟陪同下到静安区调研“联系信访人”工作开展情况。区委书记龚德庆就区经济社会总体情况和“联系信访人”工作开展情况进行主题汇报，杨振武对静安区委、区政府近年来在历史遗留矛盾化解方面取得成绩表示肯定，希望静安区在原有基础上进一步大胆探索、深入研究。9月16日，杨振武到静安区调研推进信访突出矛盾化解工作。
（谢　劼）

【南京军区副政委视察曹家渡社区生活服务中心】 7月14日，南京军区副政委徐德学在上海警备区副政委张维平，区委、区政府有关领导和曹家渡社区（街道）党工委书记等陪同下视察曹家渡社区生活服务中心。中心工作人员详细介绍中心从成立以来的基本情况和运行模式，并陪同参观各便民服务摊位、社区减压室及青少年托管等专业服务项目。（钱　超）

【俞正声视察昌平路泵站防汛防台工作】 8月4日，中共中央政治局委员、市委书记俞正声视察昌平路泵站防汛防台工作，要求做好防汛防台工作，保证泵站正常运行。（国　政）

【胡汉武到区调研】 8月18日，市武警总队政委胡汉武到区调研。
（国　政）

【杨晓渡到区调研】 9月1日，市委常委、统战部部长杨晓渡率市委统战部课题组到静安区调研区枢纽型社会组织统战工作开展情况，参观曹家渡社区青年联谊会、静安区关爱女童工作协会。区委常委、区政协副主席、统战部部长李关德介绍静安区社会组织统战工作开展情况。区社会组织联合会、区文化社会组织联合会以及社会组织负责人代表先后对社会组织开展工作情况作交流发言。
（郑　艳）

【钟燕群视察大沽菜市场】 9月14日，市人大常委会副主任钟燕群率队视察菜市场食品溯源体系建设情况。市人大常委会委员孙运时、俞国生、瞿钧、顾晓敏和市商务委副主任张新生、市工商局副局长彭文皓等参加视察，静安区人大常委会副主任许政涛等陪同。钟燕群等首先到大沽菜市场进行视察，随后又赴亚细亚公司进行座谈交流，对开开集团及亚细亚公司在菜市场食品溯源体系建设、平抑蔬菜价格等方面所做工作给予肯定。
（陈伟萍）

9月14日，市人大常委会副主任钟燕群视察大沽菜市场　（开开集团　供稿）

【甘霖视察武定菜市场】 10月12日，国家工商行政管理总局副局长甘霖一行参观亚细亚公司武定菜市场，市工商局局长吴振国、副区长陆晓栋陪同。甘霖查看菜市场进销货台账，抽查有关蜜饯、半成品进销货台账，指出该类商品一定要确保在保质期内销售，如不能在保质期内销售完毕，应及时销毁，并做好相关记录。她还了解菜市场信息化平台，对武定菜市场的食品安全工作予以肯定。（张怡慧）

【钟燕群调研区工会工作】 10月20日，市人大常委会副主任、市总工会主席钟燕群一行，到区调研工会工作。在区人大常委会副主任、区总工会主席周文芳陪同下，钟燕群到石门二路社区（街道）凯迪克大厦，视察“爱心妈咪小屋”、楼顶运动场等，到“800秀”创意产业园区，视察文化创意产业园区工建工作。在听取区工会工作情况汇报后，钟燕群对加强和创新社会管理中工会如何发挥作用、加强构建和谐劳动关系的制度建设和机制建设、加强探索工会自身建设等方面提出要求。（姜颖洁）

【钟燕群视察“800秀”】 10月20日，市人大常委会副主任、市总工会主席钟燕群到“800秀”创意产业园区视察调研。区人大常委会副主任、区总工会主席周文芳等领导陪同视察。钟燕群观看现代戏剧谷2011秋冬“壹戏剧秀·市民剧场”社区演员们的排练，到园区入驻企业冰岛CCP公司（欧洲三大网络游戏软件公司之一），听取公司负责人对上海业务发展情况的介绍，肯定“800秀”打造高端和追求精品的市场定位。（杨中伟）

【沈晓明视察大沽菜市场】 11月9日，副市长沈晓明带领市食安办、市经信委、市商务委、市食药监局等领导一行到大沽菜市场，调研食品安全追溯体系使用情况。副区长陆晓栋、食药监静安分局局长和工商静安分局负责人等陪同调研。沈晓明察看菜场内信息化追溯平台，体验信息化系统的使用情况。（张怡慧）

【刘云耕视察区安置帮教工作】 12月6日，市人大常委会主任刘云耕、市人大常委会副主任王培生等到区视察安置帮教和社区矫正工作。在区委书记龚德庆，区委副书记、代理区长周平陪同下，刘云耕一行视察区洪智中心“中途驿站”。市司法局党委副书记李和平、市矫正办主任朱久伟、区司法局党委书记、局长陪同视察座谈。刘云耕肯定区安置帮教和社区矫正工作新举措和新成绩，对静安区充分发挥社会组织作用、促进社会和谐稳定给予高度赞扬。（阎　梦）

一、中共静安区委员会

（一）综　述

2011年，中共静安区委员会（简称区委）团结带领全区各级党政组织和广大干部群众，冷静、坚毅、务实、奋进，按照“高起点、开放型、国际化”发展思路，建设国际静安，构建和谐家园，推进现代化国际城区建设，实现“十二五”的良好开局。

区委抓住建设国际商务港核心任务，优化产业结构，打造良好环境，提升发展能级，确保区域经济平稳较快发展。全年完成税收总收入219.14亿元，区级财政收入74.77亿元，比上年增长11.95%和13.68%，超额完成全年预定目标。在充分调研、广泛征求全区各方面意见基础上，提出“十二五”规划建议，推动政府制订区“十二五”规划纲要并在区人代会上通过。坚持处理好土地利用规划、空间布局规划和经济社会发展规划关系，加强统筹协调，推动制订涉及城区经济社会发展七大领域的48个专项规划，“国际商务港、平安城区、和谐城区、文化城区、文明城区”等阶段性目标的内涵更加丰富，任务更加明确。发挥高端商业商务企业集聚优势，招大引强，加快推进开放型经济发展格局形成。商贸流通业、专业服务业继续保持快速发展势头，产业竞争力和辐射力持续增强。引进一批知名基金管理公司和股权投资企业，金融服务业逐步实现多元化发展。以“800秀”创意产业园区为核心，一批国内外设计创意、文化创意企业相继入驻，成为拉动区域经济发展的新增长点。五大重点产业税收占总税收比重达到95.7%。加大新建楼宇招商力度，提高跨国公司地区总部集聚度，楼宇经济特色进一步显现，税收亿元楼数量达19幢。以静安寺地区和石门路地区为重点，重大项目建设取得新进展。推进静安寺交通枢纽、“两站一通道”等项目，完成常德路架空线入地、山海关路拓宽等工程。城区公共基础设施得到完善，绿化和环境保护工作得到加强，城区市容环境保持整洁美观。围绕“招商、安商、留商、扶商、稳商”，调整优化区投资服务机构组织设置和工作体制，成立区中小企业服务中心。加强专业街建设，街区功能定位更加清晰，配套服务功能进一步增强。坚持高端引领，探索建立面向区域的优秀人才多渠道培养机制。把握上海建设“智慧城市”机遇，注重顶层设计，谋划静安“智慧城区”建设，信息基础设施和重点项目建设加快推进。推进低碳商业商务示范区建设，做好节能减排工作，万元增加值能耗保持全市区县最低。推进国资国企改革攻坚，理顺政府与企业之间关系，调整建交系统区属企业归口国资委管理，整合优化企业资源。细化完善国资国企监管措施，规范企业法人治理结构，强化董事会和监事会建设，注重发挥党组织在各企业中的作用。更加注重发挥国资国企在服务民生方面的作用，国资国企对区域经济社会发展贡献度不断提升。

年内，区委在保持经济又好又快发展的同时，更加注重推进以改善民生为重点的社会建设，围绕区域人群结构特点，加强公共服务和社会管理，让经济发展的成果优先惠泽民生。加大公共财政投入，按照“均衡、优质”要求，优化公共资源配置。加强学习型城区建设，完善终身教育体系，教育改革创新取得新进展。有序推进市西中学改扩建、中小学校舍安全工程。推进区域医疗联合体建设，提升医疗服务水平。完成第十四届国际泳联世界锦标赛（简称上海世游赛）保障任务，举办区第十一届运动会。因地制宜开展群众文化体育活动，市民身体素质进一步增强。完善稳定和扩大就业政策，深化促进就业工作。强化科技专项资金使用管理，优化区域科技创新环境。推进“支出型贫困”评估和救助试点工作，困难群体帮扶体系得到完善。聚焦区域内各类人群关心的利益问题，加强对社会建设统筹协调，推进重点民生项目落实。坚持把改善居民居住条件放在重要位置，全力确保保障性住房政策落地，稳妥推进旧区改造，深化旧住宅小区物业一体化管理。丰富“乐龄家园”“白领驿家”等工作载体，加强街道“六个中心”建设，为生活、工作在静安的不同人群提供优质便捷的公共服务和产品。关注物价高企对居民生活的影响，保供稳价工作得到有效落实。推动完善政府购买公共服务政策，推进区社会组织服务中心建设。加强枢纽型社会组织建设，提高社会组织参与社会服务管理的活力和能力。完善城区市容管理网格化发现、扁平化处置、信息化监管工作机制，保持对市容顽症高压态势，实现市容环境常态优良。推进街道管理机制调整优化，加强街道部室岗位标准化、规范化建设，完善条块协作机制，发挥街道服务群众、维护稳定作用。区委始终把做好“11·15”特别重大火灾善后工作放在重要位置，在市善后工作领导小组的领导下，坚持将心比心、换位思考的工作理念，加强沟通、增进互信的工作方法，依法合规、公平公正的工作原则，发扬不畏艰难、连续作战的精神，推进善后工作，以百倍努力弥补损失于万一。国务院调查组关于火灾事故的调查处理决定公布后，区委坚决拥护中央和市委决定，全面反思火灾事故深刻教训，认真整改存在问题。火灾受伤人员全部康复出院，对事故有关责任人员的处理全部落实，各项赔偿方案均已出台，受灾居民与责任主体理赔协商工作稳步推进，善后各项工作总体保持平稳有序。

年内，区委以开展社会管理创新试点工作为契机，开展影响城区安全隐患矛盾的检查整顿，制订有效措施，确保城区安全稳定。贯彻市委、市政府要求，指导并推动制订规范建筑市场加强建设工程质量安全管理的实施办法和监管细则。全面排查和清理各类建设工程、建筑企业，对建设程序执行、工程承发包关系等问题开展重点整顿，严肃查处违法违规行为。探索建立社会监督体系，推动监管全覆盖。探索推行政府投资项目代建管理模式，提升建筑市场管理的规范化、专业化水平。健全区安全生产委员会工作制度，落实安全生产责任制。开展安全生产大检查、大整顿，全面落实重大建设工程和重点安全隐患挂牌督办制度，一批积累多年的安全隐患难题得到解决。成立区消防安全委员会，加强居民区住宅楼、商业商务楼宇消防设施维护和建设。加大安全知识宣传力度，开展全民安全防护培训和演练，提高群众安全意识和自救能力。成立区食品安全委员会，落实工作责任，强化源头管理，开展查处非法添加及滥用食品添加剂行动。以推进社会管理创新综合试点工作为契机，加强统筹协调，推进22个重点项目、60个子项目建设，优化完善基层社会管理主体共治化、运行扁平化、服务精细化、防控网格化运行模式。健全区综治委联席会议制度，推进街道综治中心、居民区综治站、楼组（楼宇）综治点标准化建设，将综治工作触角延伸落实到基层一线。整合区域资源，推进区综治信息管理中心建设。完善社会治安防控体系，加大对盗窃、诈骗等多发性案件和严重暴力犯罪打击力度，人民群众安全感得到增强。落实信访稳定工作领导责任制，加强区领导联系重点信访人制度，完善信访终结制度，一批历史遗留矛盾得到妥善处置和有效缓解。畅通信访渠道，推动建立信访代理“绿色通道”，健全矛盾纠纷排查机制，深化“六位一体”大调解工作格局，把矛盾化解在萌芽状态。加强区级媒体宣传和网络舆论引导，妥善应对突发事件和社会敏感事件。

区委围绕庆祝中国共产党成立90周年、学习贯彻落实十七届六中全会精神等主题，着眼于人的素质全面提高和区域经济社会全面进步，多角度、多层次地推进文化建设，夯实区域发展思想基础。学习讨论胡锦涛总书记七一重要讲话，全面领会、深刻把握讲话的精神实质，准确运用于指导推动城区科学发展的实践之中。结合区域红色资源，开展丰富多彩纪念活动，全面回顾中国共产党不断成长壮大的光辉历程，宣传区基层党组织和党员中的先进典型，增强干部群众爱国主义情怀，激发干部干事创业热情。做好革命历史遗址保护利用，发挥党史资料资政育人作用。与时俱进调整完善文明创建标准，丰富创建工作内涵，提升文明创建水平。统筹全区力量和资源，做好新一轮城市文明指数测评迎检工作。搭建社会各界参与志愿者活动公共平台，培育志愿服务组织和志愿者队伍。聚焦社会公德和法律法规育，引导市民树立公民意识，提高文明素质，践行公共道德，规范公共行为。以满足人民群众日益增长的精神文化需求为导向，建立健全稳定的公共文化投入机制，构建结构合理、发展均衡、网络健全、运行有效的公共文化服务体系，提高公共文化服务水平。完善公共文化基础设施建设，提高现有文化设施利用率。深化区、街道、居民区三级文化网络，开展群众性文化活动，创新运行机制，鼓励更多的社会组织参与公共文化服务，打造“十分钟文化圈”，为社区居民提供优质便捷文化服务。挖掘、整合静安区历史人文资源，塑造区域多元文化特色，打造具有静安特色的标志性文化品牌。坚持商旅文联动，加强非物质文化遗产保护和开发利用，深化静安城市文化印记建设。坚持政府引导、市场运作、社会参与，完善政策配套，支持戏剧娱乐产业与商业商务、金融等相关产业联动发展，提升现代戏剧谷品牌影响力和资源整合力。对接上海打造“设计之都”目标，推进文化创意产业园区建设，加强创意产业园区与静安南京路地区高端消费品牌和会展资源联动发展，推动时尚设计创意产业良性发展。

区委坚持党的领导、人民当家作主和依法治国的有机统一，有序推进民主政治建设，区域民主团结、巩固和发展安定和谐的政治局面。加强和改进区委领导方式和执政方式，深化常委会制度建设，发挥区委总揽全局、协调各方的领导核心作用，增强对区人大常委会、区政府、区政协党组的领导。坚持和保证区人大及其常委会依法行使职权，围绕促进优化经济发展环境、推进社会建设和管理，发挥人大代表作用，加强监督检查，促进各项工作落实。坚持和完善中国共产党领导的多党合作和政治协商制度，支持区政协围绕促进转型发展、加强城区公共安全等主题，广泛联系各界人士，开展调查研究，提高参政议政、民主监督水平。支持区各民主党派、工商联做好换届工作，加强自身建设，提高履职能力。做好工青妇等人民团体工作。加强党对人民武装领导。制订实施依法治区工作意见，强化依法执政理念，加大法制教育培训力度，公务人员依法行政观念有较大提升。完善财政资金拨付管理、政府采购程序、政府投资项目管理、重大行政决策听证程序等规章制度，提升重点领域和关键环节依法办事水平。强化对行政行为监督，加大对违法行为问责和追究力度，坚决制止侵害群众利益事件发生。探索新形势下专群结合新机制，推进阳光司法。结合区人大代表换届选举，加强社会主义民主政治制度的宣传和动员，增强人民群众法制意识、民主观念。健全居民区工作体系，构建以居民区党组织为核心、居委会为主体、楼组为基础、其他各种力量为支撑的居民区工作模式，推动基层民主发展。发挥楼组"一长五大员"作用，推广和发展群众工作法，探索居委会自治家园建设，提高居民群众对社区管理和公共服务的知晓率、参与率和满意度。

区委以换届工作为契机，加大干部队伍建设和基层组织建设力度，提升干部队伍整体素质和基层党建工作有效性。接受市委考察组换届考察，完成区四套班子领导、"两长"（法院、检察院）人选推荐。始终把加强党的领导贯穿全过程，加强指导监督，完成区人大代表选举工作。支持区政协做好换届筹备工作，做好新一届区政协委员推荐提名。坚决落实中央要求，开展严肃换届纪律集体谈心，营造风清气正换届环境。坚持"德才兼备、以德为先"的选人用人标准，注重从履行岗位职责、完成急难险重任务、关键时刻表现、对待个人名利等方面考察干部的"德"，充分考虑工作需要、岗位适应度，结合换届工作，稳妥有序推进区管处级领导班子和干部调整工作。一批在服务世博、善后工作、信访维稳等艰苦岗位上经受考验、表现突出的干部走上领导岗位，干部队伍梯次配备得到优化。坚持科学考察干部、准确评价干部、合理使用干部，提高考核评价标准的科学性，完善干部考核评价体系。着眼现代化国际城区建设大局，完善落实干部教育培训规划。强化分层分类教育，做好新任处级干部、部门党政主要负责干部、区管国有企业领导人员、科级干部、公务员职业道德等培训，拓宽党员干部国际化视野和岗位履职能力。结合换届工作，推进处级、科级领导干部跨系统、跨部门交流任职。健全完善"共同行动"区域化党建运行机制，建立联席会议制度，团结凝聚区域内驻区单位和党员群众等各类成员，调动各种力量，共同服务社会、共同推动发展、共同创先争优。坚持全面推进和突出重点相结合，提高街道在加强区域化党建工作中主体作用，"同心家园""红色链接在行动""社区联盟""邻里石二""党建零距离"等党建特色品牌内涵得到丰富和发展。深化在职党员双重管理工作，引导鼓励居住、工作在静安区的在职党员到居民区开展志愿服务。探索新形势下开展群众工作新思路、新方法，推进组团式联系服务群众工作，基层党组织主动走访、联系身边群众的制度初步建立，"人对人、面对面、手拉手、心连心"联系服务群众工作格局基本形成，基层党组织和群众之间的血肉联系得到加强。丰富和完善区委委员联系党代会代表、党代会代表联系党员、党员联系群众的"三联"工作机制，推进市、区党代会代表和人大代表集中联系社区活动，共同做好倾听民意、回应诉求、服务群众、化解矛盾等工作。重视居民区党总支等基层党组织作用，加大居民区党总支书记后备队伍培养力度。推进基层党组织党务公开，提高党员参与党内事务主动性。

区委坚持从严治党、从严治政，创新工作理念，夯实工作基础，确保反腐倡廉各项任务得到有效落实。开展"讲党性、重品行、作表率"主题教育活动，推进廉政文化进机关、进社区、进家庭、进学校、进企业，营造崇尚廉洁的氛围。探索"两新"组织反腐倡廉宣传教育新形式，促进廉政文化融入新领域。强化党员领导干部、重点岗位人员，尤其是部门"一把手"的教育，干部党性意识和宗旨意识得到加强。严格贯彻《党风廉政建设责任制规定》，落实各级领导班子和领导干部履行党风廉政建设责任制的政治职责。加大区委巡察工作力度，重点检查落实区委决策、贯彻《廉政准则》、执行"三重一大"事项集体决策情况，对发现的问题加强整改落实，提升党内监督成效。探索建立预防职务犯罪网络，推进岗位风险防范工作。严肃查处公权力大、公益性强、公众关注度高的部门权力寻租行为，协助做好违法案件调查和审理，一批涉案人员受到党纪国法惩处。开展违规收受礼金礼券购物卡、"小金库"、公务用车等专项治理。以解决人民群众反映强烈的突出问题为抓手，开展政风行风"重点评"、窗口服务专项检查，加大对医疗、食品、教育、物业等行业纠风力度，推进经济适用房保障供应工作立项监察。以部门预算公开和专项资金信息公开为重点，推进财政性资金信息公开，提高行政透明度。聚焦"两高一少"工作目标，推进并联审批改革，行政审批事项清理取得效果。（蒋　泽）

（二）重要会议和活动

【召开区委八届十三次全会】 该会议于1月25日在上海展览中心友谊会堂召开。全会由区委常委会主持，区委书记龚德庆代表区委常委会作工作报告并作总结讲话。区委副书记、区长张仁良作《关于〈中共静安区委关于制定静安区国民经济和社会发展第十二个五年规划的建议（讨论稿）〉的说明》。区委副书记郑健麟就《2010年度干部选拔任用工作情况报告》作说明。全会同意龚德庆代表区委常委会作的工作报告，审议并通过《中共静安区委关于制定静安区国民经济和社会发展第十二个五年规划的建议》。全会肯定"十一五"时期静安区经济社会发展取得的成绩，对"11·15"特别重大火灾事故进行反思，回顾2010年工作，部署2011年工作，下发《中共静安区委常委会2011年工作要点》。（蒋　泽）

【召开区委八届十四次全会】 该会议于7月13日在上海展览中心友谊会堂召开。全会由区委常委会主持，区委书记龚德庆代表区委常委会作工作报告并作总结讲话。区委常委、副区长方世忠作《关于2011年上半年静安区经济社会发展情况和下半年经济社会发展工作安排的报告》。区委委员、区委候补委员出席大会。区纪委委员，非区委委员、候补委员的区四套班子领导，原局级离退休老同志，有关方面负责人和区第八次党代表大会代表列席大会。全会回顾2011年上半年工作，分析当前面临的形势，部署2011年下半年工作。全会确认免去高伟忠区委候补委员职务。（蒋　泽）

【召开严肃换届纪律工作会议】　该会议于7月20日在公安静安分局8楼会场召开。区四套班子领导龚德庆、刘晓明、郑健麟等出席。龚德庆在讲话中指出，集中换届年中全区各级党组织要始终高度重视提高选人用人公信度工作，进一步加强干部管理，为全区选人用人公信度进一步提高做出贡献，并就严肃换届纪律、促进区选人用人公信度稳步提高提出工作要求。区委常委、组织部部长戴玲珍通报区2010年组织工作满意度民意调查情况，部署2011年组织工作满意度民意调查工作。区委常委、纪委书记韩强传达中纪委、中组部《关于严肃换届纪律保证换届风清气正的通知》和市委组织部《关于做好区县、乡镇党委、人大、政府和区县政协换届中严肃换届纪律保证换届风清气正有关工作的通知》精神。（蒋　泽）

【召开区领导干部大会】　该会议于7月25日在上海展览中心友谊会堂召开。市委考察组第二组成员、区四套班子领导及各部门、单位党政主要负责人参加大会。会上，市委考察组第二组组长陈策作考察动员，传达中央和市委有关精神，介绍考察工作任务和要求。与会人员对现四套班子及其领导成员和法院院长、检察院检察长进行民主测评，全额定向推荐下一届四套班子领导人员和法院院长、检察院检察长人选，并开展严肃换届纪律情况问卷调查。（蒋　泽）

【召开区委八届十五次全会】　该会议于9月2日在区机关会议中心召开。区委书记龚德庆主持会议，区委副书记郑健麟等区委委员、候补委员出席。全会决定，中国共产党上海市静安区第九次代表大会拟定于2011年12月中旬召开。全会通过中国共产党上海市静安区第九次代表大会主要议程、代表名额、分配原则及产生办法。（蒋　泽）

【召开静安区2011年度上海城市文明指数测评迎检动员会】　该会议于11月4日在区机关大楼10楼会场召开。区领导龚德庆、周平、郑健麟、韩强、赵永峰、杭春芳、陆晓栋、吴文娟等出席。会上，区委书记龚德庆对如何兼顾全面，高质量地完成各项迎检工作任务提出工作要求。龚德庆还就干部调整工作和人大代表选举工作提出具体要求。（蒋　泽）

【召开静安区2011年度上海城市文明指数测评迎检推进会】　该会议于11月24日在区机关大楼10楼会场召开。区领导龚德庆、周平、郑健麟、韩强、赵永峰、杭春芳、陆晓栋、吴文娟等出席。会上，区文明办、区监察局通报检查巡访情况，相关部门作交流发言。区委书记龚德庆对如何抓紧落实迎检工作的各项措施，提出工作要求。（蒋　泽）

【召开区委八届十六次全会】　该会议于12月9日在上海展览中心友谊会堂召开。全会由区委常委会主持，区委书记龚德庆作重要讲话。区委副书记郑健麟作《关于〈中共上海市静安区第八届委员会报告(讨论稿)〉的说明》。区委常委、组织部部长庞峻作《关于中共上海市静安区第九届委员会委员、候补委员和区纪律检查委员会委员候选人预备人选名单的情况说明》。全会对《中共上海市静安区第八届委员会报告》(讨论稿)和《中共上海市静安区第八届纪律检查委员会向中共上海市静安区第九次代表大会的工作报告》(讨论稿)进行讨论，同意将两个报告提交区第九次党代表大会审查。（蒋　泽）

【召开中国共产党上海市静安区第九次代表大会】　该会议于12月19—22日在上海展览中心友谊会堂召开。来自全区各条战线的320名代表参加大会。市委常委、副市长屠光绍，市纪委副书记温新华，市委组织部副部长冯小敏出席开幕式。不是代表的第八届区委委员、候补委员、区纪委委员，不是代表的区四套班子领导，区原局级离退休老同志，部分区级部门负责人，区各民主党派和工商联负责人，部分驻区部队主要负责人，“共同行动”区域化党建联席会议成员单位代表和“两新”组织代表等应邀出席大会。大会由区委副书记周平主持。屠光绍代表中共上海市委对大会召开表示祝贺，肯定中共静安区第八届委员会的工作，并代表市委就今后5年静安区工作提出要求。龚德庆代表中共静安区第八届委员会作题为《建设国际静安，构建和谐家园，努力开创现代化国际城区新局面》的报告。第一次大会结束后，与会代表和列席人员对区委报告和区纪委工作报告进行分组审议，与会代表对新一届区委委员、候补委员和区纪委委员候选人进行充分酝酿并完成预选。在12月22日举行的大会第二次全体会议上，与会代表通过无记名投票方式，选举产生39名中共静安区第九届委员会委员，7名候补委员，31名中共静安区第九届纪律检查委员会委员；通过关于两个报告的决议。（蒋　泽）

【召开区委九届一次全会】　该会议于12月22日在上海展览中心友谊会堂1楼友谊厅召开。全会由总召集人龚德庆主持。全会选举产生新一届区委领导机构，龚德庆、周平、韩强、赵永峰、左燕、杭春芳、陆晓栋、邓小冬、孔六梅、庞峻、凌惠康为区委常委；龚德庆为区委书记，周平、韩强为区委副书记。全会批准由区纪律检查委员会第一次全体会议选举产生的区纪委领导机构。在总结讲话中，区委书记龚德庆对新一届区委工作提出要求。（蒋　泽）

【召开区委九届二次全会】　该会议于12月25日在上海展览中心友谊会堂召开。全会由区委常委会主持，区委书记龚德庆作重要讲话。区委副书记韩强作《关于〈中共静安区委常委会

2012年工作要点(讨论稿)〉和〈中共静安区委全委会工作规则(讨论稿)〉的说明》。全会审议并通过《中共静安区委常委会2012年工作要点》《中共静安区委全委会工作规则》。 (蒋　泽)

【召开区委常委会会议57次】 年内,共召开区委常委会57次(含扩大会议)。每次讨论若干议题,其中传达、学习中央、市委有关会议或文件精神7次,研究讨论区委常委会工作、区委常委分工、民主生活会工作10次,纪检监察和党风廉政工作11次,组织、宣传、统战工作10次,人民武装工作2次,干部工作30次,区两会工作6次,区委全会工作5次,区人大、政府、政协工作10次,干部考核工作6次,人事人才工作15次,城市规划与建设工作20次,社会建设与管理工作10次,平安建设、信访维稳工作9次,财政经济工作12次,对外交流共建工作1次,科技、教育、文化、卫生工作6次,国资国企工作16次,工青妇工作3次,社区(街道)管理体制机制调整优化工作3次,学实活动1次,世博工作1次,创先争优工作1次,纪念中国共产党成立90周年工作1次,换届选举工作2次,区九次党代会工作6次,依法治区工作1次,党的十八大工作1次,区“十二五”规划纲要工作1次,“11·15”特别重大火灾事故善后工作7次,评选先进工作20次,其他专题工作3次。主要讨论研究内容:区委工作、区九次党代会工作、党的建设、党风廉政、组宣统工作、平安建设、国资监管、城市建设、社会管理、人事人才、学实活动、信访维稳、“11·15”特别重大火灾事故善后工作、干部工作等。会议研究通过《中共静安区委关于制定静安区国民经济和社会发展第十二个五年规划的建议》《中共静安区委常委会2011年工作要点责任分工方案》《中共静安区委、静安区人民政府关于进一步加强社会建设的意见》《中共静安区委关于开展纪念中国共产党成立90周年活动的工作计划》《静安区委、区政府关于进一步调整完善区国资国企管理体制的实施意见》《中共上海市静安区委关于印发〈2011—2015年静安区干部教育培训规划〉的通知》《中共上海市静安区委关于命名、表彰静安区创先争优红旗党组织、先锋共产党员的决定》《中共上海市静安区委员会、上海市静安区人民政府转发〈区委宣传部、区司法局关于在静安区开展法制宣传教育的第六个五年规划〉的通知》《中共上海市静安区委转发〈中共上海市静安区人大常委会党组关于做好本区人民代表大会换届选举有关工作的意见〉的通知》《中共上海市静安区委员会、上海市静安区人民政府关于加强和改进新形势下工商联工作的实施意见》《中共静安区委转发〈区委组织部、区委统战部关于做好2012年区政协换届委员人事安排工作的意见〉的通知》《中共静安区委、静安区人民政府关于深入推进依法治区工作的意见》《中共上海市静安区委关于印发〈静安区人才发展“十二五”规划〉的通知》等。 (蒋　泽)

【召开区党政负责干部会议5次】 年内,共召开区党政负责干部会议5次(含扩大会议)。4月28日会议对当前区域经济发展情况、“11·15”特别重大火灾事故善后处置、国资国企改革、消防和安全生产等工作进行全面分析和部署。5月23日会议通报“11·15”特别重大火灾事故善后处置工作的基本情况和火灾事故善后赔偿有关方案,并对下一步工作做出部署。6月8日扩大会议传达市党政负责干部会议精神,通报国务院调查组关于对上海市静安区胶州路公寓大楼“11·15”特别重大火灾事故调查处理意见的有关内容。会议强调,要切实做好建筑市场管理、安全生产监督等领域的问题查找、整改落实工作,确保城区运行安全,确保人民群众生命财产安全。要继续坚持冷静、坚毅、务实、奋进的工作作风,振奋精神,全力推动静安经济社会和谐发展,并提出相关工作要求。9月14日会议对下阶段工作提出要依法行政、慎用权力、从严治党、从严治政。对维稳工作、火灾善后以及换届工作提出要求。11月16日会议通报市委有关干部任免决定,介绍新到静安工作的领导干部情况,并民主推荐中共静安区第九届委员会委员、候补委员和纪律检查委员会委员候选人初步人选。会议强调,要抓好“两委”委员候选人初步人选民主推荐工作质量。并就“两委”委员候选人初步人选推荐工作做出工作要求。 (蒋　泽)

2011年区委书记龚德庆调研视察情况表

日　期	调　研　视　察　内　容
1. 30—2. 13	区四套班子领导龚德庆、张仁良、姜耀中、刘晓明、郑健麟等分多路对部分居民区和人员密集场所的消防设施、安全生产措施和楼道整治情况进行检查。肯定有关部门工作,指出存在的消防和安全生产隐患,并提出要求
2. 1	区领导龚德庆、郑健麟、陈静薇视察公安静安分局工作。对分局2010年工作予以肯定,并就做好春节期间各项工作提出指导意见
2. 9	市卫生局党委书记王龙兴,市卫生局副局长瞿介明、肖泽萍等在区领导龚德庆、张仁良、姜耀中、刘晓明、郑健麟、朱成钢等陪同下,看望慰问参与“11·15”特别重大火灾事故伤员救治的华山医院、华东医院、瑞金医院、长海医院、长征医院、市精神卫生中心、区中心医院等医疗机构负责人和医务人员
2. 12	到区绿化市容局调研。要求完善巡查发现机制,整合现有力量,落实巡查人员,确保网格化管理的全区域、全覆盖、全方位,建立快速高效的处置机制

（续表）

日 期	调 研 视 察 内 容
3.2	到区人大常委会调研。肯定区人大常委会近年来工作成效，希望区人大从定位、机制、方法等方面全面总结好5年来工作经验，再接再厉，积极进取，推动各项工作取得新的成绩，并对全年工作提出要求
3.14	到区政协调研。对区政协工作给予肯定，强调要全面总结好5年来工作经验，推动各项工作取得新成绩。提出要选好委员、配好班子、配强政协机关的干部等工作要求
4.7	区领导龚德庆、张仁良、方世忠、朱成钢在中国电信股份有限公司上海分公司党委书记、总经理张维华等陪同下，参观上海电信信息生活体验馆，并进行交流座谈
7.5—7	区四套班子领导龚德庆、姜耀中、刘晓明、郑健麟等分多路走访慰问区原局级离退休老同志，部分高龄、孤老（独居），长期患病卧床在家及因病住院的老干部
7.27	区四套班子领导龚德庆、姜耀中、刘晓明、郑健麟分多路走访慰问驻沪九大部队和武警上海总队静安大队、武警上海总队第五支队一中队
8.5	区领导龚德庆、方世忠到区防汛指挥部了解强台风“梅花”路径，要求抓紧落实市防汛指挥部紧急会议精神，做好充分准备，全力以赴迎战台风，确保一方平安
9.1	区四套班子领导龚德庆等视察培明中学、静安区第二中心小学、静安实验小学、时代中学、华模中学（分部）5所等学校，要求各校继续做好校园安全工作，为学生创造更安全、更优质的学习环境
9.20	区领导龚德庆、周平、方世忠到区发展改革委调研国际静安建设和“十二五”发展工作。肯定过去5年静安经济社会各方面取得的成绩，对如何做好下阶段工作提出要求
9.21	区领导龚德庆、周平、赵永峰到区建交委调研城区建设工作。指出“11·15”特别重大火灾事故的发生，使静安乃至上海蒙受损失、承受压力，影响不会在短时间内消除。当前不仅要向前看，积极规划下阶段的工作，更需要深刻反思，找准问题的根源，真正吸取教训，防止重蹈覆辙。并对进一步做好城区建设工作提出工作要求
9.22	区领导龚德庆、周平到区国资委调研国资国企改革发展工作。肯定5年来区属国资国企为推进国际静安建设、确保社会和谐稳定作出的贡献。针对下阶段国资国企改革发展工作提出工作要求
9.23	区领导龚德庆、周平、吴文娟调研社区建设工作。肯定近年来区社建办和各街道推进社区建设的成效，并强调，进一步加强社区建设，理顺体制机制是关键。对进一步推进社区建设提出工作要求
9.26	区领导龚德庆、周平、赵永峰、陆晓栋、吴文娟调研城区管理扁平化工作。对在城区环境、市场秩序和安全生产等领域开展行政执法联动，探索城区管理扁平化的工作给予肯定，并就如何做好城区管理扁平化工作提出要求
10.11	区领导龚德庆、周平、赵永峰到区绿化市容局专题调研城区市容环境管理工作。肯定区绿化市容系统党政领导班子始终保持刻苦钻研、开拓创新的精神状态和工作业绩。针对城区市容环境管理工作动态性强、反复性大等特点，强调市容环境管理工作要继续保持常态优良，容不得有丝毫懈怠
10.12	区领导龚德庆、周平、方世忠、陆晓栋到区财政局调研财税工作。肯定区财税系统工作成绩，对进一步做好财税工作提出要求
11.21	区领导龚德庆、韩强调研社区建设工作。强调在制订2012年政府实事项目时，要坚持以社区为重心，抓紧统筹协调，继续组织一批项目化的便民、利民工程，不断满足群众现实需要，并就下一步社区建设工作提出要求
11.24	市委政法委副书记、市综治办主任林化宾一行到区调研社会管理创新综合试点工作。区领导龚德庆、郑健麟、吴文娟等出席座谈会

（蒋　泽）

（三）纪检工作

【概况】 2011年，全区各级党政组织和纪检监察组织把以人为本、执政为民理念贯穿于反腐倡廉建设全过程，解决一批群众反映强烈的突出问题，确保全区中心工作、党风廉政建设和反腐败各项工作顺利推进。以加强监督检查为重点，为区域经济社会科学发展提供保障。区四套班子领导带队对14家单位进行党风廉政建设责任制落实情况开展专项检查。对14个部门和单位开展专项巡察。严肃纪律，确保换届工作风清气正。对全区八大类安全工作组织专项检查，对发生安全生产责任事故和存在重大安全隐患问题的责任人实施问责。对动迁工作、经济适用房保障供应等区域经济社会发展重大决策部署情况，以及保障民生的重要措施加强监督检查，营造区域经济社会科学发展良好环境。深入推进工程建设领域突出问题专项治理，对全区当年度纳入监管的209个工程建设项目，其中包括2008年以来规模以上政府投资和使用国有资金的95个工程项目，进行全面检查，查找存在问题，逐一明确责任，落实整改措施。对区建交系统近5年工作情况进行延伸审计，对发现的4类68项问题督促整改，推进违规收送礼金礼券购物卡专项整治，全区76个部门（单位）共478人上交各类礼金礼券购物卡共101万余元。深化“小金库”专项治理，对全区党政机关、事业单位、社会团体和国有企业进行复查，对6家自查出“小金库”单位督促落实整改。开展公务用车问题专项治理，对全区公务用车配备使用情况进行登记和公示，纠正违规情况。开展清理规范庆典、研讨会、论坛活动专项治理。对全区48个主要办事服务窗口开展专项检查。发挥社会监督作用，开展政风行风网上测评和实例调查。对6个政府部门、3个公共服务行业和25个基层站所开展民主评议政风行风工作。全年中共静安区纪律检查委员会（简称区纪委）、监察机关受理信访举报件328件（次），含检控件242件（次），办结320件（次），办结率98%。加大查办案件力度，党政纪立案28件，审理办结29件。在处理“11·15”特别重大火灾事故相关案件中，配合国务院事故调查组做好事故情况调查，协同司法机关做好涉刑人员案件查处，及时稳妥做好有关滥用职权、权钱交易等违纪案件调查和审理工作。依纪依规对24名责任人员作出党政纪处分。发挥区反腐败协调小组作用，健全纪检监察机关与检察机关协作配合机制。严肃查处区绿化市容系统发生在基层的腐败案件。创建市、区两级廉政文化教育示范基地4个。组织涉案系统干部群众参加“11·15”特别重大火灾事故涉刑人员公开庭审旁听，深化案例教育。探索岗位风险防范管理，建立对重点人群、关键岗位、重要领域权力运行的监督制约机制。推进党务公开，指导基层制订党务公开各项制度。结合国资国企改革，修订完善国有企业领导人员廉洁从业“五位一体”考核办法，并推动执行。以“制度加科技”为抓手，探索国资监管信息系统建设。推进行政审批制度改革及其并联审批电子系统建设，将设立企业的32个事项纳入并联审批范围，审批时间较以往缩短30%。推进建设工程审批改革。选取9个部门11个审批事项，开展业务手册编制试点工作。（谢芳才）

【召开区纪委八届七次全会】 该会议于2月17日在上海展览中心友谊会堂召开。区纪委书记韩强主持会议并代表八届区纪委常委会作工作报告，区委副书记、区长张仁良传达中央纪委十七届六次全会精神，区委副书记郑健麟传达市纪委九届六次全会精神，区委书记龚德庆讲话。会议在反思“11·15”特别重大火灾事故基础上，对2010年党风廉政建设和反腐败工作进行回顾总结，对存在问题进行反思，安排部署2011年反腐败工作。（谢芳才）

【开展违规收送礼金礼券购物卡专项治理】 3月18日，区纪委召开专项治理工作动员部署会，明确工作责任、工作要求和工作目标。下发《静安区关于专项整治违规收送礼金礼券购物卡工作的实施意见》。5月5日，召开全区专项整治违规收送礼金礼券购物卡工作推进会，讲解政策界限，明确专项整治工作口径和具体要求。在专项整治中，区纪委做好各部门纪检组织上交礼金礼券购物卡的登记、汇总和梳理，全区76个部门（单位）共478人上交各类礼金礼券购物卡价值101万余元。区纪委将收到的现金全部缴入财政廉政账户。（谢芳才）

【制订对领导干部进行诫勉谈话的实施办法】 3月，区纪委、区委组织部、区监察局、区人保局共同印发《上海市静安区对领导干部进行诫勉谈话的实施办法》（试行），规范全区廉政谈话和问责工作。《实施办法》共设12条款及附件，条款内容包含制订暂行办法的目的、依据和适用范围，实施主体应当进行廉政谈话的7种情形以及进行诫勉谈话的报批程序。（谢芳才）

【开展“小金库”专项治理】 5月10日，区纪委召开“小金库”治理工作会议，对2011年全区“小金库”专项治理工作进行全面部署。会后，全区613家党政机关、事业单位、社会团体、国有及国有控股企业结合年初摸底排查的整改和检查进行全面复查，于5月底完成，复查覆盖率100%。检查结束后，各部门（单位）分析“小金库”专项治理中暴露出的突出问题，从制度、机制建设入手，梳理分析本系统、本单位预算管理、财务管理、资金管理、资产管理等方面现状，研究制订有针对性和可操作性措施，建立健全各项规章制度，推动完善长效机制建设工作。（谢芳才）

【推进基层组织党务公开工作】 年内，区纪委在前五年开展党务公开工作基础上，探索完善党务公开工作机制和制度。5月18日，全区党务公开试点工作部署会在静安寺社区（街道）召开，确定静安寺社区（街道）（市联系点）、区审计局、静工集团、区中心医院、市西中学、力新仪器（上海）有限公司(市联系点)、沪港国际咨询集团为再试点单位,印发党务公开工作方案及试点单位开展党务公开工作目录。10月底,召开全区党的基层组织实行党务公开工作推进大会,总结试点单位工作经验,部署下阶段工作。(谢芳才)

【开展公务用车专项治理】 6月9日,静安区召开公务用车问题专项治理工作会议,制订下发《静安区党政机关公务用车问题专项治理工作实施方案》,明确专项治理工作政策措施、工作要求等。区公务用车问题专项治理工作领导小组办公室组织专项治理工作业务培训会议,指导相关报表填报和软件操作。各单位按照培训要求开展自查,对照车管系统中的编制数填写编制、车辆的车架号、车型、购买金额、购买时间等信息。通过自查,党政机关、事业单位公务用车数据库得到完善和补充,对全区机关单位及其下属事业单位车辆资料立卷建档,为公车管理和制度改革推进提供数据基础。(谢芳才)

【组织全区公务礼品公开拍卖活动】 8月28日,区纪委对礼金礼券购物卡专项治理中各部门上交的礼金礼券购物卡组织进行拍卖。9月上旬,结合市纪委下发《关于对党政机关及其工作人员收受的礼金礼券购物卡实行上交登记管理的办法》及区《关于专项整治违规收送礼金礼券购物卡的相关口径》要求,对2004年制订的《静安区关于党政机关工作人员在公务活动中收受礼品处理暂行办法》进行修改和完善。9月中旬,下发《关于收交2011年度公务礼品的通知》。10月2日,组织第二次公务礼品拍卖活动。(谢芳才)

【查处"11·15"特别重大火灾事故违纪违法案件】 年内,区纪委依法依纪对该案15名(非涉刑)责任人员中的纪检监察对象作出党政纪处分;依据人民法院的司法判决,对涉刑人员中的9名党员(其中监察对象6人)进行党政纪程序性立案及案件审理,并作出党政纪处分。受到党政纪处分的24名相关责任人中,党纪处分21人,政纪处分21人;党政纪双重处分18人,单处党纪处分3人,单处政纪处分3人。指导相关企业依据法律法规对非监察对象作出行政处分。(谢芳才)

【加强与检察机关协作配合机制】 年内,区纪委制订《静安区纪委、区检察院、区监察局关于进一步加强案件查处和预防工作协作配合的意见》,建立重要线索联合研判、移送程序规范、反馈结果及时的协作办案工作机制。针对反腐败工作中新情况、新问题,探索建立健全有静安特色的反腐败工作预测预警机制,通过及时沟通相关信息,定期进行分析研判和风险评估,视情适时发布预警。(谢芳才)

【推进岗位廉政风险防范试点工作】 年内,区纪委按照"一年全覆盖,两年成规范,三年建机制"要求,在试点工作基础上,召开岗位风险防范管理工作推进大会,制订下发实施意见和实施方案,拓展岗位风险防范内容和参与范围。及时指导解决问题,多次到区人保局、工商静安分局进行调研,通过"反馈问题——探讨问题——制订方案——实施方案——解决问题"模式,为试点单位工作开展提供指导,总结各单位在阶段工作中遇到的问题,分门别类进行归纳、梳理,确定相关政策口径,上门进行专题辅导,跨前一步解决问题。完成"探索岗位风险防范管理,建设静安特色惩防体系"调研课题,从风险防范内涵、防范机制、防范手段上寻求突破,对建立健全符合区情实际、具有静安特色的惩治和预防腐败体系提出建设性意见。(谢芳才)

【开展专项巡察工作】 年内,区纪委从领导班子建设和干部队伍管理实际出发,加大巡察工作力度,对14个部门和单位开展专项巡察。在巡察内容上,重点检查落实区委决策,贯彻《中国共产党党员领导干部廉洁从政若干准则》《国有企业领导人员廉洁从业若干规定》和执行"三重一大"事项集体决策制度情况,以及存在的问题等。在反馈形式上,由巡察组对各被巡察单位党政负责人进行集体反馈,区纪委、区委组织部、区政府分管领导共同出席,并对整改提出要求。在成果运用上,在全区范围内通报阶段巡察情况,推动各部门(单位)从实际出发进行对照整改;根据巡察情况进行班子调整或干部谈话等,增强党内监督成效。(谢芳才)

(四)组织工作

【概况】 2011年,中共静安区委组织部(简称区委组织部)以加强党的执政能力建设和先进性建设为主线,以

7月22日,区组织人事干部培训班学员参加情景模拟,与电视节目主持人对话
(区委组织部 供稿)

筹备换届选举、深化干部人事制度改革、加强干部教育和管理、推进创先争优活动、完善区域化党建格局为重点，推进干部工作、党建工作和人才工作系统化、规范化和科学化。规范程序，同区人大、区政协、区委统战部协商，统筹安排，开展换届选举各项工作。严肃换届纪律，组织开展各层面换届纪律专题学习和宣传，营造风清气正换届氛围。制订《静安区委、区政府关于进一步调整完善区国资国企管理体制的实施意见》，明确国资国企管理体制调整完善实施原则、主要内容、实施步骤和组织分工，以项目化形式推进落实。制订并下发《2011—2015 年静安区干部教育培训规划》，从内容体系和方式方法上推进干部教育培训改革创新。编制印发《静安区人才发展"十二五"规划》，明确今后一段时期人才工作方向。凝聚、服务区域各类人才，以高层次人才和高技能人才为重点，探索建立面向区域优秀人才多渠道培养选拔机制。在组织工作干部队伍中，深化讲党性、重品行、作表率活动，以杨善洲、李林森等优秀党员干部为榜样，加强组工干部队伍自身建设。（丁　蓓）

【开展组团式联系服务群众工作】自3月下旬起，区委组织部在静安寺、石门二路、南京西路3个社区（街道）以及曹家渡、江宁路社区（街道）的5个居民区党组织中，开展探索建立组团式联系服务群众机制试点工作。通过划分块区、组建以党员为骨干联系服务团队，开展走访联系群众活动，了解民情、倾听呼声，初步形成"人对人、面对面、手拉手、心连心"的联系服务群众工作格局。各试点单位共划分联系服务群众块区308个，团组成员总人数3925人；面对面走访联系居民55284户，走访覆盖率达98.3%；收集意见建议和各类问题1910个，解决1358个。在总结试点工作经验基础上，于10月召开全区推进会，全面推开组团式联系服务群众工作。（丁　蓓）

【开展区管处级领导班子和干部调整工作】　年内，区委组织部根据区委关于换届中区管处级领导班子优化结构整体部署，在考虑工作需要、岗位适应度和个人实绩基础上，坚持德才兼备、注重实绩、群众公认原则，根据区委要求和全委会推荐结果，对部分党政处级领导班子和领导干部进行调整，优化干部队伍梯次配备，加大年轻干部配备力度，规范处级职数设置。（丁　蓓）

【全年提拔、培养和交流干部208人】年内，区委组织部推进处级、科级领导干部跨系统、跨部门交流任职，全年共交流和提拔干部173人，其中提拔干部94人（党政机关79人，企事业单位15人），40岁以下年轻干部31人，女干部25人。做好区内干部轮岗锻炼工作，在全区抽调35名年轻干部参加区信访办、旧区改造办、巡察办等部门和岗位轮岗锻炼。（丁　蓓）

【健全完善干部考核评价机制】　年内，区委组织部围绕科学考干部、准确评干部、合理用干部工作目标，实施项目化的工作实绩考核和重点专项工作考核，完善处级党政干部年度考核，以考核强化处级领导干部责任意识，推动各项工作落实。配合市委组织部开展2010年度区领导班子和市管领导干部年度（绩效）考核。组织开展区管企业领导人员2010年度考核，并会同相关大口提出区管企业领导人员绩效考核和薪酬分配方案。（丁　蓓）

【加强干部管理监督】　年内，区委组织部落实干部选拔任用工作4项监督制度，实行科级干部选拔任用工作记实制度，对有干部任免权的党政机关、区管企业和部门区管事业单位开展干部选拔任用工作"一报告两评议"。制订《静安区党政机关党（工）委（党组）书记履行干部选拔任用工作职责离任检查办法》（试行），并结合干部换届调整，对区党政机关党（工）委（党组）书记履行干部选拔任用工作职责开展离任检查。推进领导干部经济责任审计工作，落实新的领导干部个人有关事项报告有关事项规定和因私出国（境）管理规定，建立拟提拔干部廉政报告制度，会同区纪检部门做好巡察、"三重一大"执行情况检查、党风廉政责任制检查等工作。（丁　蓓）

【深化机构编制科学化规范化管理】年内，区委组织部深化行政管理体制改革，着力转变职能、理顺关系、优化结构、提高效能；严格控制行政、事业机构设置和编制增长，加强机构编制规范化管理。以事业单位岗位设置为切入点，深化事业单位机构编制管理，规范落实事业单位等级规格、内设机构和领导职数相关规定。推进事业单位分类改革，通过职能梳理、调整机构设置、重新核定编制、加强规范管理，开展事业单位清理规范工作。（丁　蓓）

【加强干部分层分类教育】　年内，区委组织部强化干部分层分类教育，突出依法行政和廉洁从政主题，举办新任处级干部、部门党政主要负责干部、区管国有企业领导人员等专题培训班，培养各级干部推动科学发展能力。举办居民区干部专题培训班，培养居民区干部政策理论水平和实际工作能力。举办科级干部任职培训班，培养新任科级领导干部公仆意识、理论素养和履职能力。（丁　蓓）

【开展"共同行动"主题实践活动】年内，区委组织部建立健全"共同行动"区域化党建工作联系会议制度，引导区域内500多家党组织突破传统组织隶属关系界限，在党建引领下共同参与社区管理与服务。由相关大口党（工）委牵头，发动驻区单位、"两新"组织党组织建立合作组织，构建区域性的行业服务联盟。采用项目化运作机制，以互助帮扶、平安建设等民生需求为重点，设计细化700余个惠民服务项目，调动区域内力量和优质资源，"下沉"社区、均衡分配。5个社区（街道）分别结合区域特点，打造特色党建品牌，如静安寺社区（街道）的"同心家园"、曹家渡社区（街道）的"红色链接在行动"、江宁路社区（街道）的"社区联盟"、石门二路社区（街道）的"邻里石二”和南京西路社区(街道)的“党建零距离”,用创新思维赋予党建新的内涵,提升党建工作吸引力、凝聚力和生命力。在全区推出《党员社区行护照》,发动包括驻区单位在内3万余名区域党员主动持护照到工作地及居住地居民区联系报到。健全完善党员“双重管理”长效工作机制,提升党员参与社会活动、服务社区建设主体活力和示范引领作用。

(丁 蓓)

【完成“共同天地”区党员服务中心新址建设】 年内,区委组织部完成“共同天地”区党员服务中心新址建设,强化党员服务中心对区域内党员志愿者组织、社会组织的孵化、扶持和服务,把党员服务中心建设成为面向区域内所有党员和党组织的党建活动中心、教育培训中心、指导服务中心、形象才艺展示中心和联系服务群众中心。培育成立“心灵导航心理咨询服务中心”,引入心理学社会专业力量,提供思想政治工作和心理疏导方面专业培训。拓展党务通手机报覆盖面。开通“共同行动”区域化党建网,整合区域各项党建资源,提升区域化党建工作影响力和辐射力。

(丁 蓓)

【开展创先争优活动】 年内,区委组织部开展创先争优领导点评工作,10名区委常委、1000多名党员领导干部、1000多个基层党组织、2万余名党员围绕世博保障、社区服务等内容开展点评与评议,实现工作全覆盖。开展创先争优再承诺活动,制作发放“党员承诺卡”,动员区域1600余个党组织、3万余名党员作出承诺4万余条,营造区域党组织齐创先进、党员共争优秀氛围。以简报形式加大创先争优活动宣传推广力度。培育、挖掘和宣传创先争优先进典型,引导党员“学习身边人、干好身边事”。做好全国和上海市先进基层党组织、优秀共产党员、优秀党务工作者评选推荐工作,于七一前集中表彰全区在创先争优活动中表现突出的40个红旗党组织以及63名先锋共产党员。

(丁 蓓)

【开展纪念中国共产党成立90周年主题教育活动】 年内,区委组织部在全区各基层党组织中开展以“四抓四增、凝心聚力”为主题的党员教育活动,狠抓党员理想信念教育、宗旨意识教育、勤政廉政教育、党史党情教育,增强党员忠诚意识、群众意识、自律意识和党性意识。在全区党组织中组织开展以“永远跟党走”为主题的一系列纪念活动。七一前夕,集中开展老党员、老干部普遍走访慰问活动,制作发放3600余枚“光荣在党50周年纪念章”。

(丁 蓓)

【培训居民区党总支书记助理】 年内,区委组织部加大居民区党总支书记后备队伍培养力度,建立和完善居民区党总支书记助理轮岗带教和实践培训机制。调整补充社区工作者队伍,选优配强社区专职党群工作者,打通多支队伍相互间流动渠道。

(丁 蓓)

(五)宣传工作

【概况】 2011年,中共静安区委宣传部(简称区委宣传部)以“共谋静安发展,同建美好明天”为主题,发动社区单位、居民开展区“十二五”发展规划板报评比活动,组织2万余人次参观上海市“十二五”规划展板巡展。做好换届选举宣传工作,投放宣传品,张贴海报和致选民公开信;在大型广场、主要路口布置面积300多平方米大型户外宣传广告牌。围绕创建全国双拥模范城区、全国卫生城区复审、119消防安全日宣传等主题,在户外大型LED电子屏滚动播放广告350小时。加强理论学习,全年组织区委中心组学习16次,向市委宣传部推荐优秀论文2篇。探索以区委中心组引领,各级领导干部带头表率,推进全区学习型党组织建设的新路。

(郭立涛)

【开展倡导社会主义核心价值体系活动】 年内,区委宣传部把加强社会主义核心价值体系建设作为宣传工作重大任务,推进社会主义核心价值体系宣传工作。突出宣传以爱国主义为主题的民族精神和以改革创新为主题的时代精神,通过媒体宣传报道、革命传统教育等方式,宣传区改革开放和现代化建设取得的新成就,增强全区干部群众对社会主义共同理想的认同和对完成区委既定发展目标的信心。发动百姓寻找身边的道德模范,通过榜样的力量影响人、带动人,先后推荐柏万青、康志坚入选“身边的榜样——感动上海十佳人物”;推荐2名“草根”英雄参加上海市第二届“平安卫士”评选。全国道德模范提名奖获得者柏万青深入社区、校园和监狱大墙内,巡讲300余场,听众近2万人。举办首届“上海好心人节”分会场活动暨文明单位关爱静安好心人活动,使帮助、关爱好心人成为全社会共同价值取向。加强爱国主义教育基地建设。加强传统文化教育,在清明、端午、中秋、重阳等民族传统节日,开展“我们的节日”系列活动,以歌舞、民俗讲解等群众喜闻乐见的形式,弘扬中华民族传统。

(郭立涛)

【举办纪念中国共产党成立90周年活动】 年内,区委宣传部在区内重要道路、商圈、公共宣传栏、窗口单位中进行环境布置,悬挂招风旗300余对,LED电子屏滚动播放相关视频4000余次,下发张贴海报2400张,布置街景绿化专题小品2处,大型户外广告25处;组织全区党员代表观看电影《建党伟业》;组织全区5000余名党员参观“我们共产党人”——上海市纪念中国共产党成立90周年大型图片展;组织6期“在党旗下成长”——走进演播室专题访谈。举办各类庆祝纪念活动,先后与区委组织部、区纪委、区文化局、区委党史研究室、区教育局、区社建办联合组织“永远跟党走”——静安区纪念中国共产党成立90周年主题活动、“永远的丰碑”——静安区党史知识竞赛、静安区未成年人纪念中国共产党成立90周年主题活动、“党旗下的誓言”——静安区庆祝中国共产党成立90周年主题党日活动等。4月30日—7月2日间,每周六开展“纪念中国共产党建党90周年"文艺演出,组织180人合唱队赴世博演艺中心参加"唱支歌儿给党听"——上海市纪念中国共产党建党90周年大型主题歌会。组织策划"建党90周年"党建主题宣传工作。《人民日报》《解放日报》《文汇报》和《新民晚报》分别在头版进行报道。6月17日,《解放日报》专版宣传中共二大会址纪念馆举办的"日出东方"——中国共产党创建史展览揭幕仪式暨纪念建党90周年主题研讨会。（郭立涛）

【开展各项文明创建活动】 年内,区委宣传部紧扣"美好城市、美好生活、文明先行、静安有礼"主线,开展4项主题活动,推动文明创建工作。(1)以"洁净的城市,可爱的家"为主题开展环境文明建设。在各居民小区开展以清脏、治乱、除害为重点的爱国卫生运动。发动社区居民、单位职工每周四开展爱国卫生义务劳动、每月15日开展"环境清洁日"集中行动,强化门责管理、维护市容市貌。针对老式居住区、"五小行业"密集路段、农贸市场及周边、公共绿地等区域,抓好集中整治,提高常态管理水平。(2)以"和谐的城市,谦让的我"为主题开展秩序文明建设。在重要公共场所开展"守序排队""文明乘车"专项活动,建立守序排队示范点。在全区公园继续推广实施社区、公园、志愿者"三位一体"文明公园创建管理模式,宣传"市民文明游园公约",劝阻不文明陋习。(3)以"微笑的城市,满意的你"为主题开展服务文明建设。树立行业诚信,改进服务态度,提升服务效率,加强"示范街"管理。(4)以"友善的城市,温暖的他"为主题开展礼仪文明建设。整合小区内现有的五好文明家庭、百万家庭学礼仪、邻居节等群众性创建活动资源,提升社区群众文明素质和礼仪规范。召开2011年度区城市文明指数测评秩序文明迎检专题会和推进会,动员、部署、推动全区开展各项迎检工作。（郭立涛）

【开展"城市安全连万家"主题宣传活动】 年内,区委宣传部举办"城市安全连万家,志愿服务社区行"主题宣传活动。在为期半年的活动中,组织协调各相关部门围绕公共安全、生产安全、生活安全等城市安全主题,在区级媒体开设专栏,制作配送宣传单片、海报、公益广告23万份;开展校园安全、交通安全、用药安全等各类培训、讲座100余场;组织市民开展消防安全讲座、逃生演练,举办知识竞赛、情景体验活动200多次。组织市民巡访团开展城市安全专项巡防活动,利用"寻访视角"加强安全隐患曝光,推动整改。（郭立涛）

【建设志愿者社会化动员平台】 年内,区委宣传部探索新形势下志愿服务社会化动员。开展已经形成品牌的交通文明志愿者、地铁站点守护志愿者项目活动,动员和组织志愿者参与开展"美好城市、美好生活、文明先行、静安有礼"主题活动和"关爱空巢老人""帮扶残疾人""关爱农民工""垃圾减量,低碳生活""文明驾驶"志愿者行动以及"心理援助进社区""行业文明进社区"等志愿服务项目。推广"团队+基地"标准化志愿服务模式,在已有服务项目中择优培育一批经常性开展的志愿服务项目,在"上海志愿者网""静安文明网志愿者在线"上公开发布,为组织、项目和志愿者牵线搭桥。配合上级部门做好中共二大会址纪念馆、静安公园等5个标准化志愿服务基地孵化工作,推进志愿者社会化动员平台建设。（郭立涛）

【巩固"全国社区教育示范区"创建成果】 年内,区委宣传部发展和创新"白领学堂""学习资源联盟"(简称"学习联")等学习品牌项目,举办静安学习节和读书节,提高公众学习活动参与率。发挥"学习联"作用,完善"静安学习网"建设,推进来沪务工人员岗位和技能培训,加强老年教育。加强社区文化活动中心建设与管理,激发社区文化建设活力,满足社区各类成员多种文化需求。开展"全民阅读活动",通过各种形式阅读活动覆盖各类群体,引导人们"多读书、读好书、做好人",在全区大兴读书学习之风,巩固"全国社区教育示范区"创建成果。（郭立涛）

【组织开展"11·15"特别重大火灾事故善后新闻发布与舆论应对】 年内,区委宣传部配合市新闻办做好新闻发布和媒体服务。在火灾遇难者百日祭奠、周年纪念等节点,做好现场媒体服务管理;针对房屋及财产理赔政策出台、国务院调查组公布调查和处理意见、慈善捐款的管理和使用等新闻,通过提供素材、协调采访等措施,妥善应对媒体采访需求。至年底,通过中央媒体和市主流媒体对外公布官方口径消息4次,接待境外、外地媒体记者采访20余批次,约百余人次。组织专门队伍,全面检测平面、电视、网络媒体,通过每日舆情专报方式报送区善后工作领导小组成员。建立舆情通报处置制度,向相关责任单位发送《舆情通报表》。做好微博宣传引导工作。针对"11·15"特别重大火灾舆情主要集中在网络媒体,适时启动微博宣传工作。落实专人负责,澄清事实、引导舆论。（郭立涛）

【静安时报社】 年内,静安时报社开展"11·15"特别重大火灾事故善后工作正面报道,全面宣传中国共产党成立90周年庆祝活动,做好区人大、区政协换届新闻报道和区第九次党代会新闻宣传。以加强安全生产、确保消防安全为主题,刊出10期《救灾防火》专栏,编绘《居民防火知识》漫画宣传专栏8期,编刊《除隐患、防火情、保平安》专版6期,采编整顿建筑市场等报道20余篇。在"11·15"特别重大火灾事故善后处理宣传中,采写"一条没有前人走过的路""真情换真心""家庭财产清理记"等重要文章40多篇。刊出区委八届十三次全会专版专栏10期,区委八届十四次全会专版专栏8期。宣传报道区人大十四届七次会议和区政协十二届五次会议,增出专刊3期;采访编写人大代表、政协委员风采10篇,采写《政协委员话十二五》专栏等,共出专版18个。配合区文明办,报道和宣传全区精神文明建设。开设“城区文明”专栏42期，辟出“巡访视角”。编制出版《静安区“十二五”市民读本》1.5万本。按照区委宣传部要求，组织“学习型党组织建设”专项报道，开设“全民阅读，终身学习”专栏。从年初开始加强党建工作报道，设立“创先争优”专栏和“庆祝‘建党90周年’”专题报道，配合宣传部组织“党史知识竞赛”。加强对“社会建设社会管理创新”的新闻报道，以及静安“一港四区”建设、现代戏剧谷动态报道。刊出3个专版反映吴江路、陕西北路、巨鹿路等专业街建设，出反映节能减排内容专版2期，文章10多篇。为政府门户网站提供动态新闻稿1500多篇、图片300多幅，撰写宣传区委、区政府中心工作评论文章40多篇。2011年度上海区县报好新闻评选中，“百乐门副刊”获一等奖，“爬山虎”漫画小品专栏获“优秀品牌”奖，还获得好新闻二等奖2个，三等奖4个。

（郭立涛）

【静安有线电视中心】 年内，静安有线电视中心围绕区委、区政府工作，抓好队伍建设，提高新闻质量，营造良好舆论导向，完成全年各项任务。全年共采选编播区内新闻1892条。其中被上海电视台《新闻坊》栏目录用250余条。拍摄制作专题宣传片13部。《记者见闻》栏目57期。围绕静安区“十二五”发展规划和纪念中国共产党成立90周年，开播《走进演播室》栏目15场；《生活指南》和《小赵说事》栏目各51期。《城市安全连万家》专栏17期、《聚焦专业街建设》专栏若干期。组织区委全会、区“两会”和政府实事工程宣传报道任务、做好全市文明指数测评，以及“11·15”特别重大火灾事故善后处理等重大临时性宣传报道工作。对后期制作、媒资管理、背景设计等硬件设备进行调整完善，并运用互联网等媒体，扩大《静安新闻》宣传影响力。

（郭立涛）

(六)统战工作

【概况】 2011年，静安区统一战线工作提高统战工作科学化水平，为区域经济和社会可持续发展贡献力量。(1)夯实基础，推进多党合作和政治协商制度建设。学习贯彻胡锦涛七一讲话及十七届六中全会、市委、区委全会精神，坚持与区政协、党派团体开展联组学习。举办7期培训班，3场报告会，7场“社院大讲坛”，2000余人次参加。召开党外人士座谈会2次，党派团体工作联席会议6次，各民主党派区委换届工作研讨会3次，民主协商会4次，小范围谈心会1次。开展统一战线纪念中国共产党成立90周年、辛亥革命100周年征文活动，征集文章25篇，报送市统战理论研究会18篇。通过静安有线电视中心、《静安时报》和统战局域网等平台，开展宣传教育，刊出《静安时报》“党派团体之声”4期。贯彻落实2010—2020年上海市党外代表人士教育培训改革和发展纲要的实施意见。协助民主党派区委、区工商联换届，协助引进市属单位党外人士担任党派区委主委3人和协调落实党派主委兼任政府部门行政实职领导4人。协助做好区政协常委增补和2012年区政协换届委员人事安排工作，协助做好区政协委员推荐协商工作中非公经济与自由择业知识分子综合评价、公示等工作，协助扩大社区(街道)领导、港澳人士和社会组织领军人物政协委员比重。协助党派区委机关加强建设，探索“三人办公制”(即：民主党派区委专职主委、专职秘书长、专职干部三人办公)、首次述职考核、党派区委秘书长提任副处级、党派区委经费财务专业审计等新举措。(2)完善特约监督员制度，组织学习研讨。完善各民主党派区委与区政府有关部门对口联系制度，指导结对共建活动。制订《关于加强和改进新形势下工商联工作的实施意见》，召开工作会议。开展“创先争优”活动与回报社会感恩行动、践行社会主义核心价值体系活动。协助加大新的社会阶层人士在人大代表、政协委员中政治安排力度。培育静安区达庆熙志愿者工作服务中心、“侨之家”等统战品牌。(3)把握民族宗教工作重点，维护社会稳定。制订创建新一轮社区民族团结进步模范集体计划。配合化解涉及少数民族群众的矛盾6起。协助指导区民族联合会换届。承办第九届全国少数民族运动会上海市代表团毽球项目。举行区少数民族趣味运动会。组织民族宗教界对口帮扶河北省丰宁满族自治县大滩镇孤山子村卫生所。区民族宗教界为社会慈善捐款400余万元。协助区基督教两会换届。指导各场所开展两个专项工作(宗教教职人员认定积案和宗教活动场所财务监督管理工作)。开展基督教专项调研治理工作和天主教专项工作。配合制止2起非法宗教活动。依法规范五教之外外籍信徒的集体宗教活动，提高宗教场所对外籍信徒的服务、引导能力。(4)对台工作深化两岸交流交往。开展涉台宣传进机关、社区、学校活动10余次，全区1000名中小学生参观“台湾动漫展”。做好《上海对台工作》杂志400期特刊静安区专版供稿工作。区台办被国台办宣传局和市台办评为对台宣传(调研)先进单位。拓展党际交流深度和广度。加强对区域内台资企业调研排摸，协调解决台商相关诉求24件、各类涉台矛盾40件，协调办理台商子女就学、升学加分等20余人。(5)拓展侨务和海外统战工作。开展基本侨情调查，推广侨法宣传，会同区人大侨民宗工委，制订静安侨法宣传方案，开展宣传、学习、普及侨法系列活动，参加人数8000余人次，发放材料1000余份。培训社区侨务干部752人次。依法维护侨资企业合法权益，协调解决侨商投资企业迁址续约问题。协助推进华侨“代为经租房”归还落政工作，落实解决20户，提前完成3年行动计划任务。接待海外华侨华人、港澳同胞澳洲上海同乡会会长劳丁、国际艺术发展组织主席黄丽敏等9批共36人。坚持与致公党区委、区侨联、区人大侨民宗工委、区政协港澳台侨委员会的工作联席会议制度。探索后世博效应，组织海外华侨华人、区内涉侨人士为平安城区建设出谋划策。完成华人画家为都江堰灾区捐赠油画工作。引进长三角文化创意产业协会。(6)加强统战部门自身建设。修订汇编统战部工作制度。加强统战调研和实践创新力度，汇编《探索与实践——2009年至2010年静安区统战工作调查报告和论文集》《凝心聚力，增光添彩——静安区统一战线服务世博案例汇编》，赠阅统战各界人士600余册。组织完成市委统战部重点调研，征集调研文章24篇，报送6篇参评。开展“社区统战同心同行”案例征集活动，征集案例10篇，6篇获奖。聘请2位专家担任区理论研究会顾问，组建社院讲师团。

（郑　艳）

【举办社院大讲坛】 3月11日，中共静安区委统战部（简称区委统战部）在市少年宫多功能厅举行静安区政协、统战联组学习会暨“社院大讲坛”第32讲报告会，特邀瑞士日内瓦外交与国际关系学院教授、春秋综合研究院研究员张维为教授作“国际视野下看中国的发展模式”报告。

（郑　艳）

【召开党外人士座谈会】 5月11日，区委召开党外人士座谈会，听取政府行政行为决策执行规范化、程序化、法制化相关思考的意见和建议。各民主党派区委、区工商联、区无党派人士代表、区侨联负责人表示，要增进共识，团结带领广大成员，凝聚合力，做好各项工作，履行好党派职能，为实现“十二五”规划和静安现代化国际城区建设目标，作出党派团体、无党派人士应有贡献。

（郑　艳）

【北京市委统战部领导到静安区考察】 5月16日，中共北京市委统战部常务副部长闵克一行7人到静安区考察新社会阶层人士及商务楼宇统战工作。市委统战部、区委有关领导陪同考察。闵克等考察“白领驿家”、沪港国际咨询集团有限公司、中华企业大厦、力康生物医疗控股集团、玫琳凯（中国）化妆品有限公司，了解针对新社会阶层人士，尤其是楼宇中白领群体统战工作的创新方法。

（郑　艳）

【杨晓渡到区调研】 （见第35页【杨晓渡到区调研】）

（郑　艳）

【召开民主协商会】 11月25日，区委召开民主协商会，听取党外人士对区第十三届政协委员建议人选推荐，区人大、政协、政府领导班子，法院和检察院候选人建议人选及区人大、政协常委、秘书长候选人建议人选，以及对《中国共产党上海市静安区第九次党代表大会报告》（讨论稿）的意见和建议。区委常委、统战部部长邓小冬主持会议。各民主党派区委、区工商联、区无党派人士、区侨联表示支持区委决定。认为所提出的今后区经济社会发展的目标、着力点和任务，符合科学发展观，符合区情和民意，起到了鼓舞人心、振奋精神的作用。与会者还就建设文明社区、优化投资结构、扶持中小企业、文化产业发展等问题提出建议。

（郑　艳）

【开展“重温历史、同心行动”主题活动】 年内，区委统战部支持和协助各民主党派区委、区工商联、无党派人士深化社会主义核心价值体系主题学习教育，结合中国共产党成立90周年和辛亥革命100周年系列纪念活动，开展以“重温历史、同心行动”为主题的活动。通过启动仪式、征文活动、两岸论坛、书画艺术展、辛亥后人话共识、专题报告、社院讲坛、交流座谈、观看电影、书籍共9项措施落实相关活动。

（郑　艳）

2011年静安区社会主义学院培训班情况表

期数	联办部门	时间	培训班名称	人数(人)
合计				377
1	民进区委	3.18	民进区委信息员培训班	22
2	各民主党派区委	3.25—26	民主党派新成员培训班	67
3	民进区委	4.29	民进区委基层支部报道员培训班	25
4	区委统战部	6.21	统战干部培训班	92
5	民盟区委	8.21—22	民盟骨干暑期培训班	50
6	区委统战部	10.25—26	（新一届）各民主党派区委委员培训班	68
7	区民宗办	12.6—7	民族和宗教界中青年骨干培训班	53

（郑　艳）

2011 年静安区“社院大讲坛”情况表

序号	主　题	授课人	时间	联办单位	参加人数（人）
合计（人）					700
第一讲	水资源与社会经济发展	九三学社区委副主委肖震	3.4	九三学社区委	100
第二讲	国际视野下中国的发展模式	瑞士日内瓦外交与国际关系学院教授、春秋综合研究院研究员张维为	3.11	区政协民革区委	200
第三讲	海外侨情与国外侨务工作	陶国平（市侨办局级巡视员）	3.16	区侨办	80
第四讲	纪念辛亥革命 100 周年——上海在中国的地位	葛剑雄（复旦大学图书馆馆长、博士生导师）	4.15	区委统战部	80
第五讲	网络宣传和网络管理	赵师谊（市网宣办）	6.14	区委统战部	80
第六讲	庆祝建党 90 周年专题——坚持和完善多党合作制度	杨爱珍（市社院教授） 许政涛（民进区委主委）	6.23	民进区委	70
第七讲	仰视生命——健康和养生漫谈	民盟成员、医学博士、教授徐丹林	11.17	民盟区委	90

（郑　艳）

（七）政法工作

【概况】 2011 年，中共静安区委政法委员会（简称区委政法委）推动社会管理创新综合试点、社会矛盾化解、政法队伍建设等重点工作，维护区社会大局和谐稳定。2010 年三季度静安区被确定为社会管理创新综合试点区后，区委政法委和区综治办开展调查研究，注重顶层设计、基层基础和成果运用，制订出台综合试点总体方案。综合试点工作启动后，区委政法委和区综治办承担区社会管理创新综合试点领导小组办公室职责，开展统筹、协调、指导等工作，形成党委统一领导、区社会管理创新综合试点领导小组办公室具体负责，条块结合，以块为主，分级负责的社会管理创新综合试点工作格局。梳理确定 22 个社会管理创新综合试点建设项目和 60 个子项目，并在 5 月召开的全区社会管理创新推进大会上，以《任务书》形式下发至各牵头部门。对项目责任人和责任单位，采取不定时督查和定期考核相结合，确保目标管理任务落实到位，共牵头召开工作座谈会 8 次、阶段性推进会 3 次、实地走访项目牵头部门 21 次。在重点抓好静安寺社区（街道）、江宁路社区（街道）综合试点工作基础上，以点带面，推动全区社会管理创新向纵深发展。在全市率先打造综治工作信息化大平台，推进区综治信息化系统建设。加强指导、督办政法部门化解涉法涉诉信访矛盾，全年全区 166 件积案化解 158 件，化解率 95.18%；市委政法委 2011 年下发 17 件交办件，化解 16 件，化解率 94.12%，名列全市各区县第二；中央政法委 2011 年 10 月下发 37 件交办件，化解 33 件，化解率 89.19%。通过案件评查，建立和完善办案责任查究机制，强化法律监督和自身监督，最大限度预防和减少新的涉法信访问题。组织各级综治部门对治安重点地区、重点行业、重点领域开展滚动排查和强力整治，将辖区内市、区党政机关所在地和涉及国计民生的供水、供油、供气等重点目标，以及商业闹市、人流密集区域纳入治安重点地区排查范围，确保将辖区内存在问题地区和需要重点守护目标全部纳入排查范围，实现“两个排查”工作经常化、规范化和制度化。实行街道综治办主任、公安派出所所长对辖区涉黑涉恶“捆绑式”排查整治责任制度，每季度由街道综治办主任、公安派出所所长填报责任书并作出书面承诺。督促相关职能部门加强治安动态评估和治安管理，保持对希尔顿酒店、淘宝城及周边地区等社会治安重点地区治安检查力度，查处违法违规行为。组织实施新一轮平安建设实事项目建设，市综治办确定的 9 项实事项目取得成效：至 11 月 10 日共侦破扒窃拎包案件 362 起，比上年上升 39.8%；共立电讯诈骗案件 70 起，比上年下降 29.3%，破案数比上年上升 62.5%；开展“平安医院”创建活动，取缔无证行医点 12 户次，立案查处 9 起。检查居民住宅小区 233 次，强制清除楼道堆物 21 次，消除安全隐患 289 处，依法处罚单位 9 家，住宅建筑检查率、登记率、隐患查清整改率均达 100%。坚持综治签约制度，2011 年初，区政府与 70 家成员单位直接签约，委托各社区（街道）与 2007 家辖区内各企事业单位、“两新”组织、公共场所、建筑工地、物业公司等签约。探索责任联签、绩效联考的平安创建模式，推动“平安社区”“平安小区”“安全社区”“法制小区”等各类创建工作。在上海世游赛举办期间，组织平安志愿者开展公交站点驻点守护、治安巡防等志愿服务，确保上海世游赛期间全区公交站点秩序平稳，社区安全稳定。举行纪念中共中央、国务院和全国人大常委会关于加强社会治安综合治理的两个“决定”颁布20周年、纪念《上海市社会治安综合治理条例》颁布实施等主题集中宣传活动。组织开展社会面吸毒人员分类评估和综合干预试点工作，健全跨地区、跨部门联动机制，实施人员联动，动态管理，建立由禁毒专职干部、公安民警、社区医生、禁毒社工等成员及戒毒人员家属、居委会干部、禁毒志愿者等帮教人员参加的评估小组，制订和细化提前预警、滚动排查、分级管控等方案，构建为戒毒人员提供安置就业、申领低保、技能培训、戒毒治疗、心理咨询等服务管理措施为主要内容综合干预体系，基本形成“提前介入、无缝衔接、后续照管”专业帮教模式，提高社会面吸毒人员动态管控率和签约帮教率。组织推动社会面人户分离吸毒人员居住地管理，组织开展吸毒人员排查登记和管控专项行动，提升禁吸戒毒工作整体效能。年内全区侦破涉毒刑事案件42起，抓获涉毒犯罪嫌疑人135人，缴获毒品14804.58克，涉毒资金800万元，至年底，全区登记戒毒人员297人，全年新发现吸毒人员91人。（党文俊）

【开展禁毒“流动课堂”活动】 1月，根据市禁毒办统一安排，区禁毒办在全区部署开展春节期间禁毒“流动课堂”宣传教育活动。各街道以来沪人员、青少年及合成毒品为宣传重点，发动居委会干部、禁毒志愿者在社区、学校和公众聚集场所，通过贴标语、挂横幅、出板报、定点咨询、发放宣传资料等形式，开展禁毒宣传。（党文俊）

【召开深化街道综治中心建设专题会议】 该会议于2月12日召开。区委副书记、政法委书记、区综治委主任郑健麟，副区长、区委政法委副书记、区综治委副主任陈静薇出席，区委政法委、区综治办班子成员和区社建办主任、各社区（街道）党工委书记、分管政法工作的副书记参加会议。会上，区委政法委专职副书记、区综治办主任汇报静安区综治工作中心建设总体情况，分析工作中存在的主要问题和薄弱环节。区社建办和各社区（街道）领导分别结合地区和部门实际，就深化综治工作中心建设进行交流讨论，并从信息化建设、队伍建设管理、条块协作联动等方面提出意见和建议。（党文俊）

【林化宾调研静安区政法综治工作】 4月13日，市委政法委副书记、市综治办主任林化宾到静安区调研政法综治工作。区委副书记、政法委书记郑健麟，区委政法委班子成员及各科室负责人参加调研。郑健麟介绍静安区政法综治、信访维稳工作形势，汇报2011年静安区政法综治工作主要思路和具体举措。林化宾肯定静安区政法综治工作中取得成绩，并对2011年政法综治工作提出具体要求。（党文俊）

【设立区社会管理创新综合试点工作领导小组】 5月12日，区委设立上海市静安区社会管理创新综合试点工作领导小组，区委副书记郑健麟任组长，区委常委、公安静安分局局长薛小明，区人大常委会副主任金先，副区长陈静薇，区政协副主席罗华荣，区法院院长江一敏，区检察院检察长罗昌平等9人任副组长；区民政局局长等37人为成员。区社会管理创新综合试点工作领导小组下设办公室，设在区综治办。（党文俊）

【召开区社会管理创新综合试点工作推进大会】 该会议于5月25日举行。区委副书记、政法委书记郑健麟，区委常委、公安静安分局局长薛小明，区人大常委会副主任金先、副区长陈静薇、区法院院长江一敏等领导出席，区社会管理创新综合试点工作领导小组组长、副组长、成员，区政法系统各单位、综治委各成员单位主要领导、分管领导、班子成员及各科室负责人，各社区（街道）综治中心主任、副主任、相关工作人员，各居民区党总支书记、居委会主任、治保主任等共420人参加会议。会上，陈静薇部署区社会管理创新综合试点工作，各成员单位领取社会管理创新综合试点工作任务书，郑健麟就如何深化推进社会管理创新试点工作作动员讲话。（党文俊）

【开展“依法禁毒，构建和谐”全民禁毒宣传月活动】 6月，区禁毒办就禁毒宣传月组织开展一系列活动。组织各街道以青少年、来沪务工人员为重点人群，以防范新型合成毒品为重点宣传内容，在交通枢纽、商业闹市、商务楼宇、居民小区等人流密集场所开展宣传活动。会同区教育局启动“人人来禁毒——校园禁毒宣传联盟”主题月活动，组织开展第六届上海市网上禁毒知识竞赛、宣传展板巡展、禁毒主题班会、禁毒征文、小报评比等系列活动。会同区法院、检察、公安、工商、文化执法等部门加大禁毒执法力度，重点宣传涉毒违法犯罪行为严重后果。联合《静安时报》、静安有线电视中心开辟专栏、专题节目，刊登、播放有关禁毒文章和公益宣传片，扩大宣传覆盖面。会同静安寺社区（街道）于“6·26”当日在静安公园组织“全民参与禁毒，共建和谐静安”大型现场宣传活动。（党文俊）

【实施“预防艾滋病、健康体检伴你行”专项服务项目】 9月22日，区疾病预防控制中心会同曹家渡社区（街道）禁毒办共同实施该活动，共有20名服务对象接受艾滋病血检。（党文俊）

【举办《戒毒条例》专题培训班暨年度禁毒重点工作推进会】 该会议于9月27—28日由区委政法委举办，区委政法委副书记、禁毒委副主任，区综治办副主任、区禁毒办主任出席。区禁毒委有关成员单位、各街道禁毒办分管领导和联络员共40余人参加培训。（党文俊）

【“青苹果”禁毒计划启动】 10月14日，2011年静安区“青苹果”禁毒计划启动仪式在曹家渡社区学校举行，区禁毒办、团区委、市阳光社区青少年事务中心有关负责人出席，50余名社区青少年及志愿者参加仪式。在由静安区青少年事务社工站主办的启动仪式上，社工站负责人向社区青少年发出远离毒品倡议，社区青少年代表响应倡议并宣誓远离毒品。（党文俊）

【召开社会管理创新综合试点工作座谈会】 社会组织专场会议于10月25日举行。区委副书记、政法委书记、区社会管理创新综合试点工作领导小组组长郑健麟主持会议并作讲话。区综治办、区社建办、区民政局、区社联会有关负责人以及区洪智城市小区管理服务中心、安置帮教志愿者协会、心灵导航心理咨询服务中心、“白领驿家”、好人俱乐部、音速青年志愿服务中心等11家社团组织负责人参加座谈。各社团组织负责人围绕如何找准自身在社会管理创新中的定位等问题作交流发言。职能部门专场会议于10月26日举行。区委副书记、政法委书记、区社会管理创新综合试点工作领导小组组长郑健麟主持会议并讲话。副区长、公安静安分局局长周建国，副区长吴文娟出席。区委组织部、区委宣传部、区委政法委、区信访办、区社建办、区科委、区司法局、公安静安分局、区政府法制办、静安寺社区（街道）、江宁路社区（街道）共11家单位负责人参加座谈。与会各部门负责人围绕发挥部门优势推进社会管理创新、完善工作流程优化机制、培育社会共治平台发动更多的公众参与社会公共事务等问题作交流发言。（党文俊）

【“社会管理创新·静安实践”专题网页在人民网上海频道上线】 11月10日，由区委政法委、区委宣传部、人民网上海频道联合打造的专题网页——社会管理创新·静安实践在人民网上海频道正式上线。网页综合图文、视频等形式，面向全国介绍静安区在社会管理创新方面的探索、实践及社会影响，突出展示社会管理“静安模式”特点优势及其成效。专题网页网址为：http://sh.people.com.cn/GB/134952/230346/index.html。（党文俊）

【落实重大事项社会稳定风险分析和评估机制】 按照“源头防范、源头治理、源头创稳”原则，静安区于2011年起将社会稳定风险评估工作纳入部门年终社会治安综合治理考核内容，区委政法委制订《关于进一步加强重大事项社会稳定风险分析和评估工作的通知》，规定重大市政基础设施建设、土地与房屋征收、社会保障与社会救助等重大事项政策在出台或审批前，必须组织开展社会稳定风险评估，从源头上预防和减少不稳定因素产生。并逐步建立起项目筛选、经费保障、领导责任、督查考核、责任追究等配套机制和工作制度。至11月全区共有16个建设项目开展社会稳定风险评估，取得阶段性成效。（党文俊）

2011年静安区获市见义勇为先进个人称号情况表

姓　名	单　位	职　务	事　迹
张培红（女）	曹家渡社区（街道）玉兰居委会	居委会干部	2011年3月13日中午，在延平路482弄4号208室火灾中救火

（党文俊）

2011年静安区见义勇为先进个人情况表

序号	姓　名	单　位	职　务	事　迹
1	沈志军	石门二路社区（街道）西斯文居委会	书记助理	2011年2月3日下午，在顺德路87号火灾中救火
2	马典高	石门二路市容环境管理服务中心	职员	
3	鲍文斌	石门二路市容环境管理服务中心	职员	
4	李小宝（女）	退休	退休	2011年2月2日中午，在石门二路358号2楼火灾中救火
5	赵惠琴（女）	石门二路社区（街道）西斯文居委会	工作人员	
6	朱金红（女）	马莎（上海）有限公司	保安副队长	抓获多名扒窃犯罪嫌疑人
7	张思玉	马莎（上海）有限公司	保安部经理	
8	付吉春	恒隆广场物业部	保安	2011年3月26日，在恒隆广场抓获抢劫犯罪嫌疑人
9	周菊红（女）	恒隆广场物业部	保安	
10	叶　建	恒隆广场物业部	保安	

（续表）

序号	姓 名	单 位	职 务	事 迹
11	朱 华	上海市第一妇婴保健院	保安	2011年3月23日，在上海市第一妇婴保健院门诊部抓获扒窃犯罪嫌疑人
12	任晓文	上海市第一妇婴保健院	保安	
13	高文根	小高个体水果店	个体户	2011年5月31日，在大田路、新闸路口抓获抢劫犯罪嫌疑人
14	尤红兵	电瓶车个体修理店	个体户	
15	徐 铭	恒隆广场物业部	保安	2010年12月27日，在恒隆广场抓获盗窃犯罪嫌疑人
16	季胜鹤	康定物业公司	保安	2010年12月23日，在胶州路718弄2号抓获盗窃犯罪嫌疑人
17	王剑波	金威物业公司	保安	
18	沈夏宝	华园物业公司	保安	
19	沙利文	富全房地产经纪有限公司	职员	2011年3月28日，在抓获盗窃石门二路3号全家超市的犯罪嫌疑人时，遭到拒捕反抗，沙利文受伤
20	姚 靖	信义房屋咨询有限公司	职员	
21	王步跃	华山医院	保安	王步跃于2011年9月7日救下欲跳楼轻生的病人，芦国振抓获非法收购药品的犯罪嫌疑人
22	芦国振	华山医院	保安	
23	叶小祖	南西社区（街道）综治社保队	队员	2011年10月28日，在安义路48号嘉里中心二期工程工地抓获盗窃犯罪嫌疑人
24	金稼祥	东方有线大厦	保安	2011年11月8日，在东方有线大厦抓获抢夺手机犯罪嫌疑人
25	郁桂英（女）	静安寺社区（街道）社保队	队员	2011年12月15日，愚园路361弄64号底楼着火，夫妻俩救出91岁老太，郁桂英再去救自己女儿时被烧成重伤
26	倪伟忠	上海三枪集团股份有限公司	职员	

（党文俊）

2011年静安区见义勇为先进集体情况表

序号	单 位	事 迹
1	石门二路社区（街道）新德居委会	2011年2月2日晚，上海壹街区着火，新德居委会党总支书记王爱英带领群众将火扑灭
2	石门二路社区（街道）郑家巷居委会	2011年2月2日晚，新闸路1093号恒森大楼顶楼着火，郑家巷居委会党总支书记带领群众将火扑灭

（党文俊）

（八）人民武装

【概况】 2011年，静安区人民武装部（简称区人武部）抓党委班子带动队伍，抓思想作风凝聚合力，抓运行机制促进正规化管理，高标准“窗口”人武部建设初见成效。把学习贯彻胡锦涛七一重要讲话和主题主线重大战略思想作为重大政治任务。抓“坚定理想信念、忠实履行使命”主题教育，开展践行当代革命军人核心价值观活动。围绕民兵核心军事力量、基本应急力量，突出应急和重要目标防卫队伍的整组。3月底前完成以基干民兵为主体人员调整编组，6月底前完成专业队伍向高技术行业拓展。基本达到组织健全、重点突出、布局合理目标。重点组织区民兵应急反恐连100人于3月24—31日赴杨行基地，进行为期1周基本技能与基础战术训练，并于31日参加警备区组织的静态点验，9月，组织区“综合保障群”人员编成、装备器材储备和方案计划制订，确保定人、定装、方案计划齐全。为解决民兵野外饮食保障问

题，购置1台自行式炊事车，并定人定岗展开针对性训练，满足伴随保障需求。（田　般）

【完成冬季征兵任务】　区2011年冬季征兵工作从10月下旬展开，到12月下旬完成兵员输送。全区6427名适龄青年参加兵役登记。区人武部组织完成区体检、政审组工作人员培训，先后培训54名体检工作人员和190名政审人员。体检、政审组严格按照《应征公民体格检查标准》《征兵政治审查工作规定》的标准和要求，把好预征对象身体、政治、文化、年龄“四个关口”。安排街道武装部、社区民警、地段医院医生三者联合走访。12月3—5日，基层武装部、区征兵办按照三级定兵程序，完成前三级定兵和全区定兵工作。征集的新兵，全部具备高中以上文化程度，其中大专以上学历占总数33.8%，党团员占总数98%。（田　般）

【加强国防动员和后备力量建设】　年内，区人武部按照“六个能力、一个机制”（打造战略投送能力、增强综合防护能力、突出科技动员能力、拓展信息支撑能力、提升城市管控能力、强化保障能力、完善平战衔接机制）建设要求，研究提出国防动员和后备力量建设需求。在《2011年至2013年区国防动员准备实施计划》基础上，研究制订区国防动员与后备力量建设“十二五”规划。结合全国第六次人口普查，完成国防动员潜力核对调查，完善国防动员潜力数据库，并与上级对接。以警备区召开民兵信息员座谈会为契机，横向上强化与区反恐、安全、综治、宗教等部门协同配合；纵向上建立组（区）——站（街道）——员（民兵单位）的民兵信息员队伍和渠道，整合多种力量与资源，完善联防协作和情报信息共享机制。贯彻落实市军事设施保护工作会议精神，结合区实际，调整区军事设施保护机构人员组成，并明确职责，落实经费。（田　般）

【开展军民共建】　年内，区人武部坚持定期召开驻军联席会议，协调驻区部队和民兵参加双拥共建活动，做好争创全国双拥模范城区工作。继续抓好军人家属就业、子女就学和“涉军维权”工作，解除军人后顾之忧。总结“军徽映夕阳”军民共建助老活动成效，研究提出深化活动的办法措施。协调警备区演出队走进静安寺社区（街道）和江宁路社区（街道），组织专场慰问演出。（田　般）

3月31日，静安区民兵参加上海警备区民兵点验　（区人武部　供稿）

（九）保密工作

【概况】　2011年，静安区保密工作以《中华人民共和国保守国家秘密法》（修订版）为依据，加强保密机制建设，强化保密技术手段，完善保密干部队伍建设。结合区情，将贯彻落实《上海市保密工作暂行规定》作为全年保密工作重点，在做好调查研究基础上，形成符合区保密工作实际的6项保密工作机制。在区机关两次临时搬迁过程中，提出保密要求，落实保密工作措施，确保区机关在搬迁过程中不发生失、泄密事件。开展专项保密检查，加强对办公自动化设备保密检查力度，及时发现和消除失、泄密隐患。加强对国家秘密载体复制保密管理，防止发生违规事件。开展保密宣传教育，做好防范手机窃密泄密宣传教育工作，对区各部门（单位）信息化管理人员进行保密教育，组织“全国窃密泄密案例警示教育展”观展工作，对区72名新录用公务员进行保密培训，对区119名新录用事业单位工作人员进行保密宣讲，提高干部群众在信息化条件下开展保密工作的技能。推进保密技术装备配备工作，严格信息化设备的安全保密使用。强化国家统一考试保密监督检查，在高考、成人高考等国家统一考试试卷保密室启用前，与区教育主管部门共同对试卷保密室进行保密检查。做好涉密载体回收销毁工作，防止发生违规处理涉密载体情况。对68家列入保密工作绩效考核单位进行保密工作年度考核，考核结果纳入《静安区机关绩效考核综合指标体系》。（郭熙平）

【对区各部门（单位）信息化管理人员进行保密教育】　1月20日，静安区国家保密局（简称区保密局）就信息化条件下如何加强信息安全保密工作，结合《中华人民共和国保守国家秘密法》（修订版），向区各部门（单位）50余名信息化管理员专门进行信息安全保密教育，提出具体工作要求。（郭熙平）

【加强对国家秘密载体复制的保密管理】 根据市委保密办、市保密局下发的《关于进一步加强国家秘密载体印制保密管理的通知》精神，2月，区保密局要求区各部门（单位）对照国家秘密载体印制保密管理要求进行自查自纠、上报自查情况，并据此进行抽查。并重申，印制国家秘密载体，应当在部门（单位）内部进行，确需在部门（单位）外印制的，必须委托经市保密局审查批准的单位定点印制，并再次明确全市国家秘密载体定点复制单位名单，加强对国家秘密载体复制的保密管理。 （郭熙平）

【做好区机关搬迁过程中安全保密工作】 因静安区机关办公楼楼体结构存在严重安全隐患，1月，区机关临时搬迁至美丽园龙都大酒店过渡办公。区委领导要求在安全保密上不能出一点小事。区保密局经过实地勘察、走访相关部门（单位），撰写区机关搬迁过程中安全保密要求，针对搬迁过程中不同阶段，将有关安全保密事项细化为搬迁前工作要求、搬迁途中工作要求、搬迁至临时办公场所工作要求，特别强调计算机等信息化设备的使用管理规定，并在搬迁开始前一天，专门组织涉密载体集中回收销毁工作，防止发生将工作资料不当处置情况，并全程监控搬迁工作。8月，区机关搬迁至延安中路789号过渡办公，区保密局又及时印发《关于加强机关搬迁安全保密工作的通知》，再次明确搬迁过程中的安全保密要求，严防发生失泄密事件。

（郭熙平）

【组织参观“全国窃密泄密案例警示教育展”】 根据市委保密办、市保密局《关于认真组织参观“全国窃密泄密案例警示教育展”》的要求，区国家保密局于8月25日—9月23日，组织各部门（单位）领导干部、保密干部及涉密人员约1500人至上海展览中心西二馆观展，做到组织到位、人员到位，使每一位观展者受到保密宣传教育。 （郭熙平）

（十）党校工作

【概况】 2011年，中共静安区委党校（简称区委党校）加大改革创新力度，建立以需求为导向的培训计划生成机制和培训内容更新机制，优化干部教育培训的内容体系和方式方法，整合各类干部教育培训资源，构建理论教育、知识教育、党性教育和实践锻炼“四位一体”干部教育培训体系，提升干部教育培训工作针对性和实效性。全年共举办各类主体班11期，参训人数2196人次；各类联办班23期，参训人数1936人次，累计参训人数4132人次。其中为对口支援地区湖北省宜昌市夷陵区、西藏萨迦县、四川省都江堰市石羊镇、新疆巴楚县共举办5期干部培训班，培训干部193人次。与区社会工作党工委、石门二路社区（街道）党工委签订共建协议，设立“白领驿家”和“石门二路社区文化活动中心”等2处干部教育培训基地。围绕“区情宣讲、时事宣讲、党课宣讲”三方面，开设十七届五中全会、六中全会和全国“两会”精神解读、国家“十二五”规划和区“十二五”规划解读、静安社会建设的实践和思考、辉煌90年、胡锦涛七一讲话精神解读、静安现代服务业发展的思考、当前经济形势等课程。发挥校院资源优势，选派党员教师到现代规划设计院、四明居民区、武西居民区等共建单位和基层部门进行理论宣讲，全年累计外出宣讲55场，听众5500余人次。深化以民生为重点的社会建设研究，成立上海市委党校城市社会研究所静安城区社会研究室。按照《静安区事业单位岗位设置管理实施办法》要求，完成事业单位岗位设置。实施人才强校战略，引进3名教职员工，充实和优化干部队伍年龄和结构。加大干部培训力度，全年共安排62人次参加双休日讲座、学术论坛和各类业务培训。龚德庆、郑健麟、韩强、戴玲珍、陈静薇等区领导围绕社会建设、依法行政、党风廉政建设、社区（街道）管理机制调整优化等内容为各类干部培训班作开班动员、授课或座谈7人次。开展以共同行动、岗位行动、家园行动、志愿行动为载体创先争优活动，深化“双结对”工作。不断丰富文化活动内涵，文明创建活动取得成效，首次获“上海市文明单位”称号。 （花家俊）

【开通静安干部教育培训网】 6月30日，由区委党校建立的静安干部教育培训网在静安区公共信息平台正式开通。网站设有国际视野、观点荟萃、视频讲座等版块，综合介绍国际上较有参考价值的资料，提供国内改革发展中热点难点等方面问题的文章和中央党校远程教学网络中的专题讲座，为全区各级领导干部、党员、公务员搭建一个网上学习平台。根据全区干部培训需求的变化，及时对网站内容进行更新，为学习型组织和学习型城区建设做贡献。 （花家俊）

【成立静安城区社会研究室】 10月13日，上海市委党校城市社会研究所静安城区社会研究室及干部教育培训基地揭牌仪式在区委党校举行。市委党校副校长王国平，区委常委、组织部部长戴玲珍为“上海市委党校城市社会研究所静安城区社会研究室”和“白领驿家”“石门二路社区文化活动中心”等2处干部教育培训基地揭牌。市委党校科研处领导、石门二路（社区）街道和区社工党工委、区社建办、区地区办等领导出席。静安城区社会研究室参与市委党校系统“一所四室”科研合作机制，发挥自身功能，从区经济社会发展阶段性特点和迫切需要解决的社会问题出发进行调研，提高工作针对性和前瞻性，体现党校“智库”决策咨询功能，推动党校教研咨一体化进程。 （花家俊）

【改进主体班培训模式】 年内，区委党校打破以往传统干部参训组织方式，开展干部分类专题培训，开设社会建设、依法行政等专题研讨班，增强干部实际工作能力，提升干部教育培训工作针对性、有效性。全年举办2期以提升新时期公务员公仆意识和群众观念为主题的科级领导干部任职培训班，综合运用专题讲座、研讨交流、考察参观等培训方法，加大互动教学比重，拓展教学资源、完善教学布局，创新培训方法、提高培训质量。推进学校、班级、个人3个层次学员管理机制的落实，综合运用考评、服务、激励等学员管理手段，提升学员管理水平，确保培训取得实效。开展主体班教学质量评估工作，完善评估指标，做好分析总结，提升教学质量和效益。（花家俊）

【科研工作】 年内，区委党校教职员工发表科研论文9篇（含核心期刊5篇），其中《略论中共“二大”时期基层党组织建设的贡献》获上海市社会联合会纪念建党90周年优秀论文一等奖，《开拓基层党组织的社会支撑功能》获上海市党校系统优秀科研成果二等奖。推进市委党校委托的聚焦课题《基层党校教学方法探索》研究工作。获上海市党校系统1个课题立项，完成4项校内课题的结题。结合中国共产党成立90周年，组织开展以“同庆党的90华诞，共促党校科学发展”为主题的第八届学术沙龙活动。（花家俊）

【与中共二大会址纪念馆共同开发“特色党课”】 年内，区委党校与中共二大会址纪念馆合作，共同开发“特色党课”。由党校选派师资定期赴中共二大会址纪念馆开讲，围绕中共二大召开的重要意义及第一部党章的诞生等内容，以专题授课形式向广大党员、入党积极分子、普通群众和青年学生进行党史基本知识教育，全面宣传党的历史，用党的历史教育党员干部、群众及青少年。（花家俊）

（十一）老干部工作

【概况】 2011年底，静安区离休干部517人，其中易地安置在静安区的43人，离休干部平均年龄84.04岁，去世老干部29人。离休干部中享受副市长级医疗待遇4人；原正局级待遇2人，副局级待遇8人，享局级待遇47人，参局级（医疗、住房、用车）待遇10人，单项参局级医疗待遇83人；原正处级、副处级待遇33人，享处级待遇158人；一般离休干部129人。红军时期参加革命工作1人，抗战前期参加革命工作43人，抗战后期参加革命工作95人，解放战争时期参加革命工作335人。百岁老人3人，最高年龄103岁。离休干部中90岁（含90岁）以上有52人，80～89岁有403人，80岁以下有65人。离休干部普遍进入“高龄、高发病期”，其中89人生活不能自理。（1）年内，中共静安区委老干部局（简称区委老干部局）配合各级党组织通过组织生活、政治学习、专题讲座、例会等多种形式组织老干部学习邓小平理论、“三个代表”重要思想和科学发展观，结合中国共产党成立90周年，组织开展党史知识竞赛等12项系列活动；定期向离休党支部和老干部发放《静安时报》《上海老干部工作》等各类党报党刊及老年读物共2.15万余份；每月定期组织播放时事形势报告、学习辅导教材等专题片；组织老干部收看、学习杨善洲先进事迹报告会。全年区委、区政府领导向老干部通报情况3次；组织老干部参加市、区组织的报告会、座谈会、团拜会、学习考察及重要会议、重大活动共21次，参加人数575人次。（2）确保“离休费保障机制、医药费保障机制、财政支持机制”三个机制运行有效。深化社区老干部工作。召开全区老干部工作者例会、社区老干部工作推进会，总结经验，搭建互学共建、互促共赢工作平台；整合区域内资源，提供个性化服务项目，主动为“四种特困对象”解决特殊困难，形成以社区党团员、楼组长、活动积极分子等人员组成志愿者队伍结对为主的模式；加大社区老干部专项工作经费投入，为推进老干部“四个就近”工作，更好地为近1100位社区老干部服务提供财力保障；做好近420位85周岁以上老干部享受200元居家养老专项补贴服务有关工作，并依托“社区为老服务中心”“乐龄家园助老服务站”开展老干部居家养老工作。做好走访慰问工作。有重点安排好元旦、春节和高温期间走访，全年走访慰问老干部近1000人次，走访有困难的遗属46人次。关注老同志“高龄、高发病期”带来的具体困难，突出以高龄、孤老（独居）、生活不能自理和特殊困难老干部为关心对象，有计划组织好全年常态化走访，并做好3位百岁老干部日常关心和服务工作。做好易地安置离休干部工作。贯彻市委老干部局有关会议精神，为55位易地安置居住在静安区离休干部统一制作医疗卡；做好对区管43名易地老干部四大节日补助关心工作，下拨市局划转易地安置各项补助经费；对安置在外省市的易地离休干部进行走访慰问，医疗帮困金全部落实发放到位。做好信访工作。全年共受理来信来函32件，结案率100%，市、区各级批转办理来信结案率100%。做好常态化服务管理工作。老干部法律服务中心、心理咨询中心组织安排10次咨询活动；配合原单位妥善处理29名去世老干部善后工作；做好优先叫车服务信息维护工作，信息量124人次；做好市企业划转离休干部服务管理工作。加强帮扶工作。按规定落实好老干部特殊医疗费和特殊护工费。（3）结合纪念中国共产党成立90周年和辛亥革命100周年，先后举行离休干部纪念中国共产党成立90周年纪念章颁发仪式、元宵综艺活动、书画摄影展和区域联合体老干部趣味游艺活动，组织参观新农村活动、参加桥牌双人赛和象棋赛、歌咏大会和征文活动等，全年共开展各类活动40余次。与团区委世博志愿者结对，提供精神慰藉服务，丰富老干部精神生活。征文活动收到老同志来稿46篇，3篇被《上海老干部工作》刊登，2篇获市优秀奖，29篇获市纪念奖。（4）开展以“学党史、颂党恩、跟党走”主题系列活动，通过举办党史知识竞赛、革命遗址参观、唱“红歌”等形式组织老干部向青少年宣讲党的优良传统和作风；开展老少结对系列活动；召开区关工委2011年年会，总结、部署和推动关心下一代工作；完成《2011年静安区未成年人思想建设实事项目》。通过《上海老干部工作》杂志、《关心下一代工作简讯》、市信息快报、《常青树》节目、《静安时报》《静安区老干部工作简讯》等媒体，宣传老干部先进事迹和崇高精神。

（严朝蓉）

【举办2次离休党支部书记理论读书班】 4月12日、9月8日，区委老干部局在区老干部活动中心分别举办以研读《中国共产党历史》第二卷和学习胡锦涛七一重要讲话精神为主题全区离休党支部正、副书记理论读书班。两期读书班分别邀请区委党校老师为老同志作“解读《中国共产党历史》第二卷”和“解读纲领性文献——胡锦涛七一讲话精神”的辅导报告。全区近100名离休党支部正、副书记参加。 （严朝蓉）

【为老干部配备精神慰藉志愿者】 年初，区委老干部局和团区委探索出一条志愿者为老干部提供心理咨询服务的新路，筛选10名志愿者与5名老干部结对，为独居老干部提供精神慰藉服务。4月22日，在区老干部活动中心，由区委老干部局和团区委联合召开老干部工作志愿者与老同志结对座谈会。 （严朝蓉）

【走访慰问安置在外省市的离休干部】 4月底5月初，区委老干部局领导带队，分2路对安置在外省市的离休干部进行走访慰问。每到一处都送上“纪念中国共产党成立90周年”纪念章和慰问金，详细地询问老同志的身体、生活情况。同时对在生活、医疗方面有特殊困难的老干部给予补助。 （严朝蓉）

【做好老干部体检工作】 5月4—5日，区委老干部局在区中心医院组织一年一度老干部体检工作，220名老干部参加体检。作为老干部医疗保健工作一项重要制度和举措，该项工作已坚持24年。 （严朝蓉）

【召开3次老干部通报情况会】 5月24日、9月21日、12月29日，区委领导龚德庆、周平、郑健麟、戴玲珍、方世忠、庞峻等召开向老干部通报情况会3次，全区原局级、享局级离休干部、离休党支部书记以及原局级退休老同志约250人次参加。区领导向老干部传达市委有关干部任命决定、区第九次党代会精神、区党政负责干部会议精神、全区经济社会发展、“11·15”特别重大火灾事故善后工作、民生保障、稳定工作及换届选举工作等情况。使老干部了解和把握经济形势，了解区推进国际静安建设和各项工作新进展。 （严朝蓉）

【举办全区老干部工作者培训班】 5月30—31日，区委老干部局举办区老干部工作者培训班，就下半年老干部工作应把握重点及做好七一期间的老干部工作向全区老干部工作者进行布署，并提出要求。并就进一步落实好离休干部生活待遇作专题辅导。全区老干部工作者近50人参加培训。 （严朝蓉）

6月22日，离休干部纪念章颁发仪式在区老干部活动中心举行
（区委老干部局 供稿）

【举行老干部书画摄影展】 6月15日，“佳作庆华诞，晚霞寄深情”——纪念中国共产党成立90周年老干部书画摄影展在区老干部活动中心举行，共展出书、画、摄影作品74件，作品都出自老同志之手，他们运用多种艺术手段描绘时代的发展、中华民族的奋斗崛起和中国共产党的风雨历程，并把所描绘的物象与中国传统文化观念结合起来，赋予作品新的寓意。 （严朝蓉）

【颁发离休干部纪念章】 6月22日，在区老干部活动中心举行“纪念中国共产党成立90周年”离休干部纪念章颁发仪式。区领导龚德庆、姜耀中、刘晓明、郑健麟、戴玲珍、方世忠等出席。原局级、享局级离休干部，离休党支部书记代表70余人以及有关大口、社区（街道）党工委、人民团体主要负责人应邀参加颁章仪式。颁章仪式上由区领导向离休干部代表颁发由市委组织部和市委老干部局定制的“纪念中国共产党成立90周年”纪念章和由区委、区政府为老同志定制的慰问品。 （严朝蓉）

【召开社区老干部工作推进会】 9月9日，区委老干部局召开社区老干部工作推进会。社区老干部工作领导小组成员、全区居民区党总支书记、社区（街道）专、兼职老干部工作者、社区卫生服务中心负责人等100余人出席。会议要求：（1）认识做好社区老干部工作在“建设国际静安、构建和谐家园”中的意义。（2）创造性地做好社区老干部工作，各成员单位要密切配合，主动作为。（3）加强组织领导，提高能力素质，提升社区老干部工作水平；要“常怀敬老之心，善谋为老之策，多做敬老爱老助老之事”。 （严朝蓉）

（十二）机关党工委工作

【概况】 2011年，中共静安区机关工作委员会（简称区机关党工委）按照区委全会确定的工作目标和要求，抓

好机关党的建设。（1）思想政治建设方面。抓好党员教育，组织专题辅导、报告会13次。进行以“延安13年”为主题的理想信念系列教育活动，邀请延安干部学院专家学者主讲，区机关1200人次参加培训；抓好干部理论学习，召开学习型党组织推进会、理论学习交流会。（2）组织建设方面。对387名党员进行轮训；培训90名书记、委员；做好党代表、人大代表选举工作；指导15个支部换届改选，发展党员22人，转正19人，对25名入党积极分子进行培训。（3）“双结对”工作。开展党员奉献月活动，设计载体活动56个，651名社区困难群众得到帮助，发放宣传品8653份，补助困难党员60人、资金3万余元；抓好双重管理工作，2000多名党员到社区报到。（4）为纪念中国共产党成立90周年，开展以“学党史、知党情、跟党走”为主题的活动；开展党史学习和党性教育，下发《党史学习》材料2000余册；组织700多人参加以歌颂党的丰功伟绩为主题的文艺演出和机关工会组织的文艺汇演。（5）精神文明创建。抓好预申报和检查，19个部门被评为市、区级文明单位；组织1900余人次参加防火志愿者活动，组织300余人次、对21个公交站点驻点守护；组织50人参加语文知识竞赛，组织300余人参加“浦江杯”党史知识竞赛，获全国语文规范化知识大赛组织奖。（6）工会工作。开展以歌舞、朗诵、器乐表演等形式的文艺汇演和祝福短信征集、摄影、书法、PPT创作等活动；开展庆祝“三八”妇女节活动；组队参加区运动会、“宝钢杯”上海职工游泳比赛等活动；组织50个部门、100多名会员参加乒乓球比赛；开展文化沙龙、服饰礼仪、理财知识、油画鉴赏等讲座；征集金点子900多条。以“安康杯”竞赛为契机，对美丽园龙都大酒店、机关食堂进行2次安全生产检查。开展“会员评家”、工会主席培训，指导基层工会换届选举。做好对患重大病人员以及“11·15”特别重大火灾受灾会员的慰问工作，共补助24人、资金4万余元；为498名会员、227名退休职工办理职工互助保障，做好住院理赔工作。年底，区机关共有4个党委、5个党总支、38个在职党支部、6个离休党支部、6个退休党支部。有党员2378人。（陈立军）

【开展消防宣传】 春节期间，区机关党工委组织1900名消防安全志愿者，分别在年三十、年初五和元宵节晚上到5个派出所参与消防安全宣传，引导教育居民在燃放烟花爆竹时注意消防安全。（陈立军）

【开展公交站点守护】 年内，区机关党工委在上海世游赛期间组织300多名志愿者，到21个公交站点驻点守护，维护乘车秩序和防范工作，保障上海世游赛顺利举办。（陈立军）

（十三）党史工作

【概况】 2011年，中共静安区委党史研究室（简称区委党史研究室）贯彻全国、上海党史工作会议精神，以举办庆祝中国共产党成立90周年活动为契机，围绕“以史鉴今、资政育人”目标，从党史编研、宣传教育、革命历史遗址遗迹保护等方面，推动党史工作再上新台阶。编纂出版《中国共产党上海市静安区组织史资料》（第三卷）、《上海市静安区抗战时期人口伤亡和财产损失》等。举办《中国共产党历史》第二卷（1949—1978）辅导讲座、静安区党史知识竞赛、庆祝中国共产党成立90周年图片展、《红色静安》纪录片宣传屏播放、纪念中国共产党成立90周年座谈会等活动。在革命历史遗址保护及开发利用方面，拟订《静安区关于进一步加强革命历史遗址保护工作的意见》；推进革命遗址沙盘模型数字化改造工作，启动《红色印记——静安区革命历史遗址遗迹》宣传片制作；举行中共中央早期在沪革命遗址纪念标志揭幕仪式，并赴中央档案馆查阅相关资料等；制作4500份静安革命历史遗址遗迹宣传挂历、台历，分发至区内机关、学校、社区、党员服务中心和共建部队等单位。（范建英　杨　晔）

【参与“党务通·静安共同行动”手机报编纂工作】 年内，区委党史研究室与区委组织部合作，参与“党务通·静安共同行动”手机报“党史上的今天”版块编纂工作，利用现代信息传播媒介，为全区党员干部提供党史资讯。5—7月，借助手机报平台，开展党员干部的党史知识有奖答题活动。（范建英　杨　晔）

【举办《中国共产党历史》第二卷（1949—1978）辅导讲座】 5月17日，邀请中共中央党史研究室原副主任石仲泉，为全区副处级以上党员领导干部作《中国共产党历史》第二卷（1949—1978）辅导讲座。区四套班子成员、市委党史研究室领导、区副处级以上干部、离退休老干部、党群工作者代表等共600余人参加讲座。（范建英　杨　晔）

【录制“在党旗下成长”专题访谈节目】 5月23日，受静安有线电视中心邀请，区委党史研究室主任参与“在党旗下成长”专题访谈节目录制工作，就区内革命历史遗址遗迹分布情况、保护现状及开发利用工作进行介绍与宣传。（范建英　杨　晔）

【举办“永远的丰碑”——静安区党史知识竞赛】 5月30日，区委宣传部、区委党史研究室、区文明办联合主办的“永远的丰碑”——静安区党史知识竞赛正式启动，活动历时1个月。自《静安时报》专版刊发竞赛题目后，主办单位共收到答题卡599份，其中个人参与254份，单位参与345份。7月初，区委党史研究室组织人力对答卷进行批改，并于7月19日举行公证抽奖仪式，从全部答对者中抽出一等奖10名，二等奖20名和三等奖30名。（范建英　杨　晔）

【编纂出版《上海市静安区抗战时期人口伤亡和财产损失》】 该书编纂工作启动于2005年9月，是国家社科基金特别委托项目、中共中央党史研究室室委会领导下编写的“抗日战争时期中国人口伤亡和财产损失课题调研成果丛书”之一。全书收集日本帝国主义在静安区罪恶行径的大量史实，填补区抗战时期人员伤亡和财产损失的资料统计空白。2011 年 6 月，经市委党史研究室编审、有关专家初审及中共中央党史研究室评审，正式出版发行。该书 16.6 万字，由总序、调研报告、档案、原始报刊、口述材料、统计表、大事记、总后记 8 个部分组成，卷首配黑白历史图片 14 幅。

（范建英　杨　晔）

【编纂出版《中国共产党上海市静安区组织史资料》（第三卷）】 该书由区委组织部、区委党史研究室联合编纂，经上海市组织史资料编纂委员会、中共静安区委审定同意，6 月由上海人民出版社出版发行。该书 22.1 万字，正文有 1 个正编、5 个附编和 4 张附表，前设静安区行政区划图（2010）、编辑说明，后设索引、后记。全书坚持实事求是原则，按照“广征、核准、精编、严审”方针，辑录 1998 年 6 月至 2010 年 12 月期间，静安区地方党组织和政权、军事、政协、群众团体及部分企业单位活动情况、机构沿革及领导人名录，真实、全面地展现静安区 10 余年间组织历史变迁。6 月 30 日，《中国共产党上海市静安区组织史资料》（第三卷）首发仪式在中共二大会址纪念馆举行。

（范建英　杨　晔）

【举办“红色静安”——庆祝中国共产党成立 90 周年图片展】 6 月 9 日，区委党史研究室在静安公园举办“红色静安”——庆祝中国共产党成立 90 周年图片展。展览图文并茂地展示区内重要革命遗址 40 余处，生动再现 20 世纪上半叶共产党人为建立新中国，在静安区域开展的革命斗争活动情况。七一前后，该展览还在静安区部分社区（街道）、中小学校、双拥共建单位等地巡回展出。

（范建英　杨　晔）

【举行《红色静安》纪录片宣传屏首播仪式】 6 月 20 日，作为纪念中国共产党成立 90 周年系列活动之一，区委党史研究室、区档案局拍摄的《红色静安》纪录片宣传屏首播仪式在翰林府邸小区举行。七一期间，该片在全区 80 多处公共电子宣传屏上滚动播放，逾 10 万人次观看。

（范建英　杨　晔）

【举办庆祝中国共产党成立 90 周年座谈会】 6 月 24 日，区委党史研究室召开庆祝中国共产党成立 90 周年座谈会，区离退休老干部代表、双拥共建单位上海武警总队八支队代表、共建支部江宁路社区（街道）永乐居委会代表等 20 余人参加会议。

（范建英　杨　晔）

【举行中共中央早期在沪革命遗址纪念标志揭幕仪式】 7 月 23 日，由市委党史研究室、市文物局、中共静安区委联合主办的中共中央早期在沪革命遗址纪念标志揭幕仪式在静安雕塑公园（原中共中央组织部遗址处）举行。市委常委、市委秘书长丁薛祥，区委书记龚德庆共同为遗址纪念标志揭幕。市、区相关部门领导及社会各界代表共 200 余人参加仪式。该仪式共为因市政建设被拆除的 18 处中共中央早期在沪革命遗址设立纪念标志，其中在静安区域的有 10 处。（范建英　杨　晔）

【拟订《静安区关于进一步加强革命历史遗址保护工作的意见》】 9 月 1 日，该文经区委、区政府同意，转发全区各单位。区委党史研究室结合区情实际，拟订《静安区关于进一步加强革命历史遗址保护工作的意见》，就如何做好新形势下区革命历史遗址保护及开发利用工作，发挥红色资源资政育人作用，提出具体建议。《意见》根据“科学保护、整体规划、有序开发、合理利用”原则，提出“明确职责、分类保护、严肃纪律”具体工作要求。（范建英　杨　晔）

【赴中央档案馆查阅中共中央早期在沪机关旧址资料】 10 月，区委党史研究室派专人赴中央档案馆，查阅中共中央特科机关、政治局联络点等 12 处中共中央早期在沪机关旧址相关史料文献，开展区域党史研究。

（范建英　杨　晔）

（十四）档案管理

【概况】 2011 年，静安区档案局（简称区档案局）提前完成区政府实事项目——数字档案馆建设一期工程；打造档案文化传播新模式，创办《静安档案》电子杂志，宣传档案文化；广开征集渠道，名人档案征集网络初具形态；世博专题档案全部收集进馆。课题研究成果获得国家档案局优秀科技成果三等奖；开展档案馆实践活动；服务民生，开展“异地查档、跨馆出证”服务，档案查询接待窗口获上海“巾帼文明岗”称号。全年接待档案查阅 2659 人次，查阅利用档案 3608 卷、6105 件次。政府信息公开集中受理 1944 件，办理 3973 件；政府信息公开接待查阅 13 人次、31 件次。

（刘伟星）

【完成区数字档案馆一期建设】 区数字档案馆一期建设被列入 2011 年区政府实事工程。11 月，区档案局提前完成一期建设项目。实现“进馆档案 6 万页、馆藏档案 570 万页电子扫描，著录文件级条目 60 万条”的任务指标，优先、重点整理婚姻、知青、户籍、独生子女等民生档案专题目录；对区档案信息网升级改版，新改版的网站更注重档案文化宣传和网上查阅利用；开发档案征集编研系统，该系统能运用信息化工具开展编研工作，并通过数据接口直接推送至信息网站；与上海晟峰信息技术公司合作拍摄专题片《数字记忆探索》。（刘伟星）

【实行“馆际联动查档出证”等便民服务】 3—6 月，上海市经济适用房政策及新修订的《上海市计划生育奖励与补助若干规定》出台，有相当一部分市民因独生子女证、婚姻登记证等原始材料遗失前往区档案馆求助。区档案馆与办理经适房审批手续部门联系，了解相关政策和所需材料要求。至年底，区档案馆查档“窗口”累计接待电话咨询及前往调阅独生子女证、婚姻登记档案的市民 270 人次，出具档案证明 255 份，帮助查找线索

20余人次。为方便市民查档，区档案馆还开展“异地查档、跨馆出证”服务，成为全市首批参加馆际联动查档出证的档案馆。10月，在静安寺社区（街道）开展民生档案进社区试点工作。（刘伟星）

【召开区档案馆馆舍安全论证会】 该论证会于3月29日在区档案局召开。来自市档案局政策法规处、档案保护技术部、区机关事务管理局、区安监局、区消防支队相关负责人与专家参加论证会。通过实地勘察区档案馆库房及安全设施，与会人员就区档案馆所存在的消防安全隐患进行逐一论证。市档案局、区各相关职能部门从各自专业角度对区档案馆安全情况进行风险评估，作出区档案馆舍符合消防安全的结论。（刘伟星）

【编辑电子杂志】 6月20日，区档案局推出首期《静安档案》电子杂志，该期为庆祝中国共产党成立90周年特刊，运用多媒体技术，以令人赏心悦目的视觉效果，展示大量照片、视频资料，展现静安区红色历史档案资源。《静安档案》电子杂志第2期于11月完成编辑，主要通过馆藏档案和社会征集资料反映静安区的历史文化。（刘伟星）

【广开档案征集渠道】 8月16日，区档案局召开区档案征集工作社区代表座谈会。区5个社区（街道）及所属部分居委会档案干部共20余人参加。通过座谈会，17名社区、居委会骨干成为区档案馆特约信息员和义务征集员，档案征集活动开始进入社区。9—10月，通过社区工作网络，区档案局对分布全区的120多位名人进行情况普查；11—12月，分别与任溶溶、程乃珊、毕春芳、杨飞飞等多位著名人士建立联系，登门拜访。一些名人的手稿、资料已有计划征集入馆。（刘伟星）

【推进档案信息化研究】 年内，区档案局加强档案课题研究。课题“电子公文归档接口系统的技术措施”，解决异构数据库的整合问题，为档案资源建设提供接口平台。该课题成果获国家档案局优秀科技成果三等奖、上海市档案局档案科研成果二等奖，为世博会档案资源的整合提供技术支撑。此外还开展“老字号企业档案资源分布研究”“数字档案馆建设规划及发展策略研究”“档案馆电子数据安全存储研究”等3项课题研究，开发“老字号企业档案管理系统”“静安区档案馆老字号资源管理系统”。（刘伟星）

【搭建档案宣传教育新平台】 年内，区档案馆整合资源，搭建档案多媒体信息互动平台，使之成为向市民、学生展示政府工作、接收公开监督，以及宣传国际静安建设的载体。该平台主要功能包括党务、政务公开，档案编研、视频中国、本地新闻搜索等系统。并对2009—2011年静安有线电视中心的4200条新闻视频档案全部进行精细化加工，实现全文级检索。在此工作基础上，年内与区教育局联合推出“档案馆实践活动”，被列为区青少年“第二课堂”示范项目。（刘伟星）

（十五）中共二大会址纪念馆工作

【概况】 2011年，中共二大会址纪念馆参观人数近10万人次，全年共举办“看红色电影，‘学西柏坡’精神”——中共二大会址纪念馆红色电影放映基地国庆特别活动、“祖国万岁”——中共二大会址纪念馆庆祝中华人民共和国成立62周年升旗仪式等活动20余场次，推出以“参观一处纪念馆、听一堂特殊党课、开一次交流座谈、看一部红色电影”为内容的“菜单式服务”，扩大服务内涵。全年开设党课13次，共有8位讲师、近千名观众参与；放映红色电影14场次，近千名观众观看；另有7家单位的200余人到馆开展交流座谈。该纪念馆自创朗诵剧《走向复兴》，获现代戏剧谷2011壹戏剧秀·市民剧场“最佳人气奖”。全年全国共有近30家媒体和单位到馆进行专访和专题拍摄，网络和平面媒体报道共100余次。该纪念馆围绕纪念中国共产党中国共产党成立90周年，主动送展进学校、进军营、进社区，并策划红色影像之旅闸北行、淀山湖红色会务、“日出东方”照亮绿色军营等活动，总参观人数逾2.8万人次，团队130余批次。年内，中共二大会址纪念馆获“上海市廉政教育示范基地”等称号，入围全国红色旅游经典景区第二批名录。（倪　娜）

【举办纪念中国共产党成立90周年主题图片展】 由中共二大会址纪念馆、中共长宁区机关工作委员会、长宁区图书馆和长宁区教育局党工委联合主办的“石库门里的红色记忆”——纪念中国共产党成立90周年主题图片展于4月28日—5月15日在长宁区图书馆3楼展厅展出，共展出包括中共一大、二大会址，毛泽东故居，《新青年》编辑部旧址等10处石库门红色革命遗址图片。随后利用巡展形式，以长宁区图书馆为始发站，先后送至闵行、青浦、杨浦、静安、黄浦等区域内社区、高校和企事业单位展览，参观总人数达2万余人。（倪　娜）

【承办第二届上海市爱国主义教育基地讲解员大赛】 5月9日，由中共上海市委宣传部、中共上海市教育卫生工作委员会、共青团上海市委员会、上海市红色旅游工作协调小组办公室联合主办，中共一大会址纪念馆、中共二大会址纪念馆、上海东方宣传教育服务中心承办的第二届上海市爱国主义教育基地讲解员大赛初赛在中共二大会址纪念馆序厅开幕，来自全市58家爱国主义教育基地的83名讲解员参加比赛。6月10日，大赛决赛在上海公安博物馆举行，25名入围选手参加，中共二大会址纪念馆选派的2名讲解员获优胜奖。（倪　娜）

【举办中共二大会址简史展】 5月17日，国际博物馆日前夕，结合国际博物馆协会确定的主题“博物馆与记忆”，“辅德里·记忆”——中共二大会址简史展揭幕暨国际博物馆日主题活动在中共二大会址纪念馆多功能厅举行。该纪念馆历任馆长、各兄弟纪念馆同行、辅德里老居民、共建单位代表出席活动。活动中，以座谈形式，为纪念馆在提升社会影响、打造项目精品、优化服务功能等方面工作献计献策；由上海大学历史系副主任、教授、博士生导师徐有威主讲题为“白色恐怖下的红土地——上海的石库门和中国革命”的讲座。

（倪　娜）

【召开“二大”与党的创建研讨会】　6月17日，“二大”与党的创建研讨会暨“日出东方——中国共产党创建史”展览在延安饭店揭幕。国内党史专家，中共一大会址纪念馆、嘉兴南湖革命纪念馆、龙华烈士纪念馆等领导和学者70余人出席。市委党史研究室副主任徐建刚、区委副书记郑健麟共同为“日出东方——中国共产党创建史”展览揭幕。随后召开的“二大”与党的创建研讨会上，国防大学原党史党建政工教研室教授肖甡作“关于中共二大研究的几个问题”主旨发言。各位专家从不同侧面、不同角度，共同探讨如何提高中共二大历史研究工作科学化水平问题。（倪　娜）

【举行纪念中国共产党成立90周年“党旗下的誓言”主题党日活动】　6月30日，静安区纪念中国共产党成立90周年“党旗下的誓言”主题党日活动在中共二大会址纪念馆东门举行。区领导龚德庆、郑健麟、戴玲珍、韩强、方世忠出席活动。活动在历年7月入党的处级领导干部及2011年新入党党员代表宣誓仪式中拉开序幕，随后由区领导为代表们赠送党员政治生日贺卡。活动中还举行静安区廉政教育示范基地授牌仪式和静安区红色短信大赛颁奖仪式，龚德庆讲话。活动结束后，龚德庆一行6人参观中共二大会址纪念馆“日出东方——中国共产党创建史”展览。

（倪　娜）

【举办小记者夏令营活动】　7月14日，“传承革命精神，书写时代篇章”——中共二大会址纪念馆小记者夏令营活动在中共二大会址纪念馆序厅启动。活动由中共二大会址纪念馆主办，《上海中学生报》报社参与合作，通过组织中学生小记者参观沪、浙两地建党初期重大历史事件发生的旧址等革命场所，学习、宣传党的创建历程和伟大精神，让小记者们通过撰写文章、拍摄照片等形式表达自己对党和祖国的美好祝愿，增强历史使命感和时代责任感。夏令营活动为期2天，20名申城小记者从中共二大纪念馆启程，分别参观中共一大会址纪念馆、枫泾古镇和嘉兴南湖革命纪念馆等地。活动结束后，该纪念馆和《上海中学生报》报社就活动刊出专版报道，并将所有小记者的写作文稿和摄影作品汇编成册。（倪　娜）

【皮皮狗向纪念馆赠送国内首面手工羊绒党旗】　8月17日，上海皮皮狗毛纺织有限公司向中共二大会址纪念馆赠送手工制作党旗仪式在该馆序厅举行。中共二大会址纪念馆副馆长代表纪念馆从该公司领导手中接受第一面羊绒党旗。该馆将长期保存这面党旗，并在合适的机会予以展示。（倪　娜）

【中共二大代表玻璃群像落成】　9月18日，中共二大会议12名代表玻璃群像经过15位工作人员8个多小时的作业，完成安装，落座于中共二大会址纪念馆一厅。玻璃群像共3组，分别高2.7米，宽近2米，由中国工艺美术大师、高级工艺美术师、台州职业技术学院艺术学院院长、台州工艺美术馆馆长金全才雕琢而成。在一年多的时间里，金全才与中共二大会址纪念馆相关人员参考各种历史资料，对肖像进行反复修改，把握特征重新刻画各个代表人物，并经党史专家、学术顾问多次审核，确定形象。在工艺运用上，出于对安装手法和最终效果考虑，放弃原拟手工单面造像雕刻，通过数字模拟，进行激光仿真内雕，既保留革命历史人物肖像的严肃性，也巧妙利用玻璃雕刻特点，使中共二大代表形象栩栩如生。

（倪　娜）

（本栏目编辑　黄瑞于）

二、静安区人民代表大会

(一)综　述

2011年,静安区人民代表大会常务委员会(简称区人大常委会)在中共静安区委领导下,围绕全区中心工作,围绕社会主义民主政治建设目标,围绕人民群众切身利益问题,按照"紧扣中心、突出重点、注重实效、不断完善"的工作思路,履行法定职责,为建设国际静安,构建和谐家园作出贡献。

年内,召开区人大十四届七次会议,召开10次常委会会议,20次主任会议。常委会作出《关于进一步加强法制宣传教育的决议》,推动开展区"六五"普法宣传教育工作;审议人大区十四届七次会议主席团交付审议议案,决定将议案审议结果报告交区政府办理,对政府办理情况进行监督;对政府2010年、2011年财政支出预算调整情况,政府2010年预算执行和2010年决算情况进行监督,批准政府2010年、2011年财政支出调整,批准政府2010年财政决算;听取和审议《关于静安区建筑市场整治工作情况的报告》《静安区人民政府关于2011年上半年工作情况和下半年工作安排的报告》,对7项政府专项工作开展跟踪监督,听取8项政府有关工作情况汇报,组织14项专题调研。加大对财政资金使用情况监督,促进区域经济科学发展。将加强城区运行安全和生产安全列为年度重点监督内容,从建设工程质量安全、商务楼宇安全、居民楼道安全、中小学校园安全、旧住宅小区安全等5方面开展全面检查,提出意见建议17条,督促政府抓紧整改。促进社会建设和管理,推进养老服务、区域公共卫生、住房保障等工作和公共事业发展。领导区选举委员会开展代表换届选举工作,加强对选举全过程指导、监督,选举产生区第十五届人大代表194人。组织市、区人大代表集中进社区活动,建立和完善代表联系社区工作机制,指导街道代表联络服务机构工作开展,推进人大代表联系社区和人民群众工作常态化。做好群众来信来访处理工作和代表书面意见督办工作,改进完善代表书面意见办理机制,督促政府提高办理质量。年内共受理群众来信来访101件(含全国、市人大信访交办件37件),所有信访件在规定时间内交有关部门办理;年内收到代表书面意见99件,其中转为来信处理的代表意见5件,需区政府有关部门办理的94件。94件代表书面意见办结率100%,解决率75.5%,代表满意率100%。依法任免国家机关工作人员73人次。

(吕　柯)

(二)重要会议和活动

【举行市、区党代表、人大代表集中联系社区活动】 2月13日,静安区开展"创新转型谋发展,服务群众促和谐"——市、区党代表、人大代表集中联系社区党员群众活动。近400名市、区党代表、人大代表深入全区68个居委会及部分商务楼宇联系点,通过召开座谈会、走访慰问、实地察看等形式,就社区党员群众关心的问题听取意见建议。当天共计接待近800名社区党员群众。　(吕　柯)

【召开人大十四届七次会议】 该会议于2月22—24日在上海展览中心举行。区十四届人大代表共195人,出席会议代表170人。会议听取和审议区长张仁良关于静安区人民政府工作的报告;审查和批准静安区国民经济和社会发展第十二个五年规划纲要;听取和审议区财政局关于静安区2010年预算执行情况和2011年预算草案的报告,审查和批准静安区2010年预算执行情况的报告和2011年预算;听取和审议区人大常委会主任姜耀中关于静安区人民代表大会常务委员会工作的报告;听取和审议区人民法院院长江一敏关于静安区人民法院工作的报告;听取和审议区人民检察院检察长罗昌平关于静安区人民检察院工作的报告等。大会收到代表书面意见93件。其中4件转为来信处理,89件交区有关部门办理。10名市民旁听大会。

(吕　柯)

【出席京津沪渝四市八区人大工作交流会第二十五次会议】 6月8—10日,区人大常委会副主任张成洲率区人大常委会代表团出席在天津市召开的京津沪渝四市八区人大工作交流会第二十五次会议,并作《关于建立和完善代表联系群众机制的探索和实践》的交流发言。北京市西城区（宣武区与西城区合并），上海市静安区、徐汇区，重庆市江北区、南岸区，天津市南开区、和平区等7个城区人大常委会代表团35名代表出席会议。（吕　柯）

【召开规范社区（街道）设立人大代表联络服务机构推进会】　该会议于6月23日召开。区委副书记郑健麟提出工作要求，区委常委、组织部部长戴玲珍宣读各社区（街道）人大代表联络室主任任命名单，区人大常委会副主任周文芳就区《关于贯彻市人大〈关于推进和规范本市社区（街道）设立人大代表联络服务机构的实施意见〉的实施办法》作说明。区编办、区人大常委会代表工作室、各社区（街道）党工委负责人、街道代表联络室有关人员参加会议。（吕　柯）

【依法开展区人大代表换届选举】　8月，区人大代表换届选举工作启动。经调查摸底、开展培训、宣传发动、选民登记、提名推荐和协商确定代表候选人、组织正式代表候选人与选民介绍见面等工作。10月21日，公布选民名单。10月26日，公布初步代表候选人名单，全区共产生初步代表候选人569人。11月3日，公布正式代表候选人名单，确定正式代表候选人279人。11月8日，发布选民名单补正公告。11月10日，全区85个选区投票工作开始，投票均一次完成，于当天结束，选出正式代表194人。全区选民总数223688人，参加投票人数209466人，参选率93.6%。各选区共设89个选举大会，投票104404张；设投票站271个，投票75524张；在流动票箱投票29538张；其中委托投票19403张。（吕　柯）

9月22日，选民到第五十选区通安里居委会登记站登记选民信息
（区人大办　供稿）

【钟燕群视察区菜场食品追溯体系建设情况】　（见第35页【钟燕群视察大沽菜市场】）（吕　柯）

2011年区人大常委会会议情况表

会议名称	日期	主要内容
区第十四届人大常委会第三十二次会议	1.13	听取和审议区政府关于调整2010年财政支出预算项目的报告，表决通过关于批准区政府调整2010年财政支出预算的决议；审议通过关于接受董放辞去代表职务请求的决定；审议通过关于公民旁听区人代会及其常委会会议的办法；讨论关于召开区人大十四届七次会议有关事项，决定于2011年2月22日至24日召开区人大十四届七次会议；审议通过常委会有关人事任免事项
区第十四届人大常委会第三十三次会议	1.28	初步审查区政府关于区2010年预算执行情况和2011年预算草案的报告；审议通过区人大常委会和区政府有关人事任免事项；讨论《静安区人民代表大会常务委员会工作报告》（讨论稿）；讨论通过区人大代表视察办法；讨论区人大十四届七次会议有关文件（草案）
区第十四届人大常委会第三十四次会议	3.8	审议通过区人大常委会2011年工作要点；审议通过有关人事任免事项
区第十四届人大常委会第三十五次会议	5.25	听取和审议区政府关于代表书面意见办理情况的报告；听取和审议主任会议关于区人大十四届七次会议主席团交付审议的代表议案审议结果的报告，决定交区政府办理；补选姜平为市十三届人大代表；审议通过区政府和区法院有关人事任免事项
区第十四届人大常委会第三十六次会议	6.16	任命赵永峰、吴文娟为副区长；审议通过区人大常委会关于代表议案的处理办法和区人大常委会议事规则

（续表）

会议名称	日期	主要内容
区第十四届人大常委会第三十七次（扩大）会议	8.2—3	听取和评议区政府2011年上半年工作情况和下半年工作安排报告；听取和审议区政府关于整顿和规范建筑市场的情况报告；听取和审议区2011年上半年预算执行情况报告、区2010年财政决算报告、区2010年预算执行和其他财政收支审计情况报告，批准区2010年财政决算；决定设立区选举委员会；审议通过区检察院有关人事任免事项
区第十四届人大常委会第三十八次会议	9.28	决定将区政府关于提请审议《关于静安区进一步加强法制宣传教育的决议》（草案）的议案交主任会议办理；任命周平为代理区长、副区长，任命周建国为副区长；审议通过区检察院有关人事任命事项
区第十四届人大常委会第三十九次会议	11.21	听取和审议区政府关于调整2011年公共财政预算的报告，批准区政府调整2011年公共财政预算；审议通过区人大常委会关于进一步加强法制宣传教育的决议；审议区政府关于办理区人大十四届七次会议代表议案审议结果报告的情况报告；审议通过区人大常委会代表资格审查委员会关于代表资格的审查报告；审议关于召开区人大十五届一次会议的有关事项，决定于2012年1月5日至9日召开区人大十五届一次会议；决定接受王鹏、周晴华辞去常委会委员和代表职务的请求；审议通过区政府、区法院、区人大常委会有关人事任免事项
区第十四届人大常委会第四十次会议	12.9	讨论通过区人大十五届一次会议有关文件（草案）
区第十四届人大常委会第四十一次会议	12.23	初步审查区政府关于区2011年预算执行情况和2012年预算草案的报告；讨论《静安区人民代表大会常务委员会工作报告》（讨论稿）；讨论通过区人大十五届一次会议有关文件（草案）；审议通过区政府、区检察院有关人事任免事项

（吕　柯）

2011年区选举委员会会议情况表

会议名称	日期	主要内容
区选举委员会第一次会议	8.11	决定区十五届人大代表选举日为11月10日；决定在各社区（街道）设立选举工作组；通过区选举办各职能组组长、副组长名单；通过区十五届人大代表换届选举工作计划
区选举委员会第二次会议	9.7	通报区人大代表换届选举工作开展情况；原则同意代表名额分配初步方案；听取选民登记工作计划汇报
区选举委员会第三次会议	10.10	听取选民登记工作情况汇报、区人大代表换届选举宣传工作情况汇报；审议通过区人大代表换届选举代表名额分配和选区划分方案
区选举委员会第四次会议	10.20	听取并审议通过关于选民登记和资格审查有关情况报告
区选举委员会第五次会议	11.2	听取、协商、推荐区十五届人大正式代表候选人情况说明，审议通过正式代表候选人名单；听取投票选举准备工作情况汇报、区人大代表换届选举宣传工作情况汇报
区选举委员会第六次会议	11.11	听取区十五届人大代表换届选举投票情况及结果报告，确认选举结果有效

（吕　柯）

2011年区人大常委会主任姜耀中调研视察情况表

日期	调研视察内容
3.29	到区质量技术监督局调研，听取区质量技术监督重点工作情况汇报，并视察区能耗监测信息中心运作情况
4.7	到石门二路社区（街道）调研社区安全工作，实地查看石门二路社区（街道）东王居民区和康乐大楼楼道清理整治情况
4.14	到区物价局调研物价工作情况
4.21	到江宁路社区（街道）调研社区安全工作，实地查看江宁路社区（街道）昌平路133弄两级旧里消防安全和康定大厦楼道清理整治情况
5.10—13	率区代表团赴四川省都江堰市石羊镇、乐山市，考察灾后重建情况，检查验收静安区援建石羊镇项目情况
6.30	到区建交委专题调研区建筑市场整治工作情况

（续表）

日期	调研视察内容
10.21	到区各张榜点视察选民名单公布情况
10.26	到区各张榜点视察初步代表候选人名单公布情况
11.3	到区各张榜点视察正式代表候选人名单公布情况
11.10	视察区部分投票站和选举大会投票情况

（吕　柯）

（三）监督工作

【开展城区运行安全和生产安全专项监督】 2—7月，区人大常委会成立城区运行安全和生产安全专项监督工作领导小组，下设5个专项监督工作小组，组织区人大代表300余人次，从建设工程质量安全、商务楼宇安全、居民楼道安全、中小学校园安全、旧住宅小区安全等五方面开展专项监督。监督检查工作与市人大开展的城市运行安全和生产安全大监督大检查联动相结合，人大重点督查与政府全面自查相结合。（吕　柯）

【监督区整顿和规范建筑市场工作】 6—8月，区人大常委会组织调研组对区整顿和规范建筑市场工作情况进行集中调研。调研组3次组织听取区建交委关于整顿和规范建筑市场工作情况汇报；2次召集政府相关部门座谈会和建设、施工、监理单位座谈会，了解情况，听取意见和建议。结合市人大关于市、区联动开展建设工程质量安全专项监督要求，对区建设工程质量安全情况开展调研，组织到区内两个大型工地实地检查，听取管理部门情况汇报，查看施工现场管理情况，召开工地建设和管理方座谈会。调研组成员还开展个别调研，撰写调研报告。区十四届人大常委会第三十七次会议听取和审议相关情况报告，针对现行法规制度不完善、监管体制存在缺陷、建筑市场诚信体系建设有待加强、监理制度落实和施工现场管理方面存在漏洞等问题，提出充分认识建筑市场整顿的艰巨性、复杂性和长期性，建立健全以工程质量安全为核心的长效管理机制，探索建立多元化社会监督体系等审议意见。（吕　柯）

【监督区政府上半年工作】 8月2—3日，区十四届人大常委会第三十七次（扩大）会议听取和评议区政府关于2011年上半年工作情况和下半年工作安排的报告，针对区政府工作存在的问题和薄弱环节，提出关于经济发展、公共安全和社会管理、民生改善、社会各项事业发展、政府建设和公共服务等方面的意见和建议。（吕　柯）

（四）代表工作

【静安代表团出席市十三届人大四次会议】 1月15—21日，由静安区选举产生的市人大代表组成的静安代表团，出席在世博会议中心召开的上海市人民代表大会第十三届第四次会议，参加会议各项议程的审议、选举和表决。市领导俞正声、刘云耕、江勤宏、杨雄等参加静安代表团的审议。区人大常委会主任姜耀中、区长张仁良等作为代表参加审议。（吕　柯）

【举行区情通报会】 该通报会于1月19日在静工集团会场举行，邀请区发展改革委为人大代表解读区"十二五"规划纲要（草案）。区人大常委会副主任张成洲主持会议。区委常委、副区长方世忠，区人大常委会领导、部分区人大代表和区人大机关工作人员90余人出席通报会。（吕　柯）

【区人大代表座谈静安智慧城市建设】 3月23日，区人大常委会教科文卫工委、代表工作室、区科委联合召开静安智慧城市建设专题座谈会。11位与会区人大代表结合区情实际，就如何围绕市委、市政府建设智慧城市的目标要求，建设智慧城市和智慧商务港建言献策。（吕　柯）

【补选市十三届人大代表】 5月25日，区十四届人大常委会第三十五次会议经无记名投票等额选举，补选姜平为市十三届人大代表。补选结果由市人大常委会确认。（吕　柯）

【市十三届人大常委会第二十八次会议（扩大）静安代表组分组讨论】 该会议于7月27日在区民政局会场召开，近20位由静安区选举产生的市十三届人大代表集中评议市政府2011年上半年工作情况。区委书记龚德庆、区人大常委会主任姜耀中出席，部分全国人大代表列席。（吕　柯）

【举行区十五届人大部分代表座谈会】 11月30日、12月7—8日，区人大常委会分别举行区十五届人大部分新当选代表和连任代表座谈会，听取代表对做好新一届区人大工作、特别是代表工作的意见建议。区人大常委会主任姜耀中、党组书记李葳萍等出席。（吕　柯）

【举行区十五届人大代表初任培训暨经验交流会】 12月13日，静安区第十五届人大代表初任培训暨经验交流会在市旅游培训中心举行。会议邀请市人大常委会人事代表工委副主任张贤训作代表履职专题讲座。3位连任代表介绍履职经验，新当选代表表达履职热情和责任意识。区人大常委会主任姜耀中出席会议并讲话，区人大常委会党组书记李葳萍主

持会议。（吕　柯）

【静安代表组举行市十三届人大第五次会议会前组团活动】 12月14日，市十三届人大五次会议静安代表组在区政府机关会务中心进行会前组团活动，讨论市政府工作报告（征求意见稿），推选静安代表团团长、副团长、小组召集人，讨论市人大常委会工作报告（征求意见稿）、大会议程、选举主席团和秘书长办法、主席团和秘书长候选人名单等草案，初步酝酿市人代会期间拟提出的代表议案和书面意见。（吕　柯）

（五）人事任免

【概况】 2011年，实有区第十四届人大常委会组成人员24人。区人大常委会共任免静安区国家机关工作人员73人次。其中，任免区政府组成人员34人次；任免区人大常委会人员20人次；任免区法院工作人员8人次；任免区检察院工作人员11人次。许可刑事拘留区十四届人大代表1人。接受3人辞去区十四届人大代表职务请求，代表资格终止。（吕　柯）

2011年区人大常委会任免国家机关主要工作人员情况表

任免时间	任免会议名称	任免人员及职务
1.13	区十四届人大常委会第三十二次会议	任命盛正良为静安区人大常委会代表工作室副主任
1.28	区十四届人大常委会第三十三次会议	免去高伟忠静安区建设和交通委员会主任的职务
1.28	区十四届人大常委会第三十三次会议	任命李晨昊为静安区建设和交通委员会主任
1.28	区十四届人大常委会第三十三次会议	任命张君祥、喻亮为静安区人大常委会城市建设环境保护工作委员会委员
1.28	区十四届人大常委会第三十三次会议	任命卫薇、王瑾、许建文、汪佩为静安区人大常委会华侨民族宗教工作委员会委员
3.8	区十四届人大常委会第三十四次会议	免去王戬静安区人民检察院副检察长的职务
5.25	区十四届人大常委会第三十五次会议	免去赵达静安区人力资源和社会保障局局长的职务
5.25	区十四届人大常委会第三十五次会议	任命罗海鸣为静安区人民法院审判员
6.16	区十四届人大常委会第三十六次会议	任命赵永峰、吴文娟为静安区人民政府副区长
8.3	区十四届人大常委会第三十七次会议	任命浦雪章、高延安、史硕洪为静安区人民检察院检察委员会委员
8.3	区十四届人大常委会第三十七次会议	免去谢军静安区人民检察院检察委员会委员、检察员的职务
8.3	区十四届人大常委会第三十七次会议	免去董学华静安区人民检察院检察员的职务
9.28	区十四届人大常委会第三十八次会议	任命周平为静安区人民政府代理区长、副区长
9.28	区十四届人大常委会第三十八次会议	任命周建国为静安区人民政府副区长
9.28	区十四届人大常委会第三十八次会议	任命耿伟为静安区人民检察院检察员
11.21	区十四届人大常委会第三十九次会议	接受王鹏辞去静安区第十四届人大常委会委员、静安区第十四届人民代表大会代表职务的请求
11.21	区十四届人大常委会第三十九次会议	接受周晴华辞去静安区第十四届人大常委会委员、静安区第十四届人民代表大会代表职务的请求
11.21	区十四届人大常委会第三十九次会议	任命夏以群、巢克俭为静安区人民政府副区长
11.21	区十四届人大常委会第三十九次会议	免去朱成钢、陈静薇静安区人民政府副区长的职务
11.21	区十四届人大常委会第三十九次会议	任命董海明为静安区人民政府办公室主任
11.21	区十四届人大常委会第三十九次会议	任命陈嘉祺为静安区商务委员会主任，免去其静安区财政局局长的职务
11.21	区十四届人大常委会第三十九次会议	任命周晴华为静安区科学技术委员会主任
11.21	区十四届人大常委会第三十九次会议	任命张愉为静安区人口和计划生育委员会主任

（续表）

任免时间	任免会议名称	任免人员及职务
11.21	区十四届人大常委会第三十九次会议	任命周建国为上海市公安局静安分局局长
11.21	区十四届人大常委会第三十九次会议	任命吴丽萍为静安区人力资源和社会保障局局长
11.21	区十四届人大常委会第三十九次会议	任命杨志健为静安区财政局局长，免去其静安区住房保障和房屋管理局局长的职务
11.21	区十四届人大常委会第三十九次会议	任命徐蕙良为静安区规划和土地管理局局长
11.21	区十四届人大常委会第三十九次会议	任命李震为静安区住房保障和房屋管理局局长，免去其静安区规划和土地管理局局长的职务
11.21	区十四届人大常委会第三十九次会议	任命陈凌为静安区安全生产监督管理局局长
11.21	区十四届人大常委会第三十九次会议	任命戴俊为静安区金融和投资服务办公室主任
11.21	区十四届人大常委会第三十九次会议	免去崔正明静安区人民政府办公室主任的职务
11.21	区十四届人大常委会第三十九次会议	免去叶坚华静安区商务委员会主任的职务
11.21	区十四届人大常委会第三十九次会议	免去严俊瑛静安区科学技术委员会主任的职务
11.21	区十四届人大常委会第三十九次会议	免去季军静安区人口和计划生育委员会主任的职务
11.21	区十四届人大常委会第三十九次会议	免去薛小明上海市公安局静安分局局长的职务
11.21	区十四届人大常委会第三十九次会议	免去童建民静安区安全生产监督管理局局长的职务
11.21	区十四届人大常委会第三十九次会议	免去董珞静安区金融和专业服务业办公室主任的职务
11.21	区十四届人大常委会第三十九次会议	任命王凌蔚、严亚璐、杨丽丽、吴晓祥、何思捷、沈联、张晴莎为静安区人民法院审判员
11.21	区十四届人大常委会第三十九次会议	任命王敏为静安区人大常委会办公室主任、代表工作室主任、人事工作委员会副主任
11.21	区十四届人大常委会第三十九次会议	任命王振忠为静安区人大常委会城市建设环境保护工作委员会副主任
11.21	区十四届人大常委会第三十九次会议	任命郭慧峰为静安区人大常委会教育科学文化卫生工作委员会副主任、华侨民族宗教工作委员会副主任
11.21	区十四届人大常委会第三十九次会议	任命于沁为静安区人大常委会人事工作委员会副主任
11.21	区十四届人大常委会第三十九次会议	任命杨初为静安区人大常委会办公室副主任
11.21	区十四届人大常委会第三十九次会议	免去孙明丽静安区人大常委会办公室主任、代表工作室主任、人事工作委员会副主任的职务
11.21	区十四届人大常委会第三十九次会议	免去宋卫东静安区人大常委会城市建设环境保护工作委员会主任的职务
11.21	区十四届人大常委会第三十九次会议	免去吴杰静安区人大常委会教育科学文化卫生工作委员会主任、华侨民族宗教工作委员会主任的职务
11.21	区十四届人大常委会第三十九次会议	免去曹卫东静安区人大常委会人事工作委员会主任的职务
11.21	区十四届人大常委会第三十九次会议	免去陈海东静安区人大常委会办公室副主任的职务
11.21	区十四届人大常委会第三十九次会议	免去朱伟强静安区人大常委会办公室副主任的职务
12.23	区十四届人大常委会第四十一次会议	免去方世忠静安区人民政府副区长的职务
12.23	区十四届人大常委会第四十一次会议	任命陆建国、黄汉勇、张杰、徐犇为静安区人民检察院检察员

（吕　柯）

（本栏目编辑　黄瑞于）

三、静安区人民政府

（一）综　述

2011年，静安区政府一手抓“11·15”特别重大火灾事故善后处置工作，一手抓经济社会发展，保持区域经济社会平稳较快发展。全年完成税收总收入219.1亿元，比上年增长12%；完成区级财政收入74.8亿元，比上年增长13.9%；完成社会消费品零售总额262.6亿元，比上年增长10.8%；海关进出口总额25.5亿美元，比上年增长17.3%；外商直接投资资金到位额4.2亿美元；全年固定资产投资43.1亿元。新增就业岗位31081个，全区登记失业人数控制在市政府考核指标7330人以内；万元增加值能耗继续保持全市区（县）最低。

区域经济实现平稳较快发展。以静安南京西路为重点的商业业态调整成效明显，高端消费市场发展势头良好。推进中创大厦、新时代大厦等商铺调整工作，石门路商圈年轻时尚氛围日渐浓厚。商贸流通业缴纳税金72.1亿元，比上年增长30.4%。发挥区域综合优势、加强政策配套，引进一批知名基金管理公司和股权投资企业，静安区成为全市首批获准实施外资PE试点区县之一，金融业实现税收28.4亿元，与上年基本持平。专业服务业实现税收42.8亿元，比上年增长26.5%。文化创意产业实现税收26.6亿元，比上年增长28.2%。五大重点产业实现税收208.2亿元，占全区税收比重95.7%，比上年上升61%。楼宇经济保持平稳发展。引进长濑、日立化成等2家跨国公司地区总部及一批现代服务业企业和知名品牌，协助埃腾咨询等5家外资代表处翻牌成立公司。区内税收过亿元的楼宇达19幢，“月亿楼”达4幢，其中恒隆广场税收达29.9亿元，比上年增长31.5%。根据《静安区委、区政府关于进一步调整完善区国资国企管理体制的实施意见》，加大国资国企重组改革、国企资源优化配置工作力度，调整完善国资国企监管体制，先后开展锦迪公司划归置业集团、运输公司划归静工集团管理以及地产集团、配套公司、康定房产公司资产整合工作。推进社会事业领域经营性国资委托监管工作，理顺政府和企业关系，区属国企内部管理规范化、制度化建设得到加强，市场激励约束机制初步建立。推动政务资源环境、公共服务配套和商务环境建设，优化发展软环境。挂牌成立区中小企业服务中心，鼓励区内“专精特新”中小企业创新发展。推进“白领驿家”“白领午餐”“白领学堂”等项目建设，提升服务水平。举办2011壹戏剧大赏、市民剧场等活动，赖声川“表演工作坊上海中心”、詹瑞文工作室入驻静安区，现代戏剧谷品牌影响力和资源整合力扩大。开展静安国际购物嘉年华·金秋都市游、福布斯·静安南京路论坛等品牌活动，提升城区时尚魅力。加强信息基础设施和重点应用项目建设，推进“智慧城区”建设。制订实施区专业街建设管理办法，威海路传媒街等6条专业街的配套服务功能得到增强。完善节能减排工作机制，推进低碳商业商务实践区建设。持续查处售假侵权和无证无照经营行为，区域诚信环境和市场秩序得到维护。

提高人民群众生活水平。“11·15”特别重大火灾事故善后处置工作依法有序推进，督促事故责任单位，依法合规制订人身赔偿、室内物品财产赔偿和房屋赔偿等方案，公平公正地推动善后理赔工作。民生保障工作得到加强。实施积极就业政策，完善促进就业社会责任体系，多渠道扩大和促进就业，全区登记失业人数为6762人，控制在7330人以内。贯彻《劳动合同法》，加强劳动关系协调，区域劳动关系保持和谐稳定。市、区共建现代民政示范项目实践区建设推进平稳。实施《关于“支出型贫困”家庭综合评估和帮扶补贴的试点办法》（试行），“支出型贫困”评估机制逐步完善，健全综合帮扶体系。完善对老年人日间服务中心和“乐龄家园”助老服务站的第三方评估机制，提升为老服务规范化、科学化水平。完成助残等实事项目。社区商业网点布局得到优化，绿叶菜产销对接和保供稳价工作得到落实，旧住宅小区物业一体化管理得到深化。三林基地8幢经济适用住房实现结构封顶，申请供应工作开展有序；按照廉租对象应保尽保的目标，扩大廉租住房受益面；成立区公共租赁住房运营管理机构，推进万航渡路767弄56号、区105地块公共租赁住房建设项目，住房保障体系得到完善。各项社会事业均衡发展。制订《静安区增强科技创新能力行动纲要(2011—2015年)》及配套措施,强化对专项资金使用管理,优化区域科技创新环境。推进市西中学改扩建、中小学校舍安全工程,深化教育教学改革,开展学生健康运动处方等素质教育实施项目,完善以社区教育为重点的终身教育体系。推进"十分钟公共文化圈"建设,健全公共文化服务网络。围绕中国共产党成立九十周年等主题,举办群众文化活动。推进健康城区建设和区域医疗联合体建设,通过国家卫生区复审,区创建为国家慢性非传染性疾病综合防控示范区,石门二路社区卫生服务中心创建为全国示范性社区卫生服务中心。为全区0~6岁儿童免费提供定期健康体检。推进全民健身,组织国际空手道交流赛、"东丽杯"国际马拉松赛和第十一届区运会等赛事,完成上海世游赛保障任务。按期完成区第六次全国人口普查工作。开展社会管理创新,按照"归口管理、明晰职责,扁平运作、高效行政"原则,以项目化为载体,完善条块协作机制,强化街道统筹协调功能,推进街道岗位标准化、规范化建设,初步形成"执法管理条管块督、公共服务块办条助"工作格局。创新行政执法方式,推进城市环境、市场秩序和公共安全等领域行政执法联动。加强居民区自治家园建设,实现居民区培训工作全覆盖。以基层社会公共安全管理为切入点,以社会管理主体共治化、运行扁平化、服务精细化、防控网格化为目标,推进全区22个社会管理创新综合试点建设项目和60个子项目。构建覆盖全区的不稳定因素排查预警网络,把矛盾解决在萌芽状态。加强人民调解员队伍建设,发挥人民调解在社区大调解格局中的基础性作用,完善"一个平台(司法所)、三种调解(人民调解、行政调解、司法调解)、六位一体(民警、法官、检察官、律师、司法助理员、人民调解员)"的大调解工作格局。

提升城区形象和功能。开展建筑市场整顿,按照市《关于进一步规范本市建筑市场加强建设工程质量安全管理的若干意见》精神,制订贯彻落实的27条实施办法和建设工程社会监督、规划许可等14项监管细则,建立健全社会监督网络体系,推动建筑市场监管全覆盖。按照全市统一部署,聚焦各类建设工程、建筑企业,开展区域建筑市场整治,消除各类安全隐患,全区建筑市场整体保持安全有序。探索推行政府投资项目代建管理模式,提升建筑市场管理规范化和专业化水平。以实施新一轮平安建设实事项目为抓手,以提升公众安全感为目标,开展平安建设,社会治安防控体系得到健全。加强对公共安全各领域日常执法监督和监管,完善对各类突发公共安全事件的预防预警和应急处置机制,夯实城区公共安全基础。修订完善区安全生产委员会工作制度,把安全生产工作纳入部门绩效考核和公务员考核,实行"一票否决"制。全面排查和整治影响城区运行安全的薄弱环节,持续开展安全生产大检查、大整顿,加大对建筑工地、地下空间和老式居民住宅、高层建筑等重点场所、重点领域、重点行业隐患排查整治力度,对列入区级挂牌督办的10项重大建设工程和重点安全隐患加强治理。结合区政府1号实事项目的实施,建立区消防安全委员会,推进社会消防安全"防火墙"工程建设,对全区所有市政消火栓和高层居住楼消防设施实施专项检测维修。加大食品药品安全监管力度,落实工作责任,强化源头管理,区域食品安全环境得到维护。加强地下空间综合管理,开展地下空间安全使用专项整治。完善市政市容管理机制,加强对城市管理顽症专项整治,巩固"市容综合管理示范街道"创建成果,建立市容巡查督促平台,城区市容环境保持常态优良,在全市市容环境卫生状况社会公众满意度测评中获得第一。开展餐厨垃圾规范化管理和收运工作,扩大垃圾分类收集试点区域,推进生活垃圾减量化。推进重大项目建设,大中里地块、嘉里中心二期、世纪盛荟广场等项目稳步推进,区49号地块建设启动,协和二期(北块)、静安寺交通枢纽综合项目实现结构封顶,一七八八国际大厦竣工验收,轨道交通12号、13号线"两站一通道"建设项目启动。坚持"拆、改、留、建、管"并举,推进旧区改造工作。推进市政基础设施建设,规范区级城市维护项目管理,常德路(昌平路—安远路)架空线入地工程、山海关路(大田路—成都北路)道路拓宽工程以及武定路、安远路道路重点养护工程按期完成,万航泵站系统4条道路下水道实现更新,实施武定路、安远路道路养护工程和铜仁路地下人行道改造。

提高政府服务水平和行政效能。落实依法行政。深刻吸取火灾事故教训,对涉及资金量大、流程复杂、监管任务重的政府投资项目管理和政府采购程序等6项工作进行梳理,制订出台《静安区政府财力建设项目代建制管理试行办法》《静安区政府财力建设项目管理暂行办法》等,为严格落实依法行政提供依据。制订出台《静安区科技创新专项资金管理办法》等多项资金管理办法,规范财政性资金使用。修订并重新发布《上海市静安区重大行政决策听证程序暂行办法》,健全重大行政决策听证制度,推动社会各界有序参与政府决策。加强对重大决策结果的跟踪反馈和责任追究,提升科学决策、民主决策、依法决策能力和水平。修改并重新公布《上海市静安区行政规范性文件制定和备案实施办法》,健全全区规范性文件制定规则。以部门预算公开和专项资金信息公开为重点,推进财政性资金信息公开,区24个部门的年度财政预算向社会公开,提高行政透明度。自觉接受区人大的法律监督、工作监督及区政协的民主监督。推进政府职能转变。落实市与区县财税管理体制改革,从紧从优安排预算,优化财政支出结构,加大对公共安全管理、社会事业、民生保障、公共服务等方面财政投入力度,增强政府公共服务职能。推进并联审批改革,深化区企业服务中心建设。加大对重点领域、重点部门、重点资金、重点项目审计监督力度,推进审计结果公开。开展清理和规范行政事业性收费,增强政府服务的公共性。完善社会组织管理模式,加大社会组织培育和政府购买服务力度,引导和扶持社会组织更好地参与社会建设和社会管理,社会组织建设与发展工作得到加强。推进政府采购规范化建设,完善政府采购管理,推广应用市政府采购信息管理平台(一期)。推进区"十二五"专项规划编制工作,共完成48个专项规划,区"十二五"规划体系基本形成。加强公务员队伍建设,加大教育培训力度,完善考核激励机制,提升公务员队伍综合素质和工作能力,推进公务员职业道德培训和作风建设。开展清理和规范庆典、研讨会、论坛等活动,围绕工程建设、礼品礼金、公务用车、"小金库"等开展专项治理工作,惩治和预防腐败。（张　峰）

(二)重要会议和活动

【召开2011年第一次区长学习会】 该会议于1月6日召开。会议由区委副书记、区长张仁良主持,区政府领导班子成员出席。学习会上,市安监局正局级巡视员吴春源围绕"加强公共安全体系建设,提高城市公共安全管理能力"主题作专题辅导报告。会议要求区各部门、单位统一思想、提高认识,深刻总结事故教训,全面加强城市运行安全和生产安全,深入细致做好岁末年初工作,推进经济社会发展各项工作。（张　峰）

【召开区安全生产工作专题会】 该会议于1月19日召开。区委副书记、区长张仁良,副区长陈静薇出席。会议要求区相关部门和单位必须切实增强做好安全生产工作的责任感、紧迫感和使命感,迅速贯彻落实全国安全生产电视电话会议精神,开展火灾事故反思和整改工作,夯实基层基础,强化责任落实,严格安全监管,坚决遏制各类安全生产事故发生,全力确保春节和"两会"期间全区安全和谐稳定。（张　峰）

【召开区推进安全生产工作专题会】 该会议于3月3日召开。区委副书记、区长张仁良,副区长陈静薇出席。会议要求牢固树立以人为本、安全发展的理念,建立健全安全生产工作体制机制,加强安全生产监管体系建设,推进当前安全生产各项工作,有效防范和坚决遏制重特大事故发生。（张　峰）

【召开2011年区促进就业领导小组会议】 该会议于3月4日召开。区委副书记、区长张仁良,区委常委、副区长方世忠出席。会议回顾总结2010年区促进就业工作,研究部署2011年工作,审议并原则通过《静安区完善稳定和扩大就业政策的若干意见》。会议要求区促进就业领导小组各成员单位本着认真负责的工作态度,增强大局意识,创新完善工作措施,在更高层次上研究解决就业问题,让居民群众更好地改善生活,促进全区社会和谐稳定。（张　峰）

【召开区行政审批制度改革工作会议】 该会议于3月5日召开。会议要求贯彻落实上海市行政审批改革工作电视电话会议精神,按照市政府统一部署,提高认识、服务大局,增强工作责任感和紧迫感,全力推进、加强监督,确保区行政审批改革各项工作取得实效。（张　峰）

【召开区绿化委员会2011年全体委员(扩大)会议】 该会议于3月10日召开。区委副书记、区长张仁良,区委常委、副区长徐孙庆出席。会议要求区绿化委员会全体成员单位围绕国际静安发展定位,坚持"小、高、巧、精"特色,在规范化、精细化、景观化上下功夫,全员参与、共建共享,确保区绿化景观常态优良。（张　峰）

【召开区双拥工作领导小组会议】 该会议于3月10日召开。区委副书记、区长张仁良,区委常委、人武部部长骆克江,区委常委、宣传部部长杭春芳出席。会议要求各相关部门和单位进一步提高对双拥工作重要性的认识,齐心协力、全力以赴争创全国双拥模范城"三连冠",在高起点上谋划好新一轮双拥创建工作。（张　峰）

【召开2011年度区人大代表书面意见和政协提案办理工作会议】 该会议于3月18日召开。区长张仁良、区人大常委会副主任张成洲、副区长陈静薇、区政协副主席罗华荣出席。会议要求各相关部门、单位认识做好意见、提案办理工作重要意义,加强组织领导,强化责任落实,注重工作实效,提高意见、提案的办结率、满意率和解决率。（张　峰）

【召开2011年区安全生产、消防安全工作会议】 该会议于3月30日召开。区委副书记、区长、区安委会主任张仁良,副区长、区安委会副主任陆晓栋和陈静薇出席。会议要求全区各部门、单位认清做好安全生产工作的极端重要性,增强责任心和紧迫感,以更大的决心、更高的标准、更扎实的工作,将安全生产工作各项任务和措施落到实处,确保全区安全生产形势平稳可控。（张　峰）

【召开区深化完善"十二五"专项规划工作会议】 该会议于4月14日召开。区委副书记、区长张仁良,区委常委、副区长方世忠出席。会议要求区各有关部门、街道提高思想认识,强化工作措施,细化工作目标,落实工作任务,高标准、高质量地完成"十二五"专项规划深化完善工作任务。（张　峰）

【召开2011年区节能减排工作推进会】 该会议于4月29日召开。区委副书记、区长张仁良,区委常委、副区长方世忠、区人大常委会副主任张成洲出席。会议要求各相关部门、单位认清节能减排工作面临的严峻形势,咬定目标、突出重点,全力以赴、攻坚克难,确保全年节能减排工作开好局、起好步,为打造低碳商业商务实践区、加快国际静安建设作出新贡献。（张　峰）

【召开2011年第二次区长学习会】 该会议于5月5日召开。区政府领导班子成员出席,会议由区委副书记、区长张仁良主持。学习会上,市建交委主任黄融作"整顿规范建筑市场,加强工程建设质量安全管理"专题讲座。会议要求各部门、单位明确责任、强化落实,把市、区相关政策的执行情况作为专项整治和检查的重点、作

为部门考核的重要依据,确保各项政策措施得到落实,营造安全有序的区域建筑市场环境,保障城区运行安全和生产安全。（张　峰）

【召开区行政执法联动联席会议】 该会议于6月30日召开。区委常委、副区长方世忠出席。会议要求区行政执法联动联席会议各成员单位和有关部门要把行政执法联动工作放在创新社会管理机制的大格局中推进,在执法机制、执法措施上共创,在执法资源、执法信息上共享,在执法线索、执法事项上互联,在执法过程、执法结果上互通,提升行政执法工作效率和水平。（张　峰）

【召开2011年区安全生产委员会第二次全体会议】 该会议于8月4日召开。区委常委、副区长方世忠,区人大常委会副主任金先,副区长陆晓栋、吴文娟以及区政协副主席罗华荣出席。会议要求全区各部门、各单位认清城市运行安全和生产安全工作的极端重要性和现实紧迫性,加强重点安全隐患的排查整治,狠抓落实各项安全生产工作制度和要求,促进全区安全生产形势平稳可控。（张　峰）

【召开区行政审批制度改革工作推进会】 该会议于8月15日召开。区委常委、区纪委书记韩强,区委常委、副区长方世忠出席。会议要求各部门、各单位增强做好审改工作的责任感和紧迫感,突出工作重点,狠抓工作落实,加强审改工作的顶层设计和流程再造,推进审改工作的信息共享和资源整合,确保年度审改工作各项任务保质保量完成。（张　峰）

【召开智慧城市建设工作领导小组(扩大)会议】 该会议于9月15日召开。区委常委、副区长方世忠与副区长朱成钢出席。会议要求各部门、各单位认清静安区建设智慧城区的重要意义,注重顶层设计和资源整合,加大重点项目推进力度、智慧城区的宣传力度和部门工作的协同力度,全面提高城区信息化水平。（张　峰）

【召开2011年区安委会第三次全体会议、区消防委第一次全体会议暨信访维稳工作专题会议】 该会议于9月27日召开。区委副书记、区政府党组书记周平,区人大常委会副主任金先,副区长吴文娟,区政协副主席罗华荣出席。会议要求全区各相关部门和单位以落实"三个文件"为契机、以强化"三个委员会"建设为抓手、以推进全区十项重点督办工程和隐患治理工作为重点,增强确保城区运行安全和生产安全的责任感与紧迫感,确保城区运行安全和社会面安全稳定。（张　峰）

【召开区社会事业工作专题会】 该会议于10月28日召开。区委副书记、代理区长周平,副区长朱成钢出席。会议要求区社会事业各部门以满足居民群众实际需求为目标,发扬优良传统,开拓创新,加强人才队伍建设,提升服务能级,推进全区社会事业各项工作取得新的进步。（张　峰）

【召开2011年区旧区改造工作冲刺动员会】 该会议于11月17日召开。区委副书记、代理区长周平,区委常委、副区长赵永峰出席。会议要求全区各相关部门和单位要围绕"奋战两个月,会战200户"的目标任务,统一思想、振奋精神,增强推进旧改工作的使命感和责任感,按照"阳光公开、依法合规"要求,加强条条联合、条块结合,形成全区推进旧改工作的合力,确保完成全年旧改工作目标。（张　峰）

【召开区加强消防安全工作专题会议】 该会议于12月16日召开。区委副书记、代理区长周平,副区长吴文娟出席。会议要求区各相关部门和单位提高做好消防安全工作的责任感和紧迫感,加大宣传力度,开展消防安全大排查、大整治,完善消防应急救援体系,以高度的政治意识、大局意识和责任意识,抓好消防安全各项措施落实,保障居民群众生命财产安全。（张　峰）

2011年静安区人民政府常务会议情况表

时间	会议名称	主要内容
1.6	区政府第117次常务会议	(1)听取区安委办关于加强元旦春节期间安全生产工作和2011年安全生产工作要点的汇报。(2)听取区政府办公室关于2011年度区政府实事项目预选征集情况的汇报。(3)听取区民政局关于做好2011年静安区元旦春节期间帮困送温暖工作的汇报
1.11	区政府第118次常务会议	(1)听取区建交委关于静安区103号街坊旧改第二轮征询工作进展的汇报。(2)听取区信息委关于常德路机房安全性有关情况的汇报。(3)听取区政府办公室关于中共静安区人民政府党组2010年工作报告起草情况的汇报
1.18	区政府第119次常务会议	(1)听取区体育局关于安排市一线运动队射击项目与静安区联办的工作汇报。(2)听取区体育局关于筹备举办静安区第十一届运动会的工作汇报。(3)听取区政府办公室关于《区政府工作报告》起草情况的汇报
2.15	区政府第121次常务会议	(1)听取区发展改革委关于2011年度静安区政府投资项目计划安排的汇报。(2)听取静工集团关于拟承办"2011上海时装周"活动的汇报。(3)听取区政府办公室关于静安区人民政府2011年工作要点起草和重点工作编排情况的汇报

(续表一)

时间	会议名称	主要内容
3.2	区政府第122次常务会议	(1)听取区建交委关于制定《贯彻落实〈关于进一步规范本市建筑市场加强建设工程质量安全管理的若干意见〉实施办法》的汇报。(2)听取区审计局关于上海市审计工作会议精神和贯彻落实情况的汇报。(3)听取区政府办公室关于成立静安区文化创意产业推进领导小组建议的汇报。(4)听取区商务委关于"2011第三届顶级品牌高峰论坛"方案的汇报。(5)听取区财政局关于规范和完善区财政扶持政策的汇报。(6)听取区民政局关于上海市双拥模范区县考评及区迎考准备工作的汇报
3.8	区政府第123次常务会议	(1)听取区政府办公室关于2011年度需区政府承办的人大代表书面意见和政协提案汇总情况的汇报。(2)听取区住房保障中心关于区经济适用房实质性启动有关工作情况的汇报。(3)听取区住房保障中心关于静安区公共租赁房工作情况的汇报。(4)听取区环保局关于2010年创建绿色环保单位工作的汇报。(5)听取税务静安分局关于成立区房产税试点工作小组相关工作的汇报。(6)听取区商务委关于上海市商务工作会议主要精神及召开区商务工作会议的汇报。(7)听取区财政局关于上海市财税工作会议精神和贯彻落实情况的汇报
3.16	区政府第124次常务会议	(1)听取区房管局关于进一步推进静安区旧住宅小区物业一体化管理工作的实施意见的汇报。(2)听取区人保局关于静安区完善稳定和扩大就业政策的若干意见的汇报。(3)听取区绿化市容局关于上海市静安区市政市容监控管理平台构架设想的情况汇报。(4)听取区节能办关于2011年节能减排重点工作实施方案的汇报
3.22	区政府第125次常务会议	(1)听取区发展改革委关于静安区政府投资项目管理办法的汇报。(2)听取区科技创新领导小组办公室(简称区科创办)关于修改《静安区科技创新专项资金管理办法》的情况汇报。(3)听取区司法局关于申报2006—2010年上海市法制宣传教育工作先进集体和先进个人的情况汇报。(4)听取区民政局关于贯彻落实"2011年上海市民政工作会议"精神的汇报。(5)听取区财政局关于进一步完善财政资金拨付管理的情况汇报。(6)听取区安委办关于进一步加强静安区安全生产、消防安全工作的汇报
3.29	区政府第126次常务会议	(1)听取区建交委关于67号街坊旧改推进情况的报告。(2)听取区财政局关于进一步完善政府采购程序的情况汇报。(3)听取区府外事办关于推荐申报2011年度上海市荣誉市民和白玉兰纪念奖候选人的情况汇报。(4)听取区体育局关于安排市一线运动队射击项目与区联办工作的汇报
4.12	区政府第127次常务会议	(1)听取区人口计生委关于贯彻落实上海市2011年人口和计划生育工作会议精神的汇报。(2)听取区公安消防支队关于2011年静安区政府1号实事项目实施方案的汇报
4.21	区政府第128次常务会议	(1)听取区发展改革委关于静安区2011年1季度经济运行分析情况的汇报。(2)听取区发展改革委关于2011年静安区节能减排重点工作安排的汇报。(3)听取区社建办关于静安区社会组织服务中心建设的工作汇报。(4)听取区商务委关于申请对部分外资项目审批授权的情况汇报
4.26	区政府第129次常务会议	(1)听取区房管局关于区三林经适房基地建设情况的汇报。(2)听取区住房保障中心关于静安区公租房运营机构组建方案的汇报
5.3	区政府第130次常务会议	听取区安委办关于静安区安全生产委员会工作制度的汇报
5.10	区政府第131次常务会议	(1)听取区节能办关于2011年1季度节能减排情况分析和区节能专项资金管理办法的汇报。(2)听取区重大办关于加强60号地块地下空间安全建设的汇报。(3)听取区专业街建设管理联席会议办公室关于《区专业街建设管理暂行办法》的汇报。(4)听取区政府办公室关于政府信息公开和门户网站工作情况的汇报。(5)听取区民政局关于推荐市双拥模范(先进)单位和个人的工作汇报
5.17	区政府第132次常务会议	(1)听取区科委关于2011年区智慧城市建设工作计划的汇报。(2)听取区信息委关于2011年区信息基础设施建设工作方案的汇报
5.24	区政府第133次常务会议	(1)听取区建交委关于区"建设工程设计文件审查"改革方案的汇报。(2)听取区重大办关于恒丰路消防站项目推进工作情况的汇报。(3)听取区财政局关于区部门预算公开工作的汇报

（续表二）

时间	会议名称	主要内容
6.8	区政府第135次常务会议	通报区政府领导班子调整及有关副区长分工情况
6.17	区政府第136次常务会议	(1)听取区发展改革委关于区“十二五”专项规划编制工作进展情况的汇报。(2)听取区防汛办关于2011年防汛防台工作情况的汇报
6.29	区政政府第137次常务会议	听取区政府法制办关于政府投资项目代建制工作的汇报
7.5	区政府第138次常务会议	听取区政府办公室关于上海市静安区人民政府工作规则的汇报
7.12	区政府第139次常务会议	(1)听取区体育局关于上海世游赛水球训练场馆准备工作的汇报。(2)听取区民政局关于创建和谐社区建设示范单位有关情况的汇报。(3)听取区财政局关于2010年度财政决算的汇报
7.19	区政府第140次常务会议	(1)听取食药监静安分局关于成立上海市静安区食品安全委员会工作的汇报。(2)听取区发展改革委关于静安区2011年上半年经济运行分析情况的汇报。(3)听取区财政局关于2011年上半年预算执行情况的汇报
8.4	区政府第141次常务会议	(1)听取公安静安分局关于成立静安区消防安全委员会的汇报。(2)听取区发展改革委关于《静安区关于政府财力建设项目管理暂行办法》的汇报。(3)听取区住房保障中心关于区第二批经适房实质性启动有关工作情况的汇报。(4)听取区教育局关于育才初级中学撤离山海关路校区的汇报
8.9	区政府第142次常务会议	(1)听取区商务委、区旅游局关于2011静安国际购物嘉年华暨静安金秋都市游系列活动情况的汇报。(2)听取区商务委关于“2011福布斯·静安南京路论坛”方案的汇报。(3)听取区司法局关于提请区人大常委会作出《关于静安区进一步加强法制宣传教育的决议》的汇报
8.16	区政府第143次常务会议	(1)听取区安委办关于区重点安全隐患整治相关工作的汇报。(2)听取区文化局关于上海市静安区经营性文化事业单位转企改制工作的汇报。(3)听取区司法局关于推进落实静安区医患纠纷人民调解工作的汇报
8.23	区政府第144次常务会议	(1)听取区科创办关于《静安区科技政策》制定情况的汇报。(2)听取区科委关于《静安区智慧城区建设规划》编制情况的汇报。(3)听取区环保局关于2008—2010年度上海市环境保护先进集体和先进个人评选工作的汇报
8.30	区政府第145次常务会议	听取区财政局关于推进区国有资本经营预算试编工作的情况汇报
10.10	区政府第146次常务会议	(1)听取区住房保障中心关于落实区公租房运营机构资本金和完善运营管理的汇报。(2)听取区商务委关于静安区打击侵犯知识产权和制售假冒伪劣商品专项行动工作情况的汇报。(3)听取并同意区绿化办关于表彰评选2009—2011年度上海市绿化先进集体和先进个人的汇报
10.18	区政府第147次常务会议	(1)听取区发展改革委关于静安区2011年3季度经济运行情况的汇报。(2)听取区编办关于开展深化本区事业单位清理规范工作实施方案的汇报。(3)听取区科创办关于确定2011年第三批科技创新项目的汇报
10.25	区政府第148次常务会议	(1)听取区环保局关于编制《静安区第五轮(2012—2014年)环境保护和建设三年行动计划》的汇报。(2)听取区人保局关于组建静安区安全生产和消防安全社工队伍方案的汇报。(3)听取区文明办关于2011年度上海城市文明指数测评迎检工作建议方案的汇报。(4)听取并同意区监察局关于胶州路728号大楼火灾责任事故案(涉刑人员)行政处分的汇报
11.9	区政府第149次常务会议	(1)听取区公安消防支队关于静安区高层居民楼消防设施检测工作进展的汇报。(2)听取并同意区财政局关于调整2011年公共财政预算的汇报
11.16	区政府第150次常务会议	(1)听取区房管局关于静安区房管系统开展“清剿火患”战役工作方案的汇报。(2)听取区政府办公室关于《中共静安区人民政府党组2011年工作报告》起草情况的汇报。(3)通报国务院深入推进行政审批制度改革工作电视电话会议精神。会议还研究了其他事项

(续表三)

时间	会议名称	主要内容
11.22	区政府第151次常务会议	(1)听取区发展改革委关于2012年静安区主要经济和社会发展指标预测的汇报。(2)听取区公安消防支队关于全区“清剿火患”战役第一阶段工作情况总结及下阶段工作打算的汇报。(3)听取区依法治区领导小组办公室关于静安区深入推进依法治区工作意见的汇报。会议还研究了其他事项
11.29	区政府第152次常务会议	(1)听取区民政局关于区开展第十八届“蓝天下的至爱”系列慈善活动相关工作的汇报。(2)听取区政府办公室关于《政府工作报告》起草情况的汇报。会议还研究了其他事项
12.5	区政府第153次常务会议	听取区政府办公室关于2012年度区政府实事项目预选征集情况的汇报。会议还研究了其他事项
12.12	区政府第154次常务会议	(1)听取区房管局关于上报静安区2012年廉租住房、公共租赁住房初步计划的汇报。(2)听取区财政局关于编制2012年公共预算(草案)的汇报。(3)听取区财政局关于2011年政府性基金收支执行情况和编制2012年政府性基金预算的汇报。会议还研究了其他事项

(张　峰)

2011年代理区长周平调研视察情况表

日期	调研视察内容
10.1	区委副书记、代理区长周平,区委常委、副区长赵永峰,副区长朱成钢、吴文娟等区领导在区建交委、区绿化市容局、区教育局、区安监局等部门和单位有关负责人陪同下,视察国庆期间安全生产工作,并慰问节日期间坚守岗位的广大干部职工
10.12	区委副书记、代理区长周平到静安寺社区(街道)调研。先后查看街道老年人日间服务中心、阳光之家、柏万青志愿者工作室、社区文化活动中心等公共服务设施,并与华山居民区的居委干部、社工等一线工作人员交谈,了解街道居家养老、助残、居民区工作的开展情况以及社区文化活动设施与群众文化团队建设工作
10.13	市体育局党委书记、局长李毓毅带队到区调研体育工作,区委副书记、代理区长周平,副区长朱成钢陪同调研。市体育局相关处、室负责人,区体育局有关人员参加
11.1	区委副书记、代理区长周平到江宁路社区(街道)调研。先后查看同乐坊创意产业园区、江宁路社区综治工作中心、“两昌”(昌化路、昌平路)地区
11.15	区委副书记、代理区长周平,副区长吴文娟带队检查全区重点单位和重点行业安全生产和消防安全工作,区政府办公室、区商务委、区建交委、区监察局、公安静安分局、区公安消防支队、区安监局、工商静安分局、区质量技监局、食药监静安分局及相关街道办事处等部门负责人参加。现场查看静安寺交通枢纽综合项目、乐购超市(镇宁路店)等场所的安全管理和消防安全情况

(张　峰)

(三)人事、人才工作

【概况】 2011年,静安区人力资源和社会保障局(简称区人保局)实施公务员法和国家、上海深化干部人事制度改革及人才发展规划纲要,树立“人才资源是第一资源”工作理念,以高层次人才为引领,统筹推进各类人才队伍建设。会同区委组织部加强对区域1名市级领军人才、24名区级领军人才、20名区第一届优秀人才贡献奖获得者、34名区第六批优秀中青年拔尖人才的关怀;关心慰问区27名(含女专家5名)享受政府特殊津贴专家。规范事业单位招聘行为和事业单位聘用合同登记备案制度,2011年招聘事业单位工作人员115人。继续实施专业技术人才“知识更新工程”和继续教育督查,提升其创新能力。深化区域人才合作与交流,全年共为对口支援的湖北宜昌市、西藏日喀则等地区办培训班4个,学员152人。会同区委组织部安置军转干部22人,其中团职9人,营以下及技术级干部13人。年初,与区委组织部、区委党校联合举办2010年度新安置军转干部培训班。做好113名企业军转干部解困及18名自主择业军转干部的管理、服务工作。按照国家和上海市总体部署,稳妥实施卫生系统事业单位绩效工资制度改革。结合事业单位岗位设置和工作人员聘任管理工作,完成专业技术人员确定岗位等级工资等二次套改工作。理顺各类社区工作者薪酬分配机制,建立相应增长机制。在规范机关津贴补贴基础上,逐步推进地区附加津贴制度,完善区机关津贴补贴办法。健全干部带薪休假制度,丰富休假内容和形式。做好机关工作人员健康检查、局级干部夏令和冬令保健咨询服务等工作。以“政治上尊重、思想上关心、生活上照顾”为职责,做好区机关、事业单位12979名(机关2514人、事业10465人)退休干部管理与服务工作。组织开展形势通报、政策宣传及为老服务活动;落实“冬送温暖,夏送清凉”帮困慰问工作,走访退休干部137人,累计发放慰问金45.1万余元,受益1000余人;以“常青杯”系列活动为载体,组织退休干部参加参观、旅游、兴趣小组等活动。（瞿　熙）

【推进参照公务员法管理事业单位过渡工作】 3月,区人保局开展区档案馆、区地方志办公室、区事业单位法人登记管理中心、区军队转业干部自主择业工作办公室和区劳动人事争议仲裁院参照公务员法管理过渡工作。5月,开展区委组织部党员电化教育中心、区老干部活动室和区动物卫生监督所第三批参照公务员法管理单位过渡工作。过渡人员中,26人考核过渡,13人考试过渡,2人因是工勤人员不予过渡。（瞿　熙）

【完成170家事业单位首批岗位设置聘用工作】 9月,区人保局根据《上海市事业单位岗位设置管理实施办法》,制订、实施《静安区事业单位岗位设置管理实施办法》。通过按需设岗、竞聘上岗、按岗聘用、合同管理的新型人事制度和机制,实现事业单位由身份管理向岗位管理、从固定用人向合同用人的转变。至年底,全区201家事业单位中除31家不进行岗位设置外,进行首次岗位设置聘用的170家事业单位共核准岗位数8748个,聘用工作人员7686人,其中管理人员1345人、专业技术人员5615人、工勤人员726人。（瞿　熙）

【推进科级领导职务公务员跨部门交流】 年内,区人保局全面梳理,深入调研,制订、实施《2011年静安区科级干部跨部门交流工作实施方案》《2011年静安区科级干部部门内部轮岗交流工作实施方案》《2011年静安区科级领导职务竞争上岗实施方案》。9月28日召开全区交流工作推进大会,并在《静安时报》刊发宣传专版,营造鼓励干部交流良好氛围。跨部门交流对象为在组织人事、财务管理和项目审批等重点岗位任职5年以上的科级领导干部,以及在同一职位任职超过10年的科级领导干部;交流方式为指令性交流、组织性调配。区机关14个部门的18名科级领导实现跨部门干部交流。7月,经市公务员局批准,面向全区公务员、区属企事业人员开展竞争上岗工作。经公告报名、资格审核、笔试、面试、民主测评、组织考察和公示等环节,6个部门选任9名科级领导干部,其中公务员1人,事业单位工作人员8人;男性6人,女性3人;平均年龄32.9岁。年内,区科级及其以下公务员共转任交流206人次,包括部门内部转任151人次(其中晋升领导职务77人次),跨系统转任24人次,跨部门转任31人次。（瞿　熙）

【加强绩效考核过程管理】 年内,区人保局立足区工作全局,结合“11·15”特别重大火灾事故反思,制订《2011年静安区机关部门绩效考核和公务员考核实施办法》,印发《2011年机关部门绩效考核指标汇编》。部门绩效考核将安全生产工作作为“一票否决”指标,将社会建设和规范机关部门预算管理工作纳入部门综合考核指标;加强效能监管,加强对行政过错责任追究,严格行政赔偿制度和行政执法评议考核。加大公务员平时考核力度,区分不同职位之间业务量与质的差异性,量化工作成效;推进“上海市静安区公务员绩效考核管理系统”完善和应用,区机关49个部门的964名科级及其以下人员实行网上考核。11月,召开考核工作会,全面部署和推进全区66个机关部门及公务员年度考核工作。经既定程序审议、区委常委会审定,22个区机关部门被评定为优秀等级、44个部门被评定为合格等级。全区407名处级干部参加考核,75人被授予行政奖励,其中记三等功12人、嘉奖63人;全区1358名科级及其以下公务员(含参照《公务员法》管理单位工作人员)、106名事业单位工作人员、17名储备人才参加所在部门考核,其中276人被授予行政奖励。（瞿　熙）

【开展公务员依法履职培训6904人次】 2011年,区公务员培训主题为“提升依法履职与公共服务能力”,区人保局将全员培训与分类培训有机结合、组织调训与自主选学有效结合,并为全区所有科级及其以下公务员配备一张培训卡,推进教育管理信息化建设。通过统筹安排每名公务员培训进度,细化分解培训任务,全年共完成科级及其以下公务员培训18类23项,累计培训6904人次。（瞿　熙）

【录用公务员72人】 年内,区人保局严格招录规范,严肃工作纪律,加强面试考官培训与政风监督,突出“德才兼备,以德为先”选人用人标准。全年区机关31个部门55个职位录用公务员(含参照《公务员法》管理工作人员)72人,其中博士研究生1人、硕士研究生42人、本科生29人;男生30人、女生42人;中共党员60人;社会人员54人、应届毕业生18人;上海户籍55人、外省市户籍17人;平均年龄26.5岁;其中38人为清华大学、复旦大学等全国重点知名高校毕业生;具有2年以上基层工作经历者占70%。（瞿　熙）

【提供优质、高效人才公共服务】 年内,区人保局走访重点企业,了解人才人事服务需求。全年引进教育、法律、金融服务业等高层次人才17人;受理申办“上海市居住证”4299份,办理“上海市居住证”转上海市常住户口44人;解决夫妻分居困难调沪21人;审批人才招聘会3场;办理人才中介机构设立审批2项、变更审批4项。（瞿　熙）

【实施领军人才及其创新团队项目资助】 年内,区人保局发挥领军人才示范、引领作用,建立区域领军人才信息库,继续建设好领军人才工作室。全年开展新一轮区领军人才、优秀中青年专业技术拔尖人才项目资助工作,资助43人,资助金额272.5万元。（瞿　熙）

【推进社区工作者队伍规范化管理】 年内,区人保局按照“统一规范、用管一致、分类指导、分工协作”原则,深入调研,拟订《静安区社区工作者队伍规范化管理办法》(试行)及7个配套文件,为建立一支职业化、专业化社区工作者队伍提供制度保障。完成区社区工作者招聘工作,共招聘86人(基层党务工作者22人、居民区社会工作者64人),并组织其上岗培训。按照区政府意见,为充实区社区安全防控力量,开展区消防安全社工队伍组建调研,形成实施方案并经区委常委会审议通过。消防安全社工与基层党务工作者、居民区社会工作者一起纳入社区工作者范畴,实行人事管理和业务管理相结合双重管理模式。 (瞿 熙)

【加快技能人才培养】 年内,区人保局依托区域培训机构、学校和企业,拓宽技能人才培养渠道,推进"高师带徒"、校企合作培养、职业技能竞赛,加快高技能人才培养。全年开展各类职业技能培训22183人次,较上年增加4506人,增幅25.5%。其中,在职人员技能提升培训15273人(含农民工培训9332人),占培训总量68.85%。至年底,区高技能人才1886人,占技能人才总数19.55%。 (瞿 熙)

(四)法制工作

【概况】 2011年,静安区政府法制办公室(简称区政府法制办)贯彻国务院《全面推进依法行政实施纲要》《关于加强市县政府依法行政的决定》和《关于加强法治政府建设的意见》,围绕区政府法律"参谋、顾问、助手"三大职能开展工作,推进全区依法行政,加强制度建设,创新社会管理,严格层级监督,强化执法培训。根据区委、区政府要求,按照"职权法定、主体适格、职责明晰、流程规范、监管有效"原则,围绕"有权必有责、用权受监督、违法受追究"要求,建立健全政府投资项目管理、科技创新专项资金管理、建设工程招投标监管、财政资金拨付、财政扶持政策和政府采购程序等一系列依法行政工作制度,还参与行政审批制度改革、企业服务中心制度建设和建筑行业行政审批改革。推进行政执法联动工作,牵头区城管大队、工商静安分局和区安监局等行政执法机关分别在城市环境、市场秩序和公共安全等领域内开展行政执法联动实践;围绕社会治安综合治理"五联"工作机制(即矛盾联调、人员联管、问题联治、治安联防、平安联创)基本情况、相关流程对相关职能部门行政执法类以及与综治工作关系紧密的行政管理类工作项目进行梳理、汇总和甄别,对"五联"工作机制进行流程再造工作。围绕依法行政原则、要求等内容,为行政机关开展依法行政培训和讲座,提高行政机关依法行政意识和能力。通过组织全区部分公务员参加依法行政能力培训,对全区执法人员进行一次普遍教育和培训。通过举办全区法制干部业务培训,对新出台《行政强制法》等法律展开全区范围内学习研讨,还与市政府法制办建立常态化联络机制,为执法证到期人员及时更换执法证,确保执法人员配备充足、持证执法。 (周 伟)

【协调处置重大法律事务】 年内,区政府法制办强化法律协调、法律处置职能,协调处置全区疑难复杂法律事务,共完成区领导批办件近30件。(1)牵头协调信访积案,处理矛盾累积近10年的某信访化解工作。(2)针对静安体育中心与某公司房屋产权纠纷、某广场户外广告设置等法律事务,提出处理法律意见。(3)针对全区政府信息公开、房屋动拆迁、拆除违法建筑等具体法律事务,为相关职能部门提供法律意见和咨询。 (周 伟)

【办理行政复议、行政应诉案件】 年内,区政府法制办共办理以区政府行政部门为被申请人的行政复议案件106件(含上年度结转46件),比上年增加近4倍。其中,作出维持决定的32件,占审结总数30%;因申请人撤回复议申请而终止审理的53件,占审结总数50%;因不符合行政复议受理条件,作出不予受理决定的9件;驳回行政复议申请的7件;作出告知处理的2件;作为人民来信处理、视为放弃申请及作出答复处理的各1件。在复议案由中,不服政府信息公开的79件,占案件总数74.5%。全年共有13件行政诉讼案件由行政领导出庭应诉。 (周 伟)

【开展法律审核】 年内,区政府法制办审理相关职能部门向区政府申请的违章建筑行政强制执行案件14件,核发拆除违法建筑通知书9件。针对国务院《国有土地上房屋征收与补偿条例》施行后,行政强制拆迁取消的情况,与法院和市政府法制办沟通协调司法强制执行事宜,建立健全新法律环境下对房屋征收进行风险评估的方式方法,共作出风险评估报告9份。审核区政府各类重要文件50余件,审核相关职能部门各类重要文件数十件,会签市政府法制办等部门重要法律文件10余件。 (周 伟)

(五)外事工作

【概况】 2011年,静安区共完成19团次、268人次外宾接待任务,组团出访32批、204人次。副区长陆晓栋分别会见意大利驻沪总领事、美国驻沪首席商务领事、斯洛文尼亚旅游代表团等。开展国际对外交流活动,在"800秀"创意产业园区举办2011国际夏至音乐日、在吴江路举办荷兰食品推广日。加强对外联络工作,邀请驻沪领馆官员观摩民族音乐会。完成重要外事接待任务,接待瑞士访问学者、东京荣幼儿园代表团、黎巴嫩长枪党干部考察团等考察、参观区有关单位。 (徐 璐)

【陆晓栋会见意大利驻沪总领事】 5月6日,副区长陆晓栋在美丽园龙都大酒店会见意大利驻上海总领事德卢卡。德卢卡表示此次拜会主要商讨计划在铜仁路建设"意大利中心"项目,意方希望借助这一平台,巩固其品牌及产品在中国上海市场上的声誉地位,继而推介意大利文化、时尚、运动等，加强双方交流合作。陆晓栋表示，意大利不少著名品牌已在静安区开设旗舰店或专卖店，希望通过“意大利中心”项目建设，使之成为受市场欢迎的具有鲜明风格的商业街区，希望总领馆支持促进“意大利中心”的招商推介。期待一年后“意大利中心”成功开业。意大利对外贸易委员会上海代表处首席代表付泰等参加会见。（徐　璐）

【英国斯托克青少年游泳代表团访问民立中学和静安寺社区（街道）】 8月1日和4日，英国斯托克青少年游泳代表团先后应邀访问民立中学和静安寺社区（街道）裕华小区，与青少年选手进行训练比赛及专题交流，参观居民小区，体验普通市民生活。市、区政协有关负责人、中国驻英国曼彻斯特领事馆总领事陪同访问。（徐　璐）

【荷兰文化教育科学部副部长一行参观“800秀”创意产业园区】 9月2日，荷兰文化教育科学部副部长一行在荷兰驻沪总领事陪同下，参观”800秀”创意产业园区，并拜会区领导。副区长陆晓栋等陪同参观。（徐　璐）

【日本京都市议会副议长安井勉到访】 9月17日，日本京都市议会副议长安井勉拜访静安区，区政府外事办公室有关领导安排会见并设宴招待。双方回顾近十年来两地在经济、文化、教育等方面所开展的多层次、多元化交流，希望继续保持友好交往的良好势头，在进一步扩大双方人员各领域、多层次的交往方面多做工作，进一步巩固和发展双方友好交流合作事业。（徐　璐）

【瑞士巴塞尔州政府代表团考察静安雕塑公园等】 10月11日，上海市友好城市——瑞士巴塞尔州政府代表团一行9人到访静安区。代表团成员来自巴塞尔州交通建设、城市规划和历史建筑保护等部门。访问期间，来宾主要通过公交、地铁等公共交通方式出行，实地感受上海公共交通运营和城市规划建设情况。代表团先搭乘公交车到静安雕塑公园，在区绿化局负责人陪同下进行考察，对公园内国际雕塑作品作详尽了解，并询问有关公园绿地建设和规划等问题。随后代表团又到蝴蝶湾绿地，参观瑞方赠送的巴塞尔龙喷泉，并在苏州河沿岸考察城市水处理等市政项目。代表团还参观石门二路街道社区文化中心，与中心负责人进行交流探讨。副区长陆晓栋会见代表团一行，并与代表团成员交谈，双方表示希望通过此次访问，进一步深化和促进静安区与巴塞尔州友好合作交流。（徐　璐）

8月4日，英国斯托克青少年游泳代表团访问静安寺社区（街道）裕华小区
（区外事办　供稿）

【举办荷兰食品推广日活动】 10月25日，荷兰食品推广日活动在吴江路休闲街举办。活动由荷兰驻上海总领事馆副总领事包适主持，荷兰驻沪总领事鄱佩德、静安区副区长陆晓栋先后致辞，荷兰王国驻华大使馆农业参赞欧福旭出席活动。鄱佩德在致辞中对荷兰食品作了详细介绍和大力推广。陆晓栋在致辞中表示，静安区和荷兰的交流与合作有着深厚基础，荷兰食品推广日的举办为上海市民提供了一个了解荷兰风情的平台。活动有10余家荷兰在沪食品企业参与，展示奶粉、糕点、糖果等制成食品，并在现场制作烤鱼、比萨饼等数十种具有独特荷兰风味的食品。（徐　璐）

【肯尼亚出口促进委员会代表团访问静安区】 以会长涅如维加为团长的肯尼亚出口促进委员会代表团一行5人于11月29—30日访沪。其间，代表团先后访问静安区、市商务委、开开集团等，与中方有关部门进行商务洽谈及考察交流活动。在会谈中，肯方一再表示希望扩大中肯两国贸易和投资的领域及规模，构建双方工商界之间沟通联系渠道和常态化的联合促销推广机制。副区长陆晓栋、巢克俭和区商务委、区金投办、区外事办、开开集团、九百集团等单位负责人参加接待和会谈活动。代表团还考察久光百货超市、开开集团服装企业等。（徐　璐）

【黎巴嫩长枪党干部考察团访问静安区“白领驿站”】 12月7日，应中共中央联络部邀请，由政治局委员、政府前社会事务部长萨利姆·萨伊赫率领的黎巴嫩长枪党考察团一行10人访问静安区“白领驿站”。区社建办主任向来宾简要介绍静安区概况、区域特色和“白领驿站”情况。近两年来，“白领驿站”根据现代青年人的需求、爱好、趣缘，构建“生活、活动、公益”的服务体系，引导白领群体追求健康向上的生活方式。双方就在现代社会里如何凝聚青年人、如何关注他们的

12月7日，黎巴嫩长枪党干部考察团访问静安区“白领驿站”

（区外事办　供稿）

婚姻、就业、兴趣等问题进行交流。

（徐　璐）

（六）国内合作交流与对口支援

【概况】 2011年，静安区政府合作交流办公室（简称区政府合作办）以服务创新驱动、转型发展为主线，结合实际，突出重点，注重服务，开展对口支援与合作交流工作。（1）结合受援地区不同需求，推进对口支援工作。新疆巴楚县：协助召开“上海对口支援新疆喀什七区工作协调会”；7月，区代表团赴新疆慰问考察；18名新疆医生分两批到区进修工作；为16名巴楚县党政干部到静安区挂职锻炼提供保障。宜昌市夷陵区：参加上海对口支援三峡库区移民工作第四次联席会议，落实项目、资金。西藏萨迦县：12月，由县委副书记、县长帕珠率领的西藏萨迦县党政代表团到静安区考察；静安区向萨迦县捐赠文化设备和文化器材项目资金30万元。都江堰市石羊镇：组织区抗震救灾一线基层援建负责人参加“援建情、感恩心”主题文艺晚会和灾后重建成果图片展。区代表团赴石羊镇考察灾后恢复重建工作，验收援建项目，捐赠项目2个，资金30万元。（2）开展友好往来。自1984年以来共缔结友好城区29家。坚持世博接待服务标准，修订完善公务接待6项制度，设计具有静安特色的宣传资料等，公务接待注重工作规范化、标准化。全年共接待各类代表团40批383人次；组团出访3批45人次。（3）推动区域合作。组团赴都江堰市石羊镇、乐山市等地对当地向静安区“11·15”特别重大火灾事故善后处置工作的无私捐助表示感谢。协助做好“上海喀什文化周静安区交流展演”活动及“都江堰猕猴桃感恩上海品尝活动”等；组织召开友好地区驻沪机构主任会议。（4）加强企业服务。指导区各地投资企业联合会，定期走访企业，主动提供服务，并通过《静安联合会》简报，宣传有关政策和信息。受市合作办委托开展工作处备案服务工作，共登记备案14家。

（刘　青）

【张仁良等与河南省信阳市代表团座谈】 1月12日，由市委副书记、市长郭瑞民率领的河南省信阳市代表团到静安区参观考察，区委副书记、区长张仁良，区委常委、组织部部长戴玲珍，区委常委、副区长方世忠等领导与代表团就经济建设等方面进行座谈交流。

（刘　青）

【方世忠等与市政府驻外办事处主任座谈】 1月17日，区委常委、副区长方世忠等领导与上海市政府驻外办事处主任就静安区对口支援与合作交流等方面进行座谈，并对驻外办对静安的关心和支持表示感谢。

（刘　青）

【张仁良等会见宜昌市夷陵区党政代表团】 2月24日，由宜昌市副市长张正军率领的夷陵区党政代表团到静安区参观考察。区委副书记、区长张仁良，区委常委、副区长方世忠等领导会见代表团一行，并商讨2011年对口支援夷陵区等有关工作。

（刘　青）

【与宜昌市夷陵区签订2011年援建项目】 4月6—7日，上海对口支援三峡库区移民工作第四次联席会议暨现场观摩会在宜昌市召开，静安区与夷陵区签订援建项目协议。其间，与会人员还实地考察三峡移民生态工业园、乐天溪镇特色产业、上海中学等援建项目。（刘　青）

【姜耀中赴都江堰市石羊镇考察灾后重建工作】 5月10—13日，由区人大常委会主任姜耀中率领的静安区代表团赴四川省都江堰市石羊镇考察灾后恢复重建工作，验收静安区在石羊镇的援建项目，并向石羊镇捐赠资金30万元，用于办公信息化等2个项目。代表团还赴静安区友好城市乐山市学习考察。（刘　青）

【郑健麟等会见重庆市南岸区考察团】 6月16—17日，由区委副书记林彬率领的重庆市南岸区考察团到区参观考察。区委副书记郑健麟等领导会见考察团成员，双方就文明城区创建和经济发展等方面进行座谈交流。会前，考察团还参观考察梅龙镇广场、中信泰富广场、恒隆广场和静安雕塑公园等地。（刘　青）

【静安区代表团赴新疆慰问考察】 7月15—23日，受区委、区政府委托，由区人大常委会副主任吴玉林和区委组织部副部长率领的静安区代表团赴新疆慰问考察，援疆干部派出单位等领导参加此次慰问考察。其间，代表团前往巴楚县新疆楼慰问区援疆干部，考察巴楚县上海对口援疆等项目，并代表静安区向巴楚县捐赠资金200万元，用于医疗卫生和城市管理设备等7个项目。（刘　青）

【青岛市代表团到区参观考察】9月6日，由省委常委、青岛市委书记李群率领的山东省青岛市代表团到静安区参观考察。区委常委、宣传部部长杭春芳等领导陪同参观考察“800秀”创意产业园区等地。（刘　青）

【新疆巴楚县代表团到区考察】10月18—19日，由新疆巴楚县人大常委会原主任托合提·热合曼和政协原主席麦麦提·马木提带领的巴楚县代表团及先期在沪挂职干部一行8人到静安区参观考察。区人大常委会副主任吴玉林、区政协副主席刘桂香先后与代表团进行座谈交流。（刘　青）

【区民政局等单位获“上海市对口支援都江堰灾后重建突出贡献集体”等称号】11月，在市委、市政府召开的“上海市对口支援都江堰市灾后重建总结表彰大会”上，区民政局和区卫生局对口援建都江堰市石羊镇医疗卫生队获“上海市对口支援都江堰灾后重建突出贡献集体”称号，区卫生局调研员许舜根获“上海市对口支援都江堰市灾后重建先进个人”称号，公安静安分局钱锋等9人获“上海市对口支援都江堰灾后重建突出贡献个人”称号。（刘　青）

【周平等与西藏萨迦县党政代表团座谈】12月2—7日，由西藏日喀则地区萨迦县委副书记、县长帕珠率领的党政代表团到静安区参观考察，区委副书记、代理区长周平，区人大常委会副主任金先，副区长陆晓栋与代表团进行座谈，并代表静安区向萨迦县捐赠文化设备和器材项目资金30万元。会前，代表团还参观了静安寺社区文化活动中心、江宁路社区（街道）社会治安综合治理工作中心、恒隆广场、静安雕塑公园等地。（刘　青）

【龚德庆等与河南省信阳市党政代表团座谈】12月15日，由市委书记王铁率领的河南省信阳市党政代表团到静安区参观考察。区委书记龚德庆，区委常委、宣传部部长杭春芳，副区长巢克俭与代表团就社会发展和经济建设等进行座谈交流。（刘　青）

2011年静安区友好合作交流情况表

时间	主　要　内　容
1.11	由镇党委委员、副镇长、武装部长姜山率领的都江堰市天马镇代表团到区交流考察
1.16	由县委常委、宣传部部长李雷率领的江西省赣县代表团到区参观考察
1.18	区政府合作办与齐齐哈尔市驻上海联络处就合作交流等方面进行座谈交流
2.23	由县委副书记徐立率领的西藏萨迦县代表团到区参观考察
3.2—3	由副市长李卫东率领的银川市政府代表团到区参观考察，区委常委、副区长徐孙庆等领导与代表团就城市管理、餐厨废弃物资源化利用和无公害化处理等方面工作进行座谈交流。其间，代表团还参观考察静安区城市网格化管理平台及武宁南路微生物降解粪便设备等
3.4	由区城市管理局局长胡雪洪率领的南昌市东湖区城管代表团到区参观考察，区绿化市容管理局领导与代表团就城市管理等方面工作进行座谈交流。
4.20	由区委常委、常务副区长马汉选率领的成都市温江区考察团到区参观考察，区政府合作办、区商务委等相关领导就楼宇经济发展等方面工作与考察团的座谈交流。会后，考察团还参观恒隆广场等地
5.17	由市政府副秘书长、办公室主任陈志雄率领的浙江省丽水市考察团到区参观考察。区政府办、区政府合作办、区规土局等相关领导与考察团就城市雕塑规划、建设、管理及相关政策等方面工作进行交流。其间，考察团还参观静安雕塑公园和区规划展示厅等地
5.20	由市房地产产权管理处党总支书记、处长白俊奎率领的包头市房地产产权管理处考察组到区参观考察，区政府合作办、区房管局相关领导与考察组就住房保障和房屋管理进行座谈交流
5.27	与宜昌市夷陵区三峡办就对口支援等方面工作进行座谈交流
6.16	由常务副市长缪丽芳率领的云南省宣威市政府考察团到区参观考察，区政府办、区政府合作办、九百集团等相关领导就经济发展等方面工作进行座谈交流
6.17	由市长助理季恩远率领的山东省威海市政府考察团到区参观考察。区政府合作办、区民政局、街道等相关领导与考察团就生活服务中心、居家养老等方面工作进行座谈交流
7.29	由副局长徐龙珠率领的西安市碑林区考察团到区参观考察，区商务委相关领导与考察团就特色商业街建设及楼宇经济发展等方面工作进行座谈交流
8.30	由区委书记卢仓报率领的芜湖市镜湖区党政代表团到区参观考察，区委常委、副区长方世忠等领导会见代表团一行

（续表）

时间	主 要 内 容
9.1	区政府合作办召开“静安区部分驻沪办事机构主任会议”，通报区情并就合作交流等方面情况进行座谈交流
9.2	由区委常委章琳率领的重庆市渝中区代表团到区参观考察。副区长陆晓栋、陈静薇先后会见代表团一行，并就商贸业发展、社区商业等方面情况进行座谈交流。其间，代表团还参观考察南京西路玛莎百货等地
9.3	由区政府办副主任汤洪著率领的成都市武侯区代表团到区参观考察，区文化局等领导与代表团就图书馆建设管理方面情况进行座谈交流。其间，代表团还参观静安区图书馆等地
9.20	“2011 上海喀什文化周”喀什地区文工团在静安艺海剧院举行交流展演，区委常委、区政协副主席、统战部部长李关德等领导出席观看。其间，文工团成员还在区文化局等领导的陪同下参观雕塑公园、上海戏剧学院多媒体虚拟实验室等地
9.27	由区房地产管理局工会主席刘绪成率领的宜昌市夷陵区物业管理考察团到区参观考察，区房地局等领导与考察团就物业管理方面情况进行座谈交流
11.8	由市长助理、市三峡工委主任王万修率领的宜昌市夷陵区代表团到区参观考察。区政府合作办等领导与代表团就夷陵区援建项目进行交流
11.11	由区人力资源和社会保障局副局长付振海率领的南昌市东湖区人保局代表团到区参观考察。区人保局等领导与代表团就就业促进等方面情况进行座谈交流。其间，考察团还参观石门二路社区（街道）劳动保障事务所等地
11.23	区政府合作办与静安区部分驻沪办事机构主任就友城交流等方面情况座谈交流
12.1	由区委副书记、区长闫昊波率领的珠海市香洲区代表团到区参观考察。区政府合作办、区绿化市容局等领导与代表团就城市管理等方面情况进行座谈交流。代表团还参观静安雕塑公园等地
12.1	由市委常委、副市长单向前率领的芜湖市代表团到区参观考察，区委常委、副区长方世忠等领导会见代表团一行
12.9—12	区委常委、副区长赵永峰率区政府合作办、区建交委等有关部门领导赴湖北省宜昌市夷陵区学习考察，并对 2012 年的援建项目进行调研
12.29	云南省昆明市盘龙区考察团到区参观考察，区政府合作办、区商务委等领导与考察团就菜市场标准化建设等方面情况进行座谈交流。考察团还参观武定路菜市场等地

（刘　青）

2011 年静安区对口支援地区人力资源开发项目情况表

日　期	人力资源开发项目活动
4 月中旬—5 月中旬	为 5 名西藏日喀则地区萨迦县党政干部开展挂职锻炼。
5 月中下旬	举办湖北省宜昌市夷陵区社会工作人才专题培训班，邀请复旦大学等高校的专家学者就科学发展观与社区管理等方面作专题辅导，区相关部门领导和教师讲授静安社会组织的发展与管理、静安建设国际商务港的实践与思考等课程。共培训夷陵区社区工作管理人员 40 人
5 月下旬	举办湖北省宜昌市夷陵区科学技术人才专题培训班，夷陵区企业科技干部 30 人参加培训
6 月下旬—7 月上旬	举办新疆巴楚县党政干部培训班，新疆喀什地区巴楚县党政干部 50 人参加培训
8 月上旬—9 月下旬	为湖北省宜昌市夷陵区 2 名党政干部开展挂职锻炼
10 月中下旬	举办西藏萨迦县党政管理干部培训班，共培训西藏日喀则地区萨迦县党政管理干部和都江堰石羊镇党政干部 35 人。该次培训班是静安区援藏工作由定日县转为萨迦县后为萨迦县举办的第一个干部培训班
11 月上旬	组织静安区卫生系统专家赴宜昌市夷陵区进行交流培训，共培训夷陵区医院、各乡镇卫生院管理人员和医护骨干等 130 人
11 月中下旬	举办湖北省宜昌市夷陵区民营经济管理人才高级培训班，共培训夷陵区民营经济管理人才 40 人

（刘　青）

（七）信访工作

【概况】 2011年，静安区委、区政府信访办公室（简称区信访办）共登记来信、来访、来电、电子邮件9601件次，其中群众来信1463件，群众来访5350批7134人次，群众来电944件，电子邮件1844件。区复查复核委员会共收到群众复查申请36件，符合条件受理的4件。全年共办结群众信访件9559件次，其中，来信1458件，来访5318件，来电941件，电子邮件1842件。共办结信访复查件36件。年内，区信访办贯彻落实中央和上海市关于信访工作精神，采取多种措施，稳妥处理各类信访事项，做好重要节点稳定工作，保障区人大换届选举、上海世游赛等工作进行。（1）落实领导责任制，推进"联系重点信访人"工作。通过定点接待、重点约谈、上门走访、电话联络、帮困救助等形式，化解一批历史积案。（2）推进矛盾化解工作，重信重访专项治理工作超额完成任务。所有重信重访件全部由相关单位主要领导包案，部分重信重访件还纳入"联系信访人"工作范围。（3）抓好信访核查终结工作落实，全年区信访办启动核查终结程序的有26件（含3件简易终结程序），其中23件召开核查终结听证会；经区政府常务会议集体讨论通过的有10件；按照终结工作要求向市政府申报的有20件。（4）完善初信初访办理工作。加大对初次信访事项的书面答复率和按时办结率督查力度，使初次信访按时转送交办率、受理告知率、按时办结率均达到100%，重复信访率14.54%，较上年均有大幅度改善。（5）整合资源，完善信访基础建设。4月28日，区信访办正式启动信访联合接待大厅试运行。规范信访信息化建设，全区5个街道均已开通全国信访信息系统。

（谢　劼）

【杨振武调研信访工作】 （见第34页【杨振武调研信访工作】）

（谢　劼）

【组织开展"11·15"特别重大火灾事故善后信访工作】 年内，根据"11·15"特别重大火灾事故善后工作领导小组指示，区信访办牵头组织成立信访接待组。建立"两点接待制"，即在现场和信访办均设立窗口，全天不间断接待受灾群众，并搭建区领导直接与受灾居民面对面沟通的平台，确保受灾居民诉求及时、有效地转交与处置。在历次火灾善后工作重大节点中，坚持以市信访办为核心，以信息共享为途径，以多方联动为依托，以兄弟区县信访部门为支援，确保群众哀悼日等悼念活动安全、有序进行。在市委领导指导和兄弟单位支援下，为各界群众悼念活动创造良好稳定环境。

（谢　劼）

【健全信访稳定工作例会机制】 年内，区处理信访突出问题和群体性事件联席会议办公室（简称区联席办）对区信访稳定工作例会制度进行调整，明确信访工作稳定例会的职责、成员和工作方法，规定例会原则上每两周召开一次，必要时可随时召开，并将每次例会形成的意见和建议以会议纪要形式，报区党政主要领导和相关部门单位。全年共召开例会61次，其中会商研究"11·15"特别重大火灾事故善后工作39次，商讨其他矛盾的22次，共研判协调矛盾37件。

（谢　劼）

【"联系重点信访人"工作稳步推进】 年内，区成立以区委、区政府一把手为组长的"静安区四套班子领导联系重点信访人推动信访积案化解工作领导小组"。下设办公室在区联席办。制订《关于全面开展区四套班子领导联系重点信访人推动信访积案化解工作的实施意见》，全面整合社区组织、地域和人脉资源，承担起重点信访人化解、稳控、终结的属地协作责任。在疑难复杂信访矛盾化解、终结工作中，具体承担信息报送、帮扶解困、思想疏导、参与听证等工作。全年在涉及区需化解终结的矛盾积案90件中，累计化解26件，上报终结23件，化解终结率54.4%。

（谢　劼）

【开展核查终结工作】 2011年，区信访办启动核查终结程序的信访积案26件（含3件简易终结程序），其中经区政府常务会议集体讨论通过18件，按照终结工作要求向市政府申报20件。（1）组织召开信访核查终结工作推进会议，责任单位根据评议组成员提出的要求，主动收集相关材料并商讨合法、合情的化解方案。（2）结合2010年信访核查终结工作听证程序中试点的2起缺席听证信访事项，制订《静安区信访事项核查终结缺席听证操作细则》，将缺席听证程序中信访人代表人的确定、职责范围、程序等事项予以规范化，为缺席听证规范、有序进行奠定基础。（3）终结工作小组通过听取领导包案联络员汇报每一项信访事项的最新进展情况，每月做好分批次、分步骤计划安排，便于领导掌握工作进展情况；对于已经有律师核查意见的，审查意见，与责任单位联系，要求提供证据材料，以加快终结案件进度。（4）对年内拟终结的信访积案集中梳理，根据矛盾化解程度分批次安排，开展全面约谈工作，固定信访人诉求，并将约谈内容集中整理，将信访人的诉求按照程序与实体进行分类概括，为责任单位有的放矢提供化解方案做好准备。

（谢　劼）

【推进完善联合接访大厅建设】 4月28日，区信访办正式启动信访联合接待大厅试运行。根据信访联合接访大厅"一站式接待、一条龙办理、一揽子解决"工作原则，构建统一领导、综合协调、高效运转工作模式，要求驻厅单位依据职责，主动承担，跨前工作，依法、及时、就地解决信访问题。每个工作日有8家单位入驻联合接访大厅，周四党政领导接待入驻的为15家。对驻厅工作人员加强考核、强化管理，提升联合接待大厅工作质量和效率。

（谢　劼）

（八）行政监察、纠风工作

【概况】 2011年，静安区监察局（简称区监察局）围绕区委区政府中心工作,根据年初确定重点工作目标,开展执法监察、深化行政审批制度改革、专项监察等重点工作。推进政风行风建设,开展民主评议基层站所、“重点评”工作;深化各项专项治理,规范教育收费,清理和规范庆典、研讨会、论坛活动,解决一批群众反映强烈的突出问题,维护人民群众切身利益。（谢芳才）

【开展工程建设领域突出问题专项治理】 3月上旬起,区治理工程建设领域突出问题领导小组办公室(简称区治工办)以2008年以来规模以上政府投资和使用国有资金项目为重点,组织相关项目建设单位开展自查,牵头区发展改革委、区建交委、区财政局、区审计局、区规土局、区安监局、区招投标办等部门共同组成专项治理工作检查组,选取10个项目开展重点检查,聘请2名审查工程建设合同和材质方面专家参与检查、增强专项检查的权威性、严肃性和规范性。

（谢芳才）

【推进行政审批标准化建设】 年内,区监察局率先在全市区级层面开展业务手册编制试点工作,选取区商务委等9个部门15个审批事项为试点项目。通过试点,进一步规范行政审批部门领导岗位及工作人员岗位审批流程和权责,明确标准和条件,最大限度压缩自由裁量权,达到优化流程、规范操作、有效监管、提高效能目标。（谢芳才）

【加强政府实事项目和重点工作专项监察】 年内,区监察局制订《静安区监察局经济适用房保障供应工作专项监察方案》,将经济适用房政策执行运用、工作制度落实、操作程序规范以及勤政廉政和工作作风等情况作为监察重点。检查督促各受理点设立举报信箱和接待站,公布投诉举报电话;组织各相关单位纪检监察组织在集中咨询、受理、摇号等重要时段节点到现场实施监督;会同开展明察暗访,收集群众反映。通过专项监察,有效保障区经适房保障供应工作程序规范、公开透明、推进有序。（谢芳才）

【开展基层站所民主评议工作】 3月中旬,区监察局启动对5个街道25个基层站所的民主评议工作。评议工作历时4个多月,共召开有1521人次参加的座谈会128个,走访相关单位773家,电话访谈238户,个别访谈360人,查阅资料1100多册,暗访37次,满意度测评调查1500份。细致、全面地了解被评基层站所开展政风行风建设情况,通过梳理和综合分析,完成评议报告,反馈实例241件,提出整改建议65条。（谢芳才）

【解决群众反映强烈的热点难点问题】 年内,区纠风办查处“纠风在线”网站、政风行风热线和实例调查反映问题、督促解决“纠风在线”等公共投诉平台上的投诉,及时反馈督办、核实处理,整改处理率100%。其中“纠风在线”25件,“政风行风热线”5件,政风行风实例20件,解决一批群众反映强烈的热点难点问题。

（谢芳才）

【清理和规范庆典、研讨会、论坛活动】 6月21日,区监察局召开全区清理和规范庆典、研讨会、论坛活动工作领导小组会议,讨论通过实施方案,部署清理和规范工作,并进行清理汇总。全年静安区已举办和拟举办庆典、研讨会、论坛共29个,活动经费609.3万元,其中财政资金538.3万元;取消1个,节约财政资金30万元。（谢芳才）

(九)民防工作

【概况】 2011年,静安区民防办公室(简称区民防办)牵头完成区政府实事项目“开展地下空间安全使用专项整治,重点整治59处经营性人员密集型场所”,并推进民防工程建设和公用民防工程维修养护。全年共审核1个项目,应建民防工程建筑面积1603平方米;民防工程竣工验收备案5个,完成建筑面积17529平方米,使用面积约1.45万平方米;完成9个地下空间使用备案。完成年度公用民防工程维修养护工作计划,全年养护20个公用民防工程,建筑面积约1万平方米。封堵或加固92处老旧报废公用民防工程。（冯 琛）

【进行地下空间安全使用风险评估专题辅导】 3月29日,区民防办邀请地下空间与人居环境科研专家、同济大学地下空间规划设计研究院院长束昱教授进行地下空间安全使用风险评估专题辅导,区地下空间管理联席会议各成员单位领导、联络员及区民防系统有关人员参加。束昱从地下空间使用安全与灾害预防、城市地下空间安全评价体系等方面,展示多个典型地下空间使用安全评价案例,运用翔实数据、阐述地下空间使用安全评价体系与实施办法。（冯 琛）

【开展“5·12”防灾减灾日系列宣传活动】 5月9—15日,由区民防办、区民政局牵头,组织开展为期7天防灾减灾系列宣传活动,会同区应急办、区地震办、区红十字会、区绿化管理局、5个街道等部门、单位组织实施。以“防灾减灾从我做起”为主题,在静安公园开展集中设点宣传、社区应急逃生和疏散演练、民众防护知识培训等活动,向公众普及防灾减灾知识和自救互救技能。共分发宣传手册、民防专刊等逾5000份。

（冯 琛）

【组织“民防—2011”网上演习】 6月15—17日,区民防办组织进行代号为“民防—2011”由市带区的信息化条件下局部战争人民防空组织指挥演习。演练主要分为3个内容:空袭导致大面积停电情况下消除空袭后果行动组织指挥网上演练、基本指挥所自备电源应急启动与切换、机动指挥所应急开设。由区民防办主任担任人防指挥部指挥长,指挥部下设8个组,区民防系统、区建交委、区卫生局、消防静安中队、区信息委、公安静安分局、区委宣传部、区商务委分别对应综合组、抢修组、抢救防疫组、消防防化组、通信保障组、城市管制组、政治宣传组、综合保障组。各社区

(街道)成立指挥部,由各社区(街道)武装部部长担任指挥。重点演练空袭导致大面积停电情况下消除空袭后果的行动决心和组织筹划,共45人参演。 (冯 琛)

【开展人民防空宣传周活动】 宣传周活动为期7天,主题为依法开展国防教育,增强公民国防观念,提高人民防空意识。9月14日,区民防办在江宁路车库进行宣传周启动仪式,并组织举行街头设点宣传活动,宣传内容包括向居民群众发放民防特刊等宣传资料,播放民防宣传教育片《天盾》,展示人民防空宣传展板等。此外,为利用社区资源普及人民防空知识,区民防办组织辖区内各居委会开展"四个一"活动,即悬挂一条宣传横幅、出一期宣传板报、张贴一份宣传海报、开展一次宣传教育活动。 (冯 琛)

【组织防空警报试鸣】 9月17日,是全国第十一个全民国防教育日,也是上海市组织开展人民防空警报试鸣日。区民防办牵头组织全区73个居委会共1万余人参加全市防空警报试鸣及消防逃生演练,演练主会场设置在江宁路社区(街道)景苑居委会枫景苑小区。区成立防空警报试鸣指挥部,由区政府分管副区长任总指挥,区人武部副部长、区民防办主任任副总指挥,各相关部门为成员单位。区民防办负责全区18台警报器试鸣技术保障工作,在测试及试鸣期间均实行"一岗双人"机制,并进行系统的操作培训。试鸣期间,全区18台警报器鸣响率100%,试听效果良好,试鸣及演练期间未发生事故。为使消防逃生演练顺利进行,区民防办委托民间应急救援组织——上海音速青年志愿服务中心对73个居委会及主会场居民进行专业培训和演练指导。 (冯 琛)

【开展学校民防教研活动及师资培训课程】 年内,区民防办、区教育学院共同组织开展每月一次学校民防教研活动,全区近30所中小学民防骨干教师参加。内容包括民防教研交流会议、区级民防教育专题公开课、学校民防应急箱使用管理培训等。进行系列民防师资培训理论及实践课程教育,累计开展4次理论课程和2项实践活动,与民防教研活动相结合,跨度长达半年。6月,组织前往伟成民防教育基地进行民防技能训练及实践,项目包括楼宇逃生、火灾逃生训练、模拟地震训练、消防灭火训练、民防知识讲座等,并参观民防科普教育馆。9—11月,开展学校民防骨干教师师资培训系列理论课程教育。11月,会同区教育学院组织全区中小学民防骨干教师,赴吴淞口开展以增强海军国防观念为主题的民防教学活动。 (冯 琛)

【开展地下空间安全使用专项整治】 年内,区民防办成立专门工作推进小组,依托区地下空间管理联席会议平台,开展地下空间安全使用专项整治。(1)制订并细化地下空间安全整治工作实施方案,确定需要整治的范围和重点(59处地下空间经营场所和人员密集场所),明确整治内容、责任分工、整治步骤,拟订目标任务分解表和项目实施进度计划图等。(2)开展地下空间安全使用培训工作。邀请专家授课,共举办3期地下空间安全使用培训班,区地下空间管理单位、使用单位负责人或安全管理人员约450人接受专题培训。培训涉及地下空间安全生产、消防、防汛和安全使用等内容和法律法规。(3)拟订地下空间安全使用标准。借鉴市民防办地下空间安全使用评估体系,邀请和组织专家组,开展安全使用风险评估专题辅导。至7月底,完成60处经营性人员密集型地下空间使用安全风险评估。(4)结合安全风险评估结果,牵头相关部门或单位,推进不符合安全使用标准的场所整治。(5)在重要时段(如春节、劳动节、国庆节、上海世游赛期间)开展地下空间安全专项检查和联合检查,出动8294人次,检查地下空间场所5170处(次),查处和整改隐患578条,促进安全责任落实。 (冯 琛)

(十)民族宗教事务

【概述】 2011年,静安区民族和宗教工作推广民族宗教界服务世博成功经验,加强民族团结,倡导宗教和睦,引导民族宗教界人士为静安区建设作贡献。3月,开展民族和宗教法规宣传周活动,组织民族政策和法规专题报告。加强民族宗教团体和基层组织自身建设,指导各社区成立区民族联合会分会,健全和完善民族工作3支队伍工作机制,强化创新意识,提升服务能力,营造社区民族工作互动氛围,组织社区参与上海市民族团结进步社区创建活动。组织区民族和宗教界参与纪念辛亥革命100周年和中国共产党成立90周年各项活动。落实全国第九届民运会上海代表团毽球项目承办任务,确保各项比赛保障工作落到实处。落实民族地区对口支援工作,援助灾区人民抗灾等社会公益事业,共慈善捐款约406万元。引导宗教界人士励志修行、参学悟道,协助静安寺行脚团朝礼五台山。开展区宗教教职人员认定备案和宗教活动场所财务监督管理2个专项工作。按照文明宗教场所创建要求,规范场所管理,加强制度建设,提升宗教教职人员整体水平,做好"和谐寺观教堂"创建工作。加强各部门联络,做好保障工作,确保朝圣活动进行。发挥三级宗教工作网络作用,依法制止非法违法宗教活动。9月,静安区负责承办第九届民运会上海代表团毽球项目女队获第九届全国民运会三等奖,男队获道德风尚奖。基督教怀恩堂、静安寺住持慧明法师分别获国家宗教局"创建全国和谐寺观教堂活动"先进集体和先进个人。静安区政府民族和宗教事务办公室(简称区民宗办)被国家民委评为"2006—2010年全国民委系统法制宣传教育工作先进集体"。 (尤淮海)

【静安寺举行"同愿、同祈、同吉祥"新年祈福法会】 1月2日,静安寺为胶州路728号受灾居民在寺院内举行

"同愿、同祈、同吉祥"新年祈福法会，103个受灾家庭的500多名受灾家属及亲友参加法会。区政协主席刘晓明、副主席罗华荣、市民宗委副主任沈国强及相关处室负责人等到场指导工作。法会由上海市佛教协会副会长、上海佛学院院长、静安寺方丈慧明法师主法。静安寺法师共同为受灾居民诵经，家属代表依次排队上香祈福。法会上还举行"金兔赐福"吉祥物传递仪式，由慧明法师为受灾家庭送上"金兔赐福"吉祥物。

（尤淮海）

【佛教福慧基金捐款200万元】 2月17日元宵节，佛教福慧基金向上海市慈善基金会静安区分会捐款200万元捐赠仪式在静安寺举行，区委统战部副部长、区民宗办主任，区民政局局长和静安寺方丈慧明法师参加捐赠仪式。区民政局局长代表上海市慈善基金会静安区分会接受捐赠款。

（尤淮海）

【区政协委员视察清真基本供应网点】 3月4日，在区商务委、区民宗办相关负责人陪同下，区政协副主席罗华荣和区民族和宗教界部分政协委员对区内部分清真基本供应网点进行视察。在视察过程中，政协委员与经营者交谈，了解经营情况以及经营中所遇到问题和困难，勉励网点经营者要按照《清真条例》规定，做好有清真饮食习惯少数民族群众服务工作。视察结束后，在区商务委会议室召开部分清真行业从业人员、清真监督员座谈会。会议听取区商务委、区民宗办有关清真网点设置（网点布局）、清真监督工作及扶持（清真）政策落实情况汇报。（尤淮海）

【静安寺为"11·15"特别重大火灾事故遇难者举行清明祭思法会】 4月5日，静安寺在寺内西厢房3楼内坛举行"11·15"特别重大火灾事故遇难者清明祭思法会，共有20户、24名遇难者家属120余人参加活动。法会举行前，市委办公厅副秘书长薛潮在有关部门领导陪同下，视察法会现场并看望遇难者家属和参加法会僧职人员。法会由静安寺方丈慧明法师主法，在法师们祈愿的诵经声中，遇难者家属有秩序地上香祭拜亡灵，表达对已故亲人哀思。（尤淮海）

【五区联合举办宗教教职人员培训班】 由徐汇、长宁、闸北、卢湾、静安等5个区民宗办筹备、组织，4月12日和5月24日，在静安区政府会议中心举办五区宗教教职人员培训班，五区民宗办领导和相关工作人员及160位宗教教职人员参加培训。2次培训各历时3天，通过听取学者和市民宗委相关职能处室负责人关于国际热点问题、上海城市文化及宗教政策等内容的辅导报告，全面提升宗教教职人员对宗教理论知识理解和掌握，了解党的宗教工作政策、宗教法律法规，认识宗教教职人员备案工作、宗教活动场所财务监督管理工作重要性，培养更多在政治上靠得住、学识上有造诣、品德上能服众、关键时起作用的宗教界人士。（尤淮海）

【慧明法师一行五台山行脚】 为效仿古人先贤托化行脚参学名山之行持，5月11日清晨，静安寺方丈慧明法师率该寺和佛学院法师一行9人行脚朝礼文殊菩萨道场五台山。在行脚途中，所有成员不畏艰难险阻，用逆境和困苦磨砺身心，消除尘缘染污和缠缚，通过励志修行、参学悟道，来提高自身佛教文化素养和宗教理论水平。行脚团还组织参观淮海战役纪念馆、西柏坡和晋察冀边区革命纪念馆。行脚历时2个多月，途经江苏、安徽、山东、河南、河北、山西等6省，行程约1600多公里，于7月15日抵达五台山。（尤淮海）

【举行区基督教第七次代表大会】 6月15日，静安区基督教第七次代表大会在基督教怀恩堂举行，市、区有关部门负责人到会祝贺，上届基督教两会班子成员和信徒代表约300人参加。会议审议并通过第六届常委会关于静安区基督教两会工作报告和两会章程修改报告，选举产生第七届静安区基督教两会委员和新一届两会领导班子。（尤淮海）

【召开区少数民族第六次代表大会】 9月6日，静安区少数民族第六次代表大会在美丽园龙都大酒店举行，市、区有关部门负责人到会祝贺。市民宗委民族一处副处长，部分兄弟区（县）民宗办、民族联分管领导，静安区各委、办、局、街道分管领导和统战干部以及少数民族代表约200人参加。会议审议并通过静安区少数民族联合会第五届理事会工作报告和《静安区少数民族联合会章程》修改意见。选举产生静安区少数民族联合会第六届理事会和新一届领导班子。（尤淮海）

【区民族宗教界向丰宁满族自治县援建卫生站】 9月15日，区民族宗教界人士一行12人赴河北省丰宁满族自治县，落实向该县大滩镇孤山子村卫生所捐赠对口帮扶资金。9月16日，访问团到达丰宁自治县后，在县委、县政府领导陪同下前往位于丰宁边远地区大滩镇孤山子村实地考察捐赠项目并举行捐赠仪式，捐赠人民币30万元，用以建造一座具备基本医疗设施的卫生所。（尤淮海）

【静安寺举行"11·15"特别重大火灾事故遇难者周年超度法会】 11月15日，静安寺为"11·15"特别重大火灾事故遇难者举行周年超度法会，并为所有受灾居民祈福。静安寺全体僧人、佛教信众、部分遇难者亲属、受灾居民和社会各界人士共500多人参加法会。法会由静安寺方丈慧明法师主持。参加法会的遇难者亲属一一上香祭拜，表达对逝去亲人的哀悼和思念，一些受灾居民也共同参与，以寄托对亡故邻里的哀思和缅怀。

（尤淮海）

(十一)侨　务

【概况】 2011年，静安区政府侨务办公室（简称区侨办）推动社区侨务社工队伍成长，加强社区侨务干部培养，提高社区侨务干部工作水平，全年共培训社区侨务干部752人次；在街道侨务工作网络配合下，形成社区侨务工作上下联动格局。依法维护侨资企业合法权益,完善侨商维权机制,加大对重点、难点涉侨经济案件和纠纷解决力度;协助推进华侨"代为经租房"归还落政工作,至年底落实解决20户,提前完成3年行动计划任务数。利用涉侨组织、侨资企业等资源,关注归侨侨眷中特殊群体,发挥"侨为侨""侨帮侨"服务功能,为归侨侨眷办实事、解难事;开展对困难归侨侨眷帮扶活动,整合社区及各方资源,开展政策咨询、就业援助、法律援助、实物援助等活动,为归侨侨眷排忧解难;通过春节、国庆等节日及结合夏令"送清凉"活动,探访慰问侨界知名人士及侨界困难群众,加强对新华侨华人及其眷属的关注,全年共帮困400人次,金额4万元;通过调研、座谈,了解侨资企业需要,有针对性地做好为侨资企业政策服务、协调服务和跟踪服务;关心慰问在"11·15"特别重大火灾事故中受难的华侨华人、归侨侨眷和港澳同胞,通过探访,了解他们实际需求,并寻求相关部门支持。运用区属教育资源优势,发挥4所华文教育基地示范作用,配合市侨办做好海外华文教育师资培训接待工作;9—10月配合参与国务院侨办和中国华文教育基金会"中华文化大乐园澳大利亚营"活动,受到接待单位高度评价和市侨办感谢函。配合有关区属集团企业做好招商引资举荐工作;以海外联谊会和留学生联合会为载体,以联谊、座谈、接待等多种渠道,加强与海外及港澳侨团侨社、重点侨领、重点人士、海外留学生的联系,引导鼓励华侨华人为国(回国)服务,发挥他们在以侨引外、构建友城、引智引资中的桥梁纽带作用,全年共接待海外华侨华人、港澳同胞等9批共36人;结合区政协参政议政,组织海外华侨华人、区内涉侨人士共同参与城市建设讨论。定期召开区侨联、致公党区委、区人大侨民宗委员会、区政协台港澳侨委员会组成的联席会议,形成制度,加强沟通,交流信息,分享经验,并联合举办各类活动,相互参与、相互支持、整合力量、形成合力,与致公党区委、区侨联联合举办"静安区侨界2011年迎春团拜会",有220余名区侨界人士参加;与区侨联联合举办"侨界人士庆国庆迎中秋活动",归侨侨眷150余人参加活动。全年,区侨办共现场接待249人次,接听咨询电话301人次。来信24件,办结17件。为5名参加2011年中考"三侨生"出具加分照顾证明,为9名参加2011年高考"三侨生"出具加分照顾证明。出具《华侨、华人外籍子女来沪就读身份证明》20份,协助市侨办确认归侨身份26人。

(王颖华)

【留联会举办迎春联欢京剧票友演唱会】 1月14日,静安区留学生及其家属联谊会(简称区留联会)在南京西路社区教育学院5楼多功能厅,举行静安留联会京剧队迎春联欢京剧票友演唱会。节目包括《霸王别姬》《智取威虎山》《赤桑镇》《女起解》《珠帘寨》等16个唱段,张启华、翁永德、蔡筱康、陶美玲等票友参加演出,还特邀京剧名角陈佩钦献演,95岁的殷程万老先生也上台清唱,获得戏迷们的掌声。活动由区留学生联合会与南京西路社区(街道)办事处主办,并受到上海市宁波同乡会支持,共120人参加。

(王颖华)

【开展侨法宣传月系列活动】 2011年是《上海市实施〈中华人民共和国归侨侨眷权益保护法〉办法》颁布第一年。3月,区侨办根据市侨办要求,以"贯彻落实侨法精神,依法保护侨界权益"为主题,在各街道开展一系列宣传学习侨法、保护侨界合法权益活动。3月1日,组织归侨侨眷参加2011年上海市侨法宣传月启动仪式;3月10日,组织区侨务干部参加全市侨务系统学习"实施办法"报告会;3月16日,举办"海外侨情与国外侨务工作报告会",特邀市侨办副巡视员陶国丰主讲。区人大侨务民族宗教工委,统战干部,统战社工,致公党成员,区侨办、侨联干部,社区归侨侨眷等80余人参加报告会;3月30日,组织侨务干部参加市人大侨民宗委、市侨办举办的《实施办法》动员暨培训会。各个社区也通过黑板报、专版、横幅等方式宣传新修订的《上海市实施〈中华人民共和国归侨侨眷权益保护法〉办法》,发放宣传手册、法规汇编等材料1000余份。发动侨界志愿者,在各自社区或重点楼宇,参与志愿服务活动;各街道归侨侨眷联络组组员也在侨法宣传分会场设立"涉侨政策咨询"服务摊位。

(王颖华)

【5位教师为泰国华文教师讲课】 4月6—27日,2011年泰国华文教师上海汉语言文化培训班代表团在沪考察,静安区5位教师应邀为该团80多位泰国同行讲课。静安区教育学院附校校长张人利、南京西路幼儿园园长洪晓琴先后在华东师范大学为泰国教师执教"后'茶馆式'教育"及"少年儿童智力发展与行为习惯养成"课程。区教育学院华芳、朱征平及上海市第一师范附属小学的石瑜等3位教师分别在上海师范大学作"语文课堂教学技巧与实例""课堂教学管理的基本内容与实施要点""中国团扇与版画"的讲座。

(王颖华)

【泰国华文教师访问区第一中心小学】 4月18—20日,静安区第一中心小学接待10位来自泰国的华文教师。学校安排一至四年级4位资深的语文教师进行为期3天"一对三"式的带教活动。泰国华文教师每天听语文随堂课、参加学校各类语文教研活动,学校为泰国华文教师们提供学校历年来各级各类优秀公开教学课堂实录及较为完善的教案范本。泰国教师们对学校的习惯养成教育、语文基础知识、基本能力训练表示赞赏。

(王颖华)

【海外联谊会代表团赴美、加访问】 4月,静安海外联谊会会长李关德率静安海外联谊会代表团赴美国、加拿大访问。代表团在美国向陈香梅汇报受托基金运行情况,并就举办"纪念辛亥革命100周年暨'梅之韵'书画艺术展"活动进行协商。代表团还会同"海上画院"书画界华人联袂作画,应邀与加拿大温哥华卑诗(BC)省上海华商会开展联谊活动。

(王颖华)

【日本学生访问市一中学】 5月，日本爱媛县松山西中等教育学校藤上惠三校长、“日中青少年旅行财团”村上理事长等3位老师带领37名日本学生，到上海市第一中学（简称市一中学）交流访问。访问期间，日本学生走进市一中学课堂，与中国学生代表共同参加民乐、绘画与书法、班级联欢等课程交流学习，一部分日本学生参加带有上海特色的包馄饨活动，实际感受中国传统习俗。在中日学生联欢会上，学生们还表演呈现两国悠久文化和民族特色的文艺节目。（王颖华）

【梁君午大型油画作品《手》捐赠至都江堰】 5月14日，在四川省都江堰市图书馆举行旅西班牙人物油画家梁君午捐赠都江堰市大型油画作品《手》揭幕仪式。上海市政府副秘书长、市对口援建都江堰市指挥部总指挥薛潮，副总指挥是明芳，上海市静安区委常委、区政协副主席、区委统战部部长李关德，区侨办负责人等参加揭幕仪式。都江堰市美术家协会、摄影家协会、各乡镇代表等共120余人参加仪式。（王颖华）

【开展全区基本侨情调查】 区侨办根据市侨办要求开展侨情调查。5月30日，举办全区侨情调查启动仪式，并邀请市侨办做调查培训。6月上旬，在与各社区党工委沟通基础上，通过分发工作手册、教学光盘、强调工作重点、实例讲解、现场解答等手段普及基本业务知识，对全区547名调查员进行全覆盖培训。区侨情调查建立由区侨办、区侨联牵头，各街道负责的侨情调查工作责任制；建立巡回沟通机制，加强与各街道现场交流、沟通和指导；做好经费运作、侨情调查资料分配等服务工作。各街道利用社区侨务工作网络，发挥街道侨联组织作用，以居委会为调查单位开展基本侨情调查工作。与区人口办、区统计局合作，形成横向联动机制。多次与区人口办联系，在确保信息不外泄前提下，收集涉外人口数据，为侨情调查提供辅助资料。（王颖华）

【全美华文教育访华团访问静安区】 6月28日，2011年全美华文教育访华团一行15人参观石门二路社区文化活动中心、社区医疗服务中心及老年日间料理中心。区侨办负责人和石门二路社区党工委分管书记陪同参观。参观团先后参观社区文化活动中心内的阅览室、图书馆、社区舞蹈团、编织组、书画班、诗歌班、评弹演出、健身中心、东方信息苑、DISCOVER青少年科技探索馆、张爱玲书屋及新福康里社区医疗站等地，并在参观社区老年日间照料中心时和老人们合影留念。（王颖华）

【一师附小、一中心小学代表团赴意大利文化交流】 暑假期间，由上海市华文教育基地上海市第一师范附属小学（简称一师附小）、静安区第一中心小学（简称一中心小学）45名学生组成的代表团，远赴意大利开展文化艺术交流活动。学生们用悠扬的乐声、优美的舞姿和传统民俗文化，向世界“说”中国。交流期间，学生们应邀到佛罗伦萨市政厅，受到佛罗伦萨市副市长、教育局长以及当地学生、教师的接待。一师附小民乐队演奏二胡“赛马”“小花鼓”和扬琴“江南春色”；学校舞蹈队表演具有中国民俗特色的舞蹈——“中国风”“茉莉花”“小铁梅”等。一中心小学的孩子们献上自制的精美超轻彩泥京剧人偶礼盒，并为市长戴上红领巾。演出后第二天，一师附小艺术团接受当地电视台专访。（王颖华）

【举办“美之韵”——静安区各界人士纪念辛亥革命100周年书画展】 9月15—19日，静安海外联谊会、区文明办、区政协港澳台侨委员会在区文化馆联合举办“美之韵”——静安区各界人士纪念辛亥革命100周年书画展。静安海联会、区政协香梅画苑征集百余幅上海文史馆馆员曹铭等两岸及海外众多知名画家的画作。书画展分“和谐中华”“梅开两岸”“美好家园”3个主题，鼓舞广大人民在中国共产党领导下，继承和发扬辛亥革命精神，为中华民族的复兴而不懈奋斗。（王颖华）

（十二）港澳事务

【香港太古集团捐赠图书】 7月5日，香港太古地产有限公司上海代表处向静安区图书馆捐赠近900册港版及英文原版书籍，涵盖文学、文艺、建筑、环保、教育以及社会服务等不同类别图书，成为自静安区图书馆建馆以来首家向其大批量捐赠图书的企业。配合该次捐赠，区图书馆在3楼参考阅览室内特别设立太古地产赠书专区，供读者阅读品鉴。（王颖华）

（十三）台湾事务

【概况】 2011年，静安区有台胞567人，台资企业95家，沪台婚姻53对。区委常委会专题听取对台工作汇报；区委根据干部现状，调整充实区委对台工作领导小组成员，并于3月初召开2011年区对台工作领导小组会议。静安区政府台湾事务办公室（简称区台办），在听取各成员建议和意见基础上，研究制订区2011年对台工作要点。结合2011年上海市台办宣传工作要求，办好《上海对台工作》杂志400期特刊静安区专版编辑工作。组织对台通讯员开展收集、采编、撰写30年来静安区对台工作发展历史。（潘晓艳）

【加强两岸党际交流】 静安区与台北中正区自2004年起结为友好城区。8月，由区委常委、区政协副主席、区委统战部部长李关德任团长，组团访问台北中正区国民党党部，多渠道走访，多方位交流，巩固老朋友，结交新朋友。年底，台北中正区部分里长受邀到静安区参观访问。（潘晓艳）

【推动两岸人员交流】 按照区调整对出国、出境归口管理工作的要求，年内，区台办负责对区域内赴台人员办理立项、申报等手续。全年共有15个团组、近150余人办理赴台相关手续。做好注册在静安区的企业人员

赴台交流经贸工作,全年共办理102批、189人次赴台商务考察交流。全年共接待台湾友人5个团组、30余人。 （潘晓艳）

【帮助台资企业排忧解难】 年内,区台办接待、办理来电来访40件,处理各类涉台事项24起,协调办理台商子女就读20余人。根据市台办专项工作精神,通过电话联系和上门实地走访相结合,对122家注册地在静安区的台资企业进行核实,其中68家继续经营。在走访过程中了解情况,帮助台资企业排忧解难。与市台办、区法院、工商静安分局等协商,重点协调区台协会会员企业违法事宜处理。 （潘晓艳）

【区台协工委吸收新会员】 区台协工委全年共发展3家台资企业成为新会员,其中2家企业会员,1名个人会员。新会员单位华敏集团为注册资本500万美元的台企。至12月底,区台协工委共有单位会员32家,个人会员9人。 （潘晓艳）

（十四）地方志工作

【概况】 2011年,静安区地方志办公室(简称区方志办)克服"在职人员少,工作任务重"困难,科学安排编纂进度,较好完成全年任务,完成《静安年鉴(2011)》编辑出版。1月13日召开年鉴组稿会议,较往年提前完成初稿报送和统稿工作。增强《静安年鉴(2011)》编辑力量,实现区志、年鉴编辑人员一体化管理。增加9名编辑,优化"五个编校"流程。坚持"常编常新",在总体稳定基础上调整框架目录。处理好"综述""概况"之间交叉重复问题,增加企业集团公司、教育等栏目的分目数量,调整部分栏目顺序。加强业务培训,制订《静安年鉴撰写要素和立条范围》,统一行文规范,至6月底完成《静安年鉴(2011)》送审稿。9月底正式出版。《静安年鉴(2010)》获全国版权协会综合编校质量一等奖。基本完成《静安区志(1993—2010)》初稿撰写工作。年内,区志编纂工作由资料收集阶段转入初稿撰写阶段。在对资料收集工作开展自查、抽查、调研和召开现场交流会的基础上,总结资料收集阶段工作,具体部署初稿撰写阶段工作。2月15日,区方志办印发《关于做好〈静安区志〉编纂工作转段准备的通知》,对转段工作进行部署。3月2日,召开《静安区志(1993—2010)》编纂委员会第三次全体会议,全区区志编纂工作由资料收集阶段转入初稿撰写阶段。完成1993—2010年静安区区情调查。在2010年调研的基础上,拟写区情分析报告,召开编辑讨论会、专家讨论会,印发征求意见稿,使全区撰稿人员了解区情变化,明晰撰稿思路。分步实施,抓好初稿撰写3个环节。4月15日,区方志办印发《关于做好〈静安区志(1993—2010)〉初稿撰写阶段有关工作的意见》。指导并要求各单位完成写作构思、撰写篇目调整、初稿试写3项工作。4月28日召开《静安区志(1993—2010)》区情分析暨试写稿点评会,进一步加强区志撰写人员对撰稿的感性认识。多次召开撰写工作座谈会。先后召开地区办与街道、统战与民主党派、司法部门、建设部门,食药监部门等座谈会,协调解决篇目交叉和资源共享问题。加强重点篇目写作研究。多次开会讨论"静安南京路"编的撰写构思、篇目设置和任务分工,争取写好区志的重点篇章。召开"市政工程""商贸流通业""发展与改革"等篇目撰写培训和撰写推进会。明确人物篇的收录标准与范围。9月开展对全区初稿撰写工作检查,召开89家单位参加的座谈会,对部分单位进行督促检查,将检查结果在全区进行通报。根据检查中发现的问题,编印《〈静安区志(1993—2010)〉初稿撰写培训材料》和制作《怎样写好志书的概述和无题小序》视频资料。10月制发《关于区志初稿报送及评议工作的通知》,部署区志编纂由初稿转入编辑评议阶段工作,10月底,全区各单位基本完成初稿撰写和报送,完成区委、区政府的重点工作。 （国　政）

【举办入志企业撰稿培训】 1月28日,区方志办召开入志企业培训会,区属集团公司、毕马威华振会计事务所、辉瑞投资、佳丽宝化妆等23家企业参加。培训会上,要求各入志企业提供3000字以上的资料,内容包括企业沿革、资本组成、经济效益、主要产品/项目、下属公司等要素,并下发撰写范文供参考。至此,《静安区志(1993—2010)》的编纂内容已全部落实到承编编纂单位。 （国　政）

【召开《静安区志(1993—2010)》编纂委员会第三次全体会议】 该会议于3月2日在延安饭店召开,《静安区志》编委会全体成员、有关专家顾问出席会议,会议总结2010年修志工作,部署2011年修志工作。市地方志办公室党组书记、主任刘建,区委副书记、《静安区志》编委会常务副主任郑健麟出席会议并讲话。会议表彰《静安区志(1993—2010)》资料收集阶段工作先进集体和个人,先进集体代表区市政配套局、公安静安分局的领导分别作交流发言。 （国　政）

【召开区志编纂转段暨培训会议】 该会议于3月11日在延安饭店召开,区域内各区志承编单位主笔、撰稿员300余人出席。会议总结区志资料收集阶段的工作,对初稿撰写阶段工作进行具体部署。传达《静安区志(1993—2010)》编纂委员会第三次全体会议精神。对与会人员进行区志初稿撰写的培训,通过典型范文介绍志稿撰写的准备工作、志书语言体裁、结构写法、行文规范等相关知识。 （国　政）

【召开区情研讨会】 4月15日,区方志办邀请部分区内在综合性部门工作多年的老同志对区方志办草拟的《关于1993—2010年静安区区情的分析》发表意见,共同研讨1993年以来18年间静安区发展的主线、轨迹、特点等关系区志总体编纂思路的纲领性问题。与会人员畅所欲言,提出许多宝贵意见,为《区情分析》的进一步修改、完善提供参考。

（国　政）

【召开区情分析介绍暨区志试写稿专家点评会】 该会议于4月28日在中国福利会少年宫剧场召开，区域内各区志承编单位主笔、撰稿员150余人出席。由上海市地方志办公室原副主任姚金祥对区志7篇试写稿进行一一点评，说明正确的写作方法和行文规范。区方志办对《1993—2010年静安区区情分析报告》进行系统介绍，对各承编单位写作构思的拟定提出具体要求，并针对暴露出的一些实际问题作辅导、讲解。

（国　政）

（本栏目编辑　黄瑞于　商金娣）

·资　料·

（上接第27页）

上海市实施《地方志工作条例》办法

第十条　（地方志书的评议审查验收）

以市或者区县行政区域名称冠名、列入地方志工作规划的地方志书，应当按照规定提交市地方志工作机构进行评议、审查、验收。

第十一条　（地方志书文稿的评议要求）

以市行政区域名称冠名、列入地方志工作规划的地方志书文稿，由承编单位直接提交市地方志工作机构；以区县行政区域名称冠名、列入地方志工作规划的地方志书文稿，由区县地方志工作机构汇总，报区县人民政府同意后，提交市地方志工作机构。

地方志书文稿经承编单位内部评审后，按照本条第一款的规定提交市地方志工作机构。市地方志工作机构应当自收到地方志书文稿之日起45个工作日内，组织相关领域的专家对该文稿进行评议，出具评议意见。

第十二条　（地方志书文稿的审查要求）

承编单位应当根据评议意见对地方志书文稿进行修改，并将修改后的地方志书文稿提交市地方志工作机构审查；其中以区县行政区域名称冠名的，由区县地方志工作机构汇总后提交市地方志工作机构审查。

市地方志工作机构应当自收到修改后的地方志书文稿之日起45个工作日内，组织专家按照地方志书编纂的质量标准和规范，对该文稿进行审查，出具审查意见。

第十三条　（地方志书文稿的验收要求）

对经专家审查基本达标提交验收的地方志书文稿，市地方志工作机构应当自收到地方志书文稿之日起30个工作日内进行验收。验收通过的，可以公开出版；验收未通过的，承编单位应当修改后再行报送验收。

地方志书文稿在验收通过后不得擅自进行内容变更。确需变更的，须征得市地方志工作机构同意。

第十四条　（地方综合年鉴的出版）

以市或者区县行政区域名称冠名的地方综合年鉴经本级地方志工作机构批准后，方可公开出版。

第十五条　（地方志书和地方综合年鉴样书的报送）

地方志书和地方综合年鉴在出版后3个月内，承编单位应当向市地方志工作机构报送样书。

（下转第93页）

四、政协静安区委员会

(一)综　述

2011年,中国人民政治协商会议上海市静安区委员会(简称区政协)在中共区委领导下,贯彻市委、区委全会精神,把握团结民主两大主题,按照区委提出的“坚持发展为先,民生为本,平安为重,创新为要,文化为魂”要求,围绕创新驱动、转型发展和城区公共安全履行政协职能,联系各界人士,开展调查研究,发挥人民政协协调关系、汇聚力量、建言献策、服务大局作用。

围绕“十二五”开局协商议政,促进静安区转型发展。召开“十二五”规划专题协商座谈会,就静安区如何发挥世博后续效应、推进经济发展转型、加强城区公共安全、加大民生保障力度等开展协商座谈。区政协十二届二十九次常委会会议专题听取区政府关于《静安区国民经济和社会发展第十二个五年规划纲要》(草案)的有关说明和情况通报。发挥政协委员主体作用,借助“外脑”“智库”,开展“推进静安智慧型国际商务港建设”研究,“发挥文化协会作用、提升市民文明素质”等专题调研,形成调研报告,对运用信息化手段支撑商业商务、城区管理,发挥文化协会等社会组织作用等提出意见建议。继续关注国际商务港建设、现代戏剧谷发展和创意产业推进,以主席调研、视察、跟踪促办等形式,推进课题调研成果的转化和运用,在优化综合环境方面献计出力。围绕城区公共安全积极履职,促进静安和谐发展。组织委员对区宗教场所、公共安全、金融和专业服务业进行专题视察,查找安全管理方面薄弱环节。区政协十二届三十四次常委会会议听取区政府关于推进城区公共安全建设和管理情况通报,召开加强城区运行安全和生产安全专题议政会,听取区政府开展整顿规范建筑市场、加强城区安全生产、消防安全工作以及下阶段打算等方面的情况通报,围绕城区公共安全建设建言献策。发挥提案和反映社情民意信息作用,做好2011年提案立案审查、交办工作。全年共收到提案224件,经审查立案216件。已办复并收到反馈意见186件,办复率86%。确定9件党派团体提案为区政协2011年重点提案,报送区委主要领导阅批。明确主席分工,做好提案跟踪促办工作。召开反映社情民意信息工作会议,加强信息员队伍建设,全年共整理编发社情民意信息97期,其中被有关部门采用21期,市、区领导批示7期。《关于加强日用品安全监管的建议》等4件社情民意被报送全国政协。连续第五年被市政协评为反映社情民意工作先进集体。和区委统战部联合召开2011年静安区特约(特邀)监督员工作座谈会,完成政协委员担任区政风行风监督员和区信访事项核查终结评议组成员的推荐工作,组织委员参与监督区第一批经济适用房摇号等工作。继续协助区委、区政府做好“11·15”特别重大火灾事故善后各项工作。围绕民生保障献计出力,促进静安社会建设。发动委员和社会各界参与以改善民生为重点的社会建设,关注区社会管理情况,对完善公共资源统筹机制等开展专项视察和调研,提出意见建议。针对区教育、医疗、体育、养老等各项社会事业发展开展视察、座谈,为完善社会保险、社会福利、社会救助等社会保障体系,促进基本公共服务均衡优质建言献策。召开民族宗教界别座谈会,就少数民族外来务工人员子女教育的问题开展座谈。组织政协委员参加区教育系统安全责任书签约暨消防“防火墙”工程推进会,并向寄宿学校赠送防毒面具和书籍。推进“扩大公民有序政治参与”课题成果的转化,组织召开委员社区活动联席会议,推进委员在社区活动的有效开展,鼓励支持委员深入社区、联系群众、了解社情、反映民意,不断完善政协社区工作网络,培育基层协商民主。

围绕团结民主两大主题,凝聚社会各界力量。支持各党派团体在政协常委会会议及各类协商议政活动中发表意见和建议,探索扩大社会各界有序政治参与的新方法、新途径。进一步完善与党派团体联系制度,主席会议成员定期走访党派团体,沟通情况、听取意见。发挥党派团体联系面广、智力密集的优势,联合开展视察、调研。举办市民座谈会、界别座谈会,让政协委员和社会各界人士在政协平台上反映各方诉求。定期组织政协、统战、党派团体秘书长例会。参与全区范围矛盾化解工作,政协领导轮流参与全区信访接待工作,协助党和政府做好沟通思想工作。主席会议成员带队慰问环卫职工和执勤民警。组织开展中国共产党成立90周年和辛亥革命100周年纪念活动,举办“纪念辛亥革命百年”书画笔会、“美之韵”——静安区各界人士纪念辛亥革命100周年书画展,组织开展各界人士庆国庆联欢会等活动。做好接待服务工作,先后接待全国政协、市政协和兄弟市区政协来区视察、考察,共计19批次352人次。召开区政协之友社六届四次社员大会,支持区政协之友社开展活动。加强政协自身建设,做好换届各项工作。坚持政协中心组集体学习制度,每季度组织政协统战联组学习会。邀请专家学者作“国际视野下看中国的发展模式”、学习贯彻全国“两会”精神、“科技创新与现代生活——身边的故事与理性反思”等专题报告会。加强与市区有关报、台、网的沟通与联系,按期编印《静安政协》简讯,宣传政协各项履职活动。全年共录用稿件107篇,网站上传信息192条。组团参加全国13市区州政协工作研讨会和江浙沪15市区政协行政工作会议,加强横向联系和协作。做好委员服务工作。加强委员走访工作,帮助委员解决实际困难,为委员履职创造条件。召开专委会工作会议,探索各专委会与党政职能部门的工作对接、与界别工作互动新机制。以各专委会为主体,组队外出学习考察,增进工作交流。做好区政协换届各项准备工作,完成委员5年履职情况统计,为换届提供参考。结合区各民主党派、区工商联换届,做好新一届政协委员产生的协商工作,协商扩大社区委员比例,调整优化界别委员的构成,确保换届工作有序推进。总结十二届区政协贯彻落实中央、市委和区委对政协工作部署要求的实践经验和成功做法,编印《十二届区政协五年履职回顾》《十二届区政协委员感言录》和《十二届区政协工作制度汇编》。以机关制度建设为抓手,提高政协履职水平。汇编区政协履职类工作制度和机关实务类规范。

(姚建伟)

(二)重要会议和活动

【区政协十二届五次会议】 该会议于2月21—24日在上海展览中心友谊会堂举行。会议应出席委员278人,实到232人。会议审议通过区政协主席刘晓明代表常务委员会所作的工作报告、副主席罗华荣代表常务委员会所作的关于十二届四次会议以来提案工作情况的报告。与会委员列席人大区十四届七次会议,听取并讨论区政府工作报告、区2010年预算执行情况和2011年预算草案的报告,讨论静安区国民经济和社会发展第十二个五年规划纲要(草案)、区法院工作报告、区检察院工作报告。区领导出席开幕和闭幕会议,并分别参加专题联组讨论,听取大会发言,与政协委员共商静安经济社会发展大计。会议审议通过《政协上海市静安区第十二届委员会第五次会议决议》。会议期间,共收到提案185件,经审查立案176件。 (姚建伟)

2011年区政协常委会会议情况表

会议名称	日　期	主要内容
区政协十二届二十九次常委会议	1.28	听取区发展改革委负责人作关于《静安区国民经济和社会发展第十二个五年规划纲要》(草案)的说明,邀请区委常委、副区长方世忠出席并通报区“十二五”规划总体发展战略和目标、区政府组织开展“11·15”特别重大火灾事故善后工作情况。决定区政协十二届五次会议于2011年2月21日举行,会期3天半。审议通过区政协十二届五次会议议程(草案)、日程(草案),审议并原则通过区政协十二届委员会常委会工作报告(送审稿)
区政协十二届三十次常委会议	2.12	同意增补赵达、曾凡一为十二届区政协委员;同意姜冬冬、邵骏为区政协十二届委员会常务委员候选人,赵达为区政协十二届委员会副主席候选人,提交区政协十二届五次会议审议;审议通过区政协十二届五次会议地点、日程安排及选举工作调整事项
区政协十二届三十一次常委会议	2.21	听取区政协十二届五次会议分组讨论区政协十二届委员会常委会工作报告和提案工作情况报告的情况汇报。讨论区政协十二届五次会议选举办法(草案)、总监票人监票人名单(草案),同意提交区政协十二届五次会议委员分组会议审议
区政协十二届三十二次常委会议	2.22	听取区政协十二届五次会议分组讨论区政府工作报告、《静安区国民经济和社会发展第十二个五年规划纲要》(草案)、区2010年预算执行情况和2011年预算草案报告的情况汇报。审议通过区政协十二届五次会议选举办法(草案)、总监票人监票人名单(草案)、增补副主席候选人和常务委员候选人名单,决定将选举办法(草案)、总监票人监票人名单(草案)提请区政协十二届五次会议全体会议通过,将副主席候选人和常务委员候选人提请区政协十二届五次会议全体会议选举。讨论区政协十二届五次会议决议(初稿),同意提交区政协十二届五次会议委员分组会议审议
区政协十二届三十三次常委会议	2.23	听取区政协十二届五次会议3个专题讨论会议的情况汇报、分组讨论区法院工作报告和区检察院工作报告的情况汇报、区政协十二届五次会议期间提案审查情况的汇报,讨论区政协十二届五次会议决议(草案),同意提交区政协十二届五次会议闭幕大会表决通过

（续表）

会议名称	日　期	主要内容
区政协十二届三十四次常委会议	3. 22	邀请副区长陈静薇通报区政府推进城区公共安全建设和管理有关情况。通报区委书记龚德庆3月14日到区政协调研指导工作时的讲话精神，审议通过静安区政协2011年工作要点（草案）和主要工作安排（草案）。通报区政协十二届委员会主席分工和秘书长分工安排
区政协十二届三十五次常委会议	5. 25	邀请区委常委、副区长方世忠通报“11·15”特别重大火灾事故善后处置工作有关情况和各项善后理赔方案的主要内容。传达区委书记龚德庆5月23日在区党政负责干部会议上的讲话精神
区政协十二届三十六次常委会议	6. 9	通报国务院关于“11·15”特别重大火灾责任事故调查报告和处理决定，传达市委书记俞正声和市长韩正在市党政负责干部大会上的讲话精神，传达区委书记龚德庆在区党政负责干部（扩大）会议上的讲话精神
区政协十二届三十七次常委（扩大）会议	8. 23—24	听取政协委员分组讨论区政府2011年上半年工作情况和下半年工作安排的情况汇报。通报区政协换届工作有关情况、区政协2011年上半年工作情况和下半年工作安排。审议通过区政协全体会议工作规则（修订）、常委会会议工作规则（修订）、提案工作条例（修订）。同意黄海峰不再担任区政协十二届委员会副秘书长职务
区政协十二届三十八次常委会议	9. 8	邀请区委常委、纪委书记韩强通报区党风廉政建设情况。通报区委《关于做好2012年区政协换届委员人事安排工作的意见》和区政协十三届委员会届别设置、委员、常委规模、名额分配等情况
区政协十二届三十九次常委会议	11. 29	邀请区科委通报静安智慧城区建设情况，听取区政协专委办关于开展推进静安智慧型国际商务港建设课题调研情况汇报，副区长夏以群应邀出席会议并讲话。审议区政协十三届一次会议大会秘书处正副秘书长名单，协商产生区政协十三届委员会委员266人。同意林捷为区政协十二届委员会副秘书长、办公室主任，免去阚光曜区政协办公室主任职务。区委常委、组织部部长戴玲珍宣读区委关于郑健麟和邓小冬任职通知并介绍情况
区政协十二届四十次常委会议	12. 8	决定区政协十三届一次会议于2012年1月4日举行，会期4天。审议通过区政协十三届一次会议议程（草案）、日程（草案）、列席范围和邀请范围。审议并原则通过区政协十二届委员会常委会工作报告和提案工作情况报告，同意提交区政协十三届一次会议审议。听取区政协专委会5年工作情况汇报、《十二届区政协委员感言录》和《十二届区政协五年履职工作回顾》编撰情况汇报。决定授权主席会议审议区政协十二届四十次常委会会议未尽事宜

（姚建伟）

2011年区政协主席刘晓明调研视察情况表

日　期	调研视察内容
3. 17	到上海遗传医学研究所松江转基因试验基地调研
3. 23	在区政协专题研究“推进静安智慧国际商务港建设”课题，邀请陆晓栋副区长参加
4. 21	到上海第二工业大学浦东校区调研
4. 21	在区政协专题研究“推进静安智慧国际商务港建设”课题
5. 6—11	随市政协领导赴重庆市学习考察
7. 7	带队到静安园林绿化发展有限公司、曹家渡社区（街道）市容所、南京西路清道班、城管大队南西分队、静安交警支队执勤点视察
8. 4、8. 24、9. 23	在区政协组织“推进静安智慧国际商务港建设”课题专题调研
9. 1	到静安实验小学视察开学工作

（姚建伟）

【召开“十二五”规划专题协商座谈会】 该会议于1月4日在区政协会议室召开。区委副书记郑健麟应邀出席，与政协委员、党派团体负责人及社会各界代表人士，就区如何发挥世博后续效应、推进经济发展转型、加强城区公共安全、加大民生保障力度等方面开展协商座谈。区政协主席刘晓明主持会议，副主席李关德、黄森林、罗华荣、刘桂香出席。（姚建伟）

【组织全会前集中视察】 1月12—13日，区政协组织委员开展以知情明政为主题的集中视察，为区政协十二届五次会议作准备。委员视察静安寺、怀恩堂、小德肋撒教堂等宗教场所，大王庙皮塑市场、四季酒店、乐购超市地下商场等场所消防安全工作情况，了解现代建筑设计集团、光大证券股份有限公司等金融和服务业发展情况，分别听取区民宗办、区消防局、区金融办情况汇报。11月22—25日，区政协组织委员年末集中视察，为区政协十三届一次会议作准备。委员视察复旦大学附属华山医院静安分院，听取区卫生局和区中心医院关于区卫生工作和医疗联合体建设情况汇报；视察源创创意产业园区、安垦创意产业园区，听取区文化局、区商务委关于区文化创意产业发展规划和现代戏剧谷运营情况汇报。委员在视察中提出的意见和建议，经整理和归纳后报送区委、区政府及有关部门参考。（姚建伟）

【召开区政协之友社六届五次社员大会】 该会议于3月9日召开。会议听取并通过六届理事会理事长施耀新代表区政协之友社所作的工作报告。副区长陆晓栋应邀出席会议并通报区情，区政协主席刘晓明通报区政协2011年工作要点。区政协之友社常务副理事长黄森林主持会议。（姚建伟）

【召开3次委员学习会】 3月11日，区政协、区委统战部、区社会主义学院、民革区委在中国福利会少年宫联合举办政协统战联组学习会（2011年度第一次委员学习会）暨“社院大讲坛”第三十二讲报告会，邀请瑞士日内瓦外交与国际关系学院教授、春秋综合研究院研究员张维为作题为“国际视野下看中国的发展模式”的报告。3月17日，区政协与区委统战部在市旅游培训中心联合举办学习贯彻全国“两会”精神报告会暨2011年度第二次委员学习会，邀请全国政协委员、副区长朱成钢传达全国政协十一届四次会议精神。5月10日，区政协在市旅游培训中心召开2011年度第三次委员学习会，邀请赛托细胞生物技术（上海）有限公司总裁、上海交通大学海外教育学院EMBA讲座教授、人文学院科学史与科学哲学系博士方益昉作题为“科技创新与现代生活——身边的故事与理性反思”的专题报告。（姚建伟）

【召开政协专门委员会工作会议】 该会议于3月17日召开。会议交流并探讨2011年区政协专门委员会工作思路和设想。区政协主席刘晓明讲话，就进一步推进专门委员会2011年工作提出要求。区政协副主席罗华荣主持会议，区政协副主席李关德、赵达、刘桂香，区政协各专门委员会正副主任、各党派团体主要负责人40余人参加会议。（姚建伟）

【召开特约（特邀）监督员工作座谈会】 该会议于3月21日由区政协和区委统战部联合召开。区委统战部常务副部长通报2011年区特约（特邀）监督员工作开展情况，区纠风办负责人通报区政风行风监督员工作情况。区委常委、区政协副主席、统战部部长李关德，区政协副主席罗华荣，区政协、区委统战部有关领导，区特约（特邀）监督员40余人参加座谈会。（姚建伟）

【召开反映社情民意信息工作会议】 该会议于3月30日召开。会议对围绕区中心工作反映社情民意，畅通反映渠道，提高工作水平提出要求，与会信息员结合社会关注热点问题进行交流探讨。区政协副主席罗华荣等出席。（姚建伟）

【开展专题视察】 3—7月，区政协组织委员开展平时专题视察。3月4日，视察新镇宁菜市场、武定西路菜市场、新泰菜市场、大沽路菜市场4个副食品基本供应网点和鸿宾楼、杨同兴2个清真饭店，听取区商务委关于清真食品网点布局情况汇报，区民宗办关于少数民族工作情况汇报。4月15日，视察台资企业旺旺集团，了解区台资企业发展现状。4月26日，专题视察武定路鑫和大厦和威海路张家花园消防安全情况，听取区建交委关于2011年生产安全事故及加强建设工程质量安全管理情况通报。5月5日，视察蔡元培故居、石门二路社区文化中心、静安体育馆，了解区文化、体育等公共场所安全管理情况。5月11日，视察区看守所，听取有关情况介绍。6月17日，视察静安寺庙水厂，参观市质量技监局食品质量检验仪器设备，听取区质量技监局关于食品质量安全监管情况汇报。7月6日，视察曹家渡敬老院、大地敬老院运营情况，听取区民政局关于养老机构建设和运营情况汇报、关于2011年区政协提案办理情况的通报。委员在视察后进行座谈评议，并提出意见和建议。（姚建伟）

【召开加强城区运行安全和生产安全专题议政会】 该会议于5月19日在区政府会议中心召开。区政协副主席赵达主持会议，区政协主席刘晓明，副主席李关德、罗华荣、刘桂香出席会议。区委常委、副区长徐孙庆应邀出席会议，通报区政府2011年上半年整顿规范建筑市场、加强城区安全生产、消防安全工作情况，区建交委、区安监局分别通报区贯彻落实市政府《关于进一步规范本市建筑市场加强建设工程质量安全管理的若干意见》、整治建筑市场工作和开展“除隐患、防火灾、保平安”专项工作情况。与会市、区政协委员围绕建立城区公共安全体系、提升城区公共安全水平等内容，提出意见和建议。（姚建伟）

【举办“纪念辛亥革命百年”书画笔会和书画展】 5月24日，区政协在政协礼堂举办“纪念辛亥革命百年”书画笔会，王宏喜、陈古魁、赵仁年等20余位香梅画苑书画家出席笔会并当场创作。9月15日，区海外联谊会、区文明办、区政协港澳台侨委员会在静安文化馆联合举办"美之韵"——静安区各界人士纪念辛亥革命100周年书画展。区政协主席刘晓明，区委常委、区政协副主席、统战部部长李关德等为书画展剪彩。此次书画展分"和谐中华""梅开两岸"和"美好家园"3个主题。（姚建伟）

【举办各界人士庆国庆联欢会】 9月29日，区政协与区委统战部在延安饭店联合举办静安区各界人士国庆联欢会，区委常委、区政协副主席、统战部部长李关德主持，区政协主席刘晓明、区委副书记郑健麟致辞。区各党派团体、区政协各专委会以歌、舞、器乐等形式奉献一台精彩纷呈的文艺演出。区委常委、副区长方世忠，区政协副主席罗华荣、赵达、沃伟东出席联欢会。区委统战部、区各党派团体、区工商联、区有关部门负责人，区政协委员、市民代表等近300人参加联欢会。（姚建伟）

【召开优秀提案暨反映社情民意信息工作先进表彰会】 该会议于12月5日在区政协会议室召开。会议表彰2009—2011年度优秀提案81件、十二届区政协优秀提案特别奖4件、2011年度反映社情民意信息工作先进集体3个、表扬单位9个。

（姚建伟）

【举办新委员学习培训会】 该会议于12月23日在区政府会议中心召开。区政协副主席罗华荣作政协委员履职基本常识辅导，区政协副主席赵达作政协工作基础知识辅导。十三届区政协委员100余人参加学习培训。（姚建伟）

（三）专题调研和重要建议

【开展关于"推进静安智慧型国际商务港建设"课题研究】 3—10月，结合静安"智慧城区"建设，区政协组织开展该课题调研，课题组邀请市经信委相关处室及区有关单位负责人召开座谈会，先后赴工商静安分局、区科委、区商务委、区金融办等部门进行调查研究，组织专题视察，形成《关于推进静安智慧型国际商务港建设的研究报告》。调研报告以国际大都市中心城区发展理论、智慧商务港内涵特征、国际静安的目标取向、静安区的发展阶段、自身资源条件为依据和参考维度，阐述建设静安智慧商务港的总体目标、发展战略、建设思路，提出推进智慧商务港的产业结构、政策配套、阶段性重点工作等建议，为制订静安智慧城区建设规划提供参考。（姚建伟）

【开展关于"发挥文化协会作用，提升市民文明素质"课题调研】 2—9月，区政协文化卫生体育委员会开展"发挥文化协会作用，提升市民文明素质"课题调研。先后赴区文化局和区文化协会，深入了解"十二五"期间区文化发展规划，了解区文化协会运作情况，形成调研报告。调研报告以推动静安文化创新为目标，阐述文化引领社会进步的重要功能，分析文化协会对提升城区文化软实力和市民文明素质的积极作用，提出发展文化协会的思考和建议。（姚建伟）

（四）提案工作

【"关于打造时尚创意发布平台，领引静安经济增长新极点的建议"提案】 1月，民革区委提出，经区政协十二届五十一次主席会议审议，确定为2011年重点跟踪促办提案。提案提出由区政府有关部门建立协调组织机构、与上海展览中心合作开发、联合媒体扩大影响力、吸引策展专业人才、加强与国际时尚界的交流等建议。提案由区商务委承办，区政协经济科技委员会跟踪促办。（姚建伟）

【"关于北部宜居生活区建设的几点建议"提案】 1月，民盟区委提出，经区政协十二届五十一次主席会议审议，确定为2011年重点跟踪促办提案。提案提出创新立体绿化，体现人与自然的和谐统一、加快旧住宅小区的管理、改造，改善居住环境、完善养老服务、设施，推动老龄工作社会化、加强道路交通综合规划治理，提高出行效率、合理布局公共设施，方便居民日常生活等建议。提案由区规土局承办，区政协城市和建设委员会跟踪促办。（姚建伟）

【"关于'国际商务港'建设的再思考"提案】 1月，民建区委提出，经区政协十二届五十一次主席会议审议，确定为2011年重点跟踪促办提案。提案提出进一步深化完善"国际商务港"的定位、功能与模式，进一步谋划导入第六大产业集群——IT产业，对"国际商务港"框架下现有产业进行整合等建议。提案由区发展改革委承办，区政协经济和科技委员会跟踪促办。（姚建伟）

【"关于提升教育'信息化'，促进义务教育'均衡化'的建议"提案】 1月，民进区委提出，经区政协十二届五十一次主席会议审议，确定为2011年重点跟踪促办提案。提案提出改版静安教育信息网，设立静安教育资源"宝藏库"、建立多元保障制度，为"宝藏库"网"奇珍异宝"等建议。提案由区教育局、区科委承办，区政协教育委员会跟踪促办。（姚建伟）

【"关于加大对养老机构的扶持力度的建议"提案】 1月，农工民主党区委提出，经区政协十二届五十一次主席会议审议，确定为2011年重点跟踪促办提案。提案提出加强规划，做好统筹安排；依托社区，拓展养老机构；加大投入，提供服务保障；制定政策，引导各方参与；提供服务，努力满足需求；注重监督，实行规范管理等建议。提案由区民政局承办，区政协社会和法制委员会跟踪促办。

（姚建伟）

【"关于进一步完善区公共安全机制的建议"提案】 1月，致公党区委提出，经区政协十二届五十一次主席会议审议，确定为2011年重点跟踪促办提案。提案提出立足长远，动态管理，构建公共安全防控系统；明权重责，全程防范，完善公共安全防控机制；突出重点，强化服务，杜绝区域建筑事故隐患等建议。提案由区安监局承办，区政协社会和法制委员会跟踪促办。5月，区政协召开提案办理协商会，区安委办、公安静安分局、消防静安中队、区社建办、区房管局、区政府法制办等部门领导面对面答复委员，听取并采纳意见建议。

（姚建伟）

【“关于构建城区无线网络提升国际静安综合服务能级的建议”提案】 1月，九三学社静安区委提出，经区政协十二届五十一次主席会议审议，确定为2011年重点跟踪促办提案。提案提出加快推进无线城区建设、开展“无限畅游”楼宇建设、推进企业无线网络应用、开展移动电子社区试点、更好管理利用城市资源等建议。提案由区科委承办，区政协经济和科技委员会跟踪促办。

（姚建伟）

【“关于静安区发展合同能源管理服务产业的建议”提案】 1月，区工商联提出，经区政协十二届五十一次主席会议审议，确定为2011年重点跟踪促办提案。提案提出突出“双高”体系，大力发展有特色的合同能源管理服务产业、建立行业协调促进组织，携手产业链各服务环节、建立相关产业园区，拉动新兴产业发展，进行全区公共机构和公共建筑能源普查等建议。提案由区科委承办，区政协经济和科技委员会跟踪促办。

（姚建伟）

【“打造国际静安，精心构筑文化强区”提案】 1月，区侨联提出，经区政协十二届五十一次主席会议审议，确定为2011年重点跟踪促办提案。提案提出区分公共文化和产业文化的不同属性；要创造条件，促使商业文化向购物文化转化，促进文化的开放性和国际舞台的参与度；加强文化与旅游的联动性等建议。提案由区文化局承办，区政协文化卫生体育委员会跟踪促办。

（姚建伟）

（本栏目编辑 黄瑞于）

·资 料·

（上接第87页）

上海市实施《地方志工作条例》办法

第十六条 （开发利用）

市和区县地方志工作机构应当组织和推动地方志资源的开发利用，加强地方志信息化建设，通过地方志馆（室）、资料数据库和地方志网站等，方便社会使用。

第十七条 （责任）

违反本办法规定，有下列行为之一的，由市或者区县地方志工作机构责令限期改正；逾期不改正的，予以通报批评：

（一）拒绝承担或者未按照要求完成地方志编纂任务的；

（二）验收通过后擅自对地方志书文稿进行内容变更的。

第十八条 （对其他志书和年鉴编纂的指导服务）

市和区县地方志工作机构可以根据有关单位的要求，为其编纂其他志书和年鉴提供指导、服务。

第十九条 （施行日期）

本办法自2011年5月18日起施行。

五、公安·司法

(一)公　安

【概况】 2011年,上海市公安局静安分局(简称公安静安分局)围绕“建设国际静安、构建和谐家园”发展战略,提升辖区群众安全感和满意度,提高队伍正规化建设水平,推动公安工作再上新台阶。年内完成上海世游赛、2011年房产展、国际游艇展等大型安保活动85起,接待观众132.6万人(次),投入警力1367人(次),完成警卫任务112批、262场次,确保警卫对象及相关活动安全。全年侦破各类刑事案件1430起,比上年增长13.6%,抓获违法犯罪嫌疑人1182人,比上年减少7.59%。全年共立刑事案件2218起,比上年增长2.4%,区刑事案件万人发案率为61.35。“两抢”案件25起,全部侦破。无命案发生。侦破各类经济犯罪案件273起,比上年增长41.4%,追回经济损失7234.86万元,追缴率58.51%。查处治安案件3892起,比上年增长52.93%,其中“黄、赌、毒”案件259起,比上年增长11.16%。查处违规违法经营场所30家,其中停业整顿22家,查处“黄、赌、毒”违法人员336人。检查企事业单位1745家(次),发现安全隐患348起,提出安全建议434起,责令当场整改391起。完成194家(次)银行网点安全评估,合格率100%。对金融营业网点、自助银行、运钞车、“110”紧急报警按钮、防暴枪等开展安全检查,消除各类故障和安全隐患73处(起)。敦促各银行对防盗报警设备更新。对区内383家贵重商品店(柜)进行安全检查,发现治安隐患42处,其中当场整改32处,限期整改10处。全区104家自助银行全部安装实体防护装置,防范电信诈骗案件65起,避免群众经济损失180余万元。在“扫黄打非”专项行动中,对7家违法场所处停业整顿,取缔4家无证照场所。在“打四黑除四害”(即“黑作坊”“黑工厂”“黑市场”“黑窝点”,害百姓、害家庭、害社会、害国家)专项行动中,联合整治2次,取缔涉赌黑窝点2家、非法行医黑窝点1家,收缴赌博机41台,行政拘留2人。检查娱乐服务场所628家(次),对30家违法违规场所进行处理,其中停业整顿22家、罚款2家、取缔6家,责令停止违法经营12家。对拥有剧毒化学品、放射性同位素、民用枪支等13家单位检查167家(次),收缴管制刀具65把、仿真枪12支。检查废旧、典当、拍卖、印刷业159家(次),责令整改40家(次)。检查宾馆、旅馆188家(次),罚款14家。年内区“110”接报警类案件6761起,比上年增长11.87%,街面案件立案561起,比上年增长328.25%。查获各类违法犯罪案件497起,抓获违法犯罪嫌疑人571人,其中刑事拘留185人,行政拘留386人。会同区民政、城管部门开展收容救助工作,告知、引导流浪乞讨人员286人(次),救助422人(次)。至年底,区常住人口302024人(其中户口在人不在165474人)、人在户口不在47036人、来沪人员52717人、境外人员18983人,实有人口255286人。受理审批派出所上报各类户口1591份,办理身份证11123张、临时身份证4360张、军人身份证137张,新编门牌18处66块,安装门弄牌409块。年内查处机动车违法行为142247起,其中酒后驾车789起、醉酒驾车168起。开展“四类车”(即助力车、三轮车、外省市号牌二轮摩托车、残疾人机动轮椅车)及“黑车”专项行动45次,查处违法行为16044起,扣车2085辆。年内发生各类交通事故8415起,上报事故5起(死亡4人、受伤1人)。伤人事故1663起,1719人受伤,财物损失517.8万元。年内消防检查6826家(次),督促整改火灾隐患18191处,发出责令改正通知书4402份和行政处罚决定书206份,处罚单位144家、个人7人,罚款142.74万元,责令“三停”(即停止施工、停止使用、停产停业)52家,临时查封110家,强制执行7家,拘留违法人员50人,受理审核、验收、竣工验收备案抽查项目共239个,完成城市火灾自动报警系统联网5家,培训消防管理员943人。年内发生火灾39起,无人员伤亡,直接财产损失26.79万元。区看守所年内收押各类人员1031人,其中刑事类497人,行政处罚类534人(2011年9月1日起由市拘留所代收押)。深挖线索143条,破案111起,抓获逃犯5人。年内受理出国出境申请32925人次,其中出国17292人次,港澳旅游14148人次,港澳探亲1276人次,港澳定居27人次,回国恢复户口88人次,办理暂住证688人次。查处外国人“三非”(即非法入境、非法就业、非法居留)案件287起291人,被处行政罚款169人,行政警告122人,行政拘留11人,拘留审查1人。区内常住境外人员13218人,比上年增长9.94%。临时来沪境外人员478190人次,其中宾(旅)馆441043人次,散居社区37147人次。年内受理行政复议案件27起(其中维持13起,撤回10起,撤销1起、未结3起),行政诉讼16起(维持10起,撤回4起,撤销1起,未结1起)。审核刑事降格案件77起,刑事复议9起,维持9起,答复区检察院不予立案说明7起。静安保安服务公司共有从业人员993人,比上年增加61人,派出保安的单位有158家,比上年减少2家,派驻保安878人,比上年增加22人。公司区域联网报警系统入网用户2162户,比上年增加16户。区域报警开通率95.2%。公司营业额4870万元,比上年同期增加400万元,上缴各种利税158万元,利润总额160万元。保安员共为客户单位进行安全检查2450次,消除各类事故隐患和不安全因素88起。抓获违法犯罪嫌疑人4人,堵截无证物资出门354次,为客户单位避免经济损失121.68万元。承接国内外展览展销、大型会务、文体活动等保安业务68场,派出队员13782人次,举办保安培训班15期、734人次。 (杨新华)

1月20日,静安交警顶着纷飞的大雪坚守岗位,确保区内道路交通畅通有序 (公安静安分局 供稿)

【完成上海世游赛安保任务】 从年初起,公安静安分局全力投入上海世游赛安保工作。在筹备阶段,通过对静安体育中心游泳馆实地踏勘和调研,绘制场馆各楼层平面图,收集影像资料,督促整改大楼消防系统,在场馆及周边增设50余个监控探头,并将场馆内部图像接入公安视频IP信息网“上海公安图像信息应用管理平台”,实现市局、分局两级指挥中心对训练场馆内部图像的远程调用。制订下发《公安静安分局第十四届国际泳联世界锦标赛安全保卫工作总体方案》等一系列文件,明确上海世游赛安保任务、组织分工及力量部署。赛事运行阶段,以训练场馆为重点,开展防爆安检和证件查验工作,部署力量对场馆出入口、重点部位实施24小时值守和警戒,不间断开展治安、消防巡查。组织开展各类专项行动,打击违法犯罪活动,整治治安复杂地区,滚动排查可能影响社会治安的人员,落实管控措施,加强对重点目标的保护,做好各类突发事件预警和应急处置准备,确保警卫对象及相关活动安全。 (杨新华)

【加强社区警务警种联动机制建设】 年初,公安静安分局对各派出所的责任区警力配置、A/B角制定、具体联动措施、运作模式进行多次调研,制订出联动工作方案以及配套制度,包括《民警工作手册》等基础台账簿册,并将此纳入到每月的社区警务自查项目中。对全区5个派出所的分管所长、内勤、社区警长进行培训,推进派出所社区民警警务点软硬件建设。制作所有作为社区民警B角的治安民警、巡逻民警照片,张贴于社区居委会民警公示栏内,新制作民警公示栏、警民联系箱、社区民警公示照片等159件。以社区(街道)平安工作部创建为契机,完善“社区管理大联动”格局,试行警社合作新模式。按照“五联”(平安联创、治安联防、问题联治、矛盾联调、人员联管)工作机制要求,实现派出所与街道社会治安综合治理中心“五联”工作室的无缝衔接。9月30日,区内警务站挂牌成立。在2011年度优秀社区民警及优秀警务室(点)评选活动中,2名社区民警被市局命名为“平安先锋”,1名社区民警入选2011年度市“十佳”优秀社区民警,石门二路派出所东王社区警务点被市局命名为优秀社区警务室。 (杨新华)

【打击经济犯罪】 年内,公安静安分局经济犯罪案件侦查部门,运用挂牌督办、专案攻坚等措施,打击严重影响社会稳定的经济犯罪活动。“3·29”侵犯商业秘密案、“3·02”团伙制售假发票案、“10·13”系列盗卖证券案的侦破工作,在2011年度市公安局经济犯罪案件侦查破案精品案例评审会上,分别获得银奖第一名、第三名和第十名。在“亮剑”专项行动中,立案30起,破案26起,挽回经济损失4996万元,抓获犯罪嫌疑人42人,起诉33人,打掉团伙8个。在“天网”专项行动中,起诉50人,抓获涉嫌信用卡诈骗在逃人员16人。 (杨新华)

【组织“清网行动”】 年内,公安部部署“清网行动”,公安静安分局负责网上追逃人员81人(其中4人为检察院反贪局上网追逃),至年底,共抓获67人(其中5人清网行动后被撤销)。其中,通过出击抓获的42人,占抓获总数62.69%;通过规劝投案的20

人，占抓获总数29.85%。在62名已到案人员中，刑拘(逮捕)在押的30人(其中已批捕5人，移诉22人)，取保候审的19人，直诉的3人，移送兄弟单位并案处理的2人，其他处理4人(劳教、行政拘留、服刑、解除取保候审各1人)。此外，行动开始后分局新上网追逃人员为11人，全部抓获。“清网行动”过程中，分局先后协助外省市公安机关抓获各类在逃人员23人(其中在册13人)。外省市(上海市外区)在册在逃的系静安区户籍的有17人，已抓获7人，抓捕率41.18%。 (杨新华)

【打击扒窃犯罪活动】 年内，公安静安分局依托社会治安分级(分色)预警系统、案(事)件信息系统及刑侦、经侦实战分析研判等平台，加强对扒窃拎包案件和高危人群的分析预警，并按照“警力跟着警情走”原则，强化对大型商圈、景观道路、医院、轨交线路站点等案件多发、易发区域巡逻盘查，通过加强警种联动、优化勤务安排、采取“公秘结合”巡查等方式，提高对现行犯罪人员的发现率和管控率。为加强对打击扒窃犯罪活动的组织领导，专门成立打击扒窃拎包专项行动工作领导小组，针对扒窃拎包案件多发路段和时段，重点加强巡逻盘查和守候伏击工作。共侦破扒窃拎包案件470起，比上年上升35.06%。并通过图像监控查获其他各类违法犯罪案件224起，抓获违法犯罪嫌疑人399人，其中刑事拘留60人，行政拘留170人。12月11日，《新民晚报》头版头条以《“四色预警法”织就平安网——静安警方探索“科学流动”打击街面犯罪》为题，报道分局运用科学方法，以分色预警为指导、以视频巡逻与街面巡逻相结合，破解大城市警力有限的困局，为提升基层一线见警率所做出的探索。 (杨新华)

【进行“大走访”开门评警活动】 年内，公安静安分局站在群众立场找问题，集中精力抓整改。分局交警支队挖掘资源，在停车时间或空间上寻求社会合作，对症下药，缓解停车难题。针对中福会少年宫双休日停车难问题，该部门主动与会德丰国际广场磋商，达成逢双休日为学员家长提供420个优惠停车位的协议。为化解华山医院周边停车、拥堵问题，该部门采取“置换空间”举措，以开放上海戏剧学院停车场供医务人员停车的方式，置换出院内更多停车位供就诊病人使用。分局还查找和解决“窗口”接待中的突出问题，坚持以诚信服务取信于民，梳理出“查询居民信息、案件受案管辖、经济纠纷报警、涉外纠纷处理、无端指责纠缠、醉酒滋事”等“窗口”民警经常遇到的6类问题，提出相应把握方法，使“窗口”民警更好地做好工作。治安管理部门根据群众反映的医院周边“黄牛”“医托”问题，组织警力324人次，对华山医院、儿童医院及第一妇婴保健院等“黄牛”“医托”问题进行多次集中整治行动。抓获违法犯罪嫌疑人36人，会同区卫生部门取缔非法行医点16处。 (杨新华)

【提高警务实战本领】 年内，为在市局“迎世游、强技能、保平安”警务实战技能比武活动取得好成绩，公安静安分局由政治处牵头，组织精干力量，采取封闭训练、实战演练、模拟教学等多种科学训练方法，提高警务实战本领。由分局特警支队、交警支队、反恐支队、看守所、曹家渡派出所等部门民警组成的比武参赛队伍在市局“迎世游、强技能、保平安”警务实战技能比武中取得团体亚军。 (杨新华)

【筑牢消防安全“防火墙”】 年内，公安静安分局开展全民消防安全演练和消防安全知识普及活动。深入社区开展宣传咨询，走进单位举办讲座培训，制作5万份“家庭防火与自救”宣传海报，在社区、单位广泛张贴。会同区有关单位，在全区所有居民社区内开展火灾疏散逃生演练，提高群众消防安全意识和自防自救能力。分局专门发文规范消防业务培训，对派出所民警开展消防监督工作培训10场、350余人次。新修订的《上海市公安派出所消防监督工作规定》出台后，分局主要领导主持召开学习会，带领各部门主要负责人逐条研读39条具体规定，研究细化措施，明确目标责任。分局针对新录用民警，开设消防法律法规、危险化学品管理等内容的培训课程，提升民警消防隐患排查整治和检查监督的能力。针对住宅、楼宇、工地及餐饮娱乐场所用火用电特点，消防部门和派出所在隐患易发多发高峰时段进行检查，排查制度执行、设施配置、安全教育等方面问题。会同居委会、物业公司走进居民楼，整治占用公共部位、损坏消防设施现象，规范设置消防安全标志标识。年内共检查各类住宅、场所6500余家次，发出各类责令改正通知书、意见书9000余份，督促整改隐患1900余处。 (杨新华)

(二)检　察

【概况】 2011年，静安区人民检察院(简称区检察院)以强化法律监督、维护公平正义为主题，以服务大局、保障民生为主线，以推进社会矛盾化解、社会管理创新、公正廉洁执法3项重点工作为抓手，以提高法律监督能力为保证，各项检察工作取得新的进展。全年共受理审查批捕337件、456人，经审查批准逮捕327件、444人；受理审查起诉478件、645人，提起公诉433件、586人。从重从快打击严重影响群众生命财产安全的犯罪，共起诉故意杀人、抢劫、绑架等暴力性犯罪35件、51人，批准逮捕33名运输、贩卖毒品犯罪嫌疑人。快速办理轻微刑事案件，建议适用简易程序或简化审理程序338件，并依法从宽处理。开展打击非法金融活动、侵犯知识产权、制售假冒伪劣商品等专项活动，共批捕15件、25人，起诉17件、41人。健全以群众诉求为中心的矛盾化解机制，共受理群众诉求120件，妥善化解117件，对42件来信来访做好接待工作。集中力量查办贪污贿赂大、要案，共立案侦查贪污贿赂案件9件、9人，均为大案，其中要案1件，追逃到案2件、2人。通过探索线索例会制度，落实线索评估机制，规范初查档案工作,加强办案日志建设等工作,提高初查能力。加大渎职侵权检察力度,立案渎职侵权犯罪案件1件、2人,立案侦破叶某某等故意泄露国家秘密案。深化职务犯罪预防工作,开展预防调查7件,案例分析15件,在4项重大工程中开展"创双优"(即工程优质、干部优秀)专项预防。强化法律监督工作,加强和完善对刑事诉讼、民事行政诉讼活动以及刑罚执行监督。侦查监督中,对不符合逮捕、起诉条件的,决定不批捕6人,不起诉6人;对应当逮捕而未逮捕、应当起诉而未起诉的,追捕到案9人,追诉到案8人。刑事审判监督中,提出抗诉2件。民事和行政审判监督中,共受理民事行政申诉案件58件,经审查提请抗诉4件。对不符合抗诉条件的43件申诉案件,做好当事人服判息诉工作。开展监管场所安全防范专项检察,加强社区矫正法律监督,防止社区服刑人员脱管、漏管和重新犯罪。开展对行政执法机关移送涉嫌犯罪案件专项监督活动,完善和推进行政执法和刑事司法"网上衔接、信息共享"机制建设,向行政机关发出要求移送涉嫌犯罪案件的"移送涉嫌犯罪案件线索建议书"2份,由公安机关立案侦查。在运用抗诉、纠正违法等法律手段开展个案监督同时,注重通过类案检察建议、检察公函等方式延伸监督效果。2010—2011年共制发检察建议30份,其中提出堵漏建制建议20份。探索新形势下检察机关参与加强和创新社会管理方式和途径,结合区检察工作实际,在全市率先制订《关于充分发挥检察职能参与加强和创新社会管理的意见》(试行)。对全院社会管理创新工作进行梳理,确定2011年重点推进8个工作项目,明确每个重点项目要求、责任部门和时间节点,细化具体措施,加强统筹指导和协调推进。注重对检察工作中发现的新情况、新问题,特别是带有全局性、普遍性问题的研究,利用检察建议、情况反映等载体,向党委、政府和有关部门提出有针对性建议。开展各项"三基三抓"(即围绕基层基础基本功,抓质量抓规范抓管理)工作。10月,成立社区检察科,加强对江宁路、曹家渡等社区检察室工作指导,开展对公安派出所执法活动监督、参与矛盾纠纷排查化解等工作。加强案件管理工作,探索流程管理和质量监督同步、数据引导和事务服务双轨管理机制,提高案件管理集约化水平。推行归档结案制度,制订《诉讼案件归档结案操作细则》,开展案卷归档工作效能监察。开展"发扬传统、坚定信念、执法为民"主题教育实践活动,推进"以德兴院"素质工程,强化职业道德修养,培育检察职业精神。加强检察文化建设,提升队伍凝聚力和向心力。区检察院第六次获"上海市文明单位"称号。

(时 婕)

【推行"三个五"模式加强群众工作】 年内,区检察院推行"三个五"模式加强群众工作。即:(1)畅通5个渠道,关注群众利益诉求。设立案件受理中心,对进入检察环节的所有案件进行统一归口、集中管理,为来访群众提供"一站式"接待咨询服务;成立社区检察室,构建"信息民情收集中心",聘请社情民意联络员,有效掌握群众所需;健全下访巡访制度,坚持通过"四个一"(即一个接待日、一个热线电话、一个宣传栏、一个举报箱,及时接受群众控告、申诉和举报)到社区(街道)下访、巡访;建立意见征询制度,坚持重大司法决策事项征询群众意见;深化检务公开工作,举行"检察开放日"活动,建立新闻发言人制度,运用网络媒体加强与群众沟通。(2)建立5项机制,维护群众合法权益。建立案件快速审理机制,对侵犯群众权益刑事犯罪案件开辟快速审理通道;建立以群众诉求为中心的多元化矛盾化解机制,对群众诉求作有理推定,坚持法、理、情相融合,妥善处理;建立刑事被害人司法救助机制,实行经济救助、心理救助、监护救助和安康救助"四位一体"救助模式;建立涉案老年人司法保护机制,对涉案老年犯罪嫌疑人、被告人、被害人、证人、服刑人员以及来访人给予全程、全面、分类和专业司法保护;建立法制宣传教育机制,成立法制宣讲团,开展菜单式法制宣讲,并根据群众需要细化宣讲内容,提高法制宣传针对性。(3)搭建5个平台,提高群众工作能力。搭建实践锻炼平台,分批选派32名青年干警到区信访办、社区综治工作中心等部门锻炼;搭建"一对一"带教平台,由27名资深检察官与43名35岁以下青年干警结对,提高青年干警与群众沟通、使用群众语言能力;搭建心理知识培训平台,选派干警参加高校心理学培训班,聘请专业机构普及心理学知识,使干警掌握运用心理学疏导群众情绪的技能;搭建专家咨询平台,与华东政法大学建立专家咨询服务和科研实践平台,在制订涉及群众权益相关措施前,邀请专家咨询委员开展研讨论证;搭建结对共建平台,各部门党支部与居民区党支部开展结对共建,检察官通过检民联谊、帮困、送温暖等形式,面对面地与群众加强交流,沟通感情。 (时 婕)

【陈旭视察社区检察室】 (见第34页【陈旭视察社区检察室】)(时 婕)

【童建明调研指导案件管理工作】 (见第34页【童建明调研指导案件管理工作】) (时 婕)

【开通静安检察"微博"】 3月28日,区检察院在新浪网站以"静安检察"为名开通"微博"。按照"依法、客观、通俗"原则,通过"微博"及时发布最新法律法规、检务信息动态、普法宣传案例、优秀检察官事迹、检察官文艺摄影作品等,以文字、图片、视频等形象生动的方式向社会公众介绍检察工作。专门成立"微博"管理小组,每天查看"微博"信息,及时更新"微博"内容,并针对网民关注的问题进行互动交流。至年底,"微博"共吸引"粉丝"1.8万余人。 (时 婕)

【区人大常委会主任会议听取专题汇报】 4月11日,区人大常委会主任会议专题听取区检察院关于加强检察建议工作情况汇报。区检察长罗昌平围绕区检察院2008年来开展检察建议工作情况、存在的主要问题和进一步加强检察建议工作的主要措施等进行汇报。与会人员肯定近年来区检察院在检察建议工作方面取得的成效，认为区检察院运用检察建议，拓宽法律监督渠道，创新服务社会方式，开展大量富有创新的工作，成效明显。并就做好检察建议工作提出意见和建议。区人大常委会主任姜耀中就加强检察建议工作提出要求：(1)提高思想认识，坚定不移地做好检察建议工作。(2)不断总结、完善检察建议工作制度。(3)加大对检察建议重要性的宣传。(4)抓好检察建议的反馈。（时　婕）

【金融和知识产权科被评为市反假币工作先进集体】　4月，区检察院金融和知识产权检察科获2010年度上海市反假币工作先进集体称号。该科自2009年成立以来，发挥“捕、诉、防”联动机制优势，体现办案专业化、服务集约化、预防社会化特色，惩治涉及假币犯罪，维护区域金融法治环境。(1)提早发现问题，确保办案质量。坚持提前介入，及时掌握案情，将关键证据收集解决在移送审查起诉之前。(2)后位思考问题，扩大办案战果。发挥“捕诉一体”工作特色，用“后一阶段”的视角审视“前一阶段”的工作，对案件中发现的情况严查细究、跟踪监督。(3)研究相关问题，提升办案效果。对发现的新类型犯罪、法律适用难点等问题，用心收集，细化研究，指导实践。举办由区域内数十家银行行长参加的座谈会，通报制造假币等破坏金融监管秩序犯罪案件情况，研讨防范和监管对策。（时　婕）

【与区纪委探索构建案件查处协作配合机制】　5月，区检察院会同区纪委、区监察局制订《关于进一步加强案件查处和预防工作协作配合的实施意见》，加强检纪合作共建平台建设。(1)完善与区纪委的案件查处和预防联席会议制度，明确检察院侦查、控申、预防等部门和区纪委、监察局相关内设部门就信访举报、案件线索研判等情况建立协调联系机制。(2)与区纪委、区监察局定期召开例会沟通案件查处等相关信息。对涉及处级和重要领域、关键岗位的党员、监察对象线索进行联合评估。对可能属于对方管辖范围内的违纪违法或犯罪线索及时通报，规范移送程序，反馈处理结果。(3)对职务犯罪与违反党纪政纪问题交织的重大疑难案件，相互派员提前介入，明确工作预案，加强案件调查、取证协作配合。(4)与区纪委建立预测预警信息共享机制，完善预测预警信息网络建设，加强信息员培训，提高预防工作前瞻性和针对性。(5)围绕群众关心热点、举报反映重点行业和领域开展专项调查，加强对策研究，帮助案发单位完善制度、改进管理。通过典型案例通报、廉政讲座等形式，提高预防宣传和警示教育有效性。（时　婕）

【加大反贪追逃工作力度】　年内，区检察院完善追逃工作机制，先后将2名潜逃多年的职务犯罪嫌疑人追逃到案。(1)确立“侦查中止、追逃不止；承办更替、追逃继续”工作原则。设立追逃指挥组，负责常态追逃工作推进督察和专项追逃协调指挥。(2)按照“一案一档、一人一表”要求，建立追逃工作档案和“在逃犯罪嫌疑人信息表”，实时更新历次追逃行动相关情报信息。(3)针对潜逃时间不久、行迹信息较多的犯罪嫌疑人，成立专案组，制订预案，实地追踪，强力追捕；针对潜逃时间较长、音信全无的犯罪嫌疑人，采取走访人脉关系、布控原居住地等常规行动。(4)加强与案发单位协调沟通，加强与公安等部门以及外省市检察机关配合协作，形成追逃合力。利用成功追逃案例，编撰被捕逃犯的警示材料加强宣传，促使逃犯亲友做好劝返工作，延伸追逃工作效果。（时　婕）

【开展主题教育实践活动】　年内，区检察院开展“发扬传统、坚定信念、执法为民”主题教育实践活动。(1)加强正面教育，坚定理想信念。开展“重走革命路”活动，重温入党誓言，围绕“三个为什么”（为什么入党、为什么从检、为什么奋斗）进行讨论，举行“我的东方红”主题征文、“党旗永飘扬”寄语征集、“红歌大家唱”等活动。开设“职业道德之星”“身边人身边事”等宣传栏目。(2)推进基层实践，增强为民理念。安排新进人员到社区检察室、控申科等部门锻炼，树立从基层做起、从基础做起、从基本功做起的服务意识。组织青年干警到综治站、区信访办等单位挂职锻炼，参与“11·15”特别重大火灾事故善后工作。(3)夯实基础工作，提升执法能力。通过上门走访、信函调查、座谈交流等形式广泛听取公安、法院、人民监督员、律师及院内干警的意见与建议，查找执法办案等方面问题。落实《检察事务管理岗位责任》和《检察事务首办责任规定》，确保权责分明、无缝衔接。深化“一对一”带教，邀请专家学者为全院干警解读《刑法修正案（八）》，定期开展案例研讨评析、审讯庭审观摩点评等岗位练兵活动。（时　婕）

【加快办理危害食品安全犯罪及相关职务犯罪案件】　6月，区检察院制订《关于依法从快办理危害食品安全犯罪及相关职务犯罪案件的意见》，加大打击危害食品安全犯罪和相关职务犯罪力度。运用“两法衔接”平台，监督行政执法机关向公安机关移送涉嫌危害食品安全犯罪线索，深挖职务犯罪线索；成立专案小组，对有重大影响的案件，坚持提前介入，引导侦查取证。做好庭审预案。加强与公安、法院的沟通，定期通报食品安全领域犯罪的新情况、新问题，对存在分歧加强研究，统一执法认识；定期分析研究食品安全领域犯罪新动向，对存在的漏洞隐患，向市检察院和区委、区政府报告；选择典型案例进行宣传报道和庭审直播，做好网络舆情研判和应对。（时　婕）

【“一对一”带教培训43名青年干警】　区检察院院围绕“岗位练兵，岗位成才”活动要求，开展“一对一”带教培训。年内，27名院领导和资深检察官带教43名青年干警，发挥“传、帮、带”和“教学相长”作用，有18名学员毕业，其中2名学员分别成为全国、全市检察业务专家候选人,6名学员走上中层干部岗位,10名学员成为部门骨干,促进队伍专业化水平提高。(1)明确带教目标。根据每位学员岗位特点和自身特色,设立个性化带教目标。(2)细化带教内容。加强职业忠诚度教育,言传身教正确的工作理念和思维方式,提高学员的判断力和执行力;传授工作中积累的经验做法,教导学员为人处世行为准则。(3)丰富带教途径。通过让学员旁听部门领导工作例会、主办疑难复杂案件、带教老师协助指导,参与课题研究、类案分析和组织重要活动、进行对外项目联络等方式,培养学员综合协调能力。(时　婕)

【召开“信息社会与检察工作”专题研讨会】 7月27日,市检察官协会和区检察院联合举办“信息社会与检察工作”研讨会。市检察院副检察长柳小秋、检委会专职委员季刚、区检察院检察长罗昌平、副检察长梁凤娣出席,市人大代表、法学界专家学者,市检察院、检察分院、各区县检察院相关部门负责人参加。会议围绕信息社会与检察工作的“实践意义、理论价值”和“工作探索、机制完善”专题进行研讨。罗昌平作题为“开放、透明、信息化条件下检察工作的宏观思考”的主旨发言。新华社、《人民日报》《法制日报》《解放日报》《文汇报》、上海电视台“法制天地”频道、上海电台等20余家新闻媒体记者参加研讨会。东方网进行同步视频直播,当日浏览量25万余人次。新浪网、东方网进行微博文字直播,100余名网友在线评论。(时　婕)

【开展第二届检察文化月活动】 7月,区检察院开展以“党旗永飘扬”为主题的第二届检察文化月活动。区检察院党组书记、检察长罗昌平为开幕式致辞。开幕式上,由院党组成员、纪检组长黄培义领誓,全体党员在党旗下宣读检察官誓词。罗昌平为全院干警作“坚持中国特色社会主义道路”专题党课教育。举行“颂党恩、念党情”演讲会,6名中青年干警代表围绕“红色印象”“绿色春风”“金色年华”等3个篇章进行演讲。(时　婕)

【开展“我最感动的身边人身边事”评选】 10月,区检察院结合“发扬传统、坚定信念、执法为民”主题教育实践活动,组织开展首届“我最感动的身边人身边事”评选。成立由区检察院检察长罗昌平任组长的评选领导小组,制订评选方案。各部门共上报各类申报材料18份。评选活动分推荐上报、初评、汇报评审和表彰等步骤。经初评后选出10个入围的候选典型案(事)例和先进事迹(人物),在局域网上予以登载。召开汇报评审会,邀请人大代表、政协委员、廉政监督员等担任评委,会同本院干警代表评审团,进行现场评审打分。经评分汇总和领导小组审核决定,最终评选出5件2011年区检察院“我最感动的身边人身边事”,另5件获提名奖。区检察院对“我最感动的身边人身边事”和提名奖予以通报表扬,在全院营造争先创优氛围。(时　婕)

【王晋调研指导案件管理工作】 11月22日,最高检察院案件管理办公室主任王晋一行在市检察院专职检委会委员颜玉康等陪同下到区检察院调研指导案件管理工作。区检察长罗昌平等领导参加调研座谈。王晋听取区检察院探索案件管理机制工作汇报,实地查看案件管理科的工作场所,了解案件管理工作运行情况和具体操作流程,并就推进案件管理工作提出3点要求:(1)结合区域特点深入调查研究,探索适合检察机关整体发展的案件管理模式,最大程度地实现集约化、规范化管理目标。(2)针对实践中遇到的问题和难点,思考下一步工作打算,抓好深化完善,提高工作质量和效率,为全国检察机关案件管理工作提供更多经验。(3)立足案件管理部门职责定位、目标任务,开拓创新,通过加强对检察办案的“监督、参谋、管理、服务”来体现工作实效。处理好与各业务部门相互制约、相互配合的关系,扩大影响,树立权威,共同提高检察机关案件管理科学化水平。(时　婕)

【拓宽检民联系渠道】 2011年,区检察院拓宽检民互动渠道,提升社区检察工作民众知晓度和参与度。(1)建立社区检察官定期走访居委会制度,与群众面对面交流,主动掌握社情民意。邀请居委会干部组成社区检察联络员队伍,加强与居民联系,提前介入涉检案件矛盾化解工作,有针对性地开展法制宣传。(2)开设检察官巡回课堂,实行菜单式法制宣讲。在江宁路社区(街道)设置宣传展板4块,依托《家在江宁》等刊物,结合典型案例宣传检察职能,提高工作知晓度。制作并发放《社区检察便民联系卡》,介绍社区检察室具体职能,公布工作人员联系方式,畅通举报、申诉、法律咨询渠道。(3)搭建网上检民互动平台,开通社区检察“微博”、QQ“小陈在线”等,解答网友提问,宣传社区检察工作。围绕“老年人防范诈骗”“公交车上如何反扒窃”“未成年人权益保护”等内容制作宣传资料,进社区开展互动式法制宣讲,接受群众法律咨询。(时　婕)

(三)审　判

【概况】 2011年,静安区人民法院(简称区法院)坚持为“为大局服务、为人民司法”工作主题,依法履行审判职能,坚持能动司法,加强队伍建设,全面完成各项工作任务。年内,区法院以审判执行为第一要务,为构建和谐社会提供司法保障,共受理各类案件8701件,结案8736件,比上年分别下降7.99%和6.72%,存案693件,比上年下降4.81%。加强队伍廉政建设。以坚守司法廉洁、确保队伍纯洁为目标,贯彻落实最高法院“五个严禁”和高院司法廉洁“十条纪律”。制订《党风廉政建设和反腐败工作部门责任分工》,明确党组对全院党风廉政建设负总责,领导班子成员各负其责,职能部门各司其责。组织各部门兼职廉政监察员进行业务培训,加大对审判、执行工作中容易发生廉政问题环节的监管力度。强化办信查案力度,通过举报投诉及时发现苗头性、倾向性问题,注重抓小、抓早,从源头上减少违法违纪问题发生。加强机关党委建设。开展“创先争优”活动,发挥党员模范带头作用,使党员成为政治过硬表率,廉洁司法表率,精通业务表率。开展民主评议,推进党务公开,加强党内民主建设,在法院局域网上开设党务公开专栏,使党员更好地了解和参与党内事务。做好党代表换届选举工作。颁发《静安区在职党员社区行护照》,落实党员双重管理工作。以纪念中国共产党成立90周年为契机,开展阅读红书、红色之旅、主题朗诵、文艺汇演系列活动。院团总支获静安区“五四红旗团总支”称号。加强法院文化建设。在“文化兴院、文化育魂”理念指引下,弘扬“忠诚、为民、公正、廉洁”的政法干警核心价值观,从思想政治、职业伦理、廉洁自律等方面加强干警文化理念建设;通过搭建平台、拓展司法能力,建章立制、规范司法行为,创新举措、深化司法为民,加强干警行为文化建设;通过重形式创新、促司法公开,重法制宣传、显司法公正,重司法礼仪、树司法权威,加强法院文化载体建设。年内,法学沙龙参与疑难案件研讨,转化调研成果,服务审判执行,被评为2011年度上海市优秀学习型团队。举办第二届“书香四季——红书汇”读书活动,共评选出10位优秀书评作者。定期开设“法官讲坛”,鼓励优秀法官总结经验,开展交流,以老带新。（林丽丽）

【刑事审判】 年内,区法院共受理刑事案件431件,审结431件,收结案率均比上年上升8.84%。在审结案件中,326名被告人被判处有期徒刑,对113名被告人适用缓刑或单处罚金,对1名被告人免予刑事处罚,对1名被告人宣告无罪。依法稳妥处理一批重大敏感刑事案件。对社会反响较大的任某醉酒驾车并袭警逃逸案以以危险方法危害公共安全罪依法作出判决;对全市首例证券“老鼠仓”案被告人许某以利用未公开信息交易罪依法判决;对刘某破坏生产经营案宣告无罪,最高法院认为该案对全国具有指导意义。全面推行量刑规范化改革,自2010年探索“类案同审”模式以来,共有20余起案件采用该模式审理,并与区检察院达成相关协作规定。（林丽丽）

【民事审判】 年内,区法院共受理民事案件3477件,审结3481件,比上年分别下降12%和10.7%。收案类型上,侵权损害赔偿类案件增幅明显,共受理1294件,比上年上升20.1%。受理涉房地产案件242件,比上年下降21.9%,其中房屋租赁纠纷上升14.7%。因群体性劳资纠纷大幅减少,劳动争议案件降幅明显,共受理235件,比上年下降65%,该类案件存在“劳动者的诉请日趋多样化、用人单位的解除理由多变、特殊情形的用人单位增多”等特点,审理难度加大。区法院通过横向加强审裁联系,纵向强化条线沟通,预防和化解劳资纠纷,构建和谐劳动关系。妥善审结国家足球队前队长郑某诉金陵晚报社等名誉权纠纷案,宣扬公众人物对媒体正当舆论监督可能造成的轻微损害应予容忍、理解的司法精神。

（林丽丽）

【商事审判】 年内,区法院共受理商事案件1537件,结案1538件,比上年分别下降12.2%和10.6%。稳妥处理企业破产案件,规范市场主体退出机制,审结4件破产案件,审理过程中做好职工安置等维稳工作,未发生一起矛盾激化事件。与市高、中院,市保监会等部门联合开展保险、信用卡纠纷金融商事审判专项研讨,并对辖区内纠纷较为集中的保险公司提出风险防范建议。（林丽丽）

【涉老民事审判】 年内,区法院共受理涉老民事案件436件,结案436件,收结案与上年基本持平。为传承“司法护老”理念,采取多项措施,开展老年人权益保护工作。累计上门调查100余次,上门谈话30余次;每周定期到街道司法所开展接待咨询,为老年人提供法律服务;节假日组织开展和参与10余次大型咨询活动,到曹家渡、南京西路等社区(街道)开办多场涉老专题法制讲座。10月,依托静安区敬老爱老学校举办以“侵权责任法”为主题的综合讲座,街道老龄干部、司法协理员、调解干部等80余人参加。（林丽丽）

【行政审判】 年内,区法院共受理行政案件136件,审结137件,比上年分别上升8.8%和12.3%。通过行政领导出庭应诉、赴行政机关授课、开展模拟庭审等多项举措,提高行政机关依法行政能力。做好司法强迁准备和应对工作,制订《房屋拆迁(征收)非诉执行案件审查、执行工作实施细则》(试行),依法审理,运用调解手段,力求彻底化解纠纷。共对7件房屋拆迁强制执行案件做出准予执行裁定,其中3件已化解。（林丽丽）

【执行工作】 年内,区法院共受理执行案件2439件,执结2459件,比上年分别下降6.08%和5.5%。执行到位金额3.42亿元,平均执行天数39天,比上年下降4.24天。依法对8名拒不履行生效法律文书的被执行人实施司法拘留,对12名被执行人实施边控措施,限制出境。按照市高院部署,采取多项针对性措施,开展“清积案、反规避、护民生”专项执行活动。妥善执结涉案人数超过百人的欧洛健身休闲有限公司预付卡纠纷和上海军利航空服务有限公司欠薪纠纷群体案件,帮助消费者和公司员工维护合法权益,避免矛盾激化升级。加强与仲裁机构沟通协作,与区劳动人事争议仲裁院联合签署《集体争议案件协同处置合作备忘录》,全面规范涉及5人以上劳动争议仲裁案件处置流程。（林丽丽）

【开展司法警察岗位大练兵】 2月15日—10月15日,区法院贯彻《关于在全国法院司法警察中广泛开展岗位大练兵活动的通知》要求,法警大队开展以基础理论、基本体能、基本技能、专业技能为主要内容岗位大练兵活动,其中包括2次为期共7个训练日脱产集中整训,以及利用工作间隙、休息时间等进行的训练,共30多个训练日。练兵活动以“随时、随地、随人、随事”“小时间、小场地、小群体、小竞赛、小讲评”为特征,坚持在

"勤""苦""严"字上下功夫,全面落实全警练兵,科学合理施训。9月,区法院通过全市法院系统司法警察岗位大练兵活动考核。　(林丽丽)

【成立少年审判专项合议庭】　年内,区法院成立少年审判专项合议庭,审理与涉未成年人利益相关的抚养权纠纷、探望权纠纷、继承纠纷及校园伤害等4类纠纷。全年共受理涉未成年人民事审判案件40件,审结33件。其中抚养权纠纷和探望权纠纷案件32件,占全部案件80%;涉外案件8件,占受案总数20%。　(林丽丽)

【成立涉外商事审判合议庭】　年内,区法院成立涉外商事审判合议庭,负责诉讼标的在1000万元以下一审涉外、涉港澳台商事案件的审理。共受理涉外商事案件25件,审结11件。针对外籍方不熟悉国内法律及程序情况,法官主动进行释法明理,促成8件涉外案件当事人达成和解,确保涉外商事案件审判平稳进行。

(林丽丽)

【协调化解行政争议】　年内,区法院共审结行政案件137件,经协调后原告撤诉的有86件,协调和解率62.77%,协调和解率居全市法院第一。主要做法:(1)理念先行。坚持以合法性审查为基础,兼顾合理性审查,特别强调行政争议的实质性解决,做多、做细、做实协调和解工作。(2)方法多元。运用"探求争议实质、找准协调切入点、兼顾各方利益、达成最终和解"等工作方法,层层推进矛盾化解工作。(3)机制创新。通过向行政机关发送"协调化解矛盾建议函",提高行政机关通过协调化解争议积极性。对涉及面较广、群众反映强烈的行政案件,采取诉前协调方式,把矛盾化解在诉前。　(林丽丽)

【执行劳动争议仲裁群体性案件】
上海军利航空服务公司原系大型机票代理商,企业因负债宣告歇业,对外债务金额高达数亿元,拖欠员工工资无法兑现。5月,该公司员工依据劳动仲裁调解协议向区法院申请执行。由于该案件申请执行人数达265人,执行标的金额960余万元,因此属区A类群体性矛盾。区法院高度重视该案执行工作,采取有效措施,调查被执行人可供执行财产。共执行到180余万元执行款,并按比例全部发还到每一位申请人手中。

(林丽丽)

【赴白茅岭监狱回访服刑人员】　8月,区法院院长江一敏带领刑庭干警一行赴上海市白茅岭监狱开展服刑人员回访工作,与白茅岭监狱领导班子进行工作座谈,就漏罪审判、罪犯改造等问题交换意见。对区法院判决的服刑人员进行回访,听取他们对法院审判活动意见。　(林丽丽)

【推进司法公开】　年内,区法院依据《上海市静安区人民法院推进司法公开的实施意见》,围绕审判流程全过程,向社会公开一切依法应当公开的内容。立案信访大厅实行导诉服务、立案审查、咨询答疑、诉讼费收取、材料收转、信访接访等"一站式"服务。强化对庭审公开、庭审行为规范的督查,落实庭审全程同步录音录像要求,推进庭审网络直播,共对10件案件进行网络庭审直播。推行裁判文书附录法律条文和生效判决书上网工作,共有1976篇生效判决书在互联网上公布。借助法院"微博"载体搭建司法公开新平台,通过"微博"预告庭审网络直播、发布文字图片新闻、进行案例说法等,加强与网友互动交流。加强执行信息公开,做好执行告知及执行听证工作。　(林丽丽)

【实施"精品战略"】　年内,区法院民二庭审理的张某诉杨某股权确认纠纷案入选《最高人民法院公报》2011年第5期,成为全国性示范案例。这是该院第14件入选《最高人民法院公报》的案例。此外,3件案例入选高院《100个精品案例》,3篇裁判文书入选高院《100篇优秀裁判文书》。在总结已往审判经验基础上,区法院对"精品战略"做了修订和完善,要求法官树立精品意识,强化精品调研,追求精品效果,办理好每一件案件,把社会影响大、案件类型新、法律适用难的案件办成审判质量精、社会效果好的案件。在办案过程中,对审判中的疑难问题主动邀请专家学者开展研讨,就法律适用问题征求学者意见,借鉴法学界研究成果,拓宽法官视野和思路。注重总结提高,加强精品整理,借助案例推荐和编辑,提高审判质量。　(林丽丽)

【参与社会管理创新】　年内,区法院发挥职能,拓展参与社会管理平台。继续做好司法建议和审判白皮书工作,加大司法服务经济社会发展、保障民生力度。发送司法建议27份,收到反馈8份,1份司法建议被评为上海市法院系统优秀司法建议。6月,召开涉老案件司法情况通报会,向有关部门和媒体发布"涉老审判白皮书"(《静安法院2010年度涉老案件司法情况报告》),首次以司法报告形式向社会集中通报涉老案件审理情况。　(林丽丽)

(四)案　例

【"3·29"侵犯商业秘密案】　该案涉及生物医药领域高端技术商业秘密,公安静安分局承办人员2次赴北京,向中国兽医药品监察所专家求教,委托专业鉴定部门对样本进行鉴定,以确定存在侵犯商业秘密的犯罪行为。4月23日,将犯罪嫌疑人王政清(男,48岁,台湾人)、聂东升(男,51岁,河南郑州人)抓获到案。犯罪嫌疑人被区检察院起诉。为查证案件,承办人员突击学习合成肽及兽医药专业知识,并邀请生物医药合成肽专家现场提供专业知识支撑。在铁证面前,犯罪嫌疑人王政清、聂东升交代其侵犯商业秘密并从中获利的犯罪事实。该案侦破工作在2011年度市公安局经侦系统"经济犯罪案件侦查破案精品案例"评选中获银奖。　(杨新华)

【"6·23"系列飞车抢夺案】　6月23日、25日,长寿路1111号及西康路、新闸路附近连续发生2起"飞车两抢"案件。案发后,公安静安分局经过5天缜密侦查,综合运用监控查阅、案件串并、走访排摸、守候伏击等侦查手段,于6月28日上午在延平路237弄22号703室和江宁路1420号东方罗马浴场内将犯罪嫌疑人阿卜杜克木·吾泰尔(男,15岁,新疆喀什人)和努尔屯·拜科日(男,22岁,新疆莎车人)抓获归案,并缴获2人作案时驾驶的“未战”牌踏板车1辆以及海尔笔记本电脑1台、“欧米”牌背包1只。并同时侦破其在普陀、长宁区实施“飞车两抢”案件7起(均已查证)。该案侦破工作在2011年度“刑警803破案奖”评比中获银奖。

(杨新华)

【“10·13”系列盗卖证券案】 2010年10月13日,公安静安分局相继接到9位市民报案:其在华泰证券股份有限公司上海市康定路营业部开设的证券账户内股票被他人盗卖,损失人民币20余万元。经过2个多月的缜密侦查和取证,侦破上海市首例利用证券交易规则谋取非法利益的系列盗卖证券案。2010年12月22日,犯罪嫌疑人孙继武(男,30岁,上海人)被抓获,追回涉案赃款人民币10余万元。该案侦破工作在2011年度市公安局经侦系统“经济犯罪案件侦查破案精品案例”评选中获银奖。

(杨新华)

【销售假冒注册商标商品案】 2010年12月29日,公安静安分局破获1起销售假冒注册商标商品案件。查获待销售的假冒“THE NORTH FACE”“COLUMBIA”等世界知名品牌户外服装共计6850件,案值高达人民币1700万元,3名涉案犯罪嫌疑人沈显响(男,35岁,浙江人)、何仙超(女,35岁,浙江人)和何君(男,24岁,浙江人)分别被区法院判处有期徒刑6个月至9个月。该案侦破工作被市公安局治安总队评为2011年度治安系统秘密力量协破十大精品案例。

(杨新华)

【钱包福挪用公款、挪用资金案】 3月,区检察院将潜逃10年的犯罪嫌疑人钱包福追捕到案。2001年3月,区检察院以涉嫌挪用公款罪对钱包福立案侦查并上网追捕。经查,犯罪嫌疑人钱包福于1997年4月至2000年5月,担任上海市城市建设综合开发总公司(1998年12月该公司由国有企业改制为有限责任公司,并更名为上海市城市建设综合开发有限公司)财务部经理。1997年4月至1998年12月,钱包福利用全面负责公司财务、会计核算、资金调配等管理工作的职务便利,采取从财务出纳处骗取空白银行票据直接划款、付款凭证不入账等手法,挪用公款1695万元给郑某个人经营的公司用于营利活动。1999年1月至2000年5月,钱包福利用职务便利,采取相同的手法,挪用资金1300万元,用于营利活动。2011年8月11日,区检察院以挪用公款罪向区法院提起公诉。9月16日,区法院对钱包福以挪用公款罪,判处有期徒刑7年;以挪用资金罪,判处有期徒刑8年;决定执行有期徒刑13年。

(时 婕)

【薛永敏受贿案】 3月,区检察院以涉嫌受贿罪对犯罪嫌疑人薛永敏立案侦查。经查,薛永敏于2009年1月至2010年6月,先后担任静安区渣土管理所副所长、所长,其间,利用职务便利,收受他人贿赂款共计人民币46.5万元。2011年8月31日,区检察院以受贿罪向区法院提起公诉。9月20日,区法院以受贿罪判处薛永敏有期徒刑10年3个月,并处没收财产人民币1万元。

(时 婕)

【郑某名誉权纠纷案】 原告郑某,系国家足球队前队长,因“赌球传闻”名誉权纠纷一案将被告金陵晚报社、南京日报报业集团起诉至法院。法院经审理认为,法律既要保护公民的名誉权,又要依法支持新闻单位行使舆论监督权。《金陵晚报》的报道,从文章结构和内容来看,其主要是将此前社会上的一些有关原告的传闻和爆料汇总,做了一次较为详尽的报道,报道的内容并非被告主观臆造。被告的报道并未肯定原告确有赌球的行为,也无侮辱、诽谤性语言,故被告主观上并不存在恶意诋毁原告名誉的过错,其行为也无违法性。在被告的报道刊登前半年,社会上已有关于原告“赌球”的传闻,原告社会评价的降低,与被告的报道无因果关系。涉案报道是在“反赌扫黑”的特定背景下,被告从新闻媒体的社会责任与义务出发,行使报道和舆论监督的权利,依法应受法律保护。关于原告赌球的传言,从表面上看,是涉及原告个人的私事或名誉,但原告这一私事或名誉与社会公众关注的中国足球“反赌扫黑”相联系时,原告的私事或名誉就不是一般意义的个人之事,而属于社会公共利益的一部分,可以成为新闻报道的内容。即使原告认为争议的报道指名道姓称其涉嫌赌球有损其名誉,但作为公众人物的原告,对媒体在行使正当舆论监督的过程中,可能造成的轻微损害应当予以容忍与理解。故对原告要求被告向其公开赔礼道歉、赔偿精神损失费等诉讼请求,法院不予支持。

(林丽丽)

【张某诉杨某股权确认纠纷案】 2007年3月14日,原告张某、被告杨某签订合作出资协议约定,原、被告共同出资1238万元,以被告名义受让南京绿洲设备安装工程有限公司(以下简称绿洲公司)61.75%股权,其中被告出资877.501万元,占43.77%;原告出资360.499万元,占17.98%。原告同意所有出资(或股权)登记在被告名下,股东权利由被告代为行使。2007年3月28日,原告张某、被告杨某签订补充协议约定,被告确认原告已经按约向被告支付360.499万元,实际持有绿洲公司17.98%的股权;双方同意代为持股的期限为3年,自2007年3月28日至2010年3月27日止;代为持股期限届满后30日内,被告应将股权变更登记至原告的名下,相应手续依法办理。2007年4月15日,被告杨某出具确认书,确认收到原告张某的360.499万元出资款。2007年3月23日,江苏纵横会计师事务所有限公司出具验资报告称,绿洲公司申请登记的注册资本2005万元,其中被告委托南京中船绿洲机器有限公司向绿洲公司开设的临时存款账户缴存1238万元。2008年11月25日,被告杨某出具承诺书,承诺于2009年2月底前将原告张某实际持有绿洲公司17.98%的股权变更登记至原告名下。2009年5月15日,绿洲公司核准登记。截至原告起诉之日,杨某仍未依法办理前述股权变更登记事宜。为此,原告请求判令确认原告为绿洲公司之股东,持股比例为17.98%并履行相应的股权变更登记手续。被告杨某辩称,原告要求确认绿洲公司股权并变更登记违反法律规定和其他股东优先购买权,被告愿意按市场价值偿还原告出资款。法院经审理认为,原告张某、被告杨某之间的合作出资协议等系当事人真实意思表示,合法有效,原告有权依约主张自己的权利。被告杨某在代为持股期限届满后,为原告办理相应的股权变更登记手续,形同股东向股东以外的人转让股权。按照《中华人民共和国公司法》第七十二条第二款、第三款的规定,被告为原告办理相应的股权变更登记手续,应当由绿洲公司其他股东过半数表示同意。审理中,马某等8位股东(过半数)同意股权变更登记。因此,张某、杨某之间的股权变更登记的条件已成就,原告要求被告履行相应股权变更登记手续的诉讼请求,法院予以支持。（林丽丽）

【刘某破坏生产经营案】 被告人刘某,在担任上海和雍贸易有限公司(以下简称和雍公司)销售员、店长、产品采购经理期间,于2008年3月至2009年5月,为追求销售业绩从而获得升职的个人目的,故意以低于和雍公司规定的限价价格,大量销售电脑产品,造成和雍公司亏损人民币6105695元。其中,2008年12月至2009年5月,被告以同样方法向他人销售电脑711台,造成和雍公司直接经济损失人民币321682元。本案争议的焦点是:被告的行为是否构成破坏生产经营罪、是否构成犯罪。经法院审理认为,被告在主观方面、客观方面均不符合破坏生产经营罪的构成要件:第一,被告的行为造成该犯罪结果发生的间接故意,这与破坏生产经营罪必须系直接故意的主观构成要件不符;第二,被告主观目的是通过追求销售业绩达到升职,这与破坏生产经营罪主观上必须具备泄愤、报复的目的不符;第三,被告的行为未影响本单位的经营活动,这与破坏生产经营罪必须达到经营活动遭到干扰破坏或归于失败不符;第四,被告销售的电脑是和雍公司的商品,与破坏生产经营罪的犯罪对象必须是用于生产经营活动和与其有密切联系的生产资料、生产工具等不符。同时由于被告并非国家机关工作人员,也不符合滥用职权罪的行为人必须具备特殊主体身份的构成要件。根据法无明文规定不为罪的刑法原则,依照《中华人民共和国刑法》第三条和《中华人民共和国刑事诉讼法》第一百六十二条第二项之规定,依法宣告被告人刘某无罪。（林丽丽）

【叶某、李某故意泄露国家秘密案】
被告人叶某,上海东方投资监理有限公司技术总监(以下简称东方公司),于2010年8月,受中国建设工程造价管理协会短期聘任,担任2010年度全国造价工程师执业资格考试的命题、终审专家,参与《工程造价案例分析》试卷的命题、初审以及《工程造价计价与控制》试卷的终审、校对工作,并在此期间多次签订《资格考试试卷(题)命制、审定保密保证书》和《保密责任书》,明确未启用的考试试题属于国家绝密级事项及保密期限和保密义务。9月至10月中旬,东方公司组织员工考前培训,要求被告人叶某向总经理董某、副总经理李某提供相关资料。被告人叶某故意违反保密规定,采用划知识点、提供载有试题内容的电子文档等方法将部分试题泄露给被告人李某(东方公司副总经理、第二事业部总经理)及董某。9月28日、10月13日,被告人李某明知被告人叶某提供的电子文档可能涉及试题内容,仍通过划知识点、投影等方式将试题泄露给东方公司四十余名考生。经法院审理认为,被告人叶某、李某违反《中华人民共和国保守国家秘密法》的规定,故意泄露绝密级国家秘密,情节严重,其行为均已构成故意泄露国家秘密罪,依法应予惩处。被告人叶某在共同犯罪中起主要作用,系主犯。被告人李某在共同犯罪中起次要作用,系从犯,依法可从轻处罚。鉴于被告人叶某、李某系单位安排为员工进行考前培训,主观恶性相对较小,且均能如实供述自己的罪行,有认罪悔罪表现,判决被告人叶某犯故意泄露国家秘密罪,判处有期徒刑二年,缓刑二年。判决被告人李某犯故意泄露国家秘密罪,免予刑事处罚。（林丽丽）

(五)司法行政

【概况】 2011年,静安区司法局(简称区司法局)按照年度部署和计划推进各项司法行政工作,完成全年各项工作任务。组织43家律师事务所的136名资深律师和静安、东方、普陀、闸北等4家公证处全程参与“11·15”特别重大火灾事故善后处置工作。组织9家司法鉴定机构提供善后伤残鉴定,受理鉴定申请42件,鉴定结束37件,出具报告30份。全年新建律师事务所3家,律师事务所总数131家,执业律师1747人,律师事务所机构数量和执业人数保持全市第二、浦西第一。全年法律服务业共收入15.2亿元,缴纳税金2.89亿元。静安公证处共受理公证事项22153件,其中:国内民事公证事项2058件,经济公证事项4737件,涉外民事公证事项14216件,经济公证事项842件。全年公证收入2653.32万元。全年各级人民调解组织共受理各类纠纷6187件,调解成功5973件,达成书面调解协议3153份,调解成功率96.54%。全年安置刑释解教人员732人。组织300多名志愿者开展狱内集中走访帮教43次,结对签约93人,填写走访表357份。组织千余人次走进大墙和社区开展帮教和服务,受教育对象1.2万余人次。初步建立法律援助联席会议制度,开展妇女维权系列活动、法律助残等特色法律援助服务。全年共接受法律咨询2760人次,比上年上升60%;受理法律援助案件207件，比上年上升50%。其中：民事案件133件，比上年上升65%；刑事案件74件，比上年上升20%。全年共编印《静安普法依法治理工作简报》（月刊）12期、《今日学法》（季刊）4期。全年受理对律师、公证的投诉案件34起（其中：涉及律师29起，涉及公证5起），全部结案。全区5个街道人民调解委员会均被评为“市优秀人民调解委员会”，南京西路司法信访综合服务窗口被评为“市优秀司法信访综合服务窗口”，樊建敏、史丽华被评为“市优秀人民调解员”，姜涛、赵启敏被评为市“人民调解能手”。（阎　梦）

【赴陕西省律师协会进行交流】　5月27—31日，应陕西省律师协会邀请，区司法局局长带队赴西安市进行交流活动，区捷华律师事务所高级合伙人曾琪、肖磊2位律师一同前往。交流活动以“低碳领域的律师法律服务”为主题。捷华律师事务所分别与陕西法正平安律师事务所、臻理律师事务所签订“低碳法律服务合作框架协议”，建立战略合作伙伴关系。曾琪、肖磊对陕西省律师协会组织的来自50多家律师事务所60余名执业律师进行题为“‘低碳法务’理论与实践”专题培训。（阎　梦）

【区法律援助中心代理大学生劳资纠纷维权案】　7月13日，来自华东师范大学、上海大学等高校6名应届大学毕业生到区法律援助中心请求法律援助。某培训机构以受某世界财富500强德国公司委托为名强行收取每人6000元职前培训费，6名学生求职未果，钱款落空，感觉受到欺诈。区法律援助中心启动群体纠纷应急机制，指派专业律师代理6名学生维权，并启动诉前调解程序。经调解，培训方退还6名学生培训费3万余元。为刚刚踏出校园的应届毕业生维权，在静安区近年来法律援助案件中尚属首次，在市法律援助中心经办案件中亦为鲜见。（阎　梦）

【成立区医患纠纷人民调解委员会】8月24日，静安区医患纠纷人民调解委员会（简称区医调委）成立。至年底，区医调委共接到患方咨询201人次（其中：来访108人次、来电91次、来信2件），劝解调解170起，受理医患纠纷调解申请31件（其中：调解成功12件，终止调解6件，待调处13件）。启动专家咨询程序1件，涉及赔付金额30万元；调解成功12件（索赔金额超过3万元的5件），有11件为即时履行，赔付金额共41.36万元。（阎　梦）

【召开法律服务电子平台建设推进大会】　8月24日，区司法局、区科委、区商务委及区律师工作委共同召开“创新驱动，转型发展”——静安区法律服务电子平台建设推进大会。与会各方就“律闻网”建设情况进行交流。“律闻网”是国内第一家全方位电子化法律服务专业大型网站，利用现代信息技术通过网络自动实现多对一的服务模式，降低时间成本和服务价格。（阎　梦）

【周院生到国浩律师（上海）事务所调研】　9月2日，司法部律师公证工作指导司副司长周院生到区属国浩律师（上海）事务所调研司法体制改革成效。周院生一行听取国浩所工作汇报，肯定国浩律师事务党建工作、事务所管理以及落实司法改革工作等方面所取得成绩，希望国浩所为上海“四个中心”建设提供更优质高效的法律服务。国浩律师事务所占据全国资本与金融市场法律服务领域90%以上份额，业务创收居全市前茅，先后被评为司法部全国优秀律师事务所、市司法行政系统先进集体。（阎　梦）

【举行“五五”普法总结表彰仪式】　9月15日，静安区“五五”普法总结表彰暨“六五”普法社区启动仪式在石门二路社区（街道）举行。区委副书记、政法委书记郑健麟出席会议并讲话。区委常委、公安静安分局局长薛小明，区人大常委会副主任金先，副区长吴文娟等出席，区委常委、宣传部部长杭春芳主持会议。会上，区领导宣读获上海市2006—2010年法制宣传教育先进集体和先进个人、2006—2010年上海市守法用法示范机关和学法用法模范公务员、2006—2010年上海市民主法治小区和2006—2010年静安区优秀社区普法志愿者名单，并为获奖集体和个人颁奖。全区各法制宣传成员单位分管领导和联络员、社区居民代表等100余人参加活动。作为分会场的区其他4个街道同步举行内容丰富、形式多样的社区法制宣传活动。（阎　梦）

【区司法局软课题通过专家评审】　11月9日，被立项为2010年度静安区软科学研究课题之一的区司法局软课题“关于构建静安区法治指数指标体系的研究”通过专家评审。由来自华东政法大学、上海师范大学、上海政法学院的3位专家组成的评审组，一致认为课题报告从建构国际静安的战略高度出发，突出区法治建设特色，具有丰富的实践支撑，其结论具有相当的科学性、创新性和可行性。（阎　梦）

【司法部调研“中途驿站”工作】　11月28日，中央综治委安置帮教办公室、司法部基层司副巡视员李冰在市综治委安帮工作领导小组副组长、市司法局副局长蔡永健，市矫正办主任、市综治办副主任朱久伟陪同下，到洪智中心视察调研“中途驿站”相关工作。李冰一行听取洪智中心董事长王元洪的汇报。区司法局局长对洪智中心的民办公助、政府购买服务模式的特点和亮点作介绍。李冰肯定区社会帮教工作模式，指出，静安区公助民办的创新形式具有鲜明上海特色、更易推广，要求尽快总结静安区经验，上报中央政法委。（阎　梦）

【刘云耕视察区安置帮教工作】　（见第35页【刘云耕视察区安置帮教工作】）（阎　梦）

【探索社区服刑人员“个别化矫正”工作】　年初，区司法局按照以人为本理念，采取4项措施实行以个别化教育管理为主的矫正新模式。（1）针对个体特点开展心理矫正，创建心灵丝语工作室。（2）关注未成年矫正对象，与华东政法大学研究生院合作成立“情绪调控小组”。（3）严格管理兼顾人性关怀，综合运用亲情、友情、爱情的力量感化矫正对象。（4）跟踪、调整、改进，做到因人施教、因材施教、因类施教。（阎　梦）

【区司法大调解工作模式基本形成】2011年，作为市社会管理创新综合试点，静安区已形成以“一轴两翼”（一轴：即区司法局—各街道综治中心（司法所）—各社区人民调委会；两翼：即指行业性、专业性调解组织和社会组织）为基础，“平面与立体”相结合、“传统与现代”相呼应的静安区司法大调解模式。并探索出一套集矛盾的排查、纠纷的处置、化解的跟踪、条块联动、便民服务为一体的工作机制；化解一大批矛盾纠纷；区综治工作、信访矛盾化解工作位居全市前列，形成“商务楼宇人民调解工作”“劳动争议人民调解工作”“双语调解人民调解工作”“柏万青老娘舅工作室”“社会组织参与化解矛盾”等一系列工作品牌。（阎　梦）

2011年静安区律师事务所一览表

	律所名称	性质	新建或引进日期	地　　址
1	汇中律师事务所	合伙	1982年	康定路833号
2	沪中律师事务所	合伙	1990年10月9日	延安西路358号美丽园大厦18楼
3	金浦律师事务所	合伙	1992年10月11日	武定路327号申银发展大厦405室
4	广益律师事务所	合伙	1994年1月11日	昌平路363号310室
5	永怡律师事务所	合伙	1994年6月3日	长阳路8号建爱大厦14D室
6	捷华律师事务所	合伙	1994年7月7日	武宁南路488号智慧广场2318室
7	太平洋律师事务所	合伙	1994年7月11日	曹杨路362弄15号1403室
8	华通律师事务所	合伙	1995年5月19日	医学院路69号华业大厦13楼B室
9	新望闻达律师事务所	合伙	1995年8月7日	肇嘉浜路366号9楼C室
10	北方律师事务所	合伙	1997年10月21日	安顺路89弄7号楼2808室
11	弘正律师事务所	合伙	1997年10月21日	江宁路777号18楼C室
12	兴业律师事务所	合伙	1997年10月22日	昌平路363/305号
13	中天律师事务所	合伙	1997年10月23日	江宁路420号和一大厦20楼C—D室
14	国和律师事务所	合伙	1997年10月24日	北京西路1399号10楼B—C室
15	信诚律师事务所	合伙	1997年10月25日	延安西路1303号万众大厦8楼
16	欣隆律师事务所	合伙	1997年10月25日	恒丰路218号510室
17	合信律师事务所	合伙	1998年3月6日	南京西路555号1003室
18	金石律师事务所	合伙	1998年3月7日	东方路800号2603室
19	鸿和律师事务所	合伙	1998年5月7日	武定路1102号505室
20	海欣律师事务所	合伙	1998年6月24日	定西路1277号长峰大厦2908室
21	泰吉十方律师事务所	合伙	1998年6月25日	石门二路333弄3号楼30楼B室
22	金典律师事务所	合伙	1998年6月30日	中山西路2025号永升大厦1025室
23	丁孙黄律师事务所	合伙	1998年9月3日	肇嘉浜路789号均瑶广场9楼E2室
24	国奇律师事务所	合伙	1998年11月20日	常德路1211号宝华大厦710—711室
25	荣业律师事务所	合伙	1999年3月25日	江苏路369号兆丰世贸大厦8B室
26	北京海问律师事务所	合伙	1999年7月1日	南京西路1515号2604室
27	北京通商律师事务所	合伙	1999年11月9日	南京西路1515号1506室
28	迅峰律师事务所	合伙	1999年11月15日	江宁路420号和一大厦19楼D室

（续表一）

	律所名称	性质	新建或引进日期	地　　址
29	北京京都律师事务所	合伙	1999年12月17日	南京西路580号南证大厦3903A室
30	商海律师事务所	合伙	2000年1月20日	西康路757号213—215室
31	聚成律师事务所	合伙	2000年5月8日	延平路298号首层
32	广庭律师事务所	合伙	2001年2月10日	长寿路28弄30号518室
33	君志律师事务所	合伙	2001年3月5日	延安西路1228弄2号嘉利大厦17楼F—B室
34	北京众鑫律师事务所	合伙	2001年7月19日	北京西路1277号1708室
35	河南金博大律师事务所	合伙	2001年9月4日	欧阳路568号庐迅大厦19层C室
36	佳信达律师事务所	合伙	2001年9月4日	天山路600弄1号同达创业大厦2505室
37	理合理律师事务所	合伙	2001年9月4日	万航渡路888号25楼D室
38	世通律师事务所	合伙	2002年1月1日	定西路788号凯阳大厦7楼B室
39	权亚智博律师事务所	合伙	2002年3月1日	太仓路233号新茂大厦1101室
40	江苏博爱星律师事务所	合伙	2003年2月3日	浦东南路2244弄2号2楼
41	天闻律师事务所	合伙	2003年7月1日	龙华东路818号金融A904室
42	镇霆律师事务所	合伙	2003年11月20日	长寿路97号20楼E—L室
43	单新宇律师事务所	个人	2003年12月23日	长乐路801号华尔登广场702室
44	北京世纪律师事务所	合伙	2004年1月16日	中潭路100弄118号1503室
45	里格律师事务所	合伙	2004年1月16日	茂名南路58号花园饭店6楼
46	北京浩天信和律师事务所	合伙	2004年1月20日	江宁路168号兴业大厦1801室
47	庄正权律师事务所	个人	2004年2月11日	昌平路556弄2号2603室
48	红三权律师事务所	合伙	2004年3月5日	临平北路68号503室
49	远景律师事务所	合伙	2004年3月15日	仙霞路319号远东国际广场A栋2701室
50	德理律师事务所	合伙	2004年8月30日	杨高南路428号3号楼6C室
51	瑞泽律师事务所	合伙	2004年9月2日	广东路689号海通证券大厦1601室
52	博恩律师事务所	合伙	2004年12月30日	延安西路726号15楼E室
53	浩本优晶律师事务所	个人	2004年12月30日	三源路41弄13号复式商铺
54	汇理律师事务所	合伙	2005年转入	蒙自路763号新富港中心一座705室
55	欧博律师事务所	合伙	2005年1月15日	万航渡路849号国际海森2402室
56	北京万商天勤律师事务所	分所	2005年3月20日	银城中路488号1505A室
57	恒峰律师事务所	合伙	2005年3月20日	武定路969号华祺大厦14楼
58	黄佩礼律师事务所	个人	2005年3月25日	威海路567号晶采世纪大厦14楼D室
59	诺盛律师事务所	合伙	2005年6月1日	人民路885号淮海中华大厦306室
60	申浩律师事务所	合伙	2005年7月28日	华山路1954号浩然高科技大厦15楼
61	金钻律师事务所	合伙	2005年8月1日	普陀区澳门路356号三维大厦504室
62	顾键律师事务所	个人	2005年9月14日	恒丰路31号金峰大厦1501室

（续表二）

	律所名称	性质	新建或引进日期	地　址
63	龙耀律师事务所	合伙	2005 年 10 月 19 日	盛苑路 800 弄盛世天地 195 号
64	朱妙春律师事务所	个人	2005 年 11 月 1 日	瑞金南路 1 号 17 楼 D 室
65	广东安华理达律师事务所	合伙	2005 年 12 月 24 日	铜仁路 299 号东海广场 4604 室
66	方达律师事务所	合伙	2006 年转入	南京西路 1515 号嘉里中心 20 楼
67	东锦律师事务所	合伙	2006 年 1 月 4 日	崂山路 528 号 8 楼 A1 室
68	赵国俊律师事务所	个人	2006 年 1 月 6 日	万航渡路 849 号国际海森 1404 室
69	得勤律师事务所	合伙	2006 年 1 月 6 日	延安中路 841 号 2507 室
70	北京君都律师事务所	合伙	2006 年 1 月 27 日	北京西路 1399 号信达大厦 10 楼 D 室
71	北京中鸿律师事务所	合伙	2006 年 2 月 24 日	长寿路 97 号世纪商务大厦 18 楼 C 室
72	百悦律师事务所	合伙	2006 年 4 月 14 日	浦东新区东方路 1988 号 701 室
73	汇坤律师事务所	合伙	2006 年 5 月 17 日	长顺路 11 号荣广大厦 13 楼 1507 室
74	沪家律师事务所	合伙	2006 年 9 月 16 日	延安中路 841 号 1502 室
75	华萃律师事务所	合伙	2006 年 10 月 17 日	天目西路 218 号嘉里不夜城 2 座 2105 室
76	周祖琪律师事务所	个人	2006 年 12 月 13 日	威海路 910 弄 58 号
77	东方世纪律师事务所	合伙	2007 年转入	西康路 600 弄 1 号楼 1204 室
78	陈明律师事务所	个人	2007 年 1 月 1 日	共和新路 627 号 201 室
79	瑞银添惠律师事务所	合伙	2007 年 3 月 1 日	雁荡路 107 号雁荡大厦 11 楼 G 室
80	北京高朋律师事务所	合伙	2007 年 4 月 16 日	杨高南路 428 号 2 号楼 17B 室
81	睿道律师事务所	合伙	2007 年 7 月 7 日	定西路 1277 号长峰大厦 2806 室
82	泰能律师事务所	合伙	2007 年 9 月 6 日	陆家浜路 1332 号南开大厦 1506—1507 室
83	原本律师事务所	合伙	2007 年 9 月 20 日	陕西北路 1438 号财富时代广场 1407 室
84	世暄律师事务所	合伙	2007 年 11 月 1 日	陕西北路 1438 号财富时代广场 1718 室
85	胜超律师事务所	合伙	2007 年 11 月 2 日	梅园路 77 号 16 楼 1617—1619 室
86	百全律师事务所	合伙	2007 年 11 月 13 日	北京西路 1068 号 14 楼 1401—1403 室
87	国浩律师事务所	合伙	2008 年市下放	南京西路 580 号南证大厦 45 楼
88	中信正义律师事务所	合伙	2008 年市下放	万航渡路 1575 号
89	申中律师事务所	合伙	2008 年市下放	定西路 685 号 5 楼
90	勋业律师事务所	合伙	2008 年市下放	新闸路 1324 号
91	通浩律师事务所	合伙	2008 年市下放	延平路 121 号三和大厦 21F 室
92	北京德恒律师事务所	合伙	2008 年市下放	银城中路 488 号 1704 室
93	华天平律师事务所	合伙	2008 年市下放	新闸路 1716 号宝城公寓 403 室
94	振兴律师事务所	合伙	2008 年市下放	徐家汇路 550 号宝鼎商务大厦 7 楼
95	金马律师事务所	合伙	2008 年市下放	延安中路 1111 号延安饭店 217—223 室
96	中村律师事务所	合伙	2008 年 2 月 3 日	江宁路 420 号和一大厦 28 楼 H 室
97	北京华贸硅谷律师事务所	分所	2008 年 2 月 20 日	曲阳路 800 号上海商务中心 1211 室

（续表三）

	律所名称	性质	新建或引进日期	地　址
98	兆辰汇亚律师事务所	合伙	2008年3月4日	南京西路1486号6号楼C室
99	圣瑞敕律师事务所	合伙	2008年3月19日	虹梅路3896弄中洋公寓B3栋202室
100	泽衡律师事务所	合伙	2008年3月27日	陕西北路1438号财富时代广场1407室
101	铭汉律师事务所	合伙	2008年4月1日	浦东大道1200号巨洋大厦508室
102	通乾律师事务所	合伙	2008年4月11日	江宁路167号新城大厦1802室
103	孙义荣律师事务所	个人	2008年4月29日	愚园路300号申乐大厦1502室
104	海航律师事务所	合伙	2008年4月29日	卢湾区瑞金南路1号16楼F室
105	同脉律师事务所	合伙	2008年5月5日	恒丰北路100号林顿大厦1013室
106	正策律师事务所	合伙	2008年6月2日	延安西路1118号龙之梦大厦2307室
107	信冠律师事务所	合伙	2008年6月26日	莘建东路58弄2号2203室
108	董孝铭律师事务所	个人	2008年7月22日	江宁路498号博鸿大厦702室
109	王育文律师事务所	个人	2008年8月27日	江宁路495号602室
110	海铨律师事务所	合伙	2008年12月1日	丰和路1号北10室
111	郭延曦律师事务所	个人	2009年转入	徐汇区蒲汇塘路11号1003室
112	北京集佳律师事务所	分所	2009年2月5日	石门一路211号15楼AB室
113	北京汉坤律师事务所	分所	2009年4月28日	南京西路1266号5709室
114	瀚元律师事务所	合伙	2009年5月8日	西康路618号17楼B—C室
115	宋海佳律师事务所	个人	2009年6月1日	乳山路506弄47号102室
116	维高律师事务所	合伙	2009年6月4日	万航渡路829弄1号1402室
117	申浙律师事务所	个人	2009年8月4日	中山西路933号2015室
118	湖北立丰律师事务所	分所	2009年8月17日	世纪大道1500号821室
119	河北三和时代律师事务所	分所	2009年9月3日	新沪路1060弄9号301室
120	尚睿律师事务所	合伙	2009年9月17日	延安西路889号11楼
121	笑展律师事务所	合伙	2009年12月29日	万航渡路829号506室
122	湖北得伟君尚律师事务所	分所	2010年转入	陆家嘴环路1000号13楼121室
123	共舟律师事务所	合伙	2010年转入	宜山路508号景鸿大楼12楼E室
124	边宁律师事务所	个人	2010年1月12日	南京西路819号中创大厦1805室
125	致格律师事务所	合伙	2010年1月13日	延安东路100号联谊大厦301室
126	志良律师事务所	个人	2010年6月1日	中山北路2668号联合大厦1916室
127	久远律师事务所	个人	2010年8月23日	长宁区长宁路1027号1901室
128	通润律师事务所	合伙	2010年9月1日	淮海中路8号兰生大厦11楼
129	圣信律师事务所	合伙	2011年转入	同仁路299号东海广场3503室
130	嘉路律师事务所	合伙	2011年2月1日	陆家嘴银城中路168号上海银行大厦2308室
131	活石律师事务所	个人	2011年12月1日	武定路555号623室

（阎　梦）

（本栏目编辑　黄瑞于）

六、民主党派·人民团体

（一）民革区委

【概况】 2011年，中国国民党革命委员会上海市静安区委员会（简称民革区委）团结和带领全体党员围绕区经济社会发展大局，履行参政党职能，完成各项工作任务。年内，民革区委以纪念中国共产党成立90周年和辛亥革命100周年为契机，开展形式多样的主题教育活动。三八妇女节组织部分女党员参观中国共产党代表团驻沪办事处纪念馆，五四青年节前夕组织青年党员祭扫宝山烈士陵园；组织党员观看辛亥百年纪录片，开展纪念征文活动；各支部以纪念辛亥百年为主题举行组织生活会，重温民革优良传统。8月，民革区委完成换届工作，选举产生12名出席民革市委第十二次代表大会代表。同月底，区委新老委员赴广东开展学习考察暨政治交接活动，进行工作交接。民革区委通过提交提案、社情民意、课题调研等方式，履行参政议政职能，为区域发展作出贡献。年内，共收到各支部提交意见建议40余件，经整理提炼形成集体提案10件，提交区政协十二届五次全会，“关于推进巨鹿路整体开发的建议”等2件提案被《静安综合经济》（2011年第6期）录用刊登。全年向民革市委、区政协提交社情民意24份。完成关于“上海社区危机管理中存在的问题及对策建议”的调研课题，上报民革市委。民革区委通过开展各项活动，增强组织凝聚力。1月，举行新春联欢活动，表彰上年度先进支部；3月，选送8名新党员参加区民主党派新成员培训班；5月，举办“白领精英，美丽课堂”讲座；国庆前夕，组织党员赴闵行区召稼楼参观；10月，选送1名党员参加民革市委、市社会主义学院举办的第28期中青年骨干培训班；11月，组织撰写2011年度提案的党员赴松江举行为期2天的参政议政工作会议；12月，举行支部年度总结交流会。民革区委注重自身建设，提升组织活力。加强班子凝聚力建设，发挥班子领导核心作用；通过制订和健全会议制度、议事规则等，规范和推进各项工作；加强基层支部建设，11月23日，民革区委八支部举行支部换届；稳步推进新党员发展，全年共发展5名新党员，平均年龄40岁，其中1名为全国政协委员、副区长。至年底，区委共有支部10个，党员243人。 （朱　薇）

【获“学习践行社会主义核心价值体系”先进表彰】 2月22日，民革中央在北京召开学习践行社会主义核心价值体系先进组织和先进个人表彰大会，民革区委主委李蓝获“学习践行社会主义核心价值体系先进个人”称号，并在大会上交流发言。民革区委的征文“认知、认同、践行——学习社会主义核心价值体系体会”及党员周伟的征文《对民革青年党员历史使命的思考》获民革中央宣传部颁发的“学习践行社会主义核心价值体系征文”优秀奖。 （朱　薇）

【就“静安时尚创意产业发展”建言献策】 2月24日，在区政协十二届五次会议上，主委李蓝代表民革区委作“关于打造时尚创意发布平台，领引静安经济增长新极点的建议”大会发言。建议通过有效整合场地、媒体、组织的资源优势，吸引时尚创意策展专业人才，学习借鉴国际先进时尚创意发布经验等措施，重点打造静安时尚创意产业发布平台，促进静安经济转型。 （朱　薇）

【举办“国际视野下看中国的发展模式”专题报告会】 （见第91页【召开3次委员学习会】） （朱　薇）

【开展“观故居，走多党合作之路”主题教育活动】 民革区委响应民革中央“开展‘观故居，走多党合作之路’活动”号召，于4月8—12日组织部分党员骨干赴广州黄埔军校、中山纪念堂及中山故居开展主题教育活动。带领党员重温历史、缅怀先烈，深化思想政治教育。 （朱　薇）

【民革区委完成换届工作】 8月11日，民革静安区第十一次代表大会在市旅游培训中心会场召开，82名代表参加大会。大会审议并通过民革静安区第十一届委员会工作报告，选举产生民革静安区第十二届委员会。新一届区委由12名委员组成，平均年龄43岁，研究生学历5人，大学本科6人，大专1人，8人具有中高级职称。市政协副主席、民革市委主委高小玫，中共区委书记龚德庆对大会的召开表示祝贺，并对新一届民革区委提出希望和要求。民革市委副主委董波，中共区委常委、区政协副主席、统战部部长李关德，区人大常委会副主任金先，副区长朱成钢，区政协副主席罗华荣，各民主党派区委、区工商联、区侨联、相关单位和部门负责人等应邀出席大会。同日召开民革静安区第十二届委员会第一次会议，推选蔡峥为主任委员，乐理、史燕君、何国富为副主任委员；任命周伟为秘书长。（朱　薇）

【开展纪念中共建党90周年、辛亥革命100周年征文活动】　年内，民革区委开展纪念中共建党90周年、辛亥革命100周年专题征文活动，共收到征文近20篇，在内部刊物《静安民革》设"纪念文选"专栏予以刊登。其中2篇征文被民革市委收录到《上海文史资料选辑（辛亥百年拾遗）》一书，2篇征文获民革市委纪念中共建党90周年征文优胜奖。（朱　薇）

【多件提案获区政协表彰】　年内，民革区委围绕区经济和社会发展大局，运用提案形式履行职能，在区政协十二届五次会议上，民革区委提交的10件集体提案均被选为大会书面材料，"关于打造时尚创意发布平台，引领静安经济增长新极点的建议"等4件提案被评为区政协2011年度优秀提案，"关于静安国际商务港虚拟化建设的建议"获区政协优秀提案特别奖。（朱　薇）

【反映社情民意信息工作获表彰】　年内，民革区委报送社情民意24份，内容涉及社会民生、城市建设等多方面，党员陈银树撰写的信息《上海发展应充分利用地下空间》，经区政协报送市政协后被单篇采用，并受到市领导批示，为推进相关工作提供参考。民革区委被区政协评为"2011年度反映社情民意信息工作先进单位"。（朱　薇）

【完成民革市委专项调研课题】　年内，民革区委加强调查研究工作，成立专门课题组，向民革市委申报题为《上海社区危机管理中存在的问题及对策建议》调研课题。课题组通过向民革党员、社区居民、企事业单位等发放调查问卷1000余份，结合调查结果，对社区危机管理现状和存在问题进行分析研究，同时借鉴国外先进经验，提出社区危机管理的对策建议。（朱　薇）

（二）民盟区委

【概况】　2011年，中国民主同盟上海市静安区委员会（简称民盟区委）围绕换届选举、学习和践行社会主义核心价值体系、纪念民盟成立70周年等重点工作，开展系列活动，加强自身建设，履行参政议政职能、开展社会服务。8月，完成民盟区委换届工作。开展树立和践行社会主义核心价值体系活动，举办"践行社会主义核心价值体系之我见"主题演讲活动，组织骨干盟员赴广西南宁、百色进行考察学习，参观邓颖超纪念馆、刘永福故居等重要历史人文景点，接受爱国主义教育。以中国民盟成立70周年暨上海地方组织建立65周年为契机组织系列活动，编撰出版《静安民盟风采录》，参加民盟市委举办的纪念民盟成立70周年知识竞赛并获三等奖，组织盟员参加张澜铜像揭幕暨中国民主同盟（上海）传统教育基地揭牌仪式，组织青年盟员参观"辛亥革命在上海"文物文献展。民盟区委秘书长庞惠宇获上海市统一战线工作先进个人称号。成立重点调研课题组5个，向区政协十二届五次会议提交5件提案，其中2件被评为2011年度区政协优秀提案。推进"凝聚力工程"，增进盟员之间沟通交流。年内开展元宵节团拜、三八妇女节赏梅抒怀主题活动、教师节表彰、敬老节活动、为逢五逢十的老盟员祝寿等活动。开展与所在单位中共党支部联谊、迎春茶话会、参观中共二大会址纪念馆、看望老盟员等活动，增强组织向心力和凝聚力。将做好社会服务与探索社区共建相结合，在江宁路社区（街道）配合下，完成品牌服务——"百名律师法律咨询"静安点组织保障工作，逐步形成对接社区、打造品牌的常态化服务机制。按照"突出质量标准、严格考察程序、保持党派特色、实现稳步发展"的原则，发展新盟员11人，其中本科学历7人，研究生4人，主要为教育、医卫界人士，平均年龄37.8岁。通过民盟、教育、医卫、妇女等界别，共推荐10名盟员担任政协委员，其中常委2名；1名盟员当选为区人大常委。至年底，民盟区委共有支部17个，盟员467人。（钟蕾丽）

【开展参政议政工作】　在年初召开的区政协十二届五次会议上，民盟区委提交"关于北部宜居生活区建设的建议""关于建设动迁管理信息系统的建议""关于完善区域网上平台的建议""完善居民电子健康信息档案，提升卫生信息化水平""关于静安区工人文化宫退商还文的建议"等5件集体提案，其中"关于北部宜居生活区建设的建议"和"关于建设动迁管理信息系统的建议"被评为2011年度区政协优秀提案。6月，民盟区委召开提案宣传工作会议，总结年度参政议政工作，表彰一批积极参与撰写提案的盟员，并确定下一年度提案工作的计划和要求。11月，组织召开提案专题研讨会，集中对将提交区政协十三届一次会议的6件提案进行讨论修改。12月，为学习贯彻中共十七届六中全会精神，民盟区委结合党派特色，发挥人才荟萃的优势，召开"我为静安文化发展献一计"社情民意座谈会，从文化建设"促经济、惠民生、传文脉"等方面各抒己见，提出"向静安区60岁以上老人发放免费电影券""加强静安区中小学书法教育"等建议，并报送民盟市委和区政协。（钟蕾丽）

【编撰出版《静安民盟风采录》】　经过近两年筹备，民盟区委于7月完成《静安民盟风采录》编撰出版工作，并以此向中国民主同盟成立70周年暨上海民盟地方组织建立65周年献礼。该书以翔实的文字和图片资料，回顾改革开放以来静安民盟组织历程，主要包括序、前言、组织风采篇、盟员风采篇及后记5个部分内容。组织风采篇主要辑录1980年以来民盟区委组织、盟员个人所获国家级及市级荣誉、获盟务工作先进集体和先进个人的支部及盟员名单，民盟区委1995—2011年集体提案名称，第一届至第十届民盟区委组成人员以及1980年以来区民盟组织内担任市、区两级人大代表、政协委员的盟员名单。盟员风采录集中展现28位优秀盟员在平凡岗位上的事迹和风采。（钟蕾丽）

【民盟区委完成换届工作】 8月4日，民盟静安区第十一次代表大会在市旅游培训中心会场召开，87名代表参加大会。大会审议并通过民盟静安区第十届委员会工作报告，选举产生民盟静安区第十一届委员会。民盟中央副主席、市人大常委会副主任、民盟市委主委郑惠强，中共区委书记龚德庆对大会召开表示祝贺，并对新一届民盟区委提出希望和要求。中共区委常委、区政协副主席、统战部部长李关德，区人大常委会副主任张成洲，区政协副主席赵达，民盟市委秘书长姚卓匀，各民主党派区委、区工商联、区侨联、相关部门和社区（街道）负责人等应邀出席大会。民盟静安区第十一届委员会由13人组成，其中男性7人，女性6人；平均年龄46岁，较上一届下降3.7岁，“50后”3人、“60后”6人、“70后”4人；均具有本科以上学历；成员中既有体现民盟主体特色的教育界人士，又有政府机关干部、国有企业及医卫界代表性人士。同日，召开民盟静安区第十一届委员会第一次会议，推选汪皓俊为主任委员，王国世、张扬、叶纲、袁宏燕为副主任委员，任命庞惠宇为秘书长。（钟蕾丽）

【举办2011年暑期干训班】 8月21日，民盟区委和区社会主义学院联合举办2011年民盟静安区暑期干训班，邀请市社会主义学院教授杨爱珍作学习中共中央总书记胡锦涛纪念中共成立70周年讲话精神的专题辅导报告。杨爱珍以“同心同德、同心同向、同心同行”为主题，解读民盟“立盟为公、参政为民”的宗旨，着重阐明在新的历史条件下，民主党派应该当好桥梁、当好纽带、当好助手，自觉承担起共同构建和谐社会的历史责任，为各位盟员更好地学习胡锦涛的讲话，做一名合格的民主党派成员提供指导。（钟蕾丽）

【举行教师节表彰活动】 区民盟盟员中约70%来自教育界。为庆祝第27届教师节，民盟区委于9月15日举行教师节表彰交流活动，对区内14名获国家级、市级、区级教育科研成果奖项的优秀盟员，以及获区“青年教育明星”、区先进教研组组长等荣誉的盟员进行表彰，向来自17个支部的50多位盟员教师代表致以节日的祝福和衷心的感谢。获奖教师代表结合学习践行社会主义核心价值体系作交流发言。（钟蕾丽）

【举办“社院大讲坛”专题讲座】 11月17日，民盟区委和区社会主义学院联合主办“社院大讲坛”系列讲座（第三十七讲），邀请区盟员、中国红十字基金会自然医学基金学术委员会主任、上海交通大学兼职教授、医学博士徐丹林作“仰视生命——健康与养生漫谈”专题讲座。徐丹林详细阐释中国传统文化中佛教医学和道教医学提倡的养心养生原理和四时调养之法，并结合生活实际，旁征博引，从睡眠、饮食和情志等方面给在座听众带来具体的、可操作性强的抗衰老指导，并回答与会者提出的问题。（钟蕾丽）

【获民盟市委盟务工作先进集体称号】 2011年，民盟市委以纪念中国民主同盟成立70周年暨民盟上海组织建立65周年为契机，表彰一批区县和直属民盟组织。民盟区委获中国民主同盟成立70周年盟务工作先进集体称号；盟员孙春美、王国世、张扬、华人美获盟务工作先进个人称号。（钟蕾丽）

（三）民建区委

【概况】 2011年，中国民主建国会上海市静安区委员会（简称民建区委），开展政治交接以及树立和践行社会主义核心价值体系学习教育活动，围绕区委、区政府中心工作，结合纪念民建成立66周年，以“社会服务年”“后备干部建设年”“换届年”为抓手，团结带领全体民建会员，履行参政党职能，开展社会服务，推进各项工作取得新进展。民建区委以领导班子和干部队伍建设作为重中之重，坚持举行主任委员学习会和重要事项决定会、中心组学习会，传达学习中共区委和民建市委各项重要会议精神及全国、市、区“两会”精神。结合中国共产党成立90周年、辛亥革命100周年等节庆活动，以支部活动、报告会、交流会、座谈会、征文、参观学习考察等形式，发动广大会员参与纪念和学习教育活动。组织中青年会员开展会史教育活动，激励会员继承和发扬民建优良传统，坚定走中国特色社会主义政治发展道路的信念。在深入支部调查研究的基础上，民建区委提出“一二二一”工作思路（即以坚持政治学习、思想教育为一个中心，以参政议政、支部建设为二大基础，以社会服务、楼宇工作为二个抓手，以“和谐、关心、服务”为一种理念作为指导今后工作的主线），于10月11日召开工作推进会，部署在参政议政、支部建设和组织建设三方面重点工作。年内，对参政议政组织委员会进行人员调整补充，充实骨干力量。召开调研工作会议，围绕主题，确立调研重点，成立以支部为主体的四大块共11个课题调研小组。在区政协十二届五次会议上，民建区委作“关于‘国际商务港’建设的再思考”发言，递交“关于加快建立健全城区公共安全管理体系的建议”“进一步推进科技创新，促进静安区域经济发展的建议”等集体提案8件，担任区政协委员的民建会员递交提案22件。8—11月，民建区委收到各支部社情民意信息25篇，经整理上报21篇。其中，“静安城区运行管理创新的若干思考”“进一步推进老字号品牌建设”2篇被《静安综合经济》2011年第9期刊登。在市“两会”召开期间，担任市人大代表和市政协委员的民建会员，向会议递交关于经济转型、城区公共安全、节能减排、精神文明建设等议案、提案共10余件。民建区委坚持"数量是基础,质量是保证"原则,稳妥推进组织发展工作。召开"民建之友"联谊座谈会,加强对"民建之友"入会前的基本政治素质教育,把好入会关。年内,发展会员18人,平均年龄36.3岁,都具有大专以上学历,其中本科生10人。民建区委注重对新进机关人员和中青年后备干部的培养,推荐参加由民建市委和中共区委组织部、统战部、区社会主义学院组织的各类学习培训,加强其政治责任感和历史使命感,提升其业务能力。关心重视老会员。坚持在春节和盛夏高温时节慰问老会员,每月组织召开老会员工作委员会骨干成员政治学习会,将学习资料及时送到老会员家中,邀请老会员参加各类报告会、学习讲座及"社院大讲坛"等活动,组织重阳节敬老活动和参观考察活动。民建会员朱忠达、张铧平被民建中央评为民建全国社会服务工作先进个人。会员中,市人大代表2人,市政协委员1人,区人大代表4人,区政协委员20人。至年底,民建区委共有所属支部(小组)24个,设老会员工作委员会等5个专门委员会;共有会员623人。

(张　媛)

【举行2010年工作总结表彰暨迎新年团拜活动】 1月26日,民建区委举行2010年工作总结表彰暨迎新年团拜会。民建中央副主席、市政协副主席、民建市委周汉民,民建市委副主委王志雄,中共区委常委、区政协副主席、统战部部长李关德,中共区委统战部各科室负责人及民建会员等500余人出席。周汉民、李关德和民建区委主委刘兴宗分别代表民建市委、中共区委统战部和民建区委致辞。会上,周汉民、王志雄、李关德等领导为获得民建中央、民建市委、民建区委表彰的支部和会员颁奖,并向15位新会员颁发会员证书。

(张　媛)

【举行"社会主义核心价值体系学与行"课题调研】 5月12日,民建市委宣传部部长唐祖潮率民建市委理论委负责人,到民建区委进行"社会主义核心价值体系学与行"课题调研。民建区委部分会员代表出席调研座谈会。会议由唐祖潮主持。民建市委把课题调研第一站放在静安,是以市区联动的方式,落实民建中央关于树立和践行社会主义核心价值体系学习教育活动理论课题调研工作的要求。民建区委主委刘兴宗汇报民建区委树立和践行社会主义核心价值体系学习教育活动工作情况和在"学与行"过程中取得的工作成效。

(张　媛)

【民建区委完成换届工作】 8月9日,民建静安区第八次代表大会在市旅游培训中心会场召开,114名代表参加大会。大会审议并通过民建静安区第七届委员会工作报告,选举产生民建静安区第八届委员会。民建中央副主席、市政协副主席、民建市委主委周汉民,中共区委副书记郑健麟对大会的召开表示祝贺,并对新一届民建区委提出希望和要求。民建市委副主委徐钧健,中共区委常委、区政协副主席、统战部部长李关德,区人大常委会副主任吴玉林,副区长朱成钢,区政协副主席赵达,各民主党派区委、区工商联、区侨联、相关部门和社区(街道)负责人等应邀出席。民建静安区第八届委员会由27名委员组成。在民建静安区第八届委员会第一次会议上,选举张辉为主任委员,朱忠达、张雪云、陆晓明为副主任委员;任命张媛为秘书长。(张　媛)

【举行新版《个人所得税法》宣讲座谈会】 9月28日,民建区委楼宇工作委员会、民建市委社会服务委员会、税务静安分局、静安寺社区综合党委联合举办面向区楼宇白领的新版《中华人民共和国个人所得税法》宣讲座谈会,部分世界财富500强企业、著名外企、国企和民营企业中有关部门负责人等70余人参加。讲座以着重解读、辅导新版《中华人民共和国个人所得税法》为主,并提供相关纳税业务政策指导和咨询,协助发挥政府服务职能,加快社会诚信体系建设,促进区域经济健康稳定发展。 (张　媛)

【被区政协评为反映社情民意信息工作先进单位】 12月5日,在区政协召开的优秀提案暨反映社情民意信息工作先进表彰会上,民建区委被区政协评为2011年度反映社情民意信息工作先进单位。民建区委2009年度提交的"抓住世博机遇,加速推进住宅小区一体化管理"、2010年度提交的"借助'航站楼'独特优势,打造航空服务'产业链'"、2011年度提交的"关于'国际商务港'建设的再思考"等9件集体提案被区政协评为优秀提案。民建会员、区政协委员虞哲讯、朱忠达、陆晓明、华元淇、贡瑞临、蒋大龙等于2009—2011年度提交的个人提案分别被区政协评为优秀提案。其中,贡瑞临在2007年提交的"打造企业服务品牌优势,实现现代服务业(金融服务业)错位竞争"获十二届区政协优秀提案特别奖。

(张　媛)

【举行纪念民建成立66周年活动】 12月14—15日,民建区委举行"纪念民建成立66周年暨学习传承民建优良传统"主题活动。民建区委机关全体人员、老委会负责人、中青年会员代表、"民建之友"等40余人出席。活动仪式上,民建区委主委张辉向民建老会员、百岁老人孙瑞耕献上鲜花,恭祝健康长寿,感谢以孙老为代表的老一辈民建会员长期以来为民建作出的贡献,部分老会员代表、中青年会员代表和"民建之友"作交流发言。 (张　媛)

(四)民进区委

【概况】 2011年,中国民主促进会上海市静安区委员会(简称民进区委)开展树立和践行社会主义核心价值体系主题教育活动,加强思想建设。履行参政党职能,向区政协十二届五次会议提交提案4件、大会发言4件。其中"关于培育公民意识扩大公众参与的建议"提案被市政协网站刊登。民进区委先后举行基层支部信息员、报道员培训,"这是我们的责任——民进逸夫职校支部举行爱心义卖"

“上海静安区新会员支部成立”等5篇报道先后在《团结报》上刊载。在民进区委开展的支部创优评优活动中，11个在职支部、3个街道支部被评为先进支部。民进区委首期后备干部研修班结业，部分后备干部当选为民进区委委员。鼓励会员“双岗建功”，民进会员丁银娣被评为上海市特级教师。民进会员中担任市人大代表1人、区人大代表2人（含区人大常委会常委1人）、区政协委员17人（含区政协常委2人）。8月，民进区委完成换届工作。全年发展新会员10人，至年底，共有会员545人，共有基层支部26个。（张蒙蒙）

【举办“重温历史，同心同行”专题报告会】 为纪念中国共产党成立90周年，结合树立和践行社会主义核心价值体系主题教育活动，6月23日，民进区委会同区社会主义学院在同舟大楼101室举办“社院大讲坛”系列讲座第六讲，特邀市社会主义学院教授杨爱珍，民进市委专职副主委、区人大常委会副主任、民进区委主委、区社会主义学院副院长许政涛，分别作题为“国际背景下的中外政党制度研究”和“同心同德，同向同行”报告，民进区委和各基层支部委员会成员、后备干部研修班成员及新会员支部成员出席报告会。（张蒙蒙）

【民进区委网站开通】 6月23日，民进区委召开支部主委工作会议，民进区委网站正式启动。民进区委网站报区信息委立项，由区信息委主持项目招标，经专家评估，上海广野软件有限公司与民进区委签订网站建设技术合同，承接网站建设。网站包括首页、概况、区域发展、区委工作、支部动态、老年之窗、会员风采等7个一级栏目，下设若干二级栏目。民进区委通过网站建设，以信息化手段拓展对外宣传阵地，展示民进组织形象，促进党派自身建设，促进党派成员履行参政议政、民主监督、社会服务职能，服务民进会员。网站开通后，由民进区委机关负责网站信息管理和发布，即时更新各栏目内容，并对网站发布内容进行审核。（张蒙蒙）

【举行“智慧城市”社情民意沙龙】 7月4日，民进区委举行“智慧城市”专题社情民意沙龙。民进市委专职副主委、民进区委主委许政涛主持会议并讲话，民进市委参政议政部部长干建达出席。会上，教育界会员提出在学校教育中建立“智慧校园”，推广电子书包，既可为学生减负又可以增加学习效率；医卫界会员提出要利用网络建立电子病历和健康档案，解决城市看病难问题；退休会员提出建设“智慧城市”，不仅需要智慧，更需要法规保障。与会会员结合各自工作环境和生活状况，就如何构建“智慧城市”发表真知灼见。（张蒙蒙）

【成立第四届新会员支部】 7月27日，民进区委第四届新会员支部成立会议在民进成立旧址陕西南路235号举行，会员聆听民进成立旧址讲解员志愿者的讲解，参观民进成立旧址、观看专题宣传片，感受66年前中国民主促进会成立时的场景。会上宣读民进区委《关于成立第四届民进新会员支部的决定》。根据民进区委提名，新会员支部选举产生支部主委、支部委员。新会员支部将通过组织新会员开展各种学习、实践、活动等，加强支部自身建设，提升新会员素质，增进新会员对民进的认同感和归属感。新会员支部按照《民进静安区委基层支部工作规程》相关要求，规范支部工作，推选通讯员、信息员和档案员，分别负责活动信息、社情民意的撰写、报送，以及支部电子文件的收集、整理。（张蒙蒙）

【民进区委完成换届工作】 8月5日，民进静安区第十一次代表大会在市旅游培训中心会场召开，103名代表参加大会。大会审议并通过民进静安区第十届委员会工作报告，选举产生民进静安区第十一届委员会委员15人，选举产生参加民进上海市第十一次代表大会代表。民进中央副主席、市人大常委会副主任、民进市委主委蔡达峰，中共区委书记龚德庆对大会的召开表示祝贺，并对新一届民进区委提出希望和要求。民进市委专职副主委兼秘书长陈强努，中共区委常委、区政协副主席、统战部部长李关德，区人大常委会副主任张成洲，副区长朱成钢，区政协副主席罗华荣，各民主党派区委、区工商联、区侨联、各相关部门和社区（街道）负责人应邀出席大会。同日，在民进静安区第十一届委员会第一次会议上，推选洪璐为主任委员，江海雄、聂丹、黄溪为副主任委员；任命叶冠峰为秘书长。（张蒙蒙）

【民进全国代表大会上海代表视察静安区】 11月24日，民进全国第十届代表大会上海代表到区重点视察文化发展情况。民进市委副主委陈振楼、张辰、胡卫，民进市委老领导王慧敏、李名慈，民进市委副秘书长黄山明、参政议政部部长干建达等22名代表参加视察。代表们先后视察上海戏剧学院多媒体虚拟实验室、百乐门舞厅及“800秀”创意产业园区并听取汇报，重点关注加快发展文化产业，推动文化产业成为支柱性产业的情况，并就促进区域经济社会发展进行座谈交流，就繁荣区文化事业提出意见和建议。（张蒙蒙）

【组织重点课题调研】 年内，民进区委围绕区中心工作，发挥民进界别优势，开展重点课题调研。由民进区委副主委江海雄、聂丹、黄溪任课题组组长，区委委员任课题组成员，组成文化、教育、综合3个调研组，制订课题调研方案开展调研。民进区委副主委聂丹带领课题组成员赴区早教中心调研区0～3岁婴幼儿早教工作，听取区早教中心3年来发展状况、队伍建设、服务内容及今后工作展望等方面汇报，实地参观早教中心，现场体验早教课程，了解早教中心软硬件设施、课程设置、师资队伍建设等情况，并就教师队伍培训、交流等问题作交流。经过调研，民进区委先后形成“开展服务质量测评，提升静安南京路商圈服务软环境”“关于静安区文化惠民强民的建议”“建立静安区常住老龄人的‘百乐’卡”“拓展区域早教中心功能，提升基本公共服务水平”等4份调研报告，并作为大会发

言提交区政协十三届一次会议。 （张蒙蒙）

【民进区委提案被评为区政协优秀提案】 年内，民进区委提交的“关于提升教育‘信息化’，促进义务教育‘均衡化’的建议”和“关于推进区域文化发展，满足群众文化需求的建议”被区政协评为优秀提案。其中，“关于提升教育‘信息化’，促进义务教育‘均衡化’的建议”被列为年度重点提案。区政协常委、民进区委副主委江海雄提交的“关于认真反思，杜绝消防安全隐患的建议”被区政协评为2011年度优秀提案。 （张蒙蒙）

【反映社情民意信息工作获表扬】 2011年，民进区委全年报送社情民意信息46件，3件被民进市委录用，其中1件被市政协录用；“关于‘十二五’期间养老的几点建议”等13件社情民意信息被区政协录用，其中“关于尽早谋划教师公寓疏散通道的建议”和“对交通协管员的几点建议”获区领导批示。民进区委被民进市委评为“聚焦‘十二五’，同心促发展”建言献策竞赛活动优秀组织奖，并被区政协评为2011年度反映社情民意信息工作表扬单位。3月18日，民进区委会同区社会主义学院举办2011年基层支部信息员培训班，邀请民进市委专职信息员、区政协专委会有关负责人分别作“对民进市委反映社情民意信息工作的理解”和“怎样撰写社情民意信息”辅导报告。在听取辅导报告后，参加培训的信息员根据所给的材料和要求现场撰写社情民意信息稿，并当场开展点评。 （张蒙蒙）

（五）农工党区委

【概况】 2011年，中国农工民主党上海市静安区委员会（简称农工党区委）深刻领会“同心”思想，树立和践行社会主义核心价值体系，围绕区中心工作，履行参政党职能，完成区委换届，推进各项工作开展。重视思想建设，不断创新学习内容、形式、手段。组织各级干部参加农工党市委“前进讲坛”，听取复旦大学社会发展与公共政策副院长梁鸿解读《上海市深化医药卫生体制改革的意见》（征求意见稿），听取中共市委党校教授陈丽凤解读“中共党史若干重大事件”，听取华东师范大学齐卫平作学习胡锦涛七一重要讲话精神辅导报告；组织党员参加区“社院大讲坛”，听取“科学生活与社会进步”“网络宣传和网络管理”“国际背景下的中外政党制度研究”等各类辅导报告；组织骨干党员参观张闻天旧居，赴青岛开展树立和践行社会主义核心价值体系学习考察活动。年内，农工党区委开通“博客”，利用现代网络技术，提供学习平台，打造宣传阵地，加强与党员沟通交流。组织党员参与各类纪念中国共产党成立90周年、辛亥革命100周年活动，在“农工党市委纪念中国共产党建党90周年、辛亥革命100周年”征文活动中，区委获“优秀组织奖”，党员孔彩珍获二等奖，任蕾、尉敏菊获三等奖。党员王飙获市委统战部“纪念中国共产党建党90周年”征文三等奖。结合静安区实际，以区“十二五”规划为指导，围绕推进国际商务港、构建和谐家园、推动城区文化繁荣发展等调查研究，建言献策，向区政协全会提交集体提案6件。集体提案“关于加大对养老机构扶持力度的建议”“关于静安‘800秀’后世博发展的思考与建议”被评为区政协2011年度优秀提案。党员个人提交提案59件，党员张仲超个人提案“关于加强学校《侵权责任法》宣传、保障学生安全的建议”被评为区政协2011年度优秀提案。区委摸索和改进反映社情民意信息工作方法和途径，在突出党派信息特点、拓宽信息来源、提高信息质量等方面下工夫。报送的社情民意信息量由往年10篇左右增至36篇，其中19篇被区政协采用，5篇被市政协单篇采用或转送市有关部门，1篇被报刊全文转载。全年发展新成员16人。其中医药卫生界9人，有本科学历11人，硕士学历3人；新成员年龄结构呈现年轻化特征，45周岁以下13人。3月，联合区社会主义学院及各党派区委共同举办静安区民主党派新成员培训班，加强对新党员培训。11月，区委召开2009—2011年新党员及联系人士座谈会。推荐后备干部参加农工党市委、区委统战部组织的各类学习班，专题研究如何发挥好“中青年骨干联谊会”联系和培养中青年骨干党员的平台作用。以“结对共建”作为社会助医活动抓手，年内2次至孙克仁敬老院开展医疗咨询服务，接受诊询200余人次。党员、区中心医院肿瘤科主任赵子怡主持江宁路社区（街道）为肿瘤病患服务的慈善项目。2011年，农工党区委有总支1个（下辖2个支部），独立支部9个，成员360人。 （严 宇）

【承办区党派团体联席会议】 2月17日，农工党区委承办区党派团体联席会议。中共区委常委、区政协副主席、统战部部长李关德等领导及区各党派团体负责人出席会议。与会者前往上海黄金交易所，观看交易所宣传短片，听取交易所负责人就上海黄金交易所市场地位、当前贵金属市场行情与特征等方面介绍。会议就下一阶段区各党派团体重点工作进行布置安排。 （严 宇）

【举行社情民意信息工作培训】 4月22日，农工党区委邀请农工党上海市委参政议政部部长严燕韵作社情民意工作专题培训。区政协副主席、区委主委刘桂香和区委骨干党员参加培训。严燕韵依靠实践中积累的工作经验，运用身边典型事例，从社情民意信息的概念与定位、主要内容和工作现状等方面作题为“怎样写好社情民意信息”的报告。 （严 宇）

【农工党区委完成换届工作】 8月8日，农工党静安区第十二次代表大会在市旅游培训中心会场召开，84名代表参加大会。大会审议并通过农工党静安区第十一届委员会工作报告，选举产生农工党静安区第十二届委员会委员13人，选举出席农工党上海市第十二次代表大会代表11人。市政协副主席、农工党市委主委蔡威，中共区委书记龚德庆对大会的召开表示祝贺，并对新一届农工党区委提出希望和要求。农工党市委副主委兼秘书长金如颖，中共区委常委、区政协副主席、统战部部长李关德，区人大常委会副主任金先，副区长朱成钢，区政协副主席罗华荣，各民主党派区委、区工商联、区侨联、相关部门和社区（街道）负责人等应邀出席大会。在农工党静安区第十二届委员会第一次会议上，推选曾晓颖为主任委员，曹惠芳、钟岭为副主任委员；任命钟岭为秘书长（兼）。换届后区委班子平均年龄44岁，本科学历以上委员11人，占85%。新一届区委委员中，既有体现农工党特色的医卫界人士，又有来自机关、企业、教育系统等方面的代表性人士。（严　宇）

【《联合时报》刊载农工党区委建议】 10月18日，《联合时报》第五版刊登文章《中医养生保健行业准入门槛过低——农工党静安区委呼吁尽快出台行业标准》，引起较好社会反响。针对中医保健行业无证经营、任意扩大业务范围及对患者检查缺失现象，农工党区委建议：(1)尽快出台中医养生保健行业试行标准。(2)对保健机构审批、人员准入和服务内容进行规范。(3)制订中医保健行业服务内容、服务标准。(4)宣传引导消费者应尽量前往正规医疗机构接受治疗保健服务。（严　宇）

【参政议政获表彰】 12月5日，在区政协优秀提案暨反映社情民意信息工作先进表彰会上，农工党区委获2011年反映社情民意信息工作先进单位称号，并由主委曾晓颖作交流发言。农工党区委集体提案“关于加大对养老机构扶持力度的建议”被评为十二届区政协优秀提案特别奖。（严　宇）

（六）致公党区委

【概况】 2011年，中国致公党上海市静安区委员会（简称致公党区委）团结和带领全区党员，以“致力为公”为宗旨，加强自身建设，发挥侨海特色，履行参政党职能，各项工作取得新进展。以“同心同行”为主题，深化思想建设。组织党员开展树立和践行社会主义核心价值体系活动。通过组织纪念中国共产党成立90周年和辛亥革命100周年活动，听取党史专题报告，参加市委“重唱经典、继承传统、再续辉煌”主题歌咏比赛等系列活动，加深对中国政治发展曲折历程、改革开放伟大进程和多党合作荣辱与共奋斗过程的认识，坚定走中国特色社会主义政治道路的信心和决心。以服务“十二五”开局为重点，履行参政议政职能。年内，向区政协十二届五次会议提交大会发言材料4份和集体提案5件，分别涉及区公共安全机制、民主决策、世博后城区管理、养老事业发展、时尚产业建设等内容，提交个人提案7件。“聚焦公共安全，保障城区平安”的大会发言围绕城市安全问题的建议被直接采纳并被列为区政协重点提案。主委会议多次专题研究调研工作，成立由分管副主委挂帅的调研队伍，指导参政议政委员会开展工作，多次召开会议进行课题研讨，形成8项调研成果，并将成果转化为2012年集体提案和大会发言。发挥资源优势，组织党员向致公党市委和区政协反映社情民意信息85条，其中被全国政协采用1条、市政协采用3条、中共市委统战部采用1条、致公党市委采用9条、市有关部门采用1条、区政协采用8条，被区政协评为2011年度反映社情民意信息工作表扬单位。完成区委换届工作。做好人大代表、政协委员换届推荐，推荐（选举）产生区委的政协委员7人，其中致公党界别4人、侨界2人、妇女界别1人，人大代表1人。加强组织建设。年内发展新党员4人，平均年龄40.46岁，党员总数增至135人，党员队伍结构进一步优化。组织2010年发展的5名新党员参加致公党市委和区社会主义学院举办的新党员学习班学习，推荐3名中青年骨干党员参加市委16期、17期中青年班培训，组织新一届区委委员5人参加区各民主党派新一届区委委员学习，推荐1人参加区女性人才开发专题培训，推荐2人参加致公党市委“各区委、直属组织新任领导班子成员理论进修班”学习。继续做好凝聚力工作，组织党员开展新春联谊活动，参观中共二大会址纪念馆，参加致公党市委“重唱经典、延续传统、再续辉煌”纪念中国共产党成立90周年歌咏比赛。做好对老党员、生病党员和骨干党员春接和夏令慰问工作，区委和支部通过上门或电话等方式慰问党员百余人次，为高龄孤老和患大重病党员10余人次争取帮困款5000余元。以“侨”“海”特色为优势，拓展社会服务职能。开展海外联谊，通过党员出访和接待，密切海外华侨华人与祖国的联系。做好侨务工作，拓展与侨联联手工作制度，与区侨联联手开展活动。开展社会服务。3月下旬，开展建立“致公同心书屋”献爱心活动，33名党员向四川省藏区小学生及学龄前儿童捐献书籍121本、玩具104件；5月，通过中青委开展爱心义卖活动，筹得善款1145元捐给市委爱心基金，为市委爱心基金捐款4000元；6月，2名党员各捐300元对毕节地区小学生进行“一对一帮扶”，开展“联系贫困学生、结队帮扶送温暖”活动。办好《静安致公》简报，年内编辑刊出《静安致公》简报4期。通过各种渠道报道区委重要工作和参政议政成果，宣传党员先进事迹，向《静安综合经济》《静安时报》《上海致公》等报刊、统战内务网等市区有关部门发送各类信息30余条。2011年，区委取得多项荣誉：获2009—2011年度区政协优秀提案7件，“关于进一步完善我区公共安全机制的建议”获十二届区政协优秀提案特别奖；获致公党市委“纪念中国共产党建党90周年歌咏比赛”二等奖；党员张行获致公党中央宣传思想工作先进个人；党员罗希贤的连环画《画说中共一大》获“上海市2011市重大文艺创作奖”。2011年，致公党区委共有5个支部，4个专门工作委员会。党员135人。（李成梅）

【与外区开展交流活动】 4月22—23日，致公党静安、金山、黄浦等3区区委在金山区举办以“推动基层建设”为主题联动交流活动。致公党市委秘书长凤懋伦，中共金山区委统战部副部长江海平和3区区委主委、副主委和委员30余人参加会议。3个区委领导分别介绍各自区情和工作,与会人员就进一步加强基层组织建设,推动党派自身发展等共同关心的问题展开讨论。江海平、凤懋伦希望3个区委发挥区域联动效能,夯实基础,推动党派工作取得新突破,力争新成绩。 (李成梅)

【举行献爱心慈善义卖活动】 5月7日,致公党区委在杨浦区五角场万达广场举行献爱心慈善义卖活动。区委部分党员将自己或党员委托的世博纪念品、各式家居用品等10余种义卖物品进行义卖,并将义卖所得1145元善款全部捐给致公党市委爱心慈善基金。 (李成梅)

【致公党区委完成换届工作】 8月1日,致公党静安区第四次党员大会在市旅游培训中心会场召开,74名党员参加大会。大会审议通过致公党静安区第三届委员会工作报告,选举产生致公党静安区第四届委员会委员9人。中共区委书记龚德庆、致公党市委副主委张恩迪向大会的召开表示祝贺,并对新一届致公党区委提出希望和要求。中共区委常委、区政协副主席、统战部部长李关德,区人大常委会副主任张成洲,副区长朱成钢,区政协副主席罗华荣,致公党市委秘书长凤懋伦,各民主党派区委、区工商联、区侨联、各相关部门和社区(街道)负责人,国泰君安证券公司、兴业银行等相关单位负责人应邀出席大会。在同日召开的致公党静安区第四届委员会第一次会议上,推选董敏华为主任委员,李成梅、胡奇敏为副主任委员;任命李成梅为秘书长(兼)。 (李成梅)

【召开2011年调研课题结题会】 11月22日,致公党区委在同舟大楼会议室召开2011年调研课题结题会议,区委正副主委、委员、专委会成员及各支部领导30余人参加会议。会议对区委2011年参政议政工作进行回顾,在总结年内的社情民意工作基础上,与会人员针对2011年区委和各支部提出的8个调研课题进行论证,从文化建设、信访法制化、区域经济发展和教育等方面各抒己见,充实完善调研成果,明确区委2012年政协会上的大会发言材料和集体提案。区委主要领导对参政议政工作提出目标和要求。 (李成梅)

【区委党员黄伟林举办"新年音乐会"】 12月14日晚,致公党区委党员黄伟林在人民大舞台举办"新年音乐会"。黄伟林是歌唱家郭颂的学生,曾是黑龙江省歌舞团国家一级演员,数十年来一直活跃在国内、国际声乐舞台,曾获全国十城市"金威杯"民族唱法大奖赛一等奖、上海市"十佳"优秀歌手称号、市"外滩杯"中国优秀歌曲大奖赛一等奖、市"老三届"的歌大奖赛一等奖、市"祖国颂"优秀作品歌曲大奖赛一等奖等荣誉。演唱会上,黄伟林演唱"西部放歌""草原上升起不落的太阳""今夜无人入睡"等20首歌曲。 (李成梅)

(七)九三学社区委

【概况】 2011年,九三学社上海市静安区委员会(简称九三学社区委)在区政协十二届五次会议上,提交"构建无线全覆盖城区体系,提升国际静安综合服务能级"等8件集体提案。向九三学社市委、区政协报送社情民意信息15条。其中"关于给持有中国'绿卡'者以国民待遇的建议"以综合形式报送全国政协,"关于加强招投标监管的建议"以单篇形式转送市有关部门。完成九三学社区委换届工作。向九三学社市委推荐市委委员人选1人、代表大会代表9人。2名社员当选为区人大代表(其中1名为常委会副主任)。9名社员被各界别推荐为十三届区政协委员。九三学社区委围绕中国共产党成立90周年和辛亥革命100周年,组织社员开展征文、知识竞赛等纪念活动,并刊发《静安九三》纪念特辑2期。组织青年社员开展活动,邀请区政协提案委员会有关负责人作撰写提案和社情民意信息辅导报告、参观"低碳之旅"科普展等。为适应不同年龄段社员的需求,试点举办"老年沙龙",组织老年社员听取"文化的无形与有形"专题讲座。全年慰问社员58人次。共建工作中,九三学社区委参与区科委举办的以"智慧城区,美好生活"为主题的科技周活动,担任医疗咨询工作;应区科委邀请,组织社内医师在静安寺社区(街道)开展"正确使用抗生素"科普宣传和现场咨询活动。为曹家渡社区(街道)居民和统战人士举办"水资源与社会经济发展"专题讲座。敬老节期间,探访曹家渡社区(街道)敬老院并送上重阳糕等慰问品。多年结对助学的曹家渡社区(街道)学生袁俊婕考取上海外国语大学。年内,九三学社区委发展新社员3人。2011年,共有下属支社8个,共有社员301人。 (戴 隽)

【涂克仁、高翔、俞中平文章入选《科苑掇英——九三学社上海市委院士专家科普文集》】 8月,九三学社区委社员涂克仁撰写的《漫谈电脑与人脑》、高翔撰写的《智能电网点亮美好人生》和俞中平撰写的《阅骨读筋,说疼论痛》等3篇文章入选由上海科学普及出版社出版的《科苑掇英——九三学社上海市委院士专家科普文集》一书。 (戴 隽)

【举办科普讲座"水资源与社会经济发展"】 3月4日,九三学社区委在同舟大楼会议室组织专题讲座,邀请九三学社区委副主委、上海市水务(海洋)业务受理中心副主任肖震作"水资源与社会经济发展"专题讲座。九三学社区委社员、区统战系统机关干部、区各党派团体成员、九三学社区委结对共建单位——曹家渡社区(街道)居民等百余人参加讲座。 (戴 隽)

【获九三学社市委多项工作表彰】 4月,九三学社区委获九三学社市委2010年度参政议政课题工作二等奖和2010年度信息集体三等奖。11月,获九三学社市委"庆祝中国共产党成立90周年"征文活动优秀组织二等奖和"社史社章知识竞赛"优秀组织奖。 (戴 隽)

【九三学社区委完成换届工作】 8月10日，九三学社静安区第七次代表大会在市旅游培训中心会场召开，68名代表参加大会。大会审议通过九三学社静安区第六届委员会工作报告，选举产生九三学社静安区第七届委员会委员11人。中共区委书记龚德庆、九三学社市委副主委周锋对大会召开表示祝贺，并对新一届九三学社区委提出希望和要求。中共区委常委、区政协副主席、统战部部长李关德，区人大常委会副主任金先，副区长朱成钢，区政协副主席刘桂香，各民主党派区委、区工商联、区侨联、相关部门和社区（街道）负责人等应邀出席大会。在九三学社静安区委第七届第一次会议上，推选严俊瑛为主任委员，季晓烨、肖震、冯夷为副主任委员；任命冯夷为秘书长（兼）。

（戴　隽）

【召开文化建设专题学习会】 11月8日，九三学社区委邀请中国新闻社上海新闻网主编、九三学社区委青年委员会副主任庄谦汉作题为“文化的无形和有形”辅导报告。九三学社区委青年委员会、老年沙龙、四支社和六支社成员参加专题学习会。

（戴　隽）

【获区政协优秀提案表彰】 12月5日，在区政协优秀提案暨反映社情民意信息工作先进表彰会上，九三学社区委“关于规范公共信息图形标志，推动国际静安建设的建议”“对静安区科技创新专项资金投向的几点建议”“科技创新，全面提升‘国际静安’发展软实力”“关于构建城区无线网络，提升国际静安综合服务能级的建议”“关于缓解进京上访现象的几点建议”等5件提案获优秀提案表彰。

（戴　隽）

【举行人大代表、政协委员培训会】 12月28日，九三学社区委举办社区委中当选为人大代表、政协委员的社员培训会。邀请区政协常委、九三学社区委原主委王力，副主委肖震，市人大代表冯丹龙作履职辅导报告。九三学社区委主委严俊瑛对当选的人大代表和政协委员提出要求。 （戴　隽）

【社情民意信息工作获表扬】 年内，九三学社区委向九三学社市委、区政协报送社情民意信息15条。其中，“关于给持有中国‘绿卡’者以国民待遇的建议”以综合形式报送全国政协，“关于加强招投标监管的建议”以单篇形式转送市有关部门。并获区政协2011年度反映社情民意信息工作表扬。

（戴　隽）

（八）区工商联

【概况】 2011年，静安区工商业联合会（简称区工商联）按照区委、区政府“冷静、坚毅、务实、奋进”工作要求，推进6项重点工作。学习《中共中央、国务院关于加强和改进新形势下工商联工作的意见》精神，推进政策落实。对区内民营企业纳税100强开展针对性走访，对民营企业家承担社会责任和参与光彩事业工作、区域内中小企业改制上市工作等进行调研；举办《中共中央、国务院关于加强和改进新形势下工商联工作的意见》学习专题报告会，邀请市委统战部副部长、市工商联党组书记季晓东作辅导报告；开展基层商会新文件精神专题学习。发挥民企在区建设中的作用。区人大代表、会员企业家高建强领衔，11位代表联名附议提交“关于围绕上海建设‘智慧城市’的总体要求，建设静安‘智慧商务港’的议案”。在区政协全会上，工商联界别政协委员共提交集体提案3件、个人提案21件。区工商联“关于静安区发展合同能源管理服务产业的建议”的集体提案作为大会发言，并被评为区政协2011年度优秀提案。组织部分信息技术、网站策划、文化创意和通信通讯行业的会员企业家，召开“智慧城市”建设献计献策专题座谈会，为推进非公经济发展积极出谋划策。组织部分企业家召开中小企业发展小型座谈会，将意见和建议提交市相关部门；主动与区科委等政府部门走访部分进出口企业、科技型企业，将政府相关政策送上门。举办特色活动，锻造工作品牌。举办第八届静安区百家民企人才招聘会，在民企中设立职业见习基地，为青年更好就业搭建服务平台。上海鹭鹭餐饮管理有限公司、上海恒天意达广告传播有限公司、上海思亮信息技术有限公司、上海震业财务咨询有限公司被评为2010年区“首批优秀青年创业见习基地”称号。2011年，新增8家区工商联会员企业成为创业见习基地。区工商联引导民营企业家承担社会责任，以光彩公益事业回报社会。2011年，区光彩事业促进会全年共收到28家会员企业的捐款95.19万元，其中上海东方投资监理有限公司捐款52.19万元，沪港国际咨询集团捐款40万元，上海城市国际企业发展有限公司等26家企业以义卖的形式捐款3万元。在上海市爱心帮教基金会、上海市社会帮教志愿者协会和上海市个体、私营企业协会联合举办的“爱的黄丝带”——爱心帮教慈善募捐晚会上，区工商联、区光彩事业促进会捐款10万元、区社会帮教志愿者协会捐款5万元、洪智城市小区管理服务中心捐款20万元。区工商联会员企业、静安书画院院长宣家鑫拍卖书法作品，捐助贫困学生。曹家渡商会举办敬老助学活动，为社区50位孤寡老人和20位困难学生送上慰问金和年货。静安寺商会助学10名品学兼优困难学生。江宁商会开展社区送温暖、结对帮扶、拥军活动。石门二路商会民营企业家结对资助社区困难学生。南西社区（街道）会员企业、上海城市国际企业管理有限公司为社区困难群体提供爱心面包，全年累计捐助价值140余万元食品。区工商联主席沃伟东获“2011年上海市光彩之星”称号。加强自身建设，完成换届工作。区工商联机关干部与结对共建会员企业、沪港国际咨询集团开展“忠于操守、抵制诱惑、弘扬正气”清明祭扫主题活动，加强党风廉政、廉洁执业教育。会员企业、康氏水产有限公司董事长康志坚热心社会帮教工作，获“第三届上海市平安英雄”称号。上海中信信息发展股份有限公司董事长张曙华和上海鸿洋电子商务有限公司董事长谢虹分别获评

"百路达杯"第五届上海科技企业家创新奖及女企业家创新奖。沪港国际咨询集团、上海中企物业管理有限公司等多家会员企业被评为2009—2010年度上海市文明单位。加大宣传工作力度,发表宣传会员企业信息121篇次,35家会员企业人员担任区工商联信息员,建立会企信息直通道。全年发展新会员73家,其中直属新会员企业均为区民营企业纳税百强或注册资金1000万元以上民营企业。9月27日,区工商联完成换届。改善服务方式,做优服务工作。区工商联及其小企业服务中心联合开展"电子商务与网络营销"等各类专题培训活动;连续18年组织会员企业及其员工开展健康体检活动;一年两次全面走访会员企业;做好非公有制企业产品标准号的发放和管理,为5家企业办理产品标准的审定与备案工作,为2家企业申报名牌产品;区工商联法律服务中心提供法律服务25人次,维权协调20家;帮助4家会员企业获得银行贷款1500万元;组织会员企业参加"上海知名民营企业南通行"等国内外相关经贸活动;组织女企业家开展"自信坚韧,创新发展"主题联谊活动。2011年,下属5个街道商会,有会员单位1381家。

（俞　蕾）

【曹家渡商会获市工商联优秀基层商会称号】 2月,区工商联曹家渡商会被市工商联授予"2010年度上海市工商联优秀基层商会"称号,曹家渡商会秘书长李开林被授予"2010年度上海市工商联基层商会工作先进个人"称号。（俞　蕾）

【组织民营企业家为打造静安"智慧城市"献计献策】 3月2日,区工商联组织上海蛙悟旅游点评网、上海市集沪上工坊网、上海视宁信息技术有限公司、上海蓝迪数码科技有限公司、上海讯网通讯有限公司等有关信息技术、网站策划、文化创意和通信通讯行业的会员企业负责人召开座谈会,就区"智慧城市"建设,结合对行业的了解、自身企业的特点和区的实际,出谋划策,贡献智慧。（俞　蕾）

【郭康玺被评为国务院特殊津贴专家】 2010年,区工商联常委、沪港国际咨询集团党委书记兼董事长郭康玺被评为国务院特殊津贴奖专家,是上海市中介咨询行业中获此殊荣第一人,也是区民营企业家中获此殊荣第三人。2011年4月20日,在南京西路明天广场5楼,举行向郭康玺颁证仪式。区委组织部、区工商联、区人保局等部门领导应邀出席仪式。

（俞　蕾）

【沃伟东获"2011年上海市光彩之星"称号】 7月4日,由上海市光彩事业促进会主办,市委统战部、市工商联为支持单位的"党的光辉映同心,感恩行动添光彩——2011上海光彩事业活动日"在上海国际会议中心举行。会上表彰2011年市光彩事业组织奖和光彩之星。市工商联副主席、区政协副主席、区工商联主席沃伟东等10位民营企业家获"2011年上海市光彩之星"称号。（俞　蕾）

【与咸阳市工商联缔结友好商会】 7月6日,静安区工商联与咸阳市工商联缔结友好商会签字仪式在咸阳市红螺湾大酒店会议室举行。中共咸阳市委常委、统战部部长何振琪,中共静安区委统战部副部长、区工商联党组书记、副主席郑月娟出席签字仪式。（俞　蕾）

【召开贯彻中央16号文件工作小组会议】 7月28日,该会议在美丽园龙都大酒店举行。区纪委、区委办公室、组织部、宣传部、统战部等部门有关领导及实施意见调研和起草工作小组全体成员参加会议。区委、区政府贯彻落实中共中央、国务院《关于加强和改进新形势下工商联工作的意见》(中发〔2010〕16号)文件精神,区委常委会专题讨论并通过《静安区贯彻落实上海市加强和改进工商联工作会议精神有关工作方案》,成立由区委常委、区政协副主席、统战部部长李关德,区委常委、副区长方世忠,区工商联主席沃伟东为组长,区委、区政府19个部门组成的静安区贯彻中央16号文件工作小组。会上,区委统战部常务副部长宣读关于《成立静安区贯彻中央16号文件工作小组及实施意见调研起草工作小组的决定》,沃伟东宣读《关于贯彻落实上海市加强和改进工商联工作会议精神有关工作方案》。（俞　蕾）

【陈有良等14人获侨界荣誉表彰】 8月3日,市侨办召开"上海市侨界杰出企业家"表彰大会,63家企业受到表彰。其中区工商联会员企业、上海梅园邨餐饮管理有限公司董事长陈有良获得2008—2010年度"上海市侨界杰出企业家"称号;上海沪港国际咨询集团有限公司副总经理许建文、上海贝克光电技术有限公司总经理侯凭乙、上海良玉科技发展有限公司董事长钟韶华等3人获2008—2010年度"上海市侨界创业之星"称号。（俞　蕾）

【召开加强和改进工商联工作会议】 9月27日,区委、区政府召开静安区加强和改进工商联工作会议。全国工商联副主席、市政协副主席、市工商联主席王新奎,区委书记龚德庆应邀出席并讲话。区人大常委会副主任张成洲,副区长吴文娟,区政协副主席罗华荣,市工商联副主席、区政协副主席、区工商联主席沃伟东出席会议。区委常委、区政协副主席、统战部部长李关德主持会议并就区委、区政府《关于加强和改进新形势下工商联工作的实施意见》作说明。区社建办、区社会工作党工委交流调研报告。区委组织部、宣传部、统战部、区商务委、区人保局等14个部门作书面交流。会上还播放介绍区工商联5年工作情况的专题片《凝聚》。（俞　蕾）

【区工商联换届】 9月27日,区工商业联合会(商会)在吉臣大酒店召开第十三次会员代表大会和第十三届执委会第一次全体会议。全国工商联副主席、市政协副主席、市工商联主席王新奎,区委书记龚德庆,区委常委、区政协副主席、统战部部长李关德,区人大常委会副主任张成洲,副区长吴文娟,区政协副主席罗华荣等出席会议。市委统战部、市工商联有关部室负责人,区有关部、委、办、局、街道的负责人，区各民主党派、区侨联等党派团体负责人以及区工商联老领导、部分原区工商业者、区工商联第十三次会员代表大会代表共300余人参加。大会听取并审议通过沃伟东代表区工商联（商会）作的第十二届执行委员会工作报告。大会通过无记名等额选举方式，产生静安区工商业联合会（商会）第十三届执行委员会，选出执行委员120人。会议通过《静安区工商业联合会（商会）第十三次会员代表大会决议》。在区工商联第十三届执委会第一次全体会议上，选举产生新一届区工商联常务委员55人，选举沃伟东为区工商联主席（兼商会会长），郑月娟等12人为区工商联副主席（兼商会副会长），杨长春为区工商联秘书长（兼商会秘书长）；陈海汶等10人为商会副会长。（俞　蕾）

（九）区总工会

【概况】 2011年，静安区总工会（简称区总工会）围绕中心，服务大局，开展各项工作。（1）围绕区“十二五”规划要求，广泛开展“五个万名”建功立业主题活动。开展万名职工劳动竞赛。在商务系统开展“六比”劳动竞赛，举办商务系统职工技能展示活动。在建交系统各级工会开展“五比”劳动竞赛。开展万名职工科技创新活动。召开职工技协年会，选送科技创新项目参加“第四届上海职工科技节”系列活动，一批创新人才和科技创新项目获得上海市职工科技创新标兵、优秀技术创新成果等称号。开展万名职工技能登高活动。开展职业技能竞赛活动。制订静安区首席技师培养选拔计划，开展“首席技师”选拔和高师带徒活动。开展万名职工节能减排。征集“节能减排金点子”近900条。开展万名职工“安康杯”劳动保护竞赛。一批集体和个人被评为全国和上海赛区优胜企业、优胜班组、优秀个人。发动企业职工参加“安康杯”劳动竞赛和职工职业安全卫生知识普及教育竞赛。依法参与调查处理工伤死亡事故4起。落实“安全生产月”以及夏季高温慰问、防暑降温工作，高温季节走访慰问职工近4.2万人次，其中农民工7580人次，发放防暑降温用品462.6万余元。（2）构建和谐劳动关系，发挥工会组织在构建和谐家园中的积极作用。将工资集体协商、提高集体合同签订率等内容纳入区“十二五”规划。会同区人保局、区企业联合会制订《关于全面推进区集体协商机制建设的意见》，召开区工会推进工资集体协商机制建设工作会议。建立工资集体协商专职指导员队伍。推动一批企业建立职工增加工资，落实体检、带薪休假、教育培训等福利制度。推动14家世界财富500强企业建立工资集体协商制度，建制率82.5%。非公医疗机构、广告等10个行业开展工资集体协商。召开区劳动关系三方协调联席会议第十三次会议。一批单位被评为“上海市劳动关系和谐职工满意企事业单位”。调处豪宴楼欠薪及解除劳动关系、古驰公司职工法律维权案等群体性、突发性事件。在区内200余家企业开展职工工资收入抽样调查，推动企业执行上海市最低工资标准和工资增长指导线。向农民工、困难职工家庭高校毕业生和下岗失业人员等群体提供就业援助服务。全年累计接受求职登记近2000人，帮助1100余人实现就业。全年互助保障计划覆盖在职职工10.8万人次、退休职工5.4万人次。各级工会帮扶职工7831人次，发放帮困金408万余元；助（奖）学1289人次，金额100.2万余元。为近1400名农民工提供技能基础和基本素质培训。会同相关部门开展农民工工资支付专项检查。（3）完善职代会制度，落实职工的民主权利。开展《上海市职工代表大会条例》的学习、宣传和培训工作，印发中英文对照版《静安区职工代表大会制度宣传手册》，组织5000余名职工参加《上海市职工代表大会条例》网上知识竞赛。坚持职代会前对职工代表进行培训，提高职工代表履职能力。持续加大职代会建制工作和职代会提案制度、评估制度推进力度，全区105幢楼宇、67个小区、8个工业园区和10个行业召开区域性、行业性职代会，覆盖非公企业4553家，职工5.7万人。276家已建会非公企业建立企业职代会制度，建制率40.6%。全面推行领导人员收入公开，深化厂务公开工作内容。牵头召开区厂务公开领导小组工作会议。与相关部门共同组织“五位一体”考核（即区总工会、区委组织部、区纪委、区国资委、区审计局联合考核），推进全区99.6%的国有、集体及其控股企事业单位公开领导人员收入。开展第九次厂务公开调研检查。一批单位被评为上海市“推动厂务公开民主管理工作先进单位”和“厂务公开民主管理工作先进单位”。（4）开展先进文化建设，提高职工队伍整体素

6月22日，“铁锤在党旗中闪光”——纪念中国共产党成立90周年职工红歌会在艺海剧院举行（区总工会　供稿）

质。命名陆念祖骨伤诊治劳模工作室。做好劳模的管理服务工作,动态更新劳模管理信息数据库,组织开展全国劳模体检、疗休养。走访慰问部分劳模代表,向全区劳模发放节日慰问金,为特殊困难劳模发放帮扶金。加强工人文化宫、职工书屋、社区职工文化活动中心等职工文化阵地建设,开展读书活动,举办职工幻灯片才艺展示活动,曹家渡社区(街道)总工会、石门二路社区(街道)总工会分别创建成为全国"职工书屋"示范点和优秀示范点。举办"铁锤在党旗中闪光"静安职工庆祝中国共产党成立90周年系列活动和红色经典诗词诵读比赛、楼宇职工运动会等群众性文体活动。其中"铁锤在党旗中闪光"系列活动被评为上海市第五届"五一文化奖"。举办庆祝三八国际劳动妇女节音乐鉴赏会。组队参加"临港产业杯"上海职工篮球比赛并获得第四名。(5)加强和改进工会工作,提升做好职工群众工作能力和水平。推进普遍建会。实行组建工作进展情况月报制度和例会制度。以世界财富500强企业、区纳税100强企业、劳务派遣机构为建会重点单位,以劳务派遣工和农民工为入会重点对象,推进建会。全年全区净增工会会员2.4万余人,净增工会组织114家,净增工会覆盖单位1005家。成立区工会创先争优活动领导小组,制订开展创先争优活动实施意见。开展基层工会按时换届自查自纠活动。全区85%以上的基层工会开展会员评议工会工作和评议工会主席活动,石门二路社区(街道)总工会创建为"全国模范职工之家",一批工会和工会小组分别被评为上海市模范职工之家、模范职工小家。举办各类工会业务培训班10期,培训工会干部820余人次。2011年,有下属街道总工会5个,系统、集团公司工会21个,基层工会1558个,覆盖企事业单位5763家,职工135420人,其中女职工54225人,会员128856人,其中女会员52710人。 (王舒芳)

【举行庆祝五一劳模茶话会】 4月28日,区总工会在宏安瑞士大酒店举行"当好主力军,建功'十二五',建设国际静安——静安区庆祝五一国际劳动节劳模茶话会"。区委书记龚德庆,区委副书记、区长张仁良,区人大常委会主任姜耀中,区政协主席刘晓明,区委副书记郑健麟等区领导出席。历届在职的全国劳模、市劳模、先进代表,区有关大口、街道、集团公司党政负责人,各街道总工会、各系统、集团公司工会主席及各行业职工代表近150人参加活动。区领导为获得全国、上海市"五一"劳动奖章、奖状和上海市工人先锋号的先进集体和个人颁发奖牌、奖章。

(陈章翠)

【举办第十一届职工运动会】 年内,区总工会参与筹办静安区第十一届运动会暨第十一届职工运动会。运动会以"活力、奋进、和谐"为主题,自5月份拉开帷幕,于11月份闭幕。全区各级工会发动职工共组成72个代表团,参加田径、乒乓球、自行车等17个项目的比赛,参赛职工近6000人。9月15日,区总工会和区体育局在区工人体育场举办静安区第十一届运动会暨第十一届职工运动会广播操比赛,区委常委、宣传部部长杭春芳,区人大常委会副主任、区总工会主席周文芳,区政协副主席罗华荣等出席活动。52支队伍参赛角逐,区人保局等4家单位获一等奖,静工集团等6家单位获二等奖;税务静安分局等12家单位获三等奖。 (陈章翠)

【关心关爱农民工】 年内,区总工会制订《静安工会2011年农民工工作要点》,维护农民工合法权益,关心农民工生产生活状况。7月19日,区总工会联合区文明办、团区委、区妇联、区绿化市容局等部门举行"静安区关爱农民工志愿服务活动"启动仪式,区委常委、宣传部部长杭春芳,区人大常委会副主任、区总工会主席周文芳等出席仪式。区绿化和市容市政系统农民工代表及社区志愿者代表150人参加活动。落实农民工就业技能培训工作。区总工会委托职业技能培训中心开办餐厅服务员、中式烹调师、家政服务员等培训班,为1300余名农民工提供技能基础和基本素质培训,帮助农民工持证上岗。开展农民工工资支付专项检查。以建设领域及中小型劳动密集型加工制造企业为重点,协助政府帮助408名职工追讨欠薪254万元。元旦春节期间开展"平安返乡"活动,各级工会帮助农民工平安返乡共351人次。组织春节期间在沪留守农民工春节团拜活动。 (陈章翠 陆蕾)

【商务楼宇建立"爱心妈咪小屋"】 7月14日,石门二路社区(街道)凯迪克大厦举行"爱心妈咪小屋"揭牌仪式,市总工会副主席、女职工委员会主任汪兰洁,区人大常委会副主任、区总工会主席周文芳,市总工会女职工部、石门二路社区(街道)党工委负责人等出席揭牌仪式。"爱心妈咪小屋"是根据国务院《女职工劳动保护规定》,落实"有不满1周岁婴儿的女职工,在每班劳动时间内给予其两次哺乳(含人工喂养),每次30分钟"的规定,结合当前母乳喂养深入人心,但楼宇企业又不具备相关条件的实际情况而设立的。在楼宇物业支持和帮助下,开辟专门场所,配备冰箱,为哺乳期女职工实现母乳喂养提供帮助。 (沈诗贤)

【提升职工技能素养】 年内,区总工会与区人保局等6个部门联合开展职业技能竞赛活动,设置25个职业(工种)、28个职业等级竞赛项目,数千名职工通过培训和竞赛晋升技能等级。会同区委组织部、区人保局、区国资委联合制订区首席技师培养选拔计划,7月20日召开静安区首席技师培养选拔工作会议,培育3个首席技师工作站。8月16日,与区人保局联合举办2011年静安区职业技能竞赛消防管理员专场,区人大常委会副主任、区总工会主席周文芳等观摩比赛,376名区属、区域企业职工参加竞赛。全年,各级职工技协开展技术革新、技术发明、技术开发、技术改造和合理化建议等群众性科技创新活动,涌现出一批技术创新优秀成果和先进个人,分获"第三届上海市职工优秀技术创新成果奖""第23届上海市优秀发明选拔赛优秀发明奖""第四

届上海职工科技节职工科技创新成果展参项目”等称号。（陈章翠）

【钟燕群调研区工会工作】（见第35页【钟燕群调研区工会工作】）（姜颖洁）

【签署首份非公医疗机构行业集体合同及工资协议】 10月25日，区非公医疗机构行业（法人）代表与行业工会联合会经平等协商，签署《静安区非公医疗机构行业集体合同、工资协议》，该协议共覆盖19家单位、近600名职工。区人大常委会副主任、区总工会主席周文芳，区卫生党工委负责人等出席签约仪式。此次签署的集体合同、工资协议在职工工资方面，规定医护工作者工资收入要在达到地区最低标准线的基础上上浮6%；在社保缴纳方面，规定要依法为职工交纳养老、医疗、失业、工伤、生育保险及住房公积金，缴纳率应达100%；在职工福利和劳动保护方面，要求每年组织一次职工体检和劳动安全保护监督检查；在外来务工人员权益保护方面，规定其在劳动报酬、劳动保护、休息休假、参加工会组织等方面享受同等待遇。（陆蕾）

【首创区域性职代会提案工作制度】 2011年，区总工会在全区推广楼宇职代会提案工作制度。由工会负责职代会提案的征集，并在职代会上进行讨论，会后牵头落实提案，及时反馈相关情况。在办理提案过程中，帮助解决职工实际困难。工会通过职代会征集提案，加强企业和职工的沟通联系，推动和谐劳动关系的构建，体现工会在推动以改善民生为重点的社会建设中的服务职工作用。通过办理提案，赢得职工认可和支持。职代会提案工作制度体现工会组织在加强和创新社会管理中的积极作用，激发楼宇职工民主管理意识，畅通楼宇职工合法维权通道。（沈诗贤）

【推进工会财务规范化建设】 2011年，区总工会工会财务工作再次被全国总工会授予全国工会系统“省属市级工会财务先进单位”，成为上海市唯一一家连续5年获此殊荣的区县总工会。区总工会抓好工会经费足额收缴工作。年初，主动走访各大口集团工会和街道总工会，了解职工人数及工资总额等情况，制订基层工会全年经费上缴目标；年中，组织召开工会财务负责人恳谈会，交流财务工作和经费拨缴情况；年终，开展考评工作，把完成年度经费上缴目标作为全年工会财务工作考核的重要指标之一，确保工会经费的及时、足额入账。全年区各类企业工会经费上缴额比上年增长35%。严格执行全国总工会的《预算管理办法》。做好区总工会月度经费收支情况和各部室预算执行情况的分析，向区总工会主席室、区总工会经审会报告，并定期向基层工会反馈，自觉接受有关方面的检查和监督。抓基层工会财务规范化建设。通过开展业务检查，促进基层工会财务工作规范化；组织竞赛评比，营造财务管理工作争先创优氛围；开展培训，提升基层工会财务工作能力。（梁狄华）

【开展建设职工之家工作】 年内，区总工会加强基层工会建设，推动会员评家工作开展。健全基层工会组织制度，完善工作架构构建。全年，公有制企业百分之百开展会员评家活动，非公有制企业会员评家开展率87%以上。2011年，区总工会被全国总工会评为“全国建家评家先进单位”。石门二路社区（街道）总工会被评为“全国模范职工之家”，凯迪克大厦工会联合会等16家企事业单位等获上海市“模范职工之家”“模范职工小家”称号。（张欣）

【强化工会劳动保护和安全生产工作】 年内，区总工会吸取“11·15”特别重大火灾事故教训，做好工会劳动保护和安全生产工作。年初召开安全生产防火工作专题会议，开展防火安全宣传教育和检查整改活动。向各级工会发放1000册《高层建筑——防火与逃生手册》及《消防安全知识宣传资料》，进一步普及劳动保护知识。发动建筑等重点行业的198家企业参与“安康杯”劳动保护竞赛，参赛职工1.5万余人。开展工会劳动保护干部培训，130余人参加，邀请市总工会、区安监局、消防静安中队专家作专题讲座，并开展现场演练活动。全区大口一级工会建立工会劳动保护监督检查委员会，建立劳动保护监督检查制度，对安全生产工作实行群众监督。（刘培晋）

【全区新增工会组织102家】 年内，区总工会落实全国总工会“两个普遍”工作要求，采取多种措施推动企业建立工会组织。召开工会组建工作专题会议和推进会，提出“奋战七十天，打赢组建攻坚战”的口号，开展建会集中行动。各街道总工会，各系统、集团公司采取切实有效的建会措施。静安寺社区（街道）总工会启动“金五星”三年行动计划，即以久百城市广场、越洋国际广场、会德丰国际广场以及即将竣工的一七八八国际大厦、协和城二期等商务楼宇为重点，争取街道招商服务中心、工商所等相关部门支持，加强对楼宇内企业的建会宣传和组建力度。江宁路社区（街道）总工会本着抓早、抓实、抓创新原则，多重并举，完善和改进工作方法，形成“调查底线、数据统计、建会入会‘三合一’”工作法，工会组建工作取得成效。南京西路社区（街道）总工会以嘉里商务中心大厦、85度C、毕马威会计事务所等为重点对象，以“百日攻坚行动”为载体，做好工会组建工作。全年全区净增工会会员24276人，净增工会组织102家，净增覆盖单位678家。（张欣）

【市总工会领导到区调研非公企业劳务派遣用工状况】 3月1日，由市总工会副主席肖堃涛带队，市总工会、市国资委、市经信委组成的调研组一行15人专程到静安区，分别与欣安大厦20多家企业负责人和职工进行座谈，调研非公企业劳务派遣用工状况。区总工会、静安寺社区（街道）党工委和总工会有关负责人陪同调研。区总工会重视劳务派遣工维权问题，要求全区各级工会开展劳务派遣工现状排摸，推动劳务派遣用工规范化。静安寺社区（街道）总工会在非公企业中推行“劳务派遣工保护协议”，倡导用工单位积极吸纳劳务派遣工作为流动会员参加本单位工会，通过“双重覆盖”，让被派遣员工同样感受用人单位的属地化关怀。（金孝勇）

【推进厂务公开】 3月29日，区厂务公开工作领导小组召开会议。区厂务公开工作领导小组组长、区委副书记郑健麟，区厂务公开工作领导小组副组长、区委常委、副区长方世忠，区厂务公开工作领导小组副组长、区人大常委会副主任、区总工会主席周文芳出席会议。会议部署2011年厂务公开工作，就学习宣传、贯彻实施《上海市职工代表大会条例》、加强职代会制度建设、推进厂务公开民主管理各项工作、开展劳动关系和谐企业创建活动提出要求。区总工会按照会议部署，参与“五位一体”考核，推动落实区管企业领导人员收入公开工作，并开展第九次厂务公开民主管理调研检查。（陆阳红）

【全区工资集体协商覆盖率82.1%】年内，区总工会按照全国总工会“两个普遍”（即依法推进企业普遍建立工会组织，依法推进企业普遍开展工资集体协商）工作要求，加大工资集体协商建制工资推进力度，建立专职工资集体协商指导员队伍，开展工资集体协商业务培训，召开工作推进会。5月24日，举办2011年静安区工会工资集体协商指导员培训，各街道、系统、集团公司工会主席、工会干部、人事干部、专职党群工作者等150余人参加培训。重点突破世界财富500强企业建制，通过区域性、行业性工资集体协商制度，对面上企业实现覆盖。至11月底，全区集体合同和工资集体协议覆盖率分别达到85.9%和82.1%，分别覆盖企业4171家、3986家，覆盖职工6.9万余人、6.5万余人。（陆　蕾）

【举办职工技能展示活动】 11月3日，区总工会、区商务委、区商联会联合举办商务系统职工技能展示活动。区人大常委会副主任、区总工会主席周文芳，副区长陆晓栋，区商务委、团区委、区文明办等部门负责人出席活动。15家单位的11项技能展示项目呈现出区餐饮业、百货业、创意产业等不同行业职工的绝技绝活。白玉兰真丝专卖店和爱马仕（HERMES）在丝巾领域不同的风格和理念，凯司令和锦沧文华大酒店蛋糕裱花凸现的中西文化不同特色，梅龙镇酒家和圆苑酒家的食品雕刻技能，雷允上药业的传统手工“泛丸”制作技艺，汉米敦公司高级建筑师的现代建筑设计作品等，吸引参观者兴趣。活动旨在提高职工技能水平，适应转变经济发展方式需要，推进劳动竞赛与静安经济社会同步发展。（蒋玉琴）

（十）团区委

【概况】 2011年，中国共产主义青年团静安区委员会（简称团区委）全面履行组织青年、引导青年、服务青年和维护青少年合法权益基本职能，团结带领全区广大团员青年在建设国际静安进程中展风采、作贡献、促发展，各项工作稳步推进。（1）深化青少年思想引领。开展“学党史、知党情、跟党走”上海青少年纪念中国共产党成立90周年系列活动，通过“理想之路”大型寻访、“真理的力量”理论宣讲、“寻访红色足迹·传承革命精神”静安白领青年红色旅游等主题鲜明、形式多样的活动，进一步深化青少年对党的正确认识，培养对党的深厚感情。（2）加强团的自身建设。召开区第十三次团代会，选举产生共青团静安区第十三届委员会。（3）推进后世博志愿服务。认真总结世博志愿服务经验，以继承转化世博志愿服务成果为导向，先后推出助老服务、安全宣传、环保推广等各类志愿服务项目。（4）加强青年社会组织规范化的服务管理。团区委增设青年社会组织工作部，统筹指导青年自治组织及其他青年社会组织的培育、建设、服务和管理工作，至年底共扶助6家青年组织完成民办非企业单位注册，居全市团组织首位。（5）服务青少年成长成才。开展“青春建功‘十二五’”2011年度静安区青年岗位立功竞赛活动。举办以“对城市公共安全的思考和建议”为主题的第四届青联议事会，搭建青联委员为国际静安建设建言献策的平台。开办静安区青年社会组织骨干培训班，就组织架构、议事规则、规范管理、合作交流等内容进行培训。开办以“非营利组织税收政策及个人所得税政策解析”为主题的培训班，使参训青年熟悉和了解非营利组织税务的相关规定和内容。（6）协助政府管理青年事务。以“共青团牵手行动”“共青团与人大代表、政协委员面对面活动”等为载体，关注社区青少年、来沪青少年的生存境况和青少年精神文化生活。结合社区青少年、来沪青少年特点开展以提升综合素质，帮助更好实现社会化为目的的主题活动。依托社区青少年事务社工队伍，采取个案、小组、社区等社会工作专业方法，向社区青少年提供专业化管理、教育和服务。年内，团区委关于“共青团构建青年社会组织支持型枢纽平台路径”的研究获上海共青团调研奖二等奖。2011年，全区共有团委35个，团工委15个，团总支35个，团支部969个，团员11780人，专职团干部15人，兼职团干部2029人。全区少先队大队31个，辅导员647人，其中大队辅导员33人。（郑燕玲）

【开展团员青年新春帮困送温暖系列活动】 根据“上海共青团牵手行动”和区委、区政府新春帮困工作要求，团区委组织开展“冬日阳光”静安区团员青年新春帮困送温暖活动。1月初，区内20余所中小学的团员青年、学联干部、红理会理事开展“我们在你身边”关爱活动，对31名在“11·15”特别重大火灾事故中受灾学生进行走访慰问，送上慰问品。团区委机关干部、区青少年事务社工对30名社区困难青少年进行走访并送上慰问品。1月25日，团市委副书记邓小冬，欧莱雅中国区副总裁兰珍珍，团区委书记带领团干部和来自欧莱雅的团员青年到儿童医院，看望春节期间留院的白血病患儿，并送上新年礼包和新春祝福。欧莱雅白领志愿者为孩子们带去贺卡、书籍、玩具等礼物，在病房里与孩子们的父母亲切恳谈。1月31日，团区委向结对帮扶的10名崇明县贫困儿童发放助学金和慰问金，鼓励他们好好学习，自强不息。至1月31日，团区委累计投入3.23万元，用于困难青少年的慰问和帮扶。（郑燕玲）

【开展“地球一小时”节能环保支持行动】 3月26日晚，“静安地球一小时，让我们行动起来”环保公益交友派对在静安寺广场举行。来自静安、虹口2区百余名单身青年参与活动，以行动支持环保，呼吁人们关注全球气候变暖。活动当晚，越洋国际广场、会德丰国际广场、百乐门大酒店、久光百货、静安寺庙、静安公园、环球大厦、上海中华企业大厦、静安中华大厦、静安寺广场等建筑物的灯光一一熄灭，黑暗中，100只通过白天搜集太阳能聚集能量的阳光瓶逐一被志愿者打开，用最清洁的能源点亮整个现场，青年以实际行动宣传环保主张。（郑燕玲）

【召开共青团静安区第十三次代表大会】 5月26—27日，共青团静安区第十三次代表大会在区青少年活动中心召开。团市委、区委领导出席开幕式向大会表示祝贺。会议总结回顾十二届团区委工作，围绕有力组织与有效动员青年、深入教育与全面引导青年、完善维护青少年合法权益的机制和渠道3个方面规划后三年区共青团工作。大会选举产生共青团静安区第十三届委员会委员、常委、书记班子。其中委员33人，候补委员12人；13人当选为团区委常委；唐凌峰当选为团区委书记。（郑燕玲）

【开展“暑假@社区”系列活动】 7月7日起，“暑假@社区”系列活动连续4周开展，活动吸引来自3所高校、5个社区（街道）、20余所中小学的4000余名社区青少年、中小学生、大学生志愿者、青少年事务社工等参与，4场活动主题分别是：体验@社区——青少年成长体验营，理想@社区——7月红色电影之旅，运动@社区——青少年趣味运动会，牵手@社区——阳光同行进校园，分别从坚定理想、弘扬公益、团结协作、健康运动4个方面对暑期学生进行教育和服务。（郑燕玲）

【举办青联议事活动】 7月27日，以“对城市公共安全的思考和建议”为主题的第四届青联议事会在美丽园龙都大酒店召开。复旦大学城市公共安全研究中心主任、复旦大学社会发展与公共政策学院副教授滕五晓及青联委员代表出席议事会。会上，来自区各行业的青联委员代表就城市公共安全发表意见。上海社科院社会调查中心研究人员刘波、曹家渡社区（街道）万航居民区党总支书记高凌云、上海白玉兰律师事务所合伙人林钧、世博展览馆人力资源部经理邝奕容、上海贞安广告有限公司总裁凿延飞、上海移通网络有限公司首席执行官宦一鸣等作交流发言。滕五晓对所有青联委员代表发言做点评，并进行互动交流。（郑燕玲）

【开展青少年暑期家庭安全自查活动】 暑假期间，团区委向全区35所中小学发放家庭安全自查表3万份。家庭安全自查表主要内容包括：取暖和烹饪检查、电器安全检查、家庭火灾逃生计划、重点关注孩子等4个板块。通过填写自查表，引导每户家庭重视家庭防火，尤其是关注和培养孩子的消防意识，减少每户家庭的火灾隐患。（郑燕玲）

【举办2期团干部基础业务培训班】 团区委于8月和11月举办2期团干部基础业务培训班。约100余名区域内“两新”团组织和团建联席会议成员团组织的干部参加培训。针对基层团干部岗位需求和学习需求，开展社会建设、团的理论知识和实务操作等方面专题培训，并邀请上海交通大学国际与公共事务学院院长胡伟作社会主义民主政治建设专题讲座。（郑燕玲）

【举办静安青年羽毛球大赛】 10月29日—11月13日，2011年度静安青年羽毛球大赛在静安体育馆举行。该次青年羽毛球大赛共设团体赛、男子单打、女子单打和男女混合双打4个比赛项目。来自区域内各机关团组织、社区团组织、“两新”团组织和区域团建联席会议成员单位团组织的35支队伍、近400名团员青年参加比赛。经过初赛、复赛和决赛，最终决出团体冠亚季军、各单项冠亚季军及“敢斗奖”“个人最佳技术奖”“最佳组织奖”“最佳团队奖”等特色奖项。（郑燕玲）

【召开区学生联合会第十次代表大会】 11月26日，静安区学生联合会第十次代表大会在市西中学召开。区委、团市委领导向大会表示祝贺。大会审议并通过区学联第九届主席单位市西中

5月26—27日，共青团静安区第十三次代表大会在区青少年活动中心召开
（团区委 供稿）

学学生会代表第九届区学联作的“用知识成就理想，用美德塑造人生，在建设国际静安、构建和谐家园的进程中茁壮成长”的工作报告。大会选举产生静安区学生联合会第十届主席、副主席单位。 (郑燕玲)

【开展“12·5”国际志愿者日志愿服务集中行动】 12月4日，为迎接第26个“国际志愿者日”，由区文明办、区民政局、团区委共同举办的“我志愿，我快乐——2011年静安区‘12·5’志愿服务集中行动”在静安公园举行。该次活动由上海中医药大学附属岳阳医院团委、区各相关团组织、柏万青志愿者工作室、金钥匙服务业发展中心、静安区青年预防艾滋病服务中心、汲原堂青少年语言发展中心等20余家单位提供的40余项志愿者服务项目，志愿服务涉及中医体质测试、艾滋病预防、法律援助、青年就业指导、心理咨询、低碳环保宣传等项目，吸引千余市民参与。 (郑燕玲)

【新建“两新”团组织312家】 年内，团区委依托区域党建优势，整合各方资源，针对区情实际，加强纵向联系和横向互动，以社区团工委为骨干，联合区青联及区域团建联席会议成员单位，通过居民区和“两新”党组织建团、大厦物业建团、青年中心建团、楼宇辅导员和志愿者建团、行业性组织建团、青年社会组织建团等多种模式开展“两新”团建工作。在恒隆广场、中信泰富广场、越洋国际广场等商务楼宇开展团建工作，在欧莱雅(中国)、仲量联行等建立独立团支部，逐步在楼宇内形成“两新”团组织建设的规模效应。新建“两新”团组织312家，实现团组织对区域内符合团建条件的规模以上非公有制企业全覆盖。 (郑燕玲)

【完成社区(街道)团组织格局优化】 年内，团区委完成社区(街道)团的组织格局优化工作，采取“编制内与编制外相结合、专兼职相结合”的方式选配一批优秀团干部，使社区(街道)团组织人员配置和工作内容更加符合经济社会发展和党的青年群众工作的要求，增强团组织的凝聚力、战斗力、影响力。至12月底，5个社区(街道)团工委有委员75人，平均年龄28.4岁，本科及以上学历63人，占84%，体制外委员37人，占49%，书记及副书记19人，占25.3%。 (郑燕玲)

【开展青春建功“十二五”主题实践活动】 年内，团区委组织开展青春建功“十二五”2011年度静安区青年岗位立功竞赛活动，激励广大团员青年在城区建设和发展一线立足岗位，建功立业。推进“共青团号”“青年文明岗(号)”年度创建、评审、复审工作，举办2011年度岗(号)长网络培训班，创新创效培训载体和内容，不断提升创建水平，共评选产生13家“2011年度静安区青年文明岗”，对基层申报的14项岗位建功活动给予资助。 (郑燕玲)

【开展服务区域白领青年主题活动】 年内，团区委组织开展“乐活静安·志趣青年”系列主题活动，通过设计开展适合不同群体青年特点、满足青年多元文化需求的活动，进一步密切团青关系。举办“盛夏光影，青春无限”2011静安各界优秀团员青年暑期电影招待会，向有关团组织赠送《变形金刚3》电影票。举办“新青年，新文化”传统文化体验活动和“御教愈乐”青年休闲工坊，针对不同青年群体开设西点制作、魔术表演、彩妆技巧等兴趣培训项目，通过微博、网站、报纸、折页、上级团组织动员、学员介绍等多渠道进行宣传，拓展受益面，点燃青年兴趣点。 (郑燕玲)

【关爱来沪务工人员子女】 年内，团区委以“共青团牵手行动”为工作载体，关注来沪青少年的生存境况，关心服务其精神文化生活。开展“在静安·丰收爱”电影慰问季活动，惠及区餐饮业100余名来沪务工青年。开展“把名著背回家”活动，向150名农民工子女赠送开学大礼包。开展“乐活静安”外来务工人员子女暑期西点自制(DIY)培训班，60余位外来务工人员及其子女参与。推荐1名候选人参与“上海市优秀农民工”评选、1名候选人参与“上海市农民工先进个人”评选，并成功当选。 (郑燕玲)

(十一)区妇联

【概况】 2011年，静安区妇女联合会(简称区妇联)团结带领广大妇女群众和妇女组织“争当优秀女性，争创美好家园，争创先进组织”，把建设“坚强阵地”和“温暖之家”要求落到实处。召开区妇联十届五次执委(扩大)会议，通过有关工作报告，替补区妇联执委2人。召开区妇联十届六次执委会议，替补区妇联主席。举办纪念三八国际劳动妇女节101周年系列活动。举行“奉献‘十二五’，巾帼建新功”纪念大会。制作《静安玉兰绽芬芳》专题片、宣传画册。开展“贯彻《人民调解法》·强化维权服务·建设平安家庭”三八维权周活动，会同区人保局等部门开展女职工劳动权益专项执法检查。实施妇女儿童发展规划。召开2011年妇女儿童工作委员会全会。完成妇女、儿童发展“十一五”规划终期评估工作，开展妇女儿童发展“十一五”规划实施情况满意度调查。宣传“十一五”妇女儿童发展成果和“十二五”规划目标，细化分解“十二五”规划目标各成员单位责任并落实实事项目。开展“巾帼建功”系列活动。发动区内34个女性班组创建成为市巾帼文明岗。与区人保局等部门联合开展区家政职业技能培训活动，参与市第一届家政技能竞赛。深化家庭文明建设。召开区家庭文明建设协调小组会议，举办区第十三届家庭教育宣传周活动。开展“城市安全连万家”宣传教育主题活动。参与市妇联上海新孝行故事征集，共征集故事46篇，获优秀组织奖。开展帮困救助工作，保障妇女合法权益。制订并实施《静安区妇女儿童救助专项基金使用规定》，结合三八节、六一节，走访慰问重症困难妇女、老三八红旗手和困难儿童、“准孤儿”等近80人，送上帮困慰问金近20万元。全区妇联系统全年处理信访、法律援助、人民调解、心理疏导971次，结案率100%。在区婚姻

5月28日，科学育儿进社区活动在曹家渡社区学校举行　（区妇联　供稿）

（收养）登记中心设立婚姻家庭辅导室。开展《家庭服务业发展中外来务工女性的权益保护思考》调研并形成报告。成立市家庭服务业协会静安办事处。加强组织建设。在73个居委会中全面推进基层"妇女之家"创建，制订《妇女之家工作制度》《妇女之家工作手册》。召开创建工作推进会，开展《我与妇女之家》征文活动。举办妇女儿童"十二五"发展规划专题讲座暨2011年基层妇代干部培训会、服务妇女公益项目的开发与管理实务培训会、首期静安区女性人才开发专题培训班等各类培训，提高妇女工作者、女干部以及高级女性人才的业务水平和综合素质。参与社会管理与公共服务，推进落实"垃圾分类先行"政府实事项目。为区内10711名0～6岁儿童提供免费健康体检，对6393名妇女开展妇科、乳腺病筛查，妇科筛查管理信息系统通过验收，进入常态化运行。资助191名0～6岁困难家庭儿童享受"爱心营养早餐"，投入资金17.5万元。为老三八红旗手、老先进每周免费送一次"爱心绿色蔬菜"或家政服务。与曹家渡、南京西路两社区联合举办"快乐暑假""开心一夏"暑托班。实施"白领妈妈育儿学堂"项目。举办"家庭教育公益大讲堂"讲座16次。实施"新上海姐妹之家""幸福妈妈家园""白领丽人沁心堂""夕阳红姊妹驿站"、"洋太太俱乐部"等服务妇女品牌项目。妇女工作进楼宇受到好评，全国妇联、市妇联领导和中央媒体记者团分别参观凯迪克大厦和"白领驿家"，并进行采访座谈。年底，区内有社区（街道）妇联5个，居民区妇代会73个。2011年，区妇联被评为2006—2010年度上海市妇女权益保障先进集体，区人民法院副院长王翔、石门二路社区（街道）恒丰居民区党总支书记黄惠芬获2006—2010年度上海市妇女权益保障先进个人称号。区妇女儿童工作委员会获"上海市实施妇女、儿童发展"十一五"规划先进集体"称号；区妇女儿童工作委员会副主任、区卫生局副局长丁晓沧获"上海市实施妇女、儿童发展'十一五'规划先进个人"称号。上海市木兰拳协会、柏万青志愿者工作室、南京西路社区金钥匙服务业发展中心被评为上海市优秀女性社会组织。区妇联推荐女设计师唐盈、黄蔚参与市三八红旗手暨优秀女设计师评选，获得提名奖和市"巾帼建功先进个人"称号。34个女性班组（集体）成功创建巾帼文明岗。在市妇联上海阿姨评选活动中，外来媳妇王香球被评为"十佳上海阿姨"。（程自啾）

【开展"上海人家"牵手"上海农家"活动】 4月15日，区妇联组织全区50户曾为世博旅游接待做出贡献的"世博人家"和"上海人家"共100多人，赴崇明开展"静安·崇明结对共建系列活动"之"上海人家"牵手"上海农家"活动。在崇明前卫村"上海农家"陪同下，开展丰富多彩的"农家乐"活动，共同探讨如何发展以"上海人家"为核心的社区文化之旅和以"上海农家"为核心的都市休闲之旅。（程自啾）

【推进落实"垃圾分类先行"实事项目】 年内，区妇联与区绿化市容局牵头实施"百万家庭低碳行，垃圾分类要先行"市政府实事项目。5月5日，在怡乐花园小区举行生活垃圾减量化分类收集启动仪式。区人大常委会副主任吴玉林出席仪式并讲话，区绿化市容局局长介绍生活垃圾减量化分类情况。区人大城建环保工委、市绿化市容局有关处室负责人出席。区绿化市容局、区城管大队、静安环建公司、各街道办事处及家庭志愿者代表、市民代表200余人参加启动仪式。6月11日，市妇联和市绿化市

9月24日，洋太太俱乐部低碳行活动在雕塑公园举行　（区妇联　供稿）

容局领导带队到区万航公寓考察“绿色账户”兑换点。6月23日，市政协委员20多人对区开展生活垃圾干湿分类的3个试点小区进行视察与调研。开展“绿色星期六——社区资源回收日”等活动。全年开展垃圾分类项目社区家庭培训23场，发放《垃圾减量和分类指导手册》、“绿色账户”卡等各类宣传品4.47万份。（程自啾）

【举办女性社会组织会长沙龙项目交流联谊活动】 5月6日，区妇联组织女性社会组织会长沙龙成员开展项目交流联谊活动，邀请花季艺校、静安寺社区（街道）阳光助残社工师事务所、区关爱女童协会等女性社会组织分享项目经验和感悟。区妇联负责人、区社联会和区社团局有关人员与沙龙成员进行沟通交流。

（程自啾）

【举行静安区新上海姐妹运动会】 6月9日，区妇联、区体育局在静安体育馆联合举办“融入静安、塑造自我、美丽人生——静安区新上海姐妹运动会”。区委副书记郑健麟出席开幕式，市体育局副局长李伟听致贺词，市体育局群体处、区体育局等负责人出席并为5支运动队授队旗。250名在区务工和嫁到静安的新上海姐妹代表参加拔河、跳绳、踢毽子、绑腿齐心跑等比赛。30余名社区妇女工作者、裁判员、志愿者为运动会的有序开展提供服务。（程自啾）

【召开区家庭文明建设协调小组会议】 该会议于8月10日在区政府会议中心举行。区委副书记、区家庭文明建设协调小组组长郑健麟出席，区妇联主席代表协调小组总结区“十一五”家庭文明建设工作，对贯彻落实市“十二五”家庭文明建设指导计划进行部署。区教育局、区绿化市容局、南京西路社区（街道）作交流发言。区家庭文明建设协调小组成员单位分管领导和联络员约50人到会。

（程自啾）

【与徐汇区妇联开展“妇女之家”创建工作交流】 8月25日，区妇联组织机关干部、街道妇联主席、居民区优秀妇代主任代表一行近40人到徐汇区妇联学习“妇女之家”创建工作经验，参观徐汇区康健社区长虹坊居委会“妇女之家”、漕河泾社区“快乐暑托班”、徐汇社区文化活动中心“开心家园”等基层妇女工作阵地。徐汇区妇联、康健街道妇联、长虹坊居委介绍工作经验，两区妇联同行进行交流座谈。（程自啾）

【举办女性社会组织优秀项目评选表彰】 8月30日，区妇联举办“推进一会一品建设，服务妇女儿童需求”女性社会组织优秀项目评选表彰活动，区女性社会组织会长沙龙成员单位展示10个初评入围项目。市妇联发展部、市社区服务中心、市慈善教育培训中心、华东理工大学社会工作系、区社团局等有关负责人应邀担任评委。经评选，“弘扬社会大爱，救助弱势儿童”项目获一等奖，“同一起跑线，童年更欢乐”“灰姑娘心理成长日记”项目获二等奖，“阳光影视——无障碍影视社区公益活动”“白领妈妈育儿学堂”项目获三等奖。（程自啾）

【举办区第一期女性人才开发专题培训班】 9月19—23日，区妇联、区委组织部、区委党校联合举办2011年静安区女性人才开发专题培训班。区企事业单位和社会组织的38位学员参加培训。培训班邀请市妇联主席张丽丽及有关专家解读胡锦涛总书记七一讲话精神，讲授“社会管理体制和方法创新”“创新驱动、转型发展——上海率先转变经济发展方式的思路与对策”“坚持科学发展、建设国际静安”“领导者的有效沟通”及“演讲表达的艺术”等课程，并组织小组讨论、参观考察等活动。（程自啾）

【开展区第十三届家庭教育宣传周活动】 9月22日，由区妇联、区绿化市容局联合主办的“低碳生活，和谐家园”——静安区第十三届家庭教育宣传周活动在静安公园举行。市妇联副主席翁文磊、区人大常委会副主任许政涛，区妇联、区绿化市容局等负责人出席活动。社区（街道）分管领导、妇女工作者、社区女性文体团队指导员、五好文明家庭、学习型家庭、家庭志愿者和社区家庭代表近250人参加活动。（程自啾）

【开展市巾帼文明岗创建检查交流活动】 10月19日，区妇联与市卫生局妇委会开展区女性班组（集体）创建2011年上海市巾帼文明岗对口检查交流活动。邀请市妇联发展部部长孙美娥、副部长黄志英、市卫生局妇委会主任童秀妹等担任评委，区巾帼建功活动成员单位联络员和创建班组（集体）代表80余人参加。12个被抽查的女性班组（集体）代表作汇报展示。（程自啾）

（十二）区侨联

【概况】 2011年，静安区归国华侨联合会（简称区侨联）组织区机关、分会主席秘书长会议和区侨联学习中心组学习交流15场次，组织各类讲座、爱国主义主题教育活动和“侨界人士看上海、看静安发展”等系列活动30次。开展侨法宣传月活动和侨法知识竞赛。结合中国共产党成立90周年、辛亥革命100周年等，开展“四个一”活动（即组织一次红色记忆之旅；举办一场社区侨界迎接中国共产党成立90周年文艺汇演；写一篇纪念文章，参与区委统战部、区社会主义学院“迎接建党90周年征文”活动；开展一次爱国主义大讨论）。组织智囊团活动4次，在区“两会”期间写出意见建议30余篇。全年上报侨情民意和信息100余篇，被市区报刊网站录用70余篇。做好留商服务工作。加强与区域内的港澳侨资重点企业（特别是侨联专员企业）联系和沟通，了解情况、反映诉求。对楼宇功能型“侨之家”进行指导服务。开展侨联“金雁社”活动5次。推荐女委员、女侨胞参与市女侨胞联谊会活动。推荐1人参加市委党校留学归国人员培训班。依托静安区侨联留学人员指导中心暨侨之家平台，为海归、留学生和即将出国深造的准留学生提供服务。继续加强与海外侨团、重点人士联系和沟通。组织参加2011侨之情慈善交响音乐会，为捐助“侨爱心实事工程”和孤残儿童的医疗费用筹集善款。举办“爱的旋律”音乐沙龙。开展“一会一家一品牌”活动。抓好特色“侨之家”和居民区“侨之家”的创建。指导和扶植社区（街道）层面探索建立楼宇“侨之家”工作。成立华侨基金会静安“小土珍爱生命”个人专项基金，完善“许与许”个人基金使用。全年慰问老归侨、困难人士等200人。继续做好为老归侨“冬送温暖、夏送清凉”工作。做好信息直报员工作，编写《静安侨讯》。围绕区人大、区政协换届工作，开展界别委员推荐工作。定期与致公党区委、区侨办召开联席工作会议，共同开展活动。与区侨办联合开展2011年上海市侨情调查工作，并获“上海市基本侨情调查组织奖”。（徐丹丹）

【吴幼英出席区侨界迎春团拜会】 （见第34页【吴幼英出席区侨界迎春团拜会】）（徐丹丹）

【举办女侨胞联谊活动】 3月10日，区侨联组织女侨胞开展“三月春来，芳菲精彩”联谊活动，区委常委、区政协副主席、区委统战部部长李关德出席活动，祝贺区侨联副主席、辉瑞投资有限公司企业部总监冯丹龙获得“市三八红旗手”称号。（徐丹丹）

【为区老归侨、侨眷体检】 3月27日，区侨联联合复旦大学附属华山医院体检中心一同开展静安区老归侨、老同志2011年体检活动，区内100名早期老归侨、侨眷参加体检。（徐丹丹）

【组织区老归侨、侨眷骨干疗休养和外出考察】 年内，区侨联做好为老归侨服务工作，落实侨联基层骨干凝聚力工程。4月14—16日，开展“春满四月，爱侨连心”活动，组织老归侨20余人赴安徽考察。4月19—20日，组织社区联络组骨干开展“寻找红色记忆”考察活动，参观嘉兴南湖“一大”会址纪念馆。7月4—7日、9月5—8日，分别组织江宁路、石门二路2个社区（街道）40名老归侨等到青浦区侨爱心休养中心疗休养。9月15—16日，组织区侨联学习中心组成员赴苏州木渎考察。（徐丹丹）

5月26日，社区侨界群众迎接中国共产党成立90周年文艺汇演在石门二路社区文化中心举行（区侨联　供稿）

【举行“侨之家”建设推进会】 5月26日，区侨联在石门二路社区文化中心剧场举行“静安区‘侨之家’建设推进会暨2011年社区侨界迎接建党90周年文艺汇演”。市侨联、区侨联负责人，各社区分管领导及侨联分会主席、社区侨界群众代表100余人参加活动。区侨联总结“侨之家”建设情况，表彰区特色“侨之家”5家、区“侨之家”先进个人10人和区“侨之家”优秀组织者5人。各社区“侨之家”作交流发言。侨界群众为迎接中国共产党成立90周年演出1台精心编排的文艺节目。（徐丹丹）

【举办“爱的旋律”音乐沙龙活动】 7月23日，区侨联在马勒别墅举办“爱的旋律”音乐沙龙活动，市侨联、区侨联负责人和侨界文化名人共同出席。由作曲家陈钢、小提琴演奏家潘寅林夫妇、女中音歌唱家王维倩进行演出。（徐丹丹）

【冯丹龙出席全国政协“纪念辛亥革命100周年”活动】 10月7—16日，区侨联副主席冯丹龙以冯玉祥将军孙女的身份应邀出席全国纪念辛亥革命100周年活动。10月9日，冯丹龙在人民大会堂参加“纪念辛亥革命100周年大会”，会前，受到党和国家领导人亲切会见，并合影留念。（徐丹丹　戴　隽）

【沈敏到区侨联调研】 11月23日，市侨联党组书记、副主席沈敏到区侨联调研。沈敏会见区委常委、统战部部长邓小冬，听取区侨联关于侨联专员、枢纽型组织建设、文化建设等方面工作思路汇报，对区侨联组织健全、善于在安商留商中发挥侨联作用，积极开拓侨联工作品牌等予以肯定，希望区侨联在“党建带侨建、侨建服务党建”、参与社会管理和文化建设、提高侨界群众对侨联组织的认同感等方面积极探索、有所作为，为全市侨联乃至全国侨联工作再创新经验。（徐丹丹）

【召开新侨、侨商座谈会】 12月8日，为配合中国侨联新侨课题调研组到区调研，区侨联召开新侨、侨商座谈会，11名新侨、侨商代表参加座谈，围绕新侨政策、创新创业环境、自身发展等侨界关注的热点、难点、重点问题发言，并填写调研问卷。中国侨联新侨课题调研组成员到会听取新侨侨商意见建议。（徐丹丹）

（本栏目编辑　黄瑞于　商金娣）

七、金融业·专业服务业

（一）综　述

2011 年，静安区金融和专业服务业办公室（简称区金融办）按照《静安区金融和专业服务业发展“十二五”规划》要求，制订出具有前瞻性、可操作性的具体政策措施，推动区域金融业和专业服务业发展。全年区金融业和专业服务业（包含：投资管理与咨询服务业、法律服务业、会计审计服务业、广告服务业、信息服务业、设计服务业）发展状况良好，缴纳税金83.26 亿元，比上年增长 19.95%，占全区税收比重 38.28%；其中区级税收 26.1 亿元，比上年增长 22.77%，占全区区级税收比重 37.52%。在区六大产业中，金融业和专业服务业税收贡献总量列第一位。3 月，市金融办批复同意静安区开展融资性担保业务管理工作。年内，区金融办完成“探索建立政府引导基金，促进股权投资企业集聚发展”软课题，对静安区设立政府引导基金的必要性、可行性、模式创新、政府有效支持等问题进行探讨。（胡　楠）

（二）金融业

【上海静安华谊小额贷款股份有限公司开业】　3 月 11 日，上海静安华谊小额贷款股份有限公司被批准设立，6 月 17 日通过市金融办开业验收。该公司是静安区第二家获准设立的小额贷款公司，主要发起人为国有独资企业上海华谊（集团）公司，其他发起人包括上海万尊资产管理有限公司、上海圣夏文化传播有限公司等 8 家法人企业。公司注册资本 1 亿元，注册地址为延安中路 1000 号上海展览中心商务楼 1 楼。（胡　楠）

【承办外商投资股权投资试点工作政策解读会】　3 月 18 日，由市金融办主办，区金融办和中华股权投资协会承办的外商投资股权投资试点工作政策解读会在宏安瑞士大酒店举行。会议邀请市金融办、市商务委、市工商局、国家外汇管理局上海分局等部门相关负责人出席，会议介绍上海市外资股权投资试点工作情况，解读试点操作流程，帮助外商投资股权投资企业了解试点政策、明晰试点步骤。区金融办主任介绍静安区政府支持股权投资企业发展情况，希望各类股权投资企业在静安区集聚发展。（胡　楠）

【三艾（上海）股权投资基金合伙企业（有限合伙）成立】　6 月 25 日，三艾（3i）集团在静安区设立的三艾（上海）股权投资基金合伙企业（有限合伙）获得上海外商投资股权投资企业试点工作联席会议批复，成为继凯雷复星、黑石和德同资本之后获准参与外资 PE（私募股权基金）试点工作的企业。该基金由三艾（上海）股权投资管理有限公司负责日常管理，主要关注新能源、消费品、医疗保健、先进制造、商业服务、金融服务等行业方面的股权投资。（胡　楠）

【上海静安甬商汇小额贷款股份有限公司成立】　8 月 1 日，上海静安甬商汇小额贷款股份有限公司被批准设立，11 月 3 日通过市金融办开业验收。该公司是静安区第三家获批设立的小额贷款公司，主要发起人为区属国资企业开开（集团）有限公司的控股公司上海静安粮油食品有限公司，其他发起人为上海静工（集团）有限公司、上海甬商汇投资有限公司等 7 家法人企业。公司注册资本 1 亿元，注册地址为吴江路 15 号 604 室。（胡　楠）

【区政府与金石投资公司签署战略合作备忘录】　8 月 24 日，静安区政府与金石投资有限公司股权投资业务战略合作备忘录签约仪式在区机关会议中心举行，市金融办主任方星海、中信证券董事长王东明、副区长陆晓栋、金石投资公司董事吴亦兵等出席。金石投资有限公司是中信集团和中信证券旗下从事股权投资业务的战略平台，该公司旗下的中信金石投资基金投资中国私募股权。（胡　楠）

【上海瑞力投资基金管理有限公司成立】　9 月，上海国际集团所属香港沪光国际投资管理公司与上海国际集团资产管理有限公司发起设立的上海瑞力投资基金管理有限公司在静安区注册成立，公司注册资本 4900 万元，注册地址为威海路 511 号上海国际集团大厦 2001 室。（胡　楠）

8月24日，区政府与金石投资公司签署战略合作备忘录

（区金投办　供稿）

【组团参加上海中小企业金融洽谈会】 9月26—27日，为期2天的2011上海中小企业金融洽谈会在上海展览中心举行。区金融办组织区内小额贷款公司、银行、典当公司等11家企业参加洽谈会。副区长陆晓栋和区有关部门负责人走访静安展区，区发展改革委、区财政局、区中小企业服务中心等部门领导参加政策解读专场活动，区工商联、区中小企业服务中心、区青联等部门组织区内企业到场咨询洽谈。据不完全统计，洽谈会静安展区接待咨询600多人次，达成初步合作意向28项。（胡　楠）

【举办打击非法金融活动联席会议】 10月26日，静安区打击非法金融活动联席会议暨2011年静安区金融业沙龙在松江索菲特大酒店举行。副区长陆晓栋、市金融办金融稳定处处长、区金融办负责人、区检察院金融和知识产权检察科科长及静安区主要金融企业负责人等40余人出席。联席会议旨在健全静安区打击非法金融活动工作机制，增强金融机构对非法金融活动的认知识别能力和风险防范意识。金融业沙龙活动则聚焦区金融产业发展，加强区域内金融机构信息沟通，实现机构间良性互动。（胡　楠）

【中国工商银行静安支行】 年内，中国工商银行静安支行贯彻创新驱动、转型发展理念，围绕打造“中心商业商务区一流银行”战略目标定位，围绕打造客户推崇的一流国际化银行战略目标定位，以发展转型为主线，以创新整合为动力，以精细执行为保障，提升队伍整体合力，提升有效客户维护拓展服务能力，提升国际业务市场竞争能力，资产质量持续改善，本外币存贷款业务规模继续保持同业领军地位，获工商银行上海分行2011年利润进步十强和中间业务进步十强称号，实现业务总量与流量、增速与结构、质量与效益的协调统一。（胡　楠）

【中国农业银行静安支行】 农行静安支行成立于1988年12月9日，2002年1月，卢湾支行与静安支行合并成立新的静安支行，管辖静安、卢湾两区农行网点。2010年2月下旬，卢湾支行与静安支行分设，两行于当年3月末完成业务、人员等划交工作。至2011年底，农行静安支行共有员工238人(含劳务派遣制员工43人)，本科以上学历114人(其中硕士研究生以上15人)。支行设有8个管理部门、3个前台经营部门和1个个贷中心，下辖9个对外营业机构(包括8个非管辖支行和1个国际业务部)。年末，支行全口径本外币各项存款(不含同业)余额比年初增加27亿元，其中：人民币各项存款余额比年初增加26亿元。支行本外币各项贷款余额比年初增加23亿元。其中，人民币对公贷款比年初增加16亿元，在上海分行排名第一位，个人贷款比年初增加8亿元，在上海分行排名第六位。实现中间业务收入逾1亿元，在上海分行排名第二位。实现拨备前利润2.6亿元，人均创利107万元。年内，支行获2011年全国企业文化建设优秀单位称号，行长王世雄获2011年全国企业文化建设先进工作者称号。（胡　楠）

【中国建设银行静安支行】 年内，建设银行静安支行为静安区的建设和发展服务，参与和支持区内的建设，提供资金支持，体现建设银行的社会责任。年底，建行静安支行共有员工325人，下辖12个营业网点，包括4个理财中心，6个自助银行，支行的存款余额278亿元，各类贷款余额82亿元。静安支行针对外部环境的复杂多变、政策和监管要求不断调整、市场竞争更加激烈的局面，根据静安区“双高”特点，利用通存通兑、一户通、结算卡、网上银行、短信通知、上门收送款、全国资金归集、现金管理系统、代收代扣、理财产品等各类结算产品，服务好各类企事业单位、政府机关，巩固和发展对公负债业务。通过土地储备贷款、保障房贷款、旧区改造贷款、经营型物业开发贷款、办公楼购置贷款、票据承兑和贴现等信贷产品支持区域经济发展和建设；并利用速贷通、商用物业贷款、动产质押贷款、保理业务、供应链融资、信用贷款等信贷产品为中小企业经营发展提供支持；对公信贷业务稳步发展。依托区属企业良好合作关系，发挥传统业务优势，大力营销市、区保障房、经适房等建设项目，支持区域经济发展。还为各类企事业单位提供并购财务顾问、代理招投标、概预算编制、决算审价、资金监管、全过程监理、中票短融承销、跨境人民币结算、远期结售汇、保函、信用证、信托计划代收付等全面金融服务，实现银企双赢。支行组织和开展“福兔迎新温暖同行”个人业务旺季营销活动，通过柜面员工和客户经理的优质服

务以及一系列客户沙龙活动，让客户体验到信用卡、网上银行、自助设备和手机银行的便利，享受到实物黄金、理财产品、信托计划等带来的收益，解决家居装潢、购车购物分期付款和个人住房按揭贷款困难，体现“建行关怀客户”的主旨，在客户心中树立“建行与您一路同行、关爱您和您的家庭”形象。加强风险内控管理，防范信贷风险和操作风险，全年无一笔不良贷款发生、无一例安全事故发生。各项内部管理工作有条不紊。2011 年，静安支行获造价咨询业务专项营销活动“最佳推进奖”，个人存款拓展优胜奖，关键指标数据质量管理先进集体奖，百易安业务推进及营销先进单位等奖项。

（宋人健）

【建行南京西路支行与社区互动】 年内，该支行采取“走出去，请进来”的方式，与南京西路街道社区服务中心网点社区互动，由 3 位陈姓客户经理创建金融服务品牌——“陈氏工作室”开发新客户资源，整合各种营销资源。组织员工开展“学雷锋、金融服务进社区”主题活动，向社区居民宣讲反假币及金融诈骗重要性，解读各类金融理财知识，把金融服务送到客户家门口。

（宋人健）

【上海农商银行静安支行】 年内，上海农商银行静安支行以效益为中心，加快推进业务转型，全面完成各项经营管理任务。经营规模较快增长，业务转型初见成效。支行围绕实体经济需求，优化信贷投向，推进小型微型企业信贷工作，探索金融创新服务。盈利水平稳步提升，抗风险能力增强，实现对资产业务的结构调整和质量优化，各项经营指标较 2010 年有显著提高。深化社区服务，推进总行“便民银行”策略，新开余姚路支行及金融便利店，区内机构布局日趋完善、服务功能不断丰富、便民特色逐步体现。风险管理持续强化，营运基础不断夯实。贯彻监管部门各项监管政策，整合业务作业流程，提升中后台运行管理效率，为各项业务有序发展打下基础。

（胡　楠）

【上海农商银行余姚路支行及金融便利店开业】 7 月 26 日，位于余姚路 522 号的上海农商银行余姚路支行及金融便利店开业，由农商银行开办的曹家渡社区金融学校同时揭牌。上海农商银行总行副行长沈星宝、曹家渡社区（街道）党工委书记、区金融办主任、上海农商银行静安支行负责人等出席开业和开学仪式。

（胡　楠）

【渤海银行静安支行开业】 4 月 28 日，位于石门一路 213 号的渤海银行静安支行正式开业。该支行是渤海银行上海分行在上海设立的第四个营业网点，也是该行在上海设立的第一家市中心支行。渤海银行是一家总部设在天津的全国性股份制商业银行，2005 年成立，注册资本 85 亿元，资产总值超过 2000 亿元，已在全国设立 13 个分行。

（胡　楠）

2011 年静安区内资银行营业网点分布情况表

名　称	地　址	名　称	地　址
工商银行静安支行	**康定路 699 号**	工商银行南京西路支行	南京西路 999 号
工商银行会德丰国际广场支行	南京西路 1717 号 602 室	工商银行石门一路支行	南京西路 801 号
工商银行康定路支行	康定路 699 号	工商银行万航渡路支行	万航渡路 555 号
工商银行康定路第一支行	康定路 300 号	工商银行威海路支行	石门一路 219 号
工商银行曹家渡支行	长寿路 1077 号	工商银行现代大厦支行	石门二路 268 号
工商银行电气支行	江宁路 212 号 8 楼	工商银行延安中路支行	延安中路 921 号
工商银行江宁路第二支行	江宁路 597 号	工商银行延平路支行	新闸路 1876 号甲
工商银行江宁路支行	江宁路 931 号	工商银行余姚路支行	余姚路 635 号
工商银行静安寺支行	愚园路 315 号	工商银行恒隆广场支行	南京西路 1266 号恒隆广场（2 期）4508 室
工商银行静安支行昌平路分理处	昌平路 403 号	**农业银行静安寺支行**	**乌鲁木齐北路 207 号**
工商银行静安支行华山路分理处	华山路 415 号	农业银行西康路支行	西康路 818 号康海大楼 1 楼
工商银行静安支行文新报业分理处	威海路 755 号	农业银行石门二路支行	石门二路 321 号
工商银行美丽园支行	延安西路 396 号	农业银行江宁支行	江宁路 383 号

(续表一)

名　称	地　址	名　称	地　址
农业银行曹家渡支行	万航渡路789号1楼	交通银行威海路支行	威海路323号
农业银行威海路支行	威海路353号1—2楼	交通银行静安支行	北京西路1818号
农业银行昌平路支行	昌平路1027号底楼	上海银行静安支行	陕西北路80号
农业银行武定路储蓄所	武定路1124—1126号1楼	上海银行余姚路支行	康定路1439号
中国银行静安支行	南京西路1515号嘉里中心	上海银行延中支行	延安中路807号
中国银行延平路支行	延平路2号	上海银行新成支行	西康路223号
中国银行新闸路支行	新闸路829号	上海银行南西支行	南京西路1500号
中国银行万航渡路支行	武定西路1185号	上海银行胶州路支行	胶州路445号
中国银行南京西路支行	南京西路580号	上海银行大通支行	江宁路828号
中国银行南京西路第三支行	南京西路1221号	上海银行常德路支行	常德路1010号
中国银行康定支行	江宁路631号	上海银行北京西路支行	新闸路931号
中国银行江苏路支行	长宁路279号	招商银行长乐支行	长乐路801号
中国银行华山路支行	延安西路65号	招商银行静安寺支行	北京西路1700号
中国银行恒隆广场支行	南京西路1266号6101B—2室	浦东发展银行静安支行	北京西路669号
中国银行昌平路支行	昌平路787号	浦东发展银行北京西路支行	北京西路1508号
建设银行静安支行	愚园路172号环球大厦A座	浦东发展银行江宁支行	江宁路507号
建设银行延平路支行	延平路121号	浦东发展银行恒隆广场支行	南京西路1266号1座2506—2507室
建设银行延安路支行	镇宁路162号	兴业银行静安支行	万航渡路99号
建设银行新闸路支行	新闸路1660号	兴业银行武宁支行	武宁南路408号
建设银行西康路支行	西康路648号	兴业银行分行营业部	江宁路168号2楼
建设银行威海路支行	石门一路100号	光大银行静安支行	新闸路955号
建设银行南京西路支行	南京西路585号	光大银行市北支行	康定路1592号
建设银行江宁路支行	江宁路940号	光大银行常德支行	新闸路1518号底楼
建设银行海东海广场支行	南京西路1486号101室	中信银行静安支行	胶州路669号
建设银行国际丽都支行	新闸路965号	中信银行中信泰富广场支行	南京西路1168号中信泰富广场1楼119室
建设银行曹家渡支行	万航渡路888号	中信银行北京西路支行	北京西路1691号
建设银行胶州路支行	胶州路950号	中信银行市中支行	威海路238号招商局广场底楼
交通银行市西支行	江宁路350号	民生银行静安支行	常熟路88号

（续表二）

名　称	地　址	名　称	地　址
民生银行延平支行	延平路81号	上海农村商业银行静安支行	北京西路776号
民生银行市中支行	江宁路261号	上海农村商业银行陕西北路支行	新闸路1250号
民生银行京门支行	石门二路181号	浙江泰隆银行上海分行	常德路425号
深圳发展银行静安支行	长寿路1071号	宁波银行上海静安支行	北京西路1788号
深圳发展银行南京西路支行	南京西路920号	中国邮政储蓄银行上海静安区支行营业部	万航渡路55弄9号
深圳发展银行北京西路支行	万航渡路179号	中国邮政储蓄银行上海静安区曹家渡支行	长宁路91号
广东发展银行静安支行	北京西路1068号	中国邮政储蓄银行上海静安区凤阳路支行	凤阳路572号、576号
广东发展银行常熟路支行	常熟路8号	中国邮政储蓄银行上海静安区石门二路支行	石门二路180号
华夏银行市西支行	北京西路1828号	中国邮政储蓄银行上海静安区西康路支行	西康路907号
华夏银行静安支行	威海路218号	上海市邮政局市西区局常德路邮政储蓄所	常德路733号
浙商银行上海分行	威海路567号晶采世纪大厦24楼	上海市邮政局市西区局江宁路邮政储蓄所	江宁路715号
厦门国际银行静安支行	威海路233号恒利国际大厦裙楼	上海市邮政局市西区局石门一路邮政储蓄所	延安中路608号
平安银行上海分行(静安支行)	常熟路8号		

（张　寅）

2011年静安区外资和港澳台银行分支机构分布情况表

名　称	地　址	名　称	地　址
美国大通银行上海分行	南京西路1376号上海商城700A室	巴西银行有限公司上海代表处	南京西路1515号嘉里商务中心1305室
俄罗斯外贸银行公开股份公司上海分行	南京西路1266号恒隆广场1期11楼01A—03室	创兴银行有限公司上海代表处	南京西路1486号东海广场3号楼1013室
华一银行静安支行	南京西路555号	法国工商银行有限公司(上海代表处)	延安西路129号上海华侨大厦20楼
星展银行南京西路支行	南京西路1558号	法国阔达银行股份有限公司上海代表处	陕西北路457号1号楼223室
汇丰银行上海分行上海商城支行	南京西路1376号上海商城地面层106室及4楼400室	荷兰欧洲信贷银行有限公司上海代表处	南京西路1266号恒隆广场办公楼28楼2812室
汇丰银行上海分行国际贵都大饭店支行	延安西路65号	卡塔尔多哈银行股份有限公司上海代表处	南京西路1376号360室
东亚银行静安支行	南京西路1576号	美国国泰银行有限公司上海代表处	南京西路1515号上海嘉里中心2609B—2610A室
大华银行(新加坡)静安支行	南京西路1468号	美国华美银行股份有限公司上海代表处	南京西路1266号恒隆广场办公楼18楼1805室
恒生银行南京西路支行	南京西路1566号	日本北国银行有限公司上海代表处	南京西路1376号上海商城350室
加拿大国民银行上海代表处	南京西路1376号上海商城东峰665A室	日本美纳都银行股份有限公司上海代表处	铜仁路195号中欣大厦3312室
德国地金银行股份有限公司上海代表处	南京西路1266号恒隆广场2幢2902室	瑞士银行上海代表处	南京西路1168号中信泰富广场34楼3407室

（续表）

名　　称	地　　址	名　　称	地　　址
瑞士友邦银行有限公司上海代表处	南京西路1376号432室	法国兴业银行（中国）有限公司上海市西支行	威海路289弄4号
西班牙人民银行股份公司上海代表处	南京西路1038号梅陇镇广场2104室	摩根大通银行（中国）有限公司上海分行	南京西路1601号41楼、42楼
西班牙萨瓦德尔银行股份有限公司上海代表处	南京西路1038号1605A室	瑞士银行有限公司上海代表处	南京西路1168号中信泰富广场2411—2412室
意大利意联银行股份合作公司上海代表处	延安西路65号802室	摩根士丹利亚洲有限公司上海代表处	南京西路1376号上海商城西峰700B室
日本蓝天银行股份有限公司上海代表处	南京西路1168号中信泰富广场3511室	美国杰富瑞投资银行上海代表处	南京西路1168号中信泰富广场19楼1909室、1910A室
加拿大多伦多道明银行有限公司上海代表处	南京西路1266号恒隆1期25楼2504室、2505室	美国道安公司上海代表处	南京西路1366号恒隆广场2座15楼1529室
洛希尔中国控股有限公司上海代表处	南京西路1366号恒隆广场2号楼32楼3207室、3208室、3209室		

（张　寅）

2011年静安区证券公司营业部分布情况表

营业部名称	地　　址	营业部名称	地　　址
江海证券经纪有限责任公司上海万航渡路证券营业部	万航渡路529号	东海证券有限责任公司上海愚园路证券营业部	愚园路538号8号楼
中富证券有限责任公司上海南京西路证券营业部	南京西路1468号中欣大厦2楼	信达证券股份有限公司上海北京西路证券营业部	江宁路828号2楼北部
中国民族证券有限责任公司上海延平路证券营业部	延平路71号	安信证券股份有限公司上海江宁路证券营业部	北京西路1465号3楼
广东证券股份有限公司上海江宁路证券营业部	江宁路838号	瑞银证券有限责任公司上海南京西路证券营业部	南京西路1168号中信泰富广场24楼2401—2405室
湘财证券有限责任公司上海泰兴路证券营业部	泰兴路306号	安信证券股份有限公司上海江宁路证券营业部	江宁路828号2楼北部
辽宁省证券公司上海北京西路证券营业部	北京西路1465号国立大厦（底楼西侧及3楼）	华泰证券股份有限公司上海武定路证券营业部	武定路1088号6楼、7楼
华泰证券股份有限公司上海康定路证券营业部	康定路1437号5楼	浙商证券有限责任公司上海万航渡路证券营业部	万航渡路789号7楼、8楼
中国民族证券有限责任公司上海羽山路证券营业部	陕西北路777号	东方证券上海巨鹿路营业部	巨鹿路758号
英大证券有限责任公司上海镇宁路证券营业部	镇宁路200号	申银万国证券上海余姚路营业部	余姚路169号
万联证券有限责任公司上海万航渡路证券营业部	万航渡路681号	申银万国证券上海昌化路营业部	昌化路33号
新时代证券有限责任公司上海延平路证券营业部	延平路121号16楼	联合证券上海营销中心	武定路1088号6楼
平安证券有限责任公司上海常熟路证券营业部	常熟路8号静安广场6楼	国泰君安上海威海路营业部	威海路363号
国泰君安证券股份有限公司上海延平路证券营业部	延平路135号	宏源证券上海康定路营业部	康定路1586号
中国建银投资证券有限责任公司上海西康路证券营业部	西康路849	上海证券襄阳北路营业部	襄阳北路27号
华泰证券股份有限公司上海常德路证券营业部	常德路1116号	上海证券上海南京西路营业部	南京西路1468号2楼
中国建银投资证券有限责任公司上海南京西路证券营业部	南京西路580号12楼	中信建投证券北京西路营业部	北京西路1399号
中国银河证券股份有限公司上海江宁路证券营业部	江宁路428号底楼西部	海通证券余姚路营业部	余姚路420号

（张　寅）

2011年静安区内保险公司分支机构表

名　称	地　址	名　称	地　址
中国人民财产保险股份有限公司上海市分公司静安常德路营销服务部”	常德路319号2楼、5楼	新华人寿保险股份有限公司上海分公司	北京西路669号东展大厦7—8楼
太平洋财产保险股份有限公司上海静安支公司	新闸路1718号	民生人寿保险股份有限公司上海分公司	江宁路167号新城大厦23楼
中国人寿保险股份有限公司上海分公司江宁路营销服务部	江宁路826弄5号2楼、3楼	大众保险股份有限公司上海静安支公司	新闸路848号新福康里商务中心402室
中国大地财产保险股份有限公司上海分公司营业部	北京西路1465号国立大厦701室、702室	太平人寿保险有限公司上海分公司	石门一路211号旺旺大厦5—7楼
中国大地财产保险股份有限公司静安支公司	延平路121号三和大厦7楼	长生人寿保险有限公司静安南京西路营销服务部	南京西路699号众鑫大厦1104—1108室
中国平安财产保险股份有限公司上海分公司	常熟路8号	美国大陆保险公司上海代表处	延安西路129号华侨大厦2003室
泰康人寿保险股份有限公司上海分公司	南京西路580号南证大厦47—49楼，附楼718—720室、903室	香港蓝十字（亚太）保险有限公司上海代表处	北京西路1277号915室
泰康养老保险股份有限公司上海分公司	南京西路580号南证大厦48楼		

（张　寅）

（三）专业服务业

【专业服务业营业收入259.31亿元】 年内，区内专业服务业企业全年营业收入259.31亿元，比上年增长13.31%。其中：投资管理、咨询服务业企业营业收入205.17亿元，比上年增长26.96%；法律服务业企业营业收入15.17亿元，比上年增长27.19%；会计、审计服务业企业营业收入8.17亿元，比上年增长2.80%；运输代理服务业企业营业收入11.04亿元，比上年下降32.73%。全年缴纳税金42.82亿元，比上年增长26.49%，占全区税收总收入的比重为19.69%。（徐　端）

【文化创意服务业营业收入274.65亿元】 年内，区内文化创意服务业企业全年营业收入274.65亿元，比上年增长17.35%。其中：信息服务业实现营业收入205.17亿元，比上年下降20.36%；广告业企业营业收入41.30亿元，比上年增长1.04倍；设计服务业企业营业收入26.14亿元，比上年增长1.17%；文化、体育和娱乐业营业收入46.77亿元，比上年下降11.41%。全年缴纳税金26.62亿元，比上年增长28.18%，占全区税收总收入的比重为12.24%。（徐　端）

（本栏目编辑　许以群）

八、商业商务

（一）综　述

2011年，静安区实现社会消费品零售总额262.6亿元，比上年增长10.76%；外商直接投资资金到位额4.15亿美元，比上年增长10.05%；海关进出口总额25.5亿美元，比上年增长17.25%。搭建区商旅文资源大融合平台，协调相关部门指导恒隆广场等商厦规范营销活动管理，元旦、春节、劳动节、国庆节国定假期间抽样企业销售增幅分别为21.42%、25.26%、26.76%、20.25%。

静安区商务委员会（简称区商务委）联合区旅游局等部门，举办以"绚彩国际风·魅力静安情"为主题的2011静安国际购物嘉年华、金秋都市游活动。区引进符合静安南京路定位的国际知名品牌，沿线及各商场调整品牌84个，调整面积超过1万平方米，11家品牌专卖店开业。跟踪指导嘉里中心二期、越洋国际广场、会德丰国际广场等项目招商及品牌调整工作；与中欧国际工商学院合作举办第三届顶级品牌高峰论坛；组织举办主题为"智汇设计，时尚都心"的2011福布斯·静安南京路论坛；协调市文化创意产业推进领导小组办公室落户"800秀"创意产业园区；协调源创创意园区完成一期招商并推进园区二期改造和招商；协调诺安1919等园区改建；协调推进安垦、源创两园区申报市级园区并获得"上海市创意产业集聚区"命名，静安区市级创意产业集聚区达9家。促进创意园区可持续发展，协助举办2011上海国际时装周活动。

年内，区引进长濑企业管理（上海）有限公司、日立化成（中国）投资有限公司2家跨国公司地区总部，引进飒拉家居等10家世界知名企业或品牌，帮助诺能（上海）贸易有限公司等5家企业做好外资代表处翻牌工作。加强高端外资项目入驻静安区的后继服务，履行各项审批职能，完成联合年检，共有1086家外商投资企业参加，比上年增加211家，增长24.11%。强化区域大外贸意识，向企业传递和宣传外贸进出口相关政策法规，引导企业用足用好政策。做好中小企业开拓海外市场资金补贴划拨申报工作。鼓励和帮助区域服务外包企业获重点服务外包企业资质，静安区有10家软件信息外包（ITO）、业务流程外包（BPO）类型企业获"上海市服务外包重点企业"资质。

社区商业建设工作成效显现。完成海康菜市场标准化建设，创果等菜店优化升级调整，增设好菜集泰兴店等菜店，区内菜店达20家。新增社区直供售菜点10个，累计达60个。完成武定等11家菜市场蔬菜信息追溯系统建设；完成市商务委对区保障绿叶菜供应和价格基本稳定的工作考核；完成市下达的"产销对接"和保供稳价等工作目标。推出"静安社区特色菜市""2011静安副食品迎春惠民大联展"等活动。及时采取措施应对日本核危机引起食盐供应和价格异常波动问题，在2天内平息区域居民食盐抢购事件。调整优化"白领午餐"定点推荐单位，引入楼宇食堂和特色午餐单位作为补充，建立具有良性竞争格局的午餐供应网络体系，满足白领个性化用餐需求。完成大沽社区商业中心建设，加强清真食品供应情况跟踪督查，督促清真"三食"（副食品、餐饮、食品）网点规范经营。对再生资源"在线回收"服务网点进行梳理。推进家政服务进社区工作，协调落实上海市相关扶持政策。

年内，在区商务委内设立区中小企业服务中心，完善区内中小企业公共服务平台体系。掌握企业融资需求意向，为中小企业提供融资信息、改制上市政策、信用担保政策等咨询服务，改制上市后备企业4家。按照区主导产业发展定位，对软件和信息服务、先进制造业、现代服务业企业开展重点调研，全年有42家企业成为市"专精特新"企业。组织企业申报国家和市级7个类别专项申请。对拟上市的东方投资监理公司等企业做好培训组织工作。支持中小企业发展高新技术产业、战略性新兴产业。区商务委联合区各相关职能部门，为创业人员提供政策咨询、创业培训等指导和服务。推进老字号企业开发电子商务领域。

年内，区商务委组织商业企业开展"销售真牌真品，保护知识产权"承诺活动。以商业企业诚信建设为根本，组织国际著名品牌在上海市购物节期间开展诚信经商活动。推进南京西路服务标准化示范街建设，推进创先争优活动，提升商业服务水平。吸引12家单位加入楼宇联盟，会员单位增至21家。推进节能减排工作,承担818商厦等3栋楼宇能源审计工作,推进实施上海商城、东方海外大厦节能技改项目;加强酒类、粮油、动物卫生监督的市场监管;对淘宝城等重点场所进行全面整治。组织落实大型商场消防安全生产责任书签约工作,召开区商务系统"除隐患、防火灾、保平安"消防安全知识竞赛和专题培训。（王 娟）

(二)南京西路商业商务

【表彰"销售真牌真品,保护知识产权"承诺活动先进】 1月20日,静安区"销售真牌真品,保护知识产权"承诺活动指导小组和办公室联合组织召开2011年"销售真牌真品,保护知识产权"承诺活动发牌暨表彰大会。3家企业和4人被评为静安区2010年"销售真牌真品,保护知识产权"承诺活动先进集体和个人。（王 娟）

【TOM FORD女装店开业】 5月19日,汤姆·福特(TOM FORD)品牌中国内地首家旗舰店——汤姆·福特(TOM FORD)上海女装店(上海商城店)开业。副区长陆晓栋、该品牌设计师汤姆·福特(Tom Ford)出席开业仪式。该品牌是由国际时装设计师——Tom Ford以自己的名字创立的的个人品牌。女装系列包含成套日装和晚装、燕尾服、日常服、露背晚装和晚装长裙。（王 娟）

【美国鹰中国大陆首家店亮相静安南京西路】 5月27日举行开业典礼,副区长陆晓栋出席并致辞。5月28日,美国鹰(American Eagle Outfitters)品牌南京西路旗舰店(南京西路819号)开业,这是该品牌在中国大陆地区第一家店铺。美国鹰品牌创建于1977年,其商业标志是一只翱翔的鹰。以15~25岁年轻人为主要销售对象,已在美国、加拿大等地开设900多家店铺。（王 娟）

【H&M南京西路专卖店开业】 5月28日,H&M南京西路旗舰店(南京西路881号)正式开业。为庆贺该店开业,5月26日晚,海恩斯莫里斯(H&M)在南京西路旗舰店内举办"H&M之夜"活动,数百位VIP嘉宾和时尚潮人齐聚一堂,共贺开业,副区长陆晓栋出席庆典活动。H&M南京西路旗舰店销售产品包括女装、男装、青少年装以及童装,涵盖服装、配饰、内衣、运动装、牛仔等诸多产品。此家门店是H&M大陆地区唯一销售"水援助(WaterAid)"和"男性趋势(Men Trend)"系列的专卖店。"Men Trend"系列在全球2200多家H&M门店中,仅有30家店有售卖,上海南京西路店是内地有此系列的唯一门店。与环保组织WaterAid合作的"WaterAid"系列用水蓝色来诠释沙滩装,也仅在南京西路店发售。（王 娟）

【有权珠宝南京西路店开业】 8月16日,有权珠宝(詠豪翡翠)在南京西路620号开业。有权珠宝由上海宥权珠宝有限公司经营管理,主营珠宝首饰以及工艺品。（王 娟）

【举办2011静安国际购物嘉年华、金秋都市游活动】 9月11日,2011静安国际购物嘉年华、静安金秋都市游在吴江路休闲街开幕。市商务委、市旅游委、区四套班子领导出席开幕式。开幕式现场,区委书记龚德庆现场亲书"静安欢迎您"5个大字,代表静安欢迎四方宾客。自开幕式之后至10月7日,国际购物嘉年华、金秋都市游活动重点聚焦以十大重点系列活动和10项特色营销活动为代表的"欢乐畅购、耀闪中华、风情食尚、都市悦动"四大篇章近百项活动,营造浓厚营销氛围,拉动节日市场销售,通过各类文化创意和时尚文化展示活动、福布斯·静安南京路论坛,以及区域内红色之旅,为"2011上海购物节""2011上海旅游节"增光添彩。（王 娟）

【联合举办2011福布斯·静安南京路论坛】 9月27日,由上海市文化创意产业推进领导小组办公室担任指导单位,上海市商务委员会、静安区人民政府及《福布斯》(中文版)联合主办的"2011福布斯·静安南京路论坛"在"800秀"创意产业园区举行。上海市文化创意产业推进领导小组办公室副主任贺寿昌、上海市商务委员会副主任顾军、中共静安区委副书记郑健麟等区四套班子领导、福布斯中文版总编辑周健工、世界创意产业之父约翰·霍金斯(John Howkins)等出席论坛。论坛主题为"智汇设计,时尚都心",参会者多为商界、艺术界、设计界、学术界的文化创意领域专家和学者。约翰·霍金斯在论坛上以"设计与时尚的未来"为话题开讲。法国专家科特·亚历山大(Curt Alexander)就如何成功构建奢侈品牌和商业街区发表主题演讲。复旦管理学院院长陆雄文以上海为切入点,探讨未来时尚之都的基础。（王 娟）

(三)创意产业

【举行"2010欧莱雅风尚媒体大奖"颁奖典礼】 1月18日,一年一度的"欧莱雅风尚媒体大奖"颁奖典礼在"800秀"创意产业园区举行。典礼以"赢在数字化时代"为主题,来自全国各地16家媒体及2名个人分获"风尚·最具影响力媒体""风尚·最具时效性新媒体""风尚·自媒体意见领袖"等3个大类15个奖项。"欧莱雅风尚媒体大奖"由全球最大的化妆品集团欧莱雅于2003年创立,已举办8届颁奖典礼。（王 娟）

【举办"海派传承、时尚静安"专场秀】 4月11日,2011上海时装周在"800秀"创意产业园区举办"海派传承、时尚静安"专场秀,由开开集团携旗下经典品牌与武学凯卓予高级女装联袂登场,鸿翔女装、亨生西服、第一西比利亚皮草服饰、龙凤旗袍以及开开服装、蓝棠博步皮鞋,相继在时装周T台上展示,展示"上海故事""奢华年代""都市生活""时尚盛宴"4个系列风格时装。（王 娟）

【联合国工业发展组织代表一行考察创意园区】 7月21日,联合国工业发展组织(UNIDO)中国和东北亚地区首席代表 Edward Clarence Smith 等 6 人，在区商务委工作人员陪同下，参观安垦绿色创意园和设立在源创创意园内的荷兰孵化器。Edward 参观安垦绿色创意产业园的屋顶花园和园区内具有代表性的入驻企业。对安垦绿色创意产业园"绿色、生态、环境、共享"的可持续发展理念表示赞同，并对园区内每层楼配备的电力数字计量仪表和太阳能中央热水器、区域能源优化空调、太阳能景观灯等人性化环保设计表示赞赏。

（王　娟）

（四）社区商业建设

【开展"静安社区特色菜市"活动】 2010 年 12 月 21 日至 2011 年 1 月 22 日，区商务委组织 8 家农业龙头企业开展营销巡回服务。分别走进南京西路社区（街道）升平、张园，石门二路社区（街道）新福康里，曹家渡社区（街道）三和，江宁路社区（街道）蒋家巷，静安寺社区（街道）华山、百乐等 7 个小区，服务周边 35 个小区，惠及居民 5 万余人次，优惠供应商品 350 多种，其中售出各类蔬菜 50 多吨，销售额 10 万余元。静安区在全市率先推出的特色菜市活动，得到各大主流媒体关注，《解放日报》《文汇报》《新民晚报》等 20 余家媒体作报道。

（王　娟）

【大沽社区商业服务中心开业】 9 月 28 日，位于南京西路社区（街道）大沽路 517 号的静安区首家社区商业中心——大沽路社区商业中心开业。该中心的经营业态包括标准化菜市场（以供应蔬菜、肉类、河海鲜等各种副食品为主，兼有粮油、熟食、牛奶、水果、小百货等服务项目）、24 小时便利店、大众化餐饮、特色熟食、洗衣与服装修改服务、药房、文具用品、眼镜钟表、烟酒专卖等。该中心建筑面积逾 4400 平方米，可让周边 1000 米范围内的居民便捷解决日常生活"开门七件事"。

（王　娟）

【重点监测、保障主副食品市场】 年内，区商务委建立动态专报机制，对菜场、菜店、菜点和超市卖场蔬菜等副食品供应情况进行全方位动态监测。对各菜市场、超市、卖场进行巡查，督促指导做好元旦、春节、劳动节等节假日市场供应工作。会同物价、工商等部门，加强重大节假日市场专项检查，保障供应安全。在元旦、春节、国庆等节日期间推出"静安社区特色菜市""2011 静安副食品迎春惠民大联展""双休日社区菜市"巡回服务和"静安区迎国庆蔬菜特价惠民"等活动。

（王　娟）

【完善大众早餐供应网】 年内，区商务委全面排摸区域早餐网点分布情况，在与相关部门、企业和部分居民、白领代表进行沟通基础上，以王家沙、新镇江等企业为重点，整合包括麦当劳、全家便利和部分楼宇食堂在内的 70 家企业，做好早餐供应工作，满足居民、白领早餐消费需求。编制《早餐指南》2 万册。联系品牌企业，探索"移动早餐"供应模式，填补布局盲点区域早餐供应工作。

（王　娟）

【调整优化白领午餐定点推荐单位】 年内，区商务委会同相关部门，在严格筛选基础上，对 23 家白领午餐定点推荐单位和 37 家特色单位进行授牌。引入社会化管理机制，对网络单位的服务质量进行动态管理。每季度更新编印《白领午餐指南》，宣传推荐特色供餐单位。抽样显示，区内白领对午餐工作知晓率在 90% 以上。

（王　娟）

【完善"菜篮子"体系】 年底，海康标准化菜市场建成开业，创果、田头、凯农等菜店完成优化升级调整，在江宁路、静安寺、南京西路、曹家渡等社区（街道）南部地区新增 10 个社区直供售菜点。全区形成由 11 家菜市场、20 家菜店、30 余家生鲜超市，以及城市超市、沧海桑田等农业生产龙头企业进入社区设置的 60 个直供售菜点组成的"3510"（步行 3 分钟到菜点、5 分钟到菜店、10 分钟到菜市场或超市）供应网络体系。

（王　娟）

2011 年静安区菜市场基本情况表

菜场名称	地　址	面积（平方米）	街道	经营单位
武定	武定路 1142 号	2078	曹家渡	武定菜市场经营管理有限公司
余姚	余姚路 395 号	650	曹家渡	余姚农贸市场管理服务部
鲜乐	万航渡路 767 弄 36 号	900	曹家渡	鲜乐农副产品市场管理有限公司
昌化	昌化路 440 号	2400	江宁路	昌化农贸市场管理有限公司
康定	西康路 512 号	680	江宁路	兴虹菜市场管理有限公司
海康	西康路 770 号	2800	江宁路	海康农贸市场经营管理有限公司
兴泰	大田路 511 号	1300	石门二路	兴泰农贸市场经营管理有限公司
同仁	铜仁路 329 号	845	南京西路	同仁菜市场经营管理有限公司
巨鹿	巨鹿路 604 号	377	南京西路	中亚食品有限公司巨鹿店
大沽	大沽路 527 号	2780	南京西路	大沽菜市场经营管理有限公司
新镇宁	镇宁路 466 弄 175 号	3500	静安寺	新镇宁集贸市场经营管理有限公司

（王　娟）

2011 年静安区社区菜店情况表

菜 店	地 址	面积（平方米）	街道	经营单位
创果精品蔬果长乐店	长乐路 966 弄 1—2 号	150	静安寺	弘阳公司
好莱集愚园店	愚园路 502 号	93	静安寺	城市超市
崇明忠孝合作社菜店	镇宁路 466 弄 175 号	20	静安寺	申江公司
裕华菜店（便民菜篮子）	长乐路 774 弄内	50	静安寺	兴虹公司
创果精品蔬果凤阳店	凤阳路 618 号	160	石门二路	弘阳公司
新福康里菜店	新闸路 888 弄 130 号	30	石门二路	石门二路社区（街道）
田头超市奉贤店	奉贤路 61—63 号	150	石门二路	正义公司
南汇农产品	泰兴路 398 号	200	石门二路	南汇产销联合会
凯农崇明特色农产品	康定路 759 号	100	江宁路	凯农公司
凯农崇明特色农产品	西康路 520 号	20	江宁路	凯农、亚细亚公司
凯农崇明特色农产品	西康路 770 号	100	江宁路	凯农、亚细亚公司
田头超市武定店	武定路 580 号	100	江宁路	原野蔬菜公司
创果精品蔬果海防店	海防路 520 号	100	江宁路	弘阳公司
甬海农品产专卖店	昌化路 325 号	150	江宁路	甬海公司
舟山海产品店	陕西北路 1111 号	200	江宁路	兴业集团
好莱集泰兴店	泰兴路 631 号	100	江宁路	城市超市
凯农崇明特色农产品	武定路 1142 号	100	曹家渡	凯农、亚细亚公司
创果精品蔬果余姚店	余姚路 776 号	150	曹家渡	弘阳公司
田头超市大沽店	大沽路 517 号	200	曹家渡	缙博、亚细亚公司
好莱集延中店	延安中路 789 号	20	南京西路	城市超市

（王 娟）

（五）对外经济贸易

【长濑企业管理（上海）有限公司获市跨国公司地区总部证书】 11 月 2 日，上海市第 21 批跨国公司地区总部颁证仪式在市政府贵宾厅举行，市长韩正为静安区外商投资企业长濑企业管理（上海）有限公司等 20 家跨国公司颁发证书。长濑企业管理（上海）有限公司由日本十大商社之一，世界最大专业化工商社长濑产业株式会社投资设立，负责国内 8 家销售企业、11 家分公司和事务所、14 家生产企业、4 家服务型公司的管理。该公司是静安区第十四家被授予上海市跨国公司地区总部证书的企业。（王 娟）

【戴比尔斯（De Beers）集团在区设立珠宝商贸公司】 该集团创立于 1888 年，是历史悠久的钻石矿业公司。投资方戴比尔斯钻石珠宝有限公司（DE BEERS DIAMOND JEWELLERS LIMITED）是由戴比尔斯（De Beers）与路威酩酐（LVMH）2 个分属钻石供应与奢侈品行业的集团于 2001 年创立的独立运营子公司。公司总部设在英国伦敦，主要从事钻石珠宝的制造、批发和零售业务，在美国、日本、法国等国设有分公司或办事处，通过直营和特许加盟形式在全球开设 40 多家戴比尔斯珠宝零售店。年内，该集团投资 1250 万美元在静安区设立戴比尔斯珠宝商贸（上海）有限公司。（王 娟）

【日立化成集团在区设立地区总部】 日立化成集团成立于 1912 年，主要生产电子材料、无机材料、树脂材料、线路板材料、汽车零部件、电子零部件、诊断试剂仪器等，重点立足"信息通讯、显示""环境、能源""生命科学""汽车、交通基础设施"四大领域。年内，该集团投资 3000 万美元在静安区设立日立化成（中国）投资有限公司，并通过市商务委地区总部资格认定。（王 娟）

【力拓集团旗下贸易公司入驻静安】 力拓集团是采矿业集团，不仅向全球提供铁矿石，还提供包括铝、铜、钻石、能源产品、黄金、工业矿物等产品。年内，力拓贸易（上海）有限公司入驻会

德丰广场，主要是为力拓集团的企业及其各业务部门在海外和中国的生产、运营提供服务。（王 娟）

【巴黎春天集团旗下两大奢侈品品牌齐聚静安】 年内，巴黎春天集团（PPR 集团）旗下两大品牌企业相伴投资静安区，设立2家贸易公司。其中 STELLA MCCARTNEY LTD 投资220万欧元设立斯特拉麦卡特尼（上海）贸易有限公司，AUTUMNPAPER LIMITED 投资200万英镑设立亚历山大麦昆（上海）贸易有限公司，2家公司主营箱包、时尚服饰、鞋帽等商品的批发及进出口业务。公司所属两大品牌均来源于英国，其产品设计既能彰显现代生活方式，又坚守实用环保的时尚主义。（王 娟）

【区内10家ITO、BPO类型企业获“上海市服务外包重点企业”资质】 年内，毕马威企业咨询（中国）有限公司、艾意凯咨询（上海）有限公司及毕马威华振会计师事务所上海分所等3家外资业务流程外包（BPO）类型企业获第三批“上海市服务外包重点企业”资质。至2011年年底，静安区已有10家软件信息外包（ITO）、业务流程外包（BPO）类型企业获“上海市服务外包重点企业”资质。（王 娟）

（本栏目编辑 许以群）

·资 料·

上海市计划生育奖励与补助若干规定

第一条（目的和依据）

为了鼓励公民实行计划生育，保障公民计划生育的合法权益，根据《上海市人口与计划生育条例》（以下简称《条例》），制定本规定。

第二条（晚婚晚育奖励）

晚婚的公民，在国家规定的婚假基础上，增加晚婚假7天。晚婚假一般应当与婚假合并连续使用。晚婚假期间享受婚假同等待遇。

符合《条例》规定生育的晚育妇女，在国家规定的产假基础上，增加晚育假30天，其配偶享受晚育护理假3天。晚育假一般应当与产假合并连续使用，晚育护理假应当在产妇产假期间使用。晚育假期间享受产假同等待遇；晚育护理假期间的工资，按照本人正常出勤应得的工资发给。

晚婚假、晚育假、晚育护理假遇法定节假日顺延。

第三条（领取光荣证条件）

依法生育一个子女后自愿不再生育的本市户籍公民，在子女年满16周岁之前，可以在本市申领《独生子女父母光荣证》（以下简称《光荣证》）。

一次生育两个及两个以上子女的公民，不可以领取《光荣证》。

第四条（换领光荣证）

持有外省市《光荣证》的本市户籍公民，符合本市规定的领取《光荣证》条件的，可以换领本市《光荣证》。

换领本市《光荣证》时，不受子女未满16周岁条件的限制。

第五条（退回光荣证）

已领取《光荣证》的本市户籍公民，有下列情况之一的，所持《光荣证》无效，并且应当退回《光荣证》：

（一）申请再生育子女；

（二）违反规定生育子女；

（三）以欺骗等不正当手段取得《光荣证》；

（四）不符合领取《光荣证》条件的其他情形。

（下转第165页）

九、房地产开发与管理

（一）综　述

2011年，静安区住宅新开工面积3.34万平方米，比上年下降9%；施工面积26.24万平方米，比上年上升14.9%；竣工面积5.17万平方米。年内，静安区住房保障和房屋管理局（简称区房管局）多渠道筹措保障性住房房源，协调推进万航渡路767弄56号改建项目，完成立项、资金到位，开展拆房工作。开展区105号地块公租房收购工作，排摸区内闲置厂房、宾馆、旅社情况，接洽商筹房源情况。根据市房管局统一部署，区住房保障中心升级信息管理系统，优化廉租住房管理工作流程。至12月新增受益家庭350户，确保“应保尽保”。扩大实物配租面，为11户家庭落实实配房屋。累计受理3323户家庭，实有登记3025户，落实配租3025户，配租率99.83%。继2010年实现全区旧住宅小区物业一体化管理基本全覆盖后，区房管局通过督促置业集团对物业公司、小区经理的考核和房管办组织落实季度考核测评等渠道，加强日常监管，推进长效管理，制订管理实施意见，明确组织架构、运行模式、部门分工、保障机制，并以消防安全为主题，加强隐患巡查处置，做好消防设施设备的添置、维护和整治，拾遗补阙，全面覆盖，将宝安、三乐、东斯文等小区纳入托底保障基本范围，涉及房屋面积7.2万平方米，惠及居民3865户。全区旧住宅物业一体化管理小区达到87个。区房管局加强房屋管理行政执法，落实违法建筑巡查、发现、处置机制，依托区拆违办，联合公安、城管、居委会，结合物业一体化管理和优秀历史建筑保护，拆除32处违法建筑。建立空置房、出租房台账，加强“群租”巡查，发现“群租”行为责令整改，并在监督整改过程中强化安全检查。区房管局做好全区商品住宅维修资金归集和使用的监管，至年底，累计归集维修资金6.15亿元，开发商归集率99.7%。对资金管理银行开展检查、评估，结合实地检查，督促物业公司按规定定时公开账目。做好拆迁拆房从业人员资质审查和管理，确保持证上岗率100%。完成4家拆迁公司年检。实现拆迁协议电子化，做到“签约一户、上网一户、公示一户”。年内，区房管局贯彻落实《上海市居住房屋租赁管理办法》，加强房地产市场行政监管，深化日常检查，规范预销售行为。核发预售许可证2件、销售方案备案许可证5件。完成58家开发企业信用档案检查，注销8家，降级4家；受理房地产执业经纪人注册、注销52人次；中介机构备案延期41家、注销7家、变更4家、新增9家。　（刘照春）

（二）房地产投资与开发

【商品房投资额下降】　2011年，静安区完成固定资产投资43.11亿元，比上年下降49.3%。其中，商品房投资完成40.98亿元，比上年下降38.1%。商品房投资中，住宅投资完成7.87亿元，比上年下降56.1%；商业办公用房投资完成33.12亿元，比上年下降31.3%。2011年，静安区固定资产投资总额中，基本建设和技术改造占4.9%；其余为商品房投资，其中住宅占固定资产投资总额的18.3%；商业办公用房占固定资产投资总额的76.8%。大型商业办公用房项目开发建设多集中于静安南京西路地区。

（刘照春）

【推进楼宇经济载体空间建设】　年内，静安区“一街五区、南改北建”的区域发展规划进一步得到落实，重大项目建设加快推进。华敏帝豪大厦、协和二期项目即将竣工，嘉里二期实现结构封顶，静安寺交通枢纽综合开发项目加快推进，大中里项目、世纪盛荟广场项目相继开工。轨道交通12号、13号线站点开工建设，14号线站点前期工作有序开展。

（刘照春）

【社会公益事业投入加大】　年内，静安区不断加大对科教文卫体等社会公益事业建设的投入，推进和谐城区建设，让居民群众得到更多实惠。推进市西中学改扩建工程、中小学校舍安全工程，静安老年健康中心项目动迁加快推进，区文化馆改建工程加快启动。三林基地8幢经济适用房结构封顶，区105号地块配套商品房项目开工建设，万航渡路767弄56号公租房项目做好开工准备。　（刘照春）

【旧区改造过程规范有序】 年内，静安区坚持“拆、改、留、建、管”并举，围绕改善民生和国际静安建设，尽力而为、量力而行，推进旧区改造，为更多居民群众改善居住条件、为区域经济可持续发展提供载体支撑。落实《国有土地上房屋征收与补偿条例》，探索符合静安区情的旧区改造推进体制和房屋征收管理机制。区118－3、103号、95－C、54－A、86号、78号（一期）等地块规范、有序实施动迁，67号成片旧改地块房屋征收与补偿征询工作启动。胶州路838号、北京西路777号等零星旧里改造地块稳步推进。由于银行银根收紧、中央下令清理地方债务和融资平台，以及2011年静安区没有出让地块等因素，对旧区改造动迁进度和固定资产投资规模影响较大。全年共完成居民动迁1038户。 （刘照春）

（三）房地产市场

【商品房新增供应量持续匮乏】 2011年，静安区商品房新增供应总量比上年下滑80%；商品住宅新增供应量较上年下降37%。全年静安区商品房市场仅有“远中风华园”一个项目推出新房源，所推房源均为住宅，新增供应总面积2.8万平方米。（刘照春）

【预售商品房成交量下滑】 2011年，静安区预售成交的房源来自2个项目：上海远中静安房地产有限公司开发的“远中风华园”和上海置安房地产发展有限公司开发的“静安均泰丽轩”，成交房源全部为住宅。其中“远中风华园”成交62套，成交面积1.04万平方米，成交均价每平方米78711元；“静安均泰丽轩”成交房源23套，成交面积0.3万平方米，成交均价每平方米36909元。 （刘照春）

【居住类二手房成交量明显减少】 2011年，静安区二手房市场成交住宅房源1133套，占二手房总成交套数的83%；居住类二手房全年总成交面积9.91万平方米，占二手房总成交面积的56%；居住类二手房总成交额34.72亿元，占二手房总成交金额的54%。与上年相比，居住类二手房成交量缩水近一半，成交套数减少47%，成交面积下降50%，成交金额下降45%。 （刘照春）

【居住类二手房价格总体仍较坚挺】 2011年，静安区居住类二手房成交均价为每平方米35036元，比上年上升11%。 （刘照春）

【租赁房屋的套均面积减小】 2011年，静安区房屋租赁总面积比上年下降27%；房屋租赁备案登记642户，比上年减少22%；租赁面积的降幅大于租赁套数的降幅，说明2011年静安区租赁房屋套均面积比2010年有所减小。 （刘照春）

【租赁房屋的单位面积租金大幅攀升】 2011年，在限购、限贷等调控政策影响下，区域内拥有多套房源的业主短时间内难以找到买家，也不愿降价抛售而改售为租；原计划在中心城区置业的购房者，由于受到政策限制，无法在上海再购房，而选择租房过渡，导致区域内租赁需求上升，推动租金上扬。2011年静安区房屋月租额为5856万元，比上年增长93%。租赁房屋单位面积租金比上年上升163%。 （刘照春）

2011年静安区房屋交易、租赁情况表
（附2010年房屋交易、租赁情况）

项目	2010年	2011年	增减幅度(%)	项目	2010年	2011年	增减幅度(%)
商品房交易				预售	16.26	9.28	-43
成交套数(套)	1008	422	-58	出售	29.84	8.80	-70
预售	299	85	-72	住宅	26.40	12.05	-51
出售	709	337	-52	商办	19.70	6.03	-69
住宅	868	338	-61	**二手房交易**			
商办	140	84	-40	成交套数(套)	2726	1358	-50
建筑面积(万平方米)	16.62	5.11	-69	成交面积(万平方米)	33.10	17.79	-46
预售	4.30	1.34	-69	成交金额(亿元)	108.19	64.21	-41
出售	12.32	3.77	-69	**差价换房**			
住宅	8.63	2.76	-68	成交户数(户)	309	262	-15
商办	7.99	2.35	-71	换购户数(户)	309	262	-15
成交金额(亿元)	46.10	18.08	-61	差价交换户数(户)	0	0	—

（续表）

项　目	2010 年	2011 年	增减幅度(%)	项　目	2010 年	2011 年	增减幅度(%)
房屋租赁				建筑面积(万平方米)	13.45	9.87	-27
成交户数(户)	828	642	-22	租赁额(万元)	3038	5859	93

（刘照春）

（四）住房保障和房屋管理

【开展第一轮经济适用房供应申请工作】 根据全市统一安排，由区房管局牵头，在区民政局、公安静安分局、各街道、区卫生局等部门及区监察代表、区政协委员、区人大代表协同配合下，建立区保障中心、街道办事处、申请家庭三方沟通渠道，将政策宣传解释和与居民的沟通联系贯穿全程。自3月启动第一轮经济适用房供应申请工作后，各项工作依法合规、公开透明、平稳有序进行。全年共受理居民家庭685户，完成619户经济适用房申请家庭摇号排序、看房选房签约等工作。（刘照春）

【组建上海静安公共租赁住房运营有限公司】 4月，根据《上海市公共租赁住房运营机构组建办法》规定，经区政府同意，由区国资委为投资主体，出资3000万元为注册资金组建上海静安公共租赁住房运营有限公司，从事全区公共租赁住房投资、建设、经营和管理等工作。公司委托静安置业集团管理，区房管局负责业务指导。（刘照春）

【开展胶常大楼综合整治】 根据区委、区政府总体部署和具体安排，区房管局于2010年11月牵头开展胶州路718弄2号和常德路999号高层建筑（胶常大楼）整治修缮工程，工程涉及建筑面积4.5万平方米，416户家庭。市房科院负责方案设计，市建工集团四建公司组织施工，市建科院负责施工监理。区重大办、区安监局、公安静安分局、区财政局、区审计局、江宁路社区（街道）、静安置业集团等形成合力，协同推进。区房管局以督促施工、监理单位文明施工、安全施工为抓手，依法依规加强安全施工管理，开展安全日巡查，落实日报告制度。通过居民协调小组、施工例会，加强和居民沟通，减少扰民因素。年内，实现工程基本完工。（刘照春）

【开展“清剿火患”行动】 根据市房管局和区消防委关于开展“清剿火患”战役要求，区房管局于11月依托各相关条线部门和街道，对商品房、售后公房、公房小区、高层居民住宅、拆房、拆迁基地及住宅修缮工程的消防安全隐患进行全覆盖排查，重点整治楼道堆物、擅自安装铁门隔断应急逃生通道，占用、堵塞消防通道，消防设施设备损坏、住宅小区普通地下空间违规住人、堆放危险物品等，清剿火患129处。（刘照春）

【探索房屋征收新条例下工作新机制】 年内，区房管局组织行政管理人员学习新条例，开展拆迁基地培训。加强与区旧区改造办、区法院沟通，开展新政调研，初步完成关于司法强迁的调研报告。通过现场办公、居民座谈、上门走访、设摊咨询、公信力平台，将政策宣传解释贯穿于行政管理全过程。至12月，完成1300户拆迁工作目标，共动迁居民1310户，拆除各类房屋建筑面积30258平方米，受理裁决18件，裁决12件。（刘照春）

【保持历史保护建筑常态管理】 年内，在市房管局指导下，区房管局对全区82处优秀历史建筑开展摸底调查，更新基础档案，修正数据误差，建立系统全面的档案库，为日常巡查监管提供数据信息支撑。落实优秀历史建筑产权转移和租赁告知承诺制，发放保护告知书48份，其中产权转移22份、租赁备案26份。（刘照春）

（本栏目编辑　俞奇伟）

十、宾馆业·会展业·旅游业

(一)综 述

2011年,静安区宾馆、会展、旅游业实现营业总收入80.27亿元,比上年增长2.71%;缴纳税金3.04亿元,比上年增长7.05%。宾馆、旅行社接待中外游客155万人次;宾馆客房平均出租率62.07%,平均房价702.16元;举办各类会展3441场次,接待参展人数209.9万人次,营业收入2.1亿元,比上年增长5%。至年底,全区有星级旅游饭店20家。其中,白金五星级饭店1家,五星级饭店3家,四星级饭店7家,三星级饭店5家,二星级饭店4家。客房5878间,床位8967张。社会旅馆80家,有客房4833间、床位6563张。旅行社117家,其中出境组团旅行社13家,一般旅行社90家。外地驻区旅行社14家。引进新审批旅游企业9家。静安区旅游局(简称区旅游局)制订"静安区旅游行业2011年安全生产工作意见",与企业签订"安全生产责任书",开展旅游行业全员培训,受训人数1200人次,制作安全生产宣传小册子近万份;建立旅游行业安全生产检查志愿队伍,开展安全生产联合检查,举办星级宾馆消防疏散应急演练,开展旅游行业消防安全知识与应急处置培训、节能减排专题培训、统计工作业务培训、2011年东方讲坛·上海旅游讲坛——旅行社等级评定宣传贯彻培训、安全生产专题培训等各类业务培训活动,参训人数2000余人次。年内,锦沧文华大酒店、波特曼丽嘉酒店、宝龙居家酒店被评为市级服务标准化示范企业。针对春节、清明、劳动节、端午、中秋、国庆假日市场,对宾馆、旅馆、旅行社在交通、食品、消防、治安、旅游项目等重点部门、重点岗位、重点设施进行专项抽检,并加强黄金周旅游统计和预报工作。做好"11·15"特别重大火灾事故受灾居民接待服务工作,建立每月一次安置酒店工作例会制度。制订《2011年静安区旅游政风行风建设工作实施意见》,启动"争创规范景区,构建和谐家园"——静安寺文化旅游规范景区创建工作;开展"三亮三比三创"(亮:身份、承诺、形象;比:学习、服务、奉献;创:满意窗口、优质品牌、服务标兵)服务承诺活动。开展对四季酒店、上海展览中心2家重点用能单位能耗监控,与其签订目标责任,分解落实责任。完成锦沧文华、国际贵都、美丽园龙都3家旅游企业能源审计工作;延安饭店、云峰大酒店被评为绿色银叶级旅游宾馆。宏安瑞士大酒店升五星级的评定,已通过市有关部门初审,并报国家旅游局。上海国旅、中旅、强生国旅、中旅假日旅行社分别通过5A、4A、3A等级评定。开展社会旅馆规范服务、达标创建活动,区内中凯豪生等5家社会旅馆被评为优质服务、规范服务达标旅馆。年内,举办2011年上海旅游节暨静安金秋都市游、都市咖啡文化节、上海人家弄堂风情游、江宁社区彩车游、陕西北路文化之旅等系列活动。旅游节期间,全区星级宾馆、旅行社、景点、休闲街等共接待中外游客110万人次,比上年增长12%,营业收入7.8亿元,比上年增长10%,宾馆客房出租率65%。拓展红色旅游、工业旅游、文化旅游、社区旅游、购物旅游等五大旅游产品。推出:"海派石库门,欧式小洋房"——红色经典之旅、"穿越时光,古今融合"——文化精粹之旅、"走走人家,兜兜弄堂"——上海人家弄堂之旅、"人文风光,明星荟萃"——陕西北路名人之旅、"十里霓虹,品味静安"——时尚购物之旅等5条都市旅游经典线路。先后组织开展迎春、迎国庆旅游宣传服务系列活动及元旦、劳动节、清明、端午、中秋、国庆等假日市场宣传营销。组织区内旅游企业先后参加河南、江苏、湖南、浙江、吉林等省市旅游推介会等活动;联合沪上中心城区参与河南安阳航空旅游节、上海·夷陵深度旅游合作推进会;组织开展第一个"5·19"中国旅游日旅游咨询活动;组织旅游企业参展2011年国内旅游交易会、2011年中国国际旅游商品博览会,进一步扩大静安区旅游对外形象宣传。 (张毓颖)

(二)宾馆饭店

【波特曼丽嘉酒店再登世界最佳酒店金榜】 年内,上海波特曼丽嘉酒店再登美国著名旅游杂志《康德纳仕旅行者(Condé Nast Traveler)》旅行者杂志2011年度世界最佳酒店金榜。上海波特曼丽嘉酒店在评选中得到94.6分,与全球其他18家由丽思卡

尔顿酒店管理集团管理的酒店一同进入第十七次评选的酒店金榜榜单。（张毓颖）

【强生旅游公司“映像湘西”系列获上海名牌旅游产品称号】 1月28日，上海市名牌推荐委员会授予强生旅游公司“映像湘西”系列产品上海名牌旅游产品称号，并颁发证书。2010年，强生旅游公司申报低碳、环保、绿色的精品旅游线路——张家界，推出“映像湘西”系列，为游客提供高品质旅游服务产品。该旅游线路行程汇集多个经典景点：中国首批5A级景点——张家界国家森林公园、天子山十里画廊、金鞭溪、金鞭岩、黄石寨等，全程安排优质住宿及餐饮，景点门票无自理，无强推自费项目，选派优秀资深导游提供讲解。（张毓颖）

【云峰大饭店举办江鲜美食节】 3月28日，云峰大饭店举办云峰江鲜美食节，为食客奉上多达60道菜肴组合成的江鲜菜品。其中有云峰小河鲜、豉油皇白米虾、翅汤桂花鱼等20多款新推出的菜肴。还有曾获上海名菜名点的云峰老豆腐、干椒天菜炒蛋、木桶菜团子等。（张毓颖）

【希尔顿酒店主办东方卫视“美丽学院”真人秀】 7月11日，上海希尔顿酒店为“丝芙兰美丽学院”真人秀栏目首播举办新闻发布会。该节目以挑选“丝芙兰最佳美妆艺术家”为宗旨，在上海希尔顿酒店历时2个月进行拍摄，7月底在上海东方卫视推出。出席发布会的嘉宾有国际名模吕燕、“中国达人秀”主持人程雷以及来自“丝芙兰”、东方卫视以及上海希尔顿酒店的管理团队成员。数以百计的化妆师在“丝芙兰美丽学院”同场竞技。（张毓颖）

【上海美术电影制片厂举行无纸动画培训】 年内，由国家广电总局电影局、财政部资助上海美术电影制片厂900万元设备改造项目启动，陆续购置安装世界一流的无纸动画系统，将建立中国最大规模的“二维数字动画制作中心”。7月19日，在美影厂影院放映厅举行无纸动画培训班开学典礼，因报名人数较多，培训分3批进行。（张毓颖）

【希尔顿酒店举行第二届中国葡萄酒挑战赛】 7月19—22日，第二届中国葡萄酒挑战赛在上海希尔顿酒店举行。赛事由上海希尔顿酒店和Brown and Co. ltd联合主办，旨在提供葡萄酒爱好者与鉴赏大师间交流切磋的平台。并通过葡萄酒盲品晚宴（即由赛事官方媒体合作伙伴《胡润百富》冠名的葡萄酒私享晚宴）、品酒晚宴和全程甄选及最终的慈善颁奖晚宴等，挑选出酒中臻品。（张毓颖）

【“黑金山水”精品画展在锦沧文华大酒店举办】 8月6日，朱敏“黑金山水”精品画展开幕酒会在上海锦沧文华大酒店骥文轩举行，来自上海书画界，各类艺术画廊及媒体的嘉宾100余人参加活动。朱敏“黑金山水”精品画展在酒店27楼骥文轩举办，持续到8月底。（张毓颖）

【波特曼丽嘉酒店帕兰朵意大利餐厅再膺“全球最佳卓越奖”】 8月9日，上海波特曼丽嘉酒店帕兰朵意大利餐厅继2002、2003、2004、2005、2006、2007、2009、2010年之后再次摘得由《葡萄酒观察家（Wine Spectator）》杂志评选的“最佳卓越奖”。《葡萄酒观察家（Wine Spectator）》餐厅评选会的荣誉是专门颁给能够为各款佳肴提供相配酒单以及系列美酒的出色餐厅。而“最佳卓越奖”则专授予不仅能够展示来自葡萄酒主要产区的少数顶级生产厂家生产的系列年份葡萄酒，而且贮备产自葡萄种植区的各种类别优质葡萄酒的餐厅。上榜的酒单都要求供应400种以上的葡萄酒。帕兰朵餐厅以能提供多达570种的优质葡萄酒夺冠。（张毓颖）

【举办静安阳光家园慈善行活动】 8月15日，台湾知名歌手、作家、主持人及演员伊能静作为上海希尔顿酒店的环保“亲善大使”，带着希尔顿“绿色”环保月饼，到静安区阳光家园看望家园成员。区残联、区旅游局、上海希尔顿酒店、阳光家园相关负责人以及多家媒体代表出席该次慈善行活动。（张毓颖）

【四季酒店举行“四季之爱”婚礼秀】 8月21日，“四季之爱”婚礼秀在四季酒店3楼大宴会厅举行。借此婚礼秀展示之际，四季酒店推出“春满人间”“夏日倾情”“秋水伊人”和“冬日恋曲”4款婚宴套餐，并推出特色婚礼菜单及定制婚礼蛋糕的服务。婚礼秀当天迎来250对准新人观礼。（张毓颖）

【举行Mr. Uno型男模特大赛暨梅龙镇广场14周年庆】 8月9—21日，“梅龙镇广场2011吾诺先生（Mr. Uno）型男模特大赛”全国型男冠军赛在梅龙镇广场举行，包括港澳台地区在内的全国新生代男模精英们竞相争雄，并共贺梅龙镇广场开业14周年。（张毓颖）

【上海中旅假日旅行社开出系列“红色之旅”路线】 年内，上海中旅假日旅行社有限公司针对党政机关、企事业单位党团活动、学生爱国主义教育和老年人怀旧情怀等不同需求，开发出系列“红色之旅”路线。该社结合红色旅游热潮，就路线设计、导游培训、车辆调度以及与地接社联系等相关工作作全面部署和安排。（张毓颖）

【上海宾馆举办云南美食周】 8月22—27日，上海宾馆泛亚餐厅举办“生态健康”——云南美食周活动。来自云南的名厨精心烹制云南气锅鸡、过桥米线、芫爆松茸、浓汤鸡枞鱼翅等原汁原味的云南美食，展现滇菜取材于大自然，具备绿色、健康、生态的特点。（张毓颖）

【锦沧文华大酒店举行中秋节关爱行活动】 9月8日，区旅游局、区民政局携手上海锦沧文华大酒店，开展一年一度的中秋佳节慈善献爱心活动。区旅游局、区民政局及上海锦沧文华大酒店相关负责人到静安区孙克仁老年福利院，为福利院的老人送上月饼，并致以亲切慰问和节日问候。（张毓颖）

【希尔顿酒店接待网球大师赛选手】 10月8—16日，作为世界男子网球专业巡回总决赛官方合作酒店，上海希尔顿酒店再次接待上海劳力士网球大师赛100名网球选手，并为观战的8万名球迷提供赛场餐饮服务。（张毓颖）

【宏安瑞士大酒店举行婚礼秀】 10月23日，“巧克力先生与水晶鞋”婚礼秀在上海宏安瑞士大酒店举行。婚礼秀的主题颠覆传统的婚礼模式，用巧克力喷泉取代传统蛋糕，用冰雕取代传统香槟塔。整个仪式结束后，新人邀请来宾上台一起制作手工巧克力。（张毓颖）

【举行首届“梅龙镇广场杯”华东区魔术师邀请赛】 12月15—31日，圣诞魔术季暨首届“梅龙镇广场杯”华东区魔术师邀请赛登场梅龙镇广场，这是国内商场首度与魔术大赛的跨界合作。活动期间，80多位中外知名魔术师登台竞技，进行100多场奇幻表演。（张毓颖）

【4家旅行社等级评定榜上有名】 12月1日，上海市旅行社等级划分与评定委员会公布首批旅行社等级评定名单，全市共有26家旅行社被评定为5A、4A旅行社，111家旅行社被评定为3A旅行社。区内4家旅行社榜上有名，其中上海国旅国际旅行社有限公司、上海中旅国际旅行社有限公司被评定为5A旅行社，上海强生国际旅行社有限责任公司被评定为4A旅行社，上海中旅假日旅行社有限公司被评定为3A旅行社。（张毓颖）

【5个单位被评为上海市旅馆优质、规范服务达标单位】 年内，区内共有上海中凯豪生酒店等5个单位申报达标创建。各单位对照“上海市社会旅馆优质、规范服务达标综合评分表”，落实措施整改到位。经评定小组现场检查、资料审核，5个创建单位均通过评定验收。其中，上海中凯豪生酒店、上海家合酒店2个单位被评定为上海市旅馆优质服务达标单位。上海扬庭酒店管理有限公司（汉庭南京西路店）、上海在家酒店管理有限公司（格林豪泰石门二路店）、上海金泰鼎酒店管理有限公司（美京大酒店）3个单位被评定为上海市旅馆规范服务达标单位。（张毓颖）

9月8日，锦沧文华大酒店负责人为孙克仁福利院老人送月饼
（区民政局　供稿）

（三）旅游业

【江苏省淮安航空旅游推介会在国际贵都大饭店举行】 1月14日，淮安航空旅游推介会在上海国际贵都大饭店举行。各区国际旅行社负责人约70人参加会议。推介会全方位介绍淮安的风光、历史、人文、经济，重点强调淮安对上海旅游界发团到淮安的各种优惠政策。淮安市旅游局局长与静安区旅游局局长签订旅游合作框架协议；淮安市及上海市的30家旅行社分别签订对口合作协议。（张毓颖）

【崇明旅游进静安社区】 1月22日，静安区旅游局联合结对的崇明县旅游局，组织崇明县农副产品生产商、供应商、崇明县旅游企业，区内静安区文史馆、中共二大会址纪念馆、上海锦沧文华大酒店、上海云峰大饭店、上海天天旅行社、中国旅行社总社（上海）有限公司、上海中旅假日旅行社、上海强生旅行社、上海新大陆旅行社、上海天马旅行社、区旅游咨询中心等单位，在石门二路社区（街道）新福康里开展迎春为民服务活动。为市民提供旅游常识咨询、旅游特色线路、热线、专线推介、年夜饭垂询、客房预订、区内名人故居和红色旅游资源推介等活动。（张毓颖）

【兴化千岛菜花旅游节新闻发布会在国际贵都大饭店举行】 2月27日，江苏省兴化市委、市政府在上海国际贵都大饭店举行第三届中国·兴化千岛菜花旅游节新闻发布会。向沪上媒体介绍兴化的人文、自然旅游资源及经济贸易文化发展状况，并介绍4月3日—5月6日举行的兴化千岛菜花旅游节及“水上大舞台”情况。（张毓颖）

【常熟春季旅游推介会在吴江路休闲街举行】 3月24日，“江南看牡丹，相约常熟来”——2011常熟春季旅游上海公众推广暨第二十届尚湖牡丹花会说明会在吴江路休闲街举行。市、区旅游管理部门领导、旅游咨询服务中心负责人，旅行社代表和社区居民近200人出席。重点推介第二十届尚湖牡丹花会、沙家浜阿庆嫂民俗风情节和古城文化旅游等旅游新产品、新线路。常熟市政府聘请柏万青担任常熟旅游宣传大使，并颁发聘书。常熟市旅游局向上海各区旅游咨询服务中心颁发“常熟旅游上海推广合作基地”铭牌。（张毓颖）

【举办“中国旅游日”静安旅游便民服务宣传活动】 5月19日，由区旅游

局主办、区旅游咨询服务中心组织承办的“读万卷书，行万里路——‘中国旅游日’静安旅游便民服务”宣传活动在静安公园门口举行。区内中共二大会址纪念馆、静安区文史馆、上海美术电影制片厂、上海国旅国际旅行社有限公司、强生旅游公司、北京凯撒国际旅行社有限公司上海分公司、中国旅行社总社（上海）有限公司、优途国际旅行社有限公司、幸运旅行社有限公司及湖州太湖旅游度假区管理委员会参加活动。各旅游企业向市民介绍区红色旅游资源，推介名牌线路，解答市民咨询。（张毓颖）

【举行上海·夷陵旅游深度合作促进会】 5月27日，由上海市合作交流办、上海市旅游局、宜昌市夷陵区人民政府主办，静安区旅游局、闵行区旅游局与夷陵区旅游局承办的上海·夷陵旅游深度合作促进会在宜昌市夷陵区举行，来自上海静安、闵行等6个中心城区的旅游主管部门领导及旅行社代表25人与会。其间，上海均瑶国际航空旅行社、上海泰格旅行社、上海天天旅行社等12家上海旅游企业组成上海·夷陵旅游合作联盟，推选上海均瑶国际航空旅行社总经理石如任联盟主席，上海泰格旅行社总经理杨杰、上海天天旅行社总经理李国平任联盟副主席，上海春秋旅行社、上海强生旅游公司等9家旅行社为联盟会员。5月29日，在上海·夷陵旅游深度合作座谈会及签约仪式上，两地领导和企业代表签署旅游合作联盟宣言。夷陵区与上海静安、闵行等6区旅游局签订合作协议。（张毓颖）

【陕西北路名人名街展示咨询中心重新开放】 6月11日，适逢第六届中国文化遗产日，位于陕西北路600号的陕西北路名人名街展示咨询中心改版后重新免费开放，向市民免费赠送专题明信片200张。（张毓颖）

【“上海·夷陵吉祥之旅”包机首航】 7月11日9时40分，上海·夷陵旅游包机吉祥航空HO1239航班降落在三峡机场，由上海·夷陵旅游合作联盟组织的153名上海游客开始为期5天夷陵之旅。“7·11”包机首航后，将建立常态化合作机制，争取每周一班，每次组织80～100位游客旅游观光。（张毓颖）

【举办2011静安国际购物嘉年华、静安金秋都市游活动】 9月11日晚，“绚彩国际风，魅力静安情”——2011静安国际购物嘉年华、静安金秋都市游开幕式在吴江路休闲街举行。整个开幕式突破以往模式，以广场演出和行街表演的形式相结合，以全新的创作理念和艺术体现展示国际静安风采。整个活动历时1个月，10月11日结束。（参见第136页条目【举办2011静安国际购物嘉年华、金秋都市游活动】）（张毓颖）

9月12—13日，2011上海旅游节静安金秋都市游之异域文化风情展（芬兰）在静安寺广场举行（区旅游局 供稿）

【举办异域文化风情展】 9月12—13日，2011上海旅游节静安金秋都市游之“异域文化风情展”活动在静安寺广场举行，来自美国、芬兰、澳大利亚和菲律宾的7支乐队和舞蹈表演团队为上海市民带来精彩演出。近万人观看演出，其中最小的观众不足1岁，最年长的观众年近90高龄。（张毓颖）

【新昌旅游推介活动在静安举行】 9月12—13日，浙江省新昌县旅游局、浙江新昌旅游公司组织大佛寺公司、沃洲湖等旅游企业人员20余人，推介2011浙江·新昌文化旅游节及新昌旅游活动。上海市人大代表柏万青作为新昌旅游形象大使一同参与活动。（张毓颖）

【举办2011静安金秋都市游之上海弄堂风情活动】 9月13日，澳大利亚迈凯北方洲立中学行进乐队的79名成员和菲律宾罗布克青年大使乐队的30名少年，到静安公园与静安寺社区居民一起体验弄堂风情游戏活动，2011上海旅游节静安金秋都市游之上海弄堂风情活动拉开帷幕。首场弄堂游戏活动从弄堂社区搬到静安公园园区，外国朋友参与踢毽子、打弹子等中国民间传统体育项目。区旅游局领导和社区志愿者向外国友人赠送利用废弃物制作的手工工艺品和社区阿姨手工制作的布艺贴画海宝壁画。活动历时25天，10月7日结束。（张毓颖）

【举办第六届都市咖啡文化展示周活动】 9月20日，上海旅游节静安金秋都市游——第六届都市咖啡文化展示周暨第十届国际百瑞斯塔（咖啡师）竞赛在梅龙镇广场中庭开幕。市旅游局有关负责人，区商务、文化、旅游管理部门领导及上海梅龙镇广场有限公司相关负责人、嘉宾出席开幕式。

9月20日,第六届都市咖啡文化展示周暨第十届国际百瑞斯塔(咖啡师)竞赛在梅龙镇广场举行

(区旅游局　供稿)

开幕式上,2位上年获得咖啡师竞赛冠军的咖啡师现场为嘉宾制作各自的创意咖啡以及卡布奇诺,请嘉宾品评。活动历时6天,9月25日结束。　(张毓颖)

【上海至长白山航线通航旅游推介会在吉臣酒店举办】　9月28日,“长白山冬季游”——上海至长白山航线通航旅游推介会在吉臣酒店吉满汉厅举办。市、区旅游局领导及各区旅行社负责人代表、新闻媒体近百人出席。上海至长白山航线于10月6日正式通航,为上海、长白山两地旅游发展提供交流便利。长白山管委会旅游管理局向与会嘉宾介绍长白山冬季旅游资源特色、长白山冬季旅游线路、2011年长白山雪节活动内容及长白山冬季旅游优惠政策。　(张毓颖)

【2011自由行博览会(日本专场)举办】　该博览会11月11—13日在静安寺广场举办。活动由上海市旅游行业协会、日本国际观光振兴机构主办,上海锦江国际JTB会展有限公司承办,日本政府观光局、静安区旅游局和上海征西广告有限公司为支持单位。展会以“百变自由行”为主题,以“提供精彩、多样化的自由行双向服务”为宗旨。现场活动分为日本各区县旅游推介会、日本美食体验区、现场购物抽奖活动、日本自由行签证说明会、日本风情表演和日本特色景点现场播放六大板块。约有200家展商参展、5万人次光顾展会。　(张毓颖)

(四)会展业

【举办中国(上海)国际游艇展】　4月14—17日,中国(上海)国际游艇展(China(shanghai) International Boat Show)在上海展览中心和黄浦江上举行。来自20个国家和地区的400余个海内外品牌带来逾300条实船及过百件船模作品。展会共吸引70个国家和地区的参观者,观众数量突破2万人次。据主办方不完全统计,4天展会中,船艇类展商促成超过10亿元交易额。　(张毓颖)

【举办法国娇兰化妆品百年臻品展】　4月6—24日,法国娇兰化妆品百年臻品展在上海梅龙镇广场举行。该次法国娇兰化妆品百年臻品展50余款产品中,绝大多数是独一无二的珍贵典藏品,代表着法国娇兰在那个时代的领先技术。品牌展分3个不同展区,分别是“丰姿绰约”主题区、“百年传承”主题区、“娇兰之家”主题区。　(张毓颖)

【中信泰富广场展示名车】　8月6—7日,上海森那美汽车携世界奢华品牌捷豹(Jaguar)和豪华SUV的领军品牌路虎(Land Rover)搭载捷豹XF 3.0、XJL3.0,路虎神行者2代、卫士亮相中信泰富广场。车展为不熟悉捷豹品牌的车主提供零距离接触捷豹的机会。　(张毓颖)

【举行昆仑系列腕表展览】　11月21—27日在上海恒隆广场一楼长廊举行,瑞士独立制表品牌昆仑表为庆祝世界首创的金桥自动表面世,在上海举行以昆仑(Corum)桥系列腕表为主题的腕表展览。并于22日下午举行开幕酒会及腕表品鉴会,邀请上海媒体及品牌贵宾出席。　(张毓颖)

【《男人风尚》2011年度盛典活动在“800秀”举行】　12月16日晚,瑞丽集团旗下《男人风尚》杂志在“800秀”创意产业园区举办2011年度盛典活动,并进行2012年《男人风尚》的男装趋势发布。包括苏有朋、邓超等10多位两岸三地著名艺人出席该盛典。国际著名设计师小筱顺子、田中新和诺帝卡(Nautic)创始人朱钦骐(David Chu)等众多设计师也应邀到活动现场。　(张毓颖)

(五)服务管理

【召开“11·15”特别重大火灾事故安置酒店总结会】　该会1月18日在云峰大饭店召开。市旅游局副局长杨劲松,静安区副区长陆晓栋分别代表市旅游局和区委、区政府,对各安置酒店在“11·15”特别重大火灾事故善后安置工作中所做工作表示感谢,并鼓励继续做好各项居民安置工作。2个月内,先后参与安置工作的酒店共25家,其中静安区17家,外区8家。安置居民用房总数37075间,接待安置人数7万多人次。　(张毓颖)

【春节黄金周期间受灾居民接待服务】　区旅游局于春节前召开安置酒店负责人专题会议,部署春节黄金周期间受灾居民接待服务工作,并实地走访,落实年夜饭及春节期间各项工作。春节期间,安置受灾居民酒店共15家,安置居民104户、210间房、416人。各安置酒店根据春节饮食特点和居民的饮食喜好提供餐饮,注重餐饮卫生,提高服务质量,营造温馨节日氛围。　(张毓颖)

【举行区旅游饭店消防疏散应急演练】 7月6日，以应急救援和疏散逃生为主要内容的消防演练在上海锦沧文华大酒店举行，市旅游局管理处、区旅游局、区安监局、公安静安分局消防支队及锦江国际集团相关负责人出席活动。区内21家星级旅游饭店的总经理、安保部经理、义务消防员代表以及锦江国际集团酒店事业部下属四星、五星级酒店安保部经理到场观摩。7月21日，上海宏安瑞士大酒店举行上半年全体员工火灾疏散消防演习，200多名酒店员工和义务消防员参与。公安静安分局消防支队派员观摩演习。在30分钟的演习里，所有人员迅速有序按照既定程序撤离酒店并集中到安全区域。10月16日，上海延安饭店组织全体员工开展以模拟扑灭初起火灾和疏散逃生为主要科目的突发事件应急演练。按照应急预案，延安饭店成立现场指挥组，饭店总经理担任总指挥，副总经理担任现场总指挥。并成立通讯、灭火、工程抢险、现场警戒、后勤保障组和3个疏散小组，共292人参加，演练时间持续16分钟。10月28日，上海襄阳饭店开展消防逃生演练。区旅游局、南京西路社区(街道)平安工作部，以及公安南京西路派出所、上勤酒店管理有限公司等有关负责人观摩演练。演练结束后，召开现场点评会。12月13日，上海陕西商务酒店酒管理人员及89名员工在酒店参加全员消防疏散演练活动。整个演练过程用时45分钟。 (张毓颖)

【开展旅游饭店能源审计工作】 8月9日，召开区旅游饭店能源审计工作专题会。会议沟通和交流有关上海市节能减排中心对上海锦沧文华大酒店、上海国际贵都大饭店、上海美丽园龙都大酒店3家旅游饭店开展能源审计工作情况。区旅游局、上海市节能减排中心、3家旅游饭店负责人参加会议。12月12日，召开区旅游饭店能源审计专家评估会。市旅游局市场管理处副调研员缪佩珍、上海交通大学制冷研究所副所长连之伟、上海同济大学机械学院副院长刘东等3位业界资深人士组成专家组，对上海市节能减排中心有限公司承担的上海锦沧文华大酒店、上海国际贵都大饭店、上海美丽园龙都大酒店能源审计服务项目进行验收。专家组一致认为，审计单位提交的验收资料完整，按合同和《国家机关办公建筑和大型公共建筑能源审计导则》的要求完成深度能源审计，符合验收标准。 (张毓颖)

【举办危险化学品基础安全知识培训】 该培训8月18日在上海锦沧文华大酒店举办。全区20余家旅游饭店总经理与安保部经理以及锦沧文华大酒店部分员工参加培训。培训邀请市安全生产专家张中天担任主讲嘉宾，介绍宾馆业安全要求、员工安全生产的权利和义务、危险化学品基本知识、事故教训、事故救援等相关安全管理基础知识。 (张毓颖)

【开展旅游车辆安全防范管理专项检查】 9月19日，区旅游局对上海强生旅游公司开展旅游车辆安全防范管理专项检查。区旅游局与上海强生旅游公司签订“静安区2011年度旅游车辆安全防范管理工作任务书”，并要求该企业高度重视，落实旅游车辆安全防范各项措施，完善各项车辆管理制度和应急预案，加强监督检查力度，将旅游车辆安全运营、安全防范监管工作落到实处，确保旅游车辆安全运行。 (张毓颖)

【举办“旅游知识进社区”活动】 9月29日，“2011年东方讲坛·上海旅游讲坛”——旅游知识进社区活动在江宁路社区文化活动中心大会场举行。100余名社区居民及街道机关干部参加活动。讲座邀请市旅游局法律顾问、上海旅游法制研究室特聘专家、上海市第四届优秀青年律师刘巍嵩作旅游知识宣讲。讲座从旅游合同的订立与履行、旅游活动中的注意事项、旅游保险、旅游维权与旅游纠纷处理4个方面为社区居民普及旅游知识。 (张毓颖)

【开展“三亮三比三争创”服务承诺活动】 年内，区旅游局在全行业开展“三亮三比三争创”活动。结合区旅游行业实际，区旅游局公开承诺：(1)加大网上旅游政务公开和信息透明力度。(2)继续完善区旅游咨询服务中心服务功能，为中外游客提供旅游咨询服务。(3)24小时接受游客投诉，并及时妥善处理游客投诉。旅行社公开承诺：(1)诚信经营、规范操作、阳光价格、签订合同、出具发票。(2)旅游过程中严格遵守合同约定，不擅自更改旅游行程，不强制或诱导游客购物及参加另付费项目。(3)认真处理游客投诉。星级旅游饭店公开承诺：(1)按照2010版《旅游饭店星级评定标准》，全面提高管理水平和服务标准。(2)热情迎客、微笑服务、仪表端庄、语言规范。(3)提供安全、卫生、整洁的环境与规范服务，为游客提供的设施、服务项目、价格、退房等信息应规范、清晰明示。(4)认真处理游客投诉。 (张毓颖)

【举办创建静安寺文化旅游规范景区启动仪式】 10月24日，该启动仪式在上海宏安瑞士大酒店举行。市旅游局、市文化市场行政执法总队、静安区有关领导出席并讲话。区旅游局、区文化执法大队、区商务委、静安寺社区(街道)、公安静安分局、工商静安分局、区城管大队分管领导、联络员，上海久光百货有限公司、上海宏安瑞士大酒店、百乐门舞厅等创建单位代表，区文化市场社会义务监督员代表共80余人参加启动仪式。区旅游局局长介绍“关于创建静安寺文化旅游规范景区的实施方案”，上海久光百货有限公司负责人作为景区创建单位代表宣读“倡议书”，百乐门舞厅、上海宏安瑞士大酒店负责人分别进行交流发言。启动仪式现场还向文化市场社会义务监督员颁发聘书及巡查证。 (张毓颖)

【开展“清剿火患”战役】 10月27日，区旅游局根据市旅游局、区消防委统一部署开展“清剿火患”战役，区旅游局组织召开开展“清剿火患”战役动员会议，区内22家星级酒店负责人参加会议。会议介绍《静安区旅游行业深化消防安全“五大”活动开“清剿火患”战役工作方案》(以下简称《方案》)的指导思想、整治重点、实施步骤等六方面内容，要求各宾馆单位要严格按照方案要求贯彻落实，建立“清剿火患”战役工作领导小组，制订工作计划，落实专人负责，确保消防安全工作落到实处。10月下旬，持续开展高强度、全覆盖、地毯式的消防安全和安全生产检查。至12月14日，区旅游局分别与22家星级旅游饭店召开专题会议，部署“清剿火患”工作；对全区79家社会旅馆逐个上门走访，落实《方案》，实现旅馆业单位“清剿火患”工作横向到边、纵向到底。（张毓颖）

【开展绿色旅游饭店学习考察活动】11月24日，区旅游局组织绿色旅游饭店学习考察活动，区内21家旅游饭店相关负责人参加。考察组赴苏州参观澜廷度假酒店，实地考察其创建金叶级绿色旅游饭店做法和经验。区旅游局下发《合同能源管理服务指导手册》，结合考察活动开展合同能源管理专题培训。（张毓颖）

【旅游企业参加区运动会】 年内，区旅游局组织区内旅游企业参加历时5个多月的静安区第十一届运动会暨静安区第三届旅游行业职工运动会。区内15家星级旅游饭店参加田径、游泳、牌类、桌球、乒乓球、围棋、飞镖、钓鱼、自行车慢骑、广播操、拔河、长短绳等17个比赛项目。田径项目中，美丽园龙都大酒店严晓敏、延安饭店苟晓娟、锦沧文华大酒店王亚秋分获女子60米第一、第二、第四名，美丽园龙都大酒店严晓敏、谢菲、陈方健、林兰娣获女子4×100米接力第一名，锦沧文华大酒店朱永晶获男子100米第八名，美丽园龙都大酒店范军华获男子800米第四名，美丽园龙都大酒店马赟、陈航、陈俊豪、朱顺昌获男子4×100米接力第六名，美丽园龙都大酒店费旻获男子铅球第八名，美丽园龙都大酒店还获得田径团体第二名。游泳项目中，四季酒店袁莉获女子蝶泳第二名和蛙泳第四名、游泳团体第七名。团体项目中，云峰大饭店获自行车慢骑第五名，银发大酒店获飞镖第八名，上海宾馆获钓鱼第五名、桌球第七名，美丽园龙都大酒店获广播操三等奖、长短绳第三名、拔河第四名、钓鱼第八名，银发大酒店、希尔顿酒店共同组队获钓鱼比赛第六名。（张毓颖）

【完成2011年度旅游饭店星级复核】年内，区旅游局贯彻实施《旅游饭店星级的划分与评定》（GB/T14308－2010）国家标准，对全区10家三星级以下（含三星级）旅游饭店开展星级复核工作。区内列入重评的星级饭店有2家，经检查，云峰大饭店、赣园宾馆均通过三星级旅游饭店重评；列入复核的星级饭店有8家，经检查，泛洋城市度假村、银发大酒店、沪纺大厦、海港宾馆、良友饭店、襄阳饭店、建工迎宾楼均通过年度星级复核，百乐门大酒店因停业装修超过1年，且其功能部分将转换，取消三星级旅游饭店称号。（张毓颖）

【开展创建静安寺文化旅游规范景区联合执法检查】 12月14日，由区文化市场管理（扫黄打非）工作办公室牵头，区文化执法大队、区旅游局、区商务委、静安寺社区（街道）、公安静安分局、工商静安分局和区城管大队等职能部门对静安寺文化旅游规范景区创建区域内部分单位开展联合执法检查。先后检查静安公园、久光百货、百富商务酒店、美程假期国际旅行社有限公司、拓实网吧、必爱歌KTV静安店等单位，重点就规范经营、安全生产、服务质量等方面开展检查。（张毓颖）

【开展节能环保知识专题培训】 12月22日，区旅游局在上海锦沧文华大酒店组织开展节能环保知识培训，全区21家星级旅游饭店相关负责人参加培训。上海市政府原参事赵国通从当前环保形势、如何切断地沟油黑色产业链等方面，讲述地沟油分离技术的重要意义。上海市环境保护工业行业协会负责人对地沟油分离技术作深入解读。上海源投环保科技有限公司专家就地沟油分离技术应用情况作讲解，并解答与会人员提出的问题。参训人员实地参观上海锦沧文华大酒店的地沟油分离器。（张毓颖）

【召开星级旅游饭店安全生产工作专题会议】 12月22日，该会议在上海锦沧文华大酒店召开，区内各星级旅游饭店负责人参加。会议传达“关于切实做好2012年元旦春节期间安全生产工作的通知”和“关于进一步深入推进‘清剿火患’战役及冬季火灾防控工作的通知”精神，并部署元旦、春节假日旅游安全工作。（张毓颖）

【市消防局局长督战静安圣诞“零点”专项行动】 12月24日晚，市消防局局长赵子新率“清剿火患”战役圣诞元旦“零点”专项行动督察组到希尔顿酒店督战静安区圣诞节“零点”专项行动。督察组实地检查希尔顿酒店的消防控制室、避难层、建筑消防设施运行、消防通道使用、安全标志设置等方面情况，随机抽查酒店员工建筑消防设施操作、“四个能力”（社会单位检查消除火灾隐患的能力；社会单位组织扑救初起火灾的能力；社会单位组织人员疏散逃生的能力；社会单位消防宣传教育培训能力）建设等应知应会内容掌握情况，与酒店负责人就如何加强单位消防管理进行探讨。（张毓颖）

【举办旅行社规范经营培训】 12月29日，区旅行社规范经营培训在沪纺大厦举办。全区99家非出境游组团社和分社负责人参加培训。区文化执法大队负责人作培训讲座，就开展执法检查的依据、对象、内容、流程、注意事项以及旅行社享有权利等方面进行介绍。（张毓颖）

【推进旅行社行风建设】 12月29日，区旅行社负责人工作会议在沪纺大厦召开，专题部署旅行社行风建设工作。全区99家一般旅行社及分社负责人参加。会议通报2011年上海市旅游行业行风满意度测评情况，并将测评结果反馈给纳入测评范围的21家一般旅行社。会议分析各旅行社在守信践约、规范经营、明码标价、服务质量、改进比较和总体满意度等方面存在的问题，并提出改进措施。（张毓颖）

（本栏目编辑　许以群）

十一、集团公司·有限责任公司

（一）九百集团

【概况】　2011年，上海九百（集团）有限公司（简称九百集团）全年实现商品销售总额79.18亿元，比上年增长7.63%；社会消费品零售总额65.79亿元，比上年增长8.77%；国资净利润4088万元，比上年增长15.87%；缴纳税金4.03亿元，其中区级税收2.49亿元。九百集团推进自主品牌发展，策划以“老字号、新活力”为主题的自主品牌展示会，聘请柏万青、陈国庆、谭义存等社会知名人士担任食品安全特邀监督员，并向社会做出食品安全承诺。立丰、正章、西区老大房、新长发、三阳盛，以及泰昌、阿咪、白玉兰等自主品牌企业通过组团参加上海购物节暨静安国际购物嘉年华活动、亮相中华老字号博览会、借助东方网现场直播等方式，彰显品牌形象，促进产品销售。久光百货有限公司在2011年上海购物节期间，凭借高端品牌定位、丰富的商品种类、时尚高雅的购物环境，向海内外消费者展示上海商业新形象，获得“百联杯”2011年上海优秀商业形象作品——空间展示项目金奖，是静安区唯一获此金奖单位。年内，瑞士万国腕表、香港太子珠宝和希腊芙丽芙丽（Folli Follie）饰品等高端品牌在以九百中安名品长廊为主的南京西路开张营业。至年底，九百中安名品长廊汇集豪雅、真力时、宇舶、江诗丹顿、积家、万国等12个国际一流腕表品牌和香港太子珠宝、谢瑞麟佳达等多个珠宝品牌，成为世界知名的高档钟表珠宝一条街。大力发展商业地产。年内，百乐门大酒店改建工程通过竣工验收。10月18日，百乐门·联艺精品酒店开始内部试运转。在巨鹿路商业街建设方面，静安商投公司引进高端休闲品牌“禅”SPA。铜仁路专业街建设完成了区92号地块项目工程整改，并择优招商。探索商业模式创新，上半年组建电子商务公司，在淘宝商城开设专营店，发展电子商务。立丰、西区老大房、三阳盛等食品企业在原有食品安全管理基础上，重新全面梳理食品安全各个环节，制订更为严格的管理责任体系，从原料采购到添加剂使用、贮藏等，均做到有账可查，各种原材料以及外包装一律采取索证制，确保食品安全质量。组织开展多次安全隐患排查，组织120多位法人代表、经理及相关人员参加安全上岗培训，增强企业领导人员安全生产责任意识。中安发展、久光百货、中安商贸、立丰食品等企业结合实际，开展应急演练和加强消防培训。加强青年干部培养和人才引进工作，选派38名青年到农村实践锻炼，组织5名管理人员参加市委党校专题培训，开展后备干部推荐工作，选拔青年骨干，引进各类人才40人。正章洗染公司职工吴晓杰、潘艳在北京举行的第七届全国洗染业职业技能竞赛中分获衣物织补技能竞赛第一名和第三名，获全国洗染业技术能手称号。重视帮扶工作，年初对离岗职工情况进行摸底调查，建立困难职工、离岗职工预警机制，完善长效帮困机制，开展帮困慰问工作。春节期间，九百集团领导和子公司领导走访困难职工家庭46户，为职工解决生活困难。暑期，九百集团领导及分公司领导慰问一线员工2202人次，慰问离休干部、退休劳模、烈属等15人次，送上高温津贴。九百集团工会响应区总工会“金秋助学”项目，资助困难职工家庭的57名学生。

（孙振威）

【中安公司收购上海景德镇艺术瓷器有限公司15%股权】　4月，中安商业发展有限公司收购上海景德镇艺术瓷器有限公司经营者持有的15%股权，实现九百中安名品长廊对南京西路商业网点的进一步统一管理。

（孙振威）

【开展推进自主品牌建设系列活动】　6月2日，九百集团“老字号，新活力”自主品牌展示会在静安寺步行街开幕。立丰、西区老大房、新长发、三阳盛、阿咪、泰昌等“老字号”企业就食品安全向社会公开承诺，市人大代表柏万青、社会知名人士陈国庆和谭义存被聘为九百集团食品安全特邀监督员。九百集团召开由行业专家学者参加的自主品牌推进会，共同研讨“老字号”品牌发展之路。　（孙振威）

【三阳盛延安中路店重新开业】　7月28日，三阳盛延安中路店经过1个月的装修后重新开业。该店不仅购物环境得到改善，柜台布局也更为合理，商品出样面积增长20%。商店精心筛选自营商品,力求以名牌名品、畅销商品为主,并引进西区老大房的熟食、月饼、糕点设立专柜,丰富商品品种,经营大类涵盖南北货、腌腊制品、休闲食品、烟酒、蜜饯、熟食、糕点等千余种商品。(孙振威)

【新长发开设食品品牌组合店】 秋季"糖炒栗子"上市前夕,新长发公司派员前往中国栗子最佳产地——河北迁西了解鲜栗生长情况、质量及价格信息,签订采购合同,并对市场零售价格的合理调整作出判断。在市场调研、总结成功经验基础上,3月对新长发第一家特色食品品牌组合店——华山店进行扩容,对食品品牌结构进行调整完善,以适应各类消费人群需求。继2010年开设第二家西康路食品品牌组合店后,2011年5月又在延平路249号开设第三家食品品牌组合店。(孙振威)

【第五届立丰食品节开幕】 10月12日,第五届立丰食品节在静安寺步行街开幕。食品节以"传承经典·品位·食尚"为主题,展示立丰休闲食品、腌腊食品、南北货及进口食品等,为消费者提供品质好、质量优、食用安全、价格适中的放心食品。(孙振威)

【百乐门大酒店改建工程竣工】 6月底竣工。经过近两年全面改建装修的百乐门大酒店冠名为百乐门大都会,引进专业酒店管理公司及物业管理公司对精品酒店及其他物业进行全权委托管理与合作服务管理。其中百乐门·联艺精品酒店于10月18日投入内部试运营。为时1个月的试运营过程中,收到合理化建议150条左右,初步达到发现问题、锻炼队伍、扩大影响的目的。(孙振威)

【诚信拍卖行举办公务礼品拍卖会】 10月,诚信拍卖行举办一年一度的公务礼品拍卖会。竞拍者有200多人。该次集中拍卖的公务礼品由上海市6个区的党委、纪委提供,上交处理物品150多件,主要是各式各样的消费卡、黄金首饰、翡翠玉器、高档名烟名酒、冬虫夏草等。拍卖前,由专业评估机构根据拍品的实际情况,分门别类进行估价,定价标准约为市场价的五至七成。所有拍品的最终定价都经过各区纪委认可,并签署委托拍卖协议。拍卖公告信息由新闻媒体向社会公示。拍卖成交率100%。(孙振威)

11月8日,太子珠宝钟表内地专卖店落户九百中安名品长廊

(摄影 龚婷)

【太子珠宝专卖店在南京西路开业】 11月8日,位于南京西路九百中安名品长廊的太子珠宝钟表上海专卖店开业,系太子珠宝在内地开设的首家门店。创立于1984年的太子珠宝钟表店,是香港高级钟表珠宝零售商之一,以专业及优质的服务享誉业界,除代理经销世界60多种顶级名牌钟表外,特设珠宝专柜,出售以美钻、黄金和宝石等镶配的珠宝首饰系列。(孙振威)

【改造巨鹿路欧洲风情街】 年内,由静安商业投资有限公司承担保护性建设开发的巨鹿路(富民路—常熟路)欧洲风情休闲街风貌初显端倪。沿街数十幢花园洋房,系20世纪20年代末由英国亚细亚火油公司建造,被列为上海市优秀历史建筑保护项目。与开发前相比,原先的陈旧酒吧商铺已改造一新,诸多高档餐饮和会所挂牌迎客。(孙振威)

(二)开开集团

【概况】 2011年,上海开开(集团)有限公司(简称开开集团)深化企业改革,聚焦主业发展,提升品牌形象,加快社区商业中心建设,完成各项主要经济指标和重点工作项目,保持集团公司经济稳定发展。全年实现销售收入25.15亿元,比上年增长1.59%;社会消费品零售额11.04亿元,比上年增长10%;外贸进出口额4871万美元,比上年增长11.9%。开开集团加大对四大主业的资本投入和政策扶持,加快培育骨干企业。各公司根据各自经营特点,通过调整经营结构、开发中高端新品、扩大总代理总经销业务和团购定制业务、加大市场开发力度、拓展营销渠道、扩大连锁经营、创新营销模式、策划各类营销活动,发挥规模效应等举措,使集团四大主业稳步发展,提高企业核心竞争力。继续加强品牌建设力度,扩大品牌市场影响力和对集团经济增长贡献率。全年品牌企业销售额达集团整个销售额63%,利润比上年增长53%。"红宝石"鲜奶蛋糕、"上雷"中药滋补品获得"上海名牌"产品称号;"红宝石"食品零售、"雷允上"中药零售获"上海名牌"服务称号;雷允上、第一西比利亚、龙凤、大美华和鸿翔制衣2011年

被商务部认定为“中华老字号”企业；“上雷”牌参茸和“红宝石”蛋糕进入“上海市著名商标”行列；“龙凤旗袍手工制作技艺”和“亨生奉帮裁缝技艺”进入第三批国家级非物质文化遗产名录；开开股份公司获“2010年中国男装企业百强”、中国服装行业“质量卓越企业”称号，“开开”衬衫连续15年保持中国衬衫行业“优等品”称号；静安区第六粮油食品商店有限公司(简称第六粮油)、雷允上药城、武定菜市场获2009—2010年度“上海市文明单位”称号，其中第六粮油是第十五次蝉联此称号。此外，第六粮油还获“全国粮油销售示范放心店”称号。11月，龙凤旗袍在法国巴黎罗浮宫举行的第十七届国际文化遗产展览会上展出。由集团负责建设的陕西北路“老字号”特色商业街稳步推进。年内，开开集团落实社区商业发展规划，区内首家社区商业中心——大沽路社区商业中心于9月揭牌营业，雷允上社区药房和杜六房老店新开；亚细亚公司做好重大节日和特殊气象条件下“菜篮子”保供稳价工作和食品安全工作，履行区属国有企业社会责任；粮油公司开展“双进”社区为民服务工作，陆续改造2家第六粮油·家购社区便利店；新镇江酒家经营总公司根据“便民、利民、大众化”要求，对4家餐饮店进行调整改造。开开集团与崇明农委下属企业合作经营“原生态自然生长的绿色食品”生产基地，在上千亩土地上种植无公害蔬菜，实行“农标对接”，供应静安区绿色优质、无公害的蔬菜等农副产品。年内，开开集团进一步深化企业改革，理顺资产关系，完成粮油公司职工持股会股权收购工作；完成开开援生股权转让和大唐箱包资产处置工作，盘活存量资产，减少投资损失；粮油公司探索新投资渠道，成立上海静安甬商汇小额贷款股份有限公司和上海甬商汇典当有限公司。(潘立明)

【第一家第六粮油·家购社区便利店开张】 第六粮油食品商店创新发展思路、探索新型模式，以解决社区居民家庭生活需求为本，从“开门七件事”入手，对地处昌平路252号的网点进行改造。改造后的昌平路网点命名为第六粮油·家购社区便利店，于1月10日对外营业。在外观上，力求明快大方，布局合理，为消费者提供便捷、温馨购物环境；在商品结构上，考虑社区居民实际需要，除保留原有小型便利店部分商品外，充实增加粮油类、果蔬类、冻品类三大系列商品；在收银终端上，整合新型POS系统，并将“马大嫂”便民服务卡作为结算系统的一个部分；在服务上，坚持“第六粮油——您可信赖的良友”品牌理念，结合“第六粮油”的“五个一服务精神”：即一支志愿者队伍、一张便民联系卡、一门热线电话、一只便民联系箱、一辆流动服务车，开展以“服务进社区，关怀进家庭”为主题的“双进”工程。(陈伟萍　张茜)

【校企携手合作传承“非遗”】 4月1日，上海鸿翔百货有限公司与上海市逸夫职业技术学校、静安区非物质文化遗产保护中心携手，在上海市逸夫职业技术学校签订合作意向书。签约后，三方将在逸夫职业技术学校建立校企合作基地，挂牌“开开集团非物质文化遗产传习基地”，依托逸夫职业技术学校服装专业，共同开展校企合作工作和收徒传艺等传承教育活动。逸夫职业技术学校将在服装专业原有课程中，根据鸿翔百货有限公司培养人才的要求，调整课程设置，开设相关校本课程，为企业培养各类服装定制人才。三方将通过合作，融合三方优势，进行非物质文化遗产专项教程和教材开发，以及“亨生奉帮裁缝技艺”“龙凤旗袍制作技艺”“鸿翔女装制作工艺”等非物质文化遗产资料、工艺的整理、汇存，原先停留在“口授亲传”的非物质文化遗产成果，将实现物质化和定型化。(陈伟萍　余志红)

【桑国卫率检查组到武定菜市场执法检查】 (见第34页【桑国卫率检查组到武定菜市场执法检查】)(张怡慧)

【中艺(香港)入驻南京西路商业街】 8月18日，中艺(香港)南京西路店举行开业仪式。中艺(香港)属香港华润集团旗下企业，中艺(香港)南京西路店为其在上海的第一家门店。该店地处南京西路1135号，专业经营各种高档珠宝玉器。(陈伟萍)

【杜六房老店新开大沽路】 8月28日，创始于1938年的熟食名店杜六房重新开业，在大沽路社区商业街开张试营业。老店新开的杜六房查阅当年留下的菜式配方，恢复味香甜、酥而不油腻、入口即化、唇齿芬香的“酱汁肉”等许多传统菜品，并推出一批有时代气息的新熟食。(张怡慧)

【开展迎国庆蔬菜销售让利惠民活动】 9月12日—10月7日，开开集团及亚细亚公司组织下属武定、大沽、同仁、昌化、康定、巨鹿、余姚等7家标准化菜市场，开展迎国庆蔬菜销售让利惠民活动，发挥区属国有企业在副食品供应上的主渠道作用，做好中秋、国庆期间“菜篮子”保障供应、稳定价格工作。活动期间，亚细亚公司对青菜、鸡毛菜、毛豆、芋艿等12个蔬菜品种，以低于周边菜市场销售均价40%的幅度组织进行特价销售，形成静安蔬菜供应的“价格洼地”，吸引区内外居民购买。活动期间，12个蔬菜品种共销售1100多吨，同品种蔬菜的销售量与上年同期相比增长约60%。为支持活动开展，开开集团拿出资金予以补贴。(陈伟萍　包　莉)

【钟燕群视察大沽菜市场】 (见第35页【钟燕群视察大沽菜市场】)(陈伟萍)

【甘霖视察武定菜市场】 (见第35页【甘霖视察武定菜市场】)(张怡慧)

【中医药社区健康教育活动暨膏方节开幕】 10月20日，雷允上西区公司联合静安区五大社区卫生中心，在静安寺雷允上药城举行签约仪式，区政府、区商务委、市中药行业协会和开开集团有关领导共同启动2011静安区中医药社区健康教育活动和雷允上膏方节开幕式。继2010年开展“静安中医中药社区行”后，雷允上公司联手区卫生局下属五大社区卫生中心，共同开展2011中医药社区健康教育活动。开幕式上，五大社区卫生中心领导上台签约。（魏挽澜）

【龙凤旗袍亮相法国罗浮宫】 11月3—6日，中国民族服装——旗袍，首次亮相法国罗浮宫，参加第十七届国际文化遗产展览会。“中华老字号”——上海龙凤中式服装有限公司送展的龙凤旗袍等50余件作品在罗浮宫以“锦绣中华”为主题，以静态和动态的形式展出，以“龙凤奇缘”“花样年华”“龙凤呈祥”和“中西合璧”4个篇章，通过模特在现场穿着龙凤旗袍与服装制作师在现场制作相结合方式，展现清末民初旗袍开始流行，二十世纪三四十年代海派旗袍鼎盛期，二十一世纪中国旗袍走向世界等3个阶段的演变过程。（高佩菁）

【沈晓明视察大沽菜市场】 （见第35页【沈晓明视察大沽菜市场】）（张怡慧）

【静安粮油食品有限公司推动多项资产运作】 年内，开开集团完成对静安粮油食品有限公司（简称静安粮油）40%职工持股会股权整体收购工作，使静安粮油产权结构得以理顺和优化。在此基础上，静安粮油投资设立上海静安甬商汇小额贷款公司及上海甬商汇典当公司，开拓小额贷款和典当业新型产业；下属良源公司实现对酒类流通业内的新申联公司股权收购，并通过增资扩股方式，将注册资金从300万元扩大至2000万元。静安粮油还完成南京西路1009—1023号商业网点品牌招商调整工作。（竹 佳）

【“红宝石”销量再创新高】 年内，中英合作红宝石食品有限公司（简称“红宝石”）坚持品牌驱动，发挥规模效应。在产品创新上，研制西点新品，特别是曲奇类长线产品；在营销手段上，开展主题不同的系列活动；在硬件改造上，扩建低温冷库、成品仓库；在食品安全上，加强流程管理和产品检测，杜绝违法添加；在市场拓展上，分别在闸北区、杨浦区、浦东新区新开7家专卖店。全年销售额超过1.9亿元，比上年增长76%。“红宝石”鲜奶蛋糕获评上海名牌（产品类）。（竹 佳）

【新镇江酒家把便民服务送进社区】 年内，新镇江酒家经营公司根据“便民、利民、大众化”的要求，进行调整改造。公司所属吴苑饼家和富春小笼馆联合在南京西路社区（街道）升平街设摊，开展便民服务。吴苑饼家的蟹壳黄、花卷馒头、鲜肉酥饼、萝卜丝酥饼和豆沙酥饼，富春小笼馆的富春小笼等点心品种受到居民欢迎与好评。（周春玲）

【调整优化集团产权结构】 年内，开开集团控股公司、上海开开实业股份有限公司对部分存量资产实施转让和处置，相继完成开开援生制药公司的股权转让和大唐箱包公司的资产处置工作。按照开开集团及开开实业的整体部署，开开援生股权完成在上海联合产权交易所挂牌转让交易。开开援生的成功转让为开开实业收回现金3000余万元，有效降低投资风险，盘活存量资产，增加现金流，提高资产质量。受“张晨事件”等诸多因素影响，大唐箱包公司的合法存续问题始终不能解决，带来许多经营问题。为从根本上解决大唐箱包公司的历史遗留问题，经过多次征询和研讨分析，争取到公司当地政府支持，在上海联合产权交易所完成了大唐箱包公司转让厂房等建筑物和土地使用权挂牌交易的全部程序，收回了应收账款3000万元左右，并完成企业的歇业清算工作。（潘立明 刘光靓）

【集团完成静安粮油公司40%职工股权整体收购工作】 年内，经区委、区政府批准，集团公司完成整体收购静安粮油公司职工持股会持有的静安粮油公司482.1万股股权工作。整体收购工作从1月开始，6月完成股权转让工商变更登记。为确保收购工作顺利进行，集团公司成立由党委、经理室、工会及相关部门负责人组成的领导小组及工作小组和二级工作班子，制订5个阶段的实施方案及风险控制预案和稳定工作预案。收购涉及近1500名在职职工和退休职工切身利益，开开集团和静安粮油公司依法合规进行股权收购工作，公开透明、程序规范、有情操作，有序发放。收购过程中没有发生一起群体性矛盾和突发事件。（潘立明 沈迎玖）

（三）静工集团

【概况】 2011年，上海静工（集团）有限公司（简称静工集团）纳入统计范围的各园区营业收入24.2亿元，缴纳税金8665万元；集团公司系统完成工业总产值13.4亿元，缴纳税金1568.7万元。静工集团加大资源整合力度与创新经营机制，做好重点园区建设与精品园区打造等工作。相继在“800秀”创意产业园区举办2011上海时装周、壹戏剧大赏颁奖典礼等大型时尚创意活动。相继推出的“小精品”项目，如江宁路511时尚设计中心、“陕西北路819”、胶州路10号洋房等项目，成为静工集团园区经济发展新亮点。集团把优化结构、提升能级作为“转方式、调结构、促发展”的切入点和着力点，聚焦重点产业发展，持续优化产业结构，深入推进退二进三，有序实施企业改革。继续实施“以小换大、化零为整”盘整理念，采取挖掘存量与拓展增量并举措施，通过处置零星房产筹措资金，购入位于延平路83号826.71平方米房屋。拓展集团园区规模化发展载体资源，以股权收购方式购入位于崇明绿化镇占地20多亩的厂房，增加载体储备资源。构筑以资产为纽带的组织架构，完善企业法人治理结构，健全财务内审和重大事项法律风险防控相结合的公有资产监管体系，加强人力资源管理建设。继续深化职工工资集体协商制度与增长机制，保障和改善民生，将促进经济发展与民生改善相结合，确保职工分享企业发展成果。（吴宇楠）

【2011上海时装周时尚作品发布会在“800秀”举行】 4月8—12日举办

的2011上海时装周在"800秀"创意产业园区举行9场时尚作品发布会。时装周以"创新融合时尚上海"为主题,以"Content 目录"的展示作为开幕秀,以"AmareSinh"女装的发布为闭幕之作,开开集团携旗下知名品牌与卓予高级女装品牌联袂登场,将经典与时尚相融合,传承与创新相结合,展示服饰老字号的时尚魅力。（杨中伟）

【与崇明保安村、庙西村签订结对帮扶协议】 9月1日和11月3日,静工集团分别与崇明县庙镇保安村和庙西村签订结对帮扶协议。协议确定静工集团向保安村及庙西村提供一定的帮扶资金,主要用于修建村级农户入户道路、办事处一体化建设、慰问困难党员群众等。全年累计向帮扶村提供帮扶资金近50万元,并组织静工集团下属企业同帮扶村中困难优秀学生开展"结对助学"帮扶。

（杨中伟）

【荷兰教育文化科技部代表团参观"800秀"】 9月2日,荷兰教育文化科技部副部长 Halbe Zijlstra 一行到"800秀"创意产业园区参观。副区长陆晓栋接待 Halbe Zijlstra 一行,Halbe Zijlstra 表示"800秀"创意产业园区是个很有特色的产业园区,2010年上海世博会荷兰文化馆设立在"800秀",取得很好效果,希望今后双方能有更多机会合作,促进创意文化发展。

（杨中伟）

【现代戏剧谷2011秋冬壹戏剧秀登陆"800秀"】 10月11—30日,现代戏剧谷2011秋冬"壹戏剧秀·市民剧场"在"800秀"创意产业园区登场。"壹戏剧秀"是现代戏剧谷于2011年推出的戏剧创意体验项目,"800秀"专门搭建具有复合功能的可变式"移动剧场",将剧场由单一的戏剧表演场地提升为美学传播与舞台精神传承的公共文化服务平台,实现观众与戏剧零距离、舞台和生活全面对接,将现代戏剧的元素植入园区。（吴宇楠）

【钟燕群视察"800秀"】 （见第35页【钟燕群视察"800秀"】）（杨中伟）

【"800秀"获上海地区优秀文化创意产业集聚区称号】 10月27日,长三角文化创意产业"金鼎奖"揭晓,"800秀"创意产业园区获上海地区优秀文化创意产业集聚区称号。该奖项由上海创意产业中心,《上海商报·创意周刊》,杭州、南京等地的创意产业协会、中心等组成的"长三角文化创意产业联盟"共同发起。（吴宇楠）

【持续优化产业结构】 年内,静工集团坚持"转方式、调结构"整体方针,加大对具备科技创新能力、自主品牌研发能力的工业企业扶持力度,同步启动对外小额参股及无实质经营行为工业企业的改革。在扶强做优方面,新中冶金厂以推进内部体制机制改革为抓手,提高企业管理水平与经济效益;天圆厂平稳接手新华软管厂,坚持创新管理与稳妥推进相结合,实现资源良性整合。在结构调整方面,通过联交所挂牌竞拍,完成上海静畅物流设备有限公司100%股权转让;启动阿科玛高远化工有限公司6.6%股权转让工作;平稳完成华兴厂、金铌厂与善达厂关闭歇业清盘工作。在退二进三方面,方霄公司正式启动产业调整、退二进三工作,上海制刷厂腾空生产车间,开辟经营用房,改革初显成效。（杨中伟）

【区运输公司划归静工集团管理】 年内,区运输公司从区建交委划归静工集团管理。在确保管理体系不断不乱、过渡工作平稳有序进行前提下,静工集团发挥运输公司在汽车检测行业的技术优势,逐步通过转变经营理念、盘活闲置资产的方式增加企业效益。经过半年努力,运输公司多处闲置厂房成功对外招租,企业效益得到提升。（杨中伟）

【打造"小精品"项目】 年内,静工集团通过挖掘整合载体资源,打造的"小精品"项目成为园区经济发展亮点之一。"小精品"项目主要以区域内地理位置优越、房屋建筑具有一定特色、面积在800~2000平方米的厂房或独幢建筑为载体,设计改造成面向高端外资企业的创意办公园区。相比大型创意产业园,"小精品"园区汇集"体量小、投入少、品质高、形式多样、风险可控"等众多优点。江宁路511时尚设计中心开创园区"先招商、后改造"经营模式,与客户完成交接;陕西北路819号项目走出一条对外合作招商、委托经营管理的特色道路,完成对外招商工作;胶州路10号洋房项目采取与招商客户合作装修模式,完工并交付使用;南阳路134号特色酒吧由静工集团接管,开展委托包租经营。（杨中伟）

（四）地产集团

【概况】 2011年,上海静安地产(集团)有限公司(简称地产集团)落实区政府实事项目,配合做好各项服务工作。全年建筑新开工面积10万平方米,竣工面积10万平方米、施工面积32万平方米;缴纳税金26704万元,完成利润1.68亿元,国有资产保值增值率125.96%。9月,按照区委、区政府强化企业法人治理结构工作部署,地产集团、城建配套公司和康定房产公司实施资产合并。12月,地产集团注册商标被上海市工商行政管理局评为2012—2014年上海市著名商标。年内,地产集团承接的区老年健康中心动迁项目(区86号街坊)居民签约逾九成,单位签约六成以上;区103号街坊动迁基地居民签约率75.6%,单位签约率72.3%;地产集团下属康定房产公司完成海防路94号零星旧里改造基地地下工程桩及围护桩施工,取得1号楼地下部分和立体车库施工许可证。坐落于嘉定区江桥镇的家旺景苑项目4.65万平方米动迁安置房交付使用。静安寺交通枢纽综合项目主体结构封顶,进入配套安装阶段。三林经济适用房项目一期D4-1地块被命名为"依水园",取得预售许可证;二期D3-2地块10月中旬进行试桩,根据试桩结果优化桩基结构。万航渡路767弄56号项目(原上海汉森手帕厂)被列入区内首批公共租赁房项目,该项目占地面积1702平方米,建筑面积5964平方米,由区房管局牵头部署旧厂房拆除工作。外省市开发项目镇江尚海茗苑完成结构封顶，并取得预售许可证。城建配套公司旗下上海宏安瑞士大酒店、佛山恒安瑞士大酒店共实现年营业利润7200万元。（陈　方）

【区老年健康中心项目拆迁安置进入收尾阶段】　年底，由地产集团承接的位于安远路、句容路，占地面积19045平方米的老年健康中心（区86号街坊）动迁项目完成居民（个体）、单位签约186卡、223户，居民签约率91.3%，单位签约率66.7%，已签约的居民和单位全部实现搬迁。（陈　方）

（五）置业集团

【概况】　2011年，静安置业集团（简称置业集团）缴纳税金80327321.53元，比上年上升71.55%；实现利润142774，297.24　元。比上年下降14.41%；国有资产保值率112.64%，增值率12.64%。（1）集团房产开发总建设项目施工面积181985.34平方米，其中新开工面积176399.34平方米，竣工面积97164.95平方米，商品房销售额15.98亿元。房产开发主要项目：上海常德路771号商办综合楼建设项目、上海浦东新区康桥达城家园配套商品住宅建设项目、上海市崇明县城桥镇玉环路达安御延商品住宅项目、江苏无锡梅村金城东路新友北路口商品房住宅建设项目。年内，集团房产开发转向商业地产和文化地产，形成威海路石门一路静安置业梅迪亚中心、延安中路石门一路静安置业梅迪亚天地、威海路696号静安置业梅迪亚工场文化传媒产业金三角聚集区。至年底，集团直管公房建筑面积256万平方米。共有华园、康定、张宅、宝翔等5个物业公司管理直管公房。直管公房全年居住租金完成收缴率91.52%，非居住租金完成收缴率99.08%。保安费收缴完成率75.68%，超额8.12%（指标70%），保洁费收缴完成率73.38%，超额4.83%（指标70%）。（2）旧住宅小区物业一体化管理新增待动迁的宝安小区、三乐小区和东斯文小区，小区一体化形成常态长效管理，建立物业公司与专业公司物业管理互动机制，出现问题及时整改机制，小区垃圾箱定人、定岗、定责长效管理机制，小区绿化动态监管机制，小区保安保洁延伸服务机制。覆盖全区的旧住宅物业一体化管理小区出现居住环境整洁、车辆停放有序、保修保绿保安保洁四保服务提升、违搭及时处置的良好局面。常规维修全年完成直管公房小修任务单8.09万件，完成率98.42%。查抢险完成查房8610幢，发现危险点68处，全部排险。处理竣工“急难愁”修房350处。汛台期间，迎战3次特大暴雨和9号台风“梅花”袭击，处理房屋漏水624件、下水道堵塞35件，确保居民安度汛期。处理解决区60号拆迁地块影响周边直管公房产生1175处零星危险点和48处结构性危险点。市场物业管理全年清退低端效益不良的物业项目7个，合计建筑面积53.46万平方米，精简物业工作从业人员130人，巨星物业公司由500余人缩减至376人。新福康里、瀚林府邸、达安锦园继续保持优秀物业小区称号；襄乐小区、华琪中邮苑、丽致公寓3个物业管理示范窗口不断提升窗口服务形象。市场物业管理全年物业管理费收缴3526.78万元；历年物业管理费旧欠追缴233.31万元。物业管理行风建设展开“重点评”“八查八看”，针对物业管理中易出现和反复回潮的难治性顽症做到及时发现、及时指出、及时纠正，各物业公司开展自查自纠、从源头和根子上落实整改，建立制度性建设长效机制。（3）集团消防和安全生产工作涉及12个领域，全年持续开展6次大检查与整改，建立8项长效制度，查处整改隐患600余项。其中检查居民楼道1988处，整改消防通道隐患82处；检查有消防设施楼房268幢，消防水泵66台，对其中49处作整改；完成1194幢旧住宅消防水喷淋，80幢10层以上住宅五大消防系统（2011年区府头号实事）和60个旧消防栓检测与整改，并建立消防水喷淋“一幢一卡”档案，编制《消防检测分布图》。（4）集团动拆迁工作方面，轨道交通12号、13号线南京西路车站建设、区54G地块等3块动拆迁基地各自尚剩一户动迁户。恒丰路消防站建设动拆迁项目处于市消防局立项审批阶段。（程建钧）

【锦迪公司并入置业集团】　4月7日，上海锦迪城市建设开发有限公司并入上海静安置业（集团）有限公司，作为静安置业（集团）有限公司下属公司。由静安置业（集团）有限公司总经理王中斌兼任锦迪城市开发有限公司董事长。（程建钧）

【置业集团收购原元件五厂厂房】　4月28日，置业集团投资2亿元收购威海路696号原元件五厂厂房（市社保中心实物资产），拟将其打造成为威海路国际文化传媒大道文化创意产业促进平台，进而深化威海路文化传媒产业内涵，提升功能，做强产业。（程建钧）

【建筑装饰公司创新保护建筑修缮方式】　置业集团下属静安建筑装饰实业股份公司在保护建筑修缮工作中创新方式，推出历史建筑“拆解—仓储—修复—复建”产业链运行模式。6月召开的上海第四届历史建筑修缮研讨会上，该模式对历史建筑保护和重建成功的独特技术，得到相关专业人士肯定。静安建筑装饰实业股份公司获得上海市第一批文物保护工程勘察设计乙级资质、保护建筑修缮施工二级资质，并获上海市装饰装修行业协会保护建筑专业委员会副会长单位称号。（程建钧）

【静安房地产传媒投资有限公司成立】　6月11日，置业集团成立上海静安房地产传媒投资有限公司，该公司作为租赁主体与旺旺集团签订旺旺大厦租赁合同，并代表集团参加上海市第一届科技创业中心组织的加速器评选。静安房地传媒投资有限公司作为主营业务转型公司，由原上海市静安置业房地产服务有限公司转型更名而来，公司以载体建设为主，配以多种形式的现代服务业，开展对威海路文化传媒街投资建设。（程建钧）

【威海路传媒大道静安梅迪亚中心首次包租盈利】 年内，位于威海路文化传媒大道的静安梅迪亚中心大厦，10个楼面续租两年。7月，新添3家文化传媒企业，出租面积续租率达90%以上，首次实现包租盈利。 （程建钧）

【静安区公租房运营有限公司成立】 8月15日，置业集团接受区国资委、区房管局等委托，成立静安区公共租赁房运营有限公司，负责筹措公租房房源、受理配租、管理公租房。公司设立保障房开发建设部、审核受理部、物业管理部、综合办公室。静安区公租房运营公司对区公租房申请对象进行调查摸底，根据区财政下拨公租房建设资金，分别从区105号建设开发地块和万航渡路767弄原汉森手帕厂厂房改建中筹措落实公租房房源。 （程建钧）

【吴江路休闲街获全国商业街先进集体称号】 9月9日，在天津市召开的第九届中国商业街行业年会暨全国商业街经营模式经验交流会上，中国城市商业网点建设管理联合会和中国步行商业街工作委员会授予上海吴江路休闲街管理有限公司全国商业街先进集体称号。 （程建钧）

【静安威海路文化传媒集聚园区形成雏型】 10月上旬，上海科技创造业中心相关领导考察静安威海路国际文化传媒大道，先后考察旺旺大厦静安梅迪亚中心、上遵文化传媒天地、威海路696号在建的文化传媒商务楼，以及文广集团和文新集团，对在中心城区形成较为高度集聚的现代文化传媒产业园区的雏型表示肯定，鼓励置业集团将上述项目申报上海市第一批产业加速器。 （程建钧）

【公房物业服务凸现综合化效应】 年内，置业集团公房物业服务凸现“两个强化、三项巩固”综合化效应。两个强化：(1)围绕民生强化物业服务，围绕民生主题，以便民修缮服务为主，解决公房物业服务居民“急难愁”房屋修缮问题，全年完成房屋修缮计划315处。夏季着重处理民宅屋漏和下水道堵塞。并检修居民消防设施确保安居。(2)强化物业服务行风建设。物业公司开展物业服务自查自纠，抓落实整改和源头预防治理。三项巩固：(1)巩固物业服务三级管理机制，坚持三级管理的平时例行检查和随机明查暗访抽查相结合，形成长效常态管理机制。(2)巩固小区一体化整治成果，针对旧住宅小区一体化出现的反复问题，进行不间断循环检查、持续抓整改，使小区一体化显现常态效应。(3)坚持与房管、社区、民警等沟通例会制度，商讨解决物业服务中出现的问题，取得综合治理平台效应。 （程建钧）

【运用智能技防提升安保效能】 年内，置业集团市场物业管理以技防取代人防，撤销部分安保人工岗位，既提高效能又节约用工成本。集团下属巨星、武兴等物业公司运用防盗门等智能科技设备，缩减保安人工岗位，撤销1个安保岗位能缩减4名安保人员，节省人员开支，摆脱物业经营困境。沪中新苑小区西大门采用技防代替人防，裁减安保岗位节省成本。该小区还在小区大门和地下车库安装智能识别系统，识别有效芯片后方能开启闸门，让车辆入库停放，有效杜绝徇私舞弊和拖欠停车费现象。 （程建钧）

【开拓存量房产吞吐买卖业务】 置业集团下属静安置业房屋置换有限公司2011年开拓存量房产吞吐业务和花园住宅使用权置换。集团中介全年存量房屋吞吐买卖实现盈利410万元，比上年增长900%；房屋置换公司完成签订5处花园住宅使用权置换协议，并对27套边缘地区零星空置房实行包租。 （程建钧）

【度假村获绿色饭店称号】 年内，淀山湖森林度假村引进以太阳能为主的热水系统及电加热设备，取代原蒸气供热系统。原热水系统每年燃烧柴油220吨，采用太阳能加热工艺后，每年燃油17～18吨，节约燃油203吨。每年可节约166万余元（按每吨燃油8190元计）。度假村将照明用灯改造成节能灯，全年节约用电6.8万度，节约费用6.5万元，并将动力用电尽量安排在用电低峰时进行，全年可节约8万元。度假村对污水系统进行增容改造，达到日处理污水300吨，污水净化后浇灌树木、菜园，既实现污水零排放，又达到资源可再生利用。鉴于度假村节能减排有效，被市相关部门评为绿色饭店。 （程建钧）

（六）土控集团

【概况】 2011年，静安区土地开发控股（集团）公司（简称土控集团）全年完成净利润1.24亿元，缴纳税金6628万元。开展理顺出资人关系等资产整合相关工作，进行资产审计，并将出资人变更为静安区国有资产监督管理委员会。有序推进动拆迁工作。至年底，北京西路777号零星改造地块动迁项目签约率97.22%，区118－3街坊旧区改造动迁项目签约率87.28%，区95C地块旧区改造动迁项目签约率82.9%，区54A地块动迁项目签约率85.9%。宝山区顾村6号地块配套商品房项目前期手续基本完成，取得土地权证、用地规划许可证、用地批准书、规划方案意见批复、扩初批复，完成施工和监理招投标工作，施工总包单位为市建五公司，监理单位为海龙工程咨询公司，完成场地平整工作，于11月8日开工。共和新路红墙创意园区项目出租率100%。长宁光华大厦项目北楼楼盘销售47套，销售总价4521万元。开开广场办公楼（7—30楼）出租面积23532.5平方米，出租率79.83%。 （刘文炜）

【区105地块项目开工】 区105地块建设项目付清土地出让金并取得土地权证，完成规划、勘察、设计、公示等前期准备工作，优化调整项目方案，确认商品房、公租房房型，更换项目设计、监理、施工单位，取得施工图审查合格证书（地下工程）、建设工程规划许可证（桩基部分）、渣土处置行政许可、项目地下部分施工许可证，办理项目报监手续，于9月30日正式开工。

（刘文炜）

（七）环建公司

【概况】 2011年，静安环境建设有限公司（简称环建公司）下设5家（天拓公司、金缔公司、悦民公司、辰光公司、锝龙公司）具有独立法人资格的子公司。环建公司围绕年初提出的“管理作业精细化，标准流程规范化”中心目标，以道路洁净工程、生活垃圾减量化分类运输和末端控制工作、文明公厕创建3项工作为重点，探索世博后长效常态管理机制的建立和完善，通过废止、修订、保留、新定等方式，对公司自2005年成立以来的规章制度进行全面清理，完成规章制度（10类64项）和作业服务质量管理体系新版本的汇编，并开发内部劳资管理软件，形成员工信息库。优化作业模式、调整作业标准、增强人员配备、创新管理机制，将“传统式作业”提升到“精细化作业”，稳步提升城区环境水平。环建公司每天平均清运生活垃圾309吨、粪便181吨；保洁全区69条、253段道路，道路面积1385975平方米；保洁全区废物箱1070个，清运垃圾作业点833处，其中垃圾箱房805处（垃圾圆桶3444只），小区压缩站28处；保洁固定公厕28个、流动公厕11座、倒口113个、化粪池1902个、蓄粪池130个。

（徐　凯）

【开展50条道路洁净工程】 年内，环建公司根据市绿化和市容管理局开展道路洁净工程要求，以南京西路等50条“洁净工程”道路为重点，全面提升道路保洁水平。对废物箱进行补缺、维修，全年共更换废物箱390只，整修145只；添置12辆电动垃圾收集车，增强冲洗保洁和业务督查力度。为缩小道路质量差异，新增飞行保洁员21人，安排在区北部业态差、污染严重区域。在重点时段、重点路段增加飞行保洁频次，减少暴露垃圾滞留时间。重新评估全区污染点，按侧重进行固守保洁、循环保洁、定点保洁、错时交替作业。通过每周业务例会，对能够追溯到源头的污染源进行排摸统计，加强部门协作，确保道路环境卫生问题发现率低于15%。加强机械化保洁力度，根据区域道路实际情况，采取“清除垃圾、路面喷洗、机械清扫”的“组团式”保洁方式，白天增强机扫力度，夜间增设夜班路线，增加冲洗范围，使道路机扫始终保持稳定水平。

（徐　凯）

【推进生活垃圾减量化工作】 年内，环建公司在科学、合理安排生活垃圾运输路线的同时，对每天生活垃圾产量进行跟踪分析，监控减量措施实施效果，及时调整减量措施，并将减量工作列入车辆作业考核范围。对多次驳运的生活垃圾收运点进行统计和梳理，增加驳运力量和次数。全年生活垃圾日产量控制在311吨内。

（徐　凯）

【开展文明公厕创建工作】 根据市绿化和市容管理局文明公厕创建要求，年内，环建公司从改进设备、培训人员、完善服务等方面入手，提升全区公厕服务质量和水平。在设备改进方面，分别对昌平路984号、万航渡路661号、昌平路165号3座公厕的防水隔层、蹲位隔板、水箱、天花板等进行维护或整修；对北京西路1688号、南阳路183号、威海路730号3座公厕进行整体修缮；更换20块不规范公厕门楣，重新选址安装47块废物箱上公厕导向示意图；引进除异味生物除臭设备，在南阳路183号等10座公厕推广使用，降低异味和节约用水效果明显。在提升服务方面，开展窗口服务人员作业培训，进一步规范保洁行为；开展公厕服务满意度调查，有针对性地改进管理工作。

（徐　凯）

（八）静投公司

【概况】 2011年，静安区土地管理中心、静安投资有限公司（简称静投公司）针对因国家宏观经济政策紧缩、房屋征收体制调整等带来的困难，设法缓解区政府融资平台资金紧张局面，满足区内各动迁基地资金、房源需求。通过“盘活存量、引进增量、控制总量”等措施，在严守融资平台资金运行安全底线基础上，保障全年融资平台资金、房源需求。全年共获得银行贷款9.85亿元，向区内各项目调拨资金33.2亿元；筹措房源832套，下拨房屋1400套。实施区103号街坊地块土地储备工作。

（陆伟杰）

【实施区103号街坊地块土地储备】 年内，静投公司对区103号街坊地块实施土地储备。该地块系旧区改造地块，东起西康路，西至常德路，南起康定路，北至常德路750号及西康路569弄，占地面积约3.52公顷，需动迁居民1311户。该土地储备项目立项金额20.3亿元。1月19日，该地块第二轮动迁征询签约率达标，正式开始实施改造。

（陆伟杰）

（九）梅龙镇集团

【概况】 2011年，上海梅龙镇（集团）有限公司（简称梅龙镇集团）社会消费品零售额15.95亿元，比上年增长3.92%，其中商业百货营业额12.45亿元，比上年增长3.22%；餐饮营业额3.51亿元，比上年增长6.51%。缴纳税金7.4亿元，比上年增长52.93%，其中，梅龙镇广场缴纳税金6.95亿元，比上年的4.51亿元增长54.12%。

（靳伟群）

【发展小额贷款、典当等新型业态】 年内，梅龙镇集团控股的静安和信小额贷款公司新增客户32户。全年发放贷款182笔，发放贷款金额3.29亿元。实现利润1862万元，比上年增长52%；缴纳税金587万元，比上年增长51.2%。根据区政府扶持发展中小企业精神，全年为客户申请近47万元贴息。梅龙镇集团参与投资的上海外经优汇典当有限公司，车辆和房产典当业务实现利润400万元，比上年增长36.05%。

（靳伟群）

【调整王家沙、凯司令等品牌企业经营结构】 年内，王家沙公司加大节令品种开发和宣传力度,提高产品质量,做活做足节令市场,效益明显上升,利润比上年增长16.62%。新成立的王家沙餐饮管理公司运用新机制,采用新模式,引进新人才,拓展经营新路,营业额、利润大幅上升。凯司令公司加强厂部改造和技术更新,不断推出新产品,拓展有质量的连锁门店,全年新增连锁门店6家,总数达到31家,营业额比上年增长27.26%,利润比上年增长62.08%。珠江公司美心点心店坚持质量优先,满足消费需求,全年全店18名员工实现营业额542万元,比上年增长18.97%;利润157万元,比上年增长22.96%。

(新伟群)

【包装食品打入超市】 年内,梅龙镇食品公司加强与联华超市合作,按照"借地生产、优势互补"的生产销售格局,把梅龙镇、绿杨邨、王家沙、凯司令等品牌产品打入超市。2011年联华生鲜商品销售排名前10名,梅龙镇、绿杨邨、王家沙的品牌产品占8种。

(新伟群)

【完善企业管理制度】 年内,梅龙镇集团通过实施人力资源预算管理,对劳动用工实行分类管理,规范劳动合同、劳务合同签订,完备招退工手续,各公司劳动合同和劳务合同签约率100%,员工社会保险解缴率100%。通过财务数据电子化管理,加强财务监控力度,完善内审制度,对控股、参股公司财务状况实施动态管理。结合市税务局专项检查,对各公司开展财务自查整改和复查,对历史宕账作全面清理。通过建立物业电脑管理"台账"资料,明确管理权限和职责,加强物业监控管理。

(新伟群)

【推进企业改制】 年内,区燃料公司和绿杨邨、老嵩盛3家公司进行股份有限公司改制。至此,梅龙镇集团旗下凡实际股东超过50人的9家公司,全部进行股份公司改制,解决了股东人数过多、投资者名下"一拖几"的历史遗留问题,保障了股东合法权益。 (新伟群)

(十)城投公司

【概况】 2011年,静安城建投资有限公司(简称城投公司)适应国家对房地产行业政策调控,完成各项经济指标。面对严峻的经济形势,通过加强资金流转程序的管理,全年资金统筹及运作整体良好。整个融资工作维持原贷款数额,完成调整后的资金回笼目标,保证城投公司完成各项任务的资金需求。全年完成营业额44646.62万元,营业成本40548万元,营业税金及附加2671.27万元,利润1180.01万元,考核归属母公司利润5592.11万元,净资产收益率27.18%。11月,城投公司独资开发建设的桃浦项目"阳光水岸苑"竣工。城投公司建设的扬州项目面对异地开发及规范设计遇到的困难,经及时调整,确保顺利开工。 (王伦熙)

【桃浦"阳光水岸苑"竣工】 "阳光水岸苑"坐落在普陀区桃浦地块,项目东起水杉路,西至东渡园景别墅小区,南起恒塘河,北至真南路。项目由城投公司独资开发,2009年3月28日开工建设,2011年11月竣工。项目占地面积57331平方米,总建筑面积125356平方米,其中住宅面积93198平方米,住宅总户数977户。

(王伦熙)

(十一)上汽集团

【概况】 上海汽车集团股份有限公司(简称上汽集团)是中国A股市场最大的整车上市公司。2011年底,集团总股本110亿股,市值超过1500亿元。集团主要业务包括整车和零部件的研发、生产、销售,以及汽车金融、物流、车载信息、二手车等汽车服务贸易业务。2011年,上汽集团实现国产整车销售401万辆,比上年增长12%,市场占有率21.4%,继续保持国内汽车市场领先优势。整车销售中,乘用车265.1万辆,比上年增长16.4%;商用车136万辆,比上年增长4.3%。上汽集团以2010年度合并销售收入542.6亿美元,第七次跻身《财富》杂志世界500强企业行列,排名第151位,比上年上升72位。 (上 汽)

【推进集团重组整体上市】 年内,上汽集团通过向特定对象发行股份,实施业务与资产重组,实现整车、零部件、服务贸易等产业链资产的整体上市。重组完成后,上汽集团资产证券化率超过99%,在国内大企业集团中处于领先地位。重组项目获由上海证交所评选,由中国证监会和国务院国资委领导颁发的2011年典型并购重组案例奖。 (上 汽)

【加大整车市场开拓力度】 年内,上汽集团实现整车销售401万辆。上汽集团所属3家主要合资整车企业上海大众、上海通用、上汽通用五菱年整车销量均再次突破100万辆,在各自细分市场中保持领先优势。(1)上海大众实现产品结构和经济效益"双升级"。面对产能不足等困难,上海大众集中各种资源打通瓶颈,重点提升途观、新帕萨特等强势产品的产能,满足市场需求。开展主动营销和精准营销,大众VW品牌针对不同车型不同阶段采取差异化市场策略,促进整车销售;斯柯达品牌发布全新品牌标识,加快跻身国内主流品牌步伐。全年实现整车销售116.5万辆,比上年增长16.4%。(2)上海通用深入挖掘"多品牌、全系列"的整体优势,继续领跑中国乘用车市场。加大雪佛兰品牌产品覆盖,推出爱唯欧、科迈罗、沃蓝达等新车型,发布新车迈锐宝,打造全系列品牌形象。别克品牌结合SIDI新动力总成的推广,改善油耗;推出新君越混合动力轿车和君威2.0GS,提高品牌科技含量。探索凯迪拉克品牌电影营销,创新推出凯迪拉克"盾"服务品牌,实现品牌形象和销量同步提升。全年实现整车销售123.1万辆,比上年增长18.5%。(3)上汽通用五菱在加快推进战略转型同时,开拓微车市场,巩固扩大传统市场领先优势。在新业务拓展方面,宝骏630产品8月成功上市,销售情况逐月走高,宝骏

"可靠的伙伴"品牌形象得到初步树立。在微车市场拓展方面，面对市场快速下滑的挑战，适时采取促销策略，快速抢占市场份额，全年实现整车销售130.1万辆，比上年增长5.4%，其国内微车市场占有率45%，比上年上升7.3%。（上 汽）

【深化自主创新能力建设】 至年底，上汽集团共有研发人员近1.3万人，占全部从业人员7%，其中自主品牌乘用车研发人员近2000人。上汽集团加强上海、南京和英国长桥三地联动的自主品牌乘用车全球研发体系建设，完善GVDP全球整车开发流程，严格控制产品开发每个环节，为自主品牌产品按时保质投放市场提供体系保障。年内，上汽集团共获国家科学技术进步奖二等奖3项，中国汽车工业科学技术进步奖一等奖1项、二等奖2项、三等奖6项，上海市科学技术进步奖二等奖1项、三等奖5项；全年获专利授权数量871件，比上年增长16%。在继续加快发展乘用车自主品牌同时，在商用车自主品牌建设，合资企业自主品牌建设，以及新能源汽车产业化方面取得进展。(1)自主品牌乘用车推出荣威W5、新MG 3两款新车型，完成第一代产品布局。年中，还推出"宅捷修"服务品牌，塑造上汽自主品牌差异化竞争优势。强化开发体系建设，完善市场快速响应机制。全年实现销售16.2万辆。(2)自主品牌商用车在前期收购英国LDV轻型商用车相关资产，整合集团优势资源和欧洲先进商用车技术基础上，2月，推出商用车自主品牌"MAXUS大通"，取意"大智融天下，通达铸成功"，这是继荣威和MG品牌后，集团面向商用车领域推出的国际化品牌。3月，上汽商用车公司正式成立，首款产品MAXUS大通V80于9月上市销售。(3)合资品牌自主研发方面，上汽通用五菱自主研发的宝骏630产品于8月上市，上海大众、上海通用等合资企业推出的自主研发产品朗逸、新赛欧等，在2011年快速成长为细分市场主流车型。（上 汽）

【加大新能源汽车产业化力度】 上汽集团贯彻国家能源战略，瞄准汽车驱动电力化趋势，重点加快推进混合动力和电动汽车产业化，并推动燃料电池汽车研发升级和示范运行。年内，荣威750中混轿车正式公布售价、投放市场，并享受政府补贴；纯电动车和荣威550插电强混2个整车项目有序推进。在新能源关键零部件产业链建设上取得突破，集成式起动机、发电机、驱动电机和电力电子等关键零部件项目按计划推进。（上 汽）

【加强零部件业务竞争力】 至年底，上汽集团零部件业务通过与全球13个国家和地区的30余家国际领先零部件厂商合资合作，先后组建了80余家零部件企业；巩固与国内外整车企业的战略合作关系，在全国25个区域建立63个零部件配套基地，实现就近供货配套。上汽集团所属华域汽车系统股份有限公司（简称华域汽车）拥有国内产品最多、品种最全、合作发展最好、应用开发能力最强、客户覆盖最广、业务规模最大的汽车零部件供应链体系，主要业务涵盖汽车内外饰件、金属成型与模具、功能件、电子电器件、热加工件、新能源等六大板块。年底，华域汽车合并总资产为421.8亿元。（上 汽）

【探索创新服务贸易业务模式】 年内，上汽集团服务贸易板块围绕"两业联动，生产性服务业做精做强；两端延伸，消费性服务业做实做大"整体发展战略，深化汽车物流、国际商贸、零售服务、信息服务、创意节能、生活服务等六大板块发展架构，提升专业能力。加快创新汽车物流运作模式，至年底，整车物流形成常规570万辆、满负荷660万辆的运作能力，口岸物流在全国四大水路滚装口岸排名第一。优化物资贸易供应链体系，加大对外业务开拓力度，深化与钢铁原材料、化工原料等领域的客户合作，新开发数十个合作项目；围绕降低集团整车制造能耗标准，研究和发掘节能服务产业链价值机会，开拓节能服务业务。（上 汽）

【拓展国际经营】 年内，上汽集团加大国际经营拓展力度，整车出口销量实现较快增长，全年出口整车6万辆，比上年增长224%。继续以英国和印度2个整车基地为桥头堡，拓展海外市场，探索海外经营。（上 汽）

（十二）现代设计集团

【概况】 2011年，上海现代建筑设计集团（上海现代建筑设计（集团）有限公司）有员工3844人，总资产24.53亿元。全年实现营业收入33.31亿元，比上年增长33.12%；实现利润总额15448万元，比上年增长60.97%；净资产收益率9.51%，比上年增长3.71%。全年集团新签合同总额43.50亿元，比上年增长23.57%，其中内地市场合同额25.50亿元，占总额58.62%，比上年增长18.66%。年内，上海现代建筑设计集团承担上海迪斯尼、上海国际航运中心、上海国际金融交易广场、市消防局综合训练模拟设施、大世界修缮工程、上海文化广场改造工程、上海中心大厦、交通大学医学院附属仁济医院闵行分院、上海交叉前沿科学中心、上海65米射电望远镜天线系统安装地基、保障性住房项目宝山顾村"馨佳园"等上海市重大工程建设项目。年内，集团获"全国住房和城乡建设系统企业文化建设示范单位"称号，通过国家级高新技术企业复审。获市级以上各类技术成果奖228项，其中获全国工程勘察设计行业优秀工程勘察设计行业奖金奖2项、银奖4项。获第十届中国土木工程詹天佑奖6项，获全国工程勘察设计行业优秀工程勘察设计行业奖26项，获上海市勘察设计协会上海市优秀工程勘察设计奖79项。获上海市科技进步奖7项。成功申报"既有建筑功能提升工程技术研究中心"课题。成功申报市级以上科研课题8项，其中承担国家科技部"十二五"攻关课题1项。承担编制上海市和国家规范标准28项、主编6项。获授权自主知识产权38项。自2003年起，集团已连续9年登上美国ENR评选的"全球设计公司150强"排名榜，

2011 年列第七十五位。（现代设计）

（十三）光明食品（集团）有限公司

【概况】 光明食品（集团）有限公司是一家以食品产业链为核心，集一、二、三产业为一体的现代都市产业集团。按照上海市国资国企改革的总体部署，2006 年 8 月 8 日，由上海益民食品一厂（集团）有限公司、上海农工商（集团）有限公司、上海市糖业烟酒（集团）有限公司等资产，整合组建成光明食品（集团）有限公司（简称光明食品集团）。2011 年，光明食品集团在册员工 6.16 万人，从业人员 9.64 万人；年末总资产 940.5 亿元，净资产 320 亿元。全年实现主营业务收入 753.1 亿元，比上年增长 21.8%；利润总额 36.1 亿元，比上年增长 11.3%；归属于母公司的净利润 13.9 亿元，比上年增长 15.94%；实现国有净资产收益率 7.08%，比上年增长 0.04%。光明食品集团主要经营举措：（1）聚焦核心主业，拓展市场空间。核心业务销售收入 612 亿元，比上年增长 22.89%，占营业收入 79.55%，比上年上升 0.76%；核心业务利润总额 28.31 亿元，比上年增长 36.7%，占利润总额的 78.35%，比上年上升 14.5%。乳业依托国内唯一的乳业生物技术国家重点实验室，不断推出新产品。糖业推进上游资源的并购，拓展终端客户和小包装食糖业务。酒业加大黄酒产品结构调整，投资控股四川全兴酒业。综合食品业开拓网上商铺、电话购物、品牌专卖新渠道销售。连锁零售业推进业态创新，农工商超市开办了沪上首家红利会员店；第一食品连锁公司走出上海，走向长三角。品牌代理业加强市场拓展和布局。现代农业推进农业产业化、市场化，农场和米业公司、牛奶集团经济效益不断提升。（2）深化商业模式转型，推动科技创新。8 月 2 日，乳业生物技术国家重点实验室在光明乳业股份有限公司成立。全年集团共实施各类科技项目 271 项，申报各类自主知识产权 105 件，1 个项目获得上海市科技进步二等奖，3 个项目列入市科技兴农项目计划。（3）实施现代农业“五三”行动计划，保障主副食品供应。集团用 3 年时间，在粮食、生猪、饲料、蔬菜、种源等方面实现“五个突破”，培育“三个百万产业”，即年销售粮食 100 万吨、年供应上海市场生猪 100 万头、年经销奶牛饲料 100 万吨、年供应上海市场蔬菜 50 万吨，成为全国有影响的种源农业基地，发挥大型国有企业集团保障上海市主副食品供应的主力军作用。“五三”行动计划第一年完成年度推进计划目标。（4）加强投资管理，推进产业并购。全年启动投资项目 94 项，完成投资 135.65 亿元。并购工作有效推进，上海市糖业烟酒（集团）有限公司（下称糖酒集团）成功收购澳大利亚综合食品品牌运营商和分销代理商玛纳森食品公司 75% 股权；糖酒集团完成对四川全兴酒业 67% 股权的收购；糖酒集团收购代理国际著名品牌食品的上海钦舟公司 70% 股权；上海益民食品一厂（集团）有限公司完成正广和饮用水公司 50% 股权收购项目。（5）加强资产整合，深化企业改制。整合各农场的米业资产，4 月组建光明米业有限责任公司，形成粮食“种、加、销”一体化产业链。完成上海梅林股份资产重组，非公开发行股份 1.4 亿股，募集资金 15 亿元，推动爱森肉食、冠生园等优质资产注入上海梅林股份。启动光明乳业非公开发行股票工作。退出非主业和有所不为企业 36 家。基本完成减少行业跨度工作，由 50 个行业减少到 31 个。压缩企业层级，基本形成 4 级管控体系。（朱　平）

【农业产值持续增长】 年内，光明食品集团完成农业总产值 34.7 亿元，比上年增长 30.5%。粮食作物和经济作物的产值比例为 2.05∶1；种植业和养殖业的产值比例为 1∶1.53。粮食总产量 31 万吨，比上年增长 6.39%；蔬菜播种面积 4713 公顷，比上年增长 3.67%；造林 846 公顷，比上年增长 165.2%。生猪饲养量 71 万头，比上年增长 6.89%；出栏 43 万头，比上年增长 5.54%；肉鸭上市 102.6 万羽，比上年增长 2237%；奶牛存栏数 50183 头，比上年增长 9.22%；生奶总产量 22.55 万吨，比上年增长 36.31%；成乳牛平均单产 8628 公斤，比上年增长 6.07%；淡水品总产 33342 吨，比上年增长 29.8%。（朱　平）

【工业产值保持增长】 年内，光明食品集团完成工业总产值 211 亿元，比上年增长 10.5%；工业销售产值 208 亿元，比上年增长 10.7%；产品销售率 98.5%。出口拨交额 8.8 亿元，比上年增长 26%。全年工业企业主要食品产品产量：大米 82179 吨，白砂糖 656209 吨，蜂蜜 11166 吨，糖果 22007 吨，乳制品 76.84 万吨，罐头 52914 吨，味精 16186 吨，黄酒 92402 千升，软饮料 51.32 万吨，冷冻饮品 18122 吨。（朱　平）

【商贸连锁业持续发展】 至年底，光明食品集团拥有农工商超市 520 家，好德便利店 1041 家、伍缘折扣店 536 家、可的便利店 1291 家。农工商超市集团全年销售收入 165 亿元，与上年持平。光明便利店 188 家，全年销售收入 4.8 亿元，比上年增长 23%。出租车客运及房地产业持续发展，海博公司拥有出租车 9622 辆，其中大中型车 662 辆，全年营业收入 6.8 亿元。全年房地产开发施工面积 193 万平方米，销售面积 48 万平方米，销售额 35.9 亿元。（朱　平）

（十四）上海广播电视台、上海东方传媒集团

【概况】 上海广播电视台的广播电视由 11 套广播节目和 15 个电视频道组成。11 套广播节目为上海人民广播电台新闻广播、交通广播、戏剧曲艺广播、故事广播、五星体育广播、东方都市广播、流行音乐广播、第一财经广播、经典音乐广播、东广新闻资讯广播和浦江之声广播电台；15 个电视频道为上海电视台新闻综合频道、星尚频道、电视剧频道、第一财经频道、纪实频道、五星体育频道、娱乐频道、艺术人文频道、外语频道、东方购物频道、哈哈少儿频道、炫动卡通频道、东方卫

视、东方卫视国际频道和电影频道。（1）2011年，上海广播电视台的广播电视节目围绕中心、服务大局、面向基层、服务群众，先后推出《红旗飘飘》《党员在身边》《都市星光》《两会新观察》《聚焦两会》《展望"十二五"》《百年辛亥》等主题报道。在"天宫一号"成功发射、京沪高铁通车、利比亚战事、日本大地震、美国"9·11事件"十周年等国内外重大事件报道中，通过现场直播、特派记者连线等方式，第一时间报道突发新闻，运用多媒体手段报道事件最新信息，突出新闻时效性。探索节目样态，创新节目模式，品牌节目常办常新，全面覆盖娱乐、体育、财经各个领域。第二季、第三季《中国达人秀》通过"梦想"理念的植入，刷新中国电视娱乐节目收视纪录，并在新加坡、中国台湾地区落地播出；《百里挑一》《谁能百里挑一》两档相亲婚恋节目，收视率连续位列全国卫视同时段前三；《东方直播室》成为全国唯一一档借助综艺化手段直击社会热点新闻专题节目；外语频道《冲刺！中国》第二季为中国文化"走出去"创造更符合国际表述方式的外宣契机；第一财经季播节目《中国职场好榜样》《股市天天向上》尝试推出周播版和衍生版本《股市大富翁》；五星体育棋牌竞技类节目《弈棋耍大牌》通过全新节目形态和直播比赛模式，受到观众欢迎；广播文艺积极倡导"一频一品"，《东方风云榜》吸引近万名听众共襄盛举，《星期广播音乐会》《星期戏曲广播会》定位"低票价、高水准、普及型"，收听率和上座率表现上佳，"明日之星DJ选拔赛"吸引6000多人报名参赛，交通广播20周年庆高峰论坛为交通广播在传媒新格局下的发展寻求革新之路；大型活动中心创制出一批具有独特个性和品牌化潜质的大型项目，《第14届国际泳联世界锦标赛开、闭幕式》获得好评，由导演团队创制的歌曲《泳动》被国际泳联确认为新的官方永久性会歌。（2）2011年，上海广播电视台多元发展成果突出。作为第一部购买国际版权、"中国制造"的经典音乐剧，《妈妈咪呀！》中文版创造国内音乐剧市场的多项纪录，《喜羊羊》系列电影第三部票房突破1.5亿元，创国产动画电影票房最高记录。电视购物基本实现全国业务布局，除上海以外，东方电视购物节目已在全国11个频道播放，日累计播放时间169小时，全国收视用户数近800万户。东方卫视在全国各级有线电视公共网入网率达99.5%，是全国覆盖范围最广的省级卫视。3个数字频道大胆改革创新，互动点播业务全面推进，全年生产节目总量超20400小时，生产高清节目2000小时，访次达2333411次。（3）2011年，上海广播电视台在国家级、省市级和海外各类奖项中共获得500多个奖项。其中，《从奥运到世博——生命的约定》等4部作品获第二十一届中国新闻奖；《中国2010年上海世博会开、闭幕式仪式暨文艺演出》获第二十二届"星光奖"特别奖，《拥抱世界——世博会倒计时三十天外滩》等9部作品获第二十二届"星光奖"；《媳妇的美好时代》等4部作品获中国广播影视大奖第二十八届飞天奖；《光棍》《老马家的幸福往事》《喜羊羊与灰太狼之兔年顶呱呱》获第十七届上海电视节白玉兰奖；《当罗浮宫遇见紫禁城》获2011第十一届四川电视节"金熊猫"奖"人文类最佳长纪录片奖"；《唱支歌儿给党听》等7部作品分获中国共产党成立90周年文艺节目晚会类大奖与特别类大奖；《世界，你好！》等14部电视作品获第二十届上海新闻奖；《雨果的假期》获第十六届亚洲电视奖最佳纪录片奖，《直播上海》获第十六届亚洲电视奖最佳新闻节目奖；炫动传播《大鸟看世界》获芝加哥国际电影节银雨果奖。王海滨、何婕获2011全国播音主持"金话筒"奖，何婕、陈蓉获第七届"全国德艺双馨电视艺术工作者"称号，陆兰婷获全国优秀新闻工作者称号。（4）2011年，上海广播电视台完成经营收入152亿元，广告创收70亿元，营收结构持续优化。其中新闻综合频道广告收入完成11.4亿元，成为全国唯一一个广告创收超10亿元的单个城市地面频道。（王薇 许钟）

【开展纪念中国共产党成立90周年"五红"系列活动】 年内，为纪念中国共产党成立90周年，上海东方广播有限公司开展"五红"活动，推出"红戏会""红歌会""红色之旅""红色经典小故事""寻访红色经典建筑"等5个红色子项目，播出节目近180小时，举办线下活动117场。戏剧曲艺广播举办"乡音和曲——'红戏会'暨天天演系列活动"，"红戏会"从5月持续到11月，开展90场展演活动，录制完成23场红戏，约5000名社区居民参与其中。7月1日—11月20日，在《戏曲大家唱》节目中集中展播，全国30家广播电台参与。经典947从3月起举行为期半年的"我爱唱红歌——社区里的红歌手"大型红歌比赛活动，推广红色经典文化。交通广播4月起开展"开新红色之旅，光辉一路走来"大型车友自驾主题活动；故事广播从5月开始展播《清风颂先驱、廉政建和谐——作风百典》系列节目。该系列节目由市纪委、市党史研究室和东方广播公司为纪念中国共产党成立90周年而共同制作，由100个革命先辈的红色小故事组成。6月起，东方广播公司与东方网、虹口区委宣传部等联合推出"仁人志士不朽丰碑"——寻访红色经典建筑系列活动。（东方广播）

【举办纪念交通广播开播20周年活动】 2011年是中国最早的交通广播——上海交通广播开播20周年，上海交通广播举办一系列纪念活动。9月24日，以"荣耀、变革、未来"为主题的中国交通广播20周年高峰论坛在上海举行，论坛由中国广播电视协会交通宣传委员会和上海东方广播有限公司共同主办。来自全国各地34家交通广播领军人物齐聚上海，一同回顾中国交通广播发展20年的历程，为交通广播在传媒新格局下的发展寻求革新之路。论坛吸引来自中央及上海的40多家媒体关注。（卞晓青）

【举办阿富根选秀活动】 2011年，适逢上海电台名牌栏目《阿富根》开播50周年，上海东方广播有限公司举办"寻找第四代阿富根"沪语主持选秀活动。活动9月启动，800多位市民参赛。凌霄波获金奖，任立晨等3位选手分获银奖、铜奖。活动还同步进行阿富根形象漫画有奖征集活动，共收到年轻漫画爱好者提交的参赛作品110幅，最终入围13幅。主办方邀约的知名漫画家天呈为两位广播人物塑造的漫画形象在闭幕式上发布。历时2个多月的活动在沪上掀起一股重视沪语广播的热潮。（赵　洁）

【填补党史文献档案空白】　年内，上海广播电视台媒资管理中心（暨上海音像资料馆）从俄罗斯影像档案机构获取中国共产党早期领导人陈独秀、瞿秋白，以及出席中共"一大"的代表王尽美、邓恩铭、刘仁静、张国焘等建党初期重要领导人的影像资料。这是中共党史研究与档案建设上的一次重大突破，填补国内党史文献档案研究的一个空白，国家档案局、中央党史研究室对这批珍贵影像的文献价值给予高度肯定。（媒资管理中心）

【举办上海市纪念中国共产党成立90周年大型歌会】　6月30日，由大型活动中心创制的"唱支歌儿给党听"——上海市庆祝中国共产党成立90周年大型歌会在世博文化中心举行。俞正声、韩正、刘云耕、殷一璀等市领导出席。歌会分"开天辟地见曙光""我们走在大路上""改革开放新华章"3个篇章，选取中国共产党成立以来各个历史时期最具代表性而又广为流传的歌曲，结合情景讲述、歌舞表演、诗歌朗诵等艺术形式，全景式展现中国共产党从"一大"开始的90年光辉历程，讴歌一代又一代的共产党人领导中国人民实现民族独立、国家富强、人民富裕、社会和谐发展所取得的成就。该歌会在中国电视艺术家协会主办的"纪念建党90周年"——优秀电视文艺节目评选中获晚会类最佳作品奖；在中国文学艺术节联合会、中国电视艺术家协会主办的中国共产党成立90周年系列活动评选中获电视文艺晚会最佳作品奖、创新作品奖。（顾　静）

【百视通上市】　12月29日，上海广播电视台旗下百视通新媒体股份有限公司在上海证券交易所挂牌上市，开创国内广电行业新媒体企业上市先河，被誉为"广电新媒体第一股"。至年底，百视通全国IPTV用户达1000万户，近3年营业收入和净利润增长率均超过50%。上市后，百视通继向法国电信输出IPTV核心技术系统后，又向印尼、新加坡、越南等国家派出国际化运营团队，计划在2~3年内，向更多国家或地区提供新媒体技术及综合运营解决方案。（黄　曦）

（十五）文汇新民联合报业集团

【概况】　2011年，文汇新民联合报业集团（简称文新集团）各媒体围绕中心，服务大局，正确把握舆论导向，在纪念中国共产党成立90周年、庆七一以及纪念辛亥革命100周年等重大报道中，精心组织、整体推进，进一步弘扬爱党爱国主旋律。通过推出特色鲜明的专版、特刊、专题报道等形式，回顾党的光辉历史，追忆党的丰功伟绩，取得良好效果。全年各媒体共受到中央领导表扬4次，中宣部《新闻阅评》表扬13次，上海市委主要领导表扬8次，市委宣传部《新闻评点》表扬80次。在二十一届中国新闻奖评选中，《文汇报》《新民晚报》共同参与的系列报道《上海世博会纪略》获一等奖，《文汇报》副刊作品《黄鱼的叫喊》获二等奖。在第十九届上海新闻奖评选中，文新集团共获32个奖项。（章强华）

【开展忆党史强信念活动】　年内，文新集团围绕纪念中国共产党成立90周年，组织学习和外出接受教育相结合，组织党员群众启动"红色之旅"系列活动，先后分多路赴井冈山、延安、重庆等地，缅怀革命先辈，继承革命传统，以实践考察丰富理论学习，参与人数近500人。各级党组织还组织不同形式的扩大学习交流会，交流心得体会，坚定理想信念。集团工会举办纪念中国共产党成立90周年职工书画展，参展作品100多幅；牵头组织"颂歌献给党"歌会活动，集团各单位共13支演出队伍300多人在东方艺术中心演奏厅同台竞技。集团团委为团员青年专场播放《建国大业》等纪念中国共产党成立90周年献礼影片，还成立130多人的集团青年志愿服务队。集团工、青、妇组织携手举办"职工沙龙汇"，组织员工赏析经典革命影片和书籍等。文新家园开展援助新疆喀什莎车县爱心捐赠活动，共募得书籍近5000本和多箱爱心文具。（章强华）

【与闵行区政府签订战略合作协议】　6月2日，文新集团与闵行区人民政府签订战略合作框架协议，双方将合力打造文新传媒谷，共建文化创意园。双方将按照"资源共享、优势互补、产业对接、互利共赢"原则，共同推进文化创意产业。双方将合作破解空间布局、产业集聚与联动发展等课题，开发实现媒体公共服务、新媒体拓展、数字印刷、多语种信息服务及媒体展示交易平台等功能。（章强华）

【多件优秀作品获"银鸽奖"】　年内，文新集团多件优秀作品获第11届上海外宣"银鸽奖"，共2个一等奖、3个二等奖、3个三等奖。上海对外信息服务热线"962010上海世博会服务热线多语种外语平台+上海世博会城市志愿服务站点多语种外语呼叫中心+上海出租汽车外语服务热线"获项目类一等奖。《上海日报》获出版类报刊杂志一等奖；新闻作品《上海发展靠大家，参政议政热情高——外籍读者积极建言两会》获新闻类对外消息二等奖；《上海日报》"世博新媒体外宣项目简介"获项目类三等奖；作品《老外在上海的故事》获出版类图书三等奖；《纯正上海话郊区发音人难觅》获新闻类对外通讯三等奖；《新民晚报》"美国版周报"获项目类二等奖；新民网作品"《馆长临别赠言》系列"获新闻类对外通讯二等奖。（章强华）

【举办"协奏2012"集团品牌推介会】　10月18日，文新集团在丽思卡尔顿酒店举办"协奏2012"媒体品牌推介会。集团整合旗下所有媒体资源作推广营销，为各媒体进一步开拓市场提供广告招商服务。来自报业和广告界的500多位嘉宾受邀参加推介会。（章强华）

【开展"走基层、转作风、改文风"主题活动】 8月，文新集团及各媒体发挥各自特点，开展"走基层、转作风，改文风"主题活动。共建立基层联系点约150余个。各主要媒体负责人和编辑记者，走近基层群众，采写现场新闻，开辟"第一现场""我的基层报告"等多个聚焦群众、贴近群众的优秀栏目，受到中央和市委有关领导表扬，并得到中宣部"走转改"活动指导检查组肯定。《文汇报》相关报道和专栏受到中共中央政治局委员、中央书记处书记、中宣部部长刘云山表扬。《新民晚报》相关报道得到市委书记俞正声关注。集团还举办"走转改"青年新闻工作者交流新闻沙龙，在集团内刊、内网上进行典型报道。于10月底召开"走转改与传媒机制改革研讨会"，在总结分析"走转改"活动取得阶段性成果基础上，将该活动进一步推向深入。 （章强华）

【举办全国百家市县长与沪企交流洽谈会】 全国百家市县长与上海百家大中型企业交流见面洽谈会6月20日在上海大酒店举行。来自山东、江苏、陕西、河北、河南等近20个省市的百位市县长与宝钢集团、上汽集团、上海电气、光明集团、百联集团等上海大中型企业负责人共谋合作发展。该洽谈会由文汇报社主办，上海市政府合作交流办公室协办。 （章强华）

【《新民晚报》签署捷克版发行合作协议】 6月，《新民晚报》与捷克《华商导报》联合签署合作协议，标志着《新民晚报》捷克版在布拉格正式发行。这是《新民晚报》签署协议发行的第三十一个海外版。 （章强华）

【《新民晚报》大型征文活动在京举行】 7月16日，"我的父辈·英烈篇"大型征文活动在人民大会堂北京厅举行作者座谈会暨新书首发式。"我的父辈·英烈篇"大型征文活动由国家民政部为特别指导单位，上海市委宣传部为指导单位，文汇新民联合报业集团、新民晚报社、上海市拥军优属基金会联合主办，由革命先烈后代撰写回忆文章，缅怀先辈伟业，弘扬革命传统，得到国家民政部和市委、市政府及社会各方肯定，成为上海新闻媒体纪念中国共产党成立90周年宣传的重要活动。 （章强华）

【《东方早报》推出全新栏目《身体》周刊】 2月19日，《东方早报》推出《身体》周刊。该健康类周刊以"探索身体的每一寸奥秘"为办刊理念，旨在成为全国首份为读者度身定做、具有时代敏感度的前沿健康读物。每期周刊共16个整版，包含聚焦、秘境、跨界、咨讯等7个板块。 （章强华）

【纪念《文学报》创刊30年】 4月2日，《文学报》创刊30年。30年中，《文学报》积极宣传党的文艺政策，贯彻"双百"方针，坚守高尚的文学品格，容纳各种艺术流派，紧密团结联系新老作家，及时报道创作动态、深入追踪文学思潮，成为传播社会主义文艺思想、展示新时期以来中国当代文学创作成果的重要阵地和窗口。近30年中国文学界的重大事件、重要作家、重要作品、重要的文学思潮与文学风尚，都能在《文学报》上找到回应和记录。《文学报》在几代作家、评论家中赢得良好的口碑和声誉，被视为中国作家自己的报纸，受到海内外广大华文文学爱好者和读者的推崇和喜爱。4月4日，文新集团召开纪念《文学报》创刊30年座谈会。 （章强华）

【《文学报》创办《新批评》专刊】 6月2日，《文学报》推出《新批评》专刊，每期8～16版，报头下署名"真诚、善意、锐利"，凸显办刊宗旨与追求风格，旨在打破文艺批评的沉闷局面，加大文艺批评力度。 （章强华）

【《拷问传媒公信力》一书首发】 4月25日，文新集团"抵制虚假新闻"专项活动小结暨《拷问媒体公信力》首发式举行。该书由《新闻记者》杂志编辑，文汇出版社出版。全书30余万字，除汇编2001—2010年《新闻记者》选评的"年度十大假新闻"及学界、业界的评论、反馈之外，还对虚假新闻泛滥现象从理论上进行深入阐发和思考。 （章强华）

【NEWS365财经手机报全新改版】 文汇新民联合报业集团News365财经手机报自3月起全新改版。NEWS365财经手机报以宏观财经新闻报道与微观服务咨讯提供为主导，向用户及时提供金融、产经、经贸等领域的最新新闻，证券、期货、房产等市场的及时动态信息，以及专业精炼的资本市场评估与前瞻。旨在进一步拓展手机报财经新闻提供的广度和深度，加强服务性和实效性。 （章强华）

【上海越剧院《秋色渐浓》获第十二届中国戏剧节优秀剧目奖】 6月25日，上海越剧院近年来创排的辛亥革命题材作品《秋色渐浓》亮相东方艺术中心"名家名剧月"。由章瑞虹、王志萍、方亚芬3位越剧名角联袂出演。该剧获第十二届中国戏剧节优秀剧目奖。 （章强华）

【上海越剧院赴台北公演】 7月6—9日，上海越剧院受邀赴台北参加"海派文化艺术节·上海戏曲季"活动，为台北市民送上4出经典名剧《红楼梦》《梁山伯与祝英台》《蝴蝶梦》《西厢记》。 （章强华）

【上海戏曲艺术中心成立】 年内，上海戏曲艺术中心成立，原上海京昆艺术中心撤销，旗下的上海京剧院与上海昆剧团并入上海戏曲艺术中心。此外，戏曲中心还下辖原上海越剧院、原上海沪剧院、原上海淮剧团和原上海评弹团，并分别更名为上海越剧艺术传习所、上海沪剧艺术传习所、上海淮剧艺术传习所以及上海评弹艺术传习所。这6个单位将享受上海市财政全额拨款扶持，其中淮剧艺术传习所与评弹艺术传习所为上海文广演艺集团托管。 （章强华）

（本栏目编辑　许以群
俞奇伟
陆美文）

十二、私营经济

（一）综　述

2011年，区内有私营企业7280家，个体工商户3284户。民营科技企业416家，技工贸收入186.95亿元，缴纳税金3.50亿元；高新技术企业55家，技工贸收入118.38亿元，缴纳税金11.02亿元。区工商联进一步团结凝聚会员，提升服务效能，促进非公经济健康发展和非公经济代表人士健康成长。众恒公司等多家民营企业和康志坚等多名个人获得全国、上海市有关奖项。区个体、私营协会发挥自身功能，丰富会员知识，发放法律法规汇编本，参加并协同区帮教协会举办培训班，组织会员参加中小企业融资展示会。引导企业参与慈善公益活动，用于敬老爱幼金额20余万元。增强责任意识，全年组织便民服务16次，参加人次95人，受服务1857人次。　（国　政）

（二）私营企业

【举行上海众恒科技研发大楼奠基仪式】　4月26日，上海众恒信息产业股份有限公司成立15周年庆暨上海众恒科技研发大楼奠基仪式在国家863软件专业孵化器（上海）基地举行。区委书记龚德庆、市科技党委书记陈克宏、市经济与信息化委员会副主任邵志清、闵行区副区长程向民、静安区副区长朱成钢、市委办公厅副巡视员袁龙根、上海科技投资公司总经理沈伟国、上海均瑶集团总裁王均豪、上海科学院副院长石谦、众恒股东单位领导等应邀出席奠基仪式。研发大楼占地11670平方米，建筑总面积1.93万平米，总投资8000多万元，是一项以现代化通讯为基础的，集系统设计、软件开发、产品测试和运维服务为一体的信息服务业工程项目。　（俞　蕾）

【城市超市获"社会主义劳动竞赛先进集体"称号】　4月29日，在市总工会召开的上海市五一劳动奖状（章）表彰暨创先争优劳动竞赛推进大会上，区工商联会员企业、上海城市国际企业发展有限公司（城市超市）被评为上海市"十一五"时期社会主义劳动竞赛先进集体并受到表彰。该公司工会注重将劳动竞赛和公司经营活动紧密联系，2010年上海世博会期间，围绕"服务世博盛会，建设国际静安"目标，积极参加"当好主力军，建功世博会，建设国际静安"建功立业主题活动，开展"服务世博练内功，提高素质展风采"技能竞赛活动，推动职工服务技能和服务水平的提升。　（俞　蕾）

【举行第八届静安区百家民企人才招聘会】　由区人保局、区工商联主办，区总工会、团区委和区妇联协办的第八届静安区百家民企人才招聘会，于5月21日在上海商城举行。参会的116家民企共提供就业岗位522个，招聘人数2136人。　（俞　蕾）

【组织非公企业家参加感恩回报主题活动】　6月24日，区工商联组织部分民营企业家到嘉兴南湖，举行"纪念中国共产党诞辰90周年"感恩回报主题活动。活动邀请省部级劳动模范沈薇英参加并发言。与会企业家结合自身企业发展历程，表示要办好企业，履行社会职责，回报党和社会。区委统战部副部长、区工商联党组书记出席活动并讲话。　（俞　蕾）

【民营企业家慰问劳模】　7月4日，区委常委、区政协副主席、统战部部长李关德，市工商联副主席、区政协副主席、区工商联主席沃伟东，区工商联、区总工会等部门负责人上门看望3位结对老劳模，并送上慰问金和慰问品。2010年以来，沃伟东、印保兴、陆鹭等民营企业家多次上门慰问老劳模。在全市感恩行动启动仪式上，印保兴还出资15万元，捐助上海市10位支内回沪的老劳模。　（俞　蕾）

【开展民营企业家感恩革命老区延安行活动】　7月，区委统战部副部长、区工商联党组书记率印保兴等"静安区优秀社会主义建设者"民营企业家代表一行，前往延安开展"静安民营企业感恩革命老区延安行"活动，追寻中国共产党在延安时期革命的踪迹，感悟自力更生、艰苦奋斗的延安精神，坚定政治方向，重拾创业精神。　（俞　蕾）

【举办2011"凌翔杯"第八届静安民企足球赛】　8月20日—9月25日，举办由区工商联主办，会员企业上海凌翔商务服务有限公司冠名赞助的2011“凌翔杯”第八届静安民企足球赛。足球赛冠、亚、季军分别由凌翔商务队、静安青联足球俱乐部队和中建中汇律师事务所队捧得。区委常委、区政协副主席、统战部部长李关德，市工商联副主席、区政协副主席、区工商联主席沃伟东等及上海凌翔商务服务有限公司董事长丁伟东应邀出席闭幕式并为获胜球队及球员颁发奖杯。（俞　蕾）

【女企业家赴昆山考察学习】　10月30日，区工商联组织女企业家一行前往江苏昆山考察学习，受到昆山市妇联主席高苡平、市工商联党组书记朱锦南以及市女企业家联谊会女同胞们的热情接待，并举行两地女企业家座谈会。区工商联女企业家一行参观由上海致达集团开发的“致源—晴碧园”房产；考察昆山软件园中的江苏山猫兄弟动漫画有限公司。（俞　蕾）

【汇银集团获“全国就业与社会保障先进民营企业”称号】　11月27日，由全国工商联、人力资源和社会保障部、全国总工会共同举办的第四届全国就业与社会保障先进民营企业表彰大会在北京人民大会堂举行，上海汇银（集团）有限公司获“全国就业与社会保障先进民营企业”称号，是上海地区3家获奖企业之一。（俞　蕾）

（三）个体、私营协会

【举办“爱心行动日”活动】　4月15日，静安区个私协会于北京西路万航渡路口举办“感恩社会，倾情奉献——‘4·15’爱心行动日”活动。活动当天设有工商静安分局、区司法局、税务静安分局、区人保局、区消保委等单位的咨询以及修钟表、修自行车、修拉链、修眼镜、修伞、修鞋、配钥匙、理发、磨刀、测血压等摊位。参加“爱心行动日”咨询的工作人员和11个服务项目的30位志愿者带着工具到现场，活动中共接受咨询50多人次，提供修理服务300多人次。结合活动，区个私协会慰问身患重大疾病的10余位会员，并举行王元洪、康志坚、毕智江、黎地、朱建辉、赵永珍6位会员与6位家庭困难学生结对助学签约仪式。（个私协）

10月30日，静安区工商联组织女企业家赴昆山考察学习

（区工商联　供稿）

（本栏目编辑　黄瑞于　许以群）

·资　料·

（上接第139页）

上海市计划生育奖励与补助若干规定

第六条（补领光荣证）

已领取《光荣证》的本市户籍公民，《光荣证》遗失或损毁的，可以补领。

第七条（独生子女父母奖励费）

持有《光荣证》的本市户籍公民，在其子女年满16周岁以前，领取每月30元的独生子女父母奖励费。

独生子女父母奖励费按下列办法支付：

（一）有用人单位的，由用人单位支付；

（二）无用人单位的，由其户籍所在地的镇（乡）政府、街道办事处支付。

（下转第180页）

十三、综合经济管理与监督

（一）发展和改革

【概况】 2011年，静安区发展和改革委员会（简称区发展改革委）在区委、区政府领导下，围绕“冷静、坚毅，务实、奋进”工作主基调，继续发挥好调控、监管、服务宏观职能，保持区域经济持续、协调、平稳增长势头，开创国际静安建设新局面。加强统筹协调，完成编制区“十二五”规划各项工作，获市发展改革委授予的“十二五规划贡献奖”。开展区“十二五”规划专题宣传工作。加强对区域经济和社会发展情况监测分析，完成2012年静安区经济和社会发展指标预测及市国防动员委员会经济动员办公室下达的有关调查及供应商推荐等国防经济动员重点工作。加快推进现代服务业发展，促进产业优化转型。完成2011年度上海市服务业发展引导资金项目上报、材料辅导、初评筛选、汇总上报等工作。加大政府投资项目管理工作力度，完成2011年静安区固定资产投资计划预测及投资报告。建立健全工作机制，研究制订《静安区节能专项资金管理办法》，贯彻落实固定资产投资项目节能评审制度，推进重点节能项目，发挥节能专项资金支持和激励作用，加大用能监管力度，编制形成《静安区低碳发展“十二五”规划》。（梁　璐）

【完成区“十二五”规划编制】 年内，根据区委对区“十二五”规划的建议，区发展改革委对区“十二五”规划纲要提出的指导思想、基本要求、发展目标等作修改完善，完成区“十二五”规划纲要编制。做好区“十二五”规划报批各项工作，落实各项汇报材料，就区“十二五”规划编制工作进展情况、主要内容等分别向区政府常务会、区委书记专题会、区委常委会作专题汇报，吸收研究各方意见，完善区“十二五”规划纲要（草案），经区第十四届人大七次会议审议批准后颁布实施。开展区“十二五”规划专题宣传工作，区人大十四届七次会议审议通过区“十二五”规划纲要后，区发展改革委配合区政府办实施区“十二五”规划纲要信息公开工作，印制区“十二五”规划纲要单行本，并发放给全区各部门、社区（街道）和区人大、区政协、各民主党派、工青妇等人民团体；在静安门户网站开设《聚焦静安“十二五”》专栏，系统介绍静安区“十二五”时期战略目标、重要任务和主要指标等内容；通过《静安时报》、静安有线电视台和《静安综合经济》等各类媒体对区“十二五”规划主要内容和编制过程进行全方位宣传报道。（梁　璐）

【协助完成区“十二五”专项规划编制】 年内，根据区政府深化完善“十二五”专项规划编制工作会议要求，区发展改革委统筹协调各方力量，完成区“十二五”专项规划编制工作。分解落实工作职责，建立联络员联系制度，明确落实专项规划编制工作和标准要求；做好专项规划和总体规划衔接协调工作，督促各部门、各街道按照时间节点要求有序落实工作程序，对提出的具体问题进行指导和协调；加强沟通联系，形成全区工作合力，确保48个专项规划保质保量完成。（梁　璐）

【加强区域经济和社会发展情况监控分析】 年内，区发展改革委加强对区域经济和社会发展情况运行分析，及时、准确地反映区域经济和社会发展平稳、健康、有序发展态势，完成编制2012年度区域经济和社会发展指标预测（送审稿），上报区委、区政府领导审议。季度分析工作突出重点、抓住关键，完成2011年第一、二、三季度3篇经济和社会发展运行分析报告，经区政府常务会议审议后下发各相关部门。完成国家发展改革委2011年布置的现代服务业监测网络任务，经3个季度试运行，成效甚佳，得到市发展改革委肯定。完成市国防动员委员会经济动员办公室下达的有关调查及供应商推荐等国防经济动员重点工作。（梁　璐）

【加大政府投资项目管理力度】 年内，区发展改革委完成《静安区政府财力建设项目管理暂行办法》修订工作，经区政府转发后开始执行。参与区政府法制办关于区政府投资项目实行“代建制”实施办法的制订工作。参与研究旧高层外立面安全隐患整治专项资金使用办法和操作流程。完成政府投资项目审批、咨询和服务工作，主要完成区法院、区检察院项目建议书审批。完成区67号街坊旧改基地协调工作，完成区教育局校舍安全工程、曹家渡生活服务中心、区数字档案馆、区老干部活动中心建设等项目协调咨询服务工作。完成区党员服务中心建设项目前期协调推进工作及2011静安区中小学校舍安全工程协调推进工作。推进市政市容监控管理平台建设。（梁　璐）

【完成现代服务业引导资金申报】年内,区发展改革委根据市政府关于实施《服务业发展引导资金使用和管理办法》通知精神和申报工作具体要求,面向全区企事业单位、区有关职能部门发布项目申报信息。在申报汇总基础上,召开有区财政局、区科委、区商务委、区金融办、区投资服务办等部门领导参加的联席会议,就项目申报主体资格、成熟程度、技术含量及是否代表所处领域发展方向等问题进行审核,确定上报8个项目,总投资1.06亿元,申请资金1840万元。经市发展改革委专家组专业评审,其中"公共医疗卫生信息便民服务平台""第一财经日报移动客户端项目""食品流通安全信息追溯管理平台""面向互联网的数据可信公共服务平台"等4个项目通过评审。项目总投资5600多万元,申请资金资助900万元。（梁　璐）

【创新节能减排工作机制】　年内,区发展改革委对接市政府节能考核指标和区政府具体工作要求,根据区万元增加值能耗比上年下降3.2%总体目标,研究制订年度节能工作实施方案、重点工作安排和部门职责分工,首次按工业、商业、旅游和公共机构等领域分解、细化考核指标,并通过责任签约、专题部署和工作推进等方式加以贯彻落实。按照工作项目化、项目责任化要求,健全节能工作督查机制,按季度跟踪能耗变动和节能工作进展情况并报区政府常务会议审议,确保节能工作扎实推进。根据市统计局反馈,2011年1—3季度区单位增加值能耗下降3.56%。区综合能源消费总量39.48万吨标准煤,比上年同期增长0.94%,低于5.5%的控制目标。创新工作机制具体措施:(1)完善节能工作领导机制。发挥区节能减排工作领导小组统筹领导和区节能办组织协调作用,构建各责任部门加强协作、各负其责工作格局。印发《静安区2011年节能减排重点工作实施方案及各部门责任分工》,对全区重点工作进行统筹安排。(2)建立节能专项资金管理制度。研究制订《静安区节能专项资金管理办法》,为区节能专项资金科学安排、合理使用、严格监管提供制度依据。(3)贯彻落实固定资产投资项目节能评审制度。贯彻落实国家和上海市固定资产投资项目节能评估和审查有关规定,规范并细化区固定资产投资项目节能评估和审查操作流程。(4)健全节能工作督查机制。对全区项目化的7项重点工作,按季度进行跟踪分析,并报区政府常务会议审议。全年共完成4篇季度分析报告和4期工作进度跟踪表,确保各项工作按照时间节点推进。坚持政府主导和市场运作相结合,组织推进能源审计,电力分项计量安装,商业商务楼宇、公共机构节能改造和锅炉改造等一批重点项目。通过加强部门沟通协调,加大工作督察力度,确保年初确定各项重点节能项目按计划推进。其中,实施完成6幢楼宇、3家旅游饭店共34.99万平方米能源审计项目。企业节能改造已推进3家旅游饭店共9.95万平方米完成太阳能热水系统安装、双层中空玻璃更换和空调变频改造;另有9个项目共94.28万平方米按计划实施中央空调、通风系统、照明灯具等综合节能改造。锅炉节能改造指导推进3个单位的6台锅炉完成节能改造。电力分项计量安装工程已完成10幢大型公共建筑电力分项计量系统安装工程项目方案调研,进入公开招投标和政府采购阶段。延安和云峰2家旅游饭店在区行业主管部门指导下,开展各项创绿工作,实现创建绿色旅游饭店目标。超额26%完成市政府下达的12万只高效照明产品推广任务。（梁　璐）

(二)统计管理

【概况】　2011年,静安区统计局(简称区统计局)围绕区政府重点工作,精心组织,合理安排,配强力量,严格把关,确保人口普查各项后续工作开展,提前完成人口普查数据汇总、整理和校对,第一时间开展人口普查课题研究,编辑的《静安区第六次人口普查数据公报》等资料,为编制静安区"十二五"规划和各专项规划提供人口数据支持。创新工作机制,抓好统计基础工作。在创新企业名录库管理、开展统计一套表试点、建立项目工作组机制、形成工作例会制度、加强统计分析研究、抓好节能统计分析、推进事业单位改革等7个方面推进各项工作。全年区统计局获统计"五五"普法全国先进集体称号等2项国家荣誉,统计报表质量一等奖、人口普查先进集体等3项市级荣誉,10余人获国家级、市级荣誉。（梁　璐）

【推进人口普查资料开发】　年内,区统计局保质保量提前完成人口普查数据审核、校对等工作。建立人口普查后续工作质量小组,一人牵头,多人配合,确保把好各个数据关口质量。依次完成普查数据短表光电录入、数据编审工作,死亡表光电录入、数据编审工作,普查长表行业职业编码、光电录入、数据编审工作。在完成各项普查资料数据净化的同时,通过初步汇总的数据和前期摸底数据、快速汇总数据进行比对,查找数据差异原因,协同街道人口普查办力求把差异数据差错率降到最低。会同区民政局、区教育局、区人口计生委、公安静安分局人口处等部门,就人口普查数据中的百岁老人,幼儿园、小学、初中、高中的入学年龄,出生率、死亡率、户籍人口、性别比等指标历年数据逐一进行比对,严把数据质量关。提前完成境外表的编码和数据录入工作。根据市统计局要求,组织人员通过2天时间将131条差错数据逐一比对、核查基础数据后,做出修改意见,提前完成任务。完成国务院人口普查办要求的户主姓名底册录入任务。区统计局组织力量,全员开展人口普查课题研究。先后编辑《静安区第六次人口普查数据公报》《静安区人口普查数据折页》《静安区人口普查100问》《静安区人口普查主要数据手册》等资料,提供全区人口的总量结构、内部特征和变化趋势等方面资料，为编制静安区“十二五”规划和各专项规划提供人口数据支持，为领导决策和各部门工作提供参考。建立人口普查资料开发课题库，最终形成16篇分析文章，涉及人口变化情况、失业人口结构、出国人口、婚姻状况、育龄妇女变化、老龄化服务、居民住房、教育资源配置、境外人口特点、外来人口状况等方面。协同区人口计生委、区民政局等单位开展人口普查联合课题研究。组织开展人口普查档案整理工作。（梁　璐）

（三）物价管理

【概况】 2011年，静安区物价局（简称区物价局）关注菜价波动，加强菜价监测。日本“3·11”大地震引发福岛核电站事故后，启动应急监测，及时上报食盐市场异动信息。完成国家、市发展改革委下达的43项大类1200多个品种市场价格日常监测任务，开展粳米、小农产品价格临时应急监测。根据市场价格和市场供求变动情况，加强市场巡视调查，上报11篇价格巡视报告。每月定期在区政府门户网站发布5类29种主副食品价格月报信息。开展商品房“一房一价”备案管理。开展住宅物业服务成本核查和住宅物业服务收费管理调研，上报6篇调研报告。做好停车、物业服务收费管理、咨询工作。根据市财政局、市物价局《关于做好2010年行政事业性收费清理后续管理工作的通知》要求，在与市物价局及其行政事业性收费年审办公室、区财政局联系沟通基础上，对涉及区11个系统38个行政事业单位、18项取消和停止征收的收费项目进行排查和清理，规范各类收费行为。分别对南京西路社区（街道）陕北居委会的6户低保家庭和6户低收入家庭2011年度收入支出状况进行跟踪问卷调查。按照区政府重点工作项目“加强市场价格监管，价格公共服务，进一步推进市场诚信体系建设”要求，结合“平安市场”建设，开展节日市场、百货业价格促销行为、商品房销售、打击侵犯知识产权和制售假冒伪劣商品等专项行动，开展食盐价格以及医疗服务收费等6项专项检查。共出动检查人员110人次，检查商户331户。对6户经营者存在的价格违法行为予以行政处罚，处罚款20802元，没收违法所得909.60元，退还消费者多收价款1460.80元。配合司法部门做好涉案财物价格鉴定、交通事故车辆评损等工作。至9月底，共完成公安部门委托的涉案财物价格鉴定182件，鉴定金额12860.58万元；受理道路交通事故物损评估业务80件，评估金额71.15万元。（梁　璐）

春节期间，区物价局开展市场物价检查　（区发展改革委　供稿）

【推进诚信收费】 年内，区物价局根据市物价局关于取消和停止征收148项行政事业性收费项目有关文件精神，结合年审，对涉及区20个系统33个行政事业单位的32项取消和30项停止征收的收费项目进行检查。在检查中特别关注行政机关及其带有政府职能的事业单位收费情况。开展对区教育、卫生、劳动等5个系统8个单位2011年收费情况重点审验。为加强后续监管力度，维护诚信收费，指派专人对诚信收费网页进行维护。至年底，共对292个单位的收费项目进行584次文件超级链接及收费信息更新，保证网上公示资料及时性、准确性和有效性。根据市物价局、市绿化和市容管理局《关于明确本市建筑垃圾和工程渣土运输处置费有关事项的通知》精神，商讨制订区建筑垃圾和工程渣土运输处置费收费标准的相关细则和操作流程，并向社会公布。（梁　璐）

（四）财政管理

【概况】 2011年，静安区财政局（简称区财政局）狠抓收入管理，全年完成区级财政收入74.77亿元，比上年增长13.68%，提前1个月完成年度收入任务。贯彻厉行节约原则，严格控制一般性支出，财政支出重点保障教育、卫生、文体等社会事业发展和社会保障、社会稳定等支出项目。加强财政基础管理，研究制订区机关部门预算管理考核办法，按照国家规定将原预算外管理的除教育收费以外收入全部纳入预算管理，全面推广应用市政府采购信息管理平台，完成行政事业单位国有资产信息化管理平台搭建。做好各项财政政策落实工作，对32户中小企业实施信用担保推荐，贷款金额1.19亿元，落实23户在保企业上浮利息和担保费补贴120万元，对21户文化宣传单位增值税先征后退和53个高新技术成果转化专项项目审核发放财政扶持资金947万元，审核发放家电以旧换新补贴 890 万元。推动财政信息公开，制订《关于进一步推进预算信息公开的意见》，按照分步骤、分层次、分内容推进原则，区政府 24 个组成部门首次向社会主动公开 2011 年部门预算。发挥财政监督职能，配合区相关部门开展“小金库”、工程建设领域突出问题、违规收受礼金、各种有价证券和支付凭证问题、公务用车问题等专项治理工作。加强会计基础规范管理，开展非上市大中型企业执行新会计准则专项调研和医疗卫生系统新会计制度培训。加强财政队伍建设，以中国共产党成立 90 周年和依法行政为主题开展学习型机关建设，组织开展以“依法行政重规范、优化服务树形象”为主题的廉政教育月活动，启动岗位风险防范管理工作，开展办事“窗口”专项检查，提高“窗口”服务意识和服务水平。（杨　英）

【规范财政扶持企业政策】 3 月，区财政局按照市财政局关于进一步规范和完善区（县）财政扶持政策要求，会同区投资办对原有财政扶持政策进行梳理和反复测算，结合静安区域发展定位和多年招商工作实际，制订《静安区关于制定促进经济发展财政政策的若干意见》，明确聚焦地区总部、商贸流通业、金融服务业、专业服务业、文化创意产业、科技型企业六大重点产业，并通过分类设立专项、实施项目管理方式，建立企业综合评估体系，完善机制和流程，实现扶持政策与企业税收脱钩，调整规范财政扶持方式。（杨　英）

【启动国有资本经营预算试编工作】 6 月起，区财政局根据市政府统一要求，调整与区国资委的部门管理职责和分工，明确区财政局为国有资本经营预算主管部门，区国资委为国有资本经营预算单位。参加市财政局召开有关国有资本经营预算管理会议和培训，在专题调研基础上，制订推进静安区试编国有资本经营预算工作方案以及《静安区国有资本经营预算管理试行办法》《静安区企业国有资本经营收益收缴管理试行办法》。12 月，会同区国资委召开区级国有资本经营预算试编布置工作会议，正式启动 2012 年区级国有资本经营预算试编工作。（杨　英）

【落实新一轮市财税体制改革】 年内，区财政局根据市新一轮财税体制改革对部分税种市、区（县）分享比例以及部分大型企业税收征管关系做出适当调整的要求，会同税务静安分局测算体制调整对区级财政收入影响，分析、跟踪相关税种调整变化，了解下放企业经营状况和税收情况，做好评估、应对工作，消化减收因素影响。根据市财政局部署，于 4 月中旬完成调库工作，保证新老体制有效衔接，财政收入实现平稳增长。1 月，区级财政收入比上年同期增长 79.56%，实现“开门红”。上半年，区级财政收入比上年同期增长 21.68%，完成预算 62.55%，超日历进度 12.55%，至 11 月，提前完成年度财政收入增长目标。（杨　英）

【梳理规范财政工作流程】 年内，区财政局对部门职能、办事依据、业务流程等基础性内容进行全面梳理，重点完善关键环节和薄弱环节的流程。（1）完善政府采购工作流程，制订《采购业务工作规程附则》，对 5 种政府采购方式具体实施步骤、操作时限、公章使用备案、开评标通知书等方面共制订 12 项具体操作规程，并制成操作手册下发给各预算单位。（2）健全财政性基本建设项目管理，明确财政、审计各自工作职责，并对建设资金财务管理和财务监理内容进行修订，细化管理标准，完善实施流程和管理机制。（3）针对非政府采购项目资金拨付流程中的薄弱环节，制订“项目支出拨付申请表”，规范非政府采购项目拨付流程。（4）针对预算管理中存在问题，制订区机关部门预算管理考核办法，明确考核结果将作为区年终部门绩效考核重要依据之一，增强各部门预算管理意识，健全部门预算责任制。（杨　英）

【保障社会建设投入】 年内，区财政局围绕区社会建设工作目标任务，会同各职能部门，以公共事业改革、社会保障、社区建设管理、市容整治等民生项目为抓手，细化工作任务，落实责任单位，测算项目资金，根据实际情况安排落实资金，为社会建设做好托底保障。全年，安排社会建设方面资金约 28.27 亿元，主要用于提高教师待遇、增加教师培训、保障高中及学前儿童生均公用经费定额、创建学习型城区、加强公共卫生体系建设、深化医药卫生体制改革、深化卫生系统绩效工资改革、发展公益文化、打造静安文化品牌、拓展现代戏剧谷、社会保障、街道财力保障、推动社会组织培育发展、居委会建设、市容环境和物业管理等方面。（杨　英）

【推动企业实施新会计准则】 年内，区财政局推动非上市大中型企业执行新会计准则，结合区大中型企业中外资企业较多实际情况，重点对年初执行新准则的 6 家外资企业，开展新旧准则转换情况调研，在总结经验和分析问题基础上，对未执行会计新准则企业进行上门辅导，加强政策宣传和业务指导，年内共有 25 户非上市大中型企业执行新会计准则。推进区医疗卫生系统实施新会计制度，联合区卫生局，就新颁发的《医院会计制度》和《基层医疗卫生机构会计制度》组织专题培训，并对 10 家已执行新制度的医疗卫生单位进行调研，加强信息反馈、汇总和分析，为全区卫生系统各级医院与社区卫生服务中心全面实施新准则做准备。（杨　英）

（五）税务管理

【概况】 2011 年，上海市税务局静安分局（简称税务静安分局）巩固税收计划管理，层层分解落实收入计划指标，强化收入措施责任考核，加强收入分析测算，完善重点税源监控，严密掌控收入进度，保持收入平稳增势。全年实现税收总收入 217.5 亿元，比上年增长 13.4%，增收 25.6 亿元。完成区级税收收入 74.77 亿元，比上年增长 13.7%，增收 9 亿元。2011 年税收总收入和区级税收收入在 9 个中心城区中均排行第三。全年,区涉外税收收入131.2亿元,比上年增长28.6%,增收29.1亿元,占总收入比重60.3%。商贸流通、专业服务、房地产、金融、宾馆会展旅游、文化生活六大重点行业实现税收207亿元,占总收入比重95.2%。其中商贸流通业收入71.8亿元,比上年增长29.9%,居各行业之首。全年全区100幢楼宇合计实现税收140.7亿元,占税收总收入64.7%,比上年增长16.2%,增收19.6亿元。年内有19幢楼宇税收超亿元,有4幢楼宇为"月亿楼",分别为恒隆广场、中信泰富广场、越洋广场和国泰君安大楼,其中恒隆广场月均收入2.5亿元。落实《静安区深化完善产业发展政策若干意见》,确保各项税收优惠政策执行到位。推进营业税差额征税管理,为41家会展企业、13个专业服务机构和2家试点物流企业办理差额征收备案手续,抵扣营业税2638万元;做好457户次的"四技收入"(单位和个人从事技术开发、技术转让,以及与之相关的技术咨询和技术服务业务收入)免征营业税8734万元,办理软件产品、民政福利企业等各类退税925万元;办理高新技术企业认定49家,减免所得税额近6047万元;3257家企业享受小型微利企业优惠政策;26家企业、101个项目享受研发费加计扣除金额6937多万元。 (陈佳雯)

【推进营业税改征增值税试点改革】 年初,税务静安分局先后2次开展增值税重点行业税源调查,完成对2522家典型企业数据调查和测算。11月下旬,正式启动营业税改征增值税试点工作,成立试点工作领导小组、试点工作办公室及部门工作推进小组,并建立联席会议机制,合力抓好试点范围对象情况摸底和确认工作,逐行业、逐户、逐品目确定试点对象。依托《静税之窗》增刊、纳税人学校讲座、静安税务子网站、税企互动平台、办税服务厅滚动屏、短信平台、宣传手册、财务例会、12366咨询热线远程坐席、定点走访、电话回访等途径扩大试点新政宣传普及。分行业召开试点纳税人政策发布调研会,实施分层次、差异化辅导培训方案。分局领导班子带队走访试点企业11家,重点关注研究新政调整对于典型行业、重点税源企业的影响,做好试点企业反馈意见、需求问题的采集上报和处理工作。全区营业税改征增值税试点企业2146家,其中应税服务年销售额500万元以上增值税一般纳税人875家的企业,新增一般纳税人398户。培训企业总数362家,培训、发卡、安装率均实现100%;发票发售339家,发售率93.65%,确保企业能够顺利开票、正常经营、按时申报。 (陈佳雯)

【推进财税体制改革下放企业移交工作】 3月起,税务静安分局落实财税体制改革下放企业移交工作。研究制订19家企业移交工作方案,开辟办税服务绿色通道,局长室带队上门走访下放企业10家,电话回访19家,了解下放企业税源基本情况、行业发展趋势、经营情况特点及年度税收计划,强化对下放企业的跟踪服务和长效管理,19家企业回访满意度100%。 (陈佳雯)

【推进落实个人住房房产税试点新政】 3月17日,区房产税改革试点工作小组成立。试点工作小组由区委常委、副区长方世忠任组长,税务静安分局负责人任副组长,小组成员由区地税局、区规土局、公安静安分局、区民政局、区建交委、区人保局、区房管局7个部门分管负责人组成。作为区级房产税试点协调机构,统一处理区内房产税征免认定中具体问题,并确立房产税征免认定"一口受理、同步复核"工作模式。至12月底,对869套房产发放认定通知书,全年应税住房186套,年应税税额93万元。 (陈佳雯)

【完成契税征管职能划转和房产涉税流程整合】 4月1日起,税务静安分局实施契税征管职能划转和房产涉税流程整合工作,实现房产交易涉税业务"一窗通办",为购房者提供便捷、高效纳税服务。4—12月,受理2493套房产,征收契税18967万元。其中全额征收契税1043套,纳税额18317万元;减免契税337套,纳税额650万元;不征契税1105套。 (陈佳雯)

【成立"静税讲坛"暨静安区纳税人学校】 4月15日,税务静安分局筹办的静安区纳税人学校暨"静税讲坛"在区业余大学挂牌成立。纳税人学校以"免费授课,自愿参加"为原则,采取不定期形式开设专题税收政策讲座,并在现场提供咨询答疑和涉税辅导。税务静安分局采用年初拟定课题、征询企业意见、区分培训对象等途径采集讲坛课题,最终以纳税人的需求为主确定课程。年内先后开设"企业所得税热点、难点问题解析""大企业税务风险防控""房产税政策解析"等16期课程,累计听课人数1613人,回收听课反馈表1150份,听课满意率99%。配套启用"静安区纳税人学校——静税讲坛"网站。通过该网站,纳税人可进行自主网上报名、课程预约、课件资料、听课证下载等操作。网站启用以来,浏览量1.8万次,注册用户800人,报名逾1800人次,预约340多人次。 (陈佳雯)

【推进办税服务厅建设】 年内,税务静安分局扩大"一窗多能"受理范围,将原税务登记窗口并入综合服务窗口工作,全面受理包括税务登记、纳税申报、发票认证、抄税等近150项涉税事项。增设自助办税终端2台,凭证打印机1台,全年自助办税终端累计使用8000余户次,月平均受理705件。推进12366咨询热线远程坐席正式上线运行,日均受理电话咨询75个,上门咨询20件。11月14日起,优化新办税务登记内部工作流程,将总流程控制在4个承诺受理日之内,并制发《纳税服务在您身边——税企联系手册》,全年有216户新办纳税人领取税企联系手册。10月13日起,对个人所得税完税凭证打印业务率先实施"免填单"服务,11月中旬起二手房个人交易涉税业务实现免填单全覆盖,至12月底,受理个人完税凭证打印近2000份,个人出售房屋营业税申报表98份、个人住房转让所得个人所得税自行申报表98份、个人土地增值税申报表10份,减轻纳税人负担,提高办

税效率。 （陈佳雯）

【探索税源专业化管理】 年内，税务静安分局以“行业＋规模”的分级分类管理为基础，在准确采集纳税人涉税信息前提下，以风险管理为导向，以信息管税为依托，以核查申报纳税真实性、合法性为重点，推进税源专业化管理。在总结2010年试点经验基础上，在部分税务所开展行业风险管理专题调研，并在全局范围推进实施6类24项专业化基础工作项目。成立纳税评估风险指标研究工作组，定期研究探讨分行业、分税种预警指标，建立评估模型。以精确核算“应征税收”为核心，初步建立涉及收入、成本、费用、税负、利润变动率、成本变动率、费用变动率等48项指标的行业通用纳税评估指标库。组织开展广告传媒业典型行业评估、房地产专项评估及以21个基础指标为重点的风险预警评估，初步完成广告传媒业纳税评估指南编制工作。举办纳税评估优秀案例评选和竞赛，总结梳理典型案例11个，精选报送优秀案例2个。全年完成市局下达和内部发起的各级、各类评估案件536起，调减所得税亏损278.38万元，调减增值税留抵31.34万元，评估补税1.2亿元。（陈佳雯）

【完善税种管理基础】 年内，税务静安分局根据“从严、收紧”指导思想，开展企业所得税征收方式调查。经核查，核定征收企业由1071家下降到992家，进一步完善区企业所得税征收结构。做好企业所得税纳税评估工作，企业所得税后续管理核查户数418户，调整应纳税所得额4亿元，补缴税款3648万元。完成年度个人工资薪金所得与企业工资费用支出的比对自查及专项检查工作，补税512万元。抓好年所得12万元以上个人自行纳税申报工作，共受理自行申报28745人，申报补税1253万元，提高个人所得税监控水平。加强国际税收管理，开展反避税调查和专项情报核查工作，完成2008—2010年同期资料审查工作，对4家企业实施反避税调查和约谈，合计补税约3885万元。完成222家企业增值税一般纳税人资格认定，其中新办企业194家，超标认定28家。完成对11家货物运输业企业营业税自开票纳税人、11家残疾人就业企业税收优惠政策开展资格年审，办理增值税即征即退增值税165万元。对936家企业开展广告企业差额征收政策核查，完成对493家企业税目核定和文化事业建设费费率核定的补充、调整和信息修改，纠正擅自扩大扣除范围、抵扣凭证不完整等行为。加强土地增值税清算工作常态化、项目化管理，对110个项目实施“项目登记、项目开发、项目清算”税源监控机制，新增立项登记61项，完成14个房地产开发项目清算工作。完善出口退税预警监控机制，全年完成出口退税11.5亿元，比上年增长23.65%。

（陈佳雯）

【加大税务检查力度】 年内，税务静安分局以年度企业自查工作为契机，开展税收专项检查、涉税举报检查，继续开展打击发票违法犯罪专项整治行动，有效整顿税收秩序。全年歇业检查查补税款122.81万元，企业自查查补收入1.59亿元。 （陈佳雯）

【完善纳税人呼声采集处理反馈机制】 年内，税务静安分局优化纳税服务“需求采集、需求分析、需求处理和持续改进”四位一体工作机制。落实《2011年度定点联系企业走访计划》，局长室、相关科所领导带队走访企业101户，发放调查问卷1900余份。按月编发《静安纳税人之声》《静安区纳税服务动态》，采集并转办各类呼声40余件，刊登经验交流、工作动态等内容100余条。健全电话回访工作制度，全年共电话回访企业1716次，采集建议7条，回访对象对回访工作认可度100%。 （陈佳雯）

【构建税法宣传长效工作机制】 年内，税务静安分局会同5个街道在自办社区报上每月1次向社区居民宣传有关个人税收政策，月发行量12.5万份。编制完成餐饮娱乐业、商贸流通业、商务服务业、建筑业、制作业、外资代表处等6个行业的《分行业涉税指南》。围绕“税收 · 发展 · 民生”主题，举办第二十个全国税收宣传月活动，组织“税收宣传地铁行”主题活动，举办大型广场文艺汇演，开展为期2周志愿者定点咨询服务。在百乐门大酒店、静安寺广场、梅龙镇广场滚动播放3部多媒体宣传短片，投放2组共8幅地铁公益灯箱广告，发放《新民地铁》税收宣传月专刊30万份，发放《静税之窗》等宣传品（册）7万余份，帮助更多市民认识税收、走近税收。 （陈佳雯）

（六）工商行政管理

【概况】 2011年，上海市工商局静安分局（简称工商静安分局）以服务区域经济“转型驱动、创新发展”为主线，履行市场准入、监管执法和消费维权等工商职能，完成年度各项工作任务。至年底，静安区经济主体总户数1.59万户，注册资金741.83亿元。其中新设立企业1291家，注册资金42.17亿元。全年企业年度检验率90.81%，网检率100%，在9个中心城区分局中排名第一，个体工商户参加验照率92.66%。全年立案查处办结各类经济违法案件605起。联合和单独受理各类户外广告发布申请157份，对区内418家主营广告、366家兼营广告业务企业进行梳理。共受理17家企业、31份合同的格式条款备案，完成合同行政调解5件，分局被国家工商总局评为合同管理工作先进单位。对辖区大型春季拍卖及其他重要拍卖会实施现场监管19场次，共受理拍卖备案178场，成交额约15亿元。全年共受理消费者申诉157件，处理举报343件，办结率100%。

（陆晓春）

【“新民晚报”被认定为中国驰名商标】 6月19日，国家工商总局下达“商标异议裁定书”，静安区注册企业文汇新民联合报业集团持有的“新民晚报”商标被认定为中国驰名商标。至年底，区内企业持有中国驰名商标6件，上海市著名商标41件，持有量居全市前列。 （陆晓春）

【区内首家公租房运营机构成立】 8月15日，上海静安公共房屋租赁住房运营有限公司登记设立。该公司注册资金3000万元，由静安区国有资产监督管理委员会独立出资，经营范围为公共租赁住房的投资、建设和租赁经营管理，是区内首家公租房市场运营机构。 （陆晓春）

【落实促进经济发展16条政策】 年内，工商静安分局根据市工商局“促进经济发展16条新政策”和相关工作要求，召开有区招商园区和区属大型企业集团、代理公司代表以及区政府相关部门负责人参加的“工商16条新政”政策解读会，扩大政策知晓面。并通过开展“走企业访社区”活动，聚焦静安区商贸流通业、专业服务业、金融服务业、房地产业、文化创意产业等重点现代服务业，上门走访30多家企业，了解企业需求，帮助企业解决面临困难和问题，使新政策在静安区发挥效应。2011年全区新设企业注册资金比上年增长52.8%，其中外资和私营企业注册资金比上年成倍增长。 （陆晓春）

【推进企业设立并联审批】 年内，工商静安分局加快行政审批改革步伐，推进企业设立并联审批工作，在全市最先实现将所有符合条件申请案全部纳入并联审批范围的“单轨制”。至年底，共发放各类申请表式和材料清单945套，有738家企业提交申请材料，均通过工商窗口一口收件，其中703家结束并联审批流程。全年，区内新设企业平均审批时间从过去所需9.4天缩短到6.6天。 （陆晓春）

【开展流通领域食品安全监管】 年内，工商静安分局加强食品经营主体准入把关和日常监管，组织开展流通环节打击非法添加和滥用食品添加剂，以及查处“地沟油”等各类专项整治22次，共出动检查人员2832人次，检查食品经营主体7586户次、农贸市场521个次，规范辖区流通领域食品经营秩序。至年底，根据市局部署，对流通环节的熟肉制品、非发酵性豆制品、蔬菜、乳制品、水产品、调味品、大米、婴幼儿食品、面包糕点、植物油、水果、食盐、饮料等608组样品进行抽样检验，并自行组织对区域食品安全风险较高的散装熟食、食用油以及农贸市场米面制品等173组食品进行抽检，对抽检不合格经营户进行处理。以超市卖场和集贸市场等销售的散装食品、生猪产品、食用农产品、水产品等为重点，针对瘦肉精、甲醛、农药残留等项目，共开展食品快速检测2079件，其中合格2064件，合格率99.3%。全年立案查办食品安全案件102起。 （陆晓春）

【开展商标专用权保护“双打”专项整治】 年内，工商静安分局贯彻国务院关于开展“打击侵犯知识产权和制售假冒伪劣商品专项行动”部署，开展针对汽配市场、食品流通领域、“傍名牌”不正当竞争行为等各项整治行动18项，出动执法人员7346人次，检查重点区域585个次，检查经营户62217户，查处涉嫌假冒高知名度商标商品案133起。没收和销毁假冒侵权商品7034起，罚没款54.27万元。查获“傍名牌”不正当竞争行为案1起，利用互联网销售假冒商品案1起。移送公安部门处理案1起。 （陆晓春）

【规范网络经营行为】 年内，工商静安分局贯彻《上海市促进电子商务发展规定》，立足工商职能，探索网络经营主体市场准入条件，规范网购市场秩序，促进网上商品交易健康、快速发展，保护网上经营者合法权益，维护网上消费者正当权益。加大对网络商品交易违法行为查处力度，保护注册商标专用权和企业名称专用权、打击不正当竞争行为、打击销售假冒伪劣商品等违法行为，共查处网上食品、广告等违法经营案件112起。加强网络商品监管，净化网络购物环境。启动分局“网络商品交易监管平台”建设工作，初步实现网络经济户口管理、网络行为监测、日常巡查和维权办案等功能。 （陆晓春）

【整治静安别墅无证无照经营】 年内，工商静安分局依托区市场秩序执法联动办公室平台，牵头组织食药监、公安、城管、房管、物业、环保、安监等职能部门和相关单位，对静安别墅无证无照经营连续开展集中执法整治行动。行动中各部门各司其职、密切配合，先后出动782人次，规劝关闭11户，取缔群众反映强烈的餐饮、足浴无证无照经营8户。第四季度，上海多家媒体报道静安别墅无证无照经营现象，工商静安分局及时采取整治措施。为巩固整治成效，执法人员利用休息时间，在晚间和双休日到岗“蹲守”，有效遏制了静安别墅无证无照违法现象反弹，保证实现了“各司其职、疏堵结合、控制增量、消化存量”整治目标。 （陆晓春）

（七）审　计

【概况】 2011年，静安区审计局（简称区审计局）开展审计项目55个（其中，本级财政预算执行审计1个，部门财政预算执行审计20个，经济责任及财政财务收支专项审计7个，绩效审计1个，专项资金及项目建设全过程跟踪审计13个，不实资产核销审计2个，其他类审计11个），提交审计专报。督促有关单位边审边改，完善制度，加强管理，提出审计建议68条，向司法机关移交涉嫌犯罪案1起（涉案3人）。委托审核总资金3.64亿元，核减资金总额4807万元，核减率13.21%。理论研究软课题“政府投资跟踪审计创新研究”通过有关部门专家审核；“经济责任审计中计算机审计规范化研究”通过市审计局结题；在市审计局信息化工作会议上作“技术创新为审计信息化发展提供不竭动力”专题发言。白领午餐工程绩效审计和居民生活质量绩效审计工作经验分别被《中国审计报》在头版、二版报道。区审计局ISO 9001国际质量管理体系通过年度复审。 （王志明）

【开展财政预算执行审计】 年内，区审计局以促进“财政资金科学分配，维护财政安全、防范财政风险、提高财政资金的绩效”为整体思路，开展财政预算执行审计。通过对区2010年度部分预算单位预算执行情况审计,综合反映出区财政投入分配整体状况;加强对事关民生政策落实资金使用监督,关注部门重大实事工程推动与执行力度;立足推动财政体制改革,突出对区部分财政预算单位财政支出效能审计。审计过程中,强调财政预算执行审计龙头牵引,注重全局审计项目内在关联,项目编排全部围绕财政预算执行审计需要展开,使审计具有针对性;在做好财政同级审计工作同时,对20个部门单位进行延伸审计,兼顾审计范围和审计内容完整性,审计报告内容翔实、具有说服力,真实反映区财政预算执行水平,增强审计宏观性、建设性作用;并加强对区财政改革、民本民生、行政权力运行以及政府性投资项目建设存在问题进行客观评价和分析,提出要进一步健全内部控制管理、加强预算外收入管理、激活沉淀资金使用绩效等审计建议,得到被审计单位采纳。

(王志明)

【开展政府投资性债务审计】 年内,区审计局参与市审计局组织的全市范围内地方政府性债务审计,并按分工对区涉及区债务起始年、1997年、1998年、2002年和2007年至2010年等8个年度政府性债务情况进行审计。审计中,按照"见账、见人、见物,逐笔、逐项审核"原则,重点对涉及区债务的政府及其所属部门及机构、经费补助事业单位、公用事业单位和融资平台公司等单位进行审计。摸清区政府性债务规模和结构,分析地方性政府债务成因,提出若干审计建议。

(王志明)

【开展区绿化局经济责任审计】 年内,区审计局受区委组织部委托,对区绿化管理局局长进行经济责任履行情况审计。审计中,不断深化审计内容,注重透过被审对象对一个单位的财政、财务收支情况、重大经济事项研究和决策过程、内控制度的健全和执行情况等,客观反映和揭示该领导干部权利运行所产生结果;围绕被审计单位会计信息质量、重大决策、内部管理、资金使用效益、制度建设和廉政建设内容等,客观评价被审计对象履职能力,以及遵守法律法规和国家政策的执行水平。提出的加强与区国资财政等部门沟通,研究确定对下属公司监管方式,进一步理顺资产关系,确保机制顺畅,监管有效,确保国有资产保值增值的审计意见,被区绿化局采纳。

(王志明)

【开展区建交委等4个部门财政财务收支审计】 年内,区审计局对"11·15"特别重大火灾事故责任人所涉4个部门单位任职情况进行财政财务收支审计。在审计中,整合全局审计力量,成立由局长任组长、副局长任副组长的领导小组,下设4个审计组分别前往区建设和交通委员会、区旧区改造管理办公室、区重大项目推进办公室和区土地管理中心,突出对责任人的审计;注重与区纪委联系,定期将审计情况向有关部门汇报,使区委、区政府领导及时掌握审计情况;采取本部审计和下属单位延伸审计相结合,先后延伸区建设和交通委员会所属区城市建设科学技术协会、职工技术协会、上海建昌贸易商社,以及区土地管理中心所属上海静安投资有限公司等单位,内容涉及达安锦园部分动迁回购房购买使用情况、区零星地块改造专项资金使用情况、动迁奖励费核定及分配实施情况等。通过审计,揭示被审计单位由于行政监管缺失、管理制度虚存,出现的滥用职权、超越权限、私设"小金库"等11个方面违规违法问题。 (王志明)

【实施"白领午餐"绩效审计】 年内,区审计局结合年度审计项目安排,实施民生工程"白领午餐"绩效审计。(1)在前期充分调研基础上,确定审计工作方案,将涵盖区商务委、区财政局、食药监静安分局、各街道以及区委宣传部、区社会党工委等相关职能部门承担的职责一一加以分解,同时协调各部门制订"白领午餐"资金管理、工作推进进度和各单位分阶段目标。(2)实施全方位、全角度监督,全程实行目标"网格化"管理,对资金管理、推进进度和推进效果等进行全程监控。(3)突出把握牵头单位与协助单位工作分工,注重评价责任部门推进力度、资金匹配、经费使用效果,并从机制、制度层面上提出加强餐点布局、食品安全、午餐价格管理等5个方面审计建议。审计报告引起区人大常委会、区政府和相关部门重视。区人大常委会要求有关单位采纳审计建议,加强对审计问题整改,将白领午餐工程做踏实;区政府对责任单位提出要求:进一步加大对楼宇食堂资金扶持力度,合理开发新网点,解决白领为午餐奔波问题;食药监静安分局严格餐饮资质审核,定期检查食品卫生,确保白领午餐安全;建议责任单位寻求控制成本、降低白领午餐价格,切实解决餐饮价格居高不下的问题。

(王志明)

(八)招　商

【概况】 2011年,静安区投资办公室(简称区投资办)注重功能招商、产业链招商,注重从政策招商向服务招商转变,注重招商、安商、留商、扶商、稳商并重。在招商企业引进中,聚焦和突出金融、高端品牌、高端商贸流通业、总部型企业、专业服务业、文化创意产业为重点的现代服务业类企业。全年完成新增地方税收1.35亿元,引进跨国公司地区总部2家,引进10家知名品牌公司和5家金融企业。加强企业跟踪服务工作,对招商引进大企业定期上门走访,了解企业经营状况,帮助企业解决各方面问题和困难,并做好相关政策、事项的告知、解释以及节日慰问等工作,体现服务优势,使企业安心留驻静安区。 (杨　英)

【引进跨国公司地区总部2家】 年内,区投资办通过跟踪分析、上门走访、提供全方位服务等措施,重点做好总部型企业引进工作。长濑企业管理(上海)有限公司、日立化成(上海)投资有限公司2家跨国公司地区总部入驻静安。长濑企业管理(上海)有限公司是日本长濑产业株式会社在国内投资的企业,注册资本200万美元,投资总额285万美元,该公司已被市商务委认定为跨国公司地区总部，统一管理下属8家销售企业、11家分公司和事务所、14家生产企业、4家服务型公司，涉及电子、化工、汽车产业和化妆品行业。日立化成(中国)投资有限公司是日本日立化成工业株式会社投资企业，注册资本3000万美元，该公司亦被市商务委认定为跨国公司地区总部，统一管理下属10家企业，着力于电子和化工产业方面的投资。（杨　英）

【推进楼宇企业属地管理】　年内，区投资办加大属地管理政策宣传力度，确定重点企业名单，采用多种形式宣传静安区投资环境和政策。开展重点楼宇定期走访，了解楼宇租赁变化情况，掌握企业动向，并采取有针对性措施。做好楼宇跟踪服务工作，主动为楼宇介绍商源和租户，帮助楼宇提高出租率。全年通过属地管理引进企业96家，其中注册资本500万元以上企业14家。（杨　英）

【完成875家企业政策兑现工作】年内，区投资办开展对扶持政策到期企业上门走访，了解企业基本情况，并分析企业近三年税收情况，重新审核确定到期企业继续享受扶持政策资格。针对2011年起财政扶持政策兑现实施项目化管理后，兑现操作流程发生变化的情况，对全区企业分12批次召开政策辅导会，解读市财政局有关文件精神及静安区相关产业扶持政策，对专项资金申报进行重点辅导，方便企业申报。全年，完成875家大企业政策兑现工作。（杨　英）

（九）国有资产管理

【概况】　2011年，静安区国有资产监督管理委员会(简称区国资委)贯彻落实区委、区政府《关于进一步深化静安区国资国企改革发展的指导意见》，调整完善国资国企管理体制，完善"十二五"发展专项规划，履行"管人、管事、管资产"职能，在"市场、国有、区属"基础上，围绕民生，深化区属国企改革，推进企业资源整合，夯实企业发展基础，督促企业落实生产和消防安全等工作，提升区属国有企业对区域发展的贡献度。完成年报统计、审计，至年底，区国有资本及权益总额为93.23亿元，比上年增加5.83亿元，增幅6.67%。全区有国有企业249家。开展国有资产经营预算编制及国有资本经营预算试编工作。完善分类考核办法，完成2010年度企业业绩考核。依法依规处置开开、九百、地产等企业不良资产。规范审核6项企业股权划转变动事项、4项企业对外投资事项，以及11份企业资产评估报告的备案及核准工作。区国资委党委履行大口党委职责，平稳完成建设系统企业党建工作交接，健全国资系统党建工作目标考核和党风廉政建设责任机制，加强国资系统干部队伍建设与管理，做好归口管理企业离休老干部工作，以纪念中国共产党成立90周年为契机，推进"创先争优"(创建先进基层党组织，争做优秀共产党员)活动。（赵东升）

【整合优化建交系统国有企业】年内，区国资委梳理原建交系统区管企业和直属企业资产规模、运营能力、职工情况等基本信息，形成国资国企改革总体框架，并研究提出相关企业资源整合方案。开展锦迪公司划归置业集团管理，运输公司划归静工集团管理，地产集团、城建配套公司、康定房产资产整合等工作。（赵东升）

【调整完善区管企业分类考核办法】年内，在完成对区管国有企业(含上市公司)领导人员2010年度绩效考核、薪酬发放、风险抵押金收缴等工作的基础上，按照区委、区政府要求，进一步完善工商业类、房地产和施工类、投资类企业经营业绩分类考核办法，调整优化考核原则、程序等内容，注重发挥考核的引导作用，推动区管企业在区域建设中进一步提升经济效益和社会效益。新的考核办法明确企业领导人员收入增长与职工收入增长相挂钩；确定房地产和施工类企业净利润、净资产收益率、资本保值增值率等平均值；增加政府实事工程和政府重点工作的认定标准；增大基础管理工作绩效薪权重，相应增加各部门扣减基础管理工作绩效薪酬绝对值等内容。（赵东升）

【依法依规处置3家集团公司不良资产】　年内，区国资委按照清产核资、区政府审批等程序，开展开开集团、九百集团、地产集团不实不良资产核销工作。帮助企业处置不良资产，推进执行区管企业新会计准则，提高企业资产管理水平。在核销企业不良资产的同时，以资产整合为契机，协调会计师事务所及相关企业，有序开展资产注入等工作。（赵东升）

【推进董监事管理中心建设】　年内，区国资委结合国资国企管理体制改革的新目标新任务，加强董监事管理中心建设，发挥监事长、财务总监、外部董事及党建督察员职能作用。完善外部董事选聘制度，选聘3名外部董事进一步充实到有关区管企业董事会。开展企业办理事项督办、企业董事会年度经营情况综合评价和企业年度财务情况分析。就国资国企改革发展瓶颈问题及热点难点开展课题调研，形成《关于加强对招投标行为的监督和建议》《国有企业改制中若干问题探析》等文章。（赵东升）

【督促企业抓好生产及消防安全工作】年内，区国资委督促企业落实生产和消防安全、信访稳定等工作。建立企业安全生产管理网络。落实安全生产责任制，与各归口管理企业签订安全生产责任书，落实安全生产工作任务，明确安全生产岗位职责，把安全生产工作纳入对企业年终绩效考核。加大安全生产检查力度，加强五一、十一等重要节假日检查。组织开展安全生产月活动，开展安全生产自查自纠、安全法律法规和知识技能宣传教育等工作。加强安全生产教育培训工作，督促协调各归口管理企业安全生产"三员"培训，共计培训76人。（赵东升）

【做好"11·15"特别重大火灾事故受灾企业帮扶及理赔】　年内，区国资委按照区委、区政府要求和部署，立足大局，做好对口受灾居民的安抚、救助、解困等善后工作，帮助受灾居民进行康复治疗，落实救助方案和理赔工作。履行企业安置工作组职责，推进受灾企业善后赔偿工作，开展受灾企业的室内财产损失赔偿、过渡安置房租补贴、产权人房屋赔偿安置等工作。开展企业赔付能力分析和资产处置工作。（赵东升）

【完成建交系统企业党建工作转接】年内，区国资委按照《静安区委、区政府关于进一步调整完善国资国企管理体制的意见》，做好建交系统下属企业归口管理转接。组织新归口管理企业党建工作签约会，确保党建工作和党风廉政建设工作全覆盖。深入企业开展党建工作调研，建立归口管理企业组工干部、纪检干部工作例会制度，健全完善各项工作基础台账，与区建交委、各归口管理企业沟通联系，做好党组织关系、干部队伍、党员发展、党员教育、党员管理和服务、人事档案等工作的转接。5月11日，召开调整完善国资国企管理体制工作交接会。（赵东升）

（十）质量技术监督管理

【概况】 2011年，静安区质量技术监督局（简称区质量技监局）开展质量兴区工作，培育服务名牌，创建服务标准化示范点，重点关注产品质量、食品生产和特种设备安全。产品质量监督中，出动执法人员700余人次，检查单位200余家次；开展家具、有机螃蟹、电线电缆等产品专项检查；强化对全国工业产品生产许可证、中国强制性产品认证（“3C”）获证企业的后期监管，帮助企业整改问题6处；完成监督抽查不合格“后处理”案件10起；办理行政违法案件11起，涉案货值金额21万余元，罚没款总计38万余元，未发生行政复议和行政诉讼。特种设备监察中，出动监察和协管人员2200余人次，排查安全隐患145起，开具监察指令书11份；开展承压类设备、机电类设备专项整治；组织全区特种设备使用单位和维修保养单位签订“特种设备安全使用承诺书”；为企业提供压力表集中检定服务2次，检定压力表近100只。食品生产监管中，出动监管人员214人次，巡查企业96家次，发现不合格40项次，抽检产品22批次，合格率95.5%；组织6次企业培训和《食品安全法》知识竞赛答题活动。备案企业产品标准43项（其中修订备案21项、新备案22项）；对16家在采用、修订标准等方面作出贡献的企业实施标准化奖励。受理特种设备、食品生产、计量等行政审批事项近2400起；办理组织机构代码登记6150份；处理产品质量申诉和举报24件，商品总价值25万余元，为消费者挽回经济损失23万余元。主动公开政府信息13条；制作《静安时报》行风宣传专版6期；发布业务类信息500余条。作为市质量技监系统廉政风险防控管理试点工作单位，区质量技监局梳理工作流程，排查廉政风险点。经全面筛查，梳理确定26个工作流程图，查找63个廉政风险点，分析132种表现形式，制订151条防控措施，形成《静安区质量技术监督局廉政风险防控指南》。年内，区质量技监局承担的“静安南京路服务质量评价方法”“静安国际商务港服务品牌创建与评价”2个研究课题通过专家验收。质管科科长曹悦获“全国质量监督检验检疫系统先进工作者”称号。（滕雪雷）

【“梅泰恒”公共信息图形标志通过市级验收】 2009年起，区质量技监局深入“梅泰恒”地区（梅龙镇广场、中信泰富广场、恒隆广场及周边商业地区）实施检查、培训、辅导、回访，规范公共信息图形标志。经过近三年创建，“梅泰恒”区域公共信息图形标志标准化示范试点于2011年年初接受并通过市质量技监局组织的考核验收。“梅泰恒”区域创建成为上海市公共图形标志标准化示范区域。（滕雪雷）

【开展“打违除患”食品生产安全专项行动】 根据市质量技监局统一部署，区质量技监局从4月底至10月底开展“打违除患”食品生产安全专项行动。专项行动结合打击非法添加非食用物质和滥用食品添加剂、“地沟油”“瘦肉精”、多种节日和节令食品、食品包装材料等专项整治要求，销毁问题原料2批次，立案1起，结案1起。（滕雪雷）

【完善城区能源计量数据中心建设】年内，在区发展改革委、区建交委等部门支持下，区质量技监局完善城区能源计量数据中心建设，实现能耗数据实时传输和分析。完成8栋楼宇电力分项计量器具安装和调试。国家质检总局计量司、市发展改革委、市经信委等部门领导视察中心建设和运行情况。相关工作经验在6月上海市能源计量与城市节能管理技术推介会上作交流。（滕雪雷）

【处理“6·27”电梯井道人员坠落事故】 6月27日，东海广场发生电梯井道人员坠落事故。区质量技监局牵头成立事故调查组，会同区安监、公安等部门和专业技术机构对事故开展全面调查，按照《特种设备安全监察条例》对事故相关责任单位、人员进行严肃处理和处罚。（滕雪雷）

【加强电梯安全隐患排查】 7月，北京自动扶梯事故发生后，区质量技监局对全区481台自动扶梯进行全面检查，并会同维修保养单位对69台奥的斯自动扶梯逐台调试和检查，责成使用单位对老旧自动扶梯加装防倒遛装置。（滕雪雷）

【开展“质量月”活动】 9月“质量月”活动期间，区质量技监局组织30家区名牌企业代表参观检验技术机构，“零距离”接触产品质量检测先进设备和技术、学习先进质量管理理念，促进企业进一步改进质量管理技术、创新质量管理方法、提升质量管理水平；邀请10余名青年记者，体验当一天特种设备监察员，对某小区物业特种设备安全管理状况进行飞行检查，

6 月，静安区质量技术监督局开展能源效率标识检查

（区质量技监局　供稿）

加强质量安全宣传。（滕雪雷）

【加强名牌培育工作】　年内，区质量技监局对辖区名牌企业开展卓越绩效培训，共有 7 家企业 9 人取得培训证书；与上海名牌亚细亚（集团）公司开展共建，引导企业不断追求卓越，提升管理和服务水平；选取 56 家企业作为 2011 年名牌培育对象，通过培训和申报，17 家企业的 18 个产品获得上海市名牌称号，1 人获得上海市质量金奖个人称号。9 月召开的苏浙皖赣沪质量表彰大会上，区内 14 家名牌企业得到表彰，1 家企业的 1 个产品获苏浙皖赣沪名牌产品 50 佳称号，1 人获苏浙皖赣沪质量工作先进个人称号。（滕雪雷）

【创建静安南京西路服务标准化示范街】　区质量技监局自 2008 年起，开展静安南京西路服务标准化示范街创建工作。通过培训、考核、辅导、测评、整改等一系列措施，提升静安南京西路企业服务质量。12 月 28 日，南京西路国家级服务标准化试点评估验收会在锦沧文华大酒店举行。由国家标准化管理委员会、苏浙两省和上海市相关专家组成的评估验收组，对创建工作进行全面考核。创建工作以 98 分（满分 100 分）高分通过验收。南京西路服务标准化示范街创建成为国家级服务标准化示范试点。（滕雪雷）

【实施小锅炉规范化管理】　年内，区质量技监局开展小锅炉专项整治，对全区 130 台小型及常压锅炉开展地毯式检查。重新统一制作安全使用警示标志，悬挂于小锅炉本体或附件上，严防常压锅炉承压使用、小型锅炉超压使用。（滕雪雷）

【保障上海世游赛特种设备安全】　年内，区质量技监局成立由局主要领导任组长的上海世游赛静安区特种设备安全保障工作领导小组。在领导小组统筹协调下，加强对华山医院和静安体育中心 2 个重点单位在用设备的检查，并在上海世游赛期间进行定点值守，保障特种设备安全。（滕雪雷）

【建立“社区质量联络点”试点】　年内，区质量技监局在南京西路社区生活服务中心开展“社区质量联络点”试点工作。在生活服务中心放置电子触摸屏，设置惠民服务、质量申诉、知识问答等 10 个服务模块，通过信息技术搭建起与居民沟通桥梁，实现及时传递质量知识、收集民意民需功能，把质量技监服务送入社区。（滕雪雷）

【完成市政府实事项目“自助式公平秤安装”】　年内，区质量技监局根据 2011 年市政府实事工程项目要求，在区内 9 家集贸市场安装自助式公平秤便民装置 11 套，其中立式装置 9 套、挂壁式装置 2 套，安装覆盖率 90%，并为 9 家菜市场配置相应告示板和自校电子秤的标准砝码。（滕雪雷）

5 月 20 日，“5 · 20 世界计量日”，区质量技监局组织开展为居民检修血压计活动

（区质量技监局　供稿）

【开展"强责任、促规范、严监管、见实效"主题教育活动】 年内,区质量技监局通过集中学习、查摆问题、整改落实、巩固提高4个阶段,开展"强责任、促规范、严监管、见实效"主题教育活动。其间,组织干部职工赴好丽友食品公司参观,学习精细化管理理念;赴青浦弘阳标准化示范区学习,感受规范化管理模式;邀请食品和媒体专家开设"食品生产监督检验"和"应对突发事件"专题讲座,提高干部职工履职意识和忧患意识;选派青年干部参加市局青年辩论赛并取得最佳辩手称号。通过主题教育,强化干部职工责任意识,提升履职能力;制订食品生产企业现场检查规范,规范行政行为;初步建立特种设备监察信息系统,实现对协管力量实时监控,提高监管效率。 (滕雪雷)

12月28日,静安区食品安全委员会召开第一次会议

(食药监静安分局 供稿)

(十一)食品药品监督管理

【概况】 2011年,上海市食品药品监督管理局静安分局(简称食药监静安分局)发放新餐饮服务许可证133张、临时餐饮服务许可证109张,变更餐饮服务许可证71张,注销餐饮服务许可证168张,延续餐饮服务许可证106张。完成3家单位保健食品专营单位告知承诺备案。审核完成药品经营许可证许可5家,同意变更66家,注销4家,换证1家。审核完成药师挂牌101人次。审核完成医疗器械经营企业许可证许可28家,变更94家,注销15家,换证26家。完成第一类医疗器械生产企业备案1家。对食品及化妆品单位监督检查4784户次,查处食品及化妆品类案件379起。完成医疗器械经营企业日常监管135家,生产企业日常监管17家;完成零售药店GSP认证三合一检查26家;完成医院制剂室日常监管1家。查办药品医疗器械类案件63起。在年内,共承担上海世游赛、上海劳力士网球大师赛等6项重大活动食品安全保障任务,派出监督员162人次,保障93餐次,保障人次约39142人。年内,上报药品不良反应1086件。 (王安婷)

11月18日,静安区药品不良反应监测中心揭牌

(食药监静安分局 供稿)

【成立区食品安全委员会】 10月17日,静安区食品安全委员会(简称区食安委)正式成立,委员会下设办公室在食药监静安分局内。区食安委作为静安区政府食品安全工作的议事协调机构,其职责为:组织落实市委、市政府、市食安委及区委、区政府关于食品安全工作的决策部署;分析食品安全形势,研究部署、统筹指导全区食品安全工作;提出食品安全监管的政策措施;督促落实食品安全监管责任;组织开展重大食品安全事故的责任调查处理工作;研究、协调、裁决有关部门监管职责不清问题;承担区政府规定的其他职责。12月28日,区食安委召开第一次全体会议。 (王安婷)

【成立区药品不良反应监测中心】 年内,食药监静安分局联合区卫生局成立静安区药品不良反应监测中心(简称区监测中心)。11月18日,监测中心正式揭牌。区监测中心设专职工作人员2至3人,负责日常运营;设联合工作组,协商处理药品不良反应监测工作中出现的问题;设由医疗、药物、器械等方面专业人士组成的专家组,为药品不良反应事件的调查评价

提供技术支持。（王安婷）

【推进学校食堂规范化管理】 年内，食药监静安分局与区教育局联合推进学校食堂规范化管理。召开监管部门、学校及食堂承包公司三方座谈会，组织34所学校食堂的87名食品安全管理员、食堂负责人及操作人员进行食品安全规范化管理培训，对学校食堂开展监督指导182户次。12月，食药监静安分局联合区教育局、区食品药品安全管理协会组成验收小组，对区内34家学校食堂开展检查验收，达标30家，达标率88.24%，其中优秀5家。（王安婷）

【成立社区食品安全宣传志愿者队伍】 年内，食药监静安分局在已有社区监管网络格局下，吸纳热心参与食品药品安全宣传的社区积极分子，成立由33名社区志愿者组成的社区食品安全宣传志愿者队伍。制订志愿者活动章程、计划；每两个月召开一次组长会议；定期开展志愿者培训，帮助志愿者了解食品、药品安全知识；向志愿者及时传递食品药品安全监管最新动态；带领志愿者赴社区参与食品药品安全宣传活动。（王安婷）

【加强医疗机构中药房规范化建设】 年内，食药监静安分局在全区设有中药房的医疗机构中开展医疗机构中药饮片规范化管理工作，分前期调研、组织动员、参观学习、检查督促、整改提高5个阶段顺序推进。第四季度，会同区卫生局完成对区内7家医疗机构中药房检查验收，其中达标6家，限期整改1家，达标率85.71%。（王安婷）

【开展餐饮服务食品安全百千万示范工程建设】 食药监静安分局巩固已有市、区二级食品安全示范街，指导、推进企业加强自身管理体系建设，促进企业自身管理水平提升，不断提高示范街笑脸和A级单位比例。年内，创建金鹰广场餐饮街区为国家级食品安全示范街，该示范街10家餐饮单位量化分级管理均达到B级以上，其中采用“规范化管理”方法开展食品安全管理工作并达标的单位6家。（王安婷）

【开展食品药品专项整治行动】 年内，食药监静安分局共开展“非药品冒充药品”“零售药店销售抗菌药物、兴奋剂和含麻黄碱复方制剂”“食用血”“火锅汤料”“染色馒头”“茶叶”“塑化剂饮料”“地沟油”以及保健食品违规添加药品等各类专项整治行动35次，共出动执法人员4052人次，立案查处29户次。此外，在利用互联网销售假药专项检查中，移送案件至公安机关1起，涉案人员已被处以刑事处罚；在开展治理利用互联网发布虚假药品信息销售药品专项行动中，发出“网络违法行为行政告诫书”2份，移送案件19起；在加强无证收药摊点整治活动中，取缔华山医院周边、昌化路菜场周边、大沽路等收药摊点8处。（王安婷）

（十二）安全生产监察管理

【概况】 2011年，区安全生产监督管理局（简称区安监局）加强宣传教育，围绕“安全责任，重在落实”主题开展系列安全生产月活动，并于6月25日在静安公园举办安全生产咨询日活动和展示，区安监局、区民防办、区建交委、区质监局、食药监静安分局、公安静安消防支队、公安静安交警支队和静安寺社区（街道）等单位集中设摊向市民宣传各类安全防范知识，发放《从业人员安全防范手册》等10余种宣传品近千份，普及生产安全、消防安全、交通安全、地下空间安全、商品质量鉴别、食品药品安全和市民防灾等知识。规范自身行为，作为区2011年度政风行风“重点评”部门，虚心接受评议代表监督评议，做到边评边改、即知即改，促进政风行风建设水平提高。全年工矿商贸领域共发生生产安全亡人事故4起，死亡4人。（蒋曙珺）

【完善安全生产监督管理制度】 年初，静安区加大安全生产工作研究部署，静安区安全生产委员会办公室（简称区安委办）从制度入手，对安全生产工作制度进行梳理和修订，结合区实际，制订并提请区政府批转《静安区安全生产委员会工作制度》（试行），重点对于责任落实、督查督办等安全生产工作进行进一步完善，明确安委会会议、联合执法、重大事项协调、安全生产工作督导、情况通报、联合约谈、举报奖励、考核办法等8项规定。区委、区政府通过区安委会机制，组织传达事故通报，布置阶段性工作，组织安全隐患排查与整治，加强各项制度落实。（蒋曙珺）

【实行安全生产“一票否决”制】 年初，区安委会召开2011年安全生产、消防安全工作会议，区政府与全区25个部门和企业签订“安全生产责任书”，有针对性地确定各部门和单位安全生产责任，责任书明确相关部门、单位主要领导作为安全生产第一责任人，由其再与被管理单位签订安全生产责任书和确认书，层层分解落实安全生产责任。并按照责任书内容严格开展安全生产履职考核，将安全生产履职情况作为部门绩效考核“一票否决”指标，通过树立权威，推动安全生产监管、管理和主体责任的落实。在年底进行的政府部门年度考核中，2个单位因主管行业发生生产安全亡人事故被“一票否决”。（蒋曙珺）

【挂牌督办10项重大建设工程和重点安全隐患治理】 年初，区委、区政府把胶州路728号大楼和教师公寓施工安全和防火防盗等10项工作作为区级挂牌督办重大建设工程和重点安全隐患治理项目，明确分管区长作为总牵头人，确定牵头单位和责任单位。区安委办成立以区安委办主任为组长的10项重大建设工程和重点安全隐患治理督办工作领导小组，下发《关于上报区级督办的重大建设工程和重点安全隐患治理方案的通知》，要求有关牵头单位制订区级督办重大建设工程和重点安全隐患治理方案，并对隐患治理推进情况进行督查督办。年底，居民楼道堆物专项清理、居民小区住宅楼无管理主体电梯的维保及胶州路728号大楼和教师公寓大楼施工安

全和防火防盗等3项工作基本完成，2项工作完成阶段性目标，其余5项工作列入日常监管重点。（蒋曙珺）

【开展“除隐患、防火灾、保平安”宣传教育活动】 4月中旬，为贯彻国务院对北京大兴“4·25”和吉林通化如家快捷酒店重大火灾事故通报精神，并针对区火灾事故频发的形势，区安委办、区消防联席办联合召开区消防和安全生产紧急通报会。会后，全区开展为期一个半月的“除隐患、防火灾、保平安”消防和安全生产主题宣传教育活动，旨在普及消防和安全生产知识，提升居民群众消防安全自我保护和防范能力，增强企业消防和安全生产主体责任意识，实现“无火情、无火灾、无事故”工作目标。区委宣传部、区安监局、公安静安消防支队、区社建办联手制订活动方案，区财政局落实专项资金30万元。活动期间，有关部门指导居民区、学校、社会单位开展安全演练和安全知识培训，向区内家庭赠阅《上海市家庭消防安全知识读本》，在社区、单位张贴和悬挂消防安全宣传横幅和海报，《静安时报》开辟专栏报道活动开展情况，静安有线电视台制作播放城市安全连万家专题报道，各社区利用社区科普电子宣传屏、广播、黑板报等形式进行安全宣传教育，通过派发消防常识宣传册、向居民印发防火公约等形式扩大宣传教育面。加大安全检查力度。4月28日，区安监、消防、民防等多部门开展联合防火消防安全检查，区各委办局及街道、集团公司，对所属企事业单位开展消防和安全生产大检查。区人大常委会和区政协发挥对消防和安全生产监督作用，分别分组到对口部门监督检查消防和安全生产运行情况。5月12日，区政协召开城区运行安全与生产安全提案集中办理会，区安委办答复9件有关城区运行安全和生产安全方面的提案。5月19日，区政协召开加强城区运行安全和生产安全议政会，11名政协委员提出关于城区运行与生产安全的意见建议。区安监局针对重点单位、场所进行集中宣传教育，5月9—13日，对静江建材市场进行以宣传告知为目的的检查，专门召集商铺代表开会，签订《静江建材市场安全生产承诺书》。（蒋曙珺）

【宣传贯彻国务院文件精神】 年内，在学习领会《国务院关于进一步加强企业安全生产工作的通知》基础上，区安委办组成5路由处级干部领衔的宣讲组，按照行业（系统）划分，在全区重点组织开展国务院“通知”学习宣讲。宣讲中，结合典型事故案例，突出重点进行解读，通过分析各类安全生产事故原因，增强宣传针对性和有效性。全年共组织26场次宣讲，约1900余名干部职工参加。从6月初到7月中旬，区安委办组织开展围绕落实国务院“通知”为主要内容的安全生产知识竞赛。全区659家重点企业近5000名职工参加。通过宣讲和竞赛活动，强化安全知识普及程度、行政部门监管责任和企业安全生产主体责任。（蒋曙珺）

【启动应急预案备案管理】 10月14日，为贯彻落实国务院关于《生产安全事故应急预案管理办法》和《上海市生产安全事故应急预案管理办法实施细则》相关要求，推进开展静安区各生产经营单位生产安全事故应急预案备案管理工作，区安监局在区青少年活动中心举办静安区生产安全事故应急预案编制、备案工作培训班，布置生产安全事故应急预案编制、备案工作。区属集团公司、宾馆、饭店等300余家生产经营单位共400名应急预案编制备案操作员参加培训。培训班围绕应急预案编制、《生产经营单位生产安全事故应急预案编制导则》（AQ/T9002－2006）要点，以及上网备案工作要求进行详细说明。年底，约40余家生产经营企业通过网络提交企业应急预案。（蒋曙珺）

【调整区安监局内设机构】 年中，根据区委、区政府有关进一步加强区安全生产综合监管精神，经区编委会第三次会议研究决定，调整区安监局内设机构设置，增设安全生产协调科。主要职能是：承担区安全生产委员会办公室日常工作，组织安全生产履职考核；开展安全生产宣传教育培训；组织安全生产隐患排查治理和专项整治；对特种作业培训和考核机构进行日常监管；对从事安全生产评估、咨询的社会中介组织进行资格认可和监督管理；承担各集团公司安全生产监管工作的联络和指导，负责受理安全生产信访、举报等工作。同时安全生产监察科更名为安全生产监管一科，综合管理科更名为安全生产监管二科，两科均具有行政执法和事故调查处理职能。10月，区安监局行政编制由原10人调整为12人。（蒋曙珺）

7月19日，区安监局举行安全生产知识竞赛决赛（区安监局　供稿）

【开展加油站安全隐患专项检查】 12月上旬，根据市公安局、市安全监管局等9个部门联合下发《加油站安全隐患综合整治工作方案》和市安全监管局《关于本市开展加油站安全隐患综合整治工作的通知》要求，区安监局主要领导带队对区内6座加油站开展专项检查，其中4家属于中石油公司，2家属于中石化公司。检查中发现普遍存在安全管理制度不健全或已建立制度但执行不严的共性问题，如工作记录不全、员工岗位培训教育记录缺失、应急预案编制不完善、人员分工不明确等。个别加油站还存在对社会车辆和人员进出油站管理力度不够的突出问题，具体表现在任由过境车辆随意进入加油站行驶、对加油车辆驾驶人、随车人员或者过路行人接、打电话和吸烟控制不到位。检查中对加油站提出5点整改意见：健全各项安全生产规章制度并严格执行；完善从业人员三级教育和岗位培训并建档立卡；严格按照相关规定编制突发事件应急管理预案并进行网上登记备案；在醒目位置设置警示标志并严格管理，必要时增派专职保安人员，加强各项规章制度执行力度，杜绝站区内违章停车占道、使用移动电话和吸烟等严重违规现象发生；在卸油作业过程中停止汽、柴油经营并指派专人管理。 （蒋曙珺）

【规范危险化学品网上初审】 年内，区安监局组织推进危险化学品行政审批制度改革。根据国家安全生产监督管理局和市安监局文件精神，完善非药品类易制毒化学品经营备案流程，召开危险化学品从业单位安全生产工作会议，对生产经营单位负责人和具体经办人员进行专题培训，确保第三类易制毒化学品经营单位备案工作和乙类危险化学品经营许可申请单位网上内部初审和现场核查严格按照规定进行。根据区政府对行政审批一门式管理工作要求，制订《静安区申办〈乙种危险化学品经营许可证〉外商投资企业设立登记并联审批办事指南》，对办证每一个环节、所需提交资料的每一项要求作详尽说明和解释。全年共协助市安监局完成15个危险化学品行政审批项目，对15个申请单位进行网上资料审查和现场核查，发放备案证明7份，依法注销1个单位的第三类易制毒化学品经营备案证明。 （蒋曙珺）

（本栏目编辑 许以群）

·资 料·

（上接165页）

上海市计划生育奖励与补助若干规定

第八条（独生子女父母年老时的计划生育奖励）

持有《光荣证》的本市户籍公民，按照下列规定领取一次性计划生育奖励费：

（一）按照《上海市城镇职工养老保险办法》规定参加社会保险的人员，办理退休手续时，在按照《上海市城镇职工养老保险办法》规定计发养老待遇后，再给予一次性计划生育奖励费（即原计划生育一次性补充养老金）5000元。

（二）不符合前项规定的人员，女年满55周岁或者男年满60周岁的，由其户籍所在地的区、县政府给予5000元一次性计划生育奖励费。

第九条（婚后无子女奖励的过渡性规定）

2004年4月15日前办理结婚登记且婚后未生育又未收养子女的本市户籍公民，按照下列规定领取一次性计划生育奖励费：

（一）按照《上海市城镇职工养老保险办法》规定参加社会保险的人员，办理退休手续时，在按照《上海市城镇职工养老保险办法》规定计发养老待遇后，再给予一次性计划生育奖励费（即原计划生育一次性补充养老金）10000元。

（二）不符合前项规定的人员，女年满55周岁或者男年满60周岁的，由其户籍所在地的区、县政府给予10000元的一次性计划生育奖励费。

第十条（独生子女意外伤残补助）

持有《光荣证》的本市户籍公民，其独生子女在未满16周岁之前发生意外伤残，自愿不再生育和收养子女的，凭其子女的《中华人民共和国残疾人证》，由其户籍所在地的区、县政府给予不少于3000元的一次性补助。

第十一条（独生子女死亡补助）

持有《光荣证》的本市户籍公民，其独生子女在未满16周岁之前死亡，自愿不再生育和收养子女的，由其户籍所在地的区、县政府给予不少于5000元的一次性补助。

（下转第197页）

十四、城区建设与管理

（一）规划和土地管理

【概况】 2011年，静安区规划和土地管理局（简称区规土局）加强规划编制研究，完成《静安区城区功能和土地利用"十二五"规划》。编制《静安区苏州河滨河现代服务业集聚区修建性详细规划》，提升苏州河滨河区域辐射效应。区规土局联合区商务委，在菜市场规划研究和《社区商业规划》基础上，对菜市场集市规划进行新一轮梳理，完善菜市场及超市系统布局，规范菜市场建设。针对区土地资源稀缺情况，见缝插针增加便民菜店布局，补充已有菜市场、超市的不足。完成恒丰路消防站建设项目控制性详细规划局部调整，启动华东医院老干部疗修养大楼项目控制性详细规划局部调整。做好闲置土地处置工作。完成对净地已开工、净地未开工等14幅闲置地块处置工作，重新签定调整后的"国有建设用地使用权出让合同"，推进土地公开出让，制订年度国有建设用地供应计划，根据市规土局批复的指标，推进区60号地块、轨道交通12号、13号线南京西路站等地块公开出让准备工作，收缴土地出让金4524.91万元。完成土地储备（2010—2012）规划修编工作。调整全区土地储备规划，3年内静安区6类经营性用地土地储备总规模为20公顷，涉及地块11幅。推进项目审批。年内，区规土局以南京西路沿线重大项目为主线，核发嘉里二期除主体工程外的地上连桥及地下通道建设工程规划许可证，批复大中里项目方案、汉森手帕厂改建方案，推进北部地区旧区改造，核发世纪盛荟广场项目方案调整批复和地下部分建设工程规划许可证。促进公共服务类项目建设，完成静安老年健康中心方案专家论证和文艺活动中心方案公示，批复大田路山海关路10千伏地下变电站方案。在推进项目建设同时，注重妥善解决与居民相关的民生问题。组织实施越商大厦等15个项目公示，答复居民意见。强化项目批后管理。年内，区规土局组织对辖区内存在问题建筑和设施安全开展大检查。巡查包括医院、厂房、创意园区、饭店、酒店等场所近百处，检查出具有较大安全隐患违章建筑或设施40余处。拆除悦达八八九广场楼顶钢结构违章、襄阳饭店屋顶搭建项目、陕西南路122号上海市计生委宣教中心消防通道搭建、康定路988号2层楼景观专护房等违章建筑6处，共365平方米。对新闸路1684号违法建设相关单位进行处罚，并完成地下室回填。强化建设工程动态监管，制止华山路328号达芬奇家居股份有限公司门面装修等项目施工过程中建设方擅自改变建筑结构、扩大面积、越证施工等违法行为。推进地名文化保护工作。年内，区规土局推进《静安区地名文化保护规划》研究项目可行性方案研讨、项目设计，与复旦大学历史地理研究所联合达成《静安区地名文化保护规划》项目研究协议，完成该项目初稿。区规土局全年共受理信息公开申请业务453件次。其中当面申请189件次、传真申请8件次、网上申请31件次、信函申请225件。（张　驰）

【完善区城区总体规划梳理工作】 区规土局于年初启动静安区城区总体规划梳理完善工作，至年底完成对全区和街道2个层面的总体规划梳理。该次梳理委托市规划院进行，在区新一轮5年发展规划引导下，进一步加强对城区功能定位、用地结构、公共服务设施配置等内容的核对和研究，提高规划引导控制力。梳理完成《上海市中心城区总体规划（静安分区）》（2010年梳理版）。（张　驰）

【开展历史风貌区保护与更新调研】 年内，区规土局选取"历史风貌区保护与更新的体制与机制"作为年度课题调研项目。该课题对历史文化风貌区保护与更新的体制与机制进行研究，并以整体保存质量较好的静安别墅作为剖析案例，为该课题提出有针对性的政策和实施建议。针对商业经营与居住环境之间的矛盾，建议采取"业态控制"对策，严格控制引入的商业业态；针对房地产权权责不对称之间的矛盾，建议建立"内部交易""合作交易"等产权买卖渠道，减少小区居民户数，增加户均建筑面积，提升小区整体品质。年底，该课题通过市规土局验收。（张　驰）

【制订土地使用权招拍挂出让前期征询制度】 年内，区招拍挂办公室按照市有关部门要求，结合静安区实际情况，制订区国有建设用地使用权招拍挂出让前期征询制度。其基本内容：按“分部门、分步骤、同级询、格式化”实施原则，将静安区国有建设用地使用权招标拍卖挂牌出让进行前期并联，征询部门分为两类，第一类为必征询部门，包括区发展改革委、区建交委、区商务委、区规土局、区环保局、区房管局、区绿化市容局及文管、消防、市政配套、民防、卫生、交警等相关职能管理部门；第二类为选征询部门，根据地块区位、土地用途和设施配套等情况，可征询区科委、区安监局等部门。各征询部门反馈意见后，由区招拍挂办公室汇总并出具出让条件。

（张　驰）

【核发区105地块项目建设工程规划许可证】 静安区105地块位于昌平路、常德路西北角，东临轨道交通7号线昌平路站，原为上海电机（集团）公司南洋电机厂。该地块2008年被市房地局认定为静安区就近安置动迁配套商品房基地。2009—2010年，区规土局对该地块控制性详细规划调整进行公示，后又3次对规划方案进行公示。公示采取现场图纸、网上图示和模型展示方式。每次公示时区规土局和有关部门都听取相邻居民意见和建议，并多次当面沟通、解释，在保证审批合法性基础上，考虑居民合理性建议，采取调低容积率、扩大房屋间距等方式，不断优化、完善方案，以降低对周边影响，确保社会稳定。正值项目开工之时，静安区突发“11·15”特别重大火灾事故，项目暂停。其后根据市政府和区政府相关会议精神，该项目房屋用于胶州路受灾居民安置房和公租房，需再次调整方案。调整方案过程中，区规土局进行包括房型研究、灾民安抚、与各部门沟通协调等大量基础工作，在原方案基础上降低建筑总量1万多平方米，容积率由3.0降至2.28，绿地率有所增加。由于项目审批时限紧，区规土局加紧完成审批，保证项目按计划开工。

（张　驰）

【制订区建设工程设计方案并联审批实施方案】 年内，在静安区行政审批制度改革工作办公室（简称区审改办）主持下，建立区建设工程设计方案并联审批工作联席会议制度。由区审改办牵头，各部门配合制订完成《静安区建设工程设计方案并联审批实施方案》（送审稿）。由区规土局牵头，在区各相关部门配合下，制订完成《静安区建设工程设计方案并联审批操作规程》（送审稿）。经与区审改办商定，选取区内三菱电机厂改建项目按照建设工程设计方案并联审批操作规程进行纸质试运行，及时发现和解决问题。并根据市审改办和市规土局部署总结经验，修改完善实施方案，完成建设工程设计方案并联审批工作信息平台建设，为并联审批工作网上网下正式同步运行做好准备。

（张　驰）

【区建设项目审批平台切换新平台】 根据市规土局统一要求，12月15日起，新报送的建设项目需通过“阳光工程”新审批平台进行报批。为配合进行新平台审批改革，区规土局开展相关新平台业务学习，安排专人参加市规土局组织的新审批流程及计算机辅助设计电脑绘图等业务培训。为配合新平台启用，区规土局就部分已核发过前阶段规划许可的建设项目进行梳理统计，并报送市规土局进行数据录入，确保项目后续审批延续性。区内恒隆广场商场改造等部分项目通过新平台办理项目审批。

（张　驰）

【建立历史地名文化地理信息系统和数据库】 年内，区规土局对已有地理、地名资料的调查考据和分析研究，初步运用地理信息系统建立区历史地名数据库框架。参照中国地名文化遗产保护工程要求，对区地名文化保护提出原则性建议与构想，包括“使用地名是保护地名及相关文化意义的最佳方法”“进一步加强地名和地名文化数据库的编制”“合理利用和规划命名区域商业中心和文化中心的区片名称”等。（张　驰）

（二）建设管理

【概况】 2010年静安区“11·15”特别重大火灾事故，给人民群众生命和财产造成严重伤害和巨大损失，对静安区乃至上海的经济社会发展造成重大负面影响。2011年，静安区建设和交通委员会（简称区建交委）坚持“建管并举，重在管理，以人为本，安全为先”工作方针，抓住“平安规范、夯实基础、奋发有为”这一主线，举一反三，亡羊补牢，防微杜渐，把2011年确定为整顿规范建筑市场、全面加强城区公共安全监管的整治年，深化改革，完善制度，平稳有序推进建交系统各项工作。深刻反思“11·15”特别重大火灾事故教训，完善“三重一大”等党内决策和监督制度，加强基层党建和党员干部教育。贯彻落实党风廉政建设责任制，推进工程建设领域突出问题专项治理以及违规收送礼金礼券购物卡专项治理工作。根据市政府《关于进一步规范本市建筑市场加强建设工程质量安全管理的若干意见》（简称“市22条意见”）要求，开展建筑市场整治工作。年内，区建交委加强建设程序审批和招投标监管，落实开标前现场检查制度，严厉打击无证施工、应招未招、先开后招等违规行为。全年有425个项目纳入建设监管程序，比上年增长39%；11个手续不全的工程完善相关手续，21个未竣工备案已使用工程完成竣工备案；完成项目招标61个，中标金额3.94亿元（其中公开招标项目30个，邀请招标项目31个）；完成非招标项目备案198个，合同金额2.28亿元；发现并依法处置1起串标行为，制止2起虚假邀请招标行为。对全区69家建设施工企业开展企业资质动态核查，在企业网上自检基础上，针对13家问题企业进行实地核查，撤回10家企业资质（其中注销9家企业资质），责令整改3家。通过动态核查，掌握区建筑施工企业资质现况，清理一批不达标企业。区建交委在加强日常监督基础上，组织工程承发包、安全生产、文明施工、小型工程、玻璃幕墙等10多次全区范围内专项大检查。共出动检查人员3785人次，检查工地1661个次，签发整改单547份、局部停工单49份，排除各类质量安全隐患2500余处，约谈企业181家次，对违法违规当事人立案查处48起，处罚金额91.6万元。做好“11·15”特别重大火灾事故善后处置工作，在对胶州路728号过火大楼应急检测基础上，委托专业单位对房屋结构安全性能进行全面检测；开展脚手架拆除、安全防护以及外墙处理等应急抢修工作，消除过火大楼安全隐患。年内，区建交委下属12家企业划转区国资委管理。推进区建设工程领域行政审批制度改革，开展建设工程设计文件审查和竣工验收备案改革，将初步设计审批和施工图审查合并，由原多头征询、串联审批变为一口受理、并联审批。开展社会稳定风险评估和评价工作，先后对大中里综合发展项目、汉森手帕厂改造项目（公租房）、越商大厦、三菱电梯厂改造、区法院扩建、华谊综合楼、静安花园等项目开展建设工程社会稳定风险评估。制订《静安区政府财力投资项目代建管理办法》，为政府投资项目的专业化管理打下基础。协调推进区静态交通规划、建设和管理，并督促相关部门规范非机动车日常管理工作。协调沪嘉专线等公交站点调整工作。开展交通运输领域有关整治工作，组织相关单位排查交通运输行业薄弱环节和安全隐患。做好汛期应急处置准备工作，有效抵御“米雷”“梅花”台风外围影响和多次暴雨侵袭。（吕国斌）

【健全行政监管制度】 年内，区建交委依照“市22条意见”行政监管全覆盖要求，结合部门职能及区域实际编纂修订《静安区整顿规范建筑市场加强建设工程质量安全管理工作文件汇编》，共收录“区27条实施办法”等18个监管细则与规范性文件，明确部门职责、完善监管流程、细化工作要求，为建筑市场整治工作提供法制保障。（吕国斌）

【基本摸清建筑市场底数】 为摸清静安区建筑市场整体情况，年内，区建交委对全区范围内建设工程开展为期1个月的全覆盖调查，调查覆盖各类在建工程525项，梳理出10个方面32类问题，全面掌握区建筑市场总体状况，做到底数清、项目清、问题清，为进一步健全制度、完善监管提供了可靠依据。（吕国斌）

【加强安全生产培训】 年内，区建交委以建筑市场整治为契机，搭建平台，丰富教育形式，开展多层次多类型多形式宣传教育。共举办系列专题讲座6期，培训行政监管人员128人次；组织从业人员参观安全教育展览会676人次，观看安全教育录像1919人次；组织消防宣传安全知识竞赛40次，累计参赛人数1147人。（吕国斌）

【建立兼职市场整治巡查队伍】 年内，区建交委通过购买社会服务方式建立建筑市场整治巡查队伍，对小型工程、“六无”工程开展全覆盖巡查。共发现未纳入行政监管范围建设工程683项，协助整改用电隐患245处，规范劳动保护用具佩戴136处，协助行政监管单位督促89项建设工程做好文明施工。（吕国斌）

（三）旧区改造管理

【概况】 1月，国务院颁布实施《国有土地上房屋征收与补偿条例》（简称《条例》）；10月，上海市政府颁布实施《上海市国有土地上房屋征收与补偿实施细则》。静安区旧区改造管理办公室（简称区旧改办）贯彻落实“条例”，完成市下达的全年旧区改造目标任务。开展“静安区贯彻落实《国有土地上房屋征收与补偿条例》”系列课题调研；从旧改考核激励机制、房源管理、成本控制、贴息管理等方面着手，形成和完善工作制度，为更规范地推进旧改工作提供制度保障；按照“尽力而为、量力而行，依法合规、平稳有序”原则，制订区旧区改造工作“十二五”规划。推进区54－G、54－A、78号一期、二期、95－C、118－3、103、86号等8幅成片地块以及胶州路838号、北京西路777号、西康路588号等3幅零星地块动迁工作。开展恒丰路消防站房屋征收与补偿试点前期准备。10月，市政府将静安区全年旧改目标任务调整为完成居民签约1300户，至年底全区完成居民签约1310户。全年受理来信202件，办结率100%；完成全国“两会”、中国共产党成立90周年、中央全会等多个重要时间节点社会维稳工作。结合区领导包案工作，化解历史遗留矛盾2件；终结历史遗留矛盾3件。（沈　婷）

【区103号街坊通过第二轮征询】 区103号街坊地块东起西康路，西连常德路，南接康定路，北至“800秀”创意产业园区，共需动迁居民1311户，由静安市政建设动拆迁有限公司实施房屋拆迁。该地块是静安区采用“事前征询”“数砖头”等旧改新机制后首幅动迁居民超千户的基地。2010年10月20日，区103号街坊旧改工作第二轮征询签约正式启动，至2011年1月19日，签约率68.6%，达到市建交委、市房管局要求第二轮征询签约率需三分之二的规定，地块正式实施改造。至2011年底，完成居民签约1002户，签约率76.43%。（沈　婷）

【启动恒丰路消防站房屋征收前期准备工作】 恒丰路消防站建设是静安区首个房屋征收项目。年内，区旧改办会同区建交委、区房管局等相关部门，按照征收条例规定和市政府有关过渡办法，做好征收补偿方案拟定、征收程序梳理、资金房源落实等各项准备工作，为项目启动创造条件。（沈　婷）

【开展司法强制执行试点准备工作】 年内，根据《国有土地上房屋征收与补偿条例》以及《上海市国有土地上房屋征收与补偿实施细则》的规定，为规范做好静安区《国有土地上房屋征收与补偿条例》实施前已取得拆迁许可证项目涉及房屋拆迁申请人民法院强制执行工作，区旧改办、区房管局、区法院、区法制办、公安静安分局、各街道及各在拆基地等相关部门和单位多次沟通，研究商讨司法强制执行工作。明确职能分工和操作流程，做

好司法强制执行工作前期准备。经过梳理向区法院申报7份拟申请司法强制执行案件材料。（沈　婷）

（四）市政配套管理

【概况】 2011年，静安区市政工程和配套管理局（简称区市政配套局），推进世博后市政交通长效管理，区域市政设施和环境面貌常态优良。全区有属城市路网的道路63条，其中横向道路34条，纵向道路29条。城市道路总长度62.57公里，道路总面积126.93万平方米，车行道面积84万平方米，人行道面积39.3万平方米。实施市政道路设施和排水系统更新升级。年内，完成常德路二期拓宽工程，共拓宽道路面积2289平方米，排砌大理石人行道5225平方米；更新万航排水系统武定路、胶州路等4条路段下水管道共1055米，翻新道路面积18659平方米；推进实施奉贤路（石门二路—凤阳路）道路改建工程；完成武定路、安远路1653米道路重点养护工程和山海关路（大田路—成都北路）650平方米拓宽工程。静安区第一次14607个单位和居民完成从人工煤气向天然气转换。全年道路维修保养总面积6.6万平方米，疏通养护下水道总长16.33万米；汛期经历台风"梅花"等多次考验，共出动人员1808人次，专业车51次，全区积水少、退水快、无大面积积水。规范市政工程建设和管理。按照区开展规范整顿建筑市场工作部署和要求，区市政配套局对工程建设流程进行重新梳理，加大工程招投标等基础工作管理力度，把项目经理责任制，安全员、质量员、文明管理员等必须是施工企业正式职工等要求列入工程招投标文件，提高竞标单位质量，有效防止皮包公司的串标行为；把开工前的安全培训工作列为工程开工"规定动作"，未经培训的坚决不予开工，明确工程建设安全风险和注意事项，提高从业人员安全生产、文明施工意识。全年共有15个单位、87人次参加专题培训。提升静态交通管理，非机动车停放管理"4+2"（固守管理、机动管理、委托管理、门责管理及志愿者管理、社区管理）管理机制得到巩固；配合区政府实事旧住宅小区物业一体化工作，区交通管理中心针对区域内小市政道路停车缺乏统一归口管理现状，联合区房管局通过实地查看、向街道和物业公司咨询了解情况等方式，对区域内有停车条件的12条小市政道路的车位、收费、停车情况等进行摸底，形成专题报告上报区政府；全区120个道路停车点增设"军车免费"指示牌；完成出租车候客站规划编制，南京西路、常德路等3处出租车候客站试点建成投运。（汪晓春）

【新闸路辟通工程南侧道路建设竣工】 新闸路延伸段（万航渡路—镇宁路）道路辟通工程经过前期筹备，于2010年8月1日开始进场开展封闭性施工，结合周边新建开发项目配套需求，推进电力、燃气、供水等管线铺设施工。同年10月下旬启动南侧道路工程，2011年1月5日竣工。新辟道路长400米，宽12米，地下新敷设管径800～1000毫米的下水管道346米，该工程施工单位为上海华佳建设发展有限公司。新闸路延伸段北侧道路需待新镇宁菜市场搬迁后方可实施。（汪晓春）

【拓宽山海关路】 为配合上海自然博物馆建设，区市政配套局对山海关路（大田路—成都北路）实施拓宽，施工单位静安区市政养护工程有限公司。2010年10月中旬进场施工，陆续实施电力、信息等排管工程，2011年1月实施道路路面拓宽和重点养护工程，3月初工程竣工，共拓宽车行道650平方米，新铺设花岗岩人行道600平方米。（汪晓春）

【常德路二期拓宽工程竣工】 常德路二期拓宽工程（昌平路—安远路）于4月初开工建设，7月底竣工。该段道路全长450米。4月27日，实施架空线入地工程改接施工，共拔除电线杆53根，该段常德路上的"黑色蜘网"彻底消失。4月底完成该路段电力、信息架空线入地工程，排放电力电缆6.8公里、各类信息管线100余公里。5月初开始实施道路拓宽工程，由上海静安市政工程有限公司施工，共拓宽车行道2289平方米，排砌大理石人行道道板5225平方米、侧平石1066米，改造雨水井30口，新排天然气管道440米。受市水务局委托，沿线还实施5口新型预制雨水井的施工。竣工后的常德路（昌平路—安远路）达到"四快二慢"设计要求。至此，从2009年6月开始陆续实施的常德路（静安段）拓宽工程全线完成。（汪晓春）

【更新万航排水系统4条道路下水道】 万航排水系统下水道改建工程是静安区政府年度重点工作。其中武定路、万航渡路和昌平路3处工程于2011年三季度开工并竣工，胶州路工程三季度开工，年底前竣工。武定路（武宁南路—万春街）工程新排铺下水管道270米，翻新道路3942平方米，人行道1825平方米；万航渡路（华山路—北京西路）工程新排铺下水管道144米，翻新道路5500平方米。由静安区市政养护工程有限公司施工。昌平路（康定路—泰州路）工程改造下水管道159米，翻挖新建道路基层1262平方米，翻新沥青路面2524平方米，人行道1383平方米；胶州路（北京西路—武定路）工程新建下水管道482米，改造下水道支管108米、连管约200米，翻新道路6693平方米，人行道3100平方米。由静安市政工程有限公司施工。（汪晓春）

【开展水利普查工作】 根据上海市水务局和市水利普查办的工作部署和要求，2010年9月14日，静安区成立第一次水利普查领导小组。区市政配套局作为区水利普查领导小组办公室承担选聘人员、组织培训、编制区域方案、做好前期准备工作。2011年6月上旬前基本完成水利普查清查阶段各项工作，进一步明确普查目的、对象和内容等。8月初，5个专项组的清查复核及普查填报工作同步开展。为完成区内排水管道普查任务，区水利普查办公室委托上海锦兴设计咨询有限公司，对区管网行业数据库进行更新与完善，确保排水管道、排水井数据信息的真实性和准确

性。至12月底，5个专项组工作进展顺利，全区普查工作将于2012年下半年完成。（汪晓春）

【区首批天然气转换工作完成】 （见第194页【启动区内天然气转换】）（汪晓春）

【余姚路555号项目管线配套工程竣工】 根据余姚路555号公安静安分局特殊用房项目的综合配套要求，上半年，区市政配套局和水、电、燃气、通信等专业公司就地块配套方案进行沟通，各家公司完成制订各专项方案，由区市政配套局委托专业单位开展地块内部管线平衡方案设计。6月，进场实施管线施工。11月，全面完成项目内管线配套工程。（汪晓春）

【完成出租车候客站规划和试点工作】 根据上海市交通港口局关于推进出租车候客站工作的要求，区交通管理中心委托上海市交通港航发展研究中心开展《静安区出租车候客站规划方案》编制工作，于11月底完成。经过实地查看摸底和相关单位意见征询等前期工作，区交通管理中心制订出租车候客站的试点方案，在区域内的常德路昌平路（轨道交通7号线东、西二侧出口）、南京路青海路等3处进行试点建设，10月实施建设，11月完成投运。（汪晓春）

【武定路、安远路道路重点养护工程竣工】 武定路（江宁路—石门二路）全长701米。该道路养护工程于10月开工，对车行道进行挖补并全线铣刨加罩，修整人行道，11月底竣工，由静安区市政养护工程有限公司施工。安远路（长寿路—常德路）全长952米。该道路养护工程于10月开工，对车行道进行挖补并全线铣刨加罩，修整人行道，12月底竣工，由上海华佳建设发展有限公司施工。（汪晓春）

【落实“军车免费”双拥优惠政策】 年内，区交通管理中心在全区120个道路停车点增设“军车免费”指示牌，并会同区民政局对区域内各社会停车场、库进行联合暗访，通过加强宣传和监督，确保全区道路停车管理员和社会停车场、库将该项双拥优惠政策执行到位。（汪晓春）

（五）园林绿化管理

【概况】 2011年，静安区绿化和市容管理局（简称区绿化市容局）按照“建管并举，管理为重，民生为本，管理为先”工作要求，围绕世博后长效常态管理目标，推进绿化建设和管理，进一步改善城区绿化生态环境和景观品质。全年建成绿化总量2.55万平方米。其中，公共绿地1.04万平方米，专用绿地1.08万平方米，屋顶绿化0.43万平方米。至年底，全区绿地面积102.9万平方米；城区绿化覆盖率20.74%，比上年增长2.8%；城区公共绿地46.07万平方米，比上年增长2.1%；城区人均公共绿地1.51平方米，比上年增长3.4%；全年种植乔灌木9.8万棵，布置花卉151万盆。年内，区绿化市容局推进园林植物废弃物循环利用工作，启动“园林废弃物收集点集约化、低污染、标准化的研究与推广应用”课题研究。考察学习北京、深圳园林废弃物循环利用项目，结合区实际，提出发展目标，为全市推广提供经验。全年园林植物废弃物循环利用处置基地共处置园林废弃物2200吨，二氧化碳减排1122吨（按照回收处理1吨园林废弃物减排二氧化碳0.51吨核算）。为提高松江新桥园林废弃物循环利用处置中试基地的处置能力，对场地、设备、工艺等进行改建和优化。园林废弃物处置能力由2300吨提升到7500吨。区公园、绿地、行道树等日常养护产生的园林废弃物处置率80%以上。（范佳艳）

【开展春季义务植树活动】 3月10日，区四套班子领导和区绿化委员会委员共50余人在新闸路延伸段（镇宁路—万航渡路）参加义务植树活动，植树60棵。区绿化办在植树节期间还组织内容丰富的系列活动，在延中绿地（静安段）开展市民树木认养活动，在静安公园和曹家渡社区开展绿化宣传活动，分别组织雅培制药公司和波特曼丽嘉酒店2家外企开展树木认养活动，共认养树木203棵。（范佳艳）

【静安雕塑公园引进雕塑】 年内，区绿化市容局开展优秀雕塑作品引入静安雕塑公园工作，共引进国际雕塑大师雕塑作品10件，分别是法国雕塑家阿曼的《音乐的力量》等4件雕塑作品、法国雕塑家蓬塞的《偶遇》等5件雕塑作品和美国雕塑家沃德克《草原永恒的时光》雕塑作品。静安雕塑公园获得“全国优秀城市雕塑建设项目”年度大奖，《慈航》《巨型风向车》2件雕塑作品分别获得上海公共艺术项目研讨会专家评选第一、第二名。（范佳艳）

【开展“十进公园”系列活动】 年内，区绿化市容局推进“十进公园”系列活动，开展特色文化、法律咨询、心理疏导、医疗卫生、为民服务、千家万户的小娘舅、科普教育、戏曲表演、双语学习、爱心义卖等活动33次。（范佳艳）

7月，静安雕塑公园内的《巨型风向车》获上海公共艺术项目研讨会专家评选第二名（区绿化局 供稿）

【落实世博后长效常态管理机制】 年内，区绿化市容局以制度抓落实、向管理要效率，不断完善制度、优化管理，落实世博后长效常态管理机制。推进绿化精细化养护，以静安公园为试点，对公园绿地内各类植物元素和非植物元素进行调查、量化，查清绿地的基本现状，为精细化养护打下基础，逐步向全区公共绿地、行道树推行。修订完善制度管理规范，对《静安区绿化行业管理规范》《静安区绿化市容局内部管理规范》进行修订，新制订《绿化保洁管理实施办法》《花卉景观常态管理办法》《野生动物保护管理办法》《特色绿化管理办法》和《公园管理规范》等16项制度，新修订《屋顶绿化管理办法》《古树名木管理办法》等28项制度。 （范佳艳）

（六）市容与市政管理

【概况】 2011年，区绿化市容局健全完善绿化市容、城管执法、环卫作业规范性文件和规章制度，形成《静安区绿化市容管理工作规范》。完成50条（段）“洁净工程”示范道路创建，参建道路实行24小时道路保洁模式。11月22日，完成余姚路505号、余姚路519号等全区沿街12座大型废物箱入地政府实事工程。按照2011年门责管理实施意见，全年锁定区域重点门责单位71家，门责签约率100%、门责履约率99%。创建静安寺社区（街道）、南京西路社区（街道）为“市容综合管理示范街道”。曹家渡社区（街道）91个小区全部启动生活垃圾分类。促进垃圾源头减量工作，全区全年进入末端处置的生活垃圾总量11.27万吨，比上年下降4%。全年餐饮单位餐厨垃圾实际规范收运541家、废弃食用油脂纳入规范收运169家。年内对万航渡路356弄菜场垃圾实行生化处理试点，推广以废弃牛奶盒制作垃圾箱房门的资源循环利用项目，改建280扇牛奶盒垃圾箱房门。《静安南京路户外广告阵地实施方案》《延安高架路沿线户外广告设施设置实施方案》以及《南北高架路沿线户外广告设施设置实施方案》批准实施。通过全国爱卫会对静安区巩固国家卫生城区创建成果复查。自2008年起连续4年共8次获上海市市容环境卫生状况社会公众满意度测评全市第一、获上海市绿化和市容管理局系统专业考评全市第一。 （赵慧莉）

【深化巩固门责联包运作机制】 年内，区绿化市容局制订2011年门责管理实施意见。通过调查排摸确定全年重点管理整治范围和路段，共锁定重点管理门责单位71家。从3月起由各街道申报，区绿化市容局组织区相关单位每月检查验收。8月，全区71家门责重点单位全部通过验收，并在9月、10月全部通过复查验收。全年共开具门责“违章告知书”475张，全区共整治跨门营业5410起，整治乱设摊1593个，清除乱招贴、乱涂写、乱刻画11329处。 （赵慧莉）

【推广以废弃牛奶盒制作垃圾箱房门的资源循环利用项目】 区绿化市容局于4月正式启动废弃牛奶盒制作垃圾箱门项目，全年改建牛奶盒复合型垃圾箱房门404.63平方米（280扇）、不锈钢垃圾箱房门204.85平方米（142扇）、铁制垃圾箱房门178.84平方米（124扇）。 （赵慧莉）

【启动垃圾分类源头减量试点工作】 根据市政府关于推进生活垃圾分类促进源头减量工作要求，区绿化市容局制订《静安区开展生活垃圾分类促进源头减量试点工作实施方案》。5月5日，以“垃圾分类，大家给力”为主题的静安生活垃圾减量化分类收集启动仪式在曹家渡社区（街道）怡乐花园小区举行，静安区垃圾分类源头减量试点工作正式启动。曹家渡社区（街道）91个小区全部启动生活垃圾分类收集。全年全区进入末端处置的生活垃圾总量112664吨，比上年下降4%，日均处置垃圾308.6吨，完成市下达日均处置控制311吨以内的任务。 （赵慧莉）

【开展道路违规设置指示牌专项整治】 5月，区绿化市容局开展全区道路违规设置指示牌专项整治行动。在对辖区各条道路全面排查基础上，联合城管分队、街道办事处，共对270块道路设牌进行调查、拍照、留档，拆除严重影响市容的违规设牌143块，对127块经过审批路牌予以保留。 （赵慧莉）

【完成50条（段）“洁净工程”示范道路创建等政府实事】 年内，区绿化市容局在完成洁净工程、开展前期各项准备工作基础上，从区域道路保洁存在的南北差距、时段差异、路段差异的特点入手，重点加强对江宁路、康定路、安远路、余姚路、昌平路、昌化路、武定路等道路保洁常态督查。对参建道路污染情况进行排摸，确定污染点，加强对作业人员及作业设备的调配，重新安排电动车保洁线路。实行24小时道路保洁模式，年底在50条（段）道路推广，完成示范道路创建政府实事工程。由区绿化市容局牵头实施的垃圾箱房入地工程，经市建交委市政道路办、电力检修公司、大众燃气公司、静安交警支队等相关部门共同配合，通过专题分析、地下管线踏勘、查核调整确定垃圾箱房入地选址，于11月22日完成余姚路505号、余姚路519号、武定路921号、康定路1000号、巨鹿路870号，凤阳路724弄（3座）、昌化路347号（2座）、昌化路600弄（2座）等沿街12座大型废物箱入地的政府实事工程。 （赵慧莉）

【石门二路社区（街道）创建成市市容综合管理示范街道】 年内，区绿化市容局在完成静安寺社区（街道）和南京西路社区（街道）成功创建市容综合管理示范街道基础上，协调联系石门二路社区（街道）办事处，配合做好相关资料准备整理工作，并协调区相关职能单位做好石门二路社区（街道）市容综合管理示范街道创建工作。年底，石门二路社区（街道）市容综合管理示范街道创建工作通过市绿化市容局验收。 （赵慧莉）

（七）城市监察

【概况】 2011年，静安区城市管理监察大队（简称区城管大队）健全监察执法工作机制，加强执法顽症治理，推动城市环境常态、长效管理。全年出动执法5.53万人次、1.23万车次，查处案件2575起（其中一般程序立案1089起，简易程序处罚1486起），教育5.67万人次，告知、引导流浪乞讨人员2991人次，实际救助438人次；移送文化执法部门22起（移送盗版音像制品3599套、盗版图书1300本），暂扣924次；组织联合执法256次，开展餐厨垃圾执法行动40次，其中处理餐厨垃圾1475公斤、“地沟油”1075公斤、废弃食用油脂155公斤；先行登记保存运输车辆2台、收运工具115只，移送改装非机动车1辆。申请法院强制执行53起，执行率100%。接派城市管理信息平台指令1.21万件，视频监控发现4732件，大队领导交办3028件，督查发现1.18万件，内部督察发现3647件，处置率100%。受理各类来信、来访、来电2023起，办理人大、政协提案33件，全部按期办结。受理违法建筑投诉、举报488起（其中不实、重复投诉293起），比上年增加39起，实际立案195起，全部实行分转查办，结案62起，比上年增加31起。拆除新违法建筑35处、1228.59平方米，比上年增加21处、1125.12平方米；拆除存量违法建筑27处、914平方米，比上年增加10处、557.24平方米。年内，区城管大队依托区执法联动联席会议制度、区际结合部联勤联动联席会议工作机制，发挥联动执法突破部门界限，协调各方力量，整合部门资源优势，通过执法联动工作机制，全年共接受执法联动申请17份、争议调处申请5份，召开执法联动工作例会、专题推进会和争议调处会议34次，参与相关执法联动领域专题会议15次，组织实施执法联动行动208次。拓展、巩固“三包五定”（大队分包，分队包片，队员包段；定人员，定路段，定标准，定措施，定奖惩）勤务模式成果，提高队员巡察出现率、发现问题及时率、各类违章处置率，基本形成全时段、全覆盖执法巡察机制，街面秩序、市容环境明显改善。按照重大活动、重要节日保障工作要求，分时段、分路段、分区域安排执法力量，掌握违章动态，把握执法热点、扫除执法盲区，加强重点路段、重点时段执法巡察，组织开展整治夜排档、跨门营业、弄口设摊、占道堆物、施工污染等专项行动，维护社会秩序和城区环境面貌，完成重大活动，重要节日期间各项执法保障任务。2011年区城管大队被评为市城管执法系统年度综合考评中心城区组优秀单位。（朱月生）

1月20日，城管队员在南京西路沿线参加除雪清道活动

（区城管大队　供稿）

【完成节能减排重点工作项目】 第二季度起，区城管大队按照推进机关内部能源资源节约工作及节能减排重点工作实施方案要求，启动实施太阳能热水器安装等综合节能改造项目。办理核实相关资料，协调和解决安装施工过程中出现的问题和难点。9月底，完成太阳能热水器项目设备安装工作，确保正常运行并达到最大限度节能降耗的要求，比上年同期减少电费支出3万余元，节约率8.82%。（朱月生）

【开展“夏令热线”专项执法活动】 7月19日—8月20日，区城管大队按照“3个2”（即接投诉后，“20分钟”内赶到现场，“2小时”内答复投诉人，“24小时”内处理完毕）信访受理要求，落实“三定”（定人、定时、定点）联系社区管理制度，抓好“夏令热线”城管执法工作。其间，共出动执法人员4754人次，执法车辆1081车次；开展执法整治48次，制发《责令改正通知书》138份；教育4987人次；查处各类违章违法案件201起（其中立案99起、简易处罚102起），暂扣77起；协助文化执法部门收缴4起；受理各类投诉举报222件，分转及处理率100%。（朱月生）

【“两昌”地区市容环境综合整治】 8月，区城管大队按照“关于开展‘两昌’地区综合治理工作的方案”工作要求，会同江宁路社区（街道）以及相关执法管理职能部门，采用联合固守和集中整治等方式，综合运用暂扣和行政处罚等手段，开展昌化路（海防路—康定路段）、昌平路（西苏州路—江宁路段）市容环境综合治理工作。至10月上旬，联合执法队伍出动1290人次、267车次，向212户沿街商家进行宣传教育，立案66起，简易处罚31起，暂扣44起，有效遏制跨门营业、乱设摊、无证经营等影响城市环境违章违法行为，并全面加强整治后的长效管理。（朱月生）

（八）重大项目推进

【概况】 2011年，静安区重大项目推进办公室（简称区重大办）在确保施工安全前提下，配合、协调轨道交通12号线茂名路站体、13号线吴江路站体以及区60号地块涉及轨道交通建设的地下工程部分等3个涉及市轨道交通建设项目的工程建设。稳步推进市、区政府重点工程、实事项目4个，

其中区105号地块项目于9月30日正式开工，至年底完成30%桩基施工；恒丰路消防站项目进行工程可行性研究报告审批，房屋征收方案形成初稿；区社会组织服务中心项目进行初步设计方案调整和社会风险报告编制；区法院审判庭项目进入可行性研究报告审批阶段。南京西路1788号项目竣工，协和二期北块项目、市西中学改扩建工程、静安寺交通枢纽综合项目等3个项目结构封顶。在维护社会稳定前提下，加强协调力度，大中里项目、嘉里中心二期项目、688基地、区105号地块与世纪盛荟广场（中央广场）等5个在建项目按节点平稳推进。区49号地块、区老年健康中心和区老干部活动中心、区委党校综合楼等3个预备项目进入启动准备阶段。（袁春椿）

【召开区重大办2011年工作会议】 2月16日，召开区重大项目工作会议，专题部署2011年重大项目安排及推进工作。会议明确2011年区重大办重点推进项目18个，其中涉及市轨道交通建设项目3个：轨道交通12号线、13号线的站体建设项目，区60号地块涉及地铁建设的地下工程部分。市、区政府重点工程、实事项目5个：市西中学改扩建工程、恒丰路消防站项目、区105号地块项目、区社会建设服务中心项目、区法院审判庭项目。区重大建设项目7个：南京西路1788号项目、协和二期北块项目、静安寺交通枢纽综合项目、中央广场项目、大中里项目、嘉里中心二期项目和688基地。预备项目3个：区49号地块、区老年健康中心和区老干部活动中心、区委党校综合楼。（袁春椿）

【静安寺交通枢纽综合开发项目主楼结构封顶】 静安寺交通枢纽综合开发项目位于愚园路、常德路，地处静安寺核心商业区域，由上海天顺经济发展有限公司（外资）与静安区城市建设配套公司下属上海通安房地产开发有限公司联合开发，总建筑面积12.2万平方米，其中交通枢纽部分已交付使用。综合楼由主楼（12层）及裙房（7层）组成，服务功能涵盖百货零售、餐饮娱乐、文化休闲、商贸办公、交通换乘等，是集商业、办公、公共交通设施为一体的综合开发项目。4月8日，标高92米的塔楼顶板混凝土浇筑完毕，完成结构封顶，项目进入设备安装和外立面施工阶段。（袁春椿）

【大中里项目有序推进】 该项目位于南京西路核心区域，东靠青海路，西临石门一路，南邻威海路，北接南京西路，占地约6.3万平方米，总建筑面积约48万平方米，其中地上建筑面积约29.2万平方米，将建设成为包括购物中心、高档商务楼及酒店在内的大型多元化综合性项目，由香港兴业国际集团有限公司和太古地产有限公司联合投资开发建设。大中里项目与建设中的轨道交通13号线无缝连通，周围路段地下空间将连通轨道交通2号线、12号线及13号线，形成一座中心城区立体式交通换乘枢纽。按节点有序推进，5月16—21日进行规划方案公示，6月11日规划审批完成，10月21日获施工许可证（桩基部分），进入桩基施工阶段。（袁春椿）

【市西中学改扩建工程结构封顶】 该工程2009年1月开工建设，2011年12月实现结构封顶。项目由愚园路460号和愚园路404号2个地块组成，基地占地面积3.52万平方米，总建筑面积约5.3万平方米，土地用途为教育。建设单位为静安区教育局基建校产管理站，由上海星宇建设有限公司承建。改扩建完成后的市西中学总建筑面积6.57万平方米，占地面积3.96万平方米。初步规划办学规模为82个班级，其中高中30个班级、初中52个班级，学生总数3000多人。（袁春椿）

【南京西路1788号项目竣工】 南京西路1788号项目由上海世纪静安房地产有限公司投资18亿元开发，上海市第五建设有限公司承建，总建筑面积11.3万平方米，主楼高124.9米，共29层，是一栋由国际甲级写字楼和商场组成的综合楼。其设计贯彻节能低碳的健康办公新理念。2007年12月开工，2011年7月工程竣工，12月完成竣工验收。（袁春椿）

【协和二期北块项目结构封顶】 协和二期北块项目位于南京西路、永源路口，是集商业、城市服务酒店、公寓式办公楼于一体的综合性商业项目。该项目分A、B、C三幢建筑，每幢建筑均由地上4层、地下4层（靠近地铁隧道处，局部地下3层）组成。规划总建筑面积约6.7万平方米，其中地上建筑面积约2.4万平方米，地下建筑面积约4.3万平方米。由上海静安协和房地产有限公司投资10.02亿元开发，中国建筑第三工程局有限公司承建，2007年12月开工，2011年底结构封顶。（袁春椿）

（本栏目编辑　俞奇伟）

十五、环境保护

(一)综　述

2011年，静安区环境保护工作投入资金6.06亿元，比上年增长12.8%。其中，用于污染源控制1514.2万元，城市环境基础设施建设5.75亿元，环境管理能力建设102.6万元，环保设施运转费1355万元，其他39.3万元。区域环境空气质量优良等级天数339天，优良率92.9%，比上年上升1.7%，可吸入颗粒物年日平均值每立方米0.077毫克，二氧化硫年日平均值每立方米0.029毫克，二氧化氮年日平均值每立方米0.058毫克。区域降尘量月平均值每平方公里6.1吨，比上年下降11.6%；道路降尘量月平均值每平方公里6.5吨，比上年下降36.3%。区域环境噪声平均值昼间55dB(A)、夜间46.1dB(A)，达到二类功能区标准。清洁能源使用率98.4%(炉灶)。静安区环境保护局(简称区环保局)审批建设项目环境保护影响评价报告(表)265件。审批夜间施工369次。年内全区新创绿色环保单位13个。区创绿复查考评组对创建满5年的11家绿色环保单位开展复验，结果全部合格。“6·5”世界环境日大型宣传活动在静安公园门前广场举行，围绕世界环境日中国主题——“共建生态文明，共享绿色未来”和上海主题——“百万家庭低碳行，垃圾分类要先行”，区环保局开展内容丰富、形式多样宣传活动。

全年区环保局组织环境监察976批次，监察企事业单位1753户次。征收排污费39.3万元。受理与处理环境污染纠纷115件，比上年下降10.2%，处理率100%，办结率91.3%。对15家环境违法单位进行行政处罚，处罚金额5.78万元，其中违反《中华人民共和国大气污染防治法》6家，处罚金额1.33万元；违反《放射性同位素与射线装置安全和防护条例》2家，处罚金额2万元；违反《上海市饮食服务环境污染防治管理办法》7家，处罚金额2.45万元。在学生中、高考和国家公务员考试期间，开展“绿色护考”行动，共出动20批次、33人次，检查建筑工地46户次、社会噪声源24户次，未发生建筑工地违法施工以及娱乐行业社会噪声超标排放的环境违法行为。区2011年整治违法排污企业，保障群众健康环保专项行动于5—10月进行，围绕辐射环境污染防治检查、污水处理设施整治、严重影响市民正常生活和环境污染行为案件查处、建设项目环保管理中“未批先建、久拖不验”整治等4个方面开展专项行动。

全年完成环保监测数据1.09万个，其中污染源监测数据5272个、环境质量监测数据5650个。完成2个单位工艺废气、2个单位噪声、21个单位废水的监测工作。完成对环保信访矛盾争议数据监测，监测18次、208个数据；“三同时”(污染治理工程与主体工程同时设计、同时施工、同时投产使用)验收监测175次、4415个数据；委托监测32次、480个数据。根据市环境监测工作要求，完成每月对地表水、降水(酸雨)监测工作；完成

6月2日，静安区“6·5“”世界环境日宣传活动在静安公园举行

(区环保局　供稿)

全区8个降尘点、7个车辆鸣号率监测点、42个声环境控制点监测工作;完成空气质量自动监测站每日数据收集。(汤旭芳)

(二)环境管理

【完成市、区第四轮环保三年行动计划】 年内,区环保局全面完成市、区第四轮环保三年(2009—2011年)行动计划中市政府下达给静安区的6项任务:(1)负责辖区内扬尘污染控制督促、推进工作;(2)屋顶绿化建设1万平方米;(3)其他立体绿化建设1000米;(4)按照国家和市标准化建设要求,实施区县环境应急监测及标准化能力建设;(5)按照国家和市标准化建设要求,实施区县环境监察标准化能力建设;(6)按照国家和市标准化建设要求,实施区县辐射环境监管标准化、信息标准化、宣教标准化能力建设。区计划的63项任务,亦全部完成。(汤旭芳)

【编制区第五轮环保三年行动计划】 年内,区环保局结合静安区"十二五"规划和区环境保护"十二五"规划,编写计划纲要,组织研讨会,形成初稿,征求意见,报区政府常务会审议通过,形成静安区第五轮环保三年(2012—2014年)行动计划。计划涉及8个方面,分别为大气环境保护、水环境保护、声环境保护、固体废物处置、辐射污染防治、生态环境建设和保护、环境管理能力建设及保障措施,共有53项工作任务,涉及26个责任单位。(汤旭芳)

【监管辐射安全】 年内,区环保局根据《辐射安全许可证办理规程》,审批发放辐射安全许可证8件。对个别未进行登记和办证的牙科诊所督促办理相关手续。出动42批次、134人次对放射性同位素使用和射线装置使用及销售单位监督检查,共督导检查单位105户次。经查,各单位能够按要求做好对放射性同位素使用和射线装置使用及销售的内部管理,及时记录台账。辖区内未发生核辐射环境污染事故。(汤旭芳)

【开展建设项目环保专项整治】 年内,区环保局开展对辖区范围内建设项目环保管理中"未批先建、久拖不验"等违法行为专项整治,清查包括2001年以后由区级审批的所有生产性、研发型、仓储类、基建类建设项目,以及2009年以来区级审批的工商注册类项目。经全面清查,未发现"未批先建"的基建类项目,存在"久拖不验"的基建类项目39个,区环保局向有关单位印发限期办理环保竣工验收通知。至年底,已有25个单位办理验收手续。(汤旭芳)

【创建绿色环保单位】 2011年,全区有13个单位列入创建绿色环保单位,其中,绿色环保小区2个、绿色环保学校3所、绿色环保商厦1座、绿色环保宾馆5家、绿色环保楼宇2幢。13个单位全部通过验收。石门二路社区(街道)的壹街区小区和静安寺社区(街道)的华山小区通过市环保局、市文明办举行的"市级绿色社区(小区)"考核评审,被授予"市级绿色社区(小区)"铜牌。(汤旭芳)

(三)环境监察

【开展汽修行业专项整治】 10月,区环保局在全区范围内开展汽修行业危险废物处置及挥发性有机化合物(VOCs)专项检查。检查重点为各汽修单位危险废物处置情况、工艺废气处理及排放情况和废水排放情况。共出动5批次、14人次,检查各类汽车修理企业9家,其中产生危险废物的8家。检查人员查阅各企业产生危险废物种类、数量台账及回收危险废物企业的资质证书,并对"危险废物转移联单"执行情况进行检查。所有单位均能做到危险废物规范处置,无违法喷漆作业等行为。(汤旭芳)

【进行餐饮业油烟气专项检查】 年内,区环保局对投诉较集中的餐饮行业进行油烟气专项整治,共出动83批次、258人次,对224家餐饮单位油烟净化设施的配置、使用和维护情况进行现场监察,对13家存在违法行为餐饮单位进行处罚,责令27家餐饮单位进行整改。(汤旭芳)

【进行执法后督察】 年内,区环保局对2010年度16个行政处罚案件以及群众反映强烈、问题突出的5个信访案件进行执法后督察。经现场检查,16个被处罚单位中,9个单位已采取措施整改到位,符合国家和地方相关环保法律法规;5个单位已停业或者转产,1个单位存在违规嫌疑,已提出警告;1个单位存在违规行为,已立案查处。整改到位率87.5%。5件突出信访矛盾均得到化解。(汤旭芳)

(四)环境监测

【实施机动车尾气监测】 2011年起,静安区机动车尾气监测工作由原配合市环保局监测改为区环保局独立监测,区环保局于6月、9月共检测机动车2017辆,其中路检机动车尾气1202辆,目测公交车辆尾气804辆,检测大卖场柴油车尾气11辆。共发现34辆机动车尾气超标。对于超标车辆,公安交警部门当场暂扣车辆行驶证,并要求车主在规定时间内整改。(汤旭芳)

【承接轨道交通噪声与结构振动监测】 应市建交委信访处和浦东长清路643弄37—39号、40—42号、29号及595弄3—8号投诉居民要求,6月,区环保局承接长清路轨道交通室内结构噪声与结构振动监测工作。8月、10月先后进入现场,按照国家标准和有关技术规范进行监测,完成9个点位轨道交通噪声与结构振动监测,并出具监测报告。(汤旭芳)

【完成区"十一五"环境质量报告书】 年内,区环保局完成静安区"十一五"(2006—2010年)环境质量报告书。报告书共分3章,覆盖气、声等环境要素,包含人口、经济、城市建设等必要信息,全面、客观反映2006—2010年静安区环境质量状况,研究分析静安区发展和环境质量变化趋势,指出存在的主要问题并提出解决的措施及对策。(汤旭芳)

十六、交通·邮电·公用事业

（一）交　通

【概况】 2011 年，静安区境内共有公交线路 68 条，机场专线 3 条，轨道交通线路 2 条。 （顾瑞钧）

2011 年静安区内白昼公交线路表

线路	起点	终点	线路	起点	终点
94 路	襄阳北路长乐路	建德花园	112 路区间	人民广场	大华新村
76 路	中山北路中潭路	凯旋路宜山路	109 路	南浦大桥	铁路上海站
71 路	延安东路中山东一路	双流路天山路	104 路	龙华	铁路上海站
68 路	昌化路武定路	乾溪新村	253 路	中山南一路鲁班路	彭浦新村
64 路	南浦大桥	铁路上海站	206 路	西康路南京西路	临汾路阳泉路(彭浦新村)
62 路	美丽园	绿杨桥	562 路	美丽园	云翔寺
57 路	南京西路乌鲁木齐北路	龙柏新村	548 路	延安西路华山路	东兰路龙茗路
54 路	昌化路海防路	剑河路泉口路	765 路	海防路西康路	丰庄
49 路	汉口路江西中路	上海体育馆	738 路	祁安路	陕西北路南京西路
48 路	普安路延安东路	西区汽车站	717 路	延平路余姚路	丰庄
45 路	南浦大桥沪军营路	曹家渡	869 路	南浦大桥沪军营路	真金路富平路
41 路	龙华	康乐路天目东路	838 路	桃浦新村	美丽园
40 路	乌鲁木齐北路延安西路	大统路中山北路	830 路	钦州南路虹漕南路	富水路万里小区
37 路	扬州路齐齐哈尔路	愚园路胶州路	825 路	广顺路定威路	胶州路愚园路
36 路	卢浦大桥	东新路光复西路	824 路	长桥新村	忻康里
24 路	豆市街复兴东路	长寿新村	801 路	中山北路中潭路	南浦大桥沪军营路
23 路	中山南一路西藏南路	忻康里	974 路	江场西路高平路	康达路关岳路
21 路	广粤路丰镇路	胶州路愚园路	955 路	济阳路	铁路上海站
20 路	九江路中山东一路	中山公园	951 路	虎林路共江路	曹家渡
19 路	唐山路通北路	普陀路江宁路	950 路	嘉怡路海波路	昌化路武定路
15 路	上海体育场	浙江北路天目东路	941 路	虹桥东交通中心	铁路上海站
01 路	南泉新村	上海西站	939 路	鲁迅公园	安化路凯旋路
138 路	上海体育馆	长寿新村	936 路	世纪公园地铁站	龙柏新村
136 路	温州路北京西路	真北新村	935 路	香山新村	忻康里
128 路	瑞宁北路龙华中路	沪太新村	933 路	龙华机场	运光新村
127 路	延安东路江西中路	水城路仙霞路	927 路	铁路上海站(南广场)	宜山路虹梅路
113 路	铁路上海站	静安新城	925 路 B 线	人民广场	航华新村
112 路	人民广场	万里城	921 路	中山公园万航渡路	平凉路大连路

（顾瑞钧）

2011 年静安区内夜宵公交线路表

线路	起点	终点	线路	起点	终点
330 路	扬州路齐齐哈尔路	中山公园	319 路	提篮桥	上海西站
328 路	铁路上海站	上海动物园	316 路	延安东路中山东一路	虹桥枢纽东交通中心
327 路	南浦大桥沪军营路	曹家渡	315 路	上海南站	铁路上海站
324 路	南浦大桥	铁路上海站(南广场)	311 路	延安东路中山东一路	北新泾
323 路	铜仁路	桃浦新村	304 路	长寿新村	尚文路
321 路	乌鲁木齐北路延安西路	新村路沪太路	301 路	上海南站	铁路上海站

(顾瑞钧)

2011 年静安区内机场专线表

线路	起点	终点	线路	起点	终点
机场专线	城市航站楼(静安寺)	虹桥机场	机场五线	浦东机场	铁路上海站
			机场二线	浦东机场	城市航站楼(静安寺)

(顾瑞钧)

2011 年静安区市郊专线表

线路	起点	终点	线路	起点	终点
沪嘉专线	成都北路	嘉定客运中心	沪钱专线	上海展览中心	嘉定客运中心
沪青高速专线	老成都北路大沽路	青浦汽车站	沪朱专线	老成都北路大沽路	朱家角汽车站

(顾瑞钧)

2011 年静安区内轨道交通线路表

线路	起点	终点	线路	起点	终点
轨道交通 2 号线	徐泾东	广兰路	轨道交通 7 号线	美兰湖	花木路

(顾瑞钧)

(二)邮　政

【概况】 2011 年,静安区境内邮政业务归属上海市邮政公司市西邮政局和市西邮政投递局,共设有 3 个邮政营业支局、5 个邮政所、1 个服务处和 3 个投递支局。区内邮政网点主要经营(代理)业务有:国际国内邮件、特快专递、报刊邮件投递、邮政储蓄、电子汇兑、报刊订阅零售、集邮、邮票个性化业务、邮购、礼仪、直递、邮政专用信箱、邮送广告、商业信函、企业邮资封片、收件人总付邮费、特约商户服务、代理保险、代收公用事业费、代售电信磁卡等。

(丁英群)

2011 年静安区境内邮政局所(网点)一览表

名　称	地　址	邮政编码	营业时间
静安邮政支局	北京西路 1757 号	200040	08:00—17:30
常德路邮政所	常德路 733 号	200040	08:30—17:00
常熟路邮政所	巨鹿路 915 号	200040	08:30—17:00
石门二路邮政支局	石门二路 180 号	200041	08:00—17:30

(续表)

名　称	地　　址	邮政编码	营业时间
石门一路邮政所	延安中路608号	200041	08:30—17:00
曹家渡邮政支局	长宁路91号	200042	08:00—17:30
武宁南路邮政所	武宁南路192号	200042	08:30—17:00
静安电信服务处	西康路907号	200048	08:00—17:30
武定路邮政所	武定路458号	200040	08:30—17:00

(丁英群)

【开展邮政志愿者服务】　年内,静安邮政支局志愿者服务队以静安公园为服务基地,坚持开展上门清洁卫生、邮政服务及献爱心公益捐献服务活动,被评为市邮政公司优秀品牌团队。在六一国际儿童节和七一中国共产党成立90周年之际分别开展公益献爱心活动。石门二路邮政支局青年团员上门为静安区文史馆开展中国共产党成立90周年活动提供邮政服务。曹家渡邮政支局为曹家渡社区(街道)开设集邮讲座,并为其设计制作个性化邮品。静安电信服务处选派区人大代表、党团员干部进驻2011上海书展现场,提供销售书展纪念邮册、首日封等各类邮品,收寄信件、明信片,邮寄包裹等服务,为期一周的书展现场服务共接待用户3200余人次。市西邮政局与区商务委联手派发《静安街》《静安早餐指南》《静安白领午餐》等共77万册。　(丁英群)

(三)通　　信

【概况】　中国电信股份有限公司上海西区电信局静安分局,位于武宁南路457号,辖区内共有营业厅3个(武宁南路457号武宁南路营业厅、泰兴路218号泰兴路营业厅、海防路196号海防路营业厅),服务范围覆盖静安区静安寺社区(街道)、曹家渡社区(街道)、江宁路社区(街道)、石门二路社区(街道)、南京西路社区(街道)等5个街道及区域内行政机关和其他企事业单位,并延伸服务普陀区长寿路商圈。分局以"服务静安、发展静安"为宗旨,为政府、企业、团体和个人提供涵盖固定电话、移动通信、互联网接入及智慧应用等在内的综合信息服务。分局还拥有以全国劳模徐珺为代表的业务发展和维护优秀团队"徐珺班",向辖区居民、企事业单位提供优质电信服务。2011年,静安区信息基础设施建设不断升级,"城市光网"及WiFi无线网络覆盖进一步拓展。至年底,区域内共有固定电话用户近23万户,宽带用户超过9万户,移动电话用户超过11万户。在基础设施建设方面,宽带端口能力近10万,城市光网覆盖能力超过12万线,商务楼宇光网覆盖率超过50%,建成C网站点767个,其中WiFi热点530个,位居市区前列,为建设"国际静安"提供了高速信息通路。区域内社会信息化程度不断提升,在社会服务方面,静安区老龄委与上海电信合作"社区关爱、数字敬老"项目,为江宁路社区(街道)、静安寺社区(街道)、石门二路社区(街道)、曹家渡社区(街道)的100位老人提供CDMA定位系统,精确定位老人所在位置,防止老人走失,方便老年人日常生活,拓展老年人与外界沟通渠道,使老人在最需要帮助的时候,能够在最短时间内得到援助;在城市管理方面,静安区城管大队率先开辟沪上城市数字化管理新模式,通过整合城管相关系统,实现视频监控、定位、服务热线、取证等智能调度,打造高效"数字城管"系统。　(程　丹)

【"智慧静安"建设迈上新台阶】　3月18日,静安区科委与西区电信局举行"智慧城市"建设合作签约仪式,签署《"十二五"信息化战略合作框架协议》及《信息化基础设施建设合作协议》。协议以"政府推动、市场引导、企业运作、资源整合"为原则,围绕静安区国民经济和社会信息化"十二五"发展规划,在基础设施建设、助力产业发展、推进电子政务、社区信息化、数字惠民等五方面展开合作,共同推进静安区信息化建设及应用。双方还进一步达成基础设施建设共识,推动城市光网、无线城市及"智慧城市"建设,推进物联网、云计算等新技术应用三大领域的共建。力争在2013年实现"全区城市光网全覆盖,居民区光纤到户率99%,逐步实现每户应用带宽接入能力50M以上,并实现静安全区无线宽带室外100%覆盖、室内98%覆盖,无线宽带接入能力达到3M以上的建设目标。　(程　丹)

(四)公用事业

【概况】　2011年,区境内自来水由上海市自来水市南有限公司营业所负责供应;区境内用电主要由市电力公司沪西分公司管理,部分地区(延安中路以南地区)由市电力公司沪南分公司管理;境内燃气由上海大众燃气有限公司供应。　(顾瑞钧)

【保障轨道交通建设】　5月4日,上水市南公司养护公司按计划完成安远路昌化路口直径500毫米(以下省略"直径")大口径阀门更换,确保轨道交通建设进程。当晚7点,施工人员在现场向下挖掘近70厘米时发现阀门东侧有电缆井紧邻500毫米水管,西侧有3根电缆管架在阀门边上,原处更换阀门已经不可能,后经实地勘察,决定在梯口后加装阀门。凌晨零点30分左右,施工设备和管材到达现场,管道切割和阀门安装工程进展顺利。凌晨3时,新阀门安装到位,在规定时间内完成施工。（上水市南）

【深夜调换阀门不扰民】 为做好新闸路西康路口500毫米、300毫米阀门调换及750毫米阀门废除工作,上水市南公司管线所针对其路线长、关水影响范围大的特点,提早安排进行通知用户和张贴安民告示等准备工作,做到施工不扰民。实践操作中,由于发现750毫米阀门下有电缆,管线所决定只调换500毫米和300毫米两处阀门。工作人员第一时间到达现场,协调指挥该处道路交通,2辆阀门车同时运作关闭相关阀门,确保施工方准时开工,5月24日凌晨1时30分,阀门调换正式完成。为杜绝出现黄水和水质混浊现象,一边进行消防冲水,一边缓慢开启阀门,因涉及500毫米和750毫米2根大口径水管,冲水工作延续至凌晨4时20分恢复通水,未影响居民正常生活。（上水市南）

【应对地面沉降事故】 5月,上水市南公司管线所得知轨道交通13号线建设开挖造成新闸路、山海关路等路面严重下沉情况后,调派精干力量,提前对新闸路750毫米、500毫米、200毫米、山海关路500毫米、慈溪路300毫米、大田路200毫米等周边大中型口径管线管网阀门进行再次巡检,确保管线、阀门始终处于良好状态。操作中,管线所还制作道路沉降应急预案排水卡,对区域所有阀门在醒目位置重新标注红油标识,便于识别,可在第一时间快速止水,保证管网安全运行。（上水市南）

【抢修爆管保障供水】 8月6日凌晨3时,万航渡路武定西路路口突发自来水管爆管。接到指令,上水市南公司二分公司抢修人员迅速赶到现场,经过2小时开挖清理,发现是700毫米供水管承口直相豁裂近2米,施工人员对残管段落进行切割分离和清理。由于应急准备充分,所需管材配件立即调运到现场,于中午12时完成700毫米管抢修任务,恢复供水。（上水市南）

【解除居民高温断水之苦】 8月19日,上水市南公司管线所苗培养阀门队得知上水调表队在为淮安路890号换水表时,开关阀不慎脱落,需阀门断水配合换表的情况后,第一时间赶赴现场,发现如果关闭接水阀,可避免该区域居民断水之苦。队员于积水中快速找到该处接水阀门箱,但因箱内堆满碎石,掩埋接水阀门,无法关水。为及时止水,阀门队员趴在地上,用手清除碎石后才顺利关水,使居民免去高温断水之苦。（上水市南）

【天然气泄漏引发大火抢险】 9月22日傍晚,大众燃气公司急抢修中心接报,电力施工误将泰兴路吴江路一根200毫米的中压管挖破,导致天然气大量泄漏并引发大火,情势危急。急修人员迅速到场并连续进行9个小时抢险,完成抢修任务。当晚18时39分,接到抢修任务后,管道急修组于19时抵达现场。喷涌的火柱一度向上窜至5楼高。急修组采取紧急措施,关闭泰兴路南京西路南侧天然气阀门,控制火情。随后公司安服部、输配部、营业所等相关人员相继到场,指挥抢修、配合停气降压宣传。19时10分,火势逐步减弱,19时20分,险情解除,该区域逐步恢复道路交通。为让周边300多家用户早日恢复用气,急修人员连夜施工,在次日凌晨4时完成抢修,并于上午9时15分对用户恢复供气。（大众燃气）

【严格排管施工管理】 为配合市重大工程轨道交通12号线南京西路站建设,上水市南公司管线所根据公司要求,严把茂名北路(吴江路—威海路)段1000毫米管施工现场安全关。针对施工路段人车密集度高、单行两车道狭窄情况,实施夜间施工,并督促施工方减少基坑开挖范围,把对交通的影响降到最低。并根据现场1000毫米管埋深超过2米、基坑深度3米多状况,紧抓施工现场安全管理不放松,严格督查基坑钢板桩、护栏围护、钢板铺设、夜间照明警示、加固开梯时的基座等安全措施,确保工程万无一失。在短期内配合进行3次因工程需要断水作业,及时做好断水降压通知,派专人进行用水安全指引。10月底,茂名北路1000毫米管道敷设并网工程完成。（大众燃气）

【启动区内天然气转换】 10月底,大众燃气公司启动在静安区内的天然气转换工作。10月29日,在静安区东至延平路,西至万航渡路,南至康定路,北至长寿路范围内,进行第一次天然气转换试点工作,共转换居民用户14579户,单位用户128户。转换过程中街道、城管、公安等部门各司其职、通力合作,转换现场井然有序,燃气具销售整体状况良好,确保静安区第一次天然气转换试点完成。转换工作完成后,转换分公司人员联合改装单位对转换区域内的大型用户、商场进行改装质量抽查,结果良好。（大众燃气）

（本栏目编辑 俞奇伟）

十七、科学技术·信息化

（一）综　述

2011年，静安区科学技术委员会（简称区科委）深化科技创新，启动智慧城区建设，完成区“十二五”科技发展专项规划编制。完成全国科技进步考核任务，全面推进各项科技创新政策；注重顶层设计，智慧城区建设起步，编制完成《2011年静安区智慧城区建设规划》，提出“四横两纵”总体框架，打造“智慧商务突破区、智慧生活示范区、智慧政务先行区”，提出实施智慧商务、智慧社务、智慧政务三大工程，实现对城区发展各要素数字化、城区系统功能智能化、社会经济各领域信息互联互通网络化，形成以“智慧商务港”为旗帜的智慧静安目标。年内，区专利申请总量1052件，其中发明专利441件，占专利申请量41.92%，申请总量与上年持平，发明专利比上年增长50%。为企业办理市专利申请费用减免初审317件，市专利专项资助初审78件，办理学校专利申请费用减免初审213件，审核市专项资助经费40.22万元。　（夏玉平）

（二）科技创新

【石油天然气公司获市科技进步一等奖】　4月27日，在市政府召开的上海市科学技术奖励大会上，上海石油天然气有限公司以《东湖平湖油气田薄油层开发技术及应用》研究课题获上海市科技进步一等奖，并得到20万元奖励。　（夏玉平）

【完成国家科技进步考核任务】　2011年，科技部对静安区2009—2010年度科技进步工作情况进行综合考核。区科委成立考核工作领导小组，制订考核实施方案，牵头召开全区科技进步考核工作推进会，对21项数据指标和20项考核内容细化分解，明确任务分工，确定全区参与考核的19个部门单位，做好考核过程中把关、协调和推进工作，及时完成各类材料综合起草，在时间紧、任务重、考核内容变化大情况下克服困难，按照时间节点完成考核。11月21日，静安区通过2009—2010年度科技进步考核。　（夏玉平）

【2项科技项目成为国家级成果】　年内，上海市众恒信息产业股份有限公司的“面向区域安全保卫证件监控管理平台（上海世博证件管理信息系统）”项目获国家级火炬计划项目立项证书。上海博科资讯股份有限公司的“博科管理自主平台软件（for B/S）V1.0”项目列入新产品计划项目，获科技部颁发的“国家重点新产品”证书。　（夏玉平）

【2家公司成为国家重点高新技术企业】　年内，区内高新技术企业认定9家。从历年已获高新技术企业认定的公司中筛选出优质企业申报“国家重点高新技术企业”，最终有2家公司通过认定，分别为上海医药工业研究院、上海中信信息有限公司。　（夏玉平）

【发展科技研发平台】　年内，区科委梳理区科技研发平台，理顺大型科学仪器设施共享补贴，明确市工程技术研究中心项目导向和操作，联系和沟通区域内符合条件企业。全年共有1个项目获国家工程技术中心称号，2家企业获上海市工程技术中心称号，2个平台获上海市专业技术服务平台称号；上海建筑设计研究院有限公司等4家企业申报上海市工程技术中心，上海市计算研究所申请上海科学仪器产业技术创新战略联盟课题。　（夏玉平）

（三）科学普及

【召开区科协第七次代表大会】　3月31日，静安区科学技术协会第七次代表大会在市政协礼堂召开。大会选举产生静安区科协新一届领导机构，中国工程院院士、复旦大学附属华山医院手外科主任顾玉东再次当选为静安区科协主席。区委书记龚德庆和区四套班子其他领导、市科协党组书记曹振全应邀出席，250名代表和嘉宾参加会议。大会要求区科协团结和动员广大科技工作者和科技社会组织，履行职责，建设科技创新最佳实践区，促进科普事业发展，建设科技工作者之家，促进科协

事业科学发展。（夏玉平）

【举办区科技活动周】 2011年静安区科技活动周于5月27日—6月3日在全区开展，围绕“智慧城区，美好生活”主题，区教育局、区环保局、区妇联、区人口计生委等有关单位和各街道、中小学，举办15项重点活动。据不完全统计，全区各有关单位在科技周期间共举办各类科普活动203项，直接参与人数6.81万人次。区科委、区科协获2011年全国科技活动周上海科技节优秀组织奖、第四届上海市科普艺术展演活动优秀组织奖、“昂立杯”第三届上海科学生活评选活动优秀组织奖和2011年上海科技节上海市民科普讲坛组织奖。（夏玉平）

【举办意大利“亚哥拉”科学互动展览】 5月，科技周活动期间，静安区在静安“800秀”创意产业园区首次举办国外科技展览——意大利“Agorà（亚哥拉）”科学互动展。该展览通过互动展品、引人入胜的各种体验和实验活动、个人及集体游戏等，集中展示阿基米德时代地中海地区先贤圣哲的智慧成果。该展览连续展出10天，参观者3145人次，其中社区居民819人次，青少年学生807人次，楼宇白领137人次，机关干部181人次，其他人员1201人次。（夏玉平）

【举办全国科普日静安区活动】 9月15日，2011年全国科普日静安区活动围绕“走近科学，保障安全健康”主题，区科委联合上海中医药大学针灸推拿学院和静安寺社区（街道），在静安寺社区文化活动中心举办3场中医养生保健科普大讲坛活动，并表彰区获市科普志愿者协会先进称号的集体和个人，为16个区科普项目承担单位代表颁发科普项目任务书。发动社会力量开展科普日活动，分别举办“首届白领低碳公益秀”启动仪式、“体验亲子科学早教，喜盼宝宝健康成长”——静安区白领妈妈育儿学堂专场活动、“辛亥革命知识讲座”和“国际形势综述”科普讲座等一系列活动。（夏玉平）

（四）知识产权保护

【开展知识产权执法专项活动】 3月29日，由市知识产权局政策法规处，静安区、黄浦区知识产权局组成的专利行政执法检查队，有针对性地开展南京路步行街商圈，静安寺商圈、南京西路商圈、威海路传媒文化街和知名商务楼等单位专利行政执法检查，进行现场指导，对检查中发现问题的单位责成进行整改。（夏玉平）

【举办现代服务业知识产权保护论坛】 4月26日，区知识产权局在复旦视觉艺术学院，举办以“创新驱动，转型发展——知识产权推动服务经济创新发展”为主题“4·26”现代服务业知识产权保护论坛，近80位不同主体代表参加。论坛结合区“十二五”规划，以“以信息化提升智慧城区品质”“知识产权提升企业能级”“创意产业引领国际时尚城区建设”为切入点，交流创意思想、提炼创新精髓，探讨文化、信息、创意产业等现代服务经济领域中，知识产权对于调整优化产业结构、加快转变经济发展方式的支撑作用。（夏玉平）

（五）信息化建设

【推进智慧城区建设】 年内，区信息委推进智慧城区各项建设任务。3月18日，与中国电信上海西区局签订“静安区‘十二五’信息化战略合作框架协议”和“静安区基础设施建设合作协议”。协议明确双方将共同致力于推进“城市光网”“无线城市”等信息基础设施建设，加强政务信息资源整合和共享，以信息化助力现代服务业和高新技术产业发展，强化专项业务和服务功能，促进社会事业与社区建设协调发展等5个方面的合作。（参见193页【“智慧静安”建设迈上新台阶】）（夏玉平）

【编制区政府财力建设信息化项目实施细则】 年内，区信息委依据《静安区政府财力建设项目管理暂行办法》，探索信息化项目管理新机制、新方法，梳理信息化项目管理流程，结合科创项目管理办法，完善信息化项目管理细则，编制完成《上海市静安区政府财力建设信息化项目实施细则》。（夏玉平）

【编制《静安区智慧城区建设规划》】 年内，区信息委围绕静安区建设现代化国际城区和“一港四区”总体目标，以“数字化、网络化、智能化”为主线，推进信息基础设施完善、智慧业务应用整合、知识经济产业发展，实现经济发展从要素驱动向创新驱动的转变，以科技创新引领大都市核心区的新生活方式、新生产方式、新管理方式，推动以“国际商务港”为特征的“国际静安”建设，区科委编制完成《静安区智慧城区建设规划》。（夏玉平）

【深化政府信息公开】 年内，区信息委配合区政府办公室，完成对区内40家政府信息公开责任部门进行改版后的系统操作培训。新系统为向市民提供更为人性化服务，专栏还细化网上信息公开依申请状态查询节点信息。全年信息公开栏目主动公开信息815条，公开依申请公开目录894条，网上受理政府信息公开申请107条，较上年申请总量翻了一番，专栏日均页面访问量达20870人次。（夏玉平）

【完成区门户网站“啄木鸟”队伍组建】 年内，区信息委为推进区政府网站信息发布及时准确，组建区门户网站监督员队伍，明确监督意见处理流程，聘任2位区社会监督员，对区门户网站（中文版、外文版及手机版）和37个部门子网站信息时效性、内容准确性、服务可用性和链接有效性等方面进行监督检查。（夏玉平）

（六）地震预防

【开展防震减灾宣传和应急演练活动】 年内，区地震办会同区应急办、区安监局、区民防办、区民政局、区教育局、消防静安中队、区环保局、区卫生局、区红十字会组织“5·12”防灾减灾日综合防灾宣传活动和“7·28”防震减灾系列宣传活动，并在怡乐居民小区和育才中学开展地震逃生、消防灭火、医疗救护和防空袭疏散等一系列防灾救助应急演练活动，区安监局、区教育局、区民防办、区应急办、区地震办等领导到现场观摩并指导演练活动。（夏玉平）

【市西高级中学获市防震减灾科普示范学校称号】 市西高级中学自20世纪90年代初以来，一直是静安区及市中心城区的地震深井监测点，所监测的数据纳入市地震局关注范围。该校通过校本教材、实验教室、校园网络及兴趣小组形式开展地震知识教育活动，普及防震减灾知识，参加市地震知识竞赛，多次获得市地震局中学生防震减灾知识竞赛优胜奖，为区防震减灾普及教育工作起到区域示范引领作用。9月29日，获市地震局授予的2011年上海市防震减灾科普示范学校称号。（夏玉平）

（本栏目编辑　陆美文）

·资　料·

（上接第180页）

上海市计划生育奖励与补助若干规定

第十二条（实行计划生育手术的奖励）

实行计划生育手术的公民，按照下列规定享受休假，假期期间的工资按照本人正常出勤应得的工资发给：

（一）放置宫内节育器的，休息2天。在术后一周内不做重体力劳动。放置宫内节育器3个月、6个月、12个月时各随访一次，以后每年随访一次，每次休息一天。

（二）取宫内节育器的，休息2天。

（三）输精管绝育的，休息7天。

（四）输卵管绝育的，休息30天。

（五）第一次人工流产及因放置宫内节育器、绝育、皮下埋植术后失败的再次人工流产，孕期小于13周且行吸宫术及药物流产的，休息14天；孕期小于13周且行钳刮术的，休息21天；孕期大于13周的，休息30天。

（六）放置皮下埋植剂的，休息5天。

（七）取出皮下埋植剂的，休息3天。

（八）放置宫内节育器或皮下埋植剂后因月经失调需诊断性刮宫的，休息5天。

实行计划生育手术的公民有以下情形之一且经医生同意需要休息的，其假期按照病假处理：

（一）第一次人工流产后及因放置宫内节育器、绝育、皮下埋植术后失败而再次人工流产后，已休满规定假期。

（二）未采取绝育、放置宫内节育器或皮下埋植术而再次人工流产。

（三）发生节育手术并发症。

本条第一款、第二款规定的假期，自手术之日起计算；同时实行多项计划生育手术的，多项手术假期累计。

第十三条（过渡性规定）

持有《光荣证》的本市户籍公民，1993年1月1日以后参加工作，按照《上海市城镇职工养老保险办法》规定参加社会保险，在本规定施行前已按照《上海市城镇职工养老保险办法》规定办理退休手续，但未领取过一次性计划生育奖励费的，参照本规定第八条第一项的规定执行。

《条例》施行前办理结婚登记且婚后未生育又未收养子女的本市户籍公民，1993年1月1日以后参加工作，按照《上海市城镇职工养老保险办法》规定参加社会保险，在本规定施行前已按照《上海市城镇职工养老保险办法》规定办理退休手续，但未领取过一次性计划生育奖励费的，参照本规定第九条第一项的规定执行。

在《条例》施行之日前领取的《上海市独生子女证》仍然有效的，与《光荣证》具有同等效力。

第十四条（解释部门）

本规定的具体应用问题，由市人口计生委会同有关部门解释。

第十五条（施行日期）

本规定自发布之日起施行，有效期5年。2006年3月31日上海市人民政府印发的《上海市计划生育奖励与补助若干规定》同时废止。自2011年1月1日起，凡符合本规定条件领取奖励费的，按照本规定执行。

十八、教　育

（一）综　述

2011年，静安区共有教育机构50个，其中中学17所，小学12所，幼儿园12所，区业余大学、区教育学院、逸夫职校、区青少年活动中心各1所，其他教育单位5个。全区在校学生2.87万人，其中中学1.25万人，小学9003人，幼儿园5277人，职校1234人，业大745人。在职教职员工3837人，其中专任教师2522人。区教育学科带头人133人，特级教师16人，离退休教职员工7240人。

年内，静安区教育局（简称区教育局）推进平安和谐校园建设。（1）完善组织机构，建立例会通报制度。教育系统层层签订安全生产责任书，落实安全责任到人。以街道为单位，分责任块，设正副块长，建立安全工作网络。建立安全工作例会、安全工作通气会制度，交流信息，及时沟通。（2）强化安全意识，重视隐患整改。结合安全生产月等工作开展多种宣传活动，开展大规模安全检查，做好安全检查台账，并组织整改，确保落实到位。（3）加强消防管理，重视预案及演练工作。重视火灾隐患排除，改进管理模式，建立安全管理机制，有效排查、治理火灾隐患。开展不同主题（消防、抗震和防暴力等）紧急疏散演练，在实践中检验学校应急预案。中小学校每周一开展一次演练，每学期开展一次大规模主题演习。

推进教育教学改革。（1）依法公正公平做好学前教育、义务教育阶段入学工作。优化学前教育资源，通过挖掘招生资源、统筹规划、调整布局、完善方案等举措，解决人口高峰入学难题，基本满足区域内适龄幼儿入园需求。严格控制并降低艺、体类特招生比例。将持有上海市临时居住证人员子女招生入学工作纳入区域招生整体工作中，确保符合条件的外来务工人员子女全部入学。（2）推进幼儿园规范性建设，深化区域幼儿保教工作内涵。9所一级幼儿园通过新一轮上海市一级幼儿园复验评估。（3）扩展早教家庭受益面，提升社区早教服务指导质量。加强早教指导中心工作，提高科学育儿指导能力。中心办班规模由17个增至19个，完善社区开放模式，扩充区域各幼儿园以优秀教师为主的早教志愿者队伍。（4）实施静安区特殊教育基础建设三年规划。推进特殊教育标准化建设，建立学校、家庭、社区“全程、全天候”特殊教育网络体系。启动智障儿童个别化教育与蒙氏工作相融合的教育教学研究。建立资源教室，配备资源教师，提高随班就读生教育质量。（5）聚焦课程改革，推进教育教学。建立区域教育个别化体系，从教育的制度设计、评估体系、课程设置、课堂教学、学习环境、资源配置等方面关注学生个体的差异和需求。（6）推进教育部重点课题：提高中小学生学业效能“轻负担、高质量”实证研究。构建区域中小学“轻负高质”的学业效能测评方式，基本拟定研究总报告和著作框架，并明确开展课堂教学增值等主要任务。（7）推进区政府实事工程和区重点项目建设。配合区建交委、区重大办等部门做好市西中学改扩建项目工程；完成12所幼儿园的厨房灶台自动灭火设施项目。校舍加固工程年内全部启动，并依照计划逐步改造完成。（8）开展校园文化特色活动，推进新一轮和谐校园创建工作。深化学校精神文明建设内涵，展现民主平等和谐的校园氛围。

推进实施素质教育。（1）继续实施“N项活动”等素质教育项目，推动区域英语教育发展。通过“静安学生英语戏剧节”挖掘和培养学生的多元智能，开拓国际视野，培养跨文化意识，提高学生人文素养；探索部分高中引进国际课程试验，培养学生国际理解、对话和参与能力。逐步形成高中教育多样化、特色化发展格局，加强对高中教育分类指导，注重普通高中学业水平考试研究。（2）结合纪念中国共产党成立90周年，开展“2011学生音乐节”暨静安区学生庆祝中国共产党成立90周年歌会，中华经典、红色经典诵读等活动。（3）启动新一轮区域青少年学生道德标志性指标体系建设工作。举办“素养·风尚”首届静安学子公民道德论坛。（4）继续推进家长能力提升计划，为家长提供普及性家庭教育指导及培训。启动家庭读书计划，成立“静安父子阅读联盟”，整合区域内有效资源，提供各类专题讲座和体验活动，培养学生良好阅读习惯。（5）规划区域心理健康教育发展，加强对学校心理健康工作指导。研究、制订《静安区学校心理健康教育三年行动计划》,完善学校生命教育和心理健康教育体系。举行区未成年人心理健康发展中心揭牌仪式,完成中心功能定位、网络搭建及试运行工作。(6)加强科技教育,推动学生全面发展。组织参加市创新大赛与“明日科技之星”评选活动,共获130个奖项,其中一等奖21项,有2个项目入围全国赛,4名同学分获上海市“明日科技之星”和“希望之星”称号,2所学校获市科技特色示范学校称号。(7)完成“创意梦工厂”项目,通过工厂环境的实践让学生了解基本技术流程和设计制造工艺,激发学生创造潜力。

加强职业道德和专业能力建设。(1)健全干部培养选拔任用机制,优化校级领导班子结构。开展校级后备干部集中补充调整工作,推荐产生教育系统各基层单位后备干部101人,选拔表现突出的青年干部参加校级后备干部培训班。(2)建立多层次干训工作体系,探索多种促进教师干部专业发展的路径。注重优化整合资源,拓展教师继续教育渠道,选派优秀校长、教师赴国外学习,学习理解当地先进理念,拓宽国际视野。(3)加强骨干教师的梯队培养和选拔。加强对23位区教育拔尖人才培养的过程管理,落实区教育拔尖人才个人专著出版、培训途径和组建教育名家导师团。做好首批“优青”(优秀青年校本教师)培养工作,完善“优青项目”培养制度和措施。(4)启动新一届静安区学科带头人评选工作,严格推荐选拔区学科带头人操作程序;开展名师名校长和青年教育明星推荐;开展2011年上海市特级教师和教书育人楷模评选,确定静安区3名教师为特级教师,1名为上海市教书育人楷模。(5)完成各教育单位事业单位岗位设置和岗位聘任工作。

完善终身教育体系。(1)完善以社区教育为重点的终身教育体系。推进网校分校建设,丰富网络学习形式手段,提高网校运行质量。探索学分银行认证工作,建成与学员互动的双向视频直播系统;开展社区教育实验工作,完成上海市社区教育实验街镇和实验项目申报立项。(2)开展学习主题活动,推进学习型城区建设。开展“书香伴人生,‘悦’读越精彩”——静安区世界读书日系列主题活动等,扩大“全民学习、终身学习”影响,推动“静安白领学堂”“静安书友汇”的发展。

推进行风建设。(1)制订区2011年规范收费管理办法。对基层学校收费的具体操作性工作进行指导、培训,并落实相关备案工作。完善制度和加强监督,特别在代办收费告知、征询、收费公示、使用经费结算、清退等环节严守规则。(2)加强行风建设,开展领导干部廉洁自律专项治理,严格规范教育收费,深化招生“阳光工程”,招生考试监察全覆盖。加强学校、其他教育单位、校办企业资金监管,促进预算外资金管理法制化、规范化。(3)加强岗位风险防范制度建设,推进教育系统岗位廉政风险防范,查找廉政风险点,制订措施进行防范,跟踪监督保证落实。 (沈 俭)

(二)教育行政

【台湾桃园县教育同仁访问育才初级中学】 3月18日,台湾地区桃园县中小学主任储训班访问静安区育才初级中学。双方以互动形式就学校办学理念、管理模式、教学方法和育人途径等问题进行讨论,增进彼此了解。来宾向育才初级中学赠送一份精美的乾唐彩礼品作为留念。 (沈 俭)

【举行2011年静安区学生音乐节】 4月22—23日,以“飞扬的歌声,美好的生活”为主题,2011年静安区学生音乐节暨静安区学生庆祝中国共产党成立90周年音乐会在区青少年活动中心揭幕。来自24所学校的中小学生参加声乐专场展演,以小组唱、重唱、合唱形式重温红色经典歌曲。14所学校的15支管乐队、民乐队、打击乐队以及特色乐队参加器乐专场展演,其中市西中学《世界名曲联奏》、一师附小《喜洋洋》、爱国学校《壮丽七雄》获得听众一致称赞;由区青少年活动中心创编的《赶马》,作为特色乐队的演奏曲目,将代表静安区优秀节目参加市级展演交流活动。 (沈 俭)

【龚学平赴复旦大学上海视觉艺术学院附属高级中学调研】 (见第34页【龚学平赴复旦大学上海视觉艺术学院附属高级中学调研】) (沈 俭)

【召开教育改革与创新推进会】 5月25日,静安区在区青少年活动中心召开教育改革与创新推进会。市教委副主任尹后庆、副区长朱成钢、市教委基教处处长、区教育党工委书记、区教育局局长以及区教育系统单位党政领导、校中层干部、骨干教师代表、全国课程教学奖及名学科、科研获奖代表400余人参加。大会表彰全国基础教育课程改革教学研究成果奖一等奖获得者静教院附校、三等奖获得者一师附小以及上海市第十届教育科学研究成果获奖单位,宣读关于命名静安区第三批学科与第四批先进教研组的决定。大会通过专题片《踏浪——静安教育改革与创新巡礼》,回顾总结几年来区教育发展成果。区教育考试中心副主任丁琦、区“做中学”研究所常务副所长曹坚红、区教研室主任黄根初、育才中学校长陈青云分别作题为《建立学生个体成长数据库,推动学生个体差异化研究》《静安区小学“社会性和情绪能力养成”项目研发与推进简介》《以证据为基础提高教学质量——学业质量检测分析与反馈改进的研究与实践》《培育健全自我——寻求高中教育变革的支点》的交流发言。尹后庆在会上肯定静安区在教育改革与创新方面所取得成绩,强调要做好三方面工作:更多地关注学生全面发展;更多地关注学校的课程与教学;更多地关注队伍建设。 (沈 俭)

【召开家庭教育指导工作展示研讨会】 5月26日,区家庭教育指导工作展示研讨会在市西中学举行。市教委德育处、市教科院家庭教育指导中心、区教育局部分领导、市家庭教育基地学校代表、区家庭教育指导中心教师以及区中小学分管校长、教导主任与部分年级组长约百余人参加研讨活动。研讨会上,区教育学院陈莹作

《静安区良性家校合作的实践与思考》的主题发言，介绍静安区在“十一五”期间家校合作的五大变化：从单向走向互动，拓宽畅通家校合作渠道；从依赖走向伙伴，家长参与学校管理，向高层次的家校合作迈进；从利用走向共享，以家长参与课程教学为标志的家长资源整合开发；从单一走向多元，以家长的需求来确定家庭教育指导的内容与形式；从经验走向专业，以年级组研修给教师增强家校合作的能力和技巧。上海市优秀家长学校市西中学以情景剧表演、家长分享、班主任交流的方式，集中介绍基于家长需求、优化课程设置、完善家长学校机制方面的经验与效果；区家庭教育指导中心副主任陈小文以《让家长成为良性合作的另一半》为题，介绍区家庭教育指导中心以“政府主导、指导合作、坚持公益”为指导原则，搭建家校信息、咨询与课程平台，推进家校合作的举措。 （沈　俭）

【新加坡教育专家到静教院附校访问】 5月26日，新加坡德明政府中学的教育同仁以及新加坡南洋理工大学教授陈惠萍到静教院附校进行访问。静教院附校校长张人利为新加坡教育同仁介绍学校10年来发展情况，着重介绍学校推进中的后“茶馆式”教学。新加坡教育同仁观摩附校小学生英语戏剧节校级展演和一节数学课、一节语文课，身临其境感受后“茶馆式”课堂教学。 （沈　俭）

【举行区教育局与上海戏剧学院合作办学签约仪式】 10月17日，区政府与上海戏剧学院教育合作项目——区教育局与上海戏剧学院合作办学签约仪式在宏安瑞士大酒店举行。上海戏剧学院院长韩生，副院长黄昌勇，区委副书记、代理区长周平，副区长朱成钢等出席仪式。区教育局局长和上戏秘书长代表双方签约。 （沈　俭）

【静安区中小学生心理健康教育发展中心成立】 10月28日，静安区中小学生心理健康教育发展中心暨区未成年人心理健康指导中心成立。该中心位于余姚路139号上海市第一中学校内，是一家为全区中小学生提供心理健康服务的公益性服务机构。“中心”首批聘请来自华东师范大学、市精神卫生中心和市中小学心理辅导中心的心理健康专家，除了在工作日接待咨询来访者外，还在每周六上午接待预约的心理咨询需求者。“中心”内设咨询室、团体活动室、音乐放松室、测量室、身心反馈训练室、沙盘室、减压室、运动松弛室、休闲阅览室等功能区域，配备具有专业资质的教师作为心理健康咨询辅导人员，以专家和志愿者为后援团队，为“中心”提供专业支持及人力资源保障。 （沈　俭）

10月17日，静安区政府与上海戏剧学院合作签约仪式在宏安瑞士大酒店举行 （区教育局　供稿）

【逸夫职校成为首批珠算心算教学实践基地】 逸夫职校20多年来始终坚持珠算教学传统，珠算教学不仅培养了大批有实战能力的金融行业骨干，也锤炼了学生的意志品质和机敏反应。11月21日，逸夫职校被评为中国珠算心算协会全国首批世界非物质文化遗产实践基地之一。 （沈　俭）

【举办全国部分省市艺术特色中学校长论坛】 11月24—25日，由复旦大学上海视觉艺术学院主办，复旦大学上海视觉艺术学院附属中学承办的首届全国部分省市艺术特色中学校长论坛在复旦大学上海视觉艺术学院附中举行。为期2天的论坛中，来自全国10余个省市、60余所艺术特色中学的校长就办学理念以及与中高等艺术院校的衔接等议题进行探讨。25日下午，全国人大常委、复旦大学上海视觉艺术学院名誉院长龚学平，市教委副主任李骏修，静安区区委副书记、代理区长周平，副区长夏以群以及区教育局党政领导、各艺术特色中学校长出席论坛闭幕式。龚学平、周平、夏以群等为河北承德市第八中学等26所学校颁发教学实践基地校校牌，并为14所艺术特色学校颁发全国艺术特色中学校长论坛理事会常务理事证书。 （沈　俭）

（三）基础教育

【启动小学智能种植园活动】 2月14日，静安区小学智能种植园活动启动仪式在一师附小举行。“我是一棵好苗：我种植，我收获，我快乐”系列活动由区教育局、上海极佳生物科技有限公司共同主办，上海市愉快教育研究所协办。利用苗圃iPLANT智能种植机，学生们可以在各间教室里建立绿意浓浓的生物角，让身处都市的小学生们每天都能享受观察生命成长的喜悦，增强种植的兴趣与能力，体验劳动的辛苦与收获的喜悦，寓教于乐。活动于植树节（3月12日）之前在全区所有小学全面铺开。 （沈　俭）

【静安学子在市科技创新大赛中创佳绩】 3月26日，第26届英特尔上海市青少年科技创新大赛落幕，静安区代表队获奖总数和获奖等第创参赛历史新高，共取得21个一等奖、39个二等奖、70个三等奖。静安区在参评的33个"创新项目"中，有11个项目获一等奖，其中区第一中心小学老师吴卫华指导的"西瓜注射甜蜜素、色素真伪的鉴别"、区第三中心小学老师陈春燕指导的"电话告知器"选送全国比赛。在12个"机器人项目"中，有4个项目获一等奖；在12个"科幻画项目"中，有5个项目获一等奖，其中一师附小施雨沁绘画《安全食品分析仪》入围全国比赛；一师附小"放飞梦想、我心飞翔"——上海市一师附小航天科技实践系列活动获上海市科技实践活动一等奖。（沈 俭）

【首届静安学生英语戏剧节开幕】 4月2日，首届静安学生英语戏剧节在区青少年活动中心开幕并揭晓静安学生英语戏剧节徽标评选结果，区教育系统领导及全区中小学领导师生代表600余人参加。徽标征集评选活动历时2个月，七一中学高怡览等6位同学分别获一、二、三等奖，14位同学获优秀奖。开幕式上还进行优秀英语剧目展演，其中有时代中学展演剧目"灰姑娘"，上戏附中展演剧目"雾都孤儿"，上外静小展演剧目"音乐之声"。（沈 俭）

【静安区学生在全国美术课堂作业评比中获佳绩】 4月初，由中国教育学会美术教育专业委员会、《中国美术教育》编辑部、人民教育出版社联合举办的全国小学、初中学生美术课堂作业评选活动揭晓，在全国小学61个一等奖中，静安区学生包揽上海获得的6个一等奖。在中学美术作业评比中，上海共获4个一等奖，静安区获其中之一。（沈 俭）

【举行青少年科技节主题活动】 5月14日，以"实践、创意、快乐"为主题的2011年静安区青少年科技节开幕式在区青少年活动中心举行。副区长朱成钢，市教委体卫艺处、区教育局、区科委领导以及全区中小学校长、科技辅导员等1000多名师生参加。开幕式上表彰在上海市"明日科技之星""科技希望之星"、区"科技奥林之星"评选与青少年创新大赛中的获奖者，还举行民立中学、华东模范中学区科技特色校命名仪式。在科技节活动中，创意梦工厂、新能源探究馆、金钥匙科普馆、海洋贝壳馆等一系列科普场馆的体验实践活动，让同学们通过探索汲取丰富的科技知识。

（沈 俭）

【举行第七届红色经典小故事讲演比赛】 自3月起，各中小学校以爱国主义教育资源和党史人物为素材，组织学生通过多种途径收集小故事资料，发动教师、鼓励学生自主创作、改编、缩写体现中华传统美德、民族精神、优秀文化、人格魅力和时代精神的红色经典小故事，涌现出《最后的黑夜》《那一簇燃烧的火焰》《小英雄雨来》等一批优秀作品。5月27日，由区教育局主办、区图书馆协办、区青少年活动中心承办的中小学生红色经典小故事讲演比赛在区图书馆举行。经各中小学校选拔、推荐的46名学生在讲演赛上演绎29个红色经典小故事，弘扬共产党好、社会主义好、改革开放好、伟大祖国好主旋律，展现红色经典在新时期的文化内涵。

（沈 俭）

【举行中小学生端午民俗文化活动】 6月3日，在区青少年活动中心举行以爱国教育为主题的静安区中小学生"中华诵·2011经典诗文诵读大赛"及端午民俗文化活动。活动以"粽子"为主线，溯源戴五色丝、龙舟竞渡、插艾蒿菖蒲等饶有趣味的民俗文化，引导广大未成年人爱上中国传统节日，爱上民族历史文化。由"春节""清明""端午""中秋""重阳"五大板块组成的"我们的节日——中国五大传统节日简介"图片展，将传统习俗与现代元素相结合，展示具有代表性的中国传统节日魅力，激发孩子们传承和发扬民族文化的主人翁意识。在区青少年活动中心剧场里，来自全区中小学的学生选手在场上分别朗诵《将进酒》《念奴娇·赤壁怀古》《春晓》《酬乐天扬州初逢席上见赠》等中华经典诗词，以及《祖国啊，我亲爱的祖国》《黎明的通知》《白杨礼赞》等现当代诗文名篇。（沈 俭）

【召开"以园为本"教研制度建设项目总结交流会】 6月24日，以园为本教研制度建设项目静安区总结交流会在南阳实验幼儿园召开，全区幼儿园园长及骨干教师出席会议。大会宣布教育部"园本教研项目"上海课题成果中静安区获奖名单。南阳实验幼儿园中班教研组围绕"创设问题情境，促进幼儿思维能力发展"进行现场教研。南西幼儿园徐则民、华山美术幼儿园金烨分别以"大、小教研组互动运作中促教师专业成长的实践研究""一课一讲座——研学活动的思考与实践"为题作汇报交流。（沈 俭）

【一师附小艺术团赴意大利演出】

（见第85页【一师附小、一中心小学代表团赴意大利文化交流】）

（沈 俭）

【市西小学举办首个"快乐活动日"】 该活动于9月6日举办。"快乐活动日"分"综合活动"和"兴趣学习"2个板块，"综合活动"又分"一、二年级"和"三至五年级"2个模式进行；一、二年级为分散模式，即每天1节活动课，每月围绕1个主题；三至五年级为集中模式，即每周二下午安排半天活动，包含探究活动、阅读活动、学科活动、表演活动、考察活动、实践活动等多种形式。（沈 俭）

【启动亲子阅读联盟活动】 9月24日，静安区父子阅读联盟第一站暨一师附小亲子阅读启动式在一师附小举行，参加活动的家庭均来自各所自愿加入联盟的学校。作为联盟活动的第一站，一师附小亲子阅读俱乐部向参加活动的每户家庭赠送1本小册子——《老师眼中的好书》，收录一师附小各科教师、特邀作家以及特邀家长推荐的书目简介。在启动式上，该校五(5)班殷雪贝妈妈代表会员家庭宣读5项承诺，即每周不少于3.5小时的亲子阅读时间;为孩子提供藏书条件;每月有购书或借阅图书的机会;按时参加俱乐部的读书活动;定期向小伙伴推荐好书。一师附小校长代表俱乐部介绍会员家庭的优先内容,如优先借阅新书、优先参加各类读书实践活动等。俱乐部还命名一批“小主编”“小书探”“小馆长”,他们将成为班级里的读书先锋。为方便学生图书借阅,俱乐部还推出“书虫部落——流动图书车”,在午间送书上门。

(沈　俭)

【举办中学课堂增值行动专题论坛】 11月9日,由区教育局承担的教育部重点课题“提高中小学生学业效能:‘轻负担、高质量’的实证研究”——中学课堂增值行动专题论坛在上海戏剧学院附属高中举行。市教育科学研究院教授顾泠沅,市教委基教处、市教研室和区教育局领导,总课题组核心组成员,区教育发展研究室专家,中小学校长,科研室主任,教导主任,学科教研组长,骨干教师,区教育学院领导与一线教师参加研讨。论坛包括经验交流、现场提问互动和专家点评等环节,7位老师交流自己开展增值行动、探索减负增效的经验。(沈　俭)

【市西中学参赛队获世界机器人(WRO)奥林匹克赛创意组冠军】 11月中旬,市西中学2支参赛队师生共9人,以世界机器人(WRO)比赛中国赛区直选赛高中组常规赛冠军和创意冠军身份,代表中国参加在阿联酋阿布扎比举行的世界机器人奥林匹克赛总决赛。经过2天比赛,市西中学参赛队获创意组冠军。这是中国队第一次在世界机器人(WRO)国际赛上获冠军。　(沈　俭)

【举行倪谷音从教60周年研讨会】 12月17日,由市中小学幼儿教师奖励基金会、少先队市工作委员会、市教育学会、市教委基教处、区教育局主办,市愉快教育研究所、区教育学会、第一师范学校附属小学承办的“愉快教育:永远的追求——‘愉快教育’创始人倪谷音老师从教60周年研讨会”在一师附小举行。夏秀蓉、瞿钧等各主办单位领导,以及兄弟学校校长、书记等80多人与会。　(沈　俭)

(四)成人教育

【电大静安分校“达标评优”获优良等级】 上海电视大学于2009至2010年启动“达标评优”工程,旨在对全系统44家分校、工作站、教学点加强质量管理,确保提升办学实力。电大静安分校全面梳理办学思路、系统建设、教学质量、教学条件和规范管理,开展数字化校园特色创建,经电大总校专家组评审、复审,评审委员会终审,于2011年1月完成终评。2月15日,电大静安分校被上海电视大学授予“达标评优”优良等级单位称号。　(沈　俭)

【白领妈妈育儿学堂开课】 2月24日,区学习办、区妇联、“白领驿家”联合举办,区家庭文明建设指导中心承办的白领妈妈育儿学堂开课。戴德梁行房地产咨询(上海)有限公司中的年轻爸爸妈妈约30余人参加听课。国际注册高级教育咨询师、国家级心理咨询师、上海至正教育·优成长家庭教育咨询中心教育咨询总监王云授课,她围绕“家有宝贝——成功的职场父母育儿备忘录”主题,讲授如何与孩子保持良好沟通的技巧和方法。白领妈妈育儿学堂每月1次在不同的地点开课。　(沈　俭)

【举行区“世界读书日”主题活动】 4月23日,以“书香伴人生,悦读越精彩”为主题的静安区“世界读书日”主题活动开幕式在威海路870号静安书友汇举行。区委常委、宣传部部长、区学习委副主任杭春芳为主题活动揭幕。开幕式上,静安书友汇负责人从氛围营造、学习活动、人文讲座等方面回顾书友汇1年工作;楼宇白领向与会者分享学习感悟;民间自发的学习团队——静安区“三以书房”和公益社会组织代表——桔子树青年联盟向全社会发出“全民阅读、终身学习”以及“书送希望、智力扶贫”倡议。区文明办主任等为“读万卷书、行万里路”主题摄影活动获奖者颁奖。开幕式后,开展为期2天的系列活动:有以学习资源介绍、学习成果展示、学习咨询服务、学习实践体验为主要内容的静安学习资源联盟展示活动;有以培养文学新人、涌现新诗和旧体诗佳作精品为具体目标的静安诗社成员招募活动;有倡导家长与孩子一起阅读,在家庭中营造共同阅读、科学阅读的书香氛围的小学生亲子阅读活动;也有以把积极健康的文化知识和上海市民的真诚关爱送到贫困地区希望小学的孩子手中为目的的“书送希望”捐书活动。　(沈　俭)

【举办区老年教育艺术节展演】 4月27日,由区学习办、区教育局、区老龄办主办,区老年教育工作小组办公室、区社区学院、市老年教育协会静安区办事处共同承办的“在党的阳光照耀下”——2011年静安区老年教育艺术节展演活动在区青少年活动中心剧场举行。展演活动分3个篇章:峥嵘岁月、爱我中华、谱写新篇,由来自区域9个单位16支队伍共同担纲。节目形式有合唱、舞蹈、时装表演、器乐合奏等。　(沈　俭)

【“静安学习苑”揭牌】 6月3日,静安区业余大学(社区学院)举行“静安学习苑”揭牌仪式。为鼓励社区居民投入全民学习,鼓励社区居民参与“静安学习苑”举办的各种活动和讲座,在社会上形成良好学习氛围,社区学院开设“静安学习苑”,面向老年朋友设计贴近老年人生活的课程,如营养指导、摄影、计算机等。“静安学习苑”还根据调查与分析,选择最新热点主题开设讲坛活动,为志趣相投的老年同学相约学习提供平台。

(沈　俭)

【开展静安网校分校结对工作】 6月16日,静安网校分校结对共建签约仪式在区社区学院举行。区文明办、学习办、区学习型城区建设联合会(区学习联)和区社区学院相关负责人,网校各分校校长、指导员、部分资源联盟单位及其志愿者参加签约仪式。学习资源联盟成员单位与网校分校结对共建单位有:长春分校结对区业余大学、叶庆分校结对启明信息技术培训中心、东王分校结对圆桌教育培训中心、泰兴分校结对力源职业技术培训中心、华山分校结对锦创教育培训中心、蒋家巷分校结对外服国际人才培训中心、区残联分校结对春申旅游进修学校。（沈　俭）

【开展社区学生读书活动】 7月5日—8月28日，区学习联、区教育局社区教师管理办公室、社区学院联合举办“阅读红色经典，激扬爱国情怀”2011年社区学生读书活动，组织静安区社区学生结合《两纲》教育，从静安学习网网上课堂和网上图书馆选出30门“红色经典”课程、30本电子书籍和30本推荐书目，开展红色经典阅读活动。活动中，每个社区的队员们都拿到1张免费上网学习卡。据统计，社区师生累计阅读红色经典10608学时。（沈　俭）

【“德鲁克之窗”落户静安】 10月12日，区学习联与彼得·德鲁克管理学院联手合作项目“德鲁克之窗”在静安书友汇落户。彼得·德鲁克（Peter F. Drucker）以他建立于广泛实践基础之上的30余部著作，奠定其现代管理学开创者的地位，被誉为“现代管理学之父”。区社会组织联合会会长顾维民和上海戏剧学院原副院长、学习联副会长葛朗为“德鲁克之窗”揭牌。（沈　俭）

【举行“静安杯”社区歌咏竞赛】 10月15日，以“畅想幸福生活”为主题的上海市第七届全民终身学习活动周“静安杯”社区歌咏竞赛在区青少年活动中心举行。来自全市17个区县的18支社区歌队参加竞赛，静安区南西社区学校银嗓子合唱团获金奖（沈　俭）

【区业大为区内教师“虚拟账户培训”开课】 区教育系统第二期教师继续教育“虚拟账户培训”项目于10月24日开班。区业余大学共开设13门课程23个班级，有区内教师760人次报名参加培训。经区教育局专家组论证，业大增设“居家饮品”“休闲餐点和甜品”“数码影像后期处理”“经典影视与音乐赏析”等4门新课，其他部分课程开设提高班以满足有基础的学员需要。（沈　俭）

【举办“学习让人生更精彩”名家名作诵读会】 11月2日，“学习让人生更精彩”名家名作诵读会暨2011年静安学习节在中福会少年宫开幕，区学习委各成员单位、区学习联、各街道社区居民和企事业单位代表300余人出席开幕式。开幕式活动选取古今中外文学名篇，围绕清代文学家王国维的读书三境界贯穿活动，分为“读”“思”“悟”三个板块，以诵经典、谈人生、留箴言方式，通过青少年、成年人、老年人的诵读，倡导市民终身学习理念。（沈　俭）

【日本大阪市教委官员访问业余大学】 11月8日，大阪市教育委员会终身教育（日本称“生涯教育”）工作负责人松村贤造、大阪市政府上海事务所所长安井良三等官员访问区业余大学。日本同行参观静安市民终身教育学习中心，同中方就中日终身教育现状进行交流。（沈　俭）

（五）上海戏剧学院

【概况】 年内，上海戏剧学院（简称上戏）招收本科生463人，硕士生71人，博士生15人，留学生72人，成人教育328人。全日制在校本科生1890人，硕士生212人，博士生67人，留学生87人，成人教育994人。2011届毕业本科生501人，硕士生40人，博士生7人，成人教育218人，留学生42人。全校教职工共540人，其中专任教师281人，外聘教师180人。年内，推动结构学分制改革工作，通过上下三轮修订，以专业群分类管理模式为架构，完成2011级全校本科教学计划修订工作。以选修课改革带动学分制改革，根据结构学分制总体改革路线，以选促改，继续推行选修课改革。推进工作室体系建设工作，首批启动立项18个教学工作室。将工作室纳入项目教学体系，部分工作室逐步与课程结合。为整合全校各专业类型各异的毕业展示，推出“毕业作品展示季”，打造上戏毕业品牌。推动教学督导工作，启动组织教研室活动，聘任20名教学督导专家，组成教学督导小组深入课堂听课，与授课教师共同切磋授课技巧，探讨教学方法。所推荐的60个项目入选“上海市大学生创新活动计划”项目。师资队伍建设方面，岗位设置实施工作全面启动，完成全校在编职工的岗位定级与首次聘任。年内共聘任包括李名觉、赵汝蘅、吉拉尔·吉拉斯等22名名誉教授、客座教授。成功申报5人国家留学基金委艺术类特别资助项目，2名专家入选上海市“千人计划”，2人成功申报“东方学者”讲座教授，1人入选上海市领军人才、宝钢优秀教师奖。学科建设方面“编剧概论”课程获市级精品课程。“上海戏剧学院工作室教学的探索和实践”“‘四维一体’复合型导演艺术人才培养实践基地”2个项目获批市重大教改项目。《大学语文》《国际标准舞摩登舞技法教程》《戏剧服装设计与手绘效果图表》3本教材获市级优秀教材奖二等奖。8门课程获批市级重点课程、18本上海戏剧学院规划建设教材正式出版。年内，市教委级及以上级别科研项目共计立项19项。其中，教育部新世纪优秀人才支持计划1项，国家社会科学基金艺术学项目2项，文化部项目1项，市哲学社会科学研究项目1项，市政府决策咨询研究项目1项，市教委科研创新项目9项（重点项目3项，一般项目6项），市教育科学研究项目2项。市教育系统网络文化发展研究中心课题1项，上海学校德育创新发展课题1项。年内，市教委级及以上级别的科研项目共计结项9项。其中，国家社会科学基金艺术学项目1项，市哲学社会科学研究项目1项，市政府决策咨询研究项目1项，市教委科研创新项目5项，市教委“晨光计划”项目1项。市教委重点学科建设项目之一的上海戏剧学院广播电视学重点学科建设项目通过中期检查。继续开展“中青年科研项目”，资助对象扩大至45岁及以下的中青年管理干部，总金额上升至20多万元，共有53个科研项目（54位中青年老师和管理干部）获得资助。

学生工作开展“榜样——我身边的人和事”系列活动，发挥身边榜样力量。完成市高校资助工作评估，完善资助工作体系；承办市教委“播种希望——上海市高校资助工作巡礼”活动。举办学生创业大赛，开设创业学生沙龙。完成新生心理普测，举办“上戏心理剧小品大赛”。不断探索和实践素养教育，仲彝师生沙龙、“品读”朗读会等一系列活动进一步提升学生人文素养。推出招聘专场，举办“东方卫视”宣讲会。全年推出12个不同类型招聘专场，为毕业生提供1100个就业岗位，就业率97.59%。全年完成9台毕业、实习剧目演出，创作演出市级、校级重点剧目共5台。由市委宣传部主办、上海戏剧学院承办的大型政论体话剧《开天辟地》作为对中国共产党成立90周年献礼，7月22日晚在上海东方艺术中心歌剧厅首演。《黎明1949》由市作家协会和上海戏剧学院联合出品，被列为上海市重大文艺创作项目。原创大型舞蹈诗《红》是学员给中国共产党中国共产党成立90周年华诞的又一献礼。原创新媒体舞蹈诗《极境》首次探索以多媒体和舞蹈结合的编创手法。原唱朗诵剧《回响回想》以重大事件捕捉历史精彩瞬间，以小见大，以点带面，以全新视角来关注、解读历史。年内，共审核审批24个因公出访团组、292人因公出访。有来自10多个国家和地区的13批艺术院校及文化机构到院访问，商谈演出合作、学术交流。年内共举办7次大型国际活动，包括“莎士比亚”中文字典发行仪式、世界戏剧院校联盟舞美展、第六届国际小剧场戏剧节展演、法国戏剧研究研讨会、2011上海创意产业国际论坛等。不断尝试与外国专家新的合作模式，探索不同文化背景下戏剧教学创新，年内有20余位外国专家到院授课、举行讲座和工作坊，指导排戏。受市教委学生海外学习项目资助，共有20多名同学以交换生身份赴美国纽约电影学院、美国纽约大学、挪威卑尔根大学等艺术类名校交流学习。年内共有在读外国学历生23人，全年汉语进修生130人次。（李　莉）

【与青岛开发区合作办学】 3月8日，上海戏剧学院与青岛开发区合作办学签约仪式在青岛开发区金沙会所举行。院长韩生、副院长刘志钢等一行5人，与青岛保税港区工委书记、青岛市黄岛区区长张大勇，以及青岛开发区有关领导出席合作办学签约仪式。根据青岛产业发展和艺术教育的市场需求，上海戏剧学院将与青岛开发区合作开办青岛上海戏剧学院艺术学校，学校办学层次为中等专业学校，由上海戏剧学院负责教学管理、师资配备等工作，计划于2012年秋季正式招生。（李　莉）

【承办2011国际导演大师班(俄罗斯)】 5月9日，2011国际导演大师班(俄罗斯)在上戏熊佛西楼举办开班典礼。俄罗斯联邦驻上海总领事馆副领事基里尔·斯科沃佐夫、中国教育部国际司副司长于继海、上海市教委副主任张民选、上海戏剧学院院长韩生、副院长宫宝荣等领导出席。大师班由教育部国际司主办，上海戏剧学院承办。是中国首次系统引进俄罗斯著名导演艺术家及剧评家的文化学术活动，聘请俄罗斯5位顶级国际导演大师亲自授课，并开设导演工作坊。（李　莉）

【比赛演出多项获奖】 6月31日，上戏附属舞蹈学校芭蕾舞专业学生王名轩获第八届首尔国际舞蹈比赛芭蕾舞少年组金奖。7月3日，京剧《朱丽小姐》参演华沙第六届国际艺术院校戏剧节，并获得戏剧节最高奖——“观众最受欢迎演出荣誉奖”。8月30日，小剧场现代京剧《马蹄声碎》获全国戏剧文化奖·2011小剧场优秀戏剧展演季综合类奖的改编剧目大奖，此外还夺得导演金奖、表演金奖、表演银奖、音乐设计金奖、最佳出品人特别奖等共10个奖项。上海戏剧学院戏曲学校获最佳组织奖。9月，由中国戏剧文学学会主办的第二届全国戏剧文化奖·2011小剧场优秀戏剧展演季评奖结果揭晓，上海戏剧学院创新计划项目扶持作品《秃头歌女——最熟悉的陌生人》夺得“优秀剧目奖”“导演金奖”“演员银奖”“优秀出品单位奖”等4项7个大奖。9月18日，“新媒体舞台设计《文明·图腾》”之《拓印》片段获2011上海设计展“上海设计奖”铜奖。11月4日，由上海戏剧学院舞蹈学校选送的剧目《一抹红》与《鸿雁》分别获第八届“荷花奖”民族民间舞大赛作品金奖与表演银奖。12月7日，2008级广播电视编导专业的集体创作短片《农民达芬奇》在2011澳门国际电影节国际大学生短片竞赛单元中获最佳纪录片奖。12月24日，由文化部主办的“文华艺术院校奖”——第一届全国青少年戏曲邀请赛在沈阳落幕，附属戏曲学校分别获组织奖、金奖及优秀表演奖。（李　莉）

【举办首届上海暑期学校中国戏曲研修班】 7月，上海戏剧学院举办首届上海暑期学校中国戏曲研修班。来自美国、英国、日本、伊朗、保加利亚、西班牙、韩国、菲律宾、马来西亚、泰国等10个国家的20位留学生们齐聚上戏。副院长孙惠柱出席研修班开学典礼，并给研修班的留学生们做课程指导。（李　莉）

【获批戏剧与影视学、艺术学理论一级学科博士学位授予单位】 8月，上海戏剧学院被审议批准为戏剧与影视学、艺术学理论2个学科的一级学科博士点以及4个一级学科硕士点。（李　莉）

【主办世界戏剧院校联盟舞台美术展暨研讨会】 9月15—17日，世界戏剧院校联盟舞台美术展暨研讨会开幕活动在上戏剧院举行。上海戏剧学院作为世界戏剧院校联盟轮值主席，主办此次活动以及联盟校长会议。世界戏剧院校联盟成员院校包括：保加利亚国立戏剧电影学院、中国上海戏剧学院、德国恩斯特·布什戏剧学院、印度国立戏剧学院、韩国中央大学。另外还有特邀院校包括：中国戏曲学院、中国台北艺术大学、韩国综合艺术大学、美国纽约大学。上海戏剧学院党政领导、专家教授和师生代表近百人出席会议。研讨会的主题为“多元文化中的舞台美术”。（李　莉）

【举办第六届国际小剧场戏剧节】 9月23—30日，2011第六届国际小剧场戏剧节在上海戏剧学院举办，吸引来自韩国、印尼、美国、法国和中国等6个国家和地区的10台剧目参演。展演开幕式于23日在熊佛西楼前举行，市教委副主任印杰，院党委书记楼巍、院长韩生和来自美国的导演Jack · Elliot以及各参展剧团代表出席。

（李　莉）

【中国剧协全国青年剧作家研修班开班】 10月18日，由中国戏剧家协会、上海戏剧学院主办，《剧本》杂志社、上海戏剧学院培训中心、上海戏剧家协会、上海市剧本创作中心承办的中国剧协全国青年剧作家研修班在上海戏剧学院红楼教室举行开班仪式。仪式后，戏剧理论家季国平作了题为《走向世界的中国戏剧》的首场演讲。11月1日，中国剧协全国青年剧作家研修班举行结业典礼暨剧本签约仪式。院党委书记楼巍宣布全国青年剧作家研修班结业，中国文联、中国剧协、市委宣传部、市文广局、市文联领导向研修生颁发结业证书。中国剧协副主席、青研班班主任罗怀臻作青研班教学报告，中国剧协分党组成员、副秘书长周光作青研班创作成果报告，青年剧作家陈涌泉、罗周代表全体研修生，安徽省黄梅剧院院长蒋建国代表全国签约院团分别发言。30位研修生的30部新创剧本全部被来自全国的专业或民营院团相中，除已经提前投排的2部剧本以外，28部新作共有37个院团签署合作意向书。研修班期间，为全国青年剧作家研修班授课的13位当代著名文艺家受聘为上海戏剧学院客座教授。

（李　莉）

【师生同庆伊斯兰教传统节日“古尔邦节”】 11月7日，上海戏剧学院各院系回族、维吾尔族、哈萨克族等少数民族同学与教师代表共70余人欢聚上海东方亚克西餐厅，共同庆祝传统节日古尔邦节。院党委书记楼巍、副院长张伟令出席庆祝活动。学生们载歌载舞，用优美的民族舞蹈、民族歌曲、民族乐器演奏等文艺节目表达对学校的感激之情和欢度节日的喜悦之情。

（李　莉）

【举办“谭京论戏”——谭鑫培和中国京剧艺术展演研讨活动】 11月27—28日，由上海市文学艺术界联合会、上海戏剧学院共同主办的“谭京论戏”——谭鑫培和中国京剧艺术展演研讨系列活动在沪举行。27日，活动揭幕仪式在上海戏剧学院举行。全国政协常委、全国政协京昆室副主任张国祥，市文联党组书记宋妍，市文联专职副主席杨益萍，北京京剧院党委书记刘胜利，上海戏剧学院党委书记楼巍，上海戏剧学院院长韩生等领导，谭元寿、谭孝曾等谭氏后人以及来自全国各地的戏剧专家出席。杨益萍、刘胜利分别致辞，楼巍、宋妍为谭鑫培艺术研究室揭牌。韩生向谭孝曾颁发上海戏剧学院客座教授聘任证书。28日，“谭京论戏——谭鑫培和中国京剧艺术”论坛宏安瑞士大酒店3楼达沃斯厅举行，多位专家学者作主题发言。

（李　莉）

11月27日，市文联党组书记宋妍和上海戏剧学院党委书记林巍为谭鑫培艺术研究室揭牌　（上海戏剧学院　供稿）

【举办全球创意教育论坛（2011）】 12月2—4日，由上海戏剧学院发起并主办的全球创意教育论坛（2011）在上海举办。2日，论坛在端均剧场开幕。论坛由联合国贸易与发展会议和上海市教育委员会指导，上海戏剧学院创意学院与约翰 · 霍金斯创意产业研究中心承办，并列入联合国贸易与发展会议2011年度活动。来自全球近20个国家和地区的40位国际嘉宾，以及70多家国内高校及相关机构的嘉宾与代表共250余人参加论坛。54名国内外演讲者为大会带来“创意经济与人才培养”的讨论。论坛以“创意经济时代的全球挑战与人才培养”为主题，邀请“创意产业之父”约翰 · 霍金斯、“亚洲剧场导演之翘楚”赖声川等艺术家作演讲。论坛期间，学校与英国伦敦城市大学、英国BOP文化咨询机构、澳大利亚创意链接顾问公司、日本福冈设计联盟、韩国釜山设计中心等单位签订合作框架协议。联合国贸易与发展会议（UNCTAD）《2010创意经济报告》中文简体版和繁体版，以及厉无畏所著《创意改变中国》英文版，约翰 · 霍金斯新作《创意生态思考在这里是真正的职业》中文版等多部创意经济作品进行首发和推介。

（李　莉）

（本栏目编辑　陆美文）

十九、文　化

（一）综　述

2011年，静安区文化局（简称区文化局）聚焦文化惠民，确保文化民生持续改善。（1）打造“十分钟公共文化圈”。推出文化师资进社区配送项目，共配送戏曲、书法、民间手工艺等25个班，共600余次，受众6万余人。开展文化礼包赠送活动，将3500余张优秀剧目演出票发放到社区居民手中。围绕纪念中国共产党成立90周年，发动和指导全区各单位、各社会机构和文艺团体开展“静安市民唱红歌”“永远跟党走”广场周周演等文化活动600余场，参与面16万余人次；区文化馆、区图书馆、区文史馆、社区文化活动中心等公共文化场馆开展各类活动2600余场，参与面8万余人次；组织各类讲座、展览、辅导培训800余场，培训25万人次。拓展楼宇“都市书坊”服务工作、楼组读书活动，“读者1号”图书车服务范围扩大。群众文化团队建设富有成效，500余支文化团队各展所长，开展文化“五送”服务。创办和发行区第一本文化宣传刊物《静安文化快递》（季刊）。完成《静安区志》文化编和《静安文化志（1993—2010）》初稿。举办中美“汉字美”孔子学院书法作品展、“意式线条”意大利文化交流展等32场中外文化交流活动。（2）保护历史文化。推进第三次全国文物普查工作，创建“全国文物工作先进区”。在陕西北路文化名人名街设立展示咨询中心，宣传和展示老街历史，编纂出版《静安历史文化图录》。推进“口述静安”史料征集。非物质文化遗产保护工作取得阶段性成果，中式服装制作技艺（龙凤旗袍、亨生裁缝制作技艺）列入国家级非物质文化遗产，静安区非物质文化遗产保护中心（简称区非遗中心）牵头与逸夫职校、鸿翔百货公司合作，建立非遗生产性保护基地，非遗项目传承人直接到学校开课授艺，为企业定向培养人才。以传统民俗节日、文化遗产日等节庆活动为契机，开展“清明祭伟人”“到主席家中过端午”“百年传承现代风”等各类活动，引导市民了解民族优秀历史和传统文化。（3）培育文化产业。力推现代戏剧谷演季、资助、推广、演出“四大平台”建设，引进赖声川、詹瑞文等戏剧大师工作室入驻现代戏剧谷；举办“2011壹戏剧大赏颁奖典礼”，现代戏剧谷春夏、秋冬演季“壹戏剧秀”，推出各类剧目60余种，演出600余场，观众100万人。举办“市民剧场”，指导群众自创自编自演，成为舞台主角。举办“浓情静安·爵士上海”音乐节。邀请18位获得格莱美奖的世界顶级爵士乐手举办“大师殿堂”“大师论坛”和“爵士环城”活动。协助相关单位做好“创新·融合·时尚上海”国际服装文化节暨上海秋冬时装周发布会相关工作。（4）加强文化市场监管。推进行政审批制度改革，加强行政审批工作标准化建设和文化项目网上审批平台建设，畅通与市级网上审批平台和区级审批平台联系渠道。强化文化市场执法，净化文化市场环境。先后开展全区文化市场消防和安全大检查、“纪念建党90周年”文化市场专项保障行动、“扫黄打非”专项行动、打击非法“网络共享”网站及设备产品专项治理行动、网吧集中整治等专项执法检查。共出动执法人员1.13万人次，稽查场所5880家次，收缴物品3.42万件，立案44起，处罚31起。（5）完成经营性事业单位转企改制工作。做好资产评估和转移，按“老人老办法”保留改制单位职工原事业身份。撤销7家经营性事业单位，注销11家企业公司。酝酿建立现代企业制度和运行机制，逐步使改制单位走向市场。（6）落实安全责任制，加大对公共文化场馆、娱乐场所等的安全隐患排查整治力度，开展对辖区内文物安全的监督和管理。（7）开展文化系统人员队伍岗位培训和业务技能培训，增强文化项目谋划能力、文化工作说服能力、文化资源整合能力、文化队伍创新能力和文化任务落实能力。　（韩怡星）

（二）公共文化

【《静安历史文化图录》出版】　1月出版发行。由区文化局主编，该书图文并茂，在编纂过程中广泛搜集和研究各种文献资料，共收纳珍贵史料照片700余张，涉及商业消费、文教医卫、体育竞技、市政建设、古刹名园、豪宅名居等社会发展各个方面，并配以说明文字。　（韩怡星）。

【开展“党旗永飘扬”寄语、贺卡征集活动】 4月，区图书馆推出该征集活动，区内7所中学、8所小学、5个街道学校管理办公室以及外区4所学校参与，共收到寄语338条，贺卡作品257幅，其中手工作品117幅，电子作品140幅。经评定，共产生寄语获奖者60人、贺卡作品获奖者60人、优秀组织奖10人。 （韩怡星）

【推出健康科普进社区讲座】 “百科知识”健民大篷车是区图书馆健康科普下社区的讲座品牌，于4月推出，在各街道举办科普讲座13场，共556人次参加。区图书馆还将上海市老科协科普讲师团的优秀师资制作成“文化菜单”，送到街道社区，由居民“点餐”，再组织安排讲师到社区居委会举办讲座。 （韩怡星）

【开展红旗飘扬少儿“红读”系列活动】 年内，区图书馆开展一系列少儿“红读”系列活动。5月27日，区教育局与区图书馆联合举办“学习红色精神，颂扬民族先驱”静安区第七届红色经典小故事讲演比赛，全区中小学校共46名青少年参加。活动分故事创编与讲演两部分，旨在纪念中国共产党成立90周年，开展社会主义核心价值观教育。暑假期间，区图书馆举办“童心向党，红旗飘扬”少儿夏令营系列活动。7月14日夏令营活动当天，全区120多名中小学生一同参观革命纪念地，欣赏红色影片《建党伟业》，填写革命传统知识问卷。夏令营期间，区图书馆运用全国文化信息共享工程资源，在5楼视听室举办12场影视欣赏暑期专场活动，放映《闪闪的红星》《红孩子》《小鬼特种兵》《天才画童》《功夫熊猫》等影片，吸引社区青少年学生参加，参与人次1000多人。 （韩怡星）

【中式服装制作技艺列入国家级非物质文化遗产保护名录】 5月，龙凤旗袍制作技艺和亨生奉帮裁缝缝纫技艺被国务院公布为第三批国家级非物质文化遗产保护名录项目。龙凤旗袍特色在于全手工、高质量的个性化精工制作。其缝纫制作工艺继承即将失传的苏广成衣铺的“镶、嵌、滚、岩、盘、绣”传统工艺特色，精选面料和手工镂、雕、绣出图案，这一系列技术在中国旗袍制作领域里堪称绝技。“亨生”是上海西服业中华老字号企业，因曾对中山装进行改良和独创的修身裹袖、时尚挺括的奉帮亨生造型而闻名沪上。亨生奉帮手工技艺在制作中讲究“四功”（刀功、车功、手功、烫功）、“九势”（胁势、胖势、窝势、戤势、凹势、翘势、剩势、圆势、弯势），其服装的特点可以用16个字（平、服、顺、直、圆、登、挺、满、薄、松、匀、软、活、轻、窝、戤）概括，既是实用服装又堪称工艺品。 （韩怡星）

【陕西北路名人名街展示咨询中心陈列改版】 陕西北路名人名街展示咨询中心经改版后于6月11日第六届中国文化遗产日重新开放，新增“老上海实物馆”，展出近200多件从市民手中征集来的老上海家庭生活用品，品种、样式繁多。此后多次举办名家名作签赠、“印记·上海陕西北路名人名街”明信片赠送等文化主题宣传活动。至年底共接待观众2.5万余人次。 （韩怡星）

【赠送文化大礼包】 6月16日，由区文化局主办、区文化馆承办的“静安区十分钟文化圈文化礼包赠送社区居民”仪式在西苏州路65弄7号举办。区文化局局长将装有话剧、舞台剧、评弹等演出票的文化大礼包分送到居民手中。下午，区文化局局长还带队将文化大礼包赠送到石门二路、南京西路、静安寺、曹家渡社区（街道）的社区文化活动中心，表示区文化局将继续加大文化礼包赠送力度，提供更多更好的影剧票给社区居民，并为爱好文艺的社区居民和小区文艺团队提供更多演出机会，搭建交流和展示平台，为优秀文艺团队“走出去”提供便利。 （韩怡星）

【香港太古地产有限公司向区图书馆赠书】 7月5日，举行香港太古地产有限公司向静安区图书馆赠书仪式。区图书馆馆长接受赠书，区文化局党委书记向太古地产回赠礼物。太古地产向区图书馆赠送的书籍为英文原版和港版图书818册，内容为英文版的小说、社会服务、建筑和环保类图书等；港版的教育、文学艺术和环保类图书等。区图书馆于7月起在参考阅览室开设港版及英文原版进口书籍专区，供广大读者品鉴。（参见第85页【香港太古集团捐赠图书】）（韩怡星）

【开展“我的东方红”主题征文活动】 活动由《上海文学》杂志社、区文化局联合主办，区图书馆、区读书协会承办。2月至7月，活动收到来自上海、山东、四川、黑龙江等地的稿件共1222篇。来稿作者涵盖机关和企事业工作者、社区居民、专家学者、白领青年、外来务工人员、大中小学生、海外爱国同胞等各类人群，具有广泛代表性。作者通过风格各异的文字、独具匠心的视角，从不同侧面反映中国共产党成立90年来特别是改革开放以来在社会生活、经济建设、精神文化等各领域取得的成就，表达广大人民群众对党和祖国的热爱与祝福。活动邀请市作家协会副主席、《上海文学》社长赵丽宏，市作家协会副主席陈村，市作家协会副主席、《萌芽》主编赵长天，《新民晚报》副总编朱大建，SMG（上海东方传媒集团）副总裁滕俊杰，《上海文学》副主编金宇澄，《文汇报》“笔会”主编刘绪源，《解放日报》“朝花”主编徐甡民等文化名人担任顾问、评委。7月12日，在静安区图书馆举行“我的东方红”主题征文颁奖大会。 （韩怡星）

【建立非物质文化遗产生产性保护基地】 区非遗中心在对全区非物质文化遗产资源进行梳理的过程中发现，11项区级及以上非物质文化遗产保护项目中有8个项目适合生产性开发与保护，由此探索非物质文化遗产生产性保护做法，拓展非遗保护与传承新思路。4月1日，区非遗中心牵手上海逸夫职业技术学校、上海鸿翔百货有限公司签署三方合作备忘录，计划把技艺的传承传播纳入到良性的生产性保护轨道上，进行有计划、有重点的手工技艺类非物质文化遗产项目校园行全新尝试。作为项目的深化及现实成果，6月11日，中式服装制作技艺传习所揭牌。逸夫职校服装专业的学生拜龙凤、亨生、鸿翔3家企业的老技师为师，直接到企业实习、学艺，并将作为新鲜血液注入到企业中；同时，中式服装制作技艺作为一门选修课课程出现在逸夫职校开课大纲中，并于9月7日正式开始上课，非遗项目的传承人和技师直接到学校开设选修课程，传授技艺，20多名服装专业二年级学生根据自身兴趣分成2个学习小组，分别学习龙凤旗袍中式手工制作技艺与亨生奉帮西服制作技艺。《中式服装制作技艺》教科书的编写也已在筹备之中。（韩怡星）

【举办“浓情静安”2011爵士上海音乐节】 10月20日，“浓情静安·爵士上海”音乐节大师殿堂庆典活动在上海商城剧院开幕。音乐节大师殿堂秉承历年来邀请爵士乐坛顶级大师的一贯风格，请来世界顶级萨克斯乐手肯尼·洛杰斯（Kenny Garrett）、多次获得格莱美大奖的Take6纯人声组合、爵士钢琴大师麦考·泰伊纳（Mc-Coy Tyner）等蜚声世界的5个爵士大师乐团轮番登台，凸显“最经典、最浓情、最静安”的理念。（韩怡星）

10月20日，“浓情静安”2011爵士上海音乐节·庆典在上海商城剧院举行
（区文化局　供稿）

【社区文化活动中心绩效评估】 11月14日，上海市社区文化活动中心绩效评估复评工作小组到静安区进行实地考评。复评小组分3路，分别赴石门二路、静安寺、南京西路3个社区文化活动中心开展现场评估，围绕各中心的环境、档案、服务水平、发展规划等项目进行考评。通过评估，各社区文化活动中心巩固已有基础，做到优化服务设施，提升运作效益；把握市民需求，扩大受益群体；彰显品牌特色，塑造中心形象。（韩怡星）

【举办静安寺广场“周周演”活动】 年内，静安寺广场“周周演”活动分为春、秋两季。春季“周周演”活动以纪念中国共产党成立90周年为主题，结合“静安市民唱红歌”活动，创新策划思路和组织形式，丰富市民文化体验。自4月开始至5月，共举办6场演出，吸引观众近万人。秋季“周周演”活动以庆祝国庆62周年、上海国际艺术节为主题，结合“2011上海爵士音乐节”“外国艺术家进社区”活动，与广大市民群众一同唱响社会主义和谐文化主旋律，秋季“周周演”活动共举办8场，活动从10月一直持续至11月底。（韩怡星）

【《静安文化快递》出版发行】 年内，区文化局创办区第一本文化宣传刊物《静安文化快递》（季刊），预告静安区各类文化资讯，宣传静安区公共文化服务体系、历史文化保护体系、文化产业体系建设情况。刊物发行后，区文化局完善相关制度，制订《关于〈静安文化快递编纂方案和发行办法〉》。（韩怡星）

【推进“十分钟公共文化圈”】 年内，区文化局指导区文化馆从阵地、团队、队伍、活动4个方面入手，带动全区社区文化中心和小区活动室等公共文化场馆共同打造“十分钟公共文化圈”。全年主要开展文化大礼包专业演出票赠送活动，文化项目宣传、文艺指导员进小区等工作。共向小区派送师资624人次，派送的项目有舞蹈、声乐、编织、越剧等，共25个班，受众6万余人次。并推进社区文化指导员派送工作，配合市群艺馆实施文化指导员倍增计划。全区5个街道全年共接受配送579次，受众1.43万人次。（韩怡星）

【举办“悦读·城市文化”系列讲座】 年内，区图书馆举办“悦读·城市文化”系列讲座，分为“作家作品”“城市文化”“音乐之声”3个系列，共举办14场。邀请沪上知名作家赵丽宏、王小鹰、那多、素素与读者分享对文学创作的感想、对生活的感悟；文化名人张哲、熊月之、李天纲、何建中、宋路霞、仲富兰为读者展开一幅幅上海城市文化图景与人文历史画卷，传递浓厚的上海“味道”；上海音乐学院教师、资深乐评人王澍通过作品赏析、现场演奏、观众互动等多种形式，演绎多重艺术的融合之美。（韩怡星）

【扩大“读者1号”图书车服务范围】 2011年，“读者1号”共出车118次，接待读者3092人次，借还图书8208册次。每周二、周三、周五上午11点至下午1点，在静安区工作、生活、休

闲的市民可以分别在曹家渡悦达889广场、吴江路休闲街、静安公园看到“读者1号”流动图书车。图书车内的图书种类以最新出版的社会科学类图书为主，一些知识类的书籍、杂志、英文期刊为辅，做到类型众多，趣味广泛。每次图书车外出服务前，区图书馆根据现场特点随时调整上架书籍，以满足不同群体需求，提供针对性服务。（韩怡星）

【“都市书坊”开展“白领荐书”活动】区图书馆先后在静安现代产业大厦、海德众业技术创新工程有限公司、欧莱雅中国有限公司、明圭园区、城市超市等多个商务楼宇中建立起18家“都市书坊”。年内，区图书馆根据每家“都市书坊”的不同需要，及时配置并更新相关书籍，做到平均每月至少为3家“都市书坊”更新40%～50%的图书，其中20%为新书，确保图书的数量与质量兼顾。坚持“都市书坊”例会制度，定期召开座谈会，由白领青年代表交流对“都市书坊”工作的感想与展望。开展“白领荐书”活动，通过发放荐书单、开放网络荐书平台、开展荐书评选等方式，调动楼宇白领主动性和积极性，全年回收荐书单278份，推荐图书1300余册。（韩怡星）

【举办文化展览】年内，区图书馆运用海关楼展厅平台，先后开展“上海中国画院名家书画作品展”“静安印象主题摄影展”“庆祝建党九十周年主题图片展”“静安区图书馆书画沙龙作品展”“‘同心家园，共享阳光’阳光助残公益项目社区融合活动展示”“金铁丹心”——海上八家篆刻艺术展等各类展览，共吸引6602人次前往参观。（韩怡星）

【区第三次全国文物普查完成】于静安区第三次全国文物普查自2007年4月启动，历时5年完成。共调查登记不可移动文物328处，其中复查文物点222处，新发现文物点106处。另有消失文物点4处。合计调查文物点332处。其中，属近代重要史迹及代表性建筑类别的文物点比例较大，共有326处。另有古遗址1处、古墓葬1处。普查范围涵盖静安区下属5个街道、近70个社区，在完成率达百分之百的同时，普查覆盖率、区域到达率也都达到百分之百。（韩怡星）

（三）文化场馆

【举行胡朴安旧居铭牌揭幕仪式】于10月9日在上海宏安瑞士大酒店举行。胡朴安（1878—1947）是现代著名语言文字学家、诗人和学者，清末在上海参加中国同盟会，为南社社员及《国粹学报》编辑，是辛亥革命参与者，为民国初创作出贡献，抗战胜利后曾任上海通志馆馆长，撰有《周易古史观》《中国文字学史》等著作。康定路947号胡朴安故居是静安区第三次全国文物普查新发现文物点，为胡朴安1936年至1947年的居住地。（韩怡星）

【中共淞浦特委机关旧址陈列馆布展工程启动】12月8日启动。中共淞浦特委办公地是陈云等老一辈无产阶级革命家1928年在上海开展革命斗争的地点。中共淞浦特委办公地旧址位于山海关路339号，是上海市文物保护单位，计划于2012年6月向社会免费开放。工程启动当天，陈列馆在静安公园门前举办“布展方案百姓征询活动”。用近30块展板介绍中共淞浦特委机关历史，并向参观市民现场发放“方案意见征询表”，听取民意、汇聚民智。（韩怡星）

【名人名居挂牌】2011年，静安区为华三川、朱屺瞻、周诚浒、虞哲光、盛丕华、聂耳、富文寿、叶景葵、荣德生、丁季峰、周湘云、胡朴安、刘晓、韩非、茹志鹃、顾炳鑫等16位名人旧居，以及东方经济图书馆旧址、贝公馆旧址、中国共产党中央特科机关旧址、美琪大戏院、彭湃烈士在沪活动地点、上海电话公司泰兴路分局旧址、宝礼堂旧址、海关图书馆旧址、八路军（兼新四军）驻沪办事处旧址、元利当铺旧址、邓演达革命活动地点旧址、中共中央上海局机关愚谷邨旧址、百乐门舞厅等13处旧址、名建筑挂牌。（韩怡星）

【启动“口述静安”史料征集工作】年内，区文史馆采访陈良、陈福美、施惠珍、陈庆、姚晶、葛龄耀、汪一心、吕型伟等10余位教育界老同志和解放前从事地下工作的老同志；拍摄“红色静安”口述历史纪录片素材，采集华东模范中学、育才中学校史资料；征集地下工作实物12件。均录入静安文史数据库。（韩怡星）

【加强爱国主义教育基地建设】年内，上海毛泽东旧居陈列馆、中国劳动组合书记部旧址陈列馆、中共上海地下组织斗争史陈列馆暨刘长胜故居、上海蔡元培故居陈列馆等4个爱国主义教育基地围绕纪念中国共产党成立90周年、纪念辛亥革命100周年，举办上海毛泽东旧居陈列馆“为人民服务”宣讲团宣讲、“红色经典老电影”免费专场、“发现红色静安，记忆光辉历史”——大家一起来参观集章活动、“永恒的记忆”——中共上海地下组织斗争史料展、中共上海地下学委女中区委史料捐赠仪式、上海红色经典故事高手擂台赛、“中德文化交流使者”——蔡元培图片巡展、“辛亥革命前后的蔡元培”历史图片展等活动30余场次，全年接待参观14.83万人次。7月2日，上海毛泽东旧居陈列馆、中共上海地下组织斗争史陈列馆暨刘长胜故居、中国劳动组合书记部旧址陈列馆挂牌静安区廉政教育基地。9月26日，在上海宏安瑞士大酒店召开有50家共建单位参加的“共建推进服务，同谋联动发展”——静安区文史馆共建型组织建设交流推进会，交流工作经验和心得，促进基地工作。（韩怡星）

（四）现代戏剧谷

【壹戏剧大赏颁奖】4月20日，一年一度的现代戏剧谷2011壹戏剧大赏颁奖典礼在“800秀“创意产业园区举行，现代戏剧谷工作室签约的京、沪导演孟京辉、田沁鑫、何念和台湾剧场巨擘林怀民、王伟忠、赖声川、李国修、李立群与香港商业戏剧泰斗毛俊辉、詹瑞文、林奕华及两岸三地的明星出席。获奖名单：年度大戏《四世同堂》、年度时尚戏曲《情话紫钗》、年度最佳编剧邹静之、年度最佳制作人王伟忠、年度最佳导演赖声川、年度人物何念、年度最佳男主角徐峥、世博戏剧贡献奖《堂吉诃德》、年度戏剧新人李心洁、年度最佳女主角秦海璐、年度网络票选明星梅婷。（韩怡星）

【举办现代戏剧谷春夏和秋冬演季“壹戏剧秀”】 现代戏剧谷春夏和秋冬演季“壹戏剧秀”于4月28日开幕，共举办3周。邀请孟京辉、田沁鑫、赖声川、李国修、詹瑞文、林奕华等戏剧大师带领的剧团来沪演出。推出各类剧目60余种，演出600余场，观众达100万人。创新机制，推出10元站票以及向1000名退休工人赠送免费戏票。（韩怡星）

【打造国内首个“市民戏剧节”】 年内，现代戏剧谷推出戏剧创意体验项目“壹戏剧秀·市民剧场”，选址“800秀”创意产业园区时尚秀场，搭建复合式功能的可变式“移动剧场”，打造国内首个“市民戏剧节”概念。2011年壹戏剧秀·市民剧场春夏季期间，现代戏剧谷邀请活跃在北京、香港、台北、上海四大华语地区戏剧重镇的代表性戏剧人：北京孟京辉、影子，台北李国修，香港詹瑞文，上海何念、张军等，在“800秀”剧场内置入现代戏剧谷舞台优质剧目与创展活动，并围绕当季主题“四城戏剧体验”开展演出、展览、工作坊等活动，实现“让戏剧成为城市生活表达的行为艺术”。在秋冬季期间，壹戏剧秀·市民剧场以“戏剧你我共参与、人人都是大主角”为理念，主打“市民剧场·和谐家园”主题，推出“社区故事剧场”“申城五大商圈白领戏剧秀”“主题戏剧展演”“名家公益讲座”四大板块。来自申城五大中心商务圈——南京西路商圈、陆家嘴商圈、人民广场商圈、徐家汇商圈、中山公园商圈的白领戏剧爱好者以及各街道社区的普通居民们第一次在“市民剧场”集结，通过参与创作、培训、排练、交流等体验项目，亲身感受台前幕后的每一个角色，20台剧目完全由普通市民创作、排演，以反映身边人、身边事为主线。（韩怡星）

（五）文化市场管理

【开展文化执法“双打”专项行动】 根据国务院统一部署，打击侵犯知识产权和制售假冒伪劣商品（简称“双打”）专项行动从3月延长到7月。区文化执法大队在行动中立案查处有证音像门店3家，无证门店5家，罚款4.5万元，收缴非法音像制品1927张，收缴非法图书657册。配合公安静安分局和公安虹口分局，先后查处两处位于茂名北路和巨鹿路上的窝点，收缴音像制品8万余张。历时1个月，抽调39人次参加区联合执法，共收缴违法音像制品DVD920张、仿LV包52个、假劳力士手表29块，及一批非法出版物。参加由工商静安分局牵头的整治韩城服饰礼品商场行动和由区城管大队牵头的整治南京西路沿线地摊游商行动。3月和7月，先后通过上海市、国务院有关部门的专项检查。（韩怡星）

【完成庆祝中国共产党成立90周年文化市场保障行动】 从年初起，区文化执法大队以确保纪念中国共产党成立90周年文化市场安全为重点，整治演出、娱乐、出版物、网吧、游戏机房等市场，查处国家法律法规禁止的文化产品和有害信息，打击制售政治性非法出版物及色情低俗演出活动，查堵非法文化产品生产制作源头、复制印刷环节、流通传播渠道和集中经营场所，共收缴各类非法出版物124册，非法音像制品916张，取缔无证摊点9处。并对中共二大会址、毛泽东故居、蔡元培故居、中国劳动组合书记部旧址、刘长胜故居等红色旅游景点进行检查，要求文物保护单位加强自查自纠，严防政治性非法出版物流入。（韩怡星）

【完成上海世游赛期间文化市场执法保障任务】 7月16—31日，上海世游赛举办期间，区文化执法大队共出动执法队员102人次，检查场所118家次，其中游泳场馆34家次，健身房13家次，音像制品商店45家次，书店26家次。联合执法6次，保障上海世游赛期间文化市场平稳有序。（韩怡星）

【完成打击非法“网络共享”网站及设备产品的专项治理行动】 区文化执法大队于上半年开展打击非法“网络共享”网站及设备产品专项治理行动，对非法安装使用“网络共享”电视接收设施行为开展拉网式检查，并加强对国家法规和政策宣传。通过行动，形成整治传播秩序的高压态势，增强文化市场经营者法规意识，抵制境外敌对势力舆论进攻和思想渗透。（韩怡星）

【整治网吧】 年内，区文化执法大队重视网吧整治，先后对全区18家网吧经营者进行3次集中培训和法规宣讲，对日常检查中存在的问题责成经营者进行自查。6月，为保护未成人合法权益，提高文明城区、文化城区形象，组织由区文明办、公安、工商、卫生、教育等部门参加的联合检查；7月，对C级、B级网吧进行重点监管检查，杜绝接纳未成年人现象发生，规范网吧经营活动；8月，对网吧再次进行专项整治，下发调查问卷和宣传折页、海报。全年全区网吧违规率在全市处于较低水平。（韩怡星）

（本栏目编辑　陆美文）

二十、卫 生

（一）综 述

2011年，静安区卫生局（简称区卫生局）根据《上海市2010—2012年城乡环境卫生整洁行动实施方案》，开展城乡环境卫生整治行动中期评估，完成《实施方案》各项目标任务。完成江宁路、石门二路和静安寺等3个街道一级卫生街道复查工作。171家单位被评为爱国卫生合格单位。开展除“四害”执法检查，共检查2171户次，限期整改311家单位，处罚18家单位。加强中小学校、医疗机构、政府机关和办事场所等重点区域控烟工作，组织志愿者进行集中巡防，开展娱乐场所和餐饮单位控烟专项行动，全年控烟执法立案9起。新增社区健康自我管理小组26个，新增组员325人。已有社区健康自我管理小组202个，累计组员2825人。

根据《静安区老年友好项目建设指导方案》（试行）和老年人实际需求，在菜市场、超市、影剧院等场所开展老年友好建设推进工作，扩大老年友好项目辐射效应。医疗机构配备无障碍设置，简化就医流程，充实导医队伍，完善“乐龄助医”服务，老年友好医院成为老年友好社区建设工作亮点。

为保障上海世游赛举行，区卫生局制订《第十四届国际泳联世界锦标赛血液保障工作计划》，制订生活饮用水、场馆空气质量和游泳池水质以及医疗机构放射防护等方面保障工作方案。组织病媒生物防制应急演练和模拟突发放射性同位素污染事件应急演练，开展迎上海世游赛血源安全培训，加强上海世游赛定点训练场馆和医院及周边病媒生物保障工作，做好防制效果评估。比赛期间每日对静安体育中心开展卫生保障2次，对训练场馆游泳池水质、空气质量等指标进行检测1872项次。针对重点人群开展传染病预防、病媒防控等健康教育，普及防病知识。

开展“三好一满意”（服务好、质量好、医德好、群众满意）活动，制订活动实施方案，明确部门职责，加强质控力量，开展专业质控检查。推进“优质护理服务示范工程”，完善临床规章制度和服务规范，落实护士岗位责任制，区中心医院手上肢外科病房入选2011年上海市首批优秀护理病房，邮电医院张伶俐入选2011年市首批优质护理服务优秀个人。

组织实施《静安区医疗服务联合体建设实施方案》。建立由分管副区长担任总召集人的区域医疗服务联合体建设联席会议制度。依托华山医院的技术和管理优势，引入国际医院管理标准（JCI），加快设施设备的更新改造，加快学科建设和人才培养，加强区域医疗中心建设。静安区中心医院（华山医院静安分院）消化科、心内科、血液科、普外科、骨科、泌尿外科、神经外科、医学影像科8个专科纳入首批市住院医师规范化培训教学基地。区属卫生单位获市级、区级以上课题10项，发表SCI（科学引文索引）学术论文2篇、国家和省市级编刊学术论文104篇。

年内，区卫生局制订《上海市静安区加强公共卫生体系建设三年行动计划（2011—2013年）》，细化《静安区慢性病医防联合管理实施方案》，撰写《静安区高血压医防联合管理实施方案》和《静安区糖尿病医防联合管理实施方案》。撰写《静安区落实〈上海市预防和控制慢性非传染性疾病中长期规划（2001—2015年）〉第二次中期评估自评报告》，通过市卫生局专家审核。

推进中医硬件建设。与食药监静安分局合作开展区域医疗机构中药房标准化建设，发放中药标准化建设标准，完成对申请验收的医疗机构复核工作。社区卫生服务中心自2月1日起所有药品均实施零差率销售，6月1日起各社区卫生服务中心均只在688种基本药物范围内采购和使用，并实行零差率销售。组织涵盖区属一、二级医疗机构基本药物专项培训，各社区卫生服务中心开展全员培训，组织社区卫生服务中心参加全市基本药物考试，283名医师通过并获得合格证书。

全面推进区卫生信息化一期项目建设。区属医疗卫生单位光纤网络铺设基本完成，建成区域卫生数据中心和交互平台，医疗卫生平台流程优化和便民系统全面启动。推进公共卫生慢性病管理信息预防保健系统建设；推进居民电子健康档案建设，成立居民健康档案建设工作组；推进健康档案模块上线，优化健康档案数据关联，实现健康档案、专项档案与诊疗系统动态关联；推进老年健康中心项目建设,项目基地居民动迁完成90%;曹家渡社区卫生服务中心新址投入使用。采用合同能源管理方式,区中心医院中央空调改造工程成效显著;完成区中心医院ICU病房、感染科病房装修工程;启动区老年医院、静安寺社区卫生服务中心和区卫生成人中等专业学校装修项目。

协调相关医院,做好"11·15"特别重大火灾事故71名伤员医疗救治,做好受灾居民临时安置点医疗保障和出院伤员随访服务,落实灾后公共卫生保障。做好结对帮扶灾民的服务和稳定工作。

组织二、三级医疗机构专家赴新疆喀什地区、湖北宜昌市夷陵区开展对口支援工作,做好新疆喀什地区、湖北宜昌市夷陵区、云南曲靖市等对口支援地区医务人员来沪进修工作,完成摩洛哥等对口支援任务。指导卫生社团组织完成换届工作。

2011年,静安区居民平均期望寿命83.93岁,其中男性82.06岁,女性85.8岁。婴儿死亡率1.85‰,全年全区无孕产妇死亡。至年底,全区共有医疗卫生机构101家,其中:公立医疗卫生机构28家,内设医疗机构18家,民营医疗机构55家(其中个体诊所13家)。每千人口床位数17.33张,每千人口医生数9.6人。完成公共场所卫生许可验(换)证203家、医疗机构校验101家、放射诊疗校验27家。监督各类场所、医疗机构2081户次,针对检查发现问题发出卫生监督意见书85份,责令改正通知书389份,医疗机构不良积分41户次,行政处罚376户次。完成社区、企事业单位献血5568人份,为全年目标107.2%。献血屋和流动献血车献血量2624人份,为全年目标134.1%。全年计划用血量2.8万人份,实际控制用血量2.45万人份。

(王海敏)

(二)健康城区建设

【"健康e站"网上线运营】 2月16日,由区健康促进办公室独立打造的公益性网络平台"健康e站"(http://www.ejiankang.com)正式上线并面向市民开放。网站建设期间,邀请上海市营养学会、复旦大学、交通大学多位知名专家对网站各项功能的科学性进行反复论证,确保相关信息准确、安全、有效;邀请市民参与体验,收集使用感受和意见,对网站进行完善。至年底,注册会员1000多人,网站累计访问量90246次,独立访客16173人。

(王海敏)

【世界卫生组织西太区官员视察健康城区建设】 8月30日—9月2日,世界卫生组织(WHO)建设健康城市促进健康生活和预防慢性病西太区会议在上海召开。8月31日下午,世界卫生组织(WHO)西太区官员等一行到静安区视察健康城区建设工作。专家组先后来到石门二路社区文化活动中心、蝴蝶湾绿地、现代建筑设计集团、石门二路社区卫生服务中心等处参观视察,并开展交流座谈。静安区健康单位的"四控一动"(控油、控盐、控烟、控体重,适宜运动)等做法得到参观专家的肯定和赞赏。

(王海敏)

8月31日,世界卫生组织(WHO)西太区官员考察静安健康城区建设

(区卫生局 供稿)

【通过国家卫生区复审】 年初,区卫生局召开区爱国卫生运动委员会全体会议暨静安区公共卫生工作联席会议,协调相关部门,完成区创建国家卫生区工作领导小组成员调整,向47个区爱卫会成员部门和单位下发2011年区迎接国家卫生区复审工作方案和各部门工作任务书。制作2006—2011年国家卫生区资料汇编册和复审录像片。建立问题反馈整改和多部门联动机制,调动卫生系统各单位力量,对5个街道除"四害"设施和环境卫生情况进行地毯式巡查,及时增加相关设施。11月24日,静安区被全国爱国卫生运动委员会办公室重新确认为"国家卫生区"。

(王海敏)

(三)医疗服务

【区中心医院与美国Bosley植发医疗集团签署国际性战略合作协议】 1月18日,区中心医院(华山医院静安分院)与美国Bosley Medical Group签署关于皮肤科脱发专业治疗领域的国际性战略合作协议。Bosley植发专科的组建是华山医院与区中心医院合作以来一项重点工程。Bosley植发专科运用世界最领先技术为脱发患者提供安全、便捷、迅速有效的脱发治疗,自7月20日揭牌至年底共完成60例植发,成功率100%。

(王海敏)

【建成区级医学影像中心】 5月,区放射影像医学中心投入使用。社区卫生服务中心通过影像归档和通信系统(PACS)上传影像图片及会诊要求等数据信息,区中心医院(华山医院静安分院)放射影像诊断中心即时接受、即时会诊,即时发送诊断意见。全年完成6206例患者、11834份摄片的审核。 (王海敏)

【开展医疗安全专项检查和JCI专项督查】 9月,区卫生局借助二、三级医院优质医疗资源,开展覆盖全区各级各类医疗机构的医疗安全专项检查,检查覆盖医疗美容、麻醉、普外、病史、医政、护理等各类学科,同时组织华山医院专家开展全覆盖国际医院管理标准(JCI)评估,总结反馈专项督查中发现的安全隐患,提出具有可操作性和合理性的整改意见,帮助相关医疗机构改正缺陷和隐患,提升医疗安全水平。 (王海敏)

【为视力障碍困难老人提供免费光学矫正服务】 10月14日,静安区部分视力障碍困难老人免费光学矫正服务活动在区中心医院启动,当天眼科医生吴良成为20名老人提供光学矫正服务。全年共为250位视力障碍困难老人提供服务。该项活动被列为2011年上海市老年基金社会公益项目。 (王海敏)

(四)公共卫生

【启动0~6岁儿童免费定期健康体检】 3月起,静安区实行为全区0~6岁儿童免费提供定期健康体检。为户籍在静安区、常住静安区和入托入园在静安区的0~6岁儿童,免费提供1岁以内每年4次、1~2岁每年2次、3岁以上每年1次的体格检查。免费体检内容包括为散居儿童(未入托入园的儿童)提供免费建立儿童保健个案卡,免费提供定期健康体检及生长监测服务,开展体格发育及健康状况评价,提供婴幼儿喂养咨询和口腔、用眼等卫生行为指导。集体儿童(入托入园的儿童)免费提供建立入托入园体检册,提供入托入园前体检,以及入托入园后六一儿童节定期体检。全年共为10252名0~6岁儿童提供免费定期体检(其中儿童保健门诊3836人、入托入园儿童2098人、入托入园新生儿童4318人)。配合项目实施,推进儿童体检管理系统建设,实现儿童保健门诊网络信息化管理,简化儿童保健门诊流程。 (王海敏)

【全区孕妇享受免费骨密度测试】 5月1日起,区卫生局开展静安区孕产妇免费骨密度测定服务活动,共为735名孕妇进行骨密度测定。测定发现骨量减少占6%,骨质疏松症占11%,并针对发现问题给与个性化咨询指导。 (王海敏)

【启动2072名重型精神病人管理治疗项目】 5月3日,由区卫生局、公安静安分局、区残联、区民政局、各街道等部门领导组成的项目工作小组成立。设置项目办公室,完成对公安、民政、街道等部门和各医疗机构分管精神卫生工作专兼职人员等121人的培训。全年共完成2072名重性精神病人筛选、复核和登记等工作任务,全部资料建档立卡录入国家数据库。 (王海敏)

【创建国家慢性病综合防控示范区】 5月,区卫生局创建工作领导小组成立,由区长担任组长。落实21个部门分管领导和联络员,明确部门职责,建立健全慢性病综合防控长效管理机制,在区卫生局设立办公室,协调各相关部门做好创建工作各项事宜。年内召开领导小组会议2次、联络员会议4次。组织高校、专业防治机构和三级医疗机构资深专家教授,成立专家组指导慢性病防控工作。组织专业防治机构,社区卫生服务中心,二、三级医疗机构进行专题调研。制订并组织实施高血压、糖尿病等慢性病综合防控工作方案,开展危险因素基线调查分析。推广和落实企事业单位健康教育、工间操等工作,营造全区慢性病防控氛围,提高社区慢性病防治管理水平。12月,卫生部发文授予包括静安区在内的全国39个县(市、区)国家慢性病综合防控示范区称号。(王海敏)

【沈晓明为"零艾滋病愿景"揭幕】 12月1日,区卫生局与市卫生局共同在静安公园举行"向'零'艾滋迈进"大型防艾主题宣传活动。2015年实现"零艾滋病病毒新发感染、零艾滋病相关死亡和零歧视"的"零艾滋病愿景",是2011年6月上旬联合国大会提出的目标。市防治艾滋病工作委员会主任、副市长沈晓明出席活动并为"零艾滋病愿景"揭幕。复旦大学附属华山医院皮肤科主任徐金华代表上海16万医务工作者发出"不歧视艾滋病感染者和病人,以专业的医术和高尚的医德遏制艾滋"倡议。沈晓明还观看由著名艺术家尔冬强创作的以"安全套是预防艾滋病最有效的措施"为主题设计的现代艺术展。 (王海敏)

【建成开放7家健康驿站】 年内,区卫生局完成区政府实事工程——7家健康驿站建设,其中3家健康驿站分别位于石门二路社区(街道)、静安寺社区(街道)和南京西路社区(街道)的3座楼宇中,为生活和工作在静安区的市民提供免费自我健康监测管理服务。驿站内设身高体重仪、血糖仪、血压仪、骨密度检测仪、心肺血管功能测定仪等10多台测定设备,根据测定数据,再由医护人员为其评估,提出膳食营养、体育锻炼、生活方式等建议,达到科学生活的目的。该测定结果还会自动导入个人健康档案。居民还可以据此对自身所患的慢性疾病进行监测和疗效观察,及时优化干预措施。全年接待3826人次,体检项目次数15866项。 (王海敏)

(五)社区卫生

【启动家庭医生签约仪式】 静安寺社区卫生服务中心作为试点单位,于5月6日启动家庭医生签约仪式,石门二路社区卫生服务中心于8月加入试点工作。组织华山医院和区中心医院共同组建内分泌、心内科、妇科、中医科专家团队与试点医院家庭医生签订技术支持协议,协助家庭医生做好医疗服务、用药指导、健康教育和双向转诊。全年与6839名居民签约。至家庭医生处就诊31454人次,其中预约就诊1231人次,通过家庭医生转往上级医院 271 人次，上级医院通过家庭医生转往社区卫生服务中心 17 人次，开展健康诊断 4395 人次，健康教育 9117 人次。（王海敏）

【创建全国示范性社区卫生服务中心】 年内，石门二路街道社区卫生服务中心成立领导小组和工作小组，推进创建工作，改善服务流程，夯实服务内涵，梳理管理组织架构，修订规章制度，社区诊断手册数据及时详尽。8 月，石门二路社区卫生服务中心通过全国示范社区卫生服务中心上海组专家评审，进入全国评审。11 月，获"全国示范社区卫生服务中心"称号，成为首批全国示范社区卫生服务中心。（王海敏）

【刘春辉领衔课题获市第九届医学科技奖】 年内，石门二路社区卫生服务中心全科团队队长刘春辉医师领衔的"老年人抑郁焦虑症状的社区干预研究"课题，被评为市级医学科技社区卫生奖（全市仅 2 个），整个课题研究历时 3 年。（王海敏）

（六）卫生监督

【开展打击非法行医专项行动】 年内，区卫生局制订《静安区打击无证行医、整治"医托"专项整治工作方案》，成立 2011 年打击非法行医、整治"医托"专项行动工作领导小组。每季度召开一次领导小组联席会议，与街道建立信息举报投诉平台，获取辖区内无证行医最新信息。与公安、街道、物业管理部门和单位共同协作，开展多部门联合执法 9 次，联合办案 3 次，取缔无证行医点 12 户次，立案查处 9 起，罚款金额 2.34 万元，没收药品 5 箱，没收器械 287 件，摘除无证行医广告招牌 60 余块，发放卫生行政强制决定书 3 份。在无证行医点周围、物业公司及出租房屋开展形式多样宣传活动 27 次，出动人员 144 人次，其中卫监人员 98 人次，医务人员 2 人次，公安人员 41 人次，医院安保 3 人次，发放海报 53 张，宣传册 1156 份，就医指南 1580 份效。（王海敏）

（本栏目编辑　陆美文）

·资　料·

上海市开展对部分个人住房征收房产税试点的暂行办法

为进一步完善房产税制度，合理调节居民收入分配，正确引导住房消费，有效配置房地产资源，根据国务院第 136 次常务会议有关精神，市政府决定开展对部分个人住房征收房产税试点。现结合本市实际，制定本暂行办法。

一、试点范围

试点范围为本市行政区域。

二、征收对象

征收对象是指本暂行办法施行之日起本市居民家庭在本市新购且属于该居民家庭第二套及以上的住房（包括新购的二手存量住房和新建商品住房，下同）和非本市居民家庭在本市新购的住房（以下统称"应税住房"）。

除上述征收对象以外的其他个人住房，按国家制定的有关个人住房房产税规定执行。

新购住房的购房时间，以购房合同网上备案的日期为准。

居民家庭住房套数根据居民家庭（包括夫妻双方及其未成年子女，下同）在本市拥有的住房情况确定。

三、纳税人

纳税人为应税住房产权所有人。

产权所有人为未成年人的，由其法定监护人代为纳税。

四、计税依据

计税依据为参照应税住房的房地产市场价格确定的评估值，评估值按规定周期进行重估。试点初期，暂以应税住房的市场交易价格作为计税依据。

房产税暂按应税住房市场交易价格的 70% 计算缴纳。

五、适用税率

适用税率暂定为 0.6%。

应税住房每平方米市场交易价格低于本市上年度新建商品住房平均销售价格 2 倍（含 2 倍）的，税率暂减为 0.4%。

上述本市上年度新建商品住房平均销售价格，由市统计局每年公布。

（下转第 225 页）

二十一、体　育

（一）综　述

2011 年，静安区体育局（简称区体育局）成功举办区第十一届运动会，组织职工参加上海市职工足球赛、篮球赛、游泳赛，向市民提供免费或低价体育健身服务。建成凯迪克大厦楼宇运动场、国立大厦楼宇健身点、陕西居委会百姓健身屋。配合区卫生局建设 7 个“健康驿站”。被国家体育总局授予“全民健身活动优秀组织奖”。区内业余训练加强与市相关运动中心合作。对重点项目击剑、射击、排球、游泳等加大人、财、物投入。对区十项系列赛进行项目改革，推出综合技能比赛，学生参加三大球活动积极性有所提高。区输送的运动员吴强在第十一届世界武术锦标赛上获 60 公斤级散打冠军。周敏在 2011 国际泳联短池游泳世界杯（北京站）比赛中夺得女子 400 米个人混合泳冠军。张磊、沈琼分别在排球女子亚洲锦标赛和男子亚洲锦标赛上成为冠、亚军队成员。孙勇征夺得全国象棋冠军。在第二届全国智力运动会上，区培养的运动员共夺得 2 金 3 银。区体育局被市体育局授予“后备人才输送奖”“广州亚运会贡献奖”。承办赛事注重安全保障和项目特色。完成上海世游赛训练接待工作。组织国际剑联男女花剑世界杯赛、国际空手道冠军交流赛、上海市围棋锦标赛和国际马拉松健身跑。获得市体育局颁发“‘一区一品’赛事优秀组织奖”。全年完成体育彩票销售额 5446 万元，比上年增长 45.3%。（胡　钢）

10 月 15 日，国际空手道冠军交流赛在静安体育馆举行

（区体育局　供稿）

（二）群众体育

【举办“德佑杯”首届白领羽毛球公开赛】 1 月 8 日，由区社会工作党工委、区体育局和“白领驿家”联合举办的“羽动静安喜迎新春——‘德佑杯’首届白领羽毛球公开赛”在静安体育馆举行。比赛共设男单、女单及男女混双 3 个项目。全区 5 个街道和区司法系统、区商业商务系统 8 支代表队 183 名选手参赛。（胡　钢）

【“街战到底”篮球赛在静安体育馆启动】 3 月 21 日，由佳得乐公司举办的“街战到底”篮球赛在静安体育馆举行新闻发布会并举办一场由中国街球好手组队对美国著名街球队 S. K. Y 的热身赛。4 月起，这项比赛在华东和华南地区的多个城市同时展开，挑选出各赛区表现最为优秀的球员进入 7 月的终极训练营。通过训练提高球技，帮助运动员以最佳状态备战 8 月在上海和广州举行的与美国街球队 S. K. Y 的 2 场全明星赛。（胡　钢）

【举办区第十一届运动会】 年内，区体育局举行静安区第十一届运动会。3 月 26 日进行第一项比赛，6 月 28 日举行开幕式，11 月中旬比赛全部结束。12 月 16 举行总结表彰会。比赛设有职工组、学校组、老年组 3 个组别。比赛项目职工组 17 个，学校组

12个,老年组6个。有71个代表团参加职工组比赛,参与面覆盖区域内市属、区属机关、企事业单位和部队;全区28所中小学全部组队参加学校组比赛;全区5个街道代表团都组团参加老年组比赛。3个组别参赛人数均超过历届区运会,其中职工组参赛人数3367人,学校组参赛人数4739人,老年组参赛人数572人,共8678人,是上届参赛人数3100人的2.8倍。 (胡 钢)

【举行老年体育"一居一品"健身项目展示交流】 4月11日,区体育总会在静安体育馆举办静安区老年体育"一居一品"健身项目展示交流活动。全区5个街道各选出3个居委会的健身项目参加展示。南京西路社区(街道)泰兴居委会柔力球队、联华居委会海派秧歌队、中凯居委会排舞队;石门二路社区(街道)东斯文居委会莲花棒舞队、张家宅居委会海派秧歌队、新福康居委会健身舞队;江宁路社区(街道)宝安居委会乒乓球操队、句容居委会健身气功八段锦队、联保居委会空竹舞龙队;曹家渡社区(街道)中行居委会排舞队、长春居委会柔力操队、高荣居委会太极拳队;静安寺社区(街道)百乐居委会军鼓队、愚谷邨居委会腰鼓队、嘉园居委会彩球队共15支队伍150余人参加活动。 (胡 钢)

【举办2011年上海市围棋锦标赛】 4月30日—5月2日,由市体育局和市围棋协会主办,区体育局及静安寺社区(街道)党工委、办事处承办,静安寺社区体育健身俱乐部协办的"静安寺社区杯"2011年上海市围棋锦标赛在静安寺社区文化活动中心举行。这是静安寺社区体育健身俱乐部连续第三年举办这一赛事。比赛汇集来自全市各区、高校男女参赛队共29支。复旦大学队、上海财经大学队分获男、女团体冠军;上海外国语大学王幼侠、上海财经大学王倪乔分获男、女个人冠军。 (胡 钢)

【举办白领青年"三国杀"桌游竞技比赛】 5月21日,由曹家渡社区(街道)主办的白领青年"三国杀"桌游竞技比赛在悦达广场开幕。来自市公安局、区法院、区检察院、市工程勘察设计有限公司、青少年艾滋病预防中心等单位共32支队伍参加比赛,经过预赛、复赛和决赛3个阶段,曹家渡社区(街道)联队获得冠军。 (胡 钢)

【举办静安区新上海姐妹运动会】 6月9日,区妇联、区体育局在静安体育馆联合举办"融入静安、塑造自我、美丽人生——静安区新上海姐妹运动会"。市体育局和区委领导为"助老骨干队""家政能手队""环保精英队""育儿良师队""健康卫士队"5支运动队授队旗。250名务工到静安区和嫁到静安区的新上海姐妹代表参加运动会,参加拔河、跳绳、踢毽子、绑腿齐心跑等项比赛。 (胡 钢)

【举办区羽毛球公开赛】 8月7日,由区体育局主办、静安体育馆承办的2011年静安区羽毛球公开赛在静安体育馆羽毛球馆进行,共有50多名羽毛球运动员报名参加。比赛设男子单打、男子双打和女子单打3个项目。刘濒煜和胡晓璇分获男、女单打冠军,黄胜汉和苏信礼搭档获男子双打冠军。 (胡 钢)

【举办"弘财富杯"社区乒乓球赛】 9月18日,由国泰君安证券公司主办的"弘财富杯"第二届社区乒乓球大赛决赛在静安体育中心曹燕华乒乓球学校举行,共有600多名居民参赛,分中老年男、女,青年男、女,少年男、女共6个参赛组。180名选手进入决赛。邓建民、蒋星衍、张钰琦,吴文健、黄济芳、黄蔚分获中老年男子组、女子组前三名;姜波、包宇骄、傅捷,孙秋平、冯秀兰、赵静秋分获青年男子组、女子组前三名;吕悦铤、吴敬舟、王麒然,顾嘉妮、孟淑婷、李梦真分获少年男子组、女子组前三名。 (胡 钢)

【举行2011年"百城千村"健身气功交流展示】 9月29日,由区体育局组织的2011年"百城千村"健身气功交流展示活动在静安体育中心广场举行,全区5个街道13支队伍共150余名选手向健身气功爱好者和市民展示"五禽戏""六字诀""八段锦""易筋经"4项健身气功。 (胡 钢)

【举办第八届商务楼宇运动会】 10月22日,由区体育局、区社会工作党工委主办区第八届商务楼宇运动会开幕式在逸夫职校举行,300余名楼宇职工参加。开幕式上举行儿童武术、街舞篮球秀等表演。开幕式结束后,举行区业余篮球邀请赛表演赛,楼宇运动会篮球比赛半决赛、决赛和5个街道、区司法系统、区商务委系统、静工集团参加的白领6项全能对抗赛。商务楼宇运动会持续进行到11月底,设有羽毛球、篮球、乒乓球、桌球、斗地主、自行车慢骑等广受白领欢迎的比赛项目。 (胡 钢)

【举办区青年羽毛球大赛】 10月29日和11月13日,由区体育局和团区委共同主办"乐活静安"2011青年羽毛球大赛在静安体育馆举行。比赛设团体赛、男子单打、女子单打、男女混双打4个项目,区域内机关团组织、社区团组织、企业团组织和团建联席会议的35支代表队400名团员青年参加比赛(参见第123页【举办静安青年羽毛球大赛】)。 (胡 钢)

【举办第十六届全民健身节】 11月20日—12月4日,区体育局举办静安区第十六届全民健身节。全区机关、企事业单位和街道社区参与健身节活动。先后组织上海市木兰拳比赛、区羽毛球公开赛、区商务楼宇自行车慢骑赛、乒乓球赛、羽毛球赛、台球赛、社区特色健身团队选拔赛等活动,团区委举行青年羽毛球比赛、区机关党工委组织机关干部乒乓球比赛、区建交委开展羽毛球友谊赛、区总工会组织工会干部扑克牌比赛、区税务系统开展体育趣味比赛、曹家渡社区(街道)组织社区排舞展示交流活动等一系列群众体育比赛活动。 (胡 钢)

2011 年静安区组队参加全国和上海市群众体育比赛情况表

赛　事　名　称	比赛时间、地点	比　赛　成　绩
2011 年“陈毅杯”上海市足球比赛，	5. 28—8. 26，上海金山足球场	第七名
2011 年“宝钢杯”上海职工游泳比赛	7. 24，上海宝钢体育中心	2 枚金牌、2 枚银牌、2 枚铜牌。
全国第七届少数民族运动会毽球比赛	9. 11—14，贵州贵阳	三等奖
2011 年“临港杯”上海职工篮球赛	9. 23—10. 23，上海海事大学	第四名

（胡　钢）

（三）竞技体育

【完成上海世游赛训练接待工作】 7 月，第十四届国际泳联世界锦标赛在上海举行，根据赛事组委会安排，7 月 12—29 日静安体育中心游泳馆被列为水球训练场馆。为做好上海世游赛训练场馆保障、接待工作，区委、区政府专门成立以分管副区长为召集人，区体育局、公安静安分局等 14 个部门为成员的静安区第十四届世游赛联席会议，负责赛事保障工作，以及赛场周边安全保卫、市容管理、场馆卫生防疫等各项工作的协调和推进。区领导薛小明、方世忠、朱成钢、吴文娟多次前往场馆及周边检查指导。上海世游赛期间，静安体育中心游泳馆共接待参加上海世游赛水球比赛的 22 个国家 32 支水球队运动员、教练员共 3309 人次训练。

（胡　钢）

【曼彻斯特游泳俱乐部访问民立中学】 8 月 1 日，英国曼彻斯特斯托克游泳俱乐部代表团一行 20 余人在中国驻英国曼彻斯特总领事倪坚，亚特兰大奥运会女子百米自由泳冠军、民立中学校友乐靖宜等陪同下来到民立中学，参观民立中学的体育设施，观摩民立中学游泳训练课，俱乐部的运动员还入水与民立中学运动员开展游泳训练交流活动。（参见第 76 页【英国斯托克青少年游泳代表团访问民立中学和静安寺社区（街道）】）

（胡　钢）

2011 年静安区承办的国际、国内重大体育比赛情况表

赛　事　名　称	比　赛　时　间	比　赛　场　馆	赛　事　规　模
上海市围棋锦标赛	4. 30—5. 2	静安寺社区文化活动中心	全市各区、高校的男、女 29 支参赛队 100 多名运动员参加男、女团体和男、女个人 4 个项目比赛
国际剑联男女花剑世界杯赛	5. 6—10	静安体育馆、梅龙镇广场	32 个国家和地区 262 名运动员参加男、女花剑个人和女子团体 3 个项目比赛
全国击剑冠军赛（花剑）	5. 11—12	静安体育馆	全国各省、市、自治区、解放军及各地体育俱乐部的 50 支运动队共 248 名运动员参加男、女团体和男、女个人 4 个项目比赛
中国围棋甲级联赛（上海对广西）	5. 21	静安寺社区文化活动中心	上海队 4 名选手对广西队 4 名选手
上海市青少年十项系列赛游泳总决赛	9. 24—25	静安体育中心游泳馆	16 支区县代表队的 653 名运动员参加比赛。比赛分 6 个年龄组，设自由泳、蛙泳、仰泳、蝶泳、4 × 50 米自由泳接力、4 × 100 米混合接力 4 个大项 7 个单项比赛
国际空手道冠军交流赛	10. 15	静安体育馆	4 个国家的 20 位极真空手道世界级高手参赛
国际马拉松健身跑	12. 4	外滩陈毅广场至上海展览中心（沿南京路）	60 个国家和地区的 1. 15 万余人参加

（胡　钢）

2011 年静安区培养的运动员在国际、国内比赛情况表

比赛名称	项目名称	比赛时间地点	运动员姓名	运动成绩
2010—2011 赛季全国男排联赛（A 组）		4. 9，上海	沈　琼	第一名
2011 年全国艺术体育冠军赛	个人项目团体总分	4. 18，贵州贵阳	王迤逦	第二名
2011 年全国射击总决赛	女子飞碟双向	9. 20—27，广州增城	宋　微	第二名

（续表）

比赛名称	项目名称	比赛时间地点	运动员姓名	运动成绩
第十六届亚洲女子排球锦标赛		9.21—29，中国台北	张　磊	第一名
第十六届亚洲男子排球锦标赛		9.21—29，伊朗德黑兰	沈　琼	第二名
第十一届世界武术锦标赛	60公斤级散打	10.9—15，土耳其安卡拉	吴　强	第一名
第四十六届全国象棋个人锦标赛		10.25，江苏句容	孙勇征	第一名
2011短池游泳世界杯赛（北京站）	女子400米个人混合泳	11.9，北京	周　敏	第一名
第二届全国智力运动会	围棋女子快棋	11.10，湖北武汉	唐　奕	第一名
第二届全国智力运动会	围棋女子团体	11.12，湖北武汉	芮乃伟、唐　奕	第一名
第二届全国智力运动会	围棋专业男子个人	11.12，湖北武汉	胡耀宇	第二名
第二届全国智力运动会	围棋专业女子个人	11.12，湖北武汉	芮乃伟	第二名
第二届全国智力运动会	围棋业余男子个人	11.12，湖北武汉	胡煜清	第二名

（胡　钢）

（四）场馆建设与管理

【9所体育场馆获三星级体育场馆称号】 2月9日，2010年度静安区体育场馆星级评定工作结束。授予静安体育馆、静安区工人体育场、星之新力维健身俱乐部、MOB健身有限公司、一兆韦德静安四季会所、咪猫健身有限公司、威氏健身会馆、静安体育中心和极真会馆等9家体育场馆"三星级体育场馆"称号。（胡　钢）

【静安体育中心获得国际绿色建筑认证】 2月12日，改建后的静安体育中心获得美国绿色建筑委员会颁发的绿色建筑金奖证书（LEED GOLD）和铭牌。2010年6月静安体育中心节能减排大修工程完成后，即向国际绿色建筑（节能减排建筑）权威机构——美国绿色建筑委员会申请绿色建筑认证。在审议有关资料后，美国绿色建筑委员会及下属绿色建筑研究院认为静安体育中心办公区域和游泳馆区域均达到绿色建筑金奖标准。（胡　钢）

【建成国立大厦楼宇健身点】 5月31日，举行国立大厦楼宇健身点启动仪式。国立大厦内集中了几十家"两新"组织，为支持该大厦白领开展健身活动，区体育局捐赠5件健身器材，建立楼宇健身点。健身点建成后由国立大厦物业公司负责管理。（胡　钢）

【建立凯迪克大厦楼宇运动场】 8月12日，区体育局和石门二路社区（街道）办事处在凯迪克大厦举行楼宇运动场启动仪式。凯迪克大厦位于江宁路北京西路，是一幢高28层的现代化办公楼。区体育局在街道和凯迪克大厦物业管理公司配合下，在大楼裙房5楼平台上建造500平方米楼宇运动场，包括1片羽毛球场、1张乒乓球台、3条塑胶田径跑道、1条健身步道、4件健身器材。（胡　钢）

【04091体彩销售点获得幸运销售点奖牌】 9月15日，静安区奉贤路上的04091体育彩票销售点开出传统足彩胜负游戏525万元大奖，被市体彩中心授予"幸运销售点"奖牌。（胡　钢）

（本栏目编辑　陆美文）

二十二、民　政

(一)基层政权建设和社会工作

【概况】 2011年,静安区民政局(简称区民政局)按照建设现代民政示范项目实践区要求,率先在全市探索建立"支出型贫困"综合评估和救助模式;完成双拥模范城创建迎考工作;社会组织建设、社区服务工作、社会工作进一步加强。落实区局合作共建现代民政示范项目。为保障"支出型贫困"家庭基本生活,解决传统核贫方法潜在的科学、公平、合理等问题。市、区民政局联手,会同复旦大学以及区各街道联合开展"支出型贫困"综合评估和救助模式课题研究,并作为"区局合作协议"重要项目。从2010年11月开始,遵循"政府指导、社会化运作,先虚后实、分阶段推进,规范操作、项目化实施"基本原则,分别在南京西路社区(街道)、石门二路社区(街道)进行先期试点,其间,经与市局共研、外区试验、模拟评估、实体救助、完善系统,基本验证数学模型科学性和实体操作可行性,制订"支出型贫困"救助操作规范。初步形成《关于"支出型"贫困家庭综合评估和帮扶补贴的试点办法》(试行),对区"支出型"贫困家庭实施帮扶补贴工作,并作为政府为民办实事项目加以推进。以政风行风建设为突破口建设服务型民政。区民政局着眼于"建一流班子,带一流队伍,树一流形象,创一流业绩"目标,推进行风建设,提升行政效能、群众满意率、社会公信度。举办党组中心组理论读书会和集中调研活动,组织开展服务理念大讨论及访贫问苦和送温暖活动,强化干部职工群众观念和责任意识。坚持依法行政,梳理编辑民政领域法律法规条目,推进社会组织登记管理标准化,建立责任分解制度,实行岗位风险防控。全员上线及时排解群众反映的问题,探索实施青年干部项目主管活动,建立基层民政工作观察点,与机关部门、社区(街道)构建联动协作机制,按照群众需求确定工作重点等。以文明行业创建为抓手,以流程规范化、队伍专业化、服务人性化为核心工作理念,按照规范化服务型窗口建设具体要求,加强民政窗口政风行风建设,提升服务质量和为民办事水平。区民政局加强居委会自治能力建设,打造富有特色、充满活力的居委会自治家园;开展各项培训,提升居民区干部及社区工作者专业素质和实践能力;在全区开展和推进"和谐社区建设示范单位"创建活动,促进社区和谐,推动社区建设。逐步推行"全年无休、全区通办"工作模式;为优化"一门服务"工作机制,提高政务服务便捷性、透明度和亲和力,编制"一门式"职位说明书,推进社区事务受理服务中心标准化、规范化建设;引进和培育社区服务专业组织,试点推进曹家渡街道社区生活服务中心示范基地建设;推进社区服务三级网络运作机制建设,激活区社区服务中心潜能,提升社区服务工作能级。对区社工协会进行内部完善和功能调整,实现社会工作、社区服务、社会组织"三社联动"。建立社工实务督导制度,探索建成全市首个区级层面社工实习、实训和实验"三实"基地。建设多领域、多层级、多序列社会工作人才高地,提高社工队伍专业素养和服务水平。打造"上海社工服务团"静安社工服务队品牌。(田　佳)

【完成社工协会体制机制调整】 8月,区民政局进行区社工协会体制机制调整,协会设置综合管理、项目拓展、培训服务三大部门,新招聘专业社工8人,并对社区服务中心和社工协会原有功能进行重新定位,连通社区服务与社会工作,初步构建协会实体化、专业化、社会化、项目化运作框架。(田　佳)

【推进居委会自治家园建设】 年内,区民政局在静安寺社区(街道)华山居委会创建成全市首批"居委会自治家园"基础上,委托东方社工事务所对石门二路社区(街道)新福康里居委会、曹家渡社区(街道)万航居委会2个新建居委会自治家园示范点项目进行申报,重点展示社区真实精彩自治生活,通过自我管理、自我服务、自我教育、自我监督,培养社区成员自治意识,推进基层群众自治,引导和推动基层民主建设深入发展,打造出展示静安区特色、体现邻里互助、功能多样、丰富多彩的自治家园。(田　佳)

【推进社区生活服务中心示范基地试点工作】 年内,区民政局推进曹家渡社区生活服务中心示范基地建设项目，加强和提高对区内社区服务类社会组织能力建设，逐步形成基本服务加专业和特色服务的示范点。该中心已开放多项专业服务内容，并开始扩建中心场地。同步完成内部运营项目的设置、经费预算，确定托管运营的专业社会组织。 （田 佳）

【实现社区服务与社会工作软件硬件一体化管理】 年内，区民政局完成对区社区服务中心建设基建项目验收工作，进行社区服务中心功能调整，将社区服务与社会工作进行链接，采用政府购买服务方式，将区社区服务中心委托给区社会工作者协会运营，初步实现全区社区服务与社会工作、社区服务中心硬件与软件一体化管理。功能调整后的社工协会通过连通区社区服务中心，并借助软硬件资源，成为全区社区服务的枢纽中心和社会工作的支持中心。“两中心”定位初步实现“以社会工作理念和方法提升社区服务整体效能，以社区资源回应社会工作在社区的延展深化，以社会组织承载社区服务与社会工作的长远发展”建设目标，并以此达到“三社联动”的效应和资源充分利用。 （田 佳）

【实施社工赴深圳培训计划】 年内，区民政局为促进区社会工作人才队伍建设，依托社工协会探索建立社会工作“三实”基地，以“实习、实训、实验”为内容，建立和完善区社会工作人才引进与培养相结合工作机制，加强沪深两地社会工作交流与合作，区社工协会与深圳社工协会联合组织区社会工作专业人才输出培育计划，于10—12月开展首期共2批静安区社会工作者赴深圳培训工作，每期历时4周，全区共有12名专业社工、机构社工和社区社工赴深圳参加培训。 （田 佳）

【完成行政区域界线联检】 2011年，静安区根据国务院《行政区域界线管理条例》规定，按照《上海市民政局关于开展2011年区县行政区域界线联合检查的通知》部署，完成5年一次行政区域界线以及三交点联合检查任务，2条界限走向清晰，2个三交点位置无移位，无异常情况。（田 佳）

（二）社会救助与社会福利

【概况】 2011年，全区享受社会救助帮困共有26214人，累计14.83万人次，投入资金6380.67万元。其中政策救助11.73万人次，救助金额5348.48万元；专项帮困3.1万人次，帮困金额1032.19万元。全年共救助流浪乞讨人员702人次，其中未成年受助人员74人次。全区共有9家福利企业，143名残疾职工，全年销售额8223.51万元，净利润358.65万元，实现减免税274.44万元。全区福利彩票销售额6403万元，比上年增长42.6%。其中电脑型彩票销售4486万元；时时乐快开类销量114万元，即开票销量569万元，中福在线销量1234万元。全区销售福利彩票筹集社会福利公益金410万元。 （田 佳）

【启动社区综合帮扶大平台示范项目】 年内，区民政局推进完善社区综合帮扶大平台。建立健全低保标准与物价波动联动机制，健全社会组织性的三级综合帮扶工作网络。结合静安区实际，落实好全市开展低保标准与物价波动联动的机制，7月、9月底前2次补贴12071人次，补贴金额120.71万元。通过对全区三级综合帮扶组织规范化建设和开展综合帮扶争先创优考评，不断促进社会组织性的三级综合帮扶工作网络建设，提高综合帮扶水平，形成政府救助、综合帮扶和慈善帮困三大资源间有效衔接。 （田 佳）

【扶持养老机构规范化建设】 年内，区民政局完成《静安区养老机构管理和规范化建设的指导意见》及考核细则。委托有关机构加强对区养老机构督导，推进全区养老机构规范化建设。金康敬老院、爱华敬老院通过行业达标认定。组织联络员会议，研究养老机构年度验审检查工作，指定沪中会计事务所对养老机构进行财务审计；会同公安静安分局、消防静安中队、食药监静安分局、区质监局、区安监局、区卫生局、徐汇养老机构服务指导中心、上海市社会福利行业协会静安办事处对全区9家养老机构进行联合实地检查。通过汇总检查意见，确定区养老机构整改方案。做好老人防暑降温工作，确保老人高温电费补贴。配合老年基金会，为养老机构工作人员每人购买一次“银发无忧”保险。 （田 佳）

（三）老龄工作

【概况】 2011年底，全区户籍人口302258人，其中60岁及以上老年人口84584人，占总人口数27.98%，比2010年提高1.12%。其中，男性老年人口39692人，占老年人口46.93%；女性老年人口44892人，占老年人口53.07%。老年人口中，60～69岁41833人，70～79岁23946人，80～89岁15903人，90～99岁2767人，100岁及以上135人。全区80岁以上的高龄老人共18805人，占老年人口22.23%，比2010年下降0.07%。年内，区老龄办完成政府涉老实事项目指标。新增江宁路社区（街道）淮安社区和南京西路社区（街道）陕北社区2个老年人助餐点。为9756位老人提供居家养老服务，其中享受市、区两级政府补贴服务的老人5651人。享受助餐服务的老人3183人，其中到站点就餐的2549人，送餐上门的634人。2009年起，静安区组织开展1400名老人的抽样调查，走访调研社区街道、公园绿地、医院学校等场所，在此基础上起草《静安区老年友好项目建设指导方案》，根据区内老年人的诉求和区情实际，从场所建设入手，推进全区老年友好项目建设。区老龄办从6月中旬开始，开展2011年静安区老龄工作者培训，以讲座、交流、学习考察等多种形式，使老龄工作者熟悉各项涉老政策，增强使命感和责任感。 （唐 蔚）

【主办全国青年学者老年学和老年医学论坛分论坛活动】 8月26日，区老龄办参加由全国老年学学会主办的首届全国青年学者老年学和老年医学论坛，并组织主题为社区居家养老服务的分论坛和专业参访活动。区老龄办、曹家渡社区（街道）和上海好帮手社区服务发展中心有关人员分别作交流发言，组织参加论坛的全国各地和港、澳、台地区的老龄工作者及有关专家、学者参观曹家渡社区（街道）长春社区“乐龄家园”助老服务站和曹家渡老年人日间服务中心。

（唐　蔚）

【陈琳获市第六届养老服务“十佳”服务明星】　9月23日，区老龄办推荐的青凤老年生活护理服务社服务员陈琳，在上海市第六届养老服务“十佳”服务明星评选活动中，从50名候选人中脱颖而出，成为“十佳”服务明星之一。

（唐　蔚）

【对居家养老实行差别化补贴】　年内，区老龄办在《静安区老年人日间服务中心管理办法》和《静安区社区“乐龄家园”助老服务站管理办法》出台基础上，委托上海市老年学学会进行第三方评估，尝试将传统的体制内检查，转变为体制外评估。由市老年学学会委派评估员，每月进行3次实地评估，将定期检查，转变为随机常态性评估，更客观、真实地反映各服务机构运作情况。年底，区民政局根据综合评定等级发放差别化运作补贴。

（唐　蔚）

【开展“乐龄家园”服务用户满意度调查】　年内，区老龄办根据区民政局2010年下发的《静安区社区“乐龄家园”助老服务站管理办法》和《静安区老年人日间服务中心管理办法》，委托市老年学学会开展服务用户满意度调查。6月开展首次调查，调查以问卷调查为主，召开座谈会为辅。调查对象从享受“乐龄家园”助老服务站和老年人日间服务中心服务的老年人中随机抽样产生。每个助老服务站抽取30个样本，样本数量990个，实际有用样本数947个。每个老年人日间服务中心抽取20个样本，样本数量80个，实际有用样本数80个。问卷包含认知和选择、满意度、改进意见、助餐服务、生活满意度与社区认同、背景资料6个部分。调查每半年开展一次。

（唐　蔚）

4月21日，区老年基金分会组织社区老人参观世博会中国馆

（区老龄办　供稿）

【老年基金会静安分会完成28个助老项目】　年内，上海市老年基金会静安分会实施助老项目28个，惠及老人131418人次。帮困项目以“百、千、万”援助项目为代表，由各理事单位负责定向捐赠项目，营造全社会尊老敬老氛围。“百、千、万”即：“百”——开展“社区视力矫正行动”，为250位有视力障碍的困难老人免费进行光学矫正；为206名困难老人开展免费口腔保健检查咨询；每周向120位老人赠送有机蔬菜；每天向150位老人赠送新鲜面包。“千”——邀请1840位老人共进团圆饭；开展冬送温暖活动，上门慰问孤老等困难老人，为2637人送上滋补食品；开展夏送清凉活动，上门慰问孤老等困难老人，为2674名老人送上夏令食品；为1000名困难老人支付安康通全年使用费；每天向区内6家敬老院赠送有机蔬菜，惠及1600名入住老人。“万”——为静安区37个为老助餐点提供资金用于购买设备，金额累计75万元，每月用餐老人超过8万人次。精神文化项目“乐龄五彩星期”每周一到周五均设计不同文化项目免费向老人开放，由分会借助社会力量和理事单位资源共同打造的文化品牌。

（唐　蔚）

【为部分高龄老人配备“关爱手机”】年内，为探索解决高龄老人外出、居家应急需要，静安区老年事业发展中心与中国电信签约为部分高龄老人配备老年人专用“关爱手机”。12月中旬起，中国电信陆续在5个街道与100位高龄老人签订为期2年的试用合约。关爱手机主要提供日常关爱、定位服务和紧急求助三大项服务。其中日常关爱服务设计维修求助、商品订购、日程提醒等实用服务；定位服务能实现老人实时定位，并可以根据老人生活习惯设定任意范围的安全区域及告警方式，当老人离开或者进入预设区域时，系统自动、及时向监护人告警并告知老人当前的位置信息；紧急求助服务能在手机发送求救信号后，快速精准确定求助者所在位置，及时调动救护车、社区义工等资源开展帮助。

（唐　蔚）

（四）双拥工作

【概况】　2011年，区民政局贯彻落实新修订的《军人抚恤优待条例》《烈士褒扬条例》《退役士兵安置条例》《双拥模范城（县）命名管理办法》，围绕国防和部队建设及优抚对象服务需求，坚持拥军优抚安置工作长效机制建设，全面推进综合帮扶、军嫂就业、子女入学、退伍安置、立功奖励、技能培训、医疗保障、精神慰藉、优抚服务、居家养老等项目，开展“红色之旅”“慈善爱心”“社区文化”“生活服务”“医疗卫生”进军营，“军营文化”“结对包户”“为民服务”进社区等活动，大幅提升驻区部队、重点优抚对象、军休干部服务满意度。全年投入双拥工作经费400万元。投入112万元支持静安消防中队、武警通信站、61789部队军人俱乐部和上海警备区机关停车场建设；安置随军家属9名，子女优待入学31名，帮扶家庭生活困难官兵8名、4.3万元；第九届“第二故乡情”立功奖励活动共奖励立功受奖单位33个、个人148名，奖励金14.54万元；给驻区基层部队添购图书2439册(份)；投入6.74万元，为驻区部队团以上军官83名办理游泳卡。全年共接收2010年冬季退役士兵108名。其中，自谋职业104人，自谋职业比例达96.3%。1名双向选择录用，3名被高等院校录取。继续保持安置率100%。接收安置军队退休干部4名。（田 佳）

【深化优抚工作】 年内，区民政局完成各类优待抚恤金调标和发放工作，走访慰问优抚对象500人次，完成优抚对象医疗报销及困难补助300人次；组织开展重点优抚对象精神慰藉服务工作，完成140名烈士遗属清明祭扫、42名伤残军人郊游、60名重点优抚对象赴外疗休养活动；完成全区303条烈士英名录信息核对、150名烈属优待证信息更换、244件伤残档案整理和2次烈士纪念设施纪念地普查工作。（田 佳）

【加强国防教育培训】 年内，区机关党工委通过“请进来”方式，组织300多名党员干部开展以“国家安全热点及近期突发事件”为主题的国防教育报告会；区商务委、税务静安分局、区绿化市容局、区人保局、区拥军优属协会等组织机关干部和“两新”组织负责人，走进部队开展“国防教育日”活动；静安寺社区(街道)再次组织社区部队官兵开展“红色之旅”活动；区双拥办与《静安时报》联合组织开展“国防双拥知识竞赛”活动。拓宽国防教育途径和内容，建立首批静安区域外国防教育基地。（田 佳）

(五)残疾人工作

【概况】 2011年，静安区残疾人联合会(简称区残联)发挥街道残联、残工委成员单位在助残服务工作中的作用，开展全区残疾人工作。全区共有残疾人6790人，其中：肢体残疾2365人，视力残疾1595人，听力残疾698人，言语残疾51人，智力残疾832人，精神残疾1179人，多重残疾69人，其他1人。安置40名残疾人就业，为32人办理残疾人就业失业劳动手册，为10名残疾人办理失业金申领，为7名残疾退休人员办理丧劳补贴，接待残疾人档案查询20人次，进行各种残疾人职业培训217人次。全区有70名残疾学生、残疾家庭子女享受助学金，共发放助学金16.3万元。全区有529家单位进行残疾人就业保障金按比例申报，其中免缴单位393家，奖励单位323家，奖励金额80多万元。全区共有重残无业人员666人，重残无业养老补助人员360人，发放助残金2179人次，约80万元；医疗救助1300多人次，发放救助金约156万元。落实市残联《关于组织开展“加强残疾人职业培训促进就业年”活动的通知》，对2203名残疾人员进行入户调查，经对调查对象进行分类、汇总，其中就业1117人，失、无业142人，重残无业423人，继续读书13人，退休人员508人。对160户残疾人独生子女父母年满60周岁以上的家庭每月进行实物资助。为196名残疾人提供居家养护服务；为59名0~7岁残疾儿童开展康复训练；推进“阳光之家”“阳光心园”“中途之家”管理服务，为500余名学员及病友提供个性化需求服务；为100名有需求的育龄残疾妇女开展妇科检查；为53名残疾人配发辅助器具。施行白内障复明手术3155例、人工晶体植入手术3145例。完成14例聋儿康复，培训56名聋儿家长。为254名低视力者免费配戴助视器，培训10名低视力儿童家长。训练6名盲人定向行走，免费配发盲杖38根。为20名肢体残疾成人、39名肢体残疾儿童、43名智力残疾儿童进行康复训练。为880名残疾人免费体检。为6名肢体残疾人假肢矫形器安装提供贫困补助、79名肢体残疾人提供矫形器贫困补助，据申报配发残疾人辅助器具4624件，有4108人受益。残疾车年检数330人，年检率100%。养护147名重残无业人员，对其中3名8~16周岁贫困重度残疾少年儿童实行机构养护，对100名0~16岁残疾少年儿童提供康复训练补助。（沈夏英）

【残疾人职业技能比赛获全国、国际金牌】 6月11—12日，在南京举行的第四届全国残疾人职业技能竞赛上，静安区听语残疾人须莉莉获计算机操作(文本处理)项目第一名，听语残疾人陈虹获该项目第二名。9月25—30日，在韩国举行的第八届国际残疾人职业技能竞赛上，区听语残疾人须莉莉力夺得英文文字处理项目金牌，连续两届蝉联国际残疾人职业技能竞赛英文文字处理项目冠军。（沈夏英）

【庆祝中国共产党成立90周年文艺汇演】 6月23日，以“赞歌献给党”为主题的静安残疾人庆祝中国共产党成立90周年文艺汇演在曹家渡社区学院4楼多功能厅举行，全区150余名残疾人代表与区残联全体工作人员参加演出。在汇演中，静安区残疾人艺术团各文艺团队以民乐合奏、红歌连唱、欢快舞蹈、经典戏曲选段和朗诵等多种文艺形式歌唱党，歌颂祖国，重温党的历程，缅怀革命烈士，展现美好生活。（沈夏英）

【举行盲人无障碍电影首映式】 7月28日，静安区盲人协会主办的“阳光影视”首映式在国泰电影院举行。各区盲人代表及市、区残联，市盲协领导约300人参加首映式。活动主办方为国泰电影院、静安区残联康复服务指导中心。首映式结束后，放映最新盲人无障碍电影《建党伟业》。上海市盲人电影讲解志愿者王世杰为盲人无障碍电影插播讲解。“阳光影视”——无障碍影视是社区公益活动创投项目，由静安寺社区（街道）阳光助残社工师事务所在2010年8月提出申请，同年10月经市民政局创投项目基金批准通过成为上海市社区公益创投获选项目。（沈夏英）

【中残联领导视察工作】 8月2日，中国残联副理事长程凯一行参观江宁路社区（街道）阳光家园和静安区阳光家园，并与区肢残人协会读书会进行以“热爱学习，改善生活”为主题的互动交流。在交流活动中，区肢协读书会就静安残疾人读书会成长历程和残疾人通过读书活动所取得的种种收获作简要汇报，并赠送以5年来读书会主题征文文章和读书心得为内容的精选汇编本。程凯为区肢协读书会题词：读书可求知，读书可明理，读书可交友，读书可融情，读书可以让我们于残缺中求得完美。（沈夏英）

【区残联召开五届四次主席团会议】 10月11日，区残联第五届主席团第四次会议召开，推举副区长吴文娟为区残联第五届主席团主席，推举谢军为区残联第五届主席团副主席，郁霆、汤岚、陈云珊、岑彩君、王友胜等为区残联第五届主席团委员。吴文娟在会上对2011年静安区残疾人工作提出要求，表示要带领全体主席团成员履行好“代表、服务、管理”职能，维护好全区残疾人利益，提高全区助残工作水平。（沈夏英）

【开展新一轮残疾人监测工作】 根据市残联开展全市新一轮全国残疾人状况监测工作要求，10月19日，静安区建立由区残联、区民政局、区卫生局、区统计局、曹家渡社区（街道）和静安寺社区（街道）分管领导组成的领导小组，成立监测办公室，编制方案，制订工作计划。从有关部门抽调一批具有统计监测、残疾评定工作经验和第二次残疾人抽样调查经历人员，从事具体底册编制、座谈筛查、残疾人定性、入户监测、质量抽查等工作。全区有静安寺社区（街道）景华居委会第三小区和曹家渡社区（街道）姚西居委会第三小区2个监测小区，8名监测人员，严格按照监测工作的步骤要求，通过户口比对、走访了解、召开知情人座谈会、入户勘察等方式，对355户843名居民进行入户筛查，其中筛查0~6岁儿童11人，疑似残疾人29人，经医生鉴定定性9人。在第二次全国残疾人抽样调查中有28人作为监测对象，共有37人作为监测对象进行入户监测。（沈夏英）

（六）慈善事业

【概况】 2011年，上海市慈善基金会静安区分会（简称市慈善基金会静安区分会）按照“安老、扶幼、助学、济困”宗旨，通过开展慈善活动，资助公益项目等形式，做好日常救助及各类重点救助工作，共募集资金1423万元，救助支出4325.21万元。区内专项慈善基金管理有序，静安寺专项基金注资200万元，新设立柏万青基金和新元体育基金。加强合作互动，整合优势资源，以第十八届“蓝天下的至爱”系列活动为契机，探索搭建“慈善公益联合捐”平台，推进社区（街道）慈善工作站建设等工作。与区妇联、区计生委、社区（街道）等单位资源互补，与“心基金”“上海守望慈善发展中心”等机构联动合作，对各类困难对象实施救助。先后出资27万元对区内600户困难家庭进行新年助困，对9户特困家庭实施帮困救助。助医方面：共出资41.6万元，其中为区内408名受助老人每年发放1张500元的慈善医疗卡。出资8.7万元对7名大重病患者实施医疗帮困。助学方面：向区内300名收入困难家庭中的大、中、专学生提供助学金计62万元。共收到“11·15”特别重大火灾事故善后捐款5469.34万元（含市会及其他分会火灾捐款1328.31万元、区红十字会火灾捐款731.24万元），收到捐赠物资7161件，至2011年12月，已发放善款4586.82万元，发放物资7067件。（邹 莹）

【募集善款1423万余元】 年内，慈善基金会静安区分会通过现场募捐、义演、义卖等形式，开展各类慈善活动，募集善款。年初在“800秀”创意产业园区广场举办跨年元旦晚会，活动主办方、爱心企业、商户捐款4.5万元。举办千店义卖活动，共有122家商户参与，参与商家们纷纷贴出宣传海报，捐出一天的全部或部分经营利润，计15万元。在区委组织部组织

2月17日，佛教福慧基金向市慈善基金会静安区分会捐款仪式在静安寺举行（慈善基金区分会 供稿）

下,区内12家区管企业与崇明20个贫困村做好结对帮扶工作,帮扶金额380万元;与区社会组织加强联系,联手互动开展活动,联合柏万青志愿者工作室开展贫困知青系列慈善活动,募得善款5.5万元。 (邹 莹)

【2个公益项目获资助40万元】 3—5月,市慈善基金会静安区分会动员区公益性社会组织申报市慈善基金会资助社会慈善公益项目。静安区申报的“心暖夕阳红——主动关爱社区高龄独居老人服务”及“问题青少年心理干预”2个项目得到资助,资助金额近40万元。 (邹 莹)

【探索公益联合捐新模式】 年内,市慈善基金会静安区分会创新慈善劝募方式,探索由政府搭台、社会参与的公益联合捐运作模式:即建立具有发布、展示、劝募、监督、反馈功能的公益联合捐平台,并逐步形成项目征集、项目推介、项目认捐、资金分配、项目反馈、项目展示和结果公示等集中性、一体化运作模式。通过在一段时间内、围绕一个主题,以项目化方式拓宽社会组织获取资金和资源的渠道,解决慈善劝募过程中存在的重复捐、多头捐问题,使各类行政资源、社会资源得到充分利用。12月7日,召开第十八届“蓝天下至爱”组委会会议;并举办“公益联合捐”主题研讨会;动员社会组织全程参与,逐步推进公益联合捐进程。 (邹 莹)

【探索建立社区(街道)慈善工作站】 年内,市慈善基金会静安区分会开展工作调研,学习外区分会及相关街道经验和做法,实地走访外区优秀慈善工作站,结合各街道现状,制订静安区《关于加快推进上海静安区社区(街道)慈善工作站(点)建设的实施意见》。为此,分会先后召开各街道分管领导及联络员会议,就《实施意见》及推广江宁路社区(街道)“慈善爱心园”的成功模式等征求意见和建议,总结推广“慈善爱心园”先进经验,鼓励和支持5个街道在辖区内实现“一口式”募捐,创建街道个性化慈善品牌。 (邹 莹)

(七)婚姻登记

【概况】 2011年,区婚姻登记工作按照“合法、规范、文明、便民”工作要求,共办理结婚登记3377对、离婚登记828对;补领结婚证959份;补领离婚证50份;开具《无婚姻登记记录证明》4528份;出具婚姻登记档案证明1720份;提供法律服务930对;提供婚检服务4976人;提供计划生育咨询服务6000人。实现登记合格率100%。加强对辖区婚介机构管理,婚姻管理科确定专人负责,做好信访接待工作,维护当事人合法权益。全年共处理对婚介机构投诉12起,其中对上海梦缘婚介所利用虚假广告、“婚托”来骗取征婚人钱财行为进行执法检查,作出限期整改决定。 (田 佳)

【为经济适用房申请者出具婚姻证明】 4月和7月,是静安区经济适用房的申请月,因此4—5月出现婚姻出证、补证高峰。区婚姻登记中心本着“以人为本”理念,协调区住房保障和房屋管理局及各街道,做好出证和补证工作。为1200余人出具《无婚姻登记记录证明》,为100多人补办婚姻证书。 (田 佳)

【应对11月11日婚姻登记高峰】 为应对11月11日(所谓的“光棍节”)结婚登记高峰,防止因登记高峰而引发公共安全事件,区婚姻登记中心工作人员提前做好预案,广泛动员,通过现场和网络等途径,引导当事人提前预约,做到准备充分,保障有力。当天有145对新人登记。 (田 佳)

【完善婚姻查档绿色通道】 年内,区民政局加强与区档案馆合作,完善查档绿色通道。对2010年婚姻、收养登记档案进行检查、整理,并制作电子档案数据库,为档案移交和绿色查档通道的扩容奠定基础,免去许多当事人在婚姻登记中心和区档案馆间两地奔波之苦。 (田 佳)

(八)社会组织管理

【概况】 2011年,静安区全年新增社会组织16个,其中社会团体1个,民办非企业单位15个。全年注销社会组织4个。全年社会组织变更70个。至年底,注册登记的社会组织共403个,其中社会团体134个,民办非企业269个。静安区社会团体管理局(简称区社团局)召开联席会议办公室会议,进行全区预警网络联络员、信息员培训,计划总结、编写教材,指导各街道预警网络建设;做好每月、季、年度区三级预警网络信息的汇总及上报。加大对违法违规社会组织查处力度,做到违法必究、执法必严,净化社会组织发展环境。 (田 佳)

【优化登记审批流程】 年内,区社团局参与行政审批标准化管理试点工作,梳理社会组织登记管理有关法律法规,对照区社会组织登记审批流程,拟写《社团、民非行政审批业务手册》初稿,优化社会组织登记审核、审批流程,依法合规缩短行政审批时间,提高行政效能,实现社会组织行政审批对外公开透明,对内规范有序。针对登记管理流程中存在的工作力量相对薄弱情况,充实工作人员,提高在社会组织登记审核过程中自我纠错和自我监督能力。 (田 佳)

【推进社会组织规范化建设评估】 年内,区社团局调整完善区社会组织规范化建设评估委员会组织架构和工作职责,制订出台《2011年静安区社会组织规范化建设评估工作实施方案》,明确工作流程,委托第三方评估机构对规范化建设进行评估。探索社会团体规范化建设评估试点工作,组织召开《上海市社会团体(联合性)规范化建设评估标准》(试行)讨论会。会同税务静安分局对社会组织财务人员进行政策培训,组织公益性社会组织参加市局“社区公益大讲堂”系列培训,提升工作人员专业水平,增强社会组织公益服务能力。 (田 佳)

【参与社区公益招投标（创投）工作】年内，区社团局设计推出江宁路社区（街道）精神疾病防控服务、帮教人员安置服务、南京西路社区（街道）为老综合服务、静安区关爱独居老人服务和曹家渡社区（街道）青少年心理健康服务等5个社区公益服务项目，项目资金104万元。组织发动社会组织参与投标，并加大社会组织培训力度，实现区级公益招投标项目中标率100%。参与市级统筹项目，完成“老年人健康干预——银发健生馆项目”和“手工工坊——残障人士可持续生计项目”招投标工作，项目资金66万元。（田　佳）

【开发区社会组织财务管理系统】年内，区社团局依托专业力量，运用信息化手段，开发静安区社会组织财务管理系统，通过统一会计核算体系、建立财务信息中心、报表中心等规范社会组织财务管理制度。建立社会组织财务管理系统与财税、年检，以及社会组织信息披露、政府和社会资金资助财务状况查询等有效接轨的平台，探索对政府购买社会组织服务资金监管，并配合区财政、审计部门开展对社会团体“小金库”专项治理。（田　佳）

（本栏目编辑　商金娣）

·资　料·

（上接第214页）

上海市开展对部分个人住房征收房产税试点的暂行办法

六、税收减免

（一）本市居民家庭在本市新购且属于该居民家庭第二套及以上住房的，合并计算的家庭全部住房面积（指住房建筑面积，下同）人均不超过60平方米（即免税住房面积，含60平方米）的，其新购的住房暂免征收房产税；人均超过60平方米的，对属新购住房超出部分的面积，按本暂行办法规定计算征收房产税。

合并计算的家庭全部住房面积为居民家庭新购住房面积和其它住房面积的总和。

本市居民家庭中有无住房的成年子女共同居住的，经核定可计入该居民家庭计算免税住房面积；对有其他特殊情形的居民家庭，免税住房面积计算办法另行制定。

（二）本市居民家庭在新购一套住房后的一年内出售该居民家庭原有唯一住房的，其新购住房已按本暂行办法规定计算征收的房产税，可予退还。

（三）本市居民家庭中的子女成年后，因婚姻等需要而首次新购住房、且该住房属于成年子女家庭唯一住房的，暂免征收房产税。

（四）符合国家和本市有关规定引进的高层次人才、重点产业紧缺急需人才，持有本市居住证并在本市工作生活的，其在本市新购住房、且该住房属于家庭唯一住房的，暂免征收房产税。

（五）持有本市居住证满3年并在本市工作生活的购房人，其在本市新购住房、且该住房属于家庭唯一住房的，暂免征收房产税；持有本市居住证但不满3年的购房人，其上述住房先按本暂行办法规定计算征收房产税，待持有本市居住证满3年并在本市工作生活的，其上述住房已征收的房产税，可予退还。

（六）其他需要减税或免税的住房，由市政府决定。

七、收入用途

对房产税试点征收的收入，用于保障性住房建设等方面的支出。

八、征收管理

（一）房产税由应税住房所在地的地方税务机关负责征收。

（二）房产税税款自纳税人取得应税住房产权的次月起计算，按年计征，不足一年的按月计算应纳房产税税额。

（三）凡新购住房的，购房人在办理房地产登记前，应按地方税务机关的要求，主动提供家庭成员情况和由市房屋状况信息中心出具的其在本市拥有住房相关信息的查询结果。地方税务机关根据需要，会同有关部门对新购住房是否应缴纳房产税予以审核认定，并将认定结果书面告知购房人。应税住房发生权属转移的，原产权人应缴清房产税税款。

交易当事人须凭地方税务机关出具的认定结果文书，向登记机构办理房地产登记；不能提供的，登记机构不予办理房地产登记。

（四）纳税人应按规定如实申报纳税并提供相关信息，对所提供的信息资料承担法律责任。

纳税人未按规定期限申报纳税的，由地方税务机关向其追缴税款、滞纳金，并按规定处以罚款。

（五）应税住房房产税的征收管理除本暂行办法规定外，按《中华人民共和国税收征收管理法》等有关规定执行。具体征收管理办法，由市地税局负责制定。

（下转第230页）

二十三、社会生活

（一）人口和计划生育

【概况】 2011年，静安区人口和计划生育委员会（简称区人口计生委）实施区人口计生事业“十二五”发展规划，推进人口计生综合改革，健全人口问题综合治理机制。年底全区户籍人口30.23万人，流动人口5.23万人；户籍人口计划生育率99.49%，流动人口计划生育率88.48%；户籍人口出生性别比109（每100名女婴对应的男婴数），流动人口出生性别比113（同上）。全年户籍人口出生2161人，流动人口出生269人，出生率7.12‰，死亡人口2726人，人口自然增长－565人，人口自然增长率－1.86‰。自1991年以来连续21年人口自然变动负增长。育龄妇女6.48万人，已婚育龄妇女3.82万人，已婚育龄妇女综合避孕率70.65%，总和生育率0.91。全年人口和计划生育财政投入1161.17万元，比上年增长13.5%，增长幅度高于经常性财政收入增长幅度。区人口计生委依法行政，加强行政事务受理工作流程规范建设，全年未发生群体上访和重复上访事件，结案率100%。执行各项计划生育奖励政策，维护群众实行计划生育合法权益。至年底，全区共受理独生子女父母光荣证领证4580人，换证223人，补证221人；审核年老退休时一次性独生子女奖励费4781人，其中独生子女4582人，婚后无子女199人；受理独生子女父母奖励费申请1645人；办理流出人口“流动人口婚育证明”72人；办理生育联系卡519人；办理计划生育家庭特别扶助1011人，其中伤残701人，死亡310人；扶助金额157.55万元，其中伤残99.71万元，死亡57.84万元；办理再生育子女审批235人，补办再生育子女证明52人。全年违法生育立案7例，发出征收社会抚养费决定书7份，应征收社会抚养费22.09万元，实际征收21.4万元。提供免费基本项目计划生育技术服务1821人，经费投入7.89万元。发掘全国第六次人口普查数据，结合静安区域特点和人口特征，开展2项课题研究：结合“十二五”规划区域人口发展趋势预判，基于“六普”人口调查数据分析，完成《静安区人口发展变动的特点分析调研报告》；探究全区独生子女特殊困难家庭相关情况，开展《静安区独生子女意外伤残和死亡家庭调研报告》课题，对辖区内独生子女意外伤残、死亡家庭的各方面进行深入分析，提出构建“政府主导、社会参与、家庭增能”的社会支持体系等多项建议。加强孕前检测长效运作机制。在检测项目完善、信息化建设等方面进行探索，创出静安特色。结合被列入国家免费孕前优生健康检查项目第二批试点区的契机，充实检测项目，在国家规定项目基础上，继续保留静安区原有的、国家标准并未列入的3个项目（如精液分析等），确保检测数据延续性。每对夫妇的检测费用由原来746元提高到1096元。由政府购买服务，搭建“服务＋管理”2个信息化平台，提升孕前检测公共服务水平。与市人口计生委合作开发全市统一申请、受理、审核等管理系统；委托相关机构自主开发面向定点检测机构的服务应用系统，实现监测数据电子化收集和管理。至年底，准备生育的夫妇中，共有945位女性、903位男性参与孕前检测。突出“三位一体”（区级人口计生指导中心、社区人口计生综合服务站、居民区家庭计划指导室）人口计生公共服务机构建设。对区级人口和计划生育指导中心服务内容、人员设置、工作调度等方面进行整合，发挥指导中心作为区级人口计生对外服务窗口公共职能，提升服务品质；强化对基层公共服务机构建设指导，制定例会制度，定期与社区综合服务站进行工作交流和业务指导，完善“一站一品”（一个社区人口计生综合服务站一个特色服务品牌）工作格局；强化居民区家庭计划指导室作为一线服务窗口的基础功能建设，注重人员配置到位、业务掌握到位、专业服务到位，在条件相对成熟的居民区探索打造“一居一景”（一个居民区一项特色工作）。结合“7·11”世界人口日、“9·25”《公开信》发布纪念日等重大节点、节日，开展政策宣传、婚前检查、咨询服务、亲子活动等各类大型宣传活动，集中展示人口计生相关工作。与市人口计生宣教中心、静安有线电视中心、静安时报社、区科协等4家单位，签订宣传服务协议书，以编辑电视宣传片、知识宣传片，刊登工作专版等方式，加大人口计生工作平面宣传力度和广度。整理、汇总区域宣传教育工作经验，总结出

“静安区服务新生儿家庭的一访五关心活动”等3个宣传教育范例，其中《家源》电子杂志作为上海市宣传创新范例，被推荐至国家人口计生委。年内，区人口和计划生育指导中心被国家人口计生委授予“全国计划生育优质服务示范站”称号。（李东霖）

5月27日，区计生协会组织全区10多家会员单位为“幸福工程”“救助贫困母亲”进行现场募捐。（区人口计生委 供稿）

【国家人口计生委专家考察孕前检测工作】 3月24日，国家人口计生委科研所4位专家，实地考察静安区孕前检测服务模式、服务流程和人口计生信息化建设等工作，对静安区的孕前检测工作给予肯定，并就国家免费孕前优生检查信息系统与静安服务模式，信息系统衔接可行性等问题展开探讨。（李东霖）

【联合国官员考察科学育儿工作】 5月9日，联合国儿童权益协会项目官员 Stoecklin Daniel 与 Riva Gapany Paola 来到静安区，实地考察区域婴幼儿启蒙指导，以及流动人口、贫困家庭等群体的儿童关爱、帮扶工作，并就开展相关联合项目的可能性进行探讨。（李东霖）

【开展区计生协会“5·29”会员活动日】 5月27日，区计划生育协会在区人口计生指导中心举办“感恩母亲——生育关怀项目推进会暨幸福工程救助贫困母亲活动”，庆祝第十三个“5·29”会员活动日。区政协副主席、区计生协会会长刘桂香，市计生协会秘书长出席活动。10多家协会会员单位，为“幸福工程”和“救助贫困母亲”等活动进行现场募捐。（李东霖）

【举办空巢家庭重阳联谊会】 9月29日，市计划生育协会、区计划生育协会和南京西路社区（街道）计划生育协会联合举办“乐活重阳、健康相伴”——独生子女空巢家庭重阳联谊会。为走过金婚、红宝石婚、珍珠婚的夫妇发放婚纱纪念照；由社区志愿者与空巢家庭进行结对帮扶签约仪式；在场领导为计生协会“三我”（“我为国策添光彩、我为事业做贡献、我为协会尽责任”）摄影展静安巡展揭幕。（李东霖）

【推进流动人口市民化服务和管理】 年内，区人口计生委融入国家流动人口“一盘棋”格局建设，构建流动人口服务管理网络。探索开展“孕之初体验——静安区外来媳妇围产期产前检查补助项目，为全区家庭条件较为困难外来媳妇在怀孕期间提供1000元产前检查补助费用。年内共有89位外来媳妇提出申请，其中70位外来媳妇获得补助金。以餐饮企业流动人口等为对象，开展全区范围内流动人口计划生育执法检查和宣传服务活动，加强对《流动人口婚育证明》持证检查、享受免费技术服务等相关内容直接指导。5—9月，在全区13个居委会（14个调查点）开展流动人口动态监测，共入户调查652人。（李东霖）

【探索建设人口计生公共服务科学评估机制】 年内，区人口计生委在全市率先启动人口计生公共服务科学评估机制建设。依托专业机构，开展针对人口计生公共服务评估机制课题研究，根据人口计生公共服务内容，分阶段、分层次构建评估指标体系，实现年终对服务载体、服务项目等方面实施成效的科学评估，将评估结果作为三级网络建设成效和公共服务完成情况考核的重要指标。按计划完成课题报告。第三方评估机构围绕静安区2011年人口计生公共服务推进情况，通过问卷调查、群众座谈、调查分析等形式开展评估，并提交评估报告。（李东霖）

【促进婴幼儿早期启蒙指导】 年内，区人口计生委关注人口早期发展阶段，强化0～3岁婴幼儿科学育儿指导工作。强化4个市级优生优育示范点建设，通过平面媒体、互联网络等平台，同步更新宣传资料、活动安排等相关信息，为居民按需选择服务提供便利。年内，面向全区0～3岁婴幼儿家庭的1年4次科学育儿指导率达98.6%。统筹协调区域优质教育资源，与区早教中心进行合作，为全区340余户0～3岁散居婴幼儿家庭提供指导服务。并在全区范围内，开展0～3岁婴幼儿早期启蒙指导教案评选活动，选送20篇至市人口计生委，其中5篇被评为市级优秀教案，编入教案集。（李东霖）

【完善人口计生利益导向机制】 年内，区计生协会分别与5个社区（街道）计生协会签订2011年生育关怀项目：石门二路社区（街道）开展“独生子女特殊家庭关怀”项目、曹家渡社区（街道）为来沪育龄妇女送知识、送体检、送服务；静安寺社区（街道）主打“午餐一刻”品牌，为楼宇白领提供优质服务；南京西路社区（街道）将触角延伸至独生子女空巢家庭的老人们;江宁路社区(街道)着重关心计生干部工作和生活状况。在区级层面重点开展结对帮扶与走访等慰问工作。区人口计生委党支部结合“创先争优”活动,号召每一名党员志愿者分别与2户独生子女特殊家庭结对,采用发放联系卡并上门走访等慰问形式,了解他们生活状况,给予精神慰藉,帮助他们走出困境。在年初调查排摸基础上,区、社区(街道)两级计生协会上门走访慰问全区220户独生子女死亡家庭,并制订后续计划,予以定期关注。 (李东霖)

【实施免费避孕药具“优得工程”】 年内,区人口计生委推进药具“优得工程”,以三级发放网络为依托,全面梳理、实地查看全区531个免费药具发放网点,以发放性质为标准,梳理出298个公众免费药具自取点,分类编号,编制完成免费药具地理信息系统。按照市里要求,统一制作300套免费药具自助箱贴膜,更换破损、陈旧自助箱。加强区级药具仓储管理,健全各项规章制度,加大对社区综合服务站、居民区药具工作管理力度,制订社区(街道)、居民区两级药具工作手册,方便基层计生干部使用;有针对性地设计、制作含6类、10余种免费药具的出样展示柜,发放至基层及4家计划生育免费技术服务定点医院计生门诊和社区卫生中心,规范基层药具出样展示;开展药具工作安全检查,对基层库存药具和发放网点进行系统检查。 (李东霖)

(二)劳动和社会保障

【概况】 2011年,静安区人力资源和社会保障局(简称区人保局)贯彻《劳动合同法》,加强对用人单位规范用工指导和服务,建立健全劳动关系预警和应急处置长效机制;分层次、分对象组织开展《社会保险法》《工伤保险条例》宣传普及工作,平稳对接新老政策,营造促进劳动关系和谐的法制环境、社会环境。按程序规范工伤认定和劳动能力鉴定工作。做好高龄无保障老人纳保、支援外地建设退休(职)回沪定居人员帮困补助、农婚知青补助、跨省市职工商调、知青子女回沪等各项保障性工作。年内,审查工资集体协议396份,覆盖4044家企业、67494名职工;审查集体合同271份,覆盖55333人。审批企业实行不定时和综合计算工时工作制426家;完成企业薪酬调查48家、5411个职位;受理工伤692人,完成工伤认定640人、劳动能力鉴定509人,完成老工伤人员转基金支付认定手续2251人;复核支援外地建设退休回沪人员帮困补助11058人;办理跨省市职工商调2人、知青子女入户6人、兵团返沪人员8人;新疆知青工龄认定2人、调整工龄5人;农婚知青工龄认定4人、农婚补助3人。做好居民养老保险实施工作,101人纳入城镇居民养老保障。 (瞿 熙)

【建立岗位廉政风险防范管理长效机制】 3月,区人保局按照区纪委要求开展廉政风险防控试点工作,召开工作动员会,印发《区人保局廉政风险防控工作实施方案》,全局廉政风险防范管理工作知晓度、参与度100%。具体工作推进中,共制订4个阶段工作指引,编发17期工作简报,并通过签约承诺、部门互查、汇总复核和集体审定来保证岗位廉政风险防控工作严密性、准确性。历时8个月,编印完成1套5册35万字的廉政风险防控书籍(含个人廉政风险点163条、部门廉政风险点57条、协查廉政风险点4条等),取得阶段性成果,受到市级专家高度评价并在全区推广。 (瞿 熙)

【完善农民工就业、培训、维权服务机制】 年内,静安区来沪人员就业服务窗口共为135家用人单位登记代理招聘,累计发布岗位2534个,受理求职登记126人,推荐面试96人次,成功就业25人。3月,组织农民工“春风行动”专项就业服务活动。全年培训农民工9332人,完成率186.64%。7月1日《社会保险法》施行,政策调整涉及区内4207家原综合参加保险单位58599人的转入城镇保险工作。区人保局制订、实施推进全区外来从业人员参加市城镇职工基本社会保险的宣传、培训和落实方案,建立健全扩覆纳保工作机制,实现外来从业人员“应保尽保”。7—9月过渡期内,区各参保单位在上海人力资源和社会保障网“综保转为城保信息确认平台”上共完成数据转储56646人,转储完成率97%。至12月底,区非城镇户籍外来从业人员“三险”(基本养老保险、基本医疗保险、工伤保险)参保人数47683人;继续开展城镇户籍外来从业人员参加“五险”(基本养老保险、基本医疗保险、工伤保险、失业保险、生育保险)招退工备案工作。 (瞿 熙)

【强化劳动关系三方协调职能】 年内,区人保局把做好企业工资分配工作作为协调劳动关系工作重点,扩大和谐企业示范效应,强化劳动关系三方机制职能,逐步形成主体清晰、程序规范、方式多样、实效明显的多层次劳动关系协调体系。9月27日召开区第十三次劳动关系协调联席会议,发布区主导行业部分职业工资指导价位及《静安区企业劳动争议研究》课题成果。 (瞿 熙)

【新增就业岗位31081个】 年内,区人保局对就业政策与促进就业工作的关联度、匹配性开展调研,对就业促进资金管理与使用进行绩效分析、评估,结合区情实际出台鼓励创业、开展职业技能培训和实施就业援助等就业政策,完善促进就业社会责任体系,多渠道扩大和促进就业,在公共就业服务专业化、社会化、制度化建设方面有所突破。全年新增就业岗位31081个,完成年指标的155.41%;城镇失业登记6762人,在控制数7330人以内。 (瞿 熙)

【提升创业带动就业的倍增效应】 年内,区人保局设立并联式业务受理窗口,向创业者发放“创业服务卡”,优化服务流程,从注册、初创到发展,实现创业绿色通道服务升级。掌握初创者动态情况,锁定重点对象,主动服务、跟踪服务。继续开展“青年创业者之家”沙龙、创业讲座和创业见习等系列活动,营造鼓励创业、宽容失败良好氛围。加强非正规就业组织和开业园区管理,促使有条件经营性组织抓紧转制,探索公益性组织模式的调整优化,运用市场化管理机制,强化开业园区孵化功能。全年扶持小企业和个体户创业281家,带动就业730人;扶持非正规劳动组织163家,带动就业443人。青年创业88家,带动就业1173人(含带动青年就业420人)。

(瞿 熙)

【就业援助重点人群】 年内,区人保局关注新退工、新求职、新失业、多次求职未成功、多次面试未成功等5类人群,掌握人力资源基础信息,优化人岗匹配。推进"圆梦计划",科学合理使用就业服务资源,量体裁衣制订"培训+见习+就业""拜师带徒"等就业服务计划。落实"巧搏"标准化建设,强化职业指导专业研究和实践,树立职业指导品牌。以创建充分就业社区为抓手,依托街道社区力量,援助就业弱势群体,履行就业托底的政府责任,年内新认定就业困难人员291人、零就业家庭62个,全部得到安置。

(瞿 熙)

【做好失业保险管理和服务】 年内,区人保局加强预决算管理,合理使用资金,继续发挥失业保险基金"保生活、促就业、稳岗位"作用。做好大龄协保就业补贴新政策的宣传解释和提前排摸,宣传由实施《社会保险法》带来的新规定,把失业保险类新政策、新措施落到实处,惠及百姓。全年受理非正规社保补贴申请694人,符合就业补贴申请条件的协保人员1113人。落实节日困难补贴发放工作。 (瞿 熙)

【打造职业培训静安品牌】 年内,区人保局实施对职业培训机构统筹规划、综合协调、审批管理和督导评估,强化职业培训基础能力建设。依托培训机构、学校和企业,拓宽技能人才培养渠道,推进企业内部高技能人才培养、"高师带徒"、校企合作培养、职业技能竞赛,加快培养高技能人才。宣传落实新政策,加大对护工、养老护理和家政服务等生活服务类从业人员技能培训。年内,实施职业技能培训22183人,开展青年职业见习1824人,开展职业指导1470人次,经指导后成功就业246人次。 (瞿 熙)

【实行劳动人事争议"阳光仲裁"】 年内,区人保局把握"预防为主、基层为主、调解为主"工作方针,在部分争议多发行业建立调解组织,并指导其根据自身特点开展行业内纠纷解决工作,引导企业内部形成预防、调处、救济环环相扣的劳动争议防范化解体系。实施案件分类处理,通过适用简易程序处理简单案件方式,在区教育、卫生系统组建人事争议调解组织,开辟劳动人事争议快速处理渠道。依法规范办案程序,提升仲裁案件处理质量,提高仲裁工作社会公信度。加强区劳动人事争议仲裁院和仲裁员队伍建设,推进标准化管理,推进仲裁工作向职业化、专业化、社会化方向发展。年内共办结案件1507件,调解撤诉结案1062件、裁决结案338件、其他方式结案107件。调解率70.47%,位列全市第三名。办结案件中,劳动者胜诉案件254件,企业胜诉案件235件,双方胜诉案件1018件。区劳动人事争议仲裁院连续3年确保杜绝超期结案,获市人保局颁发的"按期结案"奖牌。 (瞿 熙)

【开展4项劳动保障监察专项整治】 年内,区劳动保障监察大队以完善网络化、网格化建设为基础,以违法行为严重、违法次数较多单位为重点,组织开展以拖欠农民工工资、保护妇女权益和打击非法职业中介、劳动用工和社会保险等4项专项检查。全年共检查用人单位420户,涉及从业人员33092人;立案187起,立案率44.52%(其中对8户用人单位进行行政处理)。通过发责令改正通知书、行政处理决定书和行政处罚决定书及向法院申请行政强制执行等手段,53户用人单位为211名劳动者补缴社会保险费91.39万元;61户用人单位为393名外来劳动者补缴综合保险费32.05万元;54户用人单位补发1322名劳动者工资222.53万元(含加班工资、最低工资、拖欠工资和经济补偿金等),维护劳动者合法权益。区人保局贯彻落实《上海市企业欠薪保障金筹集和垫付的若干规定》,年内,通过审核为684名劳动者负责垫付欠薪保障基金202.46万元。 (瞿 熙)

【落实医保政策调整】 年内,区医保办、医疗保险事务中心整合基本医疗保险制度,将个保(城镇从事自由职业人员和个体经济业主及其从业人员基本医疗保险)并入城保(城镇职工基本医疗保险),提高个保人员待遇水平;调整市民互助帮困计划和医疗费减负办法,提高帮困力度、减负保障水平;方便居民,开展镇江、扬州异地报销服务;加强对医院及参保人员医疗费用监管,加强医保基金审核结算管理,构建较为完备的医保结算项目库。年内,完成2011、2012两个年度城镇居民医疗保险、市民互助帮困参保登记缴费计80221人,征缴医保基金996.4万元。窗口办理各类非现金业务29655人次,零星报销13583人次,共报销金额4579万元,其中办理减负4201人次,减负金额1438万元。全年做到镇江、扬州异地报销5526人次,报销金额1085.6万元;还为民政优抚、落政、救助对象审核报销医疗费571人次,审核报销755.7万元。

(瞿 熙)

(三)消费者权益保护

【概况】 2011年,静安区消费者权益保护委员会(简称区消保委)共受理消费者投诉4222件,为消费者挽回经济损失602.68万元。全年月投诉办结率100%,调解成功率95%。开展党员示范岗活动,以点带面形成以党员示范岗为标准的工作新气象,平均投诉办结期限缩短为15天。全年消费者投诉集中在5个方面:(1)服装鞋帽等百货行业;(2)网络购物、团购等新型购物方式;(3)空调等家电类商品;(4)干洗行业;(5)食品行业。区消保委拓宽宣传渠道、加强消费暗访力度,建立消费热点反馈制度,并与相关行政部门建立联动机制,及时维护消费者合法权益。利用市消保委、工商静安分局网络平台，发布各类消费信息，向消费者传播消费知识。持续发布案例分析、工作动态、投诉分析、工作探讨等信息报道共106篇。开展消费暗访活动，组织消费志愿者开展对超市、卖场的消费暗访，督促商家落实整改。加强党风廉政建设，开展违规收送礼金礼券购物卡专项治理。（唐艳言）

【开展消费暗访活动】 2月22日、4月16日，区消保委干部与区内消费志愿者对家得利、乐购、久光等超市卖场进行2次消费暗访。暗访结果总体情况较好，区内各家超市、卖场的标价签基本上符合明码标价相关要求，价目齐全，字迹清晰。暗访中发现部分超市存在一些问题，如家得利等超市销售过期食品、变质食品，芒果等水果过保质期，部分水果腐烂、霉变。区消保委要求有关经营者立即整改，督促他们提高诚信度，加强自律，维护广大消费者权益。（唐艳言）

【开展消费知识宣传】 3月10日，区消保委联合工商静安分局，分别在静安寺社区（街道）三义坊居民区和石门二路社区（街道）新德居民区举办“3·15”消费知识讲座系列活动，邀请有关专家为100余位居民讲解当前形势下的消费热点和难点问题，宣传《消费者权益保护法》《上海市消费者权益保护条例》等法律法规，推进消费维权，构建和谐消费环境。（唐艳言）

【做好上海世游赛期间投诉工作】 8月1日，为确保上海世游赛期间消费投诉处理的快捷有效，区消保委根据辖区特点，有针对性地与南京西路各大型购物商场进行沟通，要求各商家就上海世游赛期间的消费投诉处理做到“即时受理、妥善处置、快速反馈”，要求“争议不出门，化解在基层”。区消保委秘书处负责人要求每位工作人员在窗口接待和投诉处理中，做到认真、规范。对涉及上海世游赛参赛人员、媒体记者和中外游客等重点人群的投诉，要求做到热情接待、迅速处理。至上海世游赛闭幕，区消保委未接到涉及上海世游赛重点人群的投诉。（唐艳言）

【及时处置群体性纠纷】 8月8日，区消保委接到35位消费者投诉某化妆品购物网站上以在线支付方式购买化妆品后出现订单内无任何商品的情况。接诉后，区消保委立即启动应急机制，组织相关人员展开调查。为防止事态进一步扩大，区消保委对该公司有关负责人进行法律法规宣传、教育，要求其主动承担维权、维稳社会责任，妥善解决了这起群体性消费纠纷。（唐艳言）

（本栏目编辑　商金娣）

·资　料·

（上接第225页）

上海市开展对部分个人住房征收房产税试点的暂行办法

九、部门职责

（一）建立工作机制

市政府成立由市财政、地税、住房保障房屋管理、建设交通、规划国土资源、公安、民政、人力资源社会保障、统计等部门组成的房产税试点工作机构，建立健全工作机制，推进房产税试点工作。

（二）协同征收管理

市住房保障房屋管理、建设交通、规划国土资源、财政、公安、民政、人力资源社会保障、统计等部门要积极配合地方税务机关建立应税住房房产税征收控管机制，根据本市对部分个人住房征收房产税试点的需要，提供相关信息，共同做好应税住房的认定工作。

（三）实现信息共享

市地税、住房保障房屋管理、建设交通、规划国土资源、财政、公安、民政、人力资源社会保障、统计等部门要共同建立全市统一的房地产信息管理平台，实现个人住房信息数据库信息共享。

十、评估机制

房产税税基评估工作在市政府统一领导下，由市地税、财政、住房保障房屋管理、规划国土资源等部门共同组织实施。

十一、其他事项

本暂行办法未涉及的其他事项，按国家和本市的有关规定执行。

本市开展对部分个人住房征收房产税试点中的具体规定，由市财政局、市地税局、市住房保障房屋管理局等部门制订，并报市政府同意后公布执行。

本暂行办法自2011年1月28日起施行。

二十四、社区(街道)

(一)社区建设与管理

【概况】 2011年,静安区社会建设办公室(简称区社建办)、社会工作党工委、地区办按照创新驱动、转型发展的工作主线,加快社会管理创新,夯实基层基础,加强社会协同、社会建设、社区管理,“两新”组织党建工作取得新进展。加快推进以改善民生为重点的社会建设。完善推进社会建设工作运行体系,明确社会建设重点工作目标,建立社会建设督办与考核机制,举办静安区社会建设专题研讨班,形成全区推进社会建设整体合力。推进区社会组织服务中心建设,规范政府购买社会组织公共服务,研究制定社会组织发展扶持政策,提升社会组织培育发展能级。开展社会建设理论研究,形成《静安区2012年民生需求与社会建设未来重点工作研究报告》,新办《静安社会建设》简报与《社会建设信息摘报》2份宣传载体。规划社区建设总体目标,编制形成社区“十二五”专项规划,明确2011年度社区工作要点和重点项目,探索研究社区建设指标体系。深化社区(街道)管理机制调整,开展街道管理机制调整优化专题培训,以推进居民区楼道堆物整治等工作为契机,强化街道统筹协调能力。落实条块协作流程,以项目化形式明晰条块权责。推进街道岗位规范化建设,汇编形成《静安区街道岗位规范化工作手册》。开展新时期群众工作法试点,召开静安区居民区楼组建设现场推进会暨楼组“双十佳”表彰颁奖仪式,发挥楼组“双十佳”示范引领作用。加大“两新”组织党建,扩大社会协同和参与。推进“创先争优”活动,制订下发《关于以“激发活力谋发展,服务群众促和谐”为主题深入推进“两新”组织创先争优活动的实施意见》。结合纪念中国共产党成立90周年,在“两新”组织中开展形式多样主题实践活动,整理形成《静安区“两新”组织党建工作案例汇编》。推动“静安区‘两新’组织党建工作指标体系”贯彻落实,扩大党在“两新”组织中组织覆盖和工作覆盖,至年底,全区“两新”组织10315家,党组织覆盖单位1905家,党组织覆盖率18.5%,党员占从业人员比例8.2%。加强“两新”组织人才队伍建设,面向社会公开招聘静安区第十一批共计23名“两新”组织基层党务工作者,开展基层党务工作者入职初任培训,推进基层党务工作者等级晋升考评工作。加快“白领驿家”品牌建设,按照“关注需求→完善服务→组织凝聚→政治引航”的工作思路,做强做优“心灵驿站”“白领学堂”“白领公益”等8个活动板块。推进项目化运作服务模式,形成“缘来驿家人”交友品牌、“驿家心SPA”缓压品牌和“公益也时尚”公益品牌。开展首届“白领低碳公益秀”公益项目,全面启动白领爱心接力、爱心捐赠和爱心书屋公益项目,累计为社会捐款110万余元。探索建立楼宇立体服务站工作模式,先后建立“800秀”创意产业园区和嘉发大厦“白领驿家”服务站。加强“白领驿家”组织化建设,成立白领篮球社、游泳社等13个白领社团,社团骨干2000余人。成立党总支1个,社团活动党支部7个。至年底,“白领驿家”共发展会员3.6万余人,举办250余项服务项目,为20万人次白领提供各类服务,初步形成“民生、活动、公益”服务体系。《解放日报》以头版头条形式作宣传报道,“白领驿家”工作案例入选中组部《基层党组织加强和创新社会管理的实践》。《创新党建工作模式,探索构建“两新”组织党建工作标准化体系》和《积极应对社会建设新要求,不断探索与实践社会组织专业化建设》2篇调研文章分获市社会工作党委课题调研一等奖和三等奖,静安区获2010年度“两新”组织和社会建设调研课题优秀组织奖 (蒋 燕)

【举办白色情人节大型交友活动】 3月13日,“相约二号线”启动仪式暨白色情人节大型交友活动在静安体育馆举行。来自静安、浦东、长宁等区1000余名单身白领汇聚一堂,在“白色情人节”到来之际共享浪漫与时尚。市社会工作党委、静安区委组织部领导出席活动。“相约二号线”交友活动由浦东、静安、长宁三区社会工作党工委轮流主办,每月举办一次,旨在以“相约二号线”为工作切入点,整合区域资源优势,把“相约二号线”打造成一个全市知名交友、公益的服务品牌。 (蒋 燕)

【开展街道管理机制调整优化工作专题培训】 4月,区社建办举办静安区街道管理机制调整优化专题培训班,围绕"十二五"规划与社区建设、城市安全与和谐社会建设、创新群众工作方法、推进街道管理机制调整优化目的和重要意义、街道如何在综合管理中加强统筹领导能力以及职能部门如何发挥好专业优势等六大主题开展培训。街道科级干部、对应设置部门负责人,区综治办、区信访办、区环保局、区安监局、消防静安中队、食药监静安分局等部门相关科室负责人约120人参加培训。 (蒋 燕)

【推进新时期基层群众工作法试点工作】 年内,区社建办在四明、玉兰、武定坊、新福康里、陕北等22个试点居民区,启动以"需求发现、项目确定、问题协调、实效评议"为主要内容的基层群众工作法试点工作,把社区(街道)管理机制调整优化工作向居民区层面延伸,探索政府行政管理与基层群众自治有效衔接和良性互动。5月,会同区民政局召开静安区居民区楼组建设现场推进会暨楼组"双十佳"表彰颁奖仪式,首次在全区范围内评选出"十佳楼组"和"十佳楼组长",曹家渡社区(街道)四和花园居委会新闸路1910弄7号楼1号楼组等优秀楼组和楼组长受到表彰。

(蒋 燕)

【举办"成人儿童节"大型白领减压派对活动】 5月28日,"白领驿家"在静安体育馆举办"成人儿童节"大型白领减压会。来自全区500余名白领在儿歌和各类童年游戏中释放工作压力。 (蒋 燕)

【组织楼宇公共安全知识竞赛】 年内,区社会工作党工委、区文明办、"白领驿家"在全区联合举办"公共安全,从我做起"静安白领公共安全知识竞赛。比赛作为区文明办"城市公共安全连万家"主题活动之一,吸引200余名白领报名,通过初赛筛选,共选拔出6支队伍(每队3人)进入最后决赛。6月9日,决赛在石门二路社区文化活动中心举行。静安寺社区代表队获得竞赛一等奖,石门二路社区、区商务委城市代表队获得二等奖,曹家渡社区、南京西路社区、江宁路社区代表队获得三等奖。 (蒋 燕)

【规范政府购买社会组织公共服务项目工作】 年内,区社建办着手研究推进政府购买社会组织公共服务规范化建设。7月,制订并提请区政府办公室转发《静安区关于政府购买社会组织公共服务实施意见》(试行)。8月,启动政府购买社会组织公共服务项目申报。11月,区社建办邀请专家对项目立项可行性等方面进行评审。12月,组建静安区政府购买社会组织公共服务项目评审委员会,并由分管副区长牵头召开"2012年静安区政府购买社会组织公共服务项目评审会",共有179个项目通过评审委员会审核,涉及资金4400余万元。

(蒋 燕)

【开展纪念中国共产党成立90周年系列活动】 年内,区社建办以纪念中国共产党成立90周年为契机,开展以"饮水思源,爱党奉献"为主题,以"唱红色歌曲、读红色经典、走红色之旅、想入党誓言"为载体的实践活动,参与上海"两新"互动网、东方网"邂逅红色记忆"图文征集活动。据不完全统计,全区"两新"组织共有2745人参加红色之旅。在市图文征集活动中,凯迪克大厦联合党支部"重温入党誓言,牢记历史使命"获网友评选人气奖,江宁"话'根'"获评委评选二等奖,静安寺和风团队获团队参赛奖,江宁路社区综合党委获特别参与奖,区社会工作党工委获得唯一的优秀组织奖。开展"我为静安发展献一计"金点子和人生格言征集活动,并从全区175个创意金点子、1484条人生格言中评选出双"十佳"。在全区"两新"组织中征集党建工作案例107篇,并从组织覆盖、机制创新、工作规范和作用发挥4个方面筛选出49篇优秀工作案例,整理形成《静安区"两新"组织党建工作案例汇编》。 (蒋 燕)

【成立2个"白领驿家"服务站】 8月3日,"800秀"创意产业园区"白领驿家"服务站暨党支部、工会、团支部成立揭幕仪式在"800秀"创意产业园区举行。作为全区第二个"白领驿家"服务点,"800秀"创意产业园区"白领驿家"服务站通过统筹整合各类社会资源,打造迅马快递服务点、九和堂健康服务点、中国银行ATM服务点、永达商务办公用品服务点等公共服务项目,为企业、白领提供从工作到生活零距离服务。8月25日,嘉发大厦"白领驿家"服务站成立。

(蒋 燕)

【开展居民住宅楼道堆物专项清理工作】 年内,区社建办为巩固居民区楼道堆物集中整治工作成绩,健全和完善物业管理行业主管部门"到底、到边"专业管理和社区(街道)综合管理有效衔接的长效工作机制,牵头各街道办事处、公安静安分局、消防静安中队、区房管局、置业集团以及区安监局、区监察局等单位,继续开展居民区住宅楼道堆物专项清理工作。至8月底,累计出动检查人员1550余人次,检查发现各类居民楼道堆物安全隐患723处,整改完成693处,整改完成率95.85%。 (蒋 燕)

【举办首届白领三人制篮球挑战赛】 9月25日,"白领驿家"、石门二路健身俱乐部利用静安区学校运动场地公益性开放项目平台,在民立初级中学篮球场举办首届白领三人制篮球挑战赛。来自全区近150名白领组成的30余支队伍参加比赛。驿家篮球社热火队获得'爱动杯'静安区业余篮球邀请赛总冠军。 (蒋 燕)

【启动首届"白领低碳公益秀"评选活动】 年内,静安区社会工作党工委、"白领驿家"、上海创新节能技术促进中心牵头,联合杨浦、黄浦、闸北、长宁四区社会工作党(工)委共同举办为期4个月的首届"白领低碳公益秀"活动。9月30日,在静安公园举行启动仪式,来自5个区的楼宇白领"低碳达人"近300余人参加。"白领低碳公益秀"从9月持续至12月,通过"白领低碳微调查""白领低碳社区行"等五大系列活动,在白领群体中宣传“行为节能”理念，收集低碳生活新创意，形成白领专版低碳节能生活指南——《白领碳视》，并评选出2位“低碳达人”作为宣传大使，倡导更多白领加入“绿色低碳志愿者”队伍。

（蒋　燕）

【2011年超级枕头大战】　12月24日，“白领驿家”在静安体育馆举办圣诞夜千人枕头大战活动。1000多名白领参与该减压活动。通过借助社会专业力量，“白领驿家”整合资源，创新工作载体，不断满足白领需求，以服务团结凝聚，引导白领追求时尚健康生活方式，营造积极向上生活氛围。

（蒋　燕）

【确定60项社会建设重点工作项目】　年内，区社建办按照“工作项目化、项目责任化、责任具体化”要求，确定《静安区社会建设重点工作项目（2011—2015年）》，涉及社会管理、社会服务、社会动员、社会建设推进四方面共60个重点项目，并细化项目责任部门、责任人、分管领导、项目完成时间节点、阶段性目标和工作措施等内容，推进各项工作任务贯彻落实。

（蒋　燕）

【开展民生需求和未来社会建设重点工作调研】　年内，区社建办聚焦民生和未来社会建设重点工作，从静安区各类人群在民生领域核心需求出发，采取第三方机构专业调查和专家咨询建议相结合方式，委托上海零点指标信息咨询有限公司开展调研，形成《关于静安区2012年民生需求和社会建设未来重点工作的研究报告》。报告分析静安区群众关注度最高、改进意愿最强烈的领域，主要包括居住品质、养老服务、公共安全、公共文体以及白领公共服务，并针对几大领域对社会建设未来重点工作提出建议措施。

（蒋　燕）

【加强街道岗位规范化建设】　年内，区社建办按照“以事定责、因岗设人”原则，在街道“三定”方案基础上，结合社区（街道）管理机制调整优化工作，牵头区编办、区人保局等有关部门和各社区（街道），开展基层一线岗位工作职责制订工作，汇编形成《静安区街道岗位规范化工作手册》。全册分“街道部室”“社区六个‘中心’”“对应设置部门”和“居民区”四部分，对25个机构职责，170个岗位标准予以规范明确。

（蒋　燕）

【实施基层党务工作者职业化培训】　年内，区社建办举办“两新”组织党建学习研讨班，对静安区“十二五”规划、静安区“两新”组织党建工作指标体系、“两新”组织党建形势和任务等进行细化解读，并对“两新”组织党建信息及信息化工作进行业务培训，推进“两新”组织党建工作标准化、体系化、科学化建设，确保“两新”组织党建三年行动计划和“两新”组织党建指标体系贯彻落实。

（蒋　燕）

【编写完成《“两新”党建指标体系》】　年内，区社建办按照加快推进社会领域党建工作规范化建设、创新“两新”组织党建工作的标准化工作模式要求，研究制订《静安区“两新”组织党建工作指标体系》（试行），建立包含三大指标群、九大指标、26个模块在内三位一体的递进式架构，对各项指标提出逐年深入的定量化工作要求。制订《静安区社区综合党委工作规范》《静安区基层党务工作者工作规范》《静安区“1+5+X”社会组织联合会党建工作部工作规范》《静安区“两新”组织联系服务工作手册》《静安区“两新”组织党组织工作手册》等附件，调整修订《静安区楼宇党建星级评定实施办法》及其评定细则，形成“两新”组织党建工作的科学工作体系。

（蒋　燕）

（二）静安寺社区（街道）

【概况】　静安寺社区（街道）位于静安区西南部，东起富民路、常德路，西至镇宁路，南迄长乐路，北至万航渡路、新闸路。面积1.57平方公里。有居民13812户、40377人，下设11个居委会、389个居民小组。街道办事处位于万航渡路55弄7号。2011年，静安寺社区（街道）围绕“建设同心家园，打造幸福社区”总体目标，完成社区建设“十二五”规划编制，推动社区全面协调发展。（1）强化社区综合管理。全面开展楼道安全专项整治工作，整治楼道安全隐患337处。完成1845户老式砖木结构住宅进户线改造。发展百名社区安全大使，组织模拟紧急逃生演练，增配灭火器1500余只。推进商务楼宇综合服务管理创新试点。开展“两个实有”（实有人口、实有房屋）管理、重点区域及重点领域防控、群防群治、安全生产及火灾隐患排查等工作，优化“五联机制”。创建“上海市市容环境综合管理示范街道”，成为全市首批18个示范街道之一。完成北京西路1603弄、万航渡路320弄等小区环境综合整治。发动社区单位、居民区志愿者清洁社区家园环境。开展全民健康素养促进系列活动。携手社区卫生服务中心打造社区“健康驿站”，为社区居民提供更为精细、便捷的医疗卫生服务。通过倡议书、专家咨询、食品安全大讲堂等方式创建上海市食品安全示范街道。应对夏季汛情，做好辖区防汛防台工作。（2）有序推进社区民生保障。完善居家养老服务网络，新建愚谷邨老年人日间服务分中心，形成2个老年人日间服务中心、6个“乐龄家园”助老服务站、1个助餐点的为老服务格局。为社区老人提供各项服务61万余人次，其中助餐近36万人次。落实各类节庆日期间帮困救助，对社区困难家庭加大慈善帮扶力度。各类帮困救助累计2万余人次，金额829.6万元。完成第一、二批经适房受理、初审工作。开展“就业援助进家入户”活动，对无业人员、应届毕业生等5类重点人群完成调查排摸，制订个性化援助方案。举办大型专场招聘会，建立1家创业见习基地。全年完成新增就业岗位4892个，完成率134.9%；84人成功创业，完成率113.6%。发展非正规就业组织20个，工商登记41个。加强社区事务受理服务中心标准化建设，巩固窗口服务形象，提高服务效率。加强社区文化活动中心安全工作和窗口文明建设，共接待群众近19万人次,开展各类活动4159场次。开展社区生活服务中心"便民集市""便民菜市"等便民活动,累计服务1.5万余人次。开展社会化拥军,推动军地共建与互动,创建为上海市双拥模范街道。(3)推进社区精神文明建设。实现"全国文明单位"称号三连冠,扩大创建覆盖面。完成新一轮"上海市文明社区"申报测评,实现市级文明小区全覆盖。创建为"上海市科普示范街道"。推进静安寺文化旅游规范景区建设。开展侨法宣传月及民族宗教宣传周等活动。举办元宵大联欢、社区嘉年华、七一歌会、全国围棋甲级联赛等群众喜闻乐见、广泛参与活动,共61场次,各居民区组织团队活动6400余场次,参与人数11万余人次。探索志愿者工作"项目+基地"模式,建立首批6个志愿者服务基地,设立15个志愿者服务项目。全年志愿者参与累计近2万余人次,累计服务超过3.5万小时。新增居民区告示栏87处,整修宣传栏30余处。(4)激发基层活力。选举出38名区人大代表和20名区党代表。在海园、四明、愚谷邨、景华等居民区项目化推进群众工作法试点工作。深化楼组建设,健全楼组骨干队伍网络。每季度召开民生观察员会议,建立信息反馈制度。辖区4个居委会创建为上海市和谐社区建设示范居委会。开展公益性项目征集活动,通过政府购买服务模式落实居民区公益性项目资金。建立沟通联系社会组织走访工作机制,社会组织中获得市、区创投项目4个,市基金会定向资助项目1个。梳理政府拟购买服务项目28个,申报预算资金496万元,补充政府购买服务项目27个,金额293万元。协助柏万青志愿者工作室、老年协会等,创建星级社会组织。根据《上海市住宅物业管理规定》,明确流程,开展专题培训,推进业委会换届改选。完成爱俪轩大厦业委会、常熟业委会及新闸业委会换届改选。 (陈炜佳)

【采取措施应对冰雪灾害】 年初,静安寺社区(街道)协调各专业职能部门力量参与积雪冰冻清扫和铲除,并采取定期铲冰、铺设草垫和纸箱等应对道路结冰措施,为社区居民和路人出行提供方便。上门关心孤老、独居老人、空巢老人生活,帮助做好安全检查,购买所需物品,并通过"居家养老"服务站点为出行不便老人上门送餐。依托居民区平台,对小区安全隐患进行排查,针对旧小区、老式小区做好重点防护,确保社区居民安然度过灾害性气候考验。 (陈炜佳)

【社区报更名为《同心家园》报】 2月,原《静社新风》社区报更名为《同心家园》报,凸显社区特点,办报风格更鲜明,扩大"同心家园"影响力,还推出与《新闻晨报》合办的《静安寺社区报》,受到居民广泛欢迎。 (陈炜佳)

【开展纪念中国共产党成立90周年系列活动】 年内,静安寺社区(街道)动员社区内各级党组织和党员,开展以"同心跟党走"为主题的纪念中国共产党成立90周年系列活动。通过看红色电影、读红色书籍、讲红色故事、党员奉献月、为老党员发放入党50年纪念章等形式,营造社区浓厚庆祝氛围。在社区纪念中国共产党成立90周年大会上,还对华东医院党委等8家同心家园建设奉献奖单位、静安寺社区(街道)愚谷邨居民区党总支等20家创先争优先进党组织、方佩儿等30名创先争优优秀共产党员进行表彰。 (陈炜佳)

【愚谷邨老年人日间服务中心挂牌】 9月28日,愚谷邨老年人日间服务中心挂牌。该服务中心位于愚园路361弄94、96号,占地面积270平方米,有多功能活动室、休息室、电脑图书室、配餐室、淋浴房、健身路等功能设置。服务群体主要是社区高龄、独居、困难老人,服务中心提供的常规服务包括晨检、健康保健咨询、精神慰籍、学做手工编织等。为保障老年人安全,中心还为个别行动不便、年事已高老人提供接送服务。年内,中心接收入托老人9人。 (陈炜佳)

【开展同心家园"幸福百分百"行动】 年内,静安寺社区(街道)依靠街道、居民区、社区单位党组织等力量,认领落实200个惠民项目,并做好千人帮百家、百个党组织同心共建结对、加强对百名外省市流动党员的关心凝聚、组织百支党员志愿者队伍和百名社情民意联络员队伍、组织百名入党积极分子与百名老干部结对、形成百个"导师带徒"对子、树立百个先进典型等10项工作,拓展同心家园区域化党建工作。 (陈炜佳)

【开展"组团大走访、同心促幸福"活动】 年内,静安寺社区(街道)结合创先争优活动和同心家园区域化党建工作,明确"组团大走访、同心促幸福"活动主题,完善和优化党组织和党员联系服务群众工作体系。按照"划块定片"原则,街道确定95个责任块区,发动1726人参与走访,其中82家驻区单位共700余人参加走访,根据要求完成全部居民家庭入户走访,收集各类问题意见392项,并协调资源解决356项。 (陈炜佳)

【街道案例入选《2012年上海社会发展蓝皮书》】 年内,静安寺社区(街道)"积极培育社会组织,努力构建同心家园——静安区静安寺街道培育扶持社会组织的实践与探索"入选《2012年上海社会发展蓝皮书》,作为唯一的社区案例,该项工作受到上海社会科学院专家认可。 (陈炜佳)

【创建成为市市容环境综合管理示范街道】 年内,静安寺社区(街道)坚持规划、建设、管理并重,在加强市容环境建设同时,重视管理机制开拓创新,探索建立符合自身特点"四创四多"工作模式,将市容整治与环境卫生责任区管理工作有机结合,使区域内各方力量得到有效统筹,为实现市容环境综合管理常态长效夯实基础。在上、下半年全市市容环境卫生社会公众满意度测评中,街道获得全市118个中心城区街镇第一名。自2008年以来,静安寺社区(街道)已取得7次第一、1次第二的优异成绩。1月,创建成上海市市容环境综合管理示范街道。 (陈炜佳)

【开展与崇明县中兴镇结对帮扶】 年内，静安寺社区（街道）拨付50万元，用于崇明县中兴镇北兴村、红星村配套改造、活动室及镇文化活动中心添置设备，对中兴镇、村的硬件帮扶做到资金落实、项目落实。双方还在党建、文化交流、群团交流、便民服务等方面开展共建活动，街道派出群众文化团队精品节目参与中兴镇纪念中国共产党成立90周年活动，街道同心家园共建理事会单位上海宾馆还捐出台球桌，开展结对工作。

（陈炜佳）

【各居民区试点实践群众工作法】 年内，静安寺社区（街道）景华居民区发挥“邻里互助、弄堂共管小组”自治作用，并开创“居委会干部每周四巡访制度”，密切联系群众。四明居民区以“民情日记”为抓手完善结对下块制度，以“四明体育嘉年华”为品牌探索团队活动项目化运作。海园居民区开展“三小工程”（自来水水表安装、居民住宅扶手改造、居民楼信报箱加装维修），整合驻区单位资源设立小区项目扶持基金，运用社区资源为群众办实事。（陈炜佳）

2011年静安寺社区（街道）居委会基本情况表

名 称	地 址	居民小组数（个）	户数（户）	人数（人）
合 计		389	13812	40377
愚谷邨	愚园路361弄100号	57	1791	5223
四 明	愚园路520弄8号	41	1591	4726
嘉 园	万航渡路458弄3号	30	420	938
华 山	长乐路1236弄1号	33	1035	2879
美丽园	延安西路376弄42号	22	856	2492
海 园	华山路343号	36	1090	3105
静 安	北京西路1585号	24	994	2584
三义坊	新闸路1911弄5号	34	1795	5298
百 乐	万航渡路92号	32	1797	5187
景 华	华山路303弄5号	41	1317	3766
裕 华	长乐路774弄20号	39	1066	2909

（陈炜佳）

（三）曹家渡社区（街道）

【概况】 曹家渡社区（街道）位于静安区西北部，东起胶州路，西到长宁路、江苏路，南临武定西路、新闸路，北至长寿路、安远路，与长宁、普陀两区交界。辖区面积1.5平方公里，设有14个居委会，居民小组831个。至2011年底，辖区内共有户籍户数31994户，户籍人口66845人，常住人口81536人。街道办事处设在武定路1108号。2011年，曹家渡社区（街道）社会各项事业平稳发展。街道加强以社区消防和安全生产为重点的公共安全和社会稳定工作，累计出动5万余人次开展消防、安全生产、综治安全等检查。组织各类逃生演练88次，发放15万余份宣传资料，开展居民区楼道堆物专项清理工作，检查辖区内110个居民小区、1158个居民楼门洞，整改各类楼道安全隐患300余处，整改完成率96%以上。初步完成综治工作中心、站、点网络建设，发挥社区平安志愿者队伍力量，加强治安防范和矛盾协调等工作。各级调委会调解纠纷240起，处理110报警回访401件，接待、受理各类咨询147人次，完成各类协议书132份。街道按照“实施综合管理、监督专业管理”的基本职能，以项目化落实推进为基本思路，联合区房管局、区安监局、消防静安中队等条线部门以及房管办、派出所、物业公司等对应设置部门共同开展居民区楼道安全专项整治；联合公安静安分局刑侦支队建立安防飞信联系平台；配合区建交委、区房管局等区相关职能部门做好区105基地、区114地块、万航渡路767弄汉森手帕厂公租房改建工程推进工作；统筹公安、卫生等区职能部门，完成社区卫生中心迁址维稳工作，各项条块协作工作都取得实质性进展，社区管理体制优化调整取得实效。街道以打造宜居生活环境为重点，推进辖区91个小区垃圾分类减量化工作，基本实现辖区垃圾分类减量化小区全覆盖；引入锦润物业承接万春街162弄万南小区物业管理，填补万南小区物业管理空白；完成天然气转换试点工作，近1万户家庭受益，提高社区整体环境品质，创建“2009—2011年度上海市绿化先进集体”。以“健康进社区”“同享一家亲”、0～3岁婴幼儿亲子活动“宝贝计划”等项目为依托，提高辖区人口素质,打造健康生活。街道构建以社区事务受理服务中心为平台的全方位社会保障体系,发挥"巧搏工作室""静安区曹家渡社区创业者联谊会""放飞希望"等平台和载体作用,落实就业、住房、医疗等各项保障措施和社会帮扶力量。全年累计受理经济适用房申请家庭269户、支援外地回沪人员帮困复审1990人次,资助社区内困难学生77人次资金5.69万元。完善以社区生活服务中心为平台的社区服务体系,推出社区减压室、青少年托管等20余个专业服务项目,开展"大篷车"进居民区等便民项目,累计提供各类服务20585人次。社区生活服务中心总人流量达118719人次,提供便民服务20585人次。做好养老、助残、双拥等工作,创新推出关爱独居老人服务项目、残疾人自主活动项目和"冬送温暖"春节慰问"夏送清凉"建军节慰问项目,使社区各类人群共享社区发展成果。街道推进以"组团式联系服务群众机制"为重点的居民区建设,完成万航、高荣2个居民区试点工作,共收集各类意见420多条,解决问题200多个。于11月全面推行组团式联系服务群众工作,提升社区凝聚力。街道把组织队伍建设和品牌工作强化作为社区党建工作突破口,完成4个居民区党组织公推直选和5个业委会组改建工作,新建"两新"组织党支部18家,工会组织18家、"两新"组织团支部55家,完成区党代表换届选举工作。招录街道机关、居民区各类工作人员30人,组织新进机关不满3年工作人员参加2011年曹家渡社区(街道)中青年干部培训班,提高干部队伍整体水平。推进"红色链接在行动"党建品牌工作,发动社区企业与居民区建立共建项目126项。传承"党员奉献"传统,组织动员社区党员志愿者1760多人次。落实"在职党员双重管理",细化10类志愿岗位和33个具体服务项目。发挥"区域化大党建"平台作用,发动国泰君安、华润集团BLT超市等企业参与社区结对帮困工作。街道围绕纪念中国共产党成立90周年主题,开展社区精神文明建设,从社区、居民区、社区单位3个层面,分别组织开展红色新春寄语活动、辉煌90周年征文活动、上海书展及世博纪念展参观活动、党史系列讲座和知识竞赛、"阳光·大地"等系列歌咏比赛、"辉煌90年,祝福献给党"短信征集等活动400余场次。以社区学校春秋两季办班、创建上海市科普示范街道、体育俱乐部注册等为抓手,推进科教文卫体事业全面发展。全年新增就业岗位3158个,失业人员控制在1356人,完成90个创业指标数。投入70余万元为2000余户老式居民住宅增配灭火器10135只。配合区房管局深化旧住宅小区物业一体化管理,完成万春街162弄、四和、高荣、康定小区等约5000平方米公用部位改造。配合区卫生局建设曹家渡社区"健康驿站"。举办第八届社区读书节及10项主题系列活动。挖掘社区人文资源,建成中行印象展览室。 (钱 超)

【殷一璀一行走访慰问困难群体】 (见第34页【殷一璀一行走访慰问困难群体】) (钱 超)

【召开"放飞希望"帮困助学座谈会】 2月12日,在曹家渡街道社区事务受理中心3楼会议室召开。2010年曹家渡社区(街道)共有70名困难学生得到帮助,受助金额共5.14万元。座谈会由曹家渡社区慈善帮扶协会牵头,邀请社区10家企、事业单位代表以及各居民区13名受助学生代表参加。区检察院、立特广告等捐助单位代表表示,愿意拓宽捐助渠道,带领孩子们参与到更广泛的社会活动中。不少学生表示愿意尽自己能力,将所学所得回馈于社会,将爱心传递给更多人。曹家渡社区"放飞希望"帮困助学活动开展已有9年,得到曹家渡众多社区单位支持。 (钱 超)

【开展经济适用房咨询申请工作】 3月23—25日,曹家渡社区(街道)开展为期3天经济适用房政策集中咨询工作。23日上午,区委常委、副区长徐孙庆与区住房保障中心、区民政局、街道领导现场指导。接待咨询期间,共接待居民766人次,发放宣传资料970份。7月29日进行第二批经济适用房政策集中咨询工作,共接待咨询243人次;发放宣传资料333份;通过预检并发放《经济适用住房申请表》59户。10月13日上午,曹家渡社区(街道)首批经适房看房选房工作会议在街道社区事务受理服务中心3楼会议室召开。曹家渡社区(街道)房管办,社区事务受理服务中心负责人及14个居民区民政社工参加会议,要求民政社工及时通知每一户申请家庭领取看房单。经过相关部门复核审批,街道共有187户申请居民进入摇号选房阶段。 (钱 超)

【与崇明县竖新镇开展新一轮结对帮扶】 4月7日,曹家渡社区(街道)党工委、街道办事处负责人一行9人在竖新镇党政领导陪同下,先后考察惠民、永兴2个村,参观前卫生态村,并就新一轮结对帮扶工作进行交流。座谈会上,惠民、永兴村分别介绍本村基本情况,竖新镇党委书记对街道结对帮扶工作表示感谢。 (钱 超)

【试点推进生活垃圾减量分类收集】 5月5日,由区绿化市容局与曹家渡社区(街道)联合主办,区妇联及上海"绿色账户"公益组织共同协办的生活垃圾减量分类收集启动仪式在曹家渡社区(街道)均泰怡乐花园小区举行。区人大常委会副主任吴玉林出席。区人大城建环保工委、区妇联、市绿化市容局相关处室、区绿化市容局、曹家渡社区(街道)等部门负责人及居民代表、家庭志愿者共200余人参加仪式。试点期间,街道向15个封闭式小区居民派发垃圾分类收集存放容器,指导居民正确分类投放干湿生活垃圾,推广垃圾分类减量化工作。 (钱 超)

【举行居民区消防逃生演练】 2011年上半年,曹家渡社区(街道)各居民区、商务楼宇和工业园区累计举行消防逃生演练20次,参与居民和员工5000余人次。7月6日,街道召开专题会议,推进居民区消防逃生演练工作。社区(街道)平安工作部负责人、曹家渡派出所分管所长、曹家渡房管办主任、宝翔物业公司负责人以及14

个居民区党总支书记参加会议。会议要求：(1)明确居委会、物业公司和相关职能部门职责任务，按照每月20%的进度加快推进，确保在11月前完成全部演练。(2)委托上海音速青年志愿服务中心，在悦达889广场、姚西小区、康定路老式居民区等不同类型区域试点开展消防安全逃生试点演练，拟订应急逃生方案模本，推广试点演练经验做法和应急逃生方案模本。(3)每个小区都要制订本小区消防逃生预案，并通过不断宣传和演练，让居民熟悉并掌握基本逃生技巧。

（钱　超）

【举行中国共产党成立90周年纪念大会暨第八届社区读书节开幕式】　6月30日，曹家渡社区（街道）庆祝中国共产党成立90周年纪念大会暨第八届曹家渡社区读书节开幕式在艺海剧院举行。市委宣传部、市教委、市读书办，区人大常委会、区政协、区委宣传部有关领导和区有关委办局负责人、街道全体党政领导出席。应邀出席活动的还有社区（街道）机关党支部、离退休党组织、“两新”组织党组织、驻区单位党组织、居民区党总支和党员代表、“和谐曹家渡”理事会成员单位代表等300余人。会上宣读《关于表彰曹家渡社区（街道）创先争优红旗党组织、创先争优先锋共产党员的决定》，区领导为获表彰的先进基层党组织和先进党员代表颁奖。会上还播放社区党建工作短片《红色链接在行动——2011年曹家渡社区（街道）创先争优红旗党组织、创先争优先锋共产党员巡礼》。

（钱　超）

【南京军区副政委视察曹家渡社区生活服务中心】　（见第34页【南京军区副政委视察曹家渡社区生活服务中心】）

（钱　超）

【完成“上海市和谐社区建设示范居委会”验收】　7月28日，由区民政局、区社建办及静安寺社区（街道）组成的验收组对曹家渡社区（街道）长春、均泰、叶庆、武南、高荣、康定、万航、达安8个居民区进行“上海市和谐社区建设示范居委会”集中验收。验收组分别听取叶庆、高荣、万航、达安4个居民区关于创建情况工作汇报，全面检查8个居民区台账资料，实地查看长春居民区办公用房、活动用房及乐龄家园后进行验收打分。经检查，长春等8个居民区全部创建成上海市和谐社区建设示范居委会。

（钱　超）

【《中行情缘》话剧公演】　10月21日晚上7点，区“市民剧场”曹家渡专场《中行情缘》在静安区“800秀”创意产业园区剧场公演。来自社区10余名居民担任话剧《中行情缘》的演员。在10月25日的颁奖典礼上，话剧《中行情缘》获得最佳编剧奖，社区居民陈迪生获得最佳男主角奖。

（钱　超）

2011年曹家渡社区（街道）居委会基本情况表

名　称	地　址	居民小组数（个）	户数（户）	人数（人）
合　计		831	31994	66845
长　春	康定路980弄1号3楼	63	2501	4704
玉　兰	安远路669号	63	2310	4605
姚　西	余姚路487弄46号	81	2321	5418
均　泰	武宁南路418弄4号101室	92	2533	4955
四　和	新闸路1910弄8号107室	63	2760	6552
三　和	延平路123弄4号105室	52	1658	4635
叶　庆	延平路223弄4号205室	80	2620	4670
武　南	万春街63弄35支弄2号	49	1966	3855
中　行	万航渡路623弄51号101室	46	1800	5022
高　荣	万航渡路661弄23号	47	1743	4924
康　定	康定路1299弄21号103室	30	1832	4586
万　航	万航渡路858弄18号101室	58	2704	4903
武　西	万航渡路676弄50号105室	50	1811	3687
达　安	长寿路999弄11号楼1C	57	3435	4329

（钱　超）

【与公安机关建立物业安防飞信联系平台】 世博会结束后,小区刑案有所抬头,入室盗窃、三车失窃和电信诈骗等案件持续发生。年内,曹家渡社区(街道)综治工作中心与公安静安分局刑侦支队进行沟通协商,共同探索实践,建立物业管理企业与刑侦支队小区安防飞信联系平台。依托这一平台,公安机关定期将社区高发案件预警、案件手段、作案特点等信息以手机飞信方式发送至各小区物业管理人员,让物业管理人员了解社区治安形势,掌握高发案件特点,开展安全防范宣传,向公安机关提供破案线索。 (钱 超)

【开展组团式联系服务群众机制试点】 年内,曹家渡社区(街道)在万航和高荣2个居民区试点实行组团式联系服务群众机制。试点居民区根据辖区范围、形态布局、人口规模、党员和周边单位资源分布情况,对居民区进行分片、划块,形成若干个工作块区。根据块区划分,组成相对固定团队,形成网格,开展走访联系和服务群众工作。每个块区明确1名居民区干部和街道联络员作为开展组团服务牵头负责人,负责组织力量开展块区走访联系和服务群众工作;由居民区党总支委员、党支部委员、综治工作站成员、楼组长、五大员(卫生计生员、调解员、治保员、宣传妇代员、社会保障员)、群众活动团队负责人和党员积极分子,形成块区走访和组团式联系服务群众工作骨干;组织发动居住在块区的在职党员和辖区共建单位共同参加,利用社区共建单位资源,发挥其协同和配合作用,形成块区开展组团式联系服务群众重要力量。在具体联系服务过程中,试点居民区采用普遍走访、重点走访、直面交流、建立台账、回应诉求等方式开展工作。(1)了解每户居民基本情况、主要困难以及对小区公共安全管理服务要求。(2)对普遍走访中群众反映的"急难愁"问题和社区重点对象进行重点关注,快速解决疑难问题。(3)利用社区各种工作契机,根据群众需要带着平安建设实事项目、服务计划,有针对性地进行征询式走访。(4)将块区内组团式联系服务群众团队情况、工作方式、走访效果等进行整理、归档,形成走访联系和服务群众民情记录本,为有针对性地回应群众诉求奠定情况信息基础。(5)对收集的各类群众诉求,进行整理汇总、分层分类处理。做到一般性事务由块区负责人通过块区内党员、楼组长、志愿者等组团力量互助服务解决。块内不能解决的,由块区负责人向居民区党总支和综治工作站反映,并将反映结果向诉求提出人反馈。居民区党总支和综治工作站收集各块区反映问题,进行分析研究,对可以解决的问题,由居民区党总支和综治工作站协调有关力量提出解决办法,并明确牵头协调解决的负责人,发挥居民区带块干部及调解员作用,实行项目化管理。对依靠自身力量无法解决的问题,则向街道反映,由街道相关部室予以协调处理。 (钱 超)

(四)江宁路社区(街道)

【概况】 江宁路社区(街道)位于静安区境北部,东起泰兴路、西苏州路,西沿胶州路、常德路,南迄新闸路、北京西路,北至安远路。辖区面积1.84平方公里。居民28517户、82174人,下设19个居委会、954个居民小组。街道办事处设在江宁路838号4楼。2011年,江宁路街道办事处按照加强社会建设总体要求,探索社会管理创新、增强社区服务能效、提高社会动员水平,以"安全稳定"为核心要求,开创平安、宜居、和谐的社区新局面。对北京西路1400弄等重点地区进行专项整改。协助各动迁实施单位超额完成区政府下达的全年旧改任务目标,完成西康路771地块拆房工程。全年向1741人发放最低生活保障金758.63万元,为20188人次提供节日一次性生活或医疗救助764.58万元;利用综合帮扶政策,帮助特殊困难家庭187人,共49.37万元,支出型贫困生活补贴26户,共5.71万元。至年底,江宁社区慈善爱心园共收到捐款79.19万元,爱心资助(安老、扶幼、助残、济困、助医、优抚等)54.53万元,惠及810人次。全年巧搏职业指导工作站推荐就业689人次,417人经过推荐实现就业。规范江宁开业园区制度管理,全年扶持正规就业组织创业27家,个体工商小企业88家。与10家具有一定社会管理、服务经验的社会组织签约购买服务,全年购买服务金额500余万元。开展"驿家服务进楼宇"试点工作,为白领员工提供多样服务。深化党员服务中心内涵,全年中心共开展522项各类活动。组织党员开展创先争优再承诺活动,发放各级组织再承诺标识3800份。开展组团式联系服务群众工作,全年19个居民区共收集群众问题诉求700余条,建议300余条,设立"惠民小项目"22个。 (孙 帆)

【开展消防安全逃生演练】 江宁路社区(街道)将"珍爱生命,平安江宁"为主题的防火逃生综合演练列为2011年一号实事项目,通过政府购买服务方式,委托静安区音速青年志愿服务中心,在19个居民区开展消防逃生演练,帮助居民增强消防安全意识,提高应急逃生能力。从3月起,蒋家巷居民区率先开展示范性防火逃生演练,街道主要领导担任总指挥,其他18个居民区书记、主任到现场学习。根据各居民区情况,有针对性地制订预案,边演练边总结。在第七、第八次逃生演练时,还将民防演练贯穿到消防演练中。为注重演练实效,扩大演练范围,在第九、第十次演练中,发动商务楼宇员工一起参与,包括街道机关在内有40多家单位、公司员工参加演练。在老式居民区举行的演练中,结合老式居民区特点,重点进行灭火器、灭火毯使用及用电、用气安全培训。5月底,19个居民区全部完成防火逃生综合演练。 (孙 帆)

【成立物业党建联建业委会指导工作室】 4月13日,江宁路社区(街道)物业党建联建业委会指导工作室成立,其主要工作内容包括负责组建业主大会筹备组、督促业主委员会依法组织召开业主大会、负责组建业委会换届改选小组、办理换届、变更、注销备案手续等。工作室成立后，开展宣传发动、信息梳理、业务培训等项基础工作，摸清"家底"、锻炼队伍；加强与区房管部门沟通和信息交流，确保工作无缝衔接。至年底，启动5个业委会换届选举工作，并牵头整合各方力量，协调处理部分居民区业委会的历史遗留问题。（孙　帆）

【开办"文化新干线"社区青年骨干培训班】　年内，江宁路社区（街道）文化活动中心联合上海戏剧学院老师及大学生创业团队，开设"文化新干线"青年干部文化素质训练营。培训班共有40多名学员，主要来自19个居民区的文教干部、党务工作者、街道机关干部、楼宇工作者等。训练营5月开班，10月结业，历时半年，主要开设主持训练、创作策划、礼仪表演等课程内容，每周1到2次培训课，由上海戏剧学院专业老师进行指导训练。（孙　帆）

【举行"江宁人，心向党"——纪念中国共产党成立90周年主题活动】　6月，江宁路社区（街道）举行"江宁人，心向党"纪念中国共产党成立90周年主题活动。组织开展挖掘身边党员先进事迹活动，挖掘先进人物事迹38例；举行纪念中国共产党成立90周年征文活动，共收到机关干部、社区群众和社区"两新"组织党员投稿40余篇。在《静安时报》上刊发江宁路社区（街道）庆祝中国共产党成立90周年创先争优活动专刊，在《家在江宁》刊登创先争优先锋榜（获市、区荣誉称号的先进党组织和优秀共产党员）。6月28日，举行以"江宁缘，爱党情"为主题的纪念中国共产党成立90周年专题系列活动，并举办商务楼义工俱乐部成立4周年颁奖活动，表彰一批楼宇优秀志愿者和品牌服务项目。（孙　帆）

【新建老年人日间照料分中心】　7月1日，位于昌化路344号的江宁路社区淮安老年人日间服务中心正式对外开放。该中心为江宁路社区（街道）2011年度实事工程项目，是继常德路545弄43号江宁老年人日间服务中心建立的第二所老年人日间服务照料中心。中心由街道委托专业机构上海好帮手社区服务发展中心管理，内设康复室、多功能活动室、休息娱乐场所，为老年人提供生活照料、精神慰藉、康复理疗等服务，构建、完善老年人自助互助网络，满足老年人娱乐、社交、学习、发展等多方面需求。中心常规服务与特色服务相结合，主要为老年人提供日间午餐、照料服务，在减轻家庭照料负担同时，设有通过专业理疗、心理咨询等特色服务，缓解老年人孤独感，为老年人搭建与社会互动平台。（孙　帆）

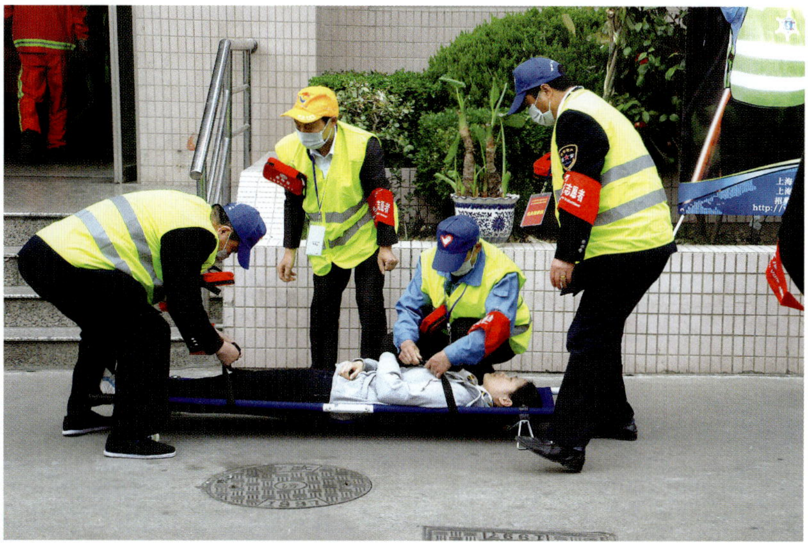

4月16日，开展消防安全逃生演练　（江宁路街道　供稿）

【举办第八届江宁社区节暨都市彩车游】　9月23日晚，"打造宜居江宁、构建和谐家园"——第八届江宁社区节暨都市彩车游在同乐坊开幕。2011年社区节共设有5项活动，分别是"我心唱响""舞林盛典""超级小孩""旅游节彩车巡游"和"白相大世界"，力图将社区节打造成"百姓的街头嘉年华"。"我心唱响"以社区里真实的人和事为原型，展示好人好事、弘扬社区精神。"超级小孩"——青少年生活创意大赛借鉴著名电视节目"超级变变变"，以音乐剧、童话剧等表演载体设计一系列创意小品。"白相大世界"板块中，参与者在游戏过程中共同传承上海经典弄堂文化风情。江宁社区联盟欢乐今宵舞会以体育健身舞蹈项目为主，并吸纳其他时尚健康、积极向上的健康舞蹈项目。（孙　帆）

【探索成立社区警务站】　9月30日，江宁路派出所社区警务站正式在江宁路社区（街道）综治中心挂牌成立，实现公安与社区（街道）综治中心"五联"（矛盾联调、人员联管、问题联治、治安联防、平安联创）工作机制对接。社区警务站配合"五联"工作室，发挥公安警力在化解个体、群体纠纷上的主力军作用，参与各类矛盾纠纷和突发事件调处。开展消防安全、治安防范、"两个实有"（实有人口、实有房屋）管理等工作，（孙　帆）

【安装公共安全扶手】　鉴于社区内许多老年人和残疾人反映出行不便，而楼道内原有扶手陈旧、老化的状况，江宁路社区（街道）将为社区内老式公房更换扶手作为2011年街道实事工程。年内，共完成202幢符合更换楼道扶手要求的老式公房摸底工作，其中158幢公房居民同意更换、安装扶手，44幢公房居民不愿意更换楼道扶手。对158幢同意安装的居民楼，街道办事处在每幢楼施工前对扶手的选材、施工方案的选择等都结合现场具体情况加以确定；在施工过程中注意把对居民影响降到最低程度;在施工后对扶手使用状况,损耗、维修工作的开展进行实时监督。

(孙 帆)

【成立文明饲养宠物沙龙】 年内,江宁路社区以文明养宠物沙龙为主体在天河、武定、恒德3个小区进行试点,通过居委会搭台,发动社区居民广泛参与,在各居民区中建立文明饲养宠物沙龙,规范、劝导各小区内居民文明饲养宠物。在19个居民区推行文明饲养宠物公约,并在重点路段树立宣传栏及宠物粪便纸领取箱,开展文明饲养宠物沙龙讲座30余场,发放宣传手册、宣传品2000余份,发展沙龙会员、积极分子300余人。

(孙 帆)

2011年江宁路社区(街道)居委会基本情况表

名 称	地 址	居民小组数(个)	户 数(户)	人数(人)
合 计		954	28517	82174
北 姚	康定路603号(临)	9	553	2049
景 苑	西康路501弄4号1—2楼	21	1080	2323
恒德里	常德路633弄20号	48	1399	4182
又一村	常德路545弄54号	42	1193	3523
北 京	新闸路1335弄21号	121	2060	7105
众乐里	陕西北路643弄10号	76	1436	4149
武定坊	西康路446号2楼	45	1216	3860
宝安坊	江宁路550弄29号	21	1326	4771
通安里	泰兴路625弄8号底楼	23	944	2155
淮安里	昌化路344号1楼	39	2275	7812
天 河	西苏州路65弄7号1楼	37	538	1332
句容里	昌化路512号	69	1720	4721
三乐里	淮安路687弄115号	74	2422	7811
蒋家巷	昌平路428弄10号101室	20	1780	5400
海防村	海防路410弄21号	71	2256	7310
三星坊	江宁路575号2楼	62	1442	4051
联宝里	西康路567弄58号	51	995	2786
永 乐	昌平路556号302室	41	1079	2891
新 安	新丰路548号	84	2713	3943

(孙 帆)

(五)石门二路社区(街道)

【概况】 石门二路(社区)街道地处静安区东北部,东起成都北路,西至江宁路折武定路接泰兴路,南临南京西路,北迄南苏州路。辖区面积1.07平方公里。下设14个居委会、471个居民小组。有居民18051户、户籍人口56450人。街道办事处设在武定路139号。2011年,石门二路社区(街道)加强社会建设,确定2011—2012年社会建设39项重点工作,服务民生工作取得新进展,群众生活水平稳步提高。全年新增就业岗位4084个,推荐就业3312人次,成功就业1973人;就业困难人员认定安置48人,就业安置率100%;零就业家庭认定9户、安置9户。帮扶困难群众,为辖区内低保、重残无业等1557人发放救助金、帮困款1187万元。落实综合帮扶补贴10万元。开展支出型贫困临时生活补助工作。开展"高龄独居老人关爱工程",为200余位高龄独居老人提供"每日问候、每周探望、每月做事,每年慰问"关爱服务。完善老年人日间照料中心建设,新建浴室对外开放。社区老年学校获市老年教育先进集体称号。完成"残疾人独生子女家庭扶残助老"试点项目,落实残疾人适配器具,加强无障碍设施建设。推进旧区改造，完成区54街坊C地块动迁，区54－A地块累计动迁签约率87%。北京西路777号地块完成动拆迁总量95%。做好经适房受理及核对工作，接待居民1422户（次），审核通过94户。加强旧住宅小区物业一体化管理全覆盖和长效维护工作。市容环境逐步优化，全年共进行联合执法128次，整治跨门营业、暴露垃圾、乱设摊、乱晾晒1500余次，清除乱招贴、乱涂写635处，督促执法单位推进弄口设摊整治。完成多层公房安装扶手939.7米，增设弄内晾衣设施46处，对室外暴露电线加强整治。上海壹街区创建为市级绿色小区。华沁居民区办公及活动用房达标。创新社会管理。平安建设责任制签约单位345家，比上年增长24%。完成居民区综治工作站规范化建设。开展居民区楼道消防整治，共排摸楼道隐患218处，整改217处。开展大田路500号皮革市场专项整治，清空市场内仓库6处。加强安全巡查，全年出动4152人次，检查单位692家，发现隐患23处，全部整改。为居民区更新（增补）灭火器材3000只，为1500户居民安装漏电保护器。加强火灾逃生培训，组织各类灭火逃生演练35场（次），覆盖14个居民小区、11幢商务楼宇。辖区全年未发生重大安全事故。全年接待处理信访440件、548人次，办结率73.5%。调解各类纠纷955起，制作调解协议书152份。窗口法律咨询976件，涉及群众1423人次。加强精神文明建设。创建成9个市级文明小区、3个区级文明小区、1个市级文明单位、11个区级文明单位，4个市节水型小区。社区学校全年在册学员1650人，培训3.26万人次，获市社区学校观摩点称号。社区舞蹈团队创作演出的舞蹈《微山情》多次获市级奖项。推进“健身关爱进社区”活动。静安雕塑公园公共篮球场正式开放，1.4万人次参加活动；全市首座楼宇屋顶运动场凯迪克大厦室外运动场建成开放。成立静安区民族联首家分会。完成社区台情侨情调查和961户涉侨家庭、896名台胞排摸调查。与新闻晨报社合作，开办《新闻晨报石二社区报》。全年，各类媒体对街道工作刊登报道407次（篇），其中，市级媒体报道91次（篇）。5个中心（党员服务中心、文化活动中心、社区事务受理中心、生活服务中心、综治工作中心）建设持续改善。新建成党员服务中心，面积590平米，具有教育培训、指导服务、党建信息等六大功能，特设党建指导、党员活动、形象展示3块服务区。文化活动中心全年共举办各类活动600多批（次），活动总人数28万人次，年活动数和居民参与人数均呈上升趋势。加强社区事务受理中心规范化建设，推行“全年无休、全区通办”工作模式；优化流程，完善服务，抓好与市“一口式服务系统”对接；全年共服务115462人次。生活服务中心4月初迁至恒丰路桥下，面积约300余平方米，已服务近2万人次。综治工作中心综合“五联”（平安联创、治安联防、问题联治、矛盾联调、人员联管）工作优势，成为推进社区大平安、大安全工作格局平台枢纽。以“共同行动”为载体，加强区域化党建工作。推进“党员示范岗”“党员示范户”“党员示范楼组”创建活动。组团服务长效化。街道领导、驻区单位、社区干部走访解决群众反映强烈的热点难点问题。至年底，共收集汇总意见和问题490条，解决455条。完善立体服务平台，嘉发大厦建成第二家“白领驿家”服务站，凯迪克大厦设立“爱心妈咪小屋”和女职工周末学校。新增工会组织95家，会员5200人；开展工资协商，覆盖企业822家，覆盖面超过95%。创新“新上海人之家”服务点活动形式。新建“两新”组织团支部71家，楼宇联合团组织覆盖率100%。提升基层自治能力，推行“两小”（小小实事惠民生、小小项目显文明）项目工作。调整充实楼组“一长五大员”（楼组长、宣传员、文明示范员、民情气象员、矛盾调解员、治安联防员）队伍，加强培训和业务指导。以“一二三四五”楼组工作法（建立一套楼组工作台账；健全信息发现和信息反馈二项工作机制；关注依靠对象、服务对象和关心对象等三类对象；做到楼组基本情况清、楼组特殊对象清、楼组安全隐患清、楼组居民需求清等“四清”；坚持独居老人必访，家庭矛盾、邻里矛盾必访，出租户必访，困难家庭必访，楼组骨干必访“五必访”工作）指导推进楼组建设。完成业委会组建和换届选举。年内，石门二路社区（街道）获全国模范职工之家、全国工会优秀职工书屋示范点、全国“五四”红旗团委、上海市科普示范社区、上海市创建学习型社区达标单位、上海市建设健康城市2011年度健康社区先进、上海市创建充分就业社区达标等26项区级以上荣誉称号。（费 佳）

【成立街道双语调解工作室】 4月8日，石门二路社区（街道）双语调解志愿者工作室成立揭牌，志愿者代表金松发（日籍）做简短发言，畅谈自己从事双语调解志愿者工作助人自助、与人为乐的心得体会。工作室制作“致居民书”，明确调解纠纷的范围、调解的语种以及联系方式等，倡导更多志愿者加入双语调解工作，为社区和谐平安贡献一份力量。工作室有志愿者15人（外籍人士6人），全年调解纠纷11件。（费 佳）

【举行高层住宅消防逃生疏散综合演练】 5月17日，石门二路社区（街道）在国际丽都城小区举办以“全民参与消防，共建平安家园”为主题的消防疏散实战演习活动，居民代表200人到现场观摩演练。演练模拟国际丽都小区某高层建筑发生火情，街道迅速启动突发事件处置预案，由居委会干部、物业公司保安、红十字会人员、平安志愿者等组成疏散组、灭火组、工程组、救护组等各功能组，引导居民进行疏散。由社区民兵、小区保安、平安志愿者等组成灭火组进行铺设水管，模拟水枪出水进行灭火实战演练，指导居民正确使用家庭灭火器，帮助居民了解消防自救和互救基本常识。（费 佳）

【开展各类纪念中国共产党成立90周年活动】 年内，石门二路社区（街道）围绕中国共产党成立90周年，开展唱、品、访、话、诵、评、忆7个系列27项内容纪念活动，包括文艺演出、参观走访、报告座谈、巡展巡映、征文摄影、朗诵演讲等多种形式。召开纪念中国共产党成立90周年暨先进表彰大会，有

4 家党组织和 6 名党员被评为区“创先争优红旗党组织”和“创先争优先锋共产党员”,街道表彰“创先争优十佳党组织”和“创先争优百佳共产党员”。纪念活动贯穿全年。（费　佳）

【建立爱心妈咪小屋】 7 月 14 日,全市首家“爱心妈咪小屋”落户凯迪克大厦。市总工会副主席、女职工委员会主任汪兰洁出席揭牌仪式,市总工会女职工部向凯迪克大厦赠送“爱心妈咪小屋”专用冰箱和女职工关爱箱。(参见第 120 页【商务楼建立“爱心妈咪小屋”】)（费　佳）

【建成全市首座楼宇运动场】 8 月 12 日,上海市首座楼宇室外运动场——凯迪克大厦室外运动场正式建成启用。(参见第 218 页【建立凯迪克大厦楼宇运动场】)（费　佳）

【实现重点商务楼宇红盾维权联络点全覆盖】 9 月 20 日,石门二路社区(街道)商务楼宇红盾维权联络点揭牌仪式在南京西路南证大厦举行,至此石门二路社区(街道)11 幢商务楼全部建立红盾维权联络点。红盾维权联络点能更好发挥工商部门职能,为商务楼内白领以及前往楼宇购物的顾客提供就近便捷的消费维权服务。全年联络点调解消费者维权纠纷 14 件。（费　佳）

【成立全区首家少数民族联合分会】 石门二路社区(街道)内有回族、蒙古族、满族、壮族、朝鲜族、维吾尔族等 13 个少数民族,各少数民族共 887 人,其中户籍少数民族 298 户、790 余人。11 月 13 日,静安区少数民族联合会石门二路社区分会揭牌成立,部分少数民族代表参加揭牌仪式。（费　佳）

【举办第八届社区邻居节】 11 月 19 日,石门二路社区第八届邻居节在社区文化活动中心和蝴蝶湾绿地公园举行。邻居节以“文化韵浓,邻里情深”为主题,围绕民情民生、环保公益、文化体育等 3 个方面,在主会场中心舞台和分会场分头推进。分会场安排了“低碳绿动、共同行动、邻里互动”三大板块。同时,由居民自编、自导、自演,根据新福康里居民区优秀楼组长陈大虹的先进事迹改编创作的话剧《80 号楼的婚礼》在文化中心 2 楼剧场上演。话剧结束之后,围绕邻居节主题,举行“真情感动石二”家庭人物评选颁奖礼。街道主要领导及机关工作人员、社会名人、社区单位代表、社区居民共 1000 余人参与。（费　佳）

【静安石二青年创业实训基地揭牌】 12 月 6 日,静安石二青年创业实训基地揭牌。创业基地位于顺德路 50 号石二开业园区 4 楼,建筑面积约 300 平方米,是响应市人保局鼓励创业带动就业三年行动计划,专为青年创业而开辟的场所。青年创业实训基地为创业新秀准备全新的办公室、会议室,并配备电话、网线、办公桌、传真机、打印机、复印机等各类办公设备,使创业青年拎包即可入驻办公。基地还为入驻青年提供各类服务,包括为期一年的免租金创业扶持,全程提供财务、办证、政策咨询、人员招聘等服务,不定期安排资深开业指导专家有针对性地帮助解决创业初期的疑难问题。（费　佳）

【开展促进青年就业活动】 年内,石门二路社区(街道)巧搏职业指导站以提供个性化职业指导为主,邀请专业职业指导老师,为失业青年进行一对一交流,为指导对象建立个人档案,做到“一人一档”。全年个性化职业指导 81 人次,成功就业 48 人。扶持创业成功 53 家,青年创业成功 32 人。5 月和 10 月,巧搏职业指导站针对失业青年和应届生开展 2 次集体指导,共指导学员 24 人,成功录用或参加培训 17 人。7 月 1 日—8 月 31 日开展“相约面对面、援助心连心、赢在起跑线”2011 届毕业生大型就业综合服务活动,共接待应届生 387 人。（费　佳）

【推进居民区自治项目化管理】 年内,石门二路社区(街道)在居民区推行“小小实事惠民生”和“小小项目显文明”两大类自治项目。“小小实事惠民生”指街道下拨每个居民区 1 万元作为个性化实事专项经费,各居民区利用经费解决区域区实事民生问题。“小小项目显文明”要求各居委会以完善道德建设、提升文明素养为目标,推出一批能够切实提高自治能力和管理水平的项目,在各居民区打造各具特色的自治工作品牌。“两小项目”要求居民区运用“四议”(提议、商议、协议、评议)群众工作法运作项目,承担起相应自治职责。全年各居民区共完成“两小”项目 26 个。（费　佳）

8 月 12 日,上海市首座楼宇室外运动场——凯迪克大厦室外运动场正式启用（石门二路街道　供稿）

2011 年石门二路社区（街道）居委会基本情况表

名称	地址	居民小组数(个)	户数(户)	人数(人)
合计		471	18051	56450
东斯文	成都北路 951 弄 16 号、30 号、32 号	73	2533	9471
光明	成都北路 951 弄 16 号、30 号、32 号（与东斯文居委会合署办公）	20	747	2738
西斯文	石门二路 344 弄 108 号	32	1226	4572
培德	新闸路 565 弄 200 号	60	1730	6715
祥福	大田路 354 弄 360 号	10	1606	3970
新德	北京西路 511 号 4 楼	28	871	2248
张家宅	石门二路 199 弄 2 号底楼	12	922	2252
郑家巷	泰兴路 383 弄 75 号 2 楼	29	1355	4101
华沁	武定路 165 号	20	1089	2800
恒丰	石门二路 485 号 2 楼	56	1654	5440
新福康里	新闸路 888 弄 116 号	49	1008	2456
达安城	新闸路 777 弄 4 号 2D 室	20	1002	2608
奉贤	奉贤路 68 弄 40 号	43	1584	4881
东王	北京西路 605 弄 9 号 201 室	19	724	2198

（费　佳）

（六）南京西路社区（街道）

【概况】 南京西路社区（街道）位于静安区东南部，地域面积 1.62 平方公里。东起江宁路、成都北路、陕西南路，西至常德路、富民路，南到长乐路、延安中路，北及北京西路、南京西路。街道下辖 15 个居委会、509 个居民小组。有户籍居民 18582 户、户籍人口 54022 人。街道办事处设在延安中路 929 号。2011 年，南京西路社区（街道）以开展安全社区建设为主线，立足民生民需，基本完成实事重点项目，“十二五”专项规划完善深化，城区环境管理有序，社区治安和谐稳定，民生保障力度加强，专项工作成效明显，社会建设亮点凸显。街道狠抓社区安全生产和消防安全。加大基础工作力度，履行街道职能，修订并完善街道各项安全工作制度，形成以“居民区消防安全管理制度”等为主干的基本制度体系，以及“事故现场应急处置工作预案”等专项制度体系。抓好无主管单位消防安全和安全生产工作，明晰职责、落实责任签约、组织检查。将零星工程安全生产纳入工作体系，做到检查制度化、流程规范化、管理项目化，落实安全责任。组织开展消防安全宣传月活动，向社区 1.7 万户家庭发放《消防安全知识读本》，利用各类宣传阵地加强防火安全宣传，组织逃生演练 49 次，组织 8400 余人开展消防知识讲座和培训。组织开展 2 次楼道专项整治工作，以江宁大楼、京西大楼和威海小区为试点，以清理公共走道堆物为主要内容，累计落实整改 820 处。对 13 个小区的 48 个民防应急箱逐一进行检查。全年街道与 590 家单位综治签约、与 780 家单位安全生产签约，建立安全联络员制度，形成共建共创平安单位的局面。街道确保社会面的稳定、可控。发挥“五联”（平安联创、治安联防、问题联治、矛盾联调、人员联管）机制，化解突出矛盾。综治中心共接待群众 1315 人次，受理各类信访件 182 件、收到表扬信 21 封。配合做好辖区内重大工程项目和重点综合治理项目稳定工作，在大中里及嘉里中心二期项目等建设中加强力量，搭建沟通平台，汇总信息和诉求，确保不发生矛盾激化；在静安别墅综合治理中，做好对居民的宣传、发动工作，掌握群众的反映与诉求，弄内的无序状况基本得到控制。做好来沪人员管理和服务工作，做到底数清、情况明，居住证信息采集率 98%，办证率 97%，创建成功 14 个市级“平安小区”，38 个市级“平安单位”。街道以“共同行动”区域化党建工作为载体，凝聚区域内各种组织、单位、企业，共同开展公益性、社会性、群众性服务活动。发挥社区和居民区 2 个层面区域化党建工作联席会议平台作用，通过加强与社区单位的党建联建结对共建，推动社区与社区单位沟通联系工作从临时性、随机性向经常性、长效性转变。与社区建立结对共建关系的社区单位从最初的 10 多个增加到 200 个。增强居民区“四级网络”中各类组织之间合力，发挥居民区党组织领导核心作用，强化居委会自治主体功能，加强对业委会、物业公司、社会组织等组织协调能力，健全居民区区域化党建联席会议制度、党员代表议事会制度和居民区“三会制度”，推动居民区自治建设。街道以培养、形成和维系社区共同利益为目标，提高社区统筹社会组织资源能力。2011 年计划立项 24 个，包括助老助残服务、居家生活服务、家庭教育建设、精神文化建设、社区体育建设等,计划投入购买服务资金450万元。社区共有42家社会组织,在街道下属的11家社会组织中社团5家,民办非企业6家。另经梳理已登记备案的社区群众活动团队有109家。全年,新培育南熙文化发展中心和南西体育健身俱乐部2家社会组织,扶植花季艺校等社会组织。通过探索政府购买服务体系,委托南熙文化发展中心运行张园大客堂、福民会馆等活动场所,培育社区文化团队,挖掘社区人文资源,举办高式熊个人收藏展、韩天衡书画展、乐震文革命胜景书画展、端午民俗文化节、第七届小区合唱节、全民健身日活动、科技周等大型活动10余次。探索南西体育健身俱乐部运作机制,吸纳俱乐部会员,在社区外企楼宇成立健身点,对社区健身器材进行调查摸底并全面维修。街道强化各项基础性服务工作,满足社区居民不同层次需求。综合帮扶做到应帮尽帮。社会救助总数18242人次,社会帮困总数108人,累计发放救助和帮困金额800万余元。经济适用房工作共接待1173户,正式受理106户,初步确定符合条件101户。为残疾人办好实事,完成无障碍设施和设备的排查、安装,分步骤实施以"圆梦行动"为主题的助学、助困、助行实事工程。完善居家养老服务体系。优化为老服务布局,完成陕北小区综合一体化为老服务站设施建设,为高龄纳保孤老配送免费午餐。优化项目,简化流程,"十助"服务全年受益老人228913人次。为老年人提供安全、温馨的服务,创办"七彩乐龄"月刊,丰富乐龄家园老年人生活。根据老人不同需求配派护理员上门为享受市、区政策老人及优抚对象提供服务共107315人次。由社区单位参与居家养老服务,提供各类服务11351人次。城区环境优化美化、管理有序。收到居民关于小区市容环境方面来信来访来电共55件,办结率100%。由居民来信来访、居委会上报、社代会代表意见和爱卫检查中发现的各类小区市容问题120个,向区、街道相关职能部门和居委会发情况反馈单、督办单和任务分解单145张,整改率92.3%。开展健康城区创建工作,开展"健康驿站"建设。落实劳动就业政策。开发公益性服务岗位,全面完成市、区下达就业目标任务。新增就业岗位10133个,占全年指标数157%;帮助完成创业数87个,占全年指标数158%;组织失业人员参加各类技能培训280人次。登记失业人员控制在1410人以内。 (王光华)

【规范内部各项工作制度与流程】 年内,南京西路社区(街道)对近年来所有装修、采购项目开展自查,落实所有办公和活动场所安全责任签约,规范各部室工作流程、运作机制,以及职能部门与街道间协作协同机制。对各自职责范围工作制度、机制在安全稳定、人财物规范管理等方面进行梳理讨论、不断完善。对照办事处条例和国家有关规定,以及部室职责,坚持各项工程类项目建设的申报、招投标、审核、监理等各项程序。对政府采购、资金使用等严格按照程序办事。对街道下属或协助管理的工作人员,理清底数、核定岗位、调整薪酬、规范管理、提高效率。制订和完善紧急事件和事故信息上报等各项工作流程,对居民区反映的问题和困难,通过发放督办单形式确保处置到位。强化预算意识,制订各个层面财政预算,执行财政预算和"三重一大"制度;完善固定资产管理办法;完善办事处会议制度,规范会议记录审核与归档,做好有关反馈和督查工作。 (王光华)

【实现"党建零距离"福民项目】 年内,南京西路社区(街道)以"共同行动"区域化党建工作为载体,凝聚区域内各类力量,共同开展公益性、社会性、群众性服务活动。发挥社区和居民区2个层面区域化党建工作联席会议平台作用,通过加强与社区单位的党建联建,上海广播电视台、文新报业集团、上汽集团、世博集团等200家社区单位党组织与街道、居民区建立共建关系。动员社区单位认领公益志愿项目,确立280个"党建零距离"福民项目,建立100个民生信息点,完成700个在职党员岗位认领。白内障复明工程、残疾车捐赠和捐书等一批公益项目均已实施。街道为社区单位提供党建工作指导、文化活动场地等,满足社区单位各类需求。 (王光华)

【开展"组团式"联系服务群众活动】 年内,南京西路社区(街道)制订并完善"三个一"(召开一次工作例会、形成一份民情诉求档案、提交一份走访分析报告)、"八个必访"(对"新住户、孤老和独居老人、矛盾突出、身患大病、两劳帮教、610对象、社区代表和积极分子(知名人士)、没有见过面的居民家庭"等特殊对象必须上门走访)和"五步工作法"(动员、划片、公示、培训、走访)等一批组团式走访服务工作制度,通过联系走访居民家庭,回应解决群众诉求,服务居民群众,密切党群关系,加强队伍建设,提升居民幸福指数。制订并完善诉求回应解决制度,研究解决组团式走访中收集到的各类意见建议,完善畅通"块区—居民区—街道—市、区"四级问题反馈渠道,依托党员代表议事会、矛盾协调会、"四议两公开"(商议、决议、协议、评议和决议公开、结果公开)等工作机制,动员社区单位、"两新"组织等社会力量共同参与,协调解决各类问题。全年共组团89个,参加组团式服务人员683人,联系走访居民家庭15903户,收集诉求、意见、建议等557条,解决534个,解决率96%。 (王光华)

【推进"项目化"自治】 年内,南京西路社区(街道)强化居委会自治主体功能,以项目化为导向,发动居民协商议事,通过各类自治项目开展形成"商议、决议、协议、评议"和"居民要知晓,居民要参与,居民要做主,居民要监督,居民要满意"的"四议五要"基层群众工作法。协调和解决各居民区和居民信访反映的城区面貌中"急、难、愁"问题,并结合旧住宅小区物业一体化管理,将晾衣架、道路修复,停车棚修建等问题纳入居民自治内容中,发挥居民群众在改善小区面貌中参与自治的主体功能作用。全年共梳理"急、难、愁"自治项目12项,完成联华小区车棚、模范邨雨篷更新等项目,累计改造雨篷约500只,信报箱100余只。开展"我为文明小区出份力"主题活动,确定19个以自我管理为主的自治项目。陕北居民区江宁大楼楼道地面整治、新成居民区管道垃圾箱房管理、延中居民区955弄居民自治等项目均已完成。（王光华）

【开展社区群团工作】 年内，南京西路社区（街道）工会"百日攻坚行动"组建工会22家，覆盖企业157家，会员增加4380人。街道妇联开展家庭文明建设系列活动，开展妇科筛查网上申请实事工程。街道团工委新建"两新"组织团支部75家，孵化民非组织福民青年领袖管理服务中心，推动区域团建。街道做好异地退休、高龄离休、特殊困难离退休干部的走访、帮困等服务工作，并完成社区基本侨情、台情调查，组织开展各界人士迎新团拜活动。（王光华）

【"金钥匙"生活服务中心开展公益服务】 年内，南京西路社区（街道）"金钥匙"生活服务中心开展公益服务项目，中标市慈善基金会、市民政局公益慈善项目。"同一起跑线——童年更欢乐""关爱老宝贝"公益慈善项目均按照计划实施。在搭建资源共享平台同时，扩大社会办公益规模。中心与100个社区单位签订参与社区服务协议书。全年中心通过800—988—1898热线电话，累计受理1270人次，来访受理1473人次，中心现场服务34590人次，家政服务1369人次。居民满意度从97%提高到99.5%。（王光华）

【开展社会管理创新试点工作】 年内，南京西路社区（街道）完成联华居民区综治工作站规范化试点建设，落实办公场所，规范工作制度、台账，建立基层综治工作站、工作点二级平台，基本实现以站为枢纽、以点为触角，区域"共治、共建、共创"综治工作立体网络；完成区禁毒办赋予的社区吸毒对象分类评估、综合干预试点任务，实施分类管理后，社区禁毒工作呈现新局面；开展"平安联创"调研，总结出具有南西特色的"平安联创"经验做法，由区综治办牵头在全区范围内推广；完成《南京西路街道社区精神病人调研报告》，在建立社区精神病人管理制度、肇事肇祸精神病人应急流程方面进行探索。（王光华）

【开展纪念中国共产党成立90周年系列活动】 年内，南京西路社区（街道）开展"两优一先"评选表彰，改进推荐产生方式，扩大党员群众参与面，树立和宣传一批有代表性、有影响力的先进典型。组织召开庆祝中国共产党成立90周年大会，对20个社区创先争优红旗党组织、100名创先争优先锋共产党员、25个"党建零距离"社区贡献奖集体和15名"党建零距离"社区贡献奖个人进行表彰。开展"九十礼赞"系列活动。通过党建征文、摄影作品征集、红色电影展播、书画展览、群众文化团体展示、行为艺术展示、活力健身活动、党史知识竞赛、民间工艺展示等9个系列活动，动员社区单位职工、楼宇白领和市区居民群众等共同参与。举行"唱支山歌给党听"——第七届小区合唱节、"活力健身、炫动南西"——健身日团队展示活动、红色邮票及书画作品展、老年学校摄影作品展、红色电影系列展演、少数民族庆祝中国共产党成立90周年文艺汇演等文化、体育活动，展现南京西路社区党建风采。开展走访慰问老党员、老干部、老劳模和结对困难群众活动。组织动员机关党员、居民区党员、"两新"组织党员和社区单位党员开展大走访活动，上门关心慰问先进老党员和困难群众，共走访56名社区困难群众和36名先进老党员。（王光华）

2011年南京西路社区（街道）居委会基本情况表

居民区	地　址	居民小组数（个）	户数（户）	人数（人）
		509	18582	54022
延　中	延安中路877弄69号	76	2014	5411
	南阳路209弄9号2楼	35	1112	3015
华　业	陕西北路175弄173号107室	40	1720	5200
	巨鹿路693号乙	12	560	1635
古　柏	巨鹿路787号	57	2057	6036
	江宁路83弄4号104－107室	17	860	2632
青　海	吴江路15号509室	2	758	2180
	南京西路591弄129号	25	642	1883
中　凯	大沽路364号308－309室	55	2070	5437
	威海路590弄72支弄1号	28	1278	4720
重　华	南京西路1081弄65号	43	873	2546
	南京西路1025弄138号	32	1280	4028
大　中	升平街41弄40号303室		1109	2992
	升平街79弄5号	53	1152	3328
威　海	延安中路740弄18号	34	1097	2979

（王光华）

（本栏目编辑　商金娣）

二十五、人物·先进集体

(一)静安区主要领导人

【龚德庆】 男,1956年9月生,汉族,上海市人,在职研究生毕业,工商管理硕士、高级政工师,1983年1月加入中国共产党,1975年3月参加工作,现任中共静安区委书记。1975年3月起为卢湾区劲松参店营业员;1977年10月起为卢湾区药材公司美工组组员;1980年8月起为卢湾区药材公司团总支书记;1983年8月起任共青团卢湾区委副书记;1984年11月起任共青团卢湾区委书记、区青联办事处主任;1986年4月起任卢湾区政协副秘书长、办公室副主任(其间:1981年9月至1986年7月参加华东师范大学夜大学中文专业学习并大学毕业);1990年10月起任卢湾区委统战部副部长、区政协副秘书长、办公室副主任;1993年4月起任卢湾区政协秘书长、办公室主任;1994年8月起任卢湾区嵩山路街道党工委书记、办事处主任(其间:1993年9月至1996年1月参加复旦大学管理学院工商管理专业研究生班学习并毕业,获硕士学位);1996年6月起任卢湾区财政局党组书记;1996年8月起任卢湾区财政局党组书记、局长(其间:1997年2月至1997年6月参加市委党校第十三期中青年干部培训班学习);1998年1月起任卢湾区委常委;1998年2月起任卢湾区委常委、组织部部长;2000年12月起任嘉定区委常委、副区长;2002年10月起任崇明县委副书记、县长(正局级);2003年1月起任崇明县委书记;2006年4月起任中共静安区委书记。 (曹卫东)

【张仁良】 男,1961年2月生,汉族,山东平度人,大学毕业,工学学士、高级政工师,1985年6月加入中国共产党,1982年8月参加工作,现任中共静安区委副书记、静安区区长、区政府党组书记。1978年8月起为东北工学院机械系冶金机械专业学生;1982年8月起为宝山钢铁总厂设备部机修车间技术干部;1984年10月起先后任宝山钢铁总厂团委青技部副部长、部长;1988年8月起任宝山钢铁总厂团委办公室主任;1989年2月起先后任宝山钢铁总厂团委副书记、书记;1994年6月起任宝山钢铁总厂炼铁厂党委副书记;1995年10月起任共青团上海市委副书记[其间:1997年10月参加市委党校第三十一期局级干部进修班学习;2000年3月至2001年3月参加市管理干部高级培训班学习(2000年9月至2001年3月赴美国路易斯安那州新奥尔良市杜兰大学进修)];2001年7月起任团市委副书记、纪检组组长;2002年1月起任市旅游委副主任、党工委委员;2003年7月起任市旅游委副主任、党组成员;2005年6月起任静安区委副书记;2005年7月起任中共静安区委副书记、副区长、代理区长、区政府党组书记;2005年8月起任中共静安区委副书记、静安区区长、区政府党组书记;2011年6月起不再担任中共静安区委副书记、静安区区长、区政府党组书记。 (曹卫东)

【姜耀中】 男,1948年8月生,汉族,江苏盐城人,中央党校研究生毕业,高级经济师,1971年12月加入中国共产党,1964年9月参加工作,现任静安区人大常委会主任、党组书记。1964年9月起为上海第二印染厂印花车间工人;1965年10月起为上海第二印染厂团委干部;1972年3月起任上海第二印染厂团委副书记;1976年1月起任上海第二印染厂计划工资科副科长;1977年7月起任上海第二印染

厂宣教科科长;1978年2月起任上海第二印染厂政治处副主任;1980年2月起任上海印染工业公司党委副书记;1983年4月起任共青团上海市委秘书长(其间:1983年9月至1986年7月参加中央党校培训部专业学习);1986年9月起任上海市劳动局培训处处长;1988年6月起任上海市劳动局办公室主任;1990年1月起任上海市劳动局副局长;1992年5月起任上海市劳动局副局长、党组副书记;1993年2月起任上海市社会保险管理局局长、党组书记;1998年4月起任上海市计划委员会副主任、市物价局局长;2003年7月起任静安区人大常委会党组书记;2003年8月起任静安区人大常委会主任、党组书记。 (曹卫东)

【刘晓明】 男,1950年1月生,汉族,浙江宁波人,大学毕业,理学学士、副研究员,1982年5月加入中国共产党,1968年9月参加工作,现任静安区政协党组书记。1968年9月起为上海针织四厂职工;1978年9月考入上海工业大学应用数学专业学习并大学毕业,1982年9月起先后为上海工业大学数学教研室教师、校长办公室秘书;1987年9月起任全国政协秘书局副主席秘书(其间:1992年6月职级定为正处级);1996年9月起任上海大学校长助理兼全国政协副主席秘书(其间:1997年1月职级定为副局级);2000年10月起任上海市政府办公厅副主任(其间:2004年11月职级定为正局级;2005年3月至4月参加市委党校第五十八期领导干部培训班学习);2006年11月起任静安区政协党组书记;2007年2月起任静安区政协主席。 (曹卫东)

(二)先进人物

【王虹】 (1957.10—) 中共党员,静安区中心医院内科主任兼消化内科主任,主任医师,医学硕士。他在慢性乙肝免疫发病机制和胃肠动力研究上不断探索,擅长消化内镜诊断和治疗,尤其在门脉高压食管静脉胃曲张静脉出血的内镜治疗上形成特色。注重消化内科的学科建设和梯队建设,先后从事幽门螺杆菌相关性疾病,胃肠动力和慢性肝病研究,使区中心医院消化内科成为具有一定规模的学科,拥有专科病房、内镜室、胃肠动力室、专科门诊等。以第一作者或通讯作者发表论著20余篇,综述和译文10余篇,参与编写著作多部,所在科室于1999年被上海市卫生局命名为上海市医学领先学科特色专科,2005年被市卫生局命名为上海市医学重点专科,获得市和区科委的科研经费资助研究项目多项。4月底,被授予全国五一劳动奖章。 (区总工会)

(三)逝世人物

【袁雪芬】 (1922.3.26—2011.2.19) 女,中共党员,浙江省嵊县(今嵊州)杜山村人,越剧袁派(旦角)创始人,中国戏剧家协会副主席。1933年开始越剧生涯,独创"袁派"艺术,其唱腔旋律淳朴,节奏多变,感情真挚深沉,韵味醇厚,委婉缠绵,声情并茂。1946年,把根据鲁迅名著《祝福》改编的《祥林嫂》首次搬上越剧舞台,被舆论称为"新越剧的里程碑"。1949年7月,参加上海市军管会文艺处举办的第一届地方戏剧研究班学习。是年9月,她和梅兰芳、周信芳、程砚秋作为戏曲界特邀代表参加第一届中国人民政治协商会议,并出席开国大典。自1950年4月起先后担任华东越剧实验剧团团长、华东戏曲研究院副院长兼越剧实验剧团团长、上海越剧院院长。1952年参加第一届全国戏曲观摩演出大会,获荣誉奖。1953年与范瑞娟合作主演的《梁山伯与祝英台》,拍摄成中国第一部大型彩色戏曲影片;同年,在《西厢记》一剧中成功地塑造了崔莺莺一角。1965年演出《火椰村》时与琴师周柏龄合作创造了"降B调"唱腔。"文化大革命"中受到迫害。1978年底重新受命担任上海越剧院院长,主持和组织了一系列新剧目的创作演出,同年她主演的《祥林嫂》拍摄成宽银幕彩色影片。1985年退居二线,担任剧院名誉院长。历任第一、二、三、五、六、七、八届全国人大代表和第五、六、七届全国人大常务委员会委员。 (文新集团)

(四)先进集体

【上海金缔保洁服务有限公司静安寺街道清道班】 静安寺街道清道班主要负责静安寺周边地区清扫保洁工作。班组始终以"团结奋进、务实创新、诚信服务、追求卓越"为服务理念,紧扣"管理作业精细化、标准流程规范化"中心目标,以求真务实的态度,保障"迎世博、办世博"期间城区市容环境,完成各类重大测评期间各项道路保障工作。3年来,该班组共清除垃圾3000余吨,为世博百日测评、全国文明城区复检、市民满意度测评、文明指数测评等重大活动提供保洁服务200余次;处置环境突发性应急事件42次,计335人次。该班组以"塑造静安寺景观标志区"为工作目标,着重抓好区域内人流量较大、高档商务区域的保洁点,掌握污染源产生规律,有针对性地跟踪保洁。在"世博百日测评"中,采取固守跟踪保洁,减少暴露垃圾存留时间,保持景观标志区常态优良。2011年围绕"全区50条道路洁净工程",强化公共设施的维修管理,做好便民利民工作,增加飞行保洁员,充实飞行保洁和废物箱保洁力量。该班组全面分析影响辖区内道路保洁的各类因素,健全淡旺季保洁方案、道路保洁应急方案,建立应急保障体系,做好整治静安寺地区景观道路口香糖污渍、“梅花”台风防汛抗台等应急保障。该班组围绕管理现代化、窗口规范化、仪表礼仪化的要求,以优质、规范服务为原则,组织全体职工参加“迎世博600天行业窗口专项培训”、电动车操作应知应会培训、安全教育培训等,外树形象,内强素质。利用争创“文明示范岗”“服务明星评选”等劳动竞赛项目,树先进,立典型。为提升保洁层次,该班组运用节能环保高科技小型设备——“力奇”吸扫车,对道路进行精细化保洁;运用四轮电瓶冲洗车,对道路上街沿、人行道进行冲洗保洁,增强道路洁净程度;运用新型5吨吸扫车,在夜间对静安寺地区进行保洁,充分发挥5吨吸扫车“喷、扫、吸、收”和高压冲洗的功能。3月,被授予全国三八红旗集体。(区总工会)

(五)区党政机关、民主党派、人民团体领导名录

中共静安区委

中共静安区第八届委员会(2007.1.11产生)

书　记　龚德庆
副书记　张仁良(—2011.05)　周　平(2011.09—)
　　　　郑健麟
常　委　龚德庆　张仁良(—2011.05)
　　　　周　平(2011.09—)　郑健麟
　　　　李关德(—2011.10)　戴玲珍(女)
　　　　薛小明(—2011.09)　韩　强
　　　　骆克江(—2011.10)　方世忠
　　　　赵永峰(2011.05—)　杭春芳(女)
　　　　徐孙庆(—2011.05)　左　燕(女,2011.10—)
　　　　邓小冬(2011.10—)　孔六梅(2011.10—)
　　　　庞　峻(2011.10—)
委　员　(按姓氏笔画为序)
　　　　王　鹏(—2011.10)　方世忠
　　　　孔六梅(2011.10—)　邓小冬(2011.10—)
　　　　左　燕(女,2011.10—)　叶坚华
　　　　任从青　刘晓明　江一敏　李　寅
　　　　李关德(—2011.10)　张仁良(—2011.05)
　　　　陆晓栋　陈宇卿　陈嘉祺　杭春芳(女)
　　　　罗昌平　周　平(2011.09—)　周文芳
　　　　庞　峻(2011.10—)　郑健麟　赵　达
　　　　赵永峰(2011.05—)　姜耀中
　　　　骆克江(—2011.10)　徐孙庆(—2011.05)
　　　　徐家康　凌惠康　诸　旖(女)　黄传德
　　　　龚德庆　崔正明　韩　强
　　　　薛小明(—2011.09)　戴玲珍(女)
候补委员
　　　　李德祥　张　愉(女)　高伟忠(—2011.05)

中共静安区第九届委员会(2011.12.22产生)

书　记　龚德庆
副书记　周　平　韩　强
常　委　龚德庆　周　平　韩　强　赵永峰
　　　　左　燕(女)　杭春芳(女)　陆晓栋
　　　　邓小冬　孔六梅　庞　峻　凌惠康
委　员　(按姓氏笔画为序)
　　　　王　成　王　浩　孔六梅　邓小冬
　　　　左　燕(女)　叶坚华　叶智坚　朱云斌
　　　　孙明丽(女)　李　寅　李晨昊　李葳萍(女)
　　　　杨志健(女)　吴文娟(女)　吴丽萍(女)
　　　　陆晓栋　陈嘉祺　杭春芳(女)　周　平
　　　　周文杰　周建国　庞　峻　郑健麟
　　　　郑维琴(女)　赵永峰　胡世斌　胥燕红(女)
　　　　倪春南　徐雪林　凌惠康　诸　旖(女)
　　　　曹卫东　龚德庆　巢克俭　董　珞
　　　　董海明　韩　强　喻　亮　谢　咏(女)
候补委员
　　　　唐凌峰　卜　缨(女)　梁玉成　彭琼林
　　　　季　军(女)　曹国香　黄玉玲(女)

办公室(政策研究室、机要局与其合署)
　　主　任　凌惠康(—2011.10)
　　　　　　董　珞(2011.10—)
　　副主任　张海根　彭琼林(—2011.10)
　　　　　　马建超(—2011.10)
　　　　　　张　军(—2011.03)
　　　　　　张梁峰(2011.10—)
政策研究室
　　主　任　彭琼林(—2011.10)
　　　　　　董　珞(2011.10—)
　　副主任　张梁峰(2011.10—)
机要局
　　局　长　凌惠康(—2011.10)
　　　　　　董　珞(2011.10—)
　　副局长　谷甲先
区委保密办公室(挂区国家保密局牌子)
　　主　任　周方建
区保密局
　　局　长　周方建
组织部
　　部　长　戴玲珍(女,—2011.11)
　　　　　　庞　峻(2011.11—)
　　副部长　赵　达(—2011.03)　张桂宝
　　　　　　曹卫东(—2011.10)
　　　　　　姜冬冬(—2011.04)
　　　　　　于　沁(女,2011.10—)
　　　　　　邵　骏(2011.09—)
机构编制委员会办公室
　　主　任　杨　军
　　副主任　林　捷(—2011.10)

宣传部（挂精神文明建设委员会办公室、区委对外宣传办公室和区新闻办公室牌子）
部　长　杭春芳（女）
副部长　俞　彪　周惠珍（女）　张爱华（女）
精神文明办公室
主　任　俞　彪
副主任　林昱炜　杨　嫣（女）
区委对外宣传办公室
主　任　周惠珍（女，2011.11—）
副主任　杨　蓉（女，2011.11—）
区新闻办公室
主　任　周惠珍（女，2011.11—）
副主任　杨　蓉（女，2011.11—）
统一战线工作部（台湾工作办公室，区政府台湾事务办公室、民族和宗教事务办公室、侨务办公室与其合署）
部　长　李关德（—2011.11）
邓小冬（2011.11—）
常务副部长　罗　敏
副部长　崔正明（2011.10—）　郑月娟（女）
徐宝安（女）　隋　军
台湾工作办公室（与区政府台湾事务办公室系一个机构两块牌子）
主　任　隋　军
副主任　刘培兰（女，—2011.10）
任　箴（女，2011.10—）
区政府台办
主　任　隋　军
副主任　刘培兰（女，—2011.10）
任　箴（女，2011.10—）
社会主义学院
院　长　李关德（—2011.11）
邓小冬（2011.11—）
常务副院长　罗　敏
副院长　许政涛　崔正明（2011.10—）
区政府民族宗教办
主　任　徐宝安（女）
副主任　冒瑾辉　马嘉槟（—2011.04）
朱尔新
区政府侨办
主　任　陆兴豪
政法委员会（社会治安综合治理委员会办公室与其合署）
书　记　郑健麟（—2011.11）
凌惠康（2011.11—）
副书记　薛小明（—2011.10）
陈静薇（女，—2011.11）　裘正超
沈伟忠（—2011.08）
王　浩（2011.10—）
姜冬冬（2011.04—）
马嘉槟（2011.04—）
社会治安综合治理委员会办公室
主　任　沈伟忠（—2011.08）
姜冬冬（2011.08—）
副主任　王家骏　胡　炜　陈　琪
谢志彬（2011.07—）
防范和处理邪教问题领导小组办公室
主　任　裘正超
副主任　蔡德华（—2011.10）
杨长春（—2011.07）
汪树钢（2011.09—）
毕利君（女，2011.11—）
老干部局
局　长　张桂宝
副局长　陈文英（女，—2011.10）
宋建频（女，2011.10—）
机关党工委
书　记　魏恒裕（—2011.10）
朱伟明（女，2011.10—）
副书记　程效领（2011.03—）
区委、区政府社会建设办公室（社会工作党工委与其合署，挂区委、区政府地区办牌子）
主　任　胥燕红（女，—2011.10）
马建超（2011.10—）
副主任　诸　斌　丁有为（—2011.04）
王燕锋（2011.05—）
社会工作党工委
书　记　胥燕红（女，—2011.10）
马建超（2011.10—）
副书记　陈嘉祺（—2011.10）　诸　斌
区委、区政府地区办
主　任　胥燕红（女，—2011.10）
马建超（2011.10—）
区委、区政府信访办公室
主　任　沈伟忠（—2011.08）
姜冬冬（2011.08—）
常务副主任　洪　晴（女，—2011.04）
马嘉槟（2011.04—）
副主任　李　宁（—2011.10）　洪雪钢
王延军（—2011.07）
任　箴（女，—2011.10）
黄　翔（2011.07—）
区档案局（与档案馆两块牌子、一个机构，区委党史研究室、区地方志办公室与档案馆合署）
局　长　张海根
副局长　唐长国　宋建频（女，—2011.10）
王　桢（2011.10—）
档案馆
馆　长　张海根
党史研究室
主　任　张海根
副主任　郭晓静

地方志办公室
主　任　唐长国
副主任　叶供发
人民武装部
部　长　骆克江(—2011.09)
孔六梅(2011.09—)
政　委　王跃忠(—2011.06)
陶宇银(2011.06—)
党　校(曾挂行政学院牌子,属两块牌子,一套班子)
校　长　郑健麟(—2011.12)
韩　强(2011.12—)
常务副校长　沈惠德(—2011.08)
周爱民(2011.09—)
副校长　曹卫东(—2011.10)
李保友(—2011.10)
于　沁(女,2011.10—)
陈　莹(女,2011.08—)
陶丙宪(女,2011.11—)
行政学院
院　长　方世忠(—2011.12)
常务副院长　沈惠德(—2011.08)
周爱民(2011.09—)
副院长　赵　达(—2011.03)
李保友(—2011.10)
吴丽萍(女,2011.10—)
陈　莹(女,2011.08—)
陶丙宪(女,2011.11—)
中共二大会址纪念馆
馆　长　杭春芳(女)
副馆长　杨　嫣(女)

区级机关、社区(街道)、人民团体党组织

人大常委会党组
书　记　姜耀中(—2011.10)
李葳萍(女,2011.10—)
副书记　张成洲
人民政府党组
书　记　张仁良(—2011.05)
龚德庆(2011.06—2011.09)
周　平(2011.09—)
人民政协党组
书　记　刘晓明(—2011.10)
郑健麟(2011.10—)
副书记　李关德(—2011.10)
邓小冬(2011.10—)
人民法院党组
书　记　江一敏(—2011.10)
倪春南(2011.10—)
人民检察院党组
书　记　罗昌平(—2011.10)
朱云斌(2011.10—)
发展改革委党组
书　记　李　寅
商务党工委
书　记　董伦超
副书记　叶坚华(—2011.10)
陈嘉祺(2011.10—)
建交委党委(2011.10 建立)
书　记　李晨昊
副书记　陈少东
建交党工委(2011.10 撤销)
书　记　张　愉(女)
副书记　高伟忠(—2011.01)
李晨昊(2011.01—)　陈少东
科委党组
书　记　薄　毅
副书记　周晴华(女,2011.10—)
人口计生委党组
书　记　季　军(女,—2011.10)
张　愉(女,2011.10—)
国资委党委
书　记　徐雪林
副书记　茅建宏(—2011.10)
曹雨姝(女,2011.11—)
公安静安分局党委
书　记　薛小明(—2011.09)
周建国(2011.09—)
副书记　汪忠良(—2011.02)
汤　岚(女,2011.02—)
安全静安分局党委
书　记　李新民
司法局党委
书　记　黄传德(—2011.10)
宋卫东(2011.10—)
副书记　王　安
人力资源和社会保障局党委
书　记　李长风
副书记　赵　达(—2011.03)
吴丽萍(女,2011.10—)　任扣成
民政局党组
书　记　卜　缨(女)
财政局党组
书　记　陈嘉祺(—2011.10)
杨志健(女,2011.10—)
审计局党组
书　记　任从青
教育党工委
书　记　吴丽萍(女,—2011.10)
孙明丽(女,2011.10—)
副书记　陈宇卿　朱娴华(女,2011.03—)

卫生党工委
　　书　记　谢　咏（女）
　　副书记　乔忠强　刘　鸣（—2011.02）
　　　　　　姚　嫣（女，2011.02—）
文化局党委
　　书　记　施文斌
　　副书记　张爱华（女）　王玉光（—2011.10）
　　　　　　李保友（2011.10—）
体育局党组
　　书　记　林晓珏（女）
环保局党组
　　书　记　蔡伯刚（—2011.10）
　　　　　　茅建宏（2011.10—）
规土局党组
　　书　记　李　震（—2011.10）
　　　　　　徐蕙良（2011.10—）
绿化市容党工委
　　书　记　李德祥（—2011.10）
　　　　　　胡世斌（2011.10—）
　　副书记　李卫平　王振忠（—2011.10）
　　　　　　刘　毅　张开鸿（2011.02—）
　　　　　　郁敏华（女，2011.10—）
房管局党委
　　书　记　杨志健（女，—2011.10）
　　　　　　吴　杰（2011.10—）
　　副书记　王颉鸣（—2011.10）
　　　　　　李　震（2011.10—）
旅游局党组
　　书　记　王建忠
安监局党组
　　书　记　童建民（—2011.10）
　　　　　　陈　凌（2011.10—）
民防办党组
　　书　记　郁建华
　　副书记　胡建成
金融办（2011.10更名为金投办）党组
　　书　记　董　珞（—2011.10）
　　　　　　戴　俊（2011.10—）
区政府信访办党组
　　书　记　沈伟忠（—2011.08）
　　　　　　姜冬冬（2011.08—）
　　副书记　洪　晴（女，—2011.04）
　　　　　　马嘉槟（2011.04—）
档案局党组
　　书　记　张海根
税务静安分局党委
　　书　记　庞　为（—2011.12）
　　　　　　张建平（2011.12—）
工商静安分局党委
　　书　记　冯　啸（—2011.02）
　　　　　　董海明（2011.02—2011.10）
　　　　　　任网银（2011.11—）
　　副书记　张伟秉（—2011.07）
　　　　　　傅　军（2011.06—）
质量技监局党组
　　书　记　凌　刚
食品药品监管静安分局党组
　　书　记　丁　宪
静安寺社区（街道）党工委
　　书　记　王　鹏（—2011.10）
　　　　　　胥燕红（女，2011.10—）
　　副书记　李晨昊（—2011.01）
　　　　　　彭琼林（2011.10—）
　　　　　　沈　虹（女）
　　　　　　金龙生（—2011.04）
　　　　　　张建海（2011.04—）
曹家渡社区（街道）党工委
　　书　记　王　成
　　副书记　叶智坚　毛立鹏（—2011.01）
　　　　　　刘　鸣（2011.02—）
　　　　　　顾奕明（—2011.04）
　　　　　　丁有为（2011.04—）
江宁路社区（街道）党工委
　　书　记　诸　旖（女）
　　副书记　王国平（—2011.10）
　　　　　　梁玉成（2011.10—）
　　　　　　徐慧君（女）　张金生（—2011.05）
　　　　　　钟荣辉（2011.06—）
石门二路社区（街道）党工委
　　书　记　徐家康
　　副书记　周文杰　曹国香（2011.10—）
　　　　　　黄　荣（—2011.11）
　　　　　　李颖婷（女，2011.11—）
　　　　　　陈皓强
南京西路社区（街道）党工委
　　书　记　胡世斌（—2011.10）
　　　　　　郑维琴（2011.10—）
　　副书记　戴　俊（—2011.10）
　　　　　　曹卫东（2011.10—）　谭振勇
　　　　　　黄志明（—2011.04）
　　　　　　洪　晴（女，2011.04—2011.10）
　　　　　　刘　岩（2011.10—）
总工会党组
　　书　记　周文芳（—2011.11）
　　　　　　叶坚华（2011.11—）
团区委党组
　　书　记　唐凌峰
妇联党组
　　书　记　周晴华（女，—2011.10）
　　　　　　季　军（女，2011.10—）

工商联党组
书　记　郑月娟(女)
侨联党组
书　记　郭景平(—2011.10)
张　蓓(女,2011.10—)
残联党组
书　记　吴耀亮

区　政　府

静安区第十四届人民政府
区　长　张仁良(—2011.05)
副区长　周　平(2011.09—)
赵永峰(2011.06—)
方世忠(—2011.12)
徐孙庆(—2011.05)
朱成钢(—2011.11)
陆晓栋
陈静薇(女,—2011.11)
周建国(2011.09—)
吴文娟(女,2011.06—)
夏以群(女,2011.11—)
巢克俭(2011.11—)
区政府办公室(区政府政策研究室、区政府法制办公室、区政府外事办公室、区政府合作交流办公室、区政府机关事务管理局与其合署)
主　任　崔正明(—2011.10)
董海明(2011.10—)
副主任　桂绍强(—2011.10)
童建民(2011.10—)
陈筱洁(女)　郑维琴(女,—2011.10)
贾先斌　焦志勇(2011.10—)
张建海(—2011.04)
张西飞(—2011.10)
谢　军(2011.05—)
政策研究室
主　任　焦志勇(2011.10—)
副主任　李晟晖
区政府法制办
主　任　陈筱洁(女)
副主任　陈永建(—2011.07)
区政府外事办
主　任　郑维琴(女,—2011.10)
董海明(2011.10—)
副主任　刘　芸(女)
区政府合作交流办
主　任　桂绍强(—2011.10)
童建民(2011.10—)
副主任　王宏发　李　桦
区政府机管局
局　长　贾先斌
副局长　张　毅(—2011.10)
王延军(2011.07—)
鲁　飞(2011.11—)
区发展和改革委员会(与统计局合署,挂物价局牌子)
主　任　李　寅
副主任　徐逊耀(—2011.10)
钟天宝(—2011.10)
施鸿华(2011.10—)　周玉鸿
袁宏燕(女)
徐　健(女,2011.09—)
统计局
局　长　李　寅
副局长　李永波
物价局
局　长　钟天宝(—2011.10)
施鸿华(2011.10—)
副局长　赵世忠(—2011.10)
李晋海(2011.09—)
潘　滨
区商务委员会(挂经济委员会、粮食局牌子)
主　任　叶坚华(—2011.11)
陈嘉祺(2011.11—)
副主任　顾安国(—2011.10)
马燕佩(女)　马颖慧(女,2011.10—)
焦志勇(—2011.10)
叶景辉　蔡　峥(2011.09—)
高　能(2011.10—)
经　委
主　任　叶坚华(—2011.11)
陈嘉祺(2011.11—)
粮食局
局　长　叶坚华(—2011.11)
陈嘉祺(2011.11—)
区建设和交通委员会(市政工程和配套管理局归其管理)
主　任　高伟忠(—2011.01)
李晨昊(2011.01—)
副主任　杨志健(女,—2011.10)
李　震　徐蕙良(2011.10—)
周祥明　汪　林(女)
姜进其(—2011.11)
姚亚明(—2011.03)　朱　明
洪海明　邢　剑(2011.01—)
市政配套局
局　长　周祥明
副局长　夏优良　王瑞康　杨　斌
区科学技术委员会(科学技术协会与其合署,挂信息化委员会、知识产权局、地震办公室牌子)
主　任　严俊瑛(女,—2011.10)
周晴华(女,2011.10—)

副主任　薄　毅　洪　璐（女，2011.08—）
卫　平　吕志祥（—2011.10）
陈海东（2011.11—）　钱厚德
朱　凤（女）

科协第六届委员会
主　席　顾玉东
常务副主席　严俊瑛（女）
专职副主席　朱　凤（女）
副主席（按姓氏笔画为序）
王珏明　陈少东　俞　雄　奚国伟
盛昭俊

信息委
主　任　严俊瑛（女，—2011.10）
周晴华（女，2011.10—）
副主任　陈海东（2011.11—）　钱厚德

知识产权局
局　长　卫　平

地震办
主　任　严俊瑛（女，—2011.08）
洪　璐（女，2011.08—）

区人口和计划生育委员会
主　任　季　军（女，—2011.10）
张　愉（女，2011.10—）
副主任　曹　燕（女）　周公望

区国有资产监督管理委员会
主　任　徐雪林
副主任　李春农（—2011.01）
顾宏宇（2011.05—）
佐　军（2011.04—）

区监察局（与区纪委机关合署）
局　长　姚　俊
副局长　于　沁（女，—2011.10）
陈　凌（—2011.10）
曹　洪（—2011.11）
郁敏华（女，—2011.10）
徐忠柱（2011.11—）
陈　波（2011.11—）

市公安局静安分局
局　长　薛小明（—2011.11）
周建国（2011.11—）
副局长　金　鞍　陈奇忠　范红伟　王　亮
朱海为
政　委　汪忠良（—2011.02）
汤　岚（女，2011.02—）

市国家安全局静安分局
局　长　李新民

区司法局
局　长　王　安
副局长　徐又寅（—2011.10）
姚　平（—2011.10）
陈　敏（2011.10—）　苏玉锋

区人力资源和社会保障局（挂公务员局、医疗保险办公室牌子）
局　长　赵　达（—2011.03）
吴丽萍（女，2011.10—）
副局长　李长风　梁玉成（—2011.10）
王忠明（2011.10—）
黄　荣（2011.11—）　施冬云（女）
曹国香（—2011.10）　徐祖明

公务员局
局　长　曹国香（—2011.10）
黄　荣（2011.11—）
副局长　瞿　熙（女，2011.07—）

医保办
主　任　梁玉成（—2011.10）
王忠明（2011.10—）
副主任　刘　红（女，2011.11—）

区民政局（挂社会团体管理局牌子）
局　长　卜　缨（女）
副局长　吴耀亮　周爱民（—2011.09）
郭慧峰（—2011.10）
王　敏（女，—2011.10）
郁　霆　许　俊（女，2011.11—）

社团局
局　长　郭慧峰（—2011.10）
郁　霆（2011.11—）
副局长　辛一凡　陆　颖（女）

区财政局（—2011.10 投资服务办公室与其合署）
局　长　陈嘉祺（—2011.10）
杨志健（女，2011.10—）
副局长　施鸿华（—2011.10）
张　军（2011.03—）　陈　洁（女）

投资服务办公室
主　任　施鸿华（—2011.10）
副主任　卢其国（—2011.11）
龙　芳（女，—2011.10）

区审计局
局　长　任从青
副局长　王忠明（—2011.10）
魏　勇（女，2011.07—）

区教育局
局　长　陈宇卿
副局长　戈一萍（女）　徐　刚　周晓春

区卫生局
局　长　乔忠强
常务副局长　骆敏华（2011.10—）
副局长　刘桂香（女，—2011.07）
丁晓沧　顾朝渊
骆敏华（—2011.10）
陈俊峰（2011.01—）

曾晓颖(女,2011.09—)

区文化局

局　长　张爱华(女)

副局长　何继舫　黄　泓(女)

区体育局

局　长　林晓珏(女)

副局长　陈云珊(女,—2011.11)

陆前安(2011.01—)

汪皓俊(女,2011.09—)

区环境保护局

局　长　蔡伯刚

副局长　艾福龙(2011.01—)

唐明翔　胡奇敏

区规划和土地管理局

局　长　李　震(—2011.10)

徐蕙良(2011.10—)

副局长　徐蕙良(—2011.10)

朱泉荣(2011.10—)

蔡海骏(2011.07—)

区绿化和市容管理局(绿化管理局归其管理,代管城市管理监察大队)

局　长　李卫平

副主任　竺敏国(—2011.10)

韩伯平　黄彩娣(女)　印　林

张开鸿(—2011.02)

戴剑华　蒋春海(—2011.10)

张西飞(2011.10—)

绿化局

局　长　黄彩娣(女)

副局长　曾永清

城管大队

大队长　印　林

副大队长　刘增伟　薛　羽

政　委　王振忠(—2011.10)

张开鸿(2011.10—)

副政委　齐士勇(2011.01—)

区住房保障和房屋管理局

局　长　杨志健(女,—2011.10)

李　震(2011.10—)

副局长　王颉鸣(2011.10—)　韩　灏

区旅游局

局　长　王建忠

副局长　姚　平(2011.10—)　陈　敏(女)

于旭东

区安全生产监督管理局

局　长　童建民(—2011.10)

陈　凌(2011.10—)

副局长　郑荣康(—2011.10)

董玉兆　季文斌(—2011.10)

王　姝(女,2011.11—)

区民防办公室(挂人民防空办公室牌子)

主　任　胡建成

副主任　郁建华　徐又寅(2011.10—)

王传海(—2011.10)　徐　科

黄鹏飞(2011.11—)

区金融和专业服务业办公室(2011.11 更名为区金融和投资服务办公室,将原来区投资服务办公室的职能整合划入)

主　任　董　珞(—2011.10)

戴　俊(2011.10—)

副主任　王立萍(女)　龙　芳(女,2011.10—)

红十字会

常务副会长　蔺世平

秘书长　王　素(女)

市税务局静安分局

局　长　庞　为(—2011.12)

张建平(2011.12—)

副局长　朱金根　吕世春　蒋薇虹(女)

市工商行政管理局静安分局

局　长　冯　啸(—2011.02)

董海明(2011.02—2011.10)

任网银(2011.11—)

副局长　张伟秉(—2011.07)

傅　军(—2011.06)　王华芳(女)

马德兴　李孝猛(2011.06—)

区质量技术监督局

局　长　凌　刚

副局长　凌黎明　傅柏林

市食品药品监督管理局静安分局

局　长　丁　宪

副局长　赵国利(—2011.08)

朱晓东　周　英(女,2011.08—)

静安寺街道办事处

主　任　李晨昊(—2011.01)

彭琼林(2011.10—)

副主任　陈　敏(—2011.10)

程协元(2011.10—)

陈云珊(女,2011.11—)

吴　霭(女)　李颖婷(女,—2011.11)

曹家渡街道办事处

主　任　叶智坚

副主任　张光人　钟荣辉(—2011.06)

陶　澐　严伟军(2011.06—)

江宁路街道办事处

主　任　王国平(—2011.11)

梁玉成(2011.11—)

副主任　徐　立　朱德富

丁志海(—2011.07)

舒天平(2011.06—)

邱　放　冯林华(2011.10—)

石门二路街道办事处
主　任　周文杰
常务副主任　曹国香（2011.10—）
副主任　郑清云（—2011.11）
鲍晓丽（女）　邓铭一
张　毅（2011.10—）　施　齐

南京西路街道办事处
主　任　戴　俊（—2011.10）
曹卫东（2011.10—）
副主任　刘　岩（—2011.10）
汤　虹　陈文英（女，2011.10—）
蒋春海（2011.10—）
马颖慧（女，—2011.10）

区人大常委会

静安区第十四届人大常委会（2007.2.8—10 产生）
主　任　姜耀中
副主任　张成洲　吴玉林　周文芳　金　先（女）
许政涛
委　员　（按姓氏笔画为序）
丁建曾　王　鹏（—2011.11）　冯春安　刘兴宗
孙明丽（女）　苏基杰　吴　杰　沈舜义
宋卫东　张　扬（女）　陈青云（女）
周晴华（女，—2011.11）　郑月娟（女）　胡霄骅
郭景平　唐凌峰　曹卫东　曹惠芳（女）
路毅辉　蔡　峥

办公室
主　任　孙明丽（女，—2011.11）
王　敏（女，2011.11—）
副主任　陈海东（—2011.11）
杨　虹（女）　杨　初（2011.11—）
朱伟强（—2011.11）

代表工作室
主　任　孙明丽（女，—2011.11）
王　敏（女，2011.11—）
副主任　盛正良（2011.01—）

内务司法工作委员会
主　任　丁建曾
副主任　张保华　汪忠良

财政经济工作委员会
主　任　路毅辉
副主任　郑月娟（女）　钱士忠

城市建设环境保护工作委员会
主　任　宋卫东（—2011.11）
副主任　王振忠（2011.11—）
张卫平（女）　刘兴宗

教育科技文化卫生工作委员会
主　任　吴　杰（—2011.11）
副主任　郭慧峰（2011.11—）
郭景平　蔡　峥

华侨民族宗教工作委员会
主　任　吴　杰（—2011.11）
副主任　郭慧峰（2011.11—）　郭景平

代表资格审查委员会
主任委员
副主任委员　孙明丽（女）

人事工作委员会
主　任　曹卫东（—2011.11）
副主任　于　沁（女，2011.11—）
孙明丽（女，—2011.11）
王　敏（女，2011.11—）

区　政　协

政协静安区第十二届委员会
主　席　刘晓明
副主席　李关德　黄森林（—2011.02）
罗华荣（女）　赵　达（2011.02—）
刘桂香（女）　沃伟东
秘书长　阙光曜
常务委员（按姓氏笔画为序）
王　力　王　洵　王国世　叶蕙星（女）
乐　理（女）　冯晓源　成效禹　朱忠达
江海雄　汤晓蓉（女）贡瑞临　肖　震
汪皓俊（女）　李　蓝（女）　杨　格（女）
张仲超　陈有良　陈筱洁（女）
邵　骏（2011.02—）林友声　郑辛遥
郑南越　施云松　觉　耀
姜冬冬（2011.02—）　徐　刚　曹维臻
戚长毅　董敏华　虞哲讯　瞿乃栋
副秘书长
林　捷（2011.11—）　叶蕙星（女）
黄海峰（—2011.08）　游玲影（女）

办公室
主　任　阙光曜（—2011.11）
林　捷（2011.11—）
副主任　黄海峰（—2011.08）　游玲影（女）

专门委员会办公室
主　任　叶蕙星（女）
副主任　邢　剑（—2011.02）
刘学建（2011.03—）

学习委员会
主　任　李关德（兼）
副主任　罗　敏　周惠珍（女）
专职副主任　黄海峰（—2011.08）

提案委员会
主　任　罗华荣（女，兼）
副主任　李　蓝（女）　张建海　董敏华
专职副主任　孙华成

经济科技委员会
主　任　唐长国
副主任　贡瑞临　李则兆　夏柳伟　汪树钢
陈爱国　唐　盈(女)　姜冬冬
专职副主任　邢　剑(—2011.02)
刘学建(2011.03—)

城市建设和管理委员会
主　任　朱忠达
副主任　王　洵　乐　理(女)　汪　林(女)
姚延康　胡建成
专职副主任　邢　剑(—2011.02)
刘学建(2011.03—)

教育委员会
主　任　徐　刚
副主任　江海雄　张雪龙　陈　莹(女)
黄桂英(女)　邵　骏
专职副主任　叶蕙星(女)

文化卫生体育委员会
主　任　施文斌
副主任　丁晓沧　孙小琪(女)　郑辛遥
钟荣辉　蔺世平
专职副主任　叶蕙星(女)

社会和法制委员会
主　任　陈筱洁(女)
副主任　王　浩　王家骏　梁凤娣(女)
瞿乃栋　汤晓蓉(女)
专职副主任　孙华成

港澳台侨委员会
主　任　徐宝安(女)
副主任　张　蓓(女)　郑南越　隋　军
专职副主任　叶蕙星(女)

民族宗教委员会
主　任　李　震
副主任　亚　蕴　杨　格(女)　戚长毅
觉　耀
专职副主任　叶蕙星(女)

区　纪　委

中共静安区纪律检查委员会

书　记　韩　强
副书记　姚　俊　于　沁(女,—2011.10)
洪　晴(女,2011.10—)
常　委　韩　强　姚　俊　于　沁(女,—2011.10)
洪　晴(女,2011.10—)
姚铭铭(—2011.11)　陈　凌(—2011.10)
戴良兵　郁敏华(女,—2011.10)
曹　洪(2011.11—)　徐　浩(2011.11—)
厉林堂(2011.11—)
委　员
于　沁(女)　王玉光　王忠明　叶智坚
任扣成　许　骅　李　春　汪忠良　陈　凌
郁敏华(女,—2011.10)　季　军(女)　周文杰
周爱民　周惠珍(女)　郑余光　姚　俊
姚铭铭(—2011.11)　徐荣林　徐慧君(女)
曹国香　董　珞　韩　强　裘正超　戴良兵

中共静安区第九届纪律检查委员会(2011.12.22产生)

书　记　左　燕
副书记　姚　俊　洪　晴(女)
常　委　左　燕(女)　姚　俊　洪　晴(女)
戴良兵　曹　洪　徐　浩　厉林堂
委　员
于　沁(女)　王鸣跃　左　燕(女)　厉林堂
朱娴华(女)　任扣成　刘　鸣　汤　岚(女)
李颖婷(女)　吴　杰　沈　虹(女)　张　军
陆云虎　陈少东　郁　霆　郁敏华(女)
金　汤　周玉鸿　周惠珍(女)　姜冬冬
洪　晴(女)　姚　俊　姚　嫣(女)　徐　浩
徐慧君(女)　曹　洪　曹雨妹(女)　程效领
谭振勇　戴良兵　魏　勇(女)

纪　委(监察局)工作机构办公室
主　任　郁敏华(女,—2011.10)
王海峰(2011.11—)

监察综合室
主　任　陈　凌(—2011.10)
陈　波(2011.11—)

案件检查室
主　任　戴良兵

审理法规室
主　任　曹　洪

信访室
主　任　徐　浩

纠风工作室
主　任　徐忠柱

宣传教育室
主　任　赵　坚(—2011.11)
黄剑平(2011.11—)

党风廉政室
主　任　厉林堂

区纠正行业不正之风办公室
主　任　姚　俊

区　法　院

院　长　江一敏
党组书记　江一敏(—2011.10)　倪春南(2011.10—)
副院长　王　浩　王　翔(女)　刘　毅　闵金国

区检察院

检察长　罗昌平

党组书记　罗昌平（—2011.10）　朱云斌（2011.10—）
副检察长　徐荣林　梁凤娣（女）　刘文明　戴　杰
反贪污贿赂局
局　长　徐荣林
副局长　谢　军（—2011.05）
浦雪章　沈　昭（2011.07—）

民主党派

民革静安区第十二届委员会（2011.8.11 产生）
主任委员　蔡　峥
副主任委员　乐　理（女）　史燕君（女）　何国富

民盟静安区第十一届委员会（2011.8.4 产生）
主任委员　汪皓俊（女）
副主任委员　王国世　张　扬（女）　叶　纲
袁宏燕（女）

民建静安区第八届委员会（2011.8.9 产生）
主任委员　张　辉
副主任委员　朱忠达　张雪云（女）　陆晓明

民进静安区第十一届委员会（2011.8.5 产生）
主任委员　洪　璐（女）
副主任委员　江海雄　聂　丹（女）　黄　溪（女）

农工党静安区第十二届委员会（2011.8.8 产生）
主任委员　曾晓颖（女）
副主任委员　曹惠芳（女）　钟　岭（女）

致公党静安区第四届委员会（2011.8.1 产生）
主任委员　董敏华
副主任委员　胡奇敏　李成梅（女）

九三学社静安区第七届委员会（2011.8.10 产生）
主任委员　严俊瑛（女）
副主任委员　季晓烨　肖　震　冯　夷（女）

人民团体

区总工会第四届委员会（2007.4.13 产生）
主　席　周文芳
常务副主席　瞿乃栋
副主席　王　桢（女，—2011.10）
刘培兰（女，2011.10—）
程忠俊（—2011.10）
王玉光（2011.10—）

共青团区第十三届委员会（2011.05.27 产生）
书　记　唐凌峰
副书记　邵　骏（—2011.09）
梁文敏（女）　徐　豪

区妇联第十届执委会（2008.6.6 产生）
主　席　周晴华（女，—2011.12）
季　军（女，2011.12—）
副主席　汤晓蓉（女）　黄亚芳（女）
管慧丽（女）

区第十三届工商业联合会（2011.09.27 产生）
主　席　沃伟东
副主席　郑月娟（女）　李晋海（—2011.09）
汪树钢（—2011.09）
杨长春（2011.07—）
龚晓鸣（2011.09—）
郭康玺　虞晓东　徐　鲸　王立萍
王华芳　冯光明　高建强　黄书映
郝　青

区侨联第七届委员会
主　席　郭景平
副主席　张　蓓（女）　丁　宁　王　怡（女）
宋怀强　陈有良　冯丹龙（女）

区青联第七届委员会（2008.4.16 产生）
主　席　唐凌峰
副主席　于　阳　龙　革　时筠仑
邵　骏（—2011.09）　林晓珏（女）
季　军（女）　宦一鸣（女）　徐　豪
（2011.09—）
徐文东　董　珞

区残联第五次执行理事会（2008.2.27 产生）
理事长　吴耀亮
副理事长　胡跃华　张　伟（—2011.10）
姚文治（女）　王　森

区红十字会第七届理事会（2005.12.5 产生）
会　长　朱成钢（—2011.11）
常务副会长　蔺世平
副会长　丁　强　杨志健（女）　汪忠良
沃伟东　张爱华（女）　胡世斌
秘书长　王　素（女）

（本栏目编辑　顾瑞钧）

二十六、统计资料

2011 年静安区区域面积和行政区划表

街道名称	区域面积(平方公里)	居民委员会(个)
全区合计	7.59	73
静安寺街道	1.57	11
曹家渡街道	1.49	14
江宁路街道	1.84	19
石门二路街道	1.07	14
南京西路街道	1.62	15

2011 年静安区户籍人口、户数、年龄分布情况表

项　目	合计	静安寺街道	曹家渡街道	江宁路街道	石门二路街道	南京西路街道
年末户籍总户数(户)	102529	13812	24272	27608	18092	18745
家庭户	102286	13752	24235	27550	18054	18695
集体户	243	60	37	58	38	50
年末户籍总人口(人)	302269	40379	66942	83813	56641	54494
按性别分类						
男性	146257	19366	32548	40818	27335	26190
女性	156012	21013	34394	42995	29306	28304
按年龄分类						
81 岁以上	16506	2642	3143	3887	3108	3726
71~80 岁	23969	3629	4946	6210	4384	4800
61~70 岁	38269	5016	8010	10479	7516	7248
51~60 岁	69958	9137	14422	19454	13990	12955
41~50 岁	37024	4866	8721	10175	6760	6502
31~40 岁	34831	4302	8791	10151	6024	5563
26~30 岁	25086	3308	4967	7195	4902	4714
17~25 岁	28800	4397	5967	8013	5419	5004
16 岁以下	27826	3082	7975	8249	4538	3982

2007—2011 年静安区主要经济指标

项 目	单位	2007 年	2008 年	2009 年	2010 年	2011 年	比上年增减幅度（%）
区生产总值	亿元	376.08	444.48	516.32	559.42	582.34	5.2
财政收入	万元	955328	1453276	1538986	1789340	2116948	14.21
其中：区级财政收入	万元	406818	514418	563328	659570	747698	13.36
区级财政支出	万元	494222	618890	667825	714259	806019	12.85
工业总产值（现价）	万元	514245	441094	372926	388069	382153	-1.52
商品销售总额	万元	7237696	8802867	9385748	11566119	13000245	12.4
社会消费品零售总额	万元	1734079	1944578	2141724	2371198	2626331	10.76
外商直接投资合同金额	万美元	68660	101190	55800	64029	72653	13.47
外商直接投资资金到位额	万美元	29239	53447	58803	37748	41543	10.05
海关出口额	万美元	36382	95663	96322	105624	117030	10.8
服务贸易额	万美元	34688	43388	51000	55000	56000	1.82
全社会固定资产投资额	万元	630937	689933	775035	850253	431077	-49.3
万元生产总值能耗	吨标准煤/万元	0.202	0.223	0.178	0.171	0.157	-3.4

说明：区生产总值由市统计局反馈，为现价值，增长幅度为可比增长

2011 年静安区五大产业税收收入及比重情况表

指标名称	2011 年	比上年增减幅度（%）	指标名称	2011 年	比上年增减幅度（%）
区税收总收入（万元）	2175019	13.35	区税收总收入比重（%）	100	—
五大产业税收合计	1993340	14.69	五大产业税收合计	91.65	1.06
商贸流通业	720584	30.39	商贸流通业	33.13	4.33
专业服务业	428190	26.49	专业服务业	19.69	2.04
投资管理、咨询服务业	354688	30.98	投资管理、咨询服务业	16.31	2.19
法律服务	28908	21.52	法律服务	1.33	0.09
金融业	284230	-1.99	金融业	13.07	-2.05
房地产业	294165	-15.78	房地产业	13.52	-4.68
文化创意服务业	266171	28.18	文化创意服务业	12.24	1.42
信息服务业	46528	-3.53	信息服务业	2.14	-0.37
广告业	80333	63.25	广告业	3.69	1.13
设计服务业	26203	2.92	设计服务业	1.2	-0.12
文化、体育和娱乐业	40923	-7.96	文化、体育和娱乐业	1.88	-0.44

说明：2011 年开始，产业划分口径有变动

2011 年静安区五大产业地方税收收入及比重情况表

指标名称	2011 年	比上年增减幅度(%)	指标名称	2011 年	比上年增减幅度(%)
地方税收总收入(万元)	695579	15.18	地方税收总收入比重(%)	100	—
五大产业税收合计	622280	14.37	五大产业税收合计	89.45	-0.64
商贸流通业	145264	32.05	商贸流通业	20.88	2.67
专业服务业	141997	24.71	专业服务业	20.41	1.56
投资管理、咨询服务业	115535	29.93	投资管理、咨询服务业	16.61	1.88
法律服务	10956	20.22	法律服务	1.58	0.07
金融业	69584	7.66	金融业	10.00	-0.70
房地产业	137245	-20.28	房地产业	19.73	-8.78
文化创意服务业	128190	53.60	文化创意服务业	18.43	4.61
信息服务业	14819	15.96	信息服务业	2.13	0.01
广告业	34835	75.37	广告业	5.01	1.72
设计服务业	10850	1.93	设计服务业	1.56	-0.20
文化、体育和娱乐业	19649	2.70 倍	文化、体育和娱乐业	2.82	1.95

说明:2011 年开始,产业划分口径有变动

2011 年静安区社会消费品零售总额表

单位:万元

	2010 年	2011 年	比上年增减幅度(%)
合　计	2371198	2626331	10.76
区属小计	1237499	1332792	7.70
商委系统	868834	630920	-27.38
静工集团	1381	1084	-21.50
九百集团	604874	659904	9.10
开开集团	60294	110400	83.10
梅龙镇集团	153508	159532	3.92
教育局	1656	1232	-25.60
卫生局	12	12	持平
非区属小计	1133699	1293539	14.10
吃的商品	848221	933495	10.05
用的商品	823328	916097	11.27
穿的商品	699649	776739	11.02

2011 年静安区海关出口情况表

单位:万美元

项　目	2010 年	2011 年	比上年增减幅度(%)
海关出口总额	105624	117030	10.80
按企业类型分			
“三资”企业	12125	19202	58.37
非“三资”企业	93499	97828	4.63
按出口方式分			
生产产品自行出口	52517	12971	-75.30
贸易代理出口	53107	104059	95.94
按主要出口地区、国别分			
美国	34855	33747	-3.18
日本	16187	16636	2.77
澳大利亚	8118	5428	-33.14
韩国	2727	3198	17.27
中国台湾	1083	864	-20.22
其他国家	42654	57157	34.00
按出口产品分			
纺织品	35831	40500	13.03
机电产品	34543	34263	-0.81
化工制品	14276	16826	17.86
矿产品	2.63		
其他产品	20974	25441	21.30

2011 年静安区国有资产情况表

单位:万元

项　目	年初总量	当年新增			当年减少			年末总量
		总计	经营性	非经营性	总计	经营性	非经营性	
国有资产总量	2060476	388792	125327	263465	74766	67057	7709	2374502
经营性资产	873996	125327	125327	—	67057	67057	—	932266
九百集团	62631	4089	4089	—	2500	2500	—	64220
开开集团	14355	2398	2398	—	1435	1435	—	15318
地产集团	79619	16778	16778	—	15000	15000	—	81397
城投公司	17885	1662	1662	—	1000	1000	—	18547
置业集团	176886	10176	10176	—	13000	13000	—	174062
非经营性资产	1186480	263465	—	263465	7709	—	7709	1442236
行政单位	251418	25834	—	25834	173	—	173	277079
事业单位	935062	237631	—	237631	7536	—	7536	1165157

2011年静安区固定资产投资资金来源情况表

单位:万元

项 目	总 计	基本建设、更新改造	房地产开发
合 计	938358	72015	866343
上年结余	409355	33710	375645
国家预算内拨款	37868	37868	0
国内贷款	233052	376	232676
利用外资	126249	0	126249
自筹资金	41678	61	41617
其他	90156	0	90156

2011年静安区新增就业岗位情况表

计量单位:个

项 目	2010年	2011年	比上年增减幅度(%)	项 目	2010年	2011年	比上年增减幅度(%)
总计	29090	31081	6.84	自由职业	0	0	—
区属单位	-15	-86	—	非正规就业	4375	2192	-49.90
无主管单位	24730	28975	17.17	个体工商户	0	0	—

2011年静安区就业服务情况表

项 目	2010年	2011年	项 目	2010年	2011年
职介机构数(户)	10	11	全年参加成人职业培训人数	17804	22183
政府办	7	7	促进就业专项资金	—	—
社会办	3	4	收入总额(万元)	2634	2956
非正规就业	—	—	市拨	201	283
组织数(个)	852	724	区财政	2420	2666
从业人员数(人)	8596	5201	其他	13	7
公益性非正规就业	—	—	支出总额(万元)	2500	3087
组织数(个)	48	48	就业培训	272	690
从业人员数(人)	3994	3846	购买岗位	1052	1206
职业技术培训机构(组织)数	30		其他	1176	1191

2011 年静安区劳动争议处理基本情况表

项　目	案　件　受　理									案　件　处　理								本期末结案数(件)
	件数(件)	当事人数(人)	按申诉方式分(件)		按争议原因分类(件)					结案数(件)	当事人数(人)	按处理方式分类(件)			按处理结果分类(件)			
			企业申诉案	职工申诉案	执行劳动合同	变更劳动合同	解除劳动合同	终止劳动合同	其他			仲裁调解	仲裁解决	其他方式	单位胜诉	职工胜诉	双方部分胜诉	
合　计	1488	1539	7	1481	926	0	351	11	200	1507	1554	1062	338	107	236	254	1018	138
国有集体企业	24	24	1	23	16	0	6	0	2	27	27	13	13	1	7	5	15	3
集体企业	6	6	0	6	6	0	0	0	0	5	5	2	3	0	2	1	2	1
外商投资企业	112	113	1	111	58	0	33	3	18	114	114	75	38	1	18	18	78	14
港澳台投资企业	46	46	0	46	24	0	14	1	7	44	44	37	7	0	6	7	31	8
私营企业	280	280	1	279	162	0	68	2	48	287	287	187	76	24	75	48	164	32
股份制企业	101	104	0	101	74	0	16	1	10	111	111	67	41	3	14	26	71	4
个体工商户	23	23	0	23	6	0	13	1	3	24	24	21	3	0	13	1	10	0
机关社会团体事业	1	1	0	1	0	0	1	0	0	1	1	1	0	0	1	0	1	0
其他	895	942	4	891	580	0	200	3	112	894	941	659	157	78	100	148	646	76

2011 年静安区都市产业园区与创意产业园区企业情况表

园区名称	年末企业数(个)	全年技工贸收入(万元)	全年上缴税金(万元)	其中:上缴区税金(万元)
“800 秀”创意产业园区	48	8130	460	87
现代产业大厦	36	22345	1267	758
传媒文化园(窗钩)	8	8898	303	143
传媒文化园(明圭)	30	88871	2972	1565
同乐坊	39	3793	487	462
98 创意园区	31	29469	970	401
汇智创意园	20	36948	1471	666
3 乐空间	1	5148	347	347
文教都市产业园	33	12577	418	323
机床都市产业园	17	7329	184	95
安垦绿色创意园	18	9746	467	285
源创创意园	23	1392	35	16
马利都市产业园	4	21781	274	109
静安科技贸易园区	372	1150900	19286	19286
静安信息产业园	207	166500	4094	4094
静安科技孵化园区	144	141600	2819	2819

2007—2011 年静安区旧区改造情况表

单位:平方米

项　目	2007 年	2008 年	2009 年	2010 年	2011 年	比上年增减幅度(%)
拆除各类房屋面积	104078	164476	152109	75909	37831	-50.16
拆除各类单位房屋面积	42867	42547	43687	33469	0	—
拆除各类居民房屋面积	61211	121929	108422	42440	37831	-10.86
拆除旧里面积	29288	66748	65759	23337	23936	2.57
动迁居民户数(户)	1695	3037	2843	1041	1038	-0.29

2011 年静安区动拆迁情况表

街道名称	动迁地块数(块)	动迁户数		拆除房屋建筑面积(万平方米)			
		单位(户)	居民(户)	单位	居民居住房屋		
					小计	旧式里弄	新式里弄及以上
合计	17	0	1038	0	3.7831	2.3936	1.3895
静安寺街道	1	0	0	0	0	0	0
曹家渡街道	1	0	39	0	0.04	0.04	0
江宁路街道	9	0	928	0	3.4374	2.2709	1.1665
石门二路街道	3	0	71	0	0.3057	0.0827	0.223
南京西路街道	3	0	0	0	0	0	0

2011 年静安区房屋竣工情况表

项　目	2010 年	2011 年	项　目	2010 年	2011 年
当年竣工房屋总面积(平方米)	0	0	当年办理产证房屋交易总面积(平方米)	202378	233098
其中:住宅	0	0	其中:住宅	0	0
商业用房	0	0	商业用房	44884	52008
办公用房	0	0	办公用房	62516	106011
当年办理产证房屋交易套数(套)	8	4			

说明:当年办理产证房屋是指通过竣工验收后在当年领取产证的房屋,而非通过房产交易领取产证的数量

2011 年静安区工商企业登记表(一)

(按所有制分)

单位:户

项 目	2011 年企业登记数	核发企业法人营业执照企业数	核发营业执照企业数
合 计	12614	9042	3572
国有企业	337	257	80
集体企业	371	318	53
有限责任公司	1770	1042	728
股份合作制企业	288	134	154
私营企业	7280	5654	1626
其他内资	36	18	18
股份制企业	0	0	0
外资投资企业	2532	1619	913
其他企业	0	0	0

说明:核发营业执照企业数是指发照的非独立核算企业数

2011 年静安区工商企业登记表(二)

(按行业分)

单位:户

项 目	2011 年企业登记数	核发企业法人营业执照企业数	核发营业执照企业数
总计	12614	9042	3572
农、林、牧、渔业	5	5	0
制造业	354	265	89
建筑业	229	179	50
交通运输、仓储和邮政业	174	114	60
信息传输、计算机服务和软件业	572	438	134
批发和零售业	4890	3207	1683
住宿和餐饮业	1026	668	358
金融业	187	37	150
房地产业	613	464	149
租赁和商务服务业	3079	2527	552
科学研究、技术服务和地质勘查业	583	488	95
水利环境和公共设施管理业	18	14	4
居民服务业和其他服务业	568	359	209
教育	4	2	2
卫生、社会保障和社会福利业	48	43	5
文化、体育和娱乐业	257	230	27
其他行业	7	2	5

说明:核发营业执照企业数是指发照的非独立核算企业数

2011 年静安区个体工商企业情况表

项　目	户数(户)	比上年增减幅度(%)	从业人数(人)	比上年增减幅度(%)	注册资金(万元)	比上年增减幅度(%)
合　计	3284	-4.23	3640	-5.31	3507	-4.73
制造业	21	23.53	22	22.22	19	32.68
建筑业	10	11.11	10	11.11	12	9.09
运输业	78	-8.24	96	-9.43	272	-12.18
商　业	2534	-4.09	2749	-4.18	2362	-4.1
饮食业	318	-5.07	413	-12.31	461	-6.11
服务业	272	-10.82	293	-11.48	290	-16.18
其　他	51	41.67	57	42.5	91	98.34

2011 年静安区私营企业情况表

项　目	户数(户)	比上年增减幅度(%)	投资者人数(人)	比上年增减幅度(%)	从业人数(人)	比上年增减幅度(%)	注册资金(万元)	比上年增减幅度(%)
合　计	7280	0.51	12493	1.68	39112	-0.52	1493405	11.04
制造业	86	-6.52	171	-2.29	633	-2.76	9778	6.48
建筑业	148	-3.27	283	-3.08	1366	-2.36	31245	6.94
运输业	100	3.09	151	-0.66	456	0.44	13761	3.59
商　业	2793	-0.85	4173	0.34	12841	-2.51	331236	5.93
饮食业	624	0.48	982	-2.19	6147	-3.03	33664	1.21
服务业	3105	1.70	5885	3.70	15637	2.09	1009226	8.00
其　他	424	3.41	848	2.17	2032	2.42	64495	4.04 倍

2011 年静安区城市集市贸易情况表

项　目	市场数(个)		集市摊位数(个)		营业收入(万元)		上缴税金(万元)	
	2010 年	2011 年	2010 年	2011 年	2010 年	2011 年	2010 年	2011 年
合　计	12	12	942	983	30739	13112	170	163
静安寺街道	1	1	268	282	7300	10782	34	32
曹家渡街道	3	3	211	207	11109	477	44	36
江宁路街道	4	4	201	230	1308	1324	41	63
南京西路街道	3	3	200	170	5695	393	31	24
石门二路街道	1	1	62	94	5327	136	20	8

2011 年静安区民营科技企业情况表

项　目	2010 年	2011 年	比上年增减幅度(%)
民营科技企业年末数(个)	379	416	9.76
年初企业数	293	379	29.35
当年新增企业数	86	37	-56.98
当年减少企业数	—	—	—
从业人员数(人)	11073	10247	-7.46
技工贸收入(万元)	1565039	1869510	19.45
上缴税金(万元)	31135	35022	12.48
其中:上缴本区税金(万元)	31135	35022	12.48

2011 年静安区市高新技术企业情况表

项　目	2010 年	2011 年	比上年增减幅度(%)
市高新技术企业年末户数(户)	54	55	1.85
年初数	49	54	10.20
当年新增	5	1	-80.00
市高新技术企业注册资金年末数(万元)	299501	212627	-29.01
年初数	293915	299501	1.90
当年新增	5586	-86874	
市高新技术企业技工贸收入(万元)	1195439	1183785	-0.97
市高新技术企业上缴税金(万元)	58286	110221	89.10
其中:上缴本区税金	58286	110221	89.10

2011 年静安区中小学基本情况表

项　目	学校数(所)	班级数(班)	在校生(人)	毕业生(人)
小学	12	304	9003	1594
中等学校	16	440	13559	2810
重点中学(含寄宿制育才)	6	187	5972	1268
寄宿制高中	1	25	763	295

2011 年静安区教育部门班级、学生、教工情况表

项　目	学校(所)	班级(班)	学生(人)	教职员工(人)		平均每班学生(人)	每一名教师负担学生数(人)
				合　计	教　师		
合计	47	994	28742	3640	2384	28.92	12.06
大专院校	1	21	745	93	74	35.48	10.07
中学	15	382	12411	1667	1123	32.49	11.05
小学	12	304	9003	1065	706	29.62	12.75
幼儿园	16	217	5277	511	276	24.32	19.12
职业学校	1	58	1234	236	160	21.28	7.71
特殊学校	1	5	31	29	14	6.20	2.21
工读学校	1	7	41	39	31	5.86	1.32

2011 年静安区社会办学情况表

项　目	计量单位	2010 年	2011 年	比上年增减幅度(%)	项　目	计量单位	2010 年	2011 年	比上年增减幅度(%)
学校数	个	82	82	平	就读人数	人	73770	71889	-2.55
班级数	个	3224	3176	-1.49	办学收入	万元	11815	13708	16.02
注册资金(开办资金)	万元	3595	4416	22.84	上缴税金	万元	546	721	32.05

说明:社会办学在工商局申领"营业执照"的统计注册资金,而申领事业单位证书的统计开办的资金

2011 年静安区医院基本情况表

项　目	床位数(张)	医生(人)	项　目	床位数(张)	医生(人)
总　计	5237	2960	静安区精神卫生中心	200	14
市级医院	3148	1700	社区卫生服务中心	214	282
区级医院	1318	697	工业及其他部门	582	200
静安区中心医院	628	256	民营医院	189	306
静安区老年医院	276	58			

2011 年静安区社区卫生情况表

项　目	计量单位	2010 年	2011 年	项　目	计量单位	2010 年	2011 年
社区卫生服务中心数	个	5	5	临床医生数	人	198	176
社区卫生服务中心面积	平方米	16400	16400	全科医生数	人	143	141
社区卫生服务中心达标数	个	5	5	公卫医生数	人	44	52
社区卫生站数	个	29	29	护士人数	人	150	187
社区卫生站面积	平方米	3004	3004	社区护士	人	57	80
社区卫生站达标数	个	29	29	社区卫生站工作人员数	人	150	171
社区卫生服务中心职工人数	人	673	733	社区医疗卫生服务网络覆盖率	%	100	100
医生人数	人	338	350				

2011 年静安区诊疗、住院情况表

项　目	诊疗次数(次)			年末床位数(张)	入院人数(万人)	年内出院人数(人)	病床周转次数(次)	病床使用率(%)
	诊疗总次数	其中						
		门急诊次数	出诊次数					
总　计	11250387	11168230	10845	5237	163977	163854	98.09	31.27
市级医院合计	6460502	6460026		3148	127245	127173	102.66	40.25
区级医疗机构	3362741	3284243		1318	20724	20697	95.02	15.81
区中心医院	890806	890777		628	16331	16260	91.53	25.89
区老年医院	144833	144833		276	3622	3619	88.90	13.11
区精神卫生中心	15310	15310		200	110	105	110.32	0.53

（续表）

项目	诊疗次数(次)			年末床位数(张)	入院人数(万人)	年内出院人数(人)	病床周转次数(次)	病床使用率(%)
	诊疗总次数	其中						
		门急诊次数	出诊次数					
区妇幼所	28709	28709						
区牙防所	124259	124259						
社区卫生服务中心	2158824	2080355	10845	214	661	713	99.02	3.47
工业及其他部门	1055424	1055424		582	12512	12485	92.62	21.45
民营医院	371720	368537		189	3496	3499	59.92	18.51

2011 年静安区律师事务所情况表

项目	计量单位	2010 年	2011 年	项目	计量单位	2010 年	2011 年
律师事务所	个	133	131	其中:律师人数	人	1670	1737
其中:合作所	个	0	0	其中:专业律师	人	1575	1650
合伙所	个	95	113	兼职律师	人	95	87
个体所	个	18	18	营业收入	万元	72854	93968
从业人员数	人	2271	2280	上缴税金	万元	9112	11146

说明:统计范围为区司法局发证管理的律师事务所

2011 年静安区涉外饭店(宾馆)情况表

项目	计量单位	合计	内资企业	三资企业
户数	户	20	15	5
五星级	户	4	1	3
四星级	户	7	6	1
三星级	户	5	5	0
二星级	户	4	3	1
建筑总面积	万平方米	608526	210769	397757
客房数	间	5588	3223	2365
客房床位数	张	8334	5158	3176
客房可出租间天数	间天	2034875	1176395	858480
客房实际出租间天数	间天	1226072	719492	506580
客房出租率	%	60.25	61.16	59.01
接待人数	人次	802350	467936	334414
境外人数	人次	342407	107480	234927
营业收入	万元	172907	65863	107044
利润总额	万元	31170	4564	26606
全年职工人数	人	5883	3227	2656
全年工资总额	万元	29675	11990	17685
当年固定资产折旧	万元	5196	2751	2445

2011 年静安区人口自然变动情况表

街道名称	平均人口（人）	出生				死亡				自然增长	
		人数（人）	女性（人）	出生率（‰）	比上年±‰	人数（人）	女性（人）	死亡率（‰）	比上年±‰	人数（人）	增长率（‰）
合　计	303664.5	1962	939	6.461	-0.141	2726	1371	8.977	0.223	-764	-2.516
静安寺街道	40587.5	219	98	5.396	-0.415	389	199	9.584	-0.093	-170	-4.188
曹家渡街道	66679	431	217	6.464	-0.047	530	250	7.949	0.503	-99	-1.485
江宁路街道	84491.5	634	301	7.504	0.341	746	388	8.829	0.627	-112	-1.325
石门二路街道	56968.5	364	176	6.389	-0.802	504	249	8.847	-0.446	-140	-2.458
南京西路街道	54938	314	147	5.716	-0.112	557	285	10.139	0.229	-243	-4.423

2011 年静安区人口迁移状况表

单位：人

街道名称	2010 年				2011 年			
	年初人数	迁入人数	迁出人数	年末人数	年初人数	迁入人数	迁出人数	年末人数
合　计	308405	2225	387	305060	305060	1395	392	302269
静安寺街道	40379	478	144	40796	40796	332	159	40969
曹家渡街道	66942	346	61	66416	66416	269	57	66942
江宁路街道	85998	706	98	85170	85170	395	89	83813
石门二路街道	57842	382	40	57296	57296	163	32	56641
南京西路街道	56831	313	44	55382	55382	236	55	54494

2011 年静安区外来人口登记情况表

单位：人

街道名称	年末外来人口总数	其中		
		已领取居住证人数	已领取临时居住证人数	未领证人数
合　计	52258	3865	47039	1354
江宁路街道	13670	952	12295	423
石门二路街道	11153	824	10051	278
南京西路街道	10171	667	9498	6
静安寺街道	6308	411	5265	632
曹家渡街道	10956	1011	9930	15

2011 年静安区老龄人口情况表

单位：人

项　目	合　计	静安寺街道	曹家渡街道	江宁路街道	石门二路街道	南京西路街道
老龄人口总数	84584	12031	17279	22192	16208	16874
按老人生活自立状况分类						
自理	64543	9192	12340	17458	11213	14340
半自理	3668	255	583	1892	432	506
完全不能自理	1565	88	353	706	168	250
未知	14808	2496	4003	2136	4395	1778

（续表）

项　目	合　计	静安寺街道	曹家渡街道	江宁路街道	石门二路街道	南京西路街道
按收入状况分类						
500 元以下	0	0	0	0	0	0
500 元至 999 元	5727	1896	465	558	908	1900
1000 元至 2000 元	24443	4179	3790	5648	544	10282
2000 元以上	39327	3793	9100	14403	10231	1800
未知	15087	2163	3924	1583	4525	2892
按医疗状况分类						
医保	66779	9389	12888	19256	10772	14474
半医保	1480	86	153	346	295	600
公费	980	145	142	243	150	300
其他	753	142	93	367	151	0
未知	14592	2269	4003	1980	4840	1500

2011 年静安区计划生育情况表(一)

单位:人

街道名称	出生总数	女性	符合计划生育人数	计划生育率(%)	已婚育龄妇女数	领取独生证	
						已领证	领证率(%)
合　计	2161	1034	2150	99.49	38165	6926	18.15
静安寺街道	247	109	247	100.00	4838	890	18.40
曹家渡街道	486	244	483	99.38	8837	1847	20.90
江宁路街道	688	326	686	99.71	11030	1940	17.59
石门二路街道	402	199	400	99.50	6997	1132	16.18
南京西路街道	338	156	334	98.82	6463	1117	17.28

2011 年静安区计划生育情况表(二)

单位:人

街道名称	已落实避孕措施						节育率(%)
	合计	避孕药	放环	女扎	男扎	其他	
合　计	26964	797	11689	310	44	14124	70.65
静安寺街道	3418	101	1482	39	6	1790	—
曹家渡街道	6243	185	2706	72	10	3270	—
江宁路街道	7795	230	3379	90	13	4083	—
石门二路街道	4943	146	2143	57	8	2589	—
南京西路街道	4565	135	1979	52	7	2392	—

说明:当年节余率由上海市人口计生委返回

2011 年静安区少数民族者情况表(户籍数)

民族	人数(人)	民族	人数(人)
蒙古族	214	傣族	9
回族	3129	黎族	6
藏族	14	畲族	15
维吾尔族	43	高山族	1
苗族	45	拉祜族	4
彝族	14	纳西族	1
壮族	66	土族	1
布依族	14	达斡尔族	1
朝鲜族	68	仫佬族	1
满族	518	毛南族	2
侗族	32	仡佬族	1
瑶族	14	锡伯族	15
白族	18	俄罗斯族	3
土家族	65	鄂温克族	1
哈尼族	11	基诺族	1
哈萨克族	7	合计	4334

(区统计局)

索　引

说明：

1. 本索引采取主题分析索引法，按主题词和重要人名首字汉语拼音字母顺序排列。
2. 表格、图片未注有（表）、（图）字样。
3. 彩页、大事记、附录内容不作索引，专文只作标题索引。
4. 索引名称后的数字表示页码，数字后的字母（a、b、c）表示该页从左至右的栏别。
5. 索引名称一般采用主题词、中心词或简称。

D

E

F

G

H

J

K

L

R

S

T

W

X

Y

Z

上海市静安区
工商业联合会

地址：康定路950弄50号A楼301室
电话：021－62188850
传真：021－62188850
邮编：200042

1. 9月27日，静安区工商业联合会（商会）召开第十三次会员代表大会，选举产生新一届领导班子
2. 9月27日，静安区召开加强和改进工商联工作会议。上海市工商联主席王新奎、中共静安区委书记龚德庆在会上作重要讲话
3. 12月26日，中共静安区委常委、统战部部长邓小冬出席区工商联企业会员迎新联欢会并致辞
4. 5月21日，第八届静安区百家民企人才招聘会在上海商城举办
5. 7月8日，参加静安区工商联民营企业家感恩革命老区延安行人员在延安革命纪念馆前合影

上海市静安区档案局（馆）
中共上海市静安区委党史研究室
上海市静安区地方志办公室

地址：江宁路575号2楼
电话：021-62871611
邮编：200041

3月23日，2011年区档案、史志工作会议在延安饭店召开

3月2日，《静安区志（1993—2010）》编委会第三次全体会议在延安饭店召开

3月16日，区数字档案馆专家聘用仪式暨规划论证会在区档案局会议室召开

12月16日，区第二轮修志档案、党史、方志篇初稿评审座谈会在区档案局会议室召开

12月21日，区档案局政风、行风监督员座谈会在区档案局会议室召开

6月，《上海市静安区抗战时期人口伤亡和财产损失》出版

6月，《中国共产党上海市静安区组织史资料》（第三卷）出版

6月9日，“红色静安——庆祝中国共产党成立90周年”图片展在静安公园举办

5月24日，区档案局全体员工到孙中山故居参观学习

共青团
上海市静安区委员会

地址：胶州路358弄1号楼2楼
电话：021－55339659
传真：021－62182263
邮编：200040

1. 6月17日，“真理的力量”——静安青年纪念建党90周年理论宣讲会在区委党校举行
2. 11月26日，上海市静安区学生联合会第十次代表大会召开
3. 8月，关爱来沪务工人员子女西点工坊培训现场
4. 12月4日，“我志愿，我快乐”——2011年静安区“12·5”志愿服务集中行动
5. 3月26日晚，主题为“静安地球一小时，让我们行动起来”的环保公益交友派对在静安寺广场举行
6. “乐活静安”——2011年度区青年羽毛球大赛现场
7. “乐活静安”——2011年度区青年羽毛球大赛训练营

1

2

3

4

6

5

7

上海市静安区

妇女联合会

地址：延平路81号4楼
电话：021–62321753
邮编：200042

1. 3月14日，召开区妇联十届五次执委（扩大）会议
2. 9月8日，举行静安区“妇女之家”创建工作推进会暨2011年妇代干部培训会
3. 7月28日，召开上海市妇女代表（静安团）座谈会，市妇联副主席朱鸣出席
4. 8月30日，组织开展以“推进一会一品建设，服务妇女儿童需求”为主题的女性社会组织优秀项目评选活动
5. 3月7日，“奉献‘十二五’，巾帼建新功”——静安区各届妇女纪念三八国际劳动妇女节101周年大会在艺海剧院召开
6. 5月6日，组织女性社会组织会长沙龙成员开展项目交流联谊活动
7. 4月27日，召开2011年妇女儿童工作委员会全会，副区长、区妇儿工委主任朱成钢出席会议
8. 10月19日，召开静安区女性班组（集体）创建2011年上海市巾帼文明岗评审会
9. 5月28日，举办“欢乐六一，亲情无限”——2011年科学育儿进社区暨静安区白领妈妈亲子活动专场
10. 3月9日，在静安公园开展主题为“贯彻《人民调解法》·强化维权服务·建设平安家庭”的静安区法律咨询宣传服务活动
11. 9月19—23日，举办静安区女性人才开发专题培训班
12. 9月22日，举行“低碳生活，和谐家园”——静安区第十三届家庭教育宣传周活动
13. 5月26日，“促进自身发展，争当优秀女性”——2011年度静安区女科长培训班开班
14. 4月15日，组织全区50户“上海人家”赴崇明开展“静安·崇明结对共建系列活动”之“上海人家”牵手“上海农家”活动

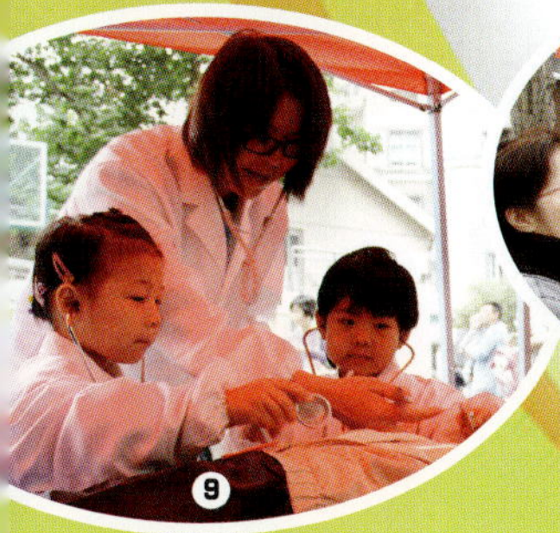

中共二大会址纪念馆

地址：老成都北路7弄30号
电话：021－63590984
邮编：200041

6月17日，"二大与党的创建研讨会"暨"日出东方——中国共产党创建史展览"在延安饭店揭幕

菜单式服务之党课宣讲

9月5日，"日出东方——中国共产党创建史展览"进军营巡展

双语讲解接待

5月9日，上海市第二届爱国主义教育基地讲解员大赛在纪念馆序厅开

10月20日，《走向复兴》朗诵剧走上现代戏剧谷舞台

小学生观看红色电影

4月28日—5月15日，"石库门里红色记忆展览"在长宁区图书馆展出

中共二大会址纪念馆为中共静安区委、区政府直属事业单位，以收藏展览、宣传教育、理论研究为主要功能。2009年，纪念馆被评为"全国爱国主义教育示范基地"。2011年，纪念馆在"红色影视片播放基地""双语讲解服务队""二大巡展进校园"等原有特色宣教项目的基础上，配合时间节点，成功开发"菜单式服务"项目，接待观众90017人次，创历史新高。纪念馆承办"第二届上海市爱国主义教育基地讲解员大赛"初赛，举行"二大与党的创建研讨会"，推出"日出东方——中国共产党创建史"展览等活动，自主编排朗诵剧《走向复兴》，获得社会各界的广泛好评，为党的90华诞添上浓墨重彩的一笔。

上海市静安区

商务委员会

地址：武定路969号
电话：021-51966658
邮编：200040

SHANGHAISHIJINGANQU
SHANGWUWEIYUANHUI

❶ 9月15日，“2011年中华老字号博览会”在上海展览中心拉开帷幕。市人大常委会副主任胡延照（中）、市商务委副主任张新生（左）在区商务委主任叶坚华（右）的陪同下参观开开集团展柜

❷ 1月15日，“共同行动，创先争优”—— 2011年静安商务系统党员奉献走进社区、服务民生专题党日活动在石门二路街道新福康里居民区开展。区委组织部部长戴玲珍来到北京百货摊位前了解情况

❸ 3月16日，2011年静安区商务工作会议在锦沧文华大酒店召开。主席台就座的领导左起为区商务党工委书记董伦超、区人大常委会副主任张成洲、市经信委副主任邵志清、市商务委副主任顾军、副区长陆晓栋、区商务委主任叶坚华

❹ 9月27日，由上海市文化创意产业推进领导小组办公室担任指导单位，上海市商务委员会、上海市静安区人民政府及《福布斯》中文版联合主办的“2011福布斯·静安南京路论坛”在“800秀”创意产业园区内隆重举行。图为上海秦艺服饰品牌秀

❺ 9月11日，2011静安国际购物嘉年华、静安金秋都市游在活动吴江路休闲街开幕。图为嘉年华开幕式全景

上海市静安区
科学技术委员会

地址：昌平路710号
电话：021－62186262
邮编：200040

3月31日，静安区科学技术协会第七次代表大会在上海市政协礼堂举行

4月8日，副区长朱成钢带领区科委党政班子成员和有关单位负责人参观江苏无锡德思普科技有限公司

12月12日，静安楼宇白领消防安全逃生演练在石门二路社区文化中心举行

2011静安科技周开幕式在“800秀”创意产业园区召开，市科协副主席俞涛为上海市科普示范街道和市科学生活社区代表颁奖

上海市静安区人口和计划生育委员会

SHANGHAISHIJING 'ANQU RENKOUHEJIHUASHENGYU WEIYUANHUI

地址：江宁路420号8楼E座
电话：021－62187491
邮编：200041

① 市人口计生委党委书记、主任谢玲丽（左四）关心静安科学育儿工作

② 市人口计生委副主任孙常敏（左一）、静安区副区长夏以群（中）及区人口计生委主任张愉为社区宝宝派送元宵礼物

③ 社区（街道）计生协会流动人口分会建设取得较大进展

④ “乐活重阳、健康相伴”——独生子女空巢家庭重阳联谊会现场，为走过金婚、红宝石婚的社区群众送上婚纱纪念照

⑤ 区计生协会组织全区10多家会员单位为“幸福工程”“救助贫困母亲”活动等进行现场募捐

上海市静安区
人力资源和社会保障局

地址：武宁南路241号
电话：021-62313636
邮编：200042

SHANGHAISHI JINGANQU RENLIZIYUANHE SHEHUIBAOZHANGJU

切实保障和改善民生
着力优化人才发展环境

静安区人力资源和社会保障局于2009年3月组建，是全区综合管理人力资源，充分发挥人力资源优势，加快完善社会保障体系的区政府工作部门。区人保局全体干部紧扣国际静安发展大局，牢记群众观点，坚持群众路线，坚持以问题、需求和项目为导向，重实际、办实事、求实效，把保障和改善民生作为一切工作的出发点和落脚点，全年工作取得好成绩，在区机关部门年度考核中获评优秀等次。

高质量完成区政府实事项目——促进就业工作。实行更加积极的就业政策，全年新增就业岗位31081个，完成年指标的155.41%；城镇失业登记6762人，在7330人控制数内；帮助成功创业341人，完成年指标的113.67%；培训农民工9332人，完成年指标的186.64%。

积极开展科级领导职务公务员交流。着力深化干部人事制度改革，从交流人员的工作经历、个性特点、工作能力等出发进行岗位轮换，14个区机关部门的18名科长实现跨部门交流。

平稳推进事业单位岗位设置管理工作。推进事业单位由身份管理向岗位管理、从固定用人向合同用人的转变，全区首次岗位设置聘用共170家事业单位，核准岗位数8748个，聘用工作人员计7686人。

着力推进和谐劳动关系建设。区劳动保障监察大队以完善网络化、网格化建设为基础，组织开展拖欠农民工工资、保护妇女权益、打击非法职业中介、劳动用工和社会保险四项专项检查。区劳动人事争议仲裁院获市人力资源社会保障局颁发的"2011年度按期结案"奖牌。

大力推进岗位廉政风险防范管理和政风行风建设。区人保局6个窗口单位（就促中心、人才中心、医保中心、监察大队、仲裁院、外劳所）全部实现市级规范服务达标；区人保局在市政风行风测评中列静安区综合管理类排名第一。

上海市静安区

文化局

地址：昌平路1009号6楼
电话：021-62321100
邮编：200042

1. "浓情静安·爵士上海"音乐节大师殿堂演出
2. "读者1号"图书车送书到军营
3. 十分钟公共文化圈·文化大礼包赠送社区居民
4. 区委书记龚德庆，区委常委、副区长方世忠，区委常委、区委宣传部部长杭春芳等领导参加现代戏剧谷·2011市民剧场颁奖典礼
5. 副区长夏以群参观中共地下斗争组织史纪念馆暨刘长胜故居革命史料展
6. 两岸三地话剧导演齐聚现代戏剧谷·2011壹戏剧大赏
7. 修缮一新的中共淞浦特委机关旧址陈列馆
8. 第一本专门宣传静安文化动态的刊物《静安文化快递》（季刊）发行
9. 非物质文化遗产生产性基地——中式服装制作技艺（龙凤旗袍手工制作技艺）传习所揭牌
10. 在纪念中国共产党成立90周年静安职工红歌会中，文化系统职工获第一名
11. 庆祝建党90周年"永远跟党走——静安市民唱红歌"广场周周演
12. 陕西北路600号展示老上海风情

上海市静安区
住房保障和房屋管理局

地址：武定路1140号
电话：021–62678777
邮编：200042

1. 区房管局党委书记吴杰（前排中）在华山小区了解社区物业管理党建联建工作情况
2. 区房管局局长李震（左三）在走访长春居委会了解居民对物业服务的诉求和意见
3. 区房管局调研员竺敏国（左三）在三义坊小区听取居民意见和建议
4. 区房管局副局长王颉鸣（左二）在康定小区查勘该区域房屋的整体情况
5. 区房管局副局长韩灏（前排右三）接待市整治办联合检查组对静安区12幅拆房工地开展现场抽查
6. 区房管局局长助理张拓（右一）在静安区首批经适房摇号选房现场督查工作

上海市

静安区城管执法大队

JINGANQV
CHENGGUANZHIFADADUI

地址：武定西路1398弄8号
电话：021－52399910
邮编：200042

区委常委、副区长赵永峰调研城管执法工作

举办《上海市城市管理行政执法条例》培训讲座

整治昌化路市容环境

开展城管执法宣传活动

召开2011年工作总结表彰暨2012年工作部署动员大会

参加上海市城管执法系统队列会操比赛

上海市静安区旅游局

静安地域小，文化底蕴深，是海派文化代表区域，也是中西文化交汇的窗口，演绎着“现代与传统相融，经典与时尚相拥”的内涵。静安以“商旅文联动，游购娱融合”为原则，打造集宾馆住宿集聚区、商务会展核心区、文化创意旅游体验区、休闲娱乐游憩区、商业购物消费区为一体的上海都市旅游核心地区之一。徜徉在静安，品味老上海，体验新时尚。

中国福利会少年宫

中共上海地下组织斗争史陈列馆暨刘长胜故居

静安夜景

吴江路

蔡元培故居

中国劳动组合书记部旧址陈列馆

中共二大会址纪念馆

上海毛泽东旧居雕塑

西摩会堂旧址

上海旅游节静安金秋都市游第六届都市咖啡文化展示周咖啡师比赛

外国友人参与弄堂游戏

欢乐美好 漫步静安

地址：陕西北路1058号409室
电话：021–62661609
邮编：200040

- 海派石库门，欧式小洋房——红色经典之旅
  中共二大会址纪念馆—毛泽东旧居—中国劳动组合书记部旧址陈列馆—刘长胜故居—蔡元培故居—淞浦特委旧址
- 穿越时光，古今融合——文化精粹之旅
  静安寺—百乐门舞厅—静安公园—张爱玲故居—中国福利会少年宫—巨鹿路欧美风情街
- 走走人家，兜兜弄堂——静安上海人家弄堂风情之旅
  愚谷邨—涌泉坊—中实新村—中行别业—新福康里—四明村等10条特色弄堂
- 人文风尚，明星荟萃——陕西北路文化名人之旅
  西摩会堂—何东公馆—宋家花园—董家老宅—平安大楼—华业公寓—荣宗敬故居—马勒别墅
- 十里霓虹，品味静安——时尚购物之旅
  吴江路休闲街—梅泰恒购物区—陕西北路老字号商铺—静安寺商圈

静安寺外景

上海市 公安局静安分局

地址：胶州路415号 电话：021–62588800 邮编：200041

1. 11月29日，举行“第二届‘平安卫士’评选活动候选人推介会静安分局专场”活动。副区长、分局党委书记、局长周建国向与会者介绍‘平安卫士’候选人
2. 12月30日，分局隆重举行2011年度人民警察退休仪式。分局党委副书记、政委汤岚为退休同志颁发退休纪念牌并赠送礼品。
3. 国庆期间，分局交警坚守岗位、认真履职，同时不忘为群众办好事、干实事
4. 7月14日，分局民警在第14届国际泳联世锦赛训练场馆巡逻
5. 1月20日，面对连日的雨雪天气，分局交警冒着凛冽的寒风，在雪中执勤，确保区内道路交通的畅通有序
6. 6月22日，分局参加“铁锤在党旗中闪光”——纪念中国共产党成立90周年静安职工红歌会，获比赛三等奖和优秀组织奖
7. 1月21日，分局特警顶着纷飞的大雪在街面驻守巡逻，维护社会治安秩序

上海市 食品药品监督管理局 静安分局

地址：康定路314号
电话：021－62535366
邮编：200041

1.推进重点工作之一，强化学校食堂规范化管理
2.推进重点工作之二，加强医疗机构中药饮片规范化管理
3.10月17日，静安区食品安全委员会第一次会议在区政府会议中心召开
4.开展健康食品讲座
5.加强对美容院用化妆品快速检测
6.开展人参、虫草专项检查
7.加强法制建设，联合区法院行政庭开展模拟庭审活动
8.作为局风局纪所风所纪活动之一，前往“南京路上好八连”驻地进行军训

1

2

4

3

5

6

7

8

上海市静安区人民法院

SHANGHAISHI JINGANQURENMINFAYUAN

地址：康定路1097号
电话：021－62718212
传真：021－62675028
邮编：200042

1

2

3

4

5

1. 12月25日，召开区法院主要领导调整会议
2. 纪念中国共产党成立90周年重温入党誓词仪式
3. 发放群体性劳动争议案件执行款
4. 举办模拟法庭进校园活动
5. 开展司法警察岗位大练兵活动

上海市静安区 人民检察院

地址：康定路1147号
电话：021-62319955
传真：021-62313340

2011年，区检察院以服务大局、保障民生为主线，全面履行法律监督职能，努力为静安经济社会发展提供检察保障。共批准逮捕327件444人，提起公诉433件586人，全力维护社会和谐稳定。立案侦查贪污贿赂、渎职侵权案件10件11人，深入开展预防工作，推进反腐倡廉建设。强化刑事诉讼和民事行政审判的法律监督，切实维护司法公正。积极利用检察建议、情况反映等载体，参与加强和创新社会管理。深化“以德兴院”素质工程，提高检察队伍公正廉洁执法水平，6名干警被评为市级“三优一能”。

1. 市检察院检察长陈旭至江宁社区检察室调研指导
2. 会同市检察官协会举办“信息社会与检察工作”研讨会
3. 开展以“加强渎职侵权检察工作，促进依法行政与公正司法”为主题的举报宣传周活动
4. 对上海首例利用未公开信息交易案提起公诉
5. 干警做客东方网嘉宾聊天室，为广大网友在线解读典型案例
6. 参加“永远的旗帜”上海市检察机关纪念中国共产党成立90周年合唱展演

上海市静安区

静安寺

社区（街道）

1

2

3

4

5

6

7

地址：万航渡路55弄7号
电话：021－62886060
邮编：200040

1. 街道依托“同心家园”区域化党建平台，采取项目化的运作方式，开展“幸福百分百”行动。图为已完成百个惠民项目之一——静安寺街道美丽园爱心食堂
2. 各居民区开展消防安全逃生演习
3. 社区各层面开展以“同心促幸福、组团大走访”为主题的联系服务群众活动，图为居民区组团帮困送清凉活动场景
4. 静安寺社区承办“中国围棋甲级联赛”。图为常昊讲棋
5. 静安寺社区举办“同心建家园，永远跟党走”纪念中国共产党成立90周年系列活动
6. 9月，静安寺社区愚谷邨老年人日间服务中心挂牌成立
7. 9月，举办“同心你我他，幸福一家亲”静安寺社区嘉年华活动

上海市静安区

曹家渡社区(街道)

地址：武定路1108号
电话：021－52285522
邮编：200042

1

2

3

1. 11月2日，区委副书记、代理区长周平（左二）等领导视察街道征兵体检工作
2. 6月30日，区委常委、宣传部部长杭春芳出席曹家渡街道庆祝中国共产党成立90周年纪念大会暨第八届社区读书节开幕式
3. 曹家渡街道办事处主任叶智坚到军营看望参加军训的街道中青年干部
4. 2月23日，静安区第十四届人民代表大会曹家渡代表团合影
5. 9月26日，曹家渡街道老年协会举办重阳庆祝活动
6. 7月15日，曹家渡街道举办人口计生“宝贝计划屋”开启仪式
7. 7月14日，曹家渡街道在康定居民区举行老式民宅消防逃生综合演练
8. 4月4日，在曹家渡街道怡乐花园举办试点小区生活垃圾减量化分类收集启动仪式
9. 5月28日，曹家渡街道秋韵合唱队参加“静安市民唱红歌”曹家渡街道专场演出

4

5

6

7

8

9

上海市静安区

江宁路社区(街道)

地址：江宁路838号
电话：021-62985656
邮编：200041

1

2

3

4

5

1. 8月2日，中残联副理事长程凯（左二）一行视察街道阳光家园
2. 6月28日，举行“江宁人，心向党”建党90周年主题活动
3. 参加“志愿服务在我心，平安宜居伴你行”——江宁路社区团员青年纪念建党90周年暨五四青年节活动的领导和志愿者合影
4. 街道开展“安装公共安全扶手”实事工程
5. 淮安老年人日间照料中心开张

上海静安区

石门二路社区(街道)

地址：武定路139号
电话：021—62566699
邮编：200041

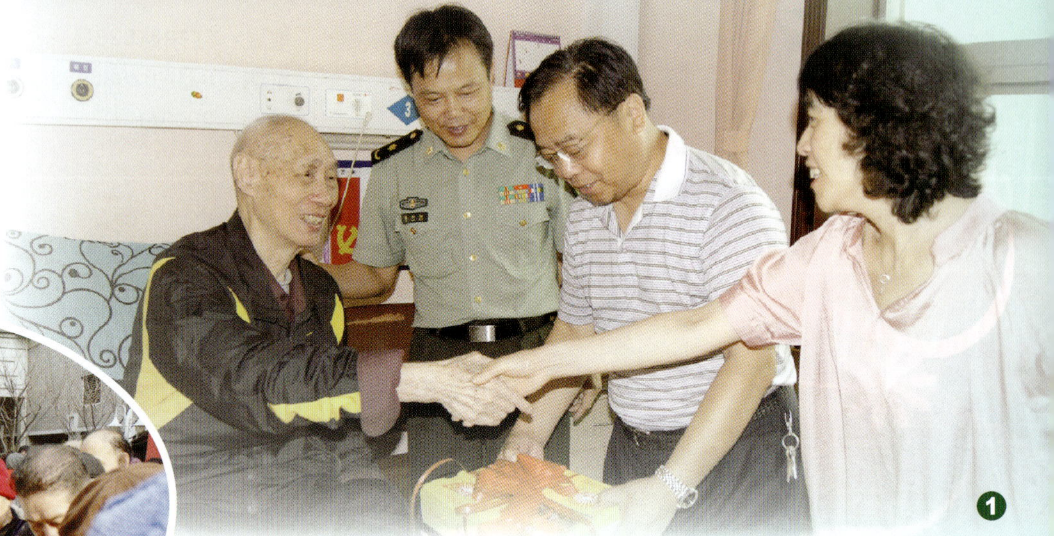

❶ 7月1日，中国共产党成立90周年之际，街道领导赴长征医院看望95岁高龄的老红军胡守富

❷ 1月22日，开展"共同行动、创先争优"专题党日活动

❸ 1月6日，结对共建单位第一干休所医护人员为敬老院老人测量血压

❹ 5月30日，在文化活动中心举办寻找"环保小达人"幼儿创意作品展

❺ 4月20日，召开社会建设工作推进会，聘请专家学者担任顾问

❻ 7月20日，举办石门二路社区第九届特奥会

❼ 4月29日，雕塑公园篮球场正式开放

上海市静安区

南京西路社区（街道）

JING'AN SHANGHAISHI NANJINGXILU JIEDAO

地址：延安中路929号
电话：021－62472222
邮编：200040

市委常委江勤宏（左三），市委常委、宣传部部长杨振武（左四），区委书记龚德庆（左二）等领导参加南京西路街道"百乐雅集"韩天衡师生书画展

1. 区委书记龚德庆(中) 出席人大代表选举候选人与选民见面会
2. 在上海商城举办"90礼赞"纪念中国共产党成立90周年大型主题活动
3. 组织"6·26"禁毒漫画评比活动
4. 社区志愿者开展阳光之家助教活动
5. 召开年中工作会议暨全国文明单位创建工作动员会
6. 社区爱国卫生志愿者在小区开展义务劳动

1

2

3

4

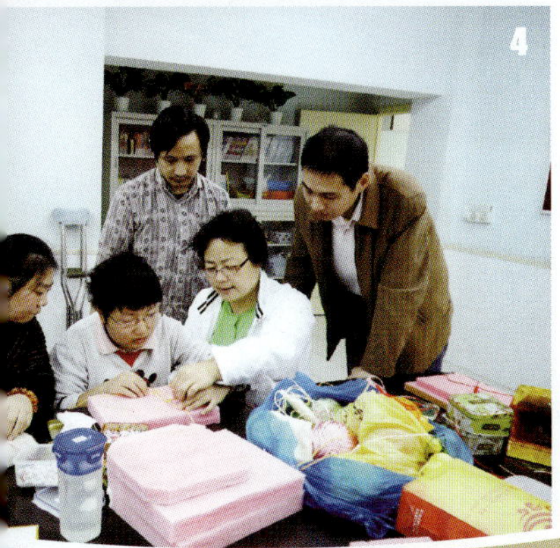

5

6

光明食品（集团）有限公司

BRIGHT FOOD (GROUP) CO., LTD.

光明食品集团总部大楼

光明乳业产品

梅林罐头系列产品

石库门1号黄酒

光明食品集团工厂化育苗基地

上海鲜花港

机械化收割水稻

光明食品集团云南甘蔗种植基地

光明食品集团新西兰新莱特乳业

KPMG
cutting through complexity
商机满溢
携手共拓
中国市场充满无数的机遇，但我们必须懂得发掘有潜力的领域。1992年，毕马威成为首家获准在国内合资开业的国际会计师事务所。目前，毕马威在北京、上海、沈阳、南京、杭州、福州、厦门、青岛、广州、深圳、成都、香港特别行政区和澳门特别行政区共设有13家机构。无论客户在何处经营业务，我们各家办事处均能为客户提供贯彻如一的优质专业服务，协助客户把握商机，实现业务目标。
kpmg.com/cn

Shangri-La

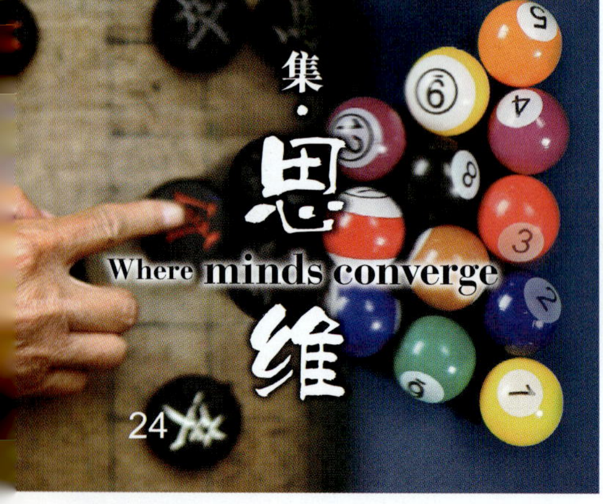
集·思维
Where minds converge

兴·艺粹
Where creativity thrives

合·中西
Where worlds meet

JING AN
KERRY
CENTRE
静安嘉里中心

WHERE CULTURES MERGE

荟·文化

建设社区

www.swireproperties.com

太古地产

恒隆广场

Experience the Elegance

极致时尚 精致生活 PLAZA 66

www.hanglung.com

只选好的 只做对的

恒隆地產
HANG LUNG PROPERTIES

上海静安地产(集团)有限公司

地址：富民路118号　电话：021－54050088　传真：021－54042717　邮编：200040

1．区委书记龚德庆在区103动迁基地欢送乔迁新居的居民
2．区领导调研三林经适房建设工作
3．区委副书记、代理区长周平，区委常委、副区长赵永峰视察区103街坊旧区动迁基地，地产集团党委书记、董事长喻亮陪同
4．区委副书记、代理区长周平，区委常委、副区长赵永峰在地产集团董事长喻亮、总经理姚仲钊的陪同下，莅临三林基地指导工作
5．静安寺交通枢纽及商业开发效果图（愚园路一侧）

1

2

3

4

5

上海东方投资监理有限公司

Shanghai Oriental Investment Supervision.Co.,Ltd.

公司成立于1996年6月，原隶属于上海浦东发展银行。2001年4月公司脱钩改制，成为由具注册执业资格自然人出资的、专业从事建设工程咨询服务的高智力、高技术咨询企业，具有工程造价咨询、工程招标代理、工程咨询、中央投资项目招标代理和政府采购代理等五项国家甲级资格以及司法鉴定资格。

据不完全统计，迄今承接的各类工程咨询项目规模已达3500多亿元，为国家和建设单位节约了近400亿元宝贵的巨额建设资金。

坚持党建先行，党组织从无到有，不断发展壮大。2004年3月成立党支部、2008年4月发展为党总支，2010年9月成立党委。

公司获得“连续三年（2005—2007年）入选中国工程造价咨询营业收入前百名企业”第一名，以及“2009年度中国工程造价咨询企业与中介服务类企业营业收入百名排序”双第一。被评为第三届全国就业与社会保障先进民营企业、上海市现代服务业民营百强企业、上海市职工最满意企业。董事长印保兴获第三届全国优秀中国特色社会主义事业建设者称号和静安区优秀人才贡献奖，当选第十三届上海市人大代表。

❶ 市人大常委会主任刘云耕与区委书记龚德庆出席公司党委成立大会，并为党委成立揭牌

❷ 市领导接见优秀中国特色社会主义事业建设者。市委副书记、市长韩正与董事长印保兴亲切握手

❸ 中央统战部副部长、全国工商联党组书记、第一副主席全哲洙来公司调研，与董事长印保兴合影

❹ 市人大常委会主任刘云耕率市人大常委会秘书长姚明宝等视察“东方”，调研企业发展情况

地址：石门二路333弄3号楼18C　电话：021－61934408　邮编：200041

上海易谷网络科技有限公司

上海易谷网络科技有限公司，是一家专业的多媒体联络中心与企业融合通信系统开发与集成公司，成立于2008年1月，致力于为企业客户提供端到端的呼叫中心与统一通信解决方案及专业化服务，并帮助其提高沟通效率以及客户满意度。

创始人

国家电网项目组工作照

我们的使命

“联络世界，凝聚价值！”即：用最有效率的通信手段，让企业内部的员工之间，让客户与企业之间进行充分的沟通与联络，并让每一次联络都凝聚着价值。

我们的服务理念

“卓越执行，感动客户”，我们秉承的客户服务目标是：“仅仅让客户满意是不够的，我们要用完美的服务使客户感动!”在客户服务的过程中，我们坚持的行为法则是：

◎ 永远不对客户说“不”
◎ 对于我们承诺的责任，绝不推辞，坚决执行
◎ 对于可能是我们的责任，绝不推辞，坚决执行
◎ 对于确认不是我们的责任，不推辞，不义务

我们的核心竞争力

◎ 卓越的服务执行能力
◎ 稳定而创新的产品
◎ 口口相传的市场覆盖
◎ 互为价值的渠道生态系统

上海天脉聚源传媒科技有限公司

- 天脉聚源传媒科技有限公司是中国唯一专业化、高端、新媒体、综合资讯应用及服务企业，公司拥有世界上最先进的TV–mining（电视挖掘）海量电视实时录制与采集技术，高度智能化的电视视频特征提取、电视语音节目识别、电视字幕提取等智能处理技术，为各大电视台、网络媒体提供整体新媒体建设解决方案。
- 上海天脉面对通用化高端信息服务市场，以领先的专有技术，为各级政府和高端商业用户的信息获取、信息整合和信息展现提供全方位的云服务支持，陆续推出了移动视频采播、移动视频监控、海量视频搜索、网上在线直播、全媒体互动会议等业界领先的应用产品，覆盖了媒体、政务、企业、教育等众多行业，获得了用户的广泛好评。
- 天脉聚源已成功为中央电视台，中国教育电视台，北京电视台，上海文广传媒，搜狐，网易，腾讯，土豆，优酷，上海世博会全球媒体监测，广州亚运会组委会，中国石化，国家电网公司，中国盐业，中国电信，中国联通，国家新闻出版总署，中共上海市委，中共上海市委网宣办，中共上海市静安区委组织部、宣传部，政法委，上海市静安区档案局，上海市静安区科委等百余家政府、企业、媒体机构提供了高质量的服务，并获得了肯定。
- 天道酬勤，天脉聚源的努力得到国家及业界的广泛认可。在政府的支持下，“视频中国”无锡云计算产业基地挂牌成立。天脉聚源还获得“中国软件和信息服务业创新影响力企业”“十大新媒体企业”“国家创新、创业企业”等荣誉称号。
- 天脉聚源将始终以用户的梦想为我们每一步奋斗的愿景，为用户创造价值，为我们所热爱的新媒体产业开拓未来！

上海晟峰信息技术（集团）有限公司

SHENGFENG

上海晟峰信息技术（集团）有限公司成立于2003年，发展至今，旗下拥有国内外数十家分公司及办事处、科技园区，员工千余名，包含众多博士硕士级技术人才和资深的行业解决方案专家。

公司先后获得“2005年中国软件企业出口20强第8名”“国家规划布局内重点软件企业”“上海市软件明星企业”“华东地区软件出口市场最佳企业”“华东地区最具活力软件企业”等一系列称号，并通过CMM3认定。

上海晟峰信息技术（集团）有限公司未来5年总体发展战略是在国际、国内两个舞台上做大做强，拓宽日本市场，强力开创面向欧美的软件外包和服务；国内积极参与信息化改造，为中国IT的发展续写新的篇章，从而使集团走向规模化、集约化。晟峰的明天必定更加灿烂、美好！

行业经验

政府　金融　制造　医疗　环保　流通

服务模式：咨询　项目开发　人才派遣　研发中心

服务内容：
- 应用软件开发＆维护(ADM)
- 企业应用软件的解决方案(EAS)
- 测试
- 嵌入式技术
- 业务流程外包(BPO)
- 系统集成(SI)

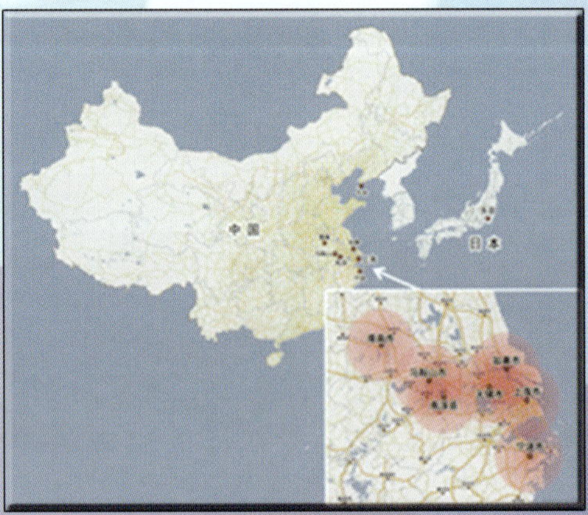

晟峰集团

上海	柯内卢软件　晟宝软件　晟峰总部	欧提软件　坦思软件
辽宁	大连	
安徽	马鞍山	淮南
江苏	南京　江阴　南通	无锡　苏州
浙江	宁波	嘉兴
日本	东京	大阪

合作伙伴

主要客户

上海强然数码科技有限公司

shanghaiqiangranshumakejiyouxiangongsi

公司是专业从事政府机关信息化管理软件开发、大规模档案扫描服务、RFID电子标签应用、音视频转换、电子无纸办公系统集成等产业的科技型公司。公司前身为军工企业，早期服务于部队的文档影像工作，随着军转民及社会发展，公司将服务广泛应用到社会各界。

公司实施过近千家档案数字化加工项目，拥有正式员工1300多人，是目前国内最大的一家信息化服务实施公司。

“以诚置信、凭信取成”是公司的从业理念。千家用户的好评，证明现代服务业并非想象中的艰难；赢得赞誉，靠的就是诚信与实力打下的根基；勇于创新，率先起步是公司的壮大法宝；依靠复旦大学、上海交大的研发力量，以新技术、新思想，推动多家政府部门的信息化建设。

1 国家档案局司长孙刚、最高人民法院主任王少南与上海市高级人民法院、上海市档案局等单位领导在崇明参加档案信息化会议

2 上海市高级人民法院院长应勇、浙江省高级人民法院院长齐奇等领导视察公司现场

3 特邀社会资深专家研讨公司档案数字化项目

4 静安区档案局局长张海根(中)带团莅临公司考察，公司领导贾朝东、华翔等陪同

1

2

3

4

5

6

5 公司经常组织员工学习，全面提升员工思想觉悟和专业技能

6 公司有一百多个营业团队。图为其中一个项目点

7 公司骨干合影留念

电话：021-64273387
021-64273371
传真：021-64273362-0
邮编：200235
邮箱：JIA@qiangran.com
公司总部：中山西路1800号
兆丰环球大厦25楼A、B座

7

上海求实税务师事务所有限公司

地址：胶州路58号9楼
电话：021－62555126
传真：021－62555126
邮编：200040

上海求实税务师事务所有限公司成立于2001年，公司高层从事财税领导工作多年，涉税实践经验丰富，对于研判税收政策发展走向具有较深造诣。公司主要为企业客户提供各类涉税鉴证和涉税服务。对出口退税企业提供从单证录入到申报报税全过程一条龙代理退税服务，接受企事业单位的纳税咨询、代理申报服务。2011年又一次被上海市注册税务师协会授予AAA级企业，为全国注册税务师事务所百强企业之一。

QIUSHISHUIWUSHI
SHIWUSUO YOUXIANGONGSI

QIUSHISHUIWUSHI
SHIWUSUO YOUXIANGONGSI
QIUSHISHUIWUSHI
SHIWUSUO YOUXIANGONGSI

http://www.xzmeco.com

METALLURGICAL EQUIPMENT FACTORY
XINZHONG
上海新中冶金设备厂

地址：金沙江西路1555弄383号
电话：021－39565961，39565962，39565963，39565965，39565967，39565970
传真：021－39565969
邮编：201803
企业邮箱：xzmeco@yahoo.com.cn

1. 企业负责人（中）与合作伙伴济南钢铁厂领导合影
2. 玉钢5机5流连铸机
3. 鞍钢板坯不锈钢车体火切机
4. 企业负责人（右二）参加2012两岸金属材料产业（钢铁）合作及交流会议

最纤薄
眼部肌肤仅为面部1/5厚
最易受损
每天眨眼超过10000次
破译双眸青春密码
加一滴 激发眼部修护力
全新
YOUTH CODE
青春密码眼部肌底液
L'ORÉAL
PARIS
YOUTH
CODE
EYE
PRE-ESSENCE
10年基因研究
□ PRO-GEN科技
尖端修护成分
激活肌肤修护力
□ DRAINBOOST科技
强劲活性成分
激活眼周微循环
你 值 得 拥 有
L'ORÉAL
PARIS

全能乳液

来自法国希思黎的殿堂级保养经典

法国希思黎，凭借领先的植物美容学理念，以植物萃取精华与植物精油为主要成分，不断创新研发推出安全、自然、有效的高端美容产品。经典之作 —— 全能乳液，至臻美肌的保养秘密，具四大保养功效：

润：帮助肌肤周密完备地补充缺乏的养分，重现透亮水嫩的元气肌。
修：深入肌肤底层，进行美肌修护程序，重现宛若新生婴儿般的肤质。
活：犹如肌肤的活力源，呈现自然好气色，拥有活颜美肌。
护：保护肌肤不受外界环境造成的刺激影响，犹如脸部的防护罩，给肌肤缜密完善的防护。

细致、柔滑易吸收的水漾精华乳质地，汇集了珍贵的人参精华、积雪草、蛇麻草、迷迭香等多重配方植物精华，奢华地为肌肤注入活力源，成就你的至臻活力美肌。

卫妆备进字（2008）第3062号

sisley
PARIS

法国希思黎官方网站暨网上商城 www.sisley.com.cn

上海·北京·天津·大连·杭州·苏州·无锡·宁波·南京·重庆·成都·广州·长沙·西安·哈尔滨·武汉·郑州·深圳·沈阳·昆明·温州·常州·青岛·乌鲁木齐·南宁·太原·福州·烟台·贵阳·济南·石家庄·合肥·长春·扬州·徐州·兰州

中国农业银行
AGRICULTURAL BANK OF CHINA
上海静安支行

www.95599.cn
www.abchina.com
SHANGHAI JINGAN SUB-BRANCH

农行静安支行成立于1988年12月9日，2002年1月，农行上海分行党委决定卢湾支行与静安支行合并成立新的静安支行，管辖静安、卢湾两区的农行网点。2010年2月下旬，分行党委又做出战略决策，卢湾支行与静安支行分设，两行于当年3月末完成业务、人员等的划交工作。至2011年底，农行静安支行共有员工238人（含劳务派遣制员工43人），本科以上学历114人（其中硕士研究生以上15人）。支行设有8个管理部门、3个前台经营部门和1个个贷中心，下辖9个对外营业机构（包括8个非管辖支行和1个国际业务部），截至2011年末，支行全口径本外币各项存款（不含同业）余额比年初增加27亿元，其中：人民币各项存款余额比年初增加26亿元。支行本外币各项贷款余额比年初增加23亿元。其中，人民币对公贷款比年初增加16亿元，在分行排名第1位，个人贷款比年初增加8亿元，在分行排名第6位。实现中间业务收入逾1亿元，在分行排名第2位。实现拨备前利润2.6亿元，人均创利107万元。2011年支行在区域内工、农、中、建四大行中的增量市场份额有明显进步。

2011年度，农行静安支行曾先后荣获2011年全国企业文化建设优秀单位、第十五届上海市文明单位、上海金融系统创先争优先进基层党组织、第二届农总行文明单位、第四届农总行“学习型组织标兵单位”等荣誉称号，被评为上海市平安单位。下属曹家渡支行荣获“全国银行业文明规范服务千佳示范单位”“总行文明标准服务百佳示范网点”和“上海市巾帼文明岗”称号；江宁支行被授予“上海市金融系统世博工作优秀集体”“总行世博金融服务先进单位”称号；静安寺支行被评为“2011年上海市用户满意服务明星班组”。

中国民生银行
CHINA MINSHENG BANKING CORP.,LTD.

上海静安支行

地址：海防路435号（近西康路）
电话：021－62484383　62489119
邮编：200040

民生银行静安支行于2000年成立，现存款15亿元，贷款近20亿元。现主推中小、小微企业各项结算和贷款业务，私人银行业务，个人存款、理财等业务。

民生银行静安支行响应总、分行号召，为静安区内经营困难、缺乏资金的小微企业提供一揽子金融服务。目前已成立了江宁路、南京西路2家社区合作社，为社区小微、中小企业提供金融和非金融服务的专业平台，3家动漫、网游、数字传媒专业合作社，力争向文化特色支行方向发展。

民生银行静安支行个人零售业务以私人银行服务、理财产品为特色。现又推出跨行通、手机银行等业务，为客户提供更便捷、周到的结算服务。

中国邮政储蓄银行上海静安区支行

中国邮政储蓄银行股份有限公司上海静安区支行于2008年6月23日正式挂牌成立，是邮储银行上海分行下辖的一级支行。邮储银行秉承“进步与您同步”的理念，以其点多面广、遍布城乡、贴近居民的独特风格和面向社会、服务社会的宗旨，深入百姓大众，被称为“百姓银行”“绿色银行”，成为上海金融市场上一支新生力量。